2023　情報処理技術者試験対策書

高度午前Ⅰ・応用情報

午前試験対策書

●アイテックIT人材教育研究部［編著］

内容に関するご質問についてのお願い

この度は本書籍をご購入いただき誠にありがとうございます。弊社では本書の内容に関するご質問を受け付けております。書籍内の記述に，誤りと思われる箇所がございましたら，お問い合わせください。正誤のお問い合わせ以外の，学習相談，受験相談にはご回答できかねますので，ご了承ください。恐れ入りますが，質問される際には下記の事項を確認してください。

● ご質問の前に

弊社 Web サイトで「正誤表」をご確認ください。
最新の正誤情報を掲載しております。

https://www.itec.co.jp/learn/errata/

● ご質問の際の注意点

弊社ではテレワークを中心とした新たな業務体制への移行に伴い，全てのお問い合わせを Web 受付に統一いたしました。お電話では承っておりません。ご質問は下記のお問い合わせフォームより，書名（第○版第△刷），ページ数，質問内容，連絡先をご記入いただきますようお願い申し上げます。

アイテック Web サイト　お問い合わせフォーム

https://www.itec.co.jp/contact

回答まで，１週間程度お時間を要する場合がございます。
あらかじめご了承ください。

● 本書記載の情報について

本書記載の情報は 2022 年 9 月現在のものです。内容によっては変更される可能性もございますので，試験に関する最新・詳細な情報は，「独立行政法人 情報処理推進機構」の Web サイトをご参照ください。

https://www.jitec.ipa.go.jp/

はじめに

　応用情報技術者試験及び高度共通午前Ⅰ試験は，共通キャリア・スキルフレームワークをモデルとして，レベル3の基準を満たすかどうかを判定する試験です。出題範囲は技術全般の分野が含まれるテクノロジ系知識と，プロジェクトマネジメント，サービスマネジメントといったマネジメント系知識の他，システム戦略，経営戦略，企業と法務といったストラテジ系知識も含まれる幅広い分野になっています。

　応用情報技術者の午前試験では，この広い範囲から出題される30問の60%以上を正解しなければいけません。また，高度試験でも，それぞれの専門分野に関する試験の他に，午前Ⅰ試験として，応用情報技術者試験と同じ範囲から出題される30問の60%以上に正解しなければなりません。

　全ての分野を得意としていることが理想ですが，技術系分野が得意な人，ストラテジ系分野が得意な人など，これだけの広範囲であれば，分野によって得意・不得意が出てくるのが普通です。本書は，各分野の出題ポイントを効率良く理解して，知識を習得できるよう，最新の出題内容を詳細に分析し，今後の試験での出題内容を予想した"午前試験対策書"の最新版として工夫をしています。

　短時間で効率的に学習を進めるため，はじめに現状での各分野の理解度を測るために，ダウンロードして利用できる「学習前診断テスト」を用意しています。まず，このテストによって各分野の理解度を知ることで，重点的な学習が必要な分野を把握しましょう。次に，この書籍で出題ポイントを確認し，問題を解くことによって，その分野の問題を解くために必要な知識を効率的に学習し，定着させましょう。そのために，学習効果が高い問題を厳選し，関連事項も含めたポイントが理解できるように解説を工夫しています。

　令和4年度春期の応用情報技術者の午前試験では，得点が50〜59点のため，午後試験の採点をされなかった人が約25%いました。本書は，こうした悔しい思いをしないために，直前の知識整理にも利用できるように工夫されています。上手に利用して学習に励まれ，合格の栄冠を手に入れられることを心よりお祈りしております。

2022年9月
アイテックIT人材教育研究部

目次

はじめに …………………………………………………………………… 3

第1部 本書の学習方法と試験のポイント 7

第1章　本書の学習方法 ……………………………………………… 8
第2章　高度・応用情報　午前（Ⅰ）試験のポイント ………… 14

第2部 午前試験の出題ポイント …………… 21

第1章　基礎理論 …………………………………………… 22

1.1　数値表現 ………………………………………………………… 24
1.2　論理演算とシフト演算 ……………………………………… 41
1.3　データ構造 ……………………………………………………… 53
1.4　基本アルゴリズム …………………………………………… 71
1.5　BNF と逆ポーランド記法 …………………………………… 90
1.6　待ち行列とその他理論 ……………………………………… 99

第2章　コンピュータ構成要素 ………………………… 114

2.1　CPU アーキテクチャ ………………………………………… 115
2.2　メモリアーキテクチャ ……………………………………… 132
2.3　ハードウェア …………………………………………………… 151

第3章　システム構成要素 ……………………………… 162

3.1　システムの信頼性 …………………………………………… 164
3.2　システムの性能 ……………………………………………… 174
3.3　システム構成 ………………………………………………… 184

第4章　ソフトウェア …………………………………… 199

4.1　プロセス制御 ………………………………………………… 200
4.2　主記憶管理 …………………………………………………… 215
4.3　OSS（オープンソースソフトウェア）………………… 228

第 5 章　ヒューマンインタフェースとマルチメディア …………… 235

5.1　ヒューマンインタフェース ………………………………………… 237
5.2　マルチメディア ……………………………………………………… 247

第 6 章　データベース ……………………………………………… 256

6.1　データモデル ………………………………………………………… 259
6.2　正規化 ………………………………………………………………… 271
6.3　SQL …………………………………………………………………… 284
6.4　DBMS の制御 ………………………………………………………… 301

第 7 章　ネットワーク ……………………………………………… 327

7.1　OSI 基本参照モデルと TCP/IP …………………………………… 329
7.2　LAN …………………………………………………………………… 351
7.3　通信サービスと性能計算 …………………………………………… 368

第 8 章　セキュリティ ……………………………………………… 388

8.1　暗号化技術 …………………………………………………………… 390
8.2　認証技術 ……………………………………………………………… 399
8.3　セキュリティ管理・評価・対策 …………………………………… 410

第 9 章　開発技術 …………………………………………………… 455

9.1　開発プロセス・手法 ………………………………………………… 457
9.2　要件定義・設計 ……………………………………………………… 472
9.3　実装・統合・導入・保守 …………………………………………… 486
9.4　ソフトウェア開発管理技術 ………………………………………… 501

第 10 章　IT マネジメント ………………………………………… 505

10.1　プロジェクトマネジメント ……………………………………… 507
10.2　サービスマネジメント …………………………………………… 528
10.3　システム監査 ……………………………………………………… 546

目次

第 11 章　IT ストラテジ ………………………………………… 564

11.1　システム戦略 ……………………………………………… 566
11.2　経営戦略 …………………………………………………… 582
11.3　オペレーションズリサーチ（OR）と
　　　インダストリアルエンジニアリング（IE） ……………… 607
11.4　企業活動 …………………………………………………… 628
11.5　関連法規・ガイドライン ………………………………… 642
11.6　標準化 ……………………………………………………… 659

巻末資料　　出題範囲
　　　　　　　索　　引

商標表示

　各社の登録商標及び商標，製品名に対しては，特に注記のない場合でも，これを十分に尊重いたします。

第1部 part 1

本書の学習方法と試験のポイント

第1章 本書の学習方法
part 1

　本書は，受験者の方が**短時間で効率良く**試験対策できるように構成されています。

〔本書の特長〕
- 「学習前診断テスト」で苦手分野を確認してから効率的に学習を進める構成
- 幅広い分野から出題される午前問題のレベル3の知識について，以下の流れで解説します。
  ① 重要なテーマの頻出ポイントを解説
  ② 学習効果が高い問題を厳選し，例題として掲載
  ③ 応用力を付けるための基礎知識を深く理解できるよう，新たに書き下ろした詳細な例題解説
- 節ごとの「理解度チェック」で必須知識を確実に理解できる構成

　本書の学習手順は次のようになります。

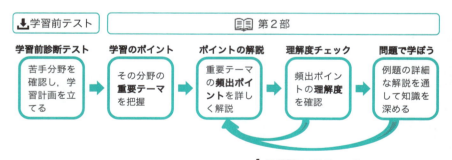

注記 📖 は書籍，⬇ はダウンロードコンテンツ／Webコンテンツのことです。

第1章 本書の学習方法

◆事前準備◆
「学習前診断テスト」に 🔽 アクセスします。

〔学習前診断テストの利用方法〕
　短期間で効率良く学習するには，苦手分野を把握し，学習時間をどのように振り分けるか考える必要があります。まずは「学習前診断テスト」を解きましょう。

> 🔽 ご利用方法
>
> https://www.itec.co.jp/support/download/docodemo/gakushumae_apgozen23
> にWebブラウザからアクセスしてください。
> ブラウザのブックマークなどにご登録してご利用ください。
> 解説はファイルをパスワード「3x2KBfdM」で解凍してご利用ください。
> ご利用期限は2023年10月末です。

(1) 　Webコンテンツ 学習前診断テストを実施
　　　全60問を80分間で解答してください。

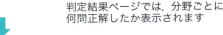

(2) 　苦手分野を確認
　　　解答できなかった問題は，解説を必ず確認しましょう。
　　　2部1章〜11章の分野ごとに5〜8問の問題を用意しています。
　　　各分野の正答率で，理解度を判定してください。
　　①正答率40%以下（5問のときは2問）の分野
　　　この分野は苦手分野と考えて，優先的に学習しましょう。
　　②正答率60%以上（5問のときは3問）の分野
　　　まずまずの正解率ですが，運良くできたという場合もあるので，①の分野の学習が終わったら，次に学習する分野としてください。
　　③正答率80%以上（5問のときは4問）の分野
　　　得意分野と考えてよいでしょう。しかし，念のため本文の解説及び演習問題などを読み，さらに得意分野としてください。

(3) 学習計画を立てる
　苦手分野の学習になるべく多く時間を充てるように学習計画を立てましょう。ただ，苦手分野ばかりでは学習が続きませんので，得意分野の学習も合間合間に割り当てましょう。基本的には，各章 3〜4 時間程度，2〜3 日で 1 テーマずつ学習していく計画をお勧めします。

◆第 2 部◆
　学習する分野は午前の試験範囲に対応した 11 章に分かれており，分野ごとに次のような構成で学習を進めていきます。

(1)「学習のポイント」　　　　　学習方針を決める
　その章で解説する分野の重要テーマと出題ポイントを解説しています。ここで，その分野の出題内容を確認し，得意・不得意のテーマを確認しましょう。

(2)「ポイントの解説」　　　　出題ポイントの基本知識を理解する
　重要テーマの頻出ポイントや，そのテーマを理解する上で必要な，基本となる考え方や概念，用語などを解説しています。
　理解できない用語や項目は必ずチェックし，理解できたら消していくようにしましょう。

(3)「理解度チェック」　　　　ポイントを理解しているかを確認する
　基礎知識を理解しているか確認しましょう。すらすら答えられないときは，「ポイントの解説」に戻って学習してください。すぐに理解できない内容がある場合は，次の「問題で学ぼう」で学習した後で，再度「ポイントの解説」を読み直すとよいでしょう。

◆IT 用語スペルチェック◆
　本書付録として，通勤・通学のスキマ時間や試験直前の限られた時間に学習できるよう，PC やスマートフォンから気軽に演習できる Web コンテンツをご用意しました。

第1章 本書の学習方法

「IT用語スペルチェック」で，"英略語"を覚えよう！

読者特典 Webコンテンツ

　応用情報技術者試験は，出題範囲が広く，「必ず覚えなければならない用語」が数多くあります。その中でも学習の壁になりがちなのが，IT用語に頻出の英略語といえます。英字の略語（MIPS，MTBFなど）は正確な意味を覚えていないと，全く太刀打ちできないからです。

　そこで本書では，「意味」を理解しながら用語を覚えていけるように，英字の略語に必ず「フルスペル」を併記しています。一見面倒なようですが，学習時にフルスペルを合わせて確認しておくことで，用語の意味を思い出すヒントとなるからです。

　さらに，この「IT用語スペルチェック」で，PCやスマートフォンでも演習をしていきましょう。

① IT用語のフルスペルのうち，意味のポイントとなる単語が空欄になっています。選択肢から正しいものを選んで「答え合わせ」をしましょう。
※間違えてしまっても何度でもチャレンジできます。

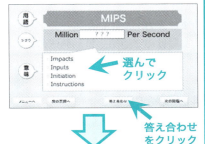

② 正解すると，訳語と意味が表示されます。正しい意味を覚えていたか確認しましょう。
※訳語は意味を分解して理解しやすいよう，単語ごとに表示しています。IT用語としての，一般的な日本語表記とは異なる場合もあります。

③ スキマ時間に用語を復習しつつ，詳細解説や関連問題は，書籍に戻って確認しましょう。

訳語と意味が表示される

ご利用方法はP.12をご覧ください。

⬇ 「IT 用語スペルチェック」ご利用方法

① https://questant.jp/q/apgozen23 に Web ブラウザからアクセスしてください。

② 本書のアンケートにご協力ください。アンケートご回答後，「IT 用語スペルチェック」に移動します。<u>移動先の URL を，ブラウザのブックマーク／お気に入りなどに登録してご利用ください。</u>

※ブラウザでご使用いただくもので，ダウンロードはできません。ご利用期限は 2023 年 10 月末です。

■アンケートご回答のお願い

※毎年，4 月末，10 月末までに弊社アンケートにご回答いただいた方の中から抽選で 10 名様に，Amazon ギフト券 3,000 円分をプレゼントしています。当選者の発表は，ご登録いただいたメールアドレスへのご連絡をもって代えさせていただきます。

※ご入力いただいたメールアドレスは，当選した際の当選通知，賞品お届けのご連絡，賞品発送のみに利用いたします。

(4)「問題で学ぼう」　　　　解いて，知識を定着させる
<u>学習の中心となる部分</u>です。

　学習効果を上げるには，動機付け（準備）が必要です。分からない問題がある場合，分からなかったことに気付くことが，次の学習を進めるための大切な準備となります。各問題では「どんな知識や解法テクニックが必要か？」を意識して解説を読んでください。疑問をもつことで確実に知識が身に付きます。簡単な問題だと感じても，解答だけ見て済ませず，解説をひととおり読み，関連知識も習得しましょう。「ポイントの解説」と「問題で学ぼう」を行ったり来たりして何度も読み，理解を深めましょう。

第1章 本書の学習方法

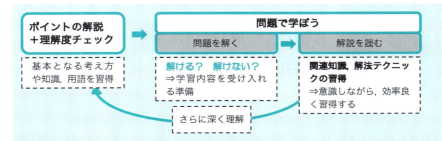

　収録した問題は，過去に出題された問題から出題傾向や学習効果を考えて厳選しています。これまでの傾向として，過去の問題がそのまま変わらず出題されたり，選択肢を少し変えて出題されたりすることが非常に多いので，ひととおり学習が済んだ後も，繰り返し問題演習に活用してください。正解できなかった問題や，疑問が残るがたまたま解けてしまった問題にはチェックを入れておき，後で必ず解き直すようにしましょう。

　高度の午前Ⅰ試験には，応用情報技術者試験の午前問題の中から，素直で基本的な問題が出題されています。したがって，高度の受験準備のために，本書に掲載した問題全てを学習する必要はありません。学習が必要な問題には ◎高度午前Ⅰ マークを付けています。専門分野の学習のため，学習時間に余裕がない方もこのマークが付いている問題は最低限確認してください。

第2章 part 1 高度・応用情報 午前(Ⅰ)試験のポイント

　応用情報技術者（以下，応用情報）試験の午前試験と高度共通午前Ⅰ（以下，高度）試験について，<u>出題傾向</u>と<u>学習方法</u>を中心に，八つのポイントを説明します。

(ポイント1)　合格に必要な正答率60％以上は，簡単に取れない

　応用情報と高度は，午前，午後試験（論文を除く）ともに満点が100点で，両方の試験で60点以上得点できれば合格です。午前の問題は各問同じ配点で60％以上（応用情報は48問，午前Ⅰは18問）正解できれば合格になります。

　次のグラフ（図表1）は令和4年度春期応用情報の午前試験の得点分布を表しています。合格点の60点以上を取った人は15,468人（受験者の約48.1％）で，午後試験の答案が採点されない人が約52％と半数以上います。正答率60％以上と聞くと簡単そうですが，問題は幅広い分野から出題されるので，応用情報の48問は意外にハードルが高いといえます。ただし，午前試験の不合格者のうち，合格まであと10点以内（50〜59点）の人は8,191人おり，午前不合格者の約49％も占めています。このように「あと1問」で悔しい思いをしないためにも，**経験のない分野や苦手分野については，早めに学習を始め，正答率としては70％を目標に学習を進める**ことをお勧めします。

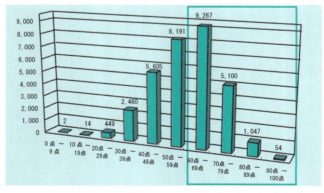

図表1　R4春応用情報処理技術者試験　午前得点分布

次のグラフ（図表2）は令和4年度春期の高度の一例として，情報処理安全確保支援士の午前Ⅰ試験の得点分布を表しています。

高度の午前Ⅰ試験は免除制度があるので，試験の受験者数よりも午前Ⅰ試験の受験者数は少なくなっています。合格点の60点以上を取った人は2,941人（受験者の約56.6%）で，こちらも，午前Ⅱ試験以降の試験で採点されない人がかなり多いことが分かります。他の高度では多少の結果の違いはあるものの，約4割の方が午前Ⅰ試験で不合格になっています。

また，情報処理安全確保支援士では午前Ⅰ試験において60点まであと10点以内（50～59点）の人が1,264人おり，受験者全体の約24%を占めています。応用情報を受験する人と同じように，午前Ⅰ試験で悔しい思いをしないためにも，**午前Ⅰ試験対策の重要性を理解し，しっかりと準備しましょう。**

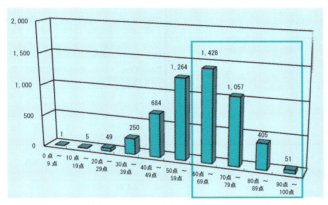

図表2　R4春情報処理安全確保支援士試験　午前Ⅰ得点分布

(ポイント2)　午前試験対策の学習範囲は広範囲にわたる

次に示す図表3は，応用情報の午前試験と高度の午前Ⅰ試験の出題範囲として挙げられている分野・分類を一覧にしたものです。出題範囲全分野からまんべんなく出題されるため，学習しなければいけない範囲が広範囲にわたることが分かります。

共通キャリア・スキルフレームワーク			情報処理技術者試験
分野	大分類	中分類	小分類
テクノロジ系	1 基礎理論	1 基礎理論	離散数学，応用数学，情報に関する理論，通信に関する理論，計測・制御に関する理論
テクノロジ系	1 基礎理論	2 アルゴリズムとプログラミング	データ構造，アルゴリズム，プログラミング，プログラム言語，その他の言語
テクノロジ系	2 コンピュータシステム	3 コンピュータ構成要素	プロセッサ，メモリ，バス，入出力デバイス，入出力装置
テクノロジ系	2 コンピュータシステム	4 システム構成要素	システムの構成，システムの評価指標
テクノロジ系	2 コンピュータシステム	5 ソフトウェア	オペレーティングシステム，ミドルウェア，ファイルシステム，開発ツール，オープンソースソフトウェア
テクノロジ系	2 コンピュータシステム	6 ハードウェア	ハードウェア
テクノロジ系	3 技術要素	7 ヒューマンインタフェース	ヒューマンインタフェース技術，インタフェース設計
テクノロジ系	3 技術要素	8 マルチメディア	マルチメディア技術，マルチメディア応用
テクノロジ系	3 技術要素	9 データベース	データベース方式，データベース設計，データ操作，トランザクション処理，データベース応用
テクノロジ系	3 技術要素	10 ネットワーク	ネットワーク方式，データ通信と制御，通信プロトコル，ネットワーク管理，ネットワーク応用
テクノロジ系	3 技術要素	11 セキュリティ	情報セキュリティ，情報セキュリティ管理，セキュリティ技術評価，情報セキュリティ対策，セキュリティ実装技術
テクノロジ系	4 開発技術	12 システム開発技術	システム要件定義・ソフトウェア要件定義，設計，実装・構築，統合・テスト，導入・受入れ支援，保守・廃棄
テクノロジ系	4 開発技術	13 ソフトウェア開発管理技術	開発プロセス・手法，知的財産適用管理，開発環境管理，構成管理・変更管理
マネジメント系	5 プロジェクトマネジメント	14 プロジェクトマネジメント	プロジェクトマネジメント，プロジェクトの統合，プロジェクトのステークホルダ，プロジェクトのスコープ，プロジェクトの資源，プロジェクトの時間，プロジェクトのコスト，プロジェクトのリスク，プロジェクトの品質，プロジェクトの調達，プロジェクトのコミュニケーション
マネジメント系	6 サービスマネジメント	15 サービスマネジメント	サービスマネジメント，サービスマネジメントシステムの計画及び運用，パフォーマンス評価及び改善，サービスの運用，ファシリティマネジメント
マネジメント系	6 サービスマネジメント	16 システム監査	システム監査，内部統制
ストラテジ系	7 システム戦略	17 システム戦略	情報システム戦略，業務プロセス，ソリューションビジネス，システム活用促進・評価
ストラテジ系	7 システム戦略	18 システム企画	システム化計画，要件定義，調達計画・実施
ストラテジ系	8 経営戦略	19 経営戦略マネジメント	経営戦略手法，マーケティング，ビジネス戦略と目標・評価，経営管理システム
ストラテジ系	8 経営戦略	20 技術戦略マネジメント	技術開発戦略の立案，技術開発計画
ストラテジ系	8 経営戦略	21 ビジネスインダストリ	ビジネスシステム，エンジニアリングシステム，e-ビジネス，民生機器，産業機器
ストラテジ系	9 企業と法務	22 企業活動	経営・組織論，OR・IE，会計・財務
ストラテジ系	9 企業と法務	23 法務	知的財産権，セキュリティ関連法規，労働関連・取引関連法規，その他の法律・ガイドライン・技術者倫理，標準化関連

図表3　午前の出題範囲

第2章 高度・応用情報 午前(Ⅰ)試験のポイント

(ポイント3)　出題される問題内容とレベルには特徴がある

　応用情報の午前試験と高度の午前Ⅰ試験共通の特徴としては，次の二つが挙げられます。

　①レベル3の問題が出題される

　　　これは以前の試験問題である，ソフトウェア開発技術者の午前試験問題や，高度における専門分野以外の問題レベルに相当します。

　②基本情報技術者試験向けの**レベル2相当の問題も3割前後出題**される

　　　レベル2の内容が理解できていないとレベル3の問題を解答するのは難しいので，初めて学習する内容や苦手な分野については，まず，基本情報技術者試験のレベル2の問題が解けるかどうかを確認し，8割以上正解できることを目指して学習してください。

　　　そして，高度の午前Ⅰ試験対策として学習する方を含めて，応用情報の過去の午前試験で確実に70%以上解答できるように，テストや模擬試験を利用して定期的に理解度を確認するようにしましょう。

　次に，高度の午前Ⅰ試験に出題される30問の問題に見られる特徴としては，次の二つが挙げられます。

　①30問全てが，同時に行われる**応用情報の午前試験80問の中から選択されたもの**である

　②出題範囲全分野からまんべんなく選択されるが，どちらかといえば素直で基本的な問題が選ばれている

(ポイント4)　過去問題からの出題が多い

　問題を見ると，過去に出題された問題と全く同じ，もしくは字句を少し修正した問題が多く出題されています。例えば，令和4年度春期試験では，応用情報で80問中57問ほど（約7.1割）が，高度の午前Ⅰで30問中23問（約7.7割）が過去問題やその類似問題でした。本書ではテーマの理解に役立つ，学習効果の高い問題を取り上げています。また，収録した問題が試験でそのまま再出題された例も数多くあります。

(ポイント5)　分野別の出題比率は決まっている

　分野別の出題比率は，応用情報の午前試験は，**テクノロジ系が62.5%，マネジメント系が13.8%，ストラテジ系が23.7%**，高度の午前Ⅰ試験は，テクノロジ系が約56.7%，マネジメント系が約16.7%，ストラテジ系が約26.6%でした。この比率は，例年の試験ではほとんど変化がありませんでしたが，R4 春

17

の試験では変動がありました。

　令和4年度春期の応用情報の午前試験，高度の午前Ⅰ試験での分野，分類ごとの出題数の内訳を図表4に示します。一部の分類を除けば，出題範囲全体からまんべんなく出題されていることが分かります。

共通キャリア・スキルフレームワーク							
分野	大分類		中分類		AP午前	小計	高度午前Ⅰ	小計
テクノロジ系	1 基礎理論		1	基礎理論	4	50	1	17
			2	アルゴリズムとプログラミング	3		2	
	2 コンピュータシステム		3	コンピュータ構成要素	5		2	
			4	システム構成要素	3		0	
			5	ソフトウェア	4		1	
			6	ハードウェア	4		1	
	3 技術要素		7	ヒューマンインタフェース	1		0	
			8	マルチメディア	1		0	
			9	データベース	5		2	
			10	ネットワーク	5		2	
			11	セキュリティ	10		4	
	4 開発技術		12	システム開発技術	3		2	
			13	ソフトウェア開発管理技術	2		0	
マネジメント系	5 プロジェクトマネジメント		14	プロジェクトマネジメント	4	11	2	5
	6 サービスマネジメント		15	サービスマネジメント	3		2	
			16	システム監査	4		1	
ストラテジ系	7 システム戦略		17	システム戦略	2	19	1	8
			18	システム企画	3		2	
	8 経営戦略		19	経営戦略マネジメント	4		2	
			20	技術戦略マネジメント	0		0	
			21	ビジネスインダストリ	3		1	
	9 企業と法務		22	企業活動	3		1	
			23	法務	4		1	
合計					80	80	30	30

図表4　令和4年度春期　応用情報の午前試験・高度の午前Ⅰ試験の出題数

第2章 高度・応用情報 午前（Ⅰ）試験のポイント

（ポイント6）　時代に合わせて問題構成も変化している

　現在の試験は，平成21年に発表された新試験制度に基づいて実施されています。そして，それ以降にも，クラウドコンピューティングの普及，セキュリティに関する新たな問題や対策技術など，情報処理システムを取り巻く環境は変化し続けています。こうした変化に対して，午前試験も古い内容の問題に代わって，新たに一般化してきた内容に関する問題が出題されるようになり，問題の構成が少しずつ変化しています。

　出題内容としては，平成25年4月にJIS規格や国際規格の改訂に合わせて，試験範囲・シラバスに対する用語の変更が行われ，同年10月には，セキュリティ分野の出題数の強化が発表されました。平成30年11月には，プロジェクトマネジメント分野のJIS規格制定や，システム監査基準，システム管理基準の改訂を踏まえて，試験範囲やシラバスでの表記の見直しが行われました。また，令和元年5月には，第4次産業革命に対応した用語（AI，IoT，ビッグデータなど）が，同年11月にはセキュリティに関する記述がシラバスに追加されました。そして，直近では令和2年5月に，サービスマネジメント分野のJIS規格の改正に伴い表記の見直しが行われました。令和3年10月にも，システム開発分野のJIS規格の改正に伴って表記が見直されています。令和4年9月時点での午前の出題範囲の知識項目例は700以上あり，応用情報技術者試験シラバス（Ver6.2）に掲載されている用語例は約4,500あります。

　毎年，何問かの新傾向問題が加わって，試験問題の構成が徐々に変わってきています。試験範囲・シラバスの改訂に対して，過敏に反応する必要はありませんが，情報処理システムを取り巻く環境の変化には注意し，一般化してきている技術，知識については，その概要について学習しておくとよいでしょう。なお，本書では，毎回の試験で問題構成の変化を分析して，最新の試験に対応できるように改訂を続けています。新傾向の問題を含め，今後も出題されると予想される問題の中から，良問を選んでいます。一部には出題時期が古いと感じられるような問題も含まれていますが，知識の理解に必要な問題ですから，安心して学習に取り組んでください。

（ポイント7）　効率的な学習で合格レベルの実力を付ける

　短い時間を利用して効率的に学習するためには，**出題頻度の高い重要な分野で，かつ苦手な分野を集中的に学習することが必要**です。しかし，自分では苦手とは思っていない分野でも，思わぬ落とし穴があることもあります。

　本書は，これまでの試験を分析し，出題頻度の高いテーマに絞り込み，さらに，弊社のもつ分析結果に基づいて，多くの方が苦手とされる部分を効果的に

学習できるように編成しています。したがって、苦手分野についての学習が済んだら、得意とする分野に関しても、復習の意味で一通り学習することをお勧めします。

(ポイント8)　試験制度の最新情報を確認する

　新試験制度については、IPAのホームページに今後も新しい情報が掲載されると思われます。次のURLをブラウザに登録しておいて、こまめに内容をチェックしましょう。

　URL　https://www.jitec.ipa.go.jp/

〜　試験当日は、アイテックの自動採点サービスをご利用ください　〜

　年2回行われる本試験の当日から、アイテックのホームページでは択一式問題の正答率を調べる自動採点サービスを無料で行っています。自動採点サービスでは、分野別の正答率も分かるようになっています。次回試験向けに発行する教材や書籍、通信教育やeラーニングの案内を掲載しており、自動採点サービス利用者には割引が適用できるクーポンも発行しています。ぜひ、ご利用ください。

　　　　　URL　　https://www.itec.co.jp/

第2部
part 2

午前試験の出題ポイント

第1章 基礎理論

第1章 基礎理論
part 2

▶▶▶ **Point**

学習のポイント

　基礎理論，アルゴリズムとプログラミングという二つの中分類から構成され，内容は非常に広範囲にわたります。試験での出題数は応用情報で7問程度，高度共通で3問程度と，いずれも全問題数の1割程度となっています。問題は，分野全体から出題されていますが，ここでは出題頻度の高い，数値表現，論理演算とシフト演算，データ構造，基本アルゴリズム，BNF（Backus-Naur Form；バッカス記法）とポーランド記法，待ち行列とその他理論について取り上げます。

（1）　数値表現
　数値表現には，基数法，基数変換，補数表現，2進データ（固定小数点形式，浮動小数点形式），10進データ（パック10進数，ゾーン10進数）などが含まれますが，中でも出題率の高いものは基数変換，補数表現，浮動小数点形式です。さらに，誤差に関する問題の出題も予想されます。

（2）　論理演算とシフト演算
　論理演算とシフト演算に関する問題は，必ずと言ってよいほど出題されています。基本事項を中心に理解しておきましょう。また，命題や集合についても扱います。

（3）　データ構造
　データ構造に関しては，リスト，スタック，キュー，木などの特徴やこれらに対するデータの追加・削除などの問題が多く出題されています。

（4）　基本アルゴリズム

　基本アルゴリズムとして出題されるテーマは，主に整列と探索です。予想される出題内容は，次のように分類できます。
- ・フローチャート中の処理の一部を解答するもの
- ・各アルゴリズムの内容や特徴を問うもの
- ・整列又は探索の途中経過や結果を問うもの
- ・計算量を問うもの

　対策として，各アルゴリズムについて処理の順序や特徴を確実に理解しておくこと，さらに各アルゴリズムの計算量の考え方を理解しておくことが重要となります。

（5）　BNF と逆ポーランド記法

　BNF はプログラム言語の構文記述に用いられる方法で，逆ポーランド記法は数式の表現に用いられる方法です。これらの内容はシステム開発の知識として出題されることもあります。分かってしまえば難しい内容ではないのですが，苦手とされている方の多い分野です。

（6）　待ち行列とその他理論

　通信に関連する理論として，PCM 伝送や待ち行列理論，そして，誤り制御が出題されています。特に待ち行列理論については，基本情報技術者試験では出題されないテーマです。λ や μ などの記号が使われるので，難しく感じられますが，基本が分かれば決して難しい内容ではありません。応用情報技術者試験では，午後問題としても出題されるテーマですから，受験を予定されている方は，午前問題を通して理解しておきましょう。

第1章 基礎理論

1.1 数値表現

▶▶▶ Explanation
ポイントの解説

よく出題される問題のパターンは，次のように分類できます。

・m 進整数を n 進整数に変換する最も基本的なもの
・n 進数の数値同士の演算
・n 進小数を扱うもの
・番号の割当て問題に基数の考え方を用いるもの

どの問題も基数の考え方を理解しておけば解ける問題ですが，ここではより速く，より確実に得点するためのポイントをまとめ，演習問題を通して実際に出題されたときにどのような手順で解いていけばよいかをマスターしましょう。

（1） 基数変換
①基数法

基数と重みに掛ける各桁の数を使って表現する方法を基数法といいます。2 を基数とする 2 進数は次のように表現できます。

$$(101.01)_2 = 1 \times 2^2 + 0 \times 2^1 + 1 \times 2^0 + 0 \times 2^{-1} + 1 \times 2^{-2}$$

②基数変換の計算

小数部分を含む基数変換，2 進数と 8 進数，16 進数の相互変換が特に重要です。

・2 進数，8 進数，16 進数から 10 進数への変換
基数法に従い，10 進数に書き直して数値を求めます。

$$(F5A)_{16} = 15 \times 16^2 + 5 \times 16^1 + 10 \times 16^0 = 3,930$$

・10 進数から 2 進数，8 進数，16 進数への変換
10 進数から n 進数へ変換する場合，基数法の表現に注目してみると，整数部は n で割る操作で下位の桁から順に上位の桁を求めることができ，小数部は n を掛ける操作で小数第 1 位から順に下位の桁を求めることができます。

1.1 数値表現

10進数 $x = a \times n^2 + b \times n^1 + c \times n^0 + d \times n^{-1} + e \times n^{-2}$ とすると，

整数部：$a \times n^2 + b \times n^1 + c \times n^0 = (a \times n + b) \times n + c$

nで割っていくと，剰余として順に c，b，a が求められます。これを上位の桁から並べると，abc となります。

小数部：$d \times n^{-1} + e \times n^{-2} = (d + e \times n^{-1}) \times n^{-1}$

nを掛けていくと，整数部分の値として順に d，e が求められ，これを小数第1位から下位に並べると de となり，結果の $(abc.de)_n$ が得られます。

716を8進数に変換します。

```
   8で割る        余り
   8 ) 7 1 6
   8 )   8 9 … 4 ↑
   8 )   1 1 … 1      矢印の順に余りを並べます。
   8 )     1 … 3      (716)₁₀＝(1314)₈
           0 … 1
```

$(716)_{10} = (1314)_8$

0.1を2進数に変換します。0.1を2倍した結果（積）のうち小数部分だけをさらに2倍します。これを繰り返して，積の小数部分が0になったら終了です。ただし，10進小数のほとんどは無限2進小数になり，その場合は積の小数部分が0になりません。

```
   0 . 1  →   0 . 2  →   0 . 4  →   0 . 8  →   0 . 6
 ×     2    ×     2    ×     2    ×     2    ×     2
   0 . 2      0 . 4      0 . 8      1 . 6      1 . 2
```
→（以下同様）

この順に整数部分（下線付き）を並べます。　$(0.1)_{10} = (0.00011\cdots)_2$

・2進数，8進数，16進数の相互変換

2進数を 8（$=2^3$）進数又は 16（$=2^4$）進数に変換するときは，3ビット又は4ビットごとに区切って求めます。ビット数が足りないところには0を追加して揃えます。

$(716)_8$ を16進数に変換します。まず各桁を3ビットの2進数で表してから，4ビットごとに区切ります。

$$(716)_8 = (\underset{7}{111}\ \underset{1}{001}\ \underset{6}{110})_2 = (\underset{1}{0001}\ \underset{C}{1100}\ \underset{E}{1110})_2 = (1CE)_{16}$$

25

第1章 基礎理論

（2）　補数表現

　最も重要な概念は2の補数です。数値表現を扱うほとんどの問題で負数の表現に2の補数方式を用いていますので，2の補数の概念や求め方はしっかり覚えておく必要があります。また，負数を2の補数で表す理由，負数を2の補数で表したとき表現できる数値の範囲を問う問題も出題が予想されます。

　①補数の考え方

　　2進数には，1の補数と2の補数があります。4桁の2進数である $X = (1101)_2$ の補数を例に考えます。

　1の補数……その桁内の最大数（全てのビットが1）から X を引いたものです。　　　　　　　　　　X の各ビットの反転

　　　$(1111)_2 - (\underline{1101})_2 = (\underline{0010})_2$

　　2進演算では1からあるビットを引くということは，そのビットを反転することと同じです。

　2の補数……その桁内の最大数+1から X を引いたものです。

　　　$(10000)_2 - (1101)_2 = (001\underline{1})_2$　　←X の各ビットを反転して+1

　　最大数+1から X を引くので，結果は(1の補数)+1になります。

---

②負数の表現

　出題が予想される負数の表現には，2の補数方式を用いるのが一般的です。

　・負数を補数で表現する利点

　　　負数を補数で表現することで，減算処理を「補数を加算する」処理で行うことができます。減算の演算回路が不要になり，回路を単純化できます。重要な概念ですから，よく理解しておきましょう。

　・2の補数方式を用いた負数の表現の例

　　　4ビットの固定小数点数*を例にとって考えると，次ページのようになります。負数が2の補数方式で表現されていることを確認しましょう。4ビットのうち先頭1ビットは，0以上の数では0，負数では1になっていることに注意が必要です。

　　*固定小数点数……あらかじめ小数点の位置を固定して数値を表現します。ここでは，小数点をビットの右端に固定して整数を表しています。

1.1 数値表現

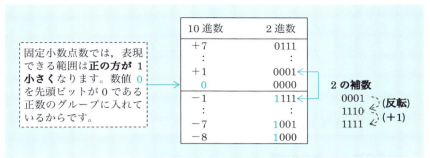

4ビットの固定小数点数による2の補数表現

・表現範囲と数の種類

 4ビットの固定小数点数の場合，表現できる数値の範囲は，$-8 \sim +7$（$-2^3 \sim +2^3-1$），表現できる数の種類は2^4（$=16$）通りです。

 nビットの場合も，表現できる数値の範囲は正数の方が1小さく$-2^{n-1} \sim +2^{n-1}-1$となり，表現できる数の種類は2^n通りです。

(3) 浮動小数点数

 正しい浮動小数点表現を選択するもの，10進数にした場合の有効桁数を求めるものなどの出題が予想されます。これらを解く上で，問題に提示された浮動小数点数の形式（符号部／指数部／仮数部のビット数，指数部の表現方法）を正しく読み取ることができること，仮数部は正規化された表現になっているという点を理解していることが重要です。

 固定小数点数ではビット数によって表現できる数値の範囲が限られますが，浮動小数点数では指数を用いて非常に大きな数値や小さな数値の表現を可能にしています。一方，有効桁数については，固定小数点数より少なくなります。例えば同じ32ビットの場合，表現できる数値の範囲内は固定小数点数（負数は2の補数表現）で最大10進10桁（$2^{31}=10$の9.3乗），浮動小数点数で最大10進8桁（符号と指数部で8ビット使用する場合，$2^{24}=10$の7.2乗）となります。

①表現形式

・符号部，指数部，仮数部

±(**仮数**)×(**基数**)^指数 で表される浮動小数点数を符号部，指数部，仮数部に分けて記憶します。基数は 2 又は 16 です。

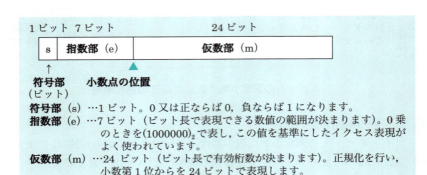

符号部 (s) …1 ビット。0 又は正ならば 0，負ならば 1 になります。
指数部 (e) …7 ビット（ビット長で表現できる数値の範囲が決まります）。0 乗のときを $(1000000)_2$ で表し，この値を基準にしたイクセス表現がよく使われています。
仮数部 (m) …24 ビット（ビット長で有効桁数が決まります）。正規化を行い，小数第 1 位からを 24 ビットで表現します。

浮動小数点形式の例

・イクセス表現（げたばき表現）

イクセス表現の excess には "過剰" などの意味があり，直訳すると "かさ増し表現" とでもなるでしょうか。つまり，実際の値に一定の値を加算することで，実際には負の値も含めて正の数だけで表現する方法で，日本語では "げたばき表現" と呼ばれます。

7 ビット	指数部	実際の指数の値
1111111	+127	+63
︙	︙	︙
1000001	+ 65	+ 1
1000000	+ 64	0
0111111	+ 63	− 1
︙	︙	︙
0000001	+ 1	−63
0000000	0	−64

+63(+64)→+127
︙
実際の値は 0 ですが，げたの 64 をはかせて，0(+64)→+64 とします。
︙
−64(+64)→0

・正規化

　浮動小数点形式における正規化は，仮数部の桁を有効に使う（有効桁数の確保）ために，仮数部の小数第1位（1ビット目）に0以外の数値がくるように指数を調節することです。

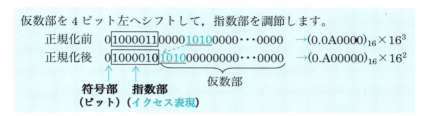

②IEEEの浮動小数点形式

　過去の試験では，IEEEの浮動小数点形式が出題されています。これは，符号部1ビット，指数部8ビット，仮数部23ビットで構成されています。有効桁数を一つ減らして（7桁→6桁），数値が表現できる範囲を優先する形式です。

(4) 演算と精度

　演算の誤差（丸め誤差，打切り誤差，情報落ち，桁落ちなど）はよく出題される項目で，その内容や回避するための方策などを整理しておく必要があります。
　演算を行うことによって生じる誤差にはいろいろなものがありますが，次の四つはよく出題されています。その中でも，特に情報落ちと桁落ちについて確実に理解し，混同しないようにしておくことが大切です。

①丸め誤差　：数値の特定の桁に対して四捨五入，切捨て，切上げを行うことで生じる誤差です。

②打切り誤差：技術計算などで，ある程度結果が収束した時点で処理を打ち切って結果を求めることがありますが，その際に生じる誤差のことです。

③情報落ち　：絶対値の大きい数値に絶対値の小さい数値を加減算することによって，絶対値の小さい数値が無視されてしまうことです。対策としては，複数個の数値の加減算では，絶対値の小さい順に数値を並べ替えてから加減算を行うようにします。

④桁落ち　　：絶対値のほぼ等しい同符号の2数値を減算することによって，有効桁数が少なくなることです。対策としては，計算式を変形して，絶対値のほぼ等しい同符号の減算をできるだけなくすようにします。

第1章 基礎理論

▶▶▶Check

理解度チェック ▶ 1.1 数値表現

次の文中の ___ に適切な用語や数値を入れてください。

(1) 2進数の$(1.11)_2$を10進数で表現すると ア ，16進数の$(A5.C)_{16}$は イ になります。また，10進数の$(21.25)_{10}$を2進数で表現すると ウ ，16進数では エ になります。

(2) 8桁で表現される2進数では，$(11110011)_2$の2の補数は オ なので，負数を2の補数で表す場合には，$(11110011)_2$は10進数で カ になります。

(3) 浮動小数点形式では，± (キ) × (ク)^{ケ} で表現される数値を，コ 部， ケ 部， キ 部の三つの部分に分けて記録します。 コ 部は，数値の正負を1ビットで示し，ケ 部は，表現する数値が ク の何乗であるかを示します。また，有効桁数を確保するために キ 部の1ビット目が1になるように調整されますが，この操作のことを サ と呼びます。

(4) 数値の演算結果には誤差が含まれることがあります。代表的な誤差には，絶対値の大きな数値に，絶対値の小さな数値を加減算するときに生じる シ ，値のほぼ等しい数値の減算によって生じる ス ，四捨五入や切捨て，切上げによって生じる セ ，計算を途中で打ち切ることによって生じる ソ があります。

解 答

(1) ア：$(1.75)_{10}$ ※ $(1.11)_2=2^0×1+2^{-1}×1+2^{-2}×1=1+0.5+0.25$

イ：$(165.75)_{10}$ ※ $(A5.C)_{16}=16^1×10+16^0×5+16^{-1}×12$
$=160+5+12/16$

ウ：$(10101.01)_2$ ※ $(21.25)_{10}=16+4+1+1/4$
$=2^4×1+2^2×1+2^0×1+2^{-2}×1$

エ：$(15.4)_{16}$ ※ $(21.25)_{10}=(10101.01)_2=(0001\ 0101.0100)_2$

(2) オ：$(00001101)_2$ ※ $(00001100)_2+1$　ビットを反転して+1

カ：$(-13)_{10}$ ※ $(11110011)_2$の2の補数$(00001101)_2$は10進数で$(13)_{10}$

(3) キ：仮数　ク：基数　ケ：指数　コ：符号　サ：正規化

(4) シ：情報落ち　ス：桁落ち　セ：丸め誤差　ソ：打切り誤差

1.1 数値表現

第1章

▶▶▶ Question

問題で学ぼう

問1 2進数で表現すると無限小数になる10進小数はどれか。

◎高度午前I （H26 春·AP 問1)

　ア　0.375　　　　イ　0.45　　　　ウ　0.625　　　　エ　0.75

解説

　2進数を10進数に変換するとき，1桁目に1（$=2^0$），2桁目に2（$=2^1$），3桁目に4（$=2^2$）と，それぞれの桁の数字に重みを掛けて計算します。これは2進小数でも同じで小数第1位が0.5（$=2^{-1}=1/2$），第2位が0.25（$=2^{-2}=1/4$），第3位が0.125（$=2^{-3}=1/8$）となります。そして，第4位は $2^{-4}=1/16=0.0625$ になりますが，ここまでくると電卓なしの計算は困難なので，小数第3位までを考えればよいでしょう。つまり，2進数の小数第3位までの有限小数を10進数に変換した値は0.5，0.25，0.125の組合せで表現できるので，選択肢の10進小数値がこの三つの値の組合せになっているかという観点で調べてみます。

　（ア）0.375＝0.25＋0.125，（ウ）0.625＝0.5＋0.125，（エ）0.75＝0.5＋0.25なので，それぞれ2進数で（ア）0.011，（ウ）0.101，（エ）0.110と表現できる有限小数です。したがって，無限小数になるのは（イ）の0.45ですが，これは2進小数では0.01110011…という無限小数になります。

　　有限桁の2進数になる10進小数　→　0.5，0.25，0.125の組合せ

解答　イ

問2 10進数123を，英字A～Zを用いた26進数で表したものはどれか。ここで，A＝0，B＝1，…，Z＝25とする。

◎高度午前I （H28 春·AP 問2)

　ア　BCD　　　　イ　DCB　　　　ウ　ET　　　　エ　TE

31

第 1 章 基礎理論

解説

　「英字 A〜Z」や「26 進数」という大きな数に戸惑うかも知れません。しかし，基本は同じなので安心してください。例えば，10 進数の 9 を 2 進数に変換するには，9 を基数の 2 で割っていくと，$1 \times 2^3 + 0 \times 2^2 + 0 \times 2^1 + 1 \times 2^0$ になるので，2 進数では 1001 となることが分かります。この問題の基数は 26 ですから，10 進数の 123 を 26 で割っていくと，$4 \times 26^1 + 19 \times 26^0$ なので，10 進数の 123 は，26 進数では 2 桁で，先頭桁が 4 に対応する英字の E であることが分かりますから，（ウ）が正解です。

解答　ウ

問 3　あるホテルは客室を 1,000 部屋もち，部屋番号は，数字 4 と 9 を使用しないで 0001 から順に数字 4 桁の番号としている。部屋番号が 0330 の部屋は，何番目の部屋か。

(R1 秋-AP 問 1)

　　ア　204　　　　　　イ　210　　　　　ウ　216　　　　　エ　218

解説

　4 と 9 の二つの数字を使わない 4 桁の部屋番号なので，各桁の数字は {0, 1, 2, 3, 5, 6, 7, 8} の 8 種類です。これは，各桁の数字として 0〜7 の 8 種類だけを使う 8 進数と同等なので，8 進数にして考えます。部屋番号には途中の 4 を使わないので，各桁の数字のうち 5 以上の数字は，それぞれ 1 少ない数字に置き換えると，8 進数に変換できます。例えば，5 は 8 進数の 4 に，8 は 7 に置き換えます。ただし，問われている部屋番号 0330 には 4 以上の数字は使われていないので，通常の 8 進数でも 0330_8 です。そして，この 0330_8 は 10 進数では $3 \times 8^2 + 3 \times 8^1 + 0 \times 8^0 = 3 \times 64 + 3 \times 8 = 216$ ですから，（ウ）が正解です。

　ちなみに 4 以上の数字を含む部屋番号 0528 なら，次のようになります。

部屋番号	0,	1,	2,	3,		5,	6,	7,	8	0528
8 進数	0,	1,	2,	3,	4,	5,	6,	7		0427_8	$= 4 \times 64 + 2 \times 8 + 7 = 279$

解答　ウ

1.1 数値表現

> **問4** x は，0 以上 65,536 未満の整数である。x を 16 ビットの 2 進数で表現して上位 8 ビットと下位 8 ビットを入れ替える。得られたビット列を 2 進数とみなしたとき，その値を x を用いた式で表したものはどれか。ここで，a div b は a を b で割った商の整数部分を，a mod b は a を b で割った余りを表す。また，式の中の数値は 10 進法で表している。
>
> (H23 秋-AP 問1)
>
> ア (x div 256) + (x mod 256)
> イ (x div 256) + (x mod 256) × 256
> ウ (x div 256) × 256 + (x mod 256)
> エ (x div 256) × 256 + (x mod 256) × 256

解説

　2 進数を 3 ビットでまとめると 8 進数，4 ビットでは 16 進数として扱えます。そして，8 ビットでは 0～255 までの表現ができますから，8 ビットを 256 進数の 1 桁と考えると，16 ビットの 2 進数は，2 桁の 256 進数として扱うことができます。このように考えると，上位 8 ビットと下位 8 ビットとの入替えは，256 進数の 1 桁目と 2 桁目の入替えとして扱うことができます。ただし，256 種類の数字が必要になる 256 進数をイメージして考えるのは難しいので，使い慣れた 10 進数を例に考えてみましょう。

　例えば，10 進数の 91 の 1 桁目（10 の位）と 2 桁目（1 の位）を入れ替えると 19 になります。このとき，"19" の 1 桁目の 1 は，91 を 10 で割った余り（91 mod 10）です。そして，2 桁目の 9 は 91 を 10 で割った商（91 div 10）です。ただし，そのまま足したのでは 1+9＝10 になってしまいますから，1 桁目に 10 の重みを付けて，(91 mod 10)×10＋(91 div 10) とします。10 進数の場合には，10 で割った商に 10 で割った余りの 10 倍を加えるので，256 進数でも 256 で割った商（x div 256）に 256 で割った余りの 256 倍（(x mod 256)×256）を加えます。したがって，(イ) の (x div 256)＋(x mod 256)×256 とすれば 1 桁目と 2 桁目，つまり，16 ビットの上位 8 ビットと下位 8 ビットの入替えができます。

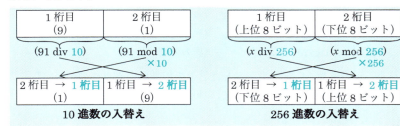

解答　イ

第1章 基礎理論

問5 正の整数の 10 進表示の桁数 D と 2 進表示の桁数 B との関係を表す式のうち，最も適切なものはどれか。

(R2-AP 問1)

 ア $D \fallingdotseq 2 \log_{10} B$ イ $D \fallingdotseq 10 \log_2 B$

 ウ $D \fallingdotseq B \log_2 10$ エ $D \fallingdotseq B \log_{10} 2$

解説

 対数関数（log）を敬遠する人が多くいますが，それほど難しいものではないので，この問題でおさらいしておきましょう。例えば，$10^3 = 1,000$ ですが，逆に，1,000 は 10 の何乗かということを，「$\log_{10} 1000$」と表現します。そして，1,000 は 10^3 ですから，$\log_{10} 1000 = 3$ になります。なお，$\log_{10}$ の 10 のように，log に続く下付の小さな数字を底と呼びます。

 この問題では，正の整数の 10 進表示の桁数 D と 2 進表示の桁数 B とについて，log を使った関係式が問われていますが，例えば，10 進表示で 3 桁の整数は，100（$= 10^2$）～999（$= 10^3 - 1$）ですから，10 進表示で D 桁の整数は，10^{D-1}～$10^D - 1$ です。逆に見ると，整数に対して 10 進数の 10 を底とする対数関数を使って，$\log_{10} 10^D = D$ というように 10 のべき乗部分の値を取り出せば，その整数を 10 進表示したときのおおまかな桁数が分かります。そして，2 進表示の桁数が B の整数はおよそ 2^B ですから，この 2^B に対して 10 を底とする対数関数を使って，$\log_{10} 2^B$ として，10 のべき乗部分の値を取り出せば，2^B を 10 進表示したときのおおまかな桁数が分かります。該当する選択肢はありませんが，対数関数には，「$\log_a M^b = b \log_a M$」という公式があるので，$\log_{10} 2^B = B \log_{10} 2$ であり，（エ）の「$D \fallingdotseq B \log_{10} 2$」が正解です。

 対数関数については，次の基本公式を覚えておきましょう。

$\log_a N \leftarrow$	N は a の何乗か？	（a：1 以外の正の数，N：正の数）
$\log_a MN$	$= \log_a M + \log_a N$	（積は和に分解可能）
$\log_a M／N$	$= \log_a M - \log_a N$	（商は差に分解可能）
$\log_a M^b$	$= b \log_a M$	（べき乗部分は外に出せる）
$\log_a M$	$= \log_c M／\log_c a$	（底の変換：a→c）

 なお，正の整数 M を n 進表示したときの桁数は，ガウスの記号（[ ] 内の数を超えない最大整数）を使って，$[\log_n M + 1]$ として求められます。

解答 エ

1.1 数値表現

第1章

問6 a を正の整数とし，$b=a^2$ とする。a を 2 進数で表現すると n ビットであるとき，b を 2 進数で表現すると高々何ビットになるか。

(H25 春-AP 問 1)

　　ア　$n+1$　　　　イ　$2n$　　　　ウ　n^2　　　　エ　2^r

解説

　選択肢の内容に着目して具体例で考えてみます。例としてはなるべく小さい値がよいのですが，$n=1$ のときは（ア），（イ），（エ）が同じ 2 になり，$n=2$ のときは（イ）〜（エ）が同じ 4 になってしまうので，（ア）4，（イ）6，（ウ）9，（エ）8 と全てが異なる値になる $n=3$ が例としてよいでしょう。$n=3$，つまり，3 ビットのとき a の最大値は 7（＝111）ですから，このときの b の値は 49（＝110001）となり，6 ビットです。このことから（イ）が正解であることが分かります。

　なお，3 ビットの 2 進数の最大値は 111 です。そして，求める数はその 2 乗の 111×111 ですが，これを 111×1000−111 として計算します。4 ビットの 1000 を掛けると，元の数は左に 3 ビットずれる（シフト）ので 111×1000 ＝111000 になります。そして，111000−111＝110001 と結果を楽に求めることができ，6 ビットになることが分かります。この計算方法を n ビットに適用すると，図のように各桁が n ビット左にずれるので，$2n$ ビットになることが分かります。なお，"高々" というのは，数学分野で "最大でも" というような意味なので "b を 2 進数で表現すると高々何ビットになるか" というのは "b を 2 進数で表現すると最大で何ビットか" ということです。

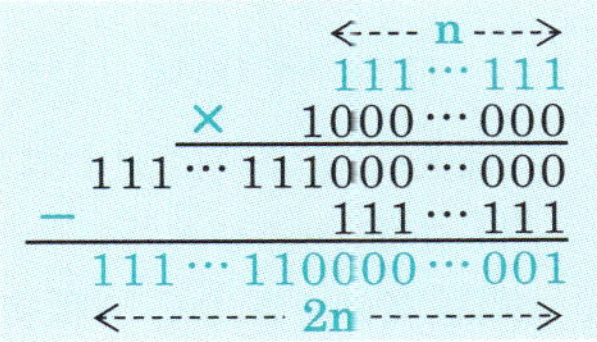

```
           <--- n --->
             111…111
      ×     1000…000
   111…111000…000
   −         111…111
   111…110000…001
   <-------- 2n -------->
```

　なお，対数関数を使えば，正解は容易に見つかりますね。正の整数 a を 2 進数で表現したときの桁数（ビット数）は，$[\log_2 a+1]$ でしたから，おおまかには $\log_2 a$ と考えることができます。そして，対数関数の公式を使うと，$\log_2 b = \log_2 a^2 = 2\log_2 a$ ですから，正の整数 b のビット数は，正の整数 a のビット数のおよそ 2 倍であることが分かります。

解答　イ

第1章 基礎理論

問7　負の整数を表現する代表的な方法として，次の3種類がある。
　　a　1の補数による表現
　　b　2の補数による表現
　　c　絶対値に符号を付けた表現（左端ビットが0の場合は正，1の場合は負）
　4ビットのパターン1101をa～cの方法で表現したものと解釈したとき，
値が小さい順になるように三つの方法を並べたものはどれか。

(H25秋-AP 問3)

ア　a, c, b　　　　　　　　イ　b, a, c
ウ　b, c, a　　　　　　　　エ　c, b, a

解説

　'1101'について，それぞれの表現方法で10進数に変換してみましょう。

a：1の補数による表現は，元の数のビットパターンを反転させたものが絶対
　値です。

　　　　1101　→　0010（**ビット反転**）＝$(2)_{10}$

b：2の補数による表現は，元の数（表現する負数の絶対値）のビットパター
　ンを反転させて'1'を足すことによって絶対値を求めることができます。

　　　　1101　→　0010（**ビット反転**）　→　0011（**1を足す**）＝$(3)_{10}$

　　また，元の数に戻す場合は，もう一度同じ操作を行えばよいことも思い
　出しておきましょう。

c：問題文のとおりに解釈すると，左端ビットが符号ビット，続く3ビット
　が数値の絶対値です。'1101'では左端ビットが1ですから負の数で，続
　く101＝$(5)_{10}$が絶対値になります。

　　したがって，昇順に並べると，（エ）のc（－5），b（－3），a（－2）の順
　になります。

解答　エ

1.1 数値表現

問8 図に示す16ビットの浮動小数点形式において，10進数0.25を正規化した表現はどれか。ここで，正規化は仮数部の最上位けたが1になるように指数部と仮数部を調節する操作とする。

(H22春-AP 問2)

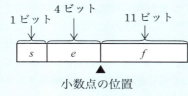

s：仮数部の符号（0：正，1：負）
e：指数部（2を基数とし，負数は2の補数で表現）
f：仮数部（符号なし2進数）

ア	0	0001	10000000000
イ	0	1001	10000000000
ウ	0	1111	10000000000
エ	1	0001	10000000000

解説

浮動小数点数がテーマになっていますが，基数変換，補数とこれまでの復習もできるよい問題です。最初に浮動小数点形式について復習しましょう。この形式で表現された数値の問題に合わせた記号で表現すると $\pm 0.f \times n^e$ になります。そして，**符号部の符号** s の値によって数の±が決まり，**基数部**の n としては2や16が用いられます（この問題では2）。注意が必要なのは**仮数部**の f で，$0.f$ と表現したように，小数部分だけの値になります。例えば，実際の値が0.1001であれば，仮数は1001ということです。

まず，10進数の0.25を2進数に変換します。$0.25 = \dfrac{1}{4} = 1 \times 2^{-2}$ ですから，2進数で表現すると0.01です。そして，$0.01 = 0.01 \times 2^0$ ですから，素直に表現すると，仮数部である f の部分は01000000000，指数部は0になりますね。しかし，実際には仮数部の正規化をしなくてはいけません。これは仮数部を有効に使うためで，仮数部の先頭が1になるように指数部の値で調整します。この問題の場合，0.01×2^0 ですから，0.1×2^{-1} というようにします。

第1章 基礎理論

$$仮数部：0\underline{1}000000000，指数部：0000（=\ 0）$$

↓ 正規化

$$仮数部：\underline{1}0000000000，指数部：1111（=-1）$$

これで仮数部の値が 10000000000 ということは確定しましたが，選択肢の全てがこの値なので少し残念。しかたがないので，指数部の-1を考えましょう。負の数なので2の補数表現です。-1の絶対値である1を4桁の2進数で表現すると0001，これの2の補数ですから，1と0を反転させた結果に1を足して1111になります（0001 → 1110 → 1111）。したがって，（ウ）が正解です。なお，符号部の符号は全体の値としての正負を示すもので，指数部の正負を示すものではないことに注意しましょう。

解答　ウ

問9　浮動小数点数を，仮数部が7ビットである表示形式のコンピュータで計算した場合，情報落ちが**発生しないもの**はどれか。ここで，仮数部が7ビットの表示形式とは次のフォーマットであり，（　）$_2$内は2進数，Y は指数である。また，{　}内を先に計算するものとする。

(R4 春-AP 問1)

$$(1.\ X_1\ X_2\ X_3\ X_4\ X_5\ X_6\ X_7)_2 \times 2^Y$$

ア　$\{(1.1)_2 \times 2^{-3} + (1.0)_2 \times 2^{-4}\} + (1.0)_2 \times 2^5$
イ　$\{(1.1)_2 \times 2^{-3} - (1.0)_2 \times 2^{-4}\} + (1.0)_2 \times 2^5$
ウ　$\{(1.0)_2 \times 2^5 + (1.1)_2 \times 2^{-3}\} + (1.0)_2 \times 2^{-4}$
エ　$\{(1.0)_2 \times 2^5 - (1.0)_2 \times 2^{-4}\} + (1.1)_2 \times 2^{-3}$

解説

浮動小数点数では，指数の値を調整して仮数部を正規化します。しかし，加減算を行うときには，指数の値を絶対値の大きな数の指数の値に合わせてから演算するので，指数の値の変更に合わせて仮数部の値が調整されます。このとき，指数の値が1増えると仮数部の値は右に1桁シフトされ，例えば，$(1.0)_2 \times 2^0$ → $(0.1)_2 \times 2^1$ → $(0.01)_2 \times 2^2$ → …… → $(0.0000001)_2 \times 2^7$ → $\underline{(0.0000000)_2 \times 2^8}$ となり，指数の値が8以上増えると仮数部が0になってしまいます。つまり，加減算を行う2数の指数の差が8以上あるときには，指数の調整のために仮数部の値が0になってしまう情報落ちが発生します。

1.1 数値表現

第1章

（ア）～（オ）の計算式で，まず，最初に計算される部分に注目します。（ウ）は$\{(1.0)_2 \times 2^5 + (1.1)_2 \times 2^{-3}\}$で指数の差は8で，指数を合わせると小さい方の$(1.1)_2 \times 2^{-3} = (\underline{0.0000000})_2 \times 2^5$になり，（エ）の$\{(1.0)_2 \times 2^5 - (1.0)_2 \times 2^{-4}\}$の指数の差は9で$(1.0)_2 \times 2^{-4} = (\underline{0.0000000})_2 \times 2^5$になり，それぞれ情報落ちが発生します。（ア），（イ）は最初の計算では情報落ちは発生しませんが，計算過程は，それぞれ次のとおりであり，（イ）では情報落ちが発生するので，（ア）が正解になります。

$$ア：\{(1.1)_2 \times 2^{-3} + (1.0)_2 \times 2^{-4}\} + (1.0)_2 \times 2^5$$
$$= \{(1.1)_2 \times 2^{-3} + (0.1)_2 \times 2^{-3}\} + (1.0)_2 \times 2^5$$
$$= (10.0)_2 \times 2^{-3} + (1.0)_2 \times 2^5 \quad (= (1.0)_2 \times 2^{-2} + (1.0)_2 \times 2^5)$$
$$= (0.0000001)_2 \times 2^5 + (1.0)_2 \times 2^5 = (1.0000001)_2 \times 2^5$$

$$イ：\{(1.1)_2 \times 2^{-3} - (1.0)_2 \times 2^{-4}\} + (1.0)_2 \times 2^5$$
$$= \{(1.1)_2 \times 2^{-3} - (0.1)_2 \times 2^{-3}\} + (1.0)_2 \times 2^5$$
$$= (1.0)_2 \times 2^{-3} + (1.0)_2 \times 2^5$$
$$= (\underline{0.0000000})_2 \times 2^5 + (1.0)_2 \times 2^5$$

なお，（ア），（イ）は指数の小さい数を先に計算しています。（イ）は減算なので，残念ながら情報落ちが発生しましたが，指数の小さい数から順に加減算することが，情報落ちの対策であることも覚えておきましょう。

解答　ア

問10　桁落ちによる誤差の説明として，適切なものはどれか。

(H31春-AP 問2)

　ア　値がほぼ等しい二つの数値の差を求めたとき，有効桁数が減ることによって発生する誤差

　イ　指定された有効桁数で演算結果を表すために，切捨て，切上げ，四捨五入などで下位の桁を削除することによって発生する誤差

　ウ　絶対値が非常に大きな数値と小さな数値の加算や減算を行ったとき，小さい数値が計算結果に反映されないことによって発生する誤差

　エ　無限級数で表される数値の計算処理を有限項で打ち切ったことによって発生する誤差

解説

　選択肢の内容は，それぞれ代表的な**誤差**の説明になっています。（ア）は**桁落ち**，（イ）が**丸め誤差**，（ウ）が**情報落ち**，（エ）が**打切り誤差**なので，（ア）が正解です。分からなかった人は，思い出しておきましょう。

第1章 基礎理論

桁落ちは，値がほぼ等しい二つの数値の差を求めたとき，有効桁数が減ることによって発生する誤差のことです。浮動小数点形式で値がほぼ等しい二つの数値を表現すると，指数部の値は同じ，仮数部の値もほぼ同じになります。そして，この2数の差は，仮数部の上位のほとんどが0になります。その結果，正規化によって下位の0でない部分が上位に来るようにシフトされ，空いた下位の部分に0が補われますが，この補われた0は正確な値ではありません。計算前の数値を浮動小数点形式で表現するときに，仮数部の桁数の制限によって丸めが行われるので，本来は0でないかもしれません。そうした数の代わりに，一律に0が補われるのですから，実際の有効桁数が少なくなってしまうというのが，桁落ちです。

	有効桁部分				丸め部分			
Aの仮数部	1	1	1	1	?	?	?	有効桁数は4
Bの仮数部	1	1	1	0	?	?	?	
A−Bの仮数部	0	0	0	1	?	?	?	
正規化後の仮数部	1	0	0	0				……**実際の有効桁数は1**

無効な値

例えば，$\sqrt{151}-\sqrt{150}$ という減算を，有効桁数8桁として単純に計算すると，$12.288206-12.247449=0.040757$ になります。有効桁数8桁なので末尾に0を補い 0.040757000 と表記しますが，補った末尾の 000 は正しい値ではなく誤差を含んだ値で桁落ちが発生しています。

桁落ちを防ぐためには，絶対値のほぼ等しい同符号の二つの数値の減算がなくなるように，次のように計算式を変形して計算します。

$$\sqrt{151}-\sqrt{150} = \frac{(\sqrt{151}-\sqrt{150})\,(\sqrt{151}+\sqrt{150})}{(\sqrt{151}+\sqrt{150})}$$

$$= \frac{1}{\sqrt{151}+\sqrt{150}}$$

$$= 1 \diagup 24.535655 \fallingdotseq 0.040757013$$

この方法で計算した結果は，有効桁数8桁で 0.040757013 となりますが，桁落ちした 0.040757000 には誤差が含まれていることが確認できます。

解答　ア

| | | 1.2 論理演算とシフト演算 |

1.2 論理演算とシフト演算

第1章

▶▶▶ Explanation

ポイントの解説

　論理演算やシフト演算に関する問題は，計算問題を解くように実際に自分で考えながら式や図を書いてみることが重要です。特に論理演算はプログラミングにおける必須知識ですので，基本事項から確実に理解する必要があります。

(1)　論理演算

　基本的な論理演算である論理積（AND），論理和（OR），否定（NOT）は理解していることを前提に，排他的論理和（XOR），否定論理積（NAND），否定論理和（NOR）を含めた問題が出題されます。さらに，ド・モルガンの法則などの論理演算に関する法則も重要です。

　論理回路図と合わせて出題がされることもあり，AND，OR，NOT などの基本的な回路の MIL 記号には慣れておくようにしましょう。また，論理演算を集合に適用した形として出題されたときにはベン図を描いて考えます。

①論理演算の定義

		論理積	論理和	排他的論理和	否定論理積	否定論理和		否定
A	B	A AND B	A OR B	A XOR B	A NAND B	A NOR B	A	$\overline{A}$
0	0	0	0	0	1	1	0	1
0	1	0	1	1	1	0	1	0
1	0	0	1	1	1	0		
1	1	1	1	0	0	0		

・論理記号は問題ごとに定義されたものを使用することがあります。
　　［例］AND→ "・", OR→ "＋", XOR→ "⊕"
・排他的論理和は A と B が同じであれば 0，異なれば 1 となります。また，$A \oplus B = A \cdot \overline{B} + \overline{A} \cdot B$ であることも覚えておきましょう。
・論理積は集合演算の∩に，論理和は集合演算の∪に対応します。

②論理演算に関する主な法則

分配の法則やド・モルガンの法則を理解しておくと簡単に解答できる場合があります。

(a) **交換**の法則　$A+B=B+A$，$A \cdot B=B \cdot A$
(b) **分配**の法則　$A \cdot (B+C)=(A \cdot B)+(A \cdot C)$
　　　　　　　　　$A+(B \cdot C)=(A+B) \cdot (A+C)$
(c) **結合**の法則　$A+(B+C)=(A+B)+C$
　　　　　　　　　$A \cdot (B \cdot C)=(A \cdot B) \cdot C$
(d) **ド・モルガン**の法則　$\overline{A \cdot B}=\overline{A}+\overline{B}$，$\overline{A+B}=\overline{A} \cdot \overline{B}$

(2) シフト演算

2進数の場合，1ビット左へシフトが $2^1=2$ 倍，1ビット右へシフトが $2^{-1}=\dfrac{1}{2}$ 倍することと同じであることを利用して，ある計算式と等価な算術シフト演算の組合せを選択するものがよく出題されます。

①算術シフト

先頭ビットを符号とみなし，符号ビットを除いてシフトを行います。

・左へシフトでは空いた位置に0，右へシフトでは空いた位置に符号ビットと同じ値を入れます。
・nビット左へシフトで 2^n 倍，nビット右へシフトで 2^{-n} 倍したことと同値です。例えば，ビット列（0011）を1ビット左へシフトすると，ビット列（0110）となります。1ビット左へシフトですから，2倍したことになるはずです。基数法で表現して，確かめてみましょう。

（元のビット列）　　　　　　　$1 \times 2^1 + 1 \times 2^0$
（1ビット左へシフトすると）　$1 \times 2^2 + 1 \times 2^1 = \underline{(1 \times 2^1 + 1 \times 2^0) \times 2}$
　　　　　　　　　　　　　　　　　　　　　　（元のビット列）×2(倍)

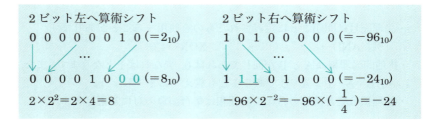

1.2 論理演算とシフト演算

②論理シフト

単純にビットを左右にシフトし，空いた位置に 0 を入れます。論理シフトはビットをシフトすることだけを行い，算術シフトのようにシフトによって 2^n 倍が求められるといった概念はありません。

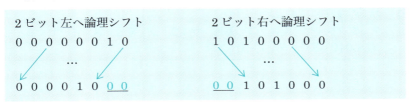

▶▶▶ Check

理解度チェック ▶ 1.2 論理演算とシフト演算

次の文中の □ に適切な用語や数値を入れてください。

(1) A, B に対する論理演算は，それぞれ，次のように定義されています。

A	B	ア	イ	ウ	エ	オ
0	0	0	1	0	0	1
0	1	1	1	1	0	0
1	0	1	1	1	0	0
1	1	0	0	1	1	0

(2) ド・モルガンの法則を利用すると，$\overline{A \cdot B}$ = カ ，$\overline{A+B}$ = キ と変形できます。

(3) ビット列の値を左や右にずらす演算を ク 演算と呼びます。ク 演算には，ケ シフトと コ シフトの 2 種類があり，ケ シフトでは，単純にビット列の値を必要なビット数だけずらし，空いた位置のビットには サ を入れます。一方，コ シフトでは，ビット列の先頭を シ ビットとみなし，このビットはシフトの対象外にします。そして，ス シフトの場合には，ケ シフトと同様に，空いた位置に サ を入れますが，セ シフトの場合には，空いた位置に シ ビットと同じ値を入れます。例えば，10100000 を右に 2 ビット ケ シフトすると，ソ になりますが，コ シフトでは タ になります。

第1章 基礎理論

解 答

(1) ア：排他的論理和（XOR）　イ：否定論理積（NAND）　ウ：論理和（OR）
エ：論理積（AND）　オ：否定論理和（NOR）

(2) カ：$\overline{A} + \overline{B}$　キ：$\overline{A} \cdot \overline{B}$

(3) ク：シフト　ケ：論理　コ：算術　サ：0　シ：符号　ス：左　セ：右
ソ：00101000　タ：11101000

1.2 論理演算とシフト演算

▶▶▶ **Question**

問題で学ぼう

問1　0 以上 255 以下の整数 n に対して,

$$\text{next}(n) = \begin{cases} n+1 & (0 \leq n < 255) \\ 0 & (n=255) \end{cases}$$

と定義する。next (n) と等しい式はどれか。ここで, x AND y 及び x OR y は,
それぞれ x と y を 2 進数表現にして, 桁ごとの論理積及び論理和をとったも
のとする。

◎高度午前Ⅰ　(H31 春・AP 問 1)

ア　$(n+1)$ AND 255　　　　イ　$(n+1)$ AND 256
ウ　$(n+1)$ OR 255　　　　エ　$(n+1)$ OR 256

解説

　next (n) は, n が 0～254 であれば 1 を加えた 1～255 の値を返し, n が 255
のときだけ 0 を返します。これに対して選択肢を見ると, いずれも n に 1 を
加えた $n+1$ との AND 演算又は OR 演算を行う式になっています。

　この問題を解くためのポイントになる 1 と 255, 256 を 2 進数で表現する
と, それぞれ 000000001, 011111111, 100000000 になりますから, next (n)
は, $n+1$ が 000000001～011111111 (10 進数の 1～255) のときはそのまま
の値, 10000000 (10 進数の 256) のときは, 0000000000 を返すというこ
とです。つまり, $n+1$ の値に対して, 先頭ビットだけを 0 にして, それ以外
のビットはそのままの値を返すようにすれば, next (n) の定義内容と一致しま
す。このような論理演算をビットマスクと呼びました。**ビットマスク**では,
マスクする (0 にする) ビット位置の値を 0, そのままの値を返すビット位
置の値を 1 にしたマスク値 (ビット列) との AND 演算を行いますから, 先
頭ビットだけが 0, それ以降が 1 の 011111111, つまり, 10 進数の 255 と
AND 演算を行えばよいので, (ア) の $(n+1)$ AND 255 が正解です。

$(n+1)$ AND 255　(=01111111)

000000001	011111111	10000000　(=256)
011111111	011111111	011111111
000000001	011111111	00000000

45

| 第 1 章 基礎理論 |

　なお，（イ）の$(n+1)$ AND 256 の 256 は先頭ビットだけが 1 なので，n が 255 のときに $n+1$ の 256 を返し，n が 0〜254 のときは 0 を返します。また，（ウ），（エ）の OR 演算では，対応するビット値が 0 の部分がそのままの値，1 の部分が 1 になります。したがって，（ウ）の$(n+1)$ OR 255 では，$n+1$ に対して先頭の 1 ビットだけが取り出され，それ以降の桁は $n+1$ の値によらず 1 になります。また，（エ）の$(n+1)$ OR 256 では，逆に先頭桁以外の値はそのまま取り出されますが，先頭ビットが必ず 1 になってしまいます。

解答　ア

> **問2**　論理式 P，Q がいずれも真であるとき，論理式 R の真偽にかかわらず真になる式はどれか。ここで，"‾" は否定，"∨" は論理和，"∧" は論理積，"→" は含意（"真→偽" となるときに限り偽となる演算）を表す。
>
> (H25 秋·AP 問 4)
>
> ア　$((P \rightarrow Q) \wedge (Q \rightarrow P)) \rightarrow (R \rightarrow \overline{Q})$
> イ　$((P \rightarrow Q) \wedge (\overline{Q \rightarrow \overline{P}})) \rightarrow (Q \rightarrow R)$
> ウ　$((P \rightarrow \overline{Q}) \vee (Q \rightarrow P)) \rightarrow (R \rightarrow \overline{Q})$
> エ　$((P \rightarrow \overline{Q}) \vee (Q \rightarrow \overline{P})) \rightarrow (Q \rightarrow R)$

解説

　合意（→）という論理演算 "$P \rightarrow Q$" は，"P ならば Q" などと読み，問題文にもあるように "真→偽" となるときに限り偽となる演算，つまり，右のような真理値をとる演算です。P の部分が前提条件，Q の部分を結果と考えれば，前提条件が真で結果が偽になるときは誤り

P	Q	$P \rightarrow Q$
真	真	真
真	偽	偽
偽	真	真
偽	偽	真

（偽）で，前提条件自体が誤っている（偽）ときは，結果は真，偽のどちらとも言えないというような考え方なのでしょうか。

　この問題も，真理値表を書いて考えていけばよいのですが，論理式 P，Q は真であることが分かっていますから，まず選択肢の該当部分について，真を当てはめて整理してみましょう。

ア：$((真 \rightarrow 真) \wedge (真 \rightarrow 真)) \rightarrow (R \rightarrow 偽) = (真 \wedge 真) \rightarrow (R \rightarrow 偽) = 真 \rightarrow (R \rightarrow 偽)$
イ：$((真 \rightarrow 真) \wedge (\overline{真 \rightarrow 偽})) \rightarrow (真 \rightarrow R) = (真 \wedge 真) \rightarrow (真 \rightarrow R) = 真 \rightarrow (真 \rightarrow R)$
ウ：$((真 \rightarrow 偽) \vee (真 \rightarrow 真)) \rightarrow (R \rightarrow 偽) = (偽 \vee 真) \rightarrow (R \rightarrow 偽) = 真 \rightarrow (R \rightarrow 偽)$
エ：$((真 \rightarrow 偽) \vee (真 \rightarrow 真)) \rightarrow (真 \rightarrow R) = (偽 \vee 偽) \rightarrow (真 \rightarrow R) = **偽** \rightarrow (真 \rightarrow R)$

1.2 論理演算とシフト演算

論理式 R は真偽のいずれかの値をとりますから，真理値表に整理します。

R	$R\to$偽	(ア，ウ) 真→($R\to$偽)	真→R	(イ) 真→(真→R)	(エ) 偽→(真→R)
真	偽	偽	真	真	真
偽	真	真	偽	偽	真

この内容から，（エ）が正解であることが分かります。なお，含意では，前提条件 P の部分が偽であれば，結果 Q によらず真になります。（エ）は前提条件部分である$((P\to\overline{Q})\vee(Q\to\overline{P}))$が偽であることに注意しましょう。

解答　エ

問3　A, B, C, D を論理変数とするとき，次のカルノー図と等価な論理式はどれか。ここで，・は論理積，＋は論理和，$\overline{X}$ は X の否定を表す。

◎高度午前Ⅰ　(H26 秋·AP 問1)

AB＼CD	00	01	11	10
00	1	0	0	1
01	0	1	1	0
11	0	1	1	0
10	0	0	0	0

ア　$A\cdot B\cdot\overline{C}\cdot D+\overline{B}\cdot\overline{D}$ 　　　イ　$\overline{A}\cdot\overline{B}\cdot\overline{C}\cdot\overline{D}+B\cdot D$

ウ　$A\cdot B\cdot D+\overline{B}\cdot\overline{D}$ 　　　　　エ　$\overline{A}\cdot\overline{B}\cdot\overline{D}+B\cdot D$

解説

カルノー図は，論理式を簡略化するときに使われる図です。使い方が分かると便利なので，この問題を通して理解しておくとよいでしょう。まず，図（表）の見方ですが，A, B, C, D の各論理変数の値の組合せと，それぞれの真理値（1 or 0）を示しています。例えば，図の左上は"1"になっていますが，これは $AB=00$，$CD=00$，つまり，A〜D が全て 0 のとき，結果は 1 になるということを示しています。また，右下は $AB=10$，$CD=10$，つまり，A と C が 1，B と D が 0 のときには，結果は 0 になるということです。

カルノー図では，結果が 1 になっている部分に注目して，隣接している部分をグループ化します。まず，図中の中央部分で 1 になっている 4 か所（①）が目立つでしょう。この部分については，A と C は 1 と 0 のいずれの値もとりますが，B と D の値は 1 ということが共通しています。このことから，A

47

第1章 基礎理論

と C の値に関わらず，B と D が1のとき，結果が1ということが分かります。そして，このことを論理式で表すと $B \cdot D$ ということになります。

②$\overline{A} \cdot \overline{B} \cdot \overline{D}$

AB＼CD	00	01	11	10
00	1			1
01		1	1	
11		1	1	
10				

①$B \cdot D$

　もう一つ②の部分があるのですが，これを隣接と見るのには，少し抵抗があるかもしれません。しかし，CD の値を01から書き始めると隣同士になります（次図参照）。この部分に共通することは，A, B, D が0であることで，C は0でも1でもよいようです。つまり，C の値に関わらず，A と B と D が0のとき結果が1になるということなので，論理式で表すと $\overline{A} \cdot \overline{B} \cdot \overline{D}$ ということになります。そして，これらの二つの部分は，それぞれ問題のカルノー図の一部分を示し，そのどちらのケースも結果は1になるので，全体としては，二つの論理式の和になります。したがって，等価な論理式は（エ）の $\overline{A} \cdot \overline{B} \cdot \overline{D} + B \cdot D$ であることが分かります。なお，②の $\overline{A} \cdot \overline{B} \cdot \overline{D}$ の部分は，表の先頭と末尾になり分かりにくいかもしれません。こうした場合は，左に一つずらして，次のようにすると分かりやすくなります。

AB＼CD	01	11	10	00
00			1	1

解答　エ

問4　論理式 $\overline{A} \cdot \overline{B} \cdot C + A \cdot \overline{B} \cdot C + \overline{A} \cdot B \cdot C + A \cdot B \cdot C$ と恒等的に等しいものはどれか。ここで，・は論理積，＋は論理和，$\overline{A}$ は A の否定を表す。

(H26 春-FE 問3)

　　ア　$A \cdot B \cdot C$　　　　　　　　イ　$A \cdot B \cdot C + \overline{A} \cdot \overline{B} \cdot C$
　　ウ　$A \cdot B + B \cdot C$　　　　　　エ　C

1.2 論理演算とシフト演算

解説

$\overline{X}\cdot Y=1$ になるのは $X=0$，$Y=1$ のとき，$X\cdot Y=1$ になるのは $X=1$，$Y=1$ のときです。このことから $\overline{X}\cdot Y+X\cdot Y=1$ になるのは，X の値によらず $Y=1$ のときなので，$\overline{X}\cdot Y+X\cdot Y=Y$ であることは，カルノー図を使わなくても分かりますね。この関係を使って，与えられた論理式を整理していきます。

$$\overline{A}\cdot\overline{B}\cdot C+A\cdot\overline{B}\cdot C+\overline{A}\cdot B\cdot C+A\cdot B\cdot C$$
$$=(\overline{A}\cdot\overline{B}\cdot C+A\cdot\overline{B}\cdot C)+(\overline{A}\cdot B\cdot C+A\cdot B\cdot C)$$
$$=\qquad\overline{B}\cdot C\qquad+\qquad B\cdot C$$
$$=\qquad\qquad\qquad C$$

したがって，（エ）が正解です。

解答　エ

問5　n ビットの値 L_1，L_2 がある。次の操作によって得られる値 L_3 は，L_1 と L_2 に対するどの論理演算の結果と同じか。

(H28 春·AP 問1)

〔操作〕
(1) L_1 と L_2 のビットごとの論理和をとって，変数 X に記憶する。
(2) L_1 と L_2 のビットごとの論理積をとって更に否定をとり，変数 Y に記憶する。
(3) X と Y のビットごとの論理積をとって，結果を L_3 とする。

　ア　排他的論理和　　　　　　イ　排他的論理和の否定
　ウ　論理積の否定　　　　　　エ　論理和の否定

解説

このような面倒そうな問題は，具体的な値を例にして考えるとよいでしょう。例にする値としては，できるだけ少ないビット数で 0 と 1 の値の組合せが網羅できるように，$L_1=0011$，$L_2=0101$ などのような 4 ビットの値を使います。この二つの値に対して，〔操作〕(1)〜(3)を実行していきます。

(1) X に L_1 と L_2 の論理和を求める（$X=L_1+L_2$）→ $X=0111$
(2) Y に L_1 と L_2 の論理積の否定を求める（$Y=\overline{L_1\cdot L_2}$）→ $Y=1110$
(3) L_3 に X と Y の論理積を求める（$L_3=X\cdot Y$）→ $L_3=0110$

第1章 基礎理論

　$L_1 = 0011$，$L_2 = 0101$ に対して，結果は $L_3 = 0110$ になります。$L_1 \sim L_3$ について，ビットごとに考えていくと，結果（L_3）が 0 になる 1 ビット目と 4 ビット目は，L_1，L_2 がともに同じ値（1 ビット目：0，4 ビット目：1）です。一方，結果が 1 になる 2，3 ビット目は，0 と 1 の組合せ，つまり，異なる値です。つまり，二つの入力値が同じ値のときに 0 になり，異なる値のときに 1 になる演算ですから，（ア）の排他的論理和が正解です。

(1) 論理和	(2) 論理積 → 否定	(3) 論理積	(1)～(3)
0011	0011	(1)----> 0111	0011
0101	0101	(2)----> 1110	0101
0111	0001 → 1110	0110	0110

		論理和	論理和の否定	論理積	論理積の否定	排他的論理和	排他的論理和の否定
X	Y	X OR Y	X NOR Y	X AND Y	X NAND Y	X XOR Y	X NXOR Y
0	0	0	1	0	1	0	1
0	1	1	0	0	1	1	0
1	0	1	0	0	1	1	0
1	1	1	0	1	0	0	1

　具体的な値を使わずに，論理演算によって考えるときには，〔操作〕(1)～(3)による最終的な演算結果なので，最後の(3)から逆に見ていくとよいでしょう。(3)は $L_3 = X \cdot Y$ ですが，(1)から $X = L_1 + L_2$，(2)から $Y = \overline{L_1 \cdot L_2}$ です。したがって，$L_3 = (L_1 + L_2) \cdot (\overline{L_1 \cdot L_2})$ ということになります。

$$L_3 = (L_1 + L_2) \cdot (\overline{L_1 \cdot L_2}) \qquad \cdots (L_1 + L_2) \text{ 部分を分配}$$

$$= L_1 \cdot (\overline{L_1 \cdot L_2}) + L_2 \cdot (\overline{L_1 \cdot L_2}) \qquad \cdots (\overline{L_1 \cdot L_2}) \text{ 部分にド・モルガンの法則を適用}$$

$$= L_1 \cdot (\overline{L_1} + \overline{L_2}) + L_2 \cdot (\overline{L_1} + \overline{L_2}) \qquad \cdots L_1 \text{ と } L_2 \text{ 部分をそれぞれ分配}$$

$$= L_1 \cdot \overline{L_1} + L_1 \cdot \overline{L_2} + L_2 \cdot \overline{L_1} + L_2 \cdot \overline{L_2} \qquad \cdots L_1 \cdot \overline{L_1} \text{ と } L_2 \cdot \overline{L_2} \text{ は 0 なので無視できる}$$

$$= L_1 \cdot \overline{L_2} + L_2 \cdot \overline{L_1} \leftarrow \textbf{排他的論理和}$$

解答　ア

1.2 論理演算とシフト演算

問6　集合 A, B, C に対して $\overline{A \cup B \cup C}$ が空集合であるとき，包含関係として適切なものはどれか。ここで，∪は和集合を，∩は積集合を，$\overline{X}$ は X の補集合を，また，$X \subseteq Y$ は X が Y の部分集合であることを表す。

◎高度午前Ⅰ　(H27 秋·AP 問2)

ア　$(A \cap B) \subseteq C$　　イ　$(A \cap \overline{B}) \subseteq C$　　ウ　$(\overline{A} \cap B) \subseteq C$　　エ　$(\overline{A} \cap \overline{B}) \subseteq C$

解説

　$\overline{A \cup B \cup C}$ が空集合という条件は，$A \cup B \cup C$ の外側（右図で網掛け部分）には要素は存在しないということです。つまり，全ての要素が A か B か C のいずれかに含まれるということを示しています。勘の良い人であれば，このことから A にも B にも含まれない

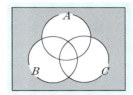

要素（$\overline{A} \cap \overline{B}$）は，必ず C に含まれることになるということに気が付いて，$(\overline{A} \cap \overline{B}) \subseteq C$ の（エ）が正解であることが分かるかもしれません。

　しかし，なかなか気が付かないでしょうから，簡単にベン図を描けるようにしておくとよいでしょう。このとき，$A \cup B \cup C$ の外側に要素がないのですから，要素があるのは A, B, C の三つの集合部分だけです。そして，この部分だけに注目して，（ア）〜（エ）の左辺（⊆C の前の部分）を示す範囲を網掛けにすると，それぞれ次のようになります。これらのベン図のうち，網掛け部分が全て C と重なっている，つまり，⊆C になっているのは（エ）だけですから，（エ）が正解であることが分かります。なお，（エ）については，ド・モルガンの法則を使って $\overline{A} \cap \overline{B} = \overline{A \cup B}$ と変形すると，範囲が分かりやすくなるかもしれません。

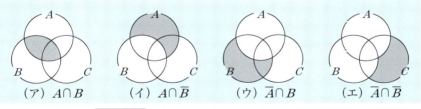

（ア）$A \cap B$　　（イ）$A \cap \overline{B}$　　（ウ）$\overline{A} \cap B$　　（エ）$\overline{A} \cap \overline{B}$

　また，条件の $\overline{A \cup B \cup C}$ に対して，ド・モルガンの法則を適用して変形すると，$\overline{A} \cap \overline{B} \cap \overline{C}$ になります。そして，これが空集合です。これは A にも B にも C にも含まれない要素は存在しないということを示しているので，A にも B にも含まれない $\overline{A} \cap \overline{B}$ の要素は必ず C に含まれるので，⊆C であることが分かります。

解答　エ

| 第1章 基礎理論 |

> **問7** 全体集合 S 内に異なる部分集合 A と B があるとき，$\overline{A} \cap \overline{B}$ に等しいものはどれか。ここで，$A \cup B$ は A と B の和集合，$A \cap B$ は A と B の積集合，$\overline{A}$ は S における A の補集合，$A-B$ は A から B を除いた差集合を表す。
>
> ◎高度午前I （R1 秋·AP 問2）
>
> ア　$\overline{A}-B$　　　　　　　　　イ　$(\overline{A} \cup \overline{B})-(A \cap B)$
>
> ウ　$(S-A) \cup (S-B)$　　　　エ　$S-(A \cap B)$

解説

　$A-B$ は A から B を除いた差集合なので，A の要素の中で B に含まれないもの，つまり，A, かつ，$\overline{B}$（$=A \cap \overline{B}$）とも表現できます。これを（ア）の $\overline{A}-B$ にあてはめると $\overline{A}$, かつ，$\overline{B}$, つまり，$\overline{A} \cap \overline{B}$ と表現できるので，（ア）が正解です。

　（イ）〜（エ）は変形すると，いずれも $\overline{A} \cup \overline{B}$ となり，誤りであることが分かります。なお，S は全体集合なので，$S-X=\overline{X}$ と表記できます。

イ：$(\overline{A} \cup \overline{B})-(A \cap B)$
$\quad\quad\quad = (\overline{A} \cup \overline{B}) \cap \overline{(A \cap B)} = (\overline{A} \cup \overline{B}) \cap (\overline{A} \cup \overline{B}) = \overline{A} \cup \overline{B}$

ウ：$(S-A) \cup (S-B) = \overline{A} \cup \overline{B}$

エ：$S-(A \cap B) = \overline{(A \cap B)} = \overline{A} \cup \overline{B}$

解答　ア

1.3 データ構造

▶▶▶ Explanation
ポイントの解説

　データ構造で最も基本的なものは連続した領域に同じデータ型が続く配列です。午後試験に出題されるアルゴリズムやプログラム問題の多くがこの配列を利用したもので，添字の処理に関係する設問がよく出ています。一方，午前試験でよく出題されるテーマとしては，リスト，スタック，キュー，木があり，これらのデータ構造の特徴をしっかり理解しておく必要があります。

(1) リスト（list）
　リストに関しては，データの追加・削除を行ったときのポインタの付替え問題，データの参照・追加・削除を行うときの処理効率を問う問題がよく出されます。特にリストに対するデータの追加・削除に伴うポインタの付替え手順を理解しておきましょう。
　①リスト構造
　　リストは，幾つかの要素をポインタによってつないで構成します。要素の順番は，物理的な位置とは関係なく，ポインタによって論理的に決められる点がポイントです。したがって，主記憶上の連続領域に確保する必要はありません。

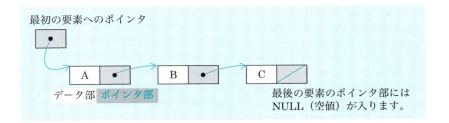

②リストの種類

　ポインタ部の持ち方によって，データをたどっていく方向が異なります。

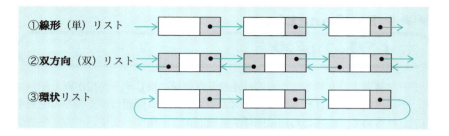

③リストへの要素の追加・削除

　追加・削除の処理を行うときのポインタの使い方が重要です。

［追加の例］リストの先頭に新しい要素を追加します。

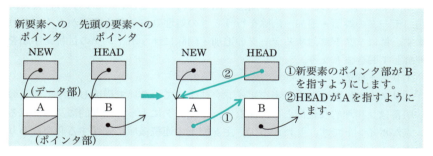

［削除の例］リストの末尾の要素を削除するには，一つ前の要素へのポインタが必要になります。

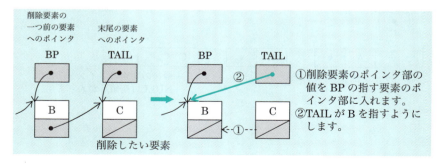

(2) スタック (stack)

スタックとキューに関しては利用したデータの管理や，このデータ構造を適用する事例に関するものが出題されます。スタックとキューの特徴を対比させて学習するとよいでしょう。

スタックは LIFO（Last-In First-Out；**後入れ先出し**）のデータ構造で，配列やリストで実現されます。スタックに対する操作は，**プッシュ**（PUSH；要素の格納）と**ポップ**（POP；要素の参照・取出し）で行います。

スタックは，サブルーチンの戻り番地の格納や，再帰的呼出しを行うときの局所データの退避などに用いられます。

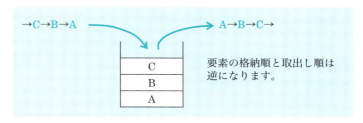

要素の格納順と取出し順は逆になります。

(3) キュー (queue)

キューは FIFO（First-In First-Out；**先入れ先出し**）のデータ構造で，配列やリストで実現されます。キューでは，新しい要素は末尾の要素の後ろに挿入され，先頭の要素から取り出されます。キューに対する操作は，**エンキュー**（enqueue；要素の挿入）と**デキュー**（dequeue；要素の参照・削除）で行います。キューは，OSで待ち行列の管理などに用いられます。

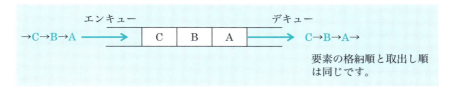

要素の格納順と取出し順は同じです。

(4) 木 (tree)

木の中では，2分木が最も出題率が高く，その他にはヒープ，B木なども出題されます。特に，2分探索木については，データの配置の順序や幾つかの探索法（走査法，巡回法）の違いを理解しておく必要があります。

木は再帰的に定義されている点が重要なポイントです。したがって，木の一部分（部分木といいます）もまた木となっています。ここでは出題頻度の高い2分木やヒープについて整理しましょう。

①2分木 (binary tree)

2分木は，どの節も子の数が2以下であるような木です。そのうち，葉までの深さが全て等しいものを**完全2分木**といいます。ただし，この条件を満たす2分木はほとんどないので，深さの差が1の2分木までを完全2分木と呼ぶこともあります。

- **木の探索法**
  - **幅優先順**（同じ深さの節を左から右に探索）
  - **深さ優先順**
    - **先行順（前順）**…親→左部分木→右部分木の順に探索
    - **中間順（間順）**…左部分木→親→右部分木の順に探索
    - **後行順（後順）**…左部分木→右部分木→親の順に探索

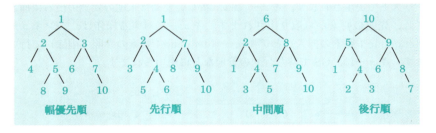

- **2分探索木**（binary search tree）

  2分木のうち，要素間に次の特徴があるものを2分探索木といいます。

  左の子の要素の値　<　ある節の要素の値　<　右の子の要素

  2分探索木にデータを追加したり，データを削除したりした場合には，要素間の大小関係を保つように再構成されます。

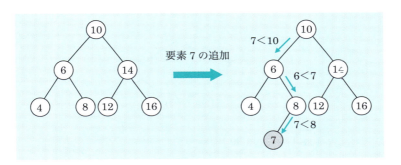

中間順の探索法で，2分探索木から整列されたデータを得ることができます。

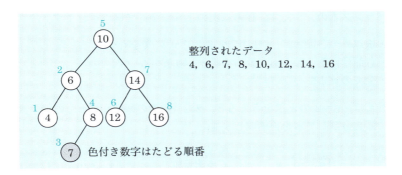

②ヒープ（heap）

ヒープは，どの親子を見ても，必ずその節の値が「親＜子」（又は「親＞子」）という関係を保っている完全2分木です。このため，根の節の値は最小値（又は最大値）となります。ヒープの場合も，データを挿入したり，データを削除したりした場合には，親子の大小関係を保つように木が再構成されます。

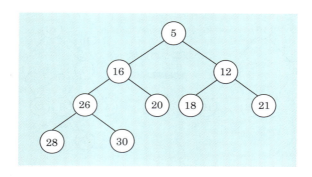

③B木（B-tree）

B木は，要素の追加や削除のたびに木構造のバランスを調整し，再構成するバランス木の一つです。B木は次のような条件で構成されます。

- 根以外の各節は，n個以上2n個以下の要素をもつ
- 各節は，その節がもつ要素の数＋1の子をもつ
- 全ての葉までの深さは等しい

例えば，n＝2のときを考えると，2≦（要素の個数）≦4なので，次のように節を分割して木を再構成します。

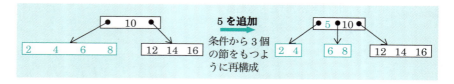

1.3 データ構造

▶▶▶ Check

理解度チェック ▶ 1.3 データ構造

第1章

次の文中の □ に適切な用語を入れてください。

(1) 複数のデータ要素をポインタなどによって，線形につないだデータ構造をリストと呼びます。一般的なリストは，各データ要素に，次の要素の位置を指すポインタをもたせたものですが，前後の要素へのポインタをもたせた □ ア □ リストや，最後尾のデータ要素に，先頭のデータ要素を指すポインタをもたせた □ イ □ リストがあります。

(2) データの一時的な記録と取出しに用いるデータ構造に □ ウ □ と □ エ □ があります。□ ウ □ は LIFO（後入れ先出し）のデータ構造で，□ ウ □ へデータを格納する操作を □ オ □ ，□ ウ □ からデータを取り出す操作を □ カ □ と呼びます。一方の □ エ □ は FIFO（先入れ先出し）のデータ構造で，□ エ □ へデータを挿入する操作を □ キ □ ，取り出す操作を □ ク □ と呼びます。

(3) 木構造は，節がもつ子の数の上限を 2 とした □ ケ □ と，二つ以上の子をもつことができる多分木に分けられますが，いずれも，効率的に探索ができることが特徴です。□ ケ □ のうち，「左の子の値 < 節（親）の値 < 右の子の値」という条件を満たすものを □ コ □ と呼び，左の子，親，右の子の三つの節を探索するときに，親，左の子，右の子の順に探索する □ サ □ 探索，左の子，親，右の子の順に探索する □ シ □ 探索，左の子，右の子，親の順に探索する □ ス □ 探索があります。また，左右の子の値の大小には条件がないものの，親の値 > 子の値かその逆というように，親子の値が，大小の条件を必ず満たす 2 分木を □ セ □ と呼びます。一方，多分木では，根以外の節にもつ要素の数に制限があり，全ての葉までの深さが一定な □ ソ □ と呼ばれるデータ構造が，データベースのインデックスなどとして利用されています。

解 答

(1) ア：双方向　イ：環状
(2) ウ：スタック　エ：キュー　オ：プッシュ（PUSH）　カ：ポップ（POP）
　　キ：エンキュー（enqueue）　ク：デキュー（dequeue）
(3) ケ：2 分木　コ：2 分探索木　サ：先行順　シ：中間順　ス：後行順
　　セ：ヒープ　ソ：B 木

59

第1章 基礎理論

▶▶▶ Question
問題で学ぼう

問1　先頭ポインタと末尾ポインタをもち，多くのデータがポインタでつながった単方向の線形リストの処理のうち，先頭ポインタ，末尾ポインタ又は各データのポインタをたどる回数が最も多いものはどれか。ここで，単方向のリストは先頭ポインタからつながっているものとし，追加するデータはポインタをたどらなくても参照できるものとする。

◎高度午前Ⅰ　(R1秋-AP 問6)

　ア　先頭にデータを追加する処理
　イ　先頭のデータを削除する処理
　ウ　末尾にデータを追加する処理
　エ　末尾のデータを削除する処理

解説

先頭ポインタと末尾ポインタをもち，多くのデータがポインタでつながった**単方向の線形リスト**とは，次図のようなイメージです。

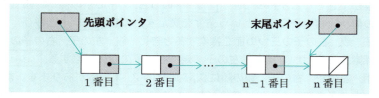

線形リスト中のデータの追加・削除は，基本的にポインタ値の変更によって実現されます。そして，ポインタをたどる回数の多い，少ないは，線形リストを先頭からどれくらいまでたどる必要があるかで判断することがほとんどです。図を基に選択肢の処理が，それぞれどのようにポインタを扱うかを整理しながら考えていきましょう。

ア：「先頭にデータを追加する」ためには，先頭ポインタが追加するデータを，追加するデータ中のポインタが，追加前の1番目のデータを指すようにします。先頭ポインタには追加するデータの位置を設定しますし，追加するデータのポインタに設定するのは，追加前の先頭ポインタの値ですから，特に線形リストをたどる必要はありません。

イ：「先頭のデータを削除する」ためには，先頭ポインタが，削除前の2番目

のデータを指すようにします。そして，そのためには，先頭ポインタの値を，2番目のデータの位置，つまり，削除する先頭（1番目）のデータのポインタの値に変更すればよいので，線形リストをたどる必要はありません。

ウ：「末尾にデータを追加する」ためには，末尾ポインタと追加前の末尾（n番目）のデータのポインタが追加するデータを指すようにします。それぞれのポインタに設定する，追加するデータの位置は分かっていますし，追加前の末尾のデータの位置も，変更前の末尾ポインタの値から分かります。したがって，特に線形リストをたどる必要はありません。

エ：「末尾のデータを削除する」ためには，末尾ポインタが，削除前の末尾の一つ前（n−1番目）のデータを指すようにします。これも簡単そうですが，単方向リストなので，n−1番目のデータの位置は，末尾のデータのポインタからは分かりません。そして，その値は，n−2番目のデータのポインタにしかありませんから，先頭のデータから順に，n−2番目のデータまで，ポインタをたどっていかなくてはなりません。

以上から，線形リストをたどっていく必要がある（エ）が正解です。

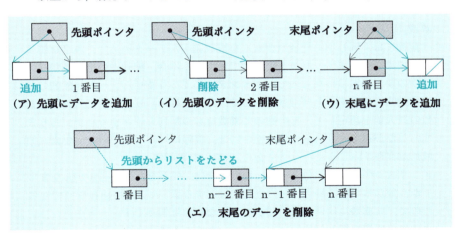

解答　エ

第1章 基礎理論

問2 リストには，配列で実現する場合とポインタで実現する場合とがある。リストを配列で実現した場合の特徴として，適切なものはどれか。ここで，配列を用いたリストは配列に要素を連続して格納することによってリストを構成し，ポインタを用いたリストは要素と次の要素へのポインタを用いることによってリストを構成するものとする。

◎高度午前Ⅰ （R4春·AP 問5）

ア リストにある実際の要素数にかかわらず，リストに入れられる要素の最大個数に対応した領域を確保し，実際には使用されない領域が発生する可能性がある。

イ リストの中間要素を参照するには，リストの先頭から順番に要素をたどっていくことから，要素数に比例した時間が必要となる。

ウ リストの要素を格納する領域の他に，次の要素を指し示すための領域が別途必要となる。

エ リストへの挿入位置が分かる場合には，リストにある実際の要素数にかかわらず，要素の挿入を一定時間で行うことができる。

解説

　配列とは，同じ型の変数（要素）を複数並べたデータ構造で，添字を使って各要素を扱います。リストを配列で実現する場合，配列中の格納順がリスト中の要素の順番になるので，ポインタは必要ありません。一方，配列の要素は動的に増やすことはできないので，あらかじめ，リスト中に入れる要素数の最大値を想定して，その数の要素数をもつ配列を確保する必要があります。したがって，リストの作成途中には，実際には使われていない要素（領域）が存在することになりますから，（ア）が正解です。

イ：リスト中の位置が分かっていない場合は，要素をたどる必要がありますが，分かっている場合，その位置に対応する添字によって直接参照できるので，要素数に比例した時間が必要となるのは誤りです。

ウ：次の要素を指し示す領域とはポインタのことですから，不要です。

エ：リストの挿入では，挿入位置の要素を含む後ろの要素を順に一つずつ後にずらし，挿入位置を空ける必要があるので，要素数に比例する処理時間が必要になります。作成中に無駄な領域が生じることや，挿入操作が面倒なことなどが，配列によるリストの問題点です。

解答 ア

1.3 データ構造

問3 PUSH 命令でスタックにデータを入れ，POP 命令でスタックからデータを取り出す。動作中のプログラムにおいて，ある状態から次の順で 10 個の命令を実行したとき，スタックの中のデータは図のようになった。1 番目の PUSH 命令でスタックに入れたデータはどれか。

(H23 春-AP 問 7)

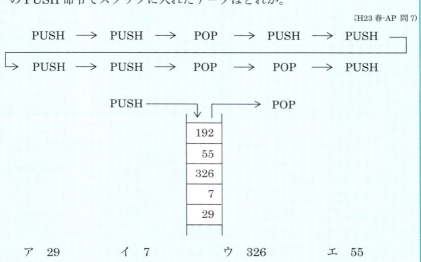

ア 29　　　イ 7　　　ウ 326　　　エ 55

解説

スタックの POP（取出し）操作は，直近の PUSH（挿入）操作によってスタックに入れられたデータを取り出すという，スタックの基本がポイントになります。問題では 10 個の PUSH・POP 命令を実行するとありますが，その内訳は，PUSH 操作が 7 個，POP 操作が 3 個で，それぞれの POP 操作によって，次図のように PUSH 操作で挿入したデータのうち 3 個は，スタックから取り出されています。

結果として，10 個の命令によって，4 個のデータがスタックに入ったことになり，先頭の PUSH 命令で挿入したデータは，その一番下，つまり，上から 4 番目のデータなので，（イ）の 7 が正解になります。

解答　イ

第1章 基礎理論

問4 A，B，Cの順序で入力されるデータがある。各データについてスタックへの挿入と取出しを1回ずつ行うことができる場合，データの出力順序は何通りあるか。

◎高度午前Ⅰ (R3春·AP 問5)

```
   ←    ↓ ←A，B，C
      ┃ス┃
      ┃タ┃
      ┃ッ┃
      ┃ク┃
      ┗━┛
```

ア 3　　イ 4　　ウ 5　　エ 6

解説

A，B，Cの順序でスタック挿入されるデータの出力順序が何通りあるかが問われています。単純に考えると3個のデータの順列の数である $_3P_3 = 3 \times 2 \times 1 = 6$ 通りのように考えてしまいますが，スタックには，後入れ先出しとい

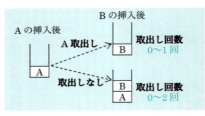

う制限があるので，そう単純ではありません。問題の条件では，スタックにA，B，Cの順に挿入しますから，取り出すタイミングは，Aの挿入後，Bの挿入後，Cの挿入後の三つがあります。そして，それぞれのタイミングでのスタックの状態によって，取出し回数に制限が加わります。例えば，Aの挿入後には，スタック中にはAだけですから，取出し回数は0回か1回です。続いてBの挿入後は，Aの挿入後の取出しをせずにスタックにBとAが入っていれば，取出し回数は0～2回のいずれかですが，Aが既に取り出されBだけしか入っていなければ，0回か1回かのいずれかです。そして，Cの挿入後にはスタックの中のデータを全て取り出しますから，取出し回数はスタックの状態で一意に決まってしまいます。したがって，A挿入後とB挿入後の取出し方（回数）だけによって出力順が決まります。この関係を整理すると次のようになり，（ウ）の5通りが正解です。

Aの挿入後	Bの挿入後	（Cの挿入後）	出力順
0回 （取出し無し）	0回	（3回）	CBA
	1回	（2回）	BCA
	2回	（1回）	BAC
1回	0回	（2回）	ACB
	1回	（1回）	ABC

なお，A，B，Cの順列6通りのうち，CABという並びだけがありません。Cを最初に取り出すためには，Cを挿入した後に初めての取出しを行う必要がありますから，取出し順はCBAに限定されてしまいます。

解答　ウ

問5　葉以外の節点は全て二つの子をもち，根から葉までの深さが全て等しい木を考える。この木に関する記述のうち，適切なものはどれか。ここで，木の深さとは根から葉に至るまでの枝の個数を表す。また，節点には根及び葉も含まれる。

(H30秋-AP 問6)

ア　枝の個数がnならば，節点の個数もnである。
イ　木の深さがnならば，葉の個数は2^{n-1}である。
ウ　節点の個数がnならば，木の深さは$\log_2 n$である。
エ　葉の個数がnならば，葉以外の節点の個数は$n-1$である。

解説

問題の条件である「葉以外の節点は全て二つの子をもち，根から葉までの深さが全て等しい木」とは，次のような木で，特に**完全2分木**と呼ばれます。

木構造の構成要素を復習すると，○で示したものを**節点**（node），一番上の節点を特に**根**（root）と呼びます。また，節点と節点を結ぶ線が**枝**，枝の上側が**親**，下側が**子**です。そして，子をもたない節点を**葉**（leaf），根からある葉に至る枝の数が，その**木の深さ**です。この図では，根から葉までの枝の数が3なので，この木の深さは3です。

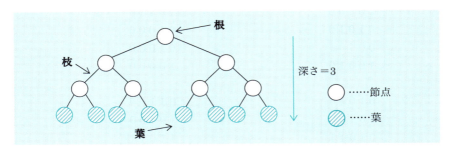

選択肢を眺めると，どれも正しそうな内容です。このような問題では，前

第1章 基礎理論

図のような比較的単純な例を基に，選択肢の内容を一つずつ確認して，誤っているものを正解の候補から外していくとよいでしょう。

ア：図を基に数えると，枝の個数は14，葉を含む節点の個数は15あります。したがって，誤りです。ちなみに，各枝にはそれぞれ一つの節点が子としてぶら下がりますが，節点にはいずれの枝の子にもなっていない根が含まれるので，節点の個数は，枝の数よりも一つ多くなります。

イ：図では，深さ3のときに，葉の数は8（$=2^3$）になっています。$2^{n-1}=2^2=4$ですから，誤りです。深さnのときの葉の個数は2^nです。

ウ：図では，節点の個数が15で，深さは3です。$3=\log_2 8$ですから，誤った記述です。（イ）から分かるように，葉の個数をnとしたとき，深さは$\log_2 n$になります。

エ：（ア）～（ウ）が全て誤りでしたから，これが正解です。図を基に確認すると，葉の個数＝8に対して，葉以外の節点の数は7（$=8-1$）となっています。また，深さ2のときは，葉の個数が4，葉以外の節点の数が3（$=4-1$），深さ4のときは，葉の個数が16，葉以外の節点の数が15（$=16-1$）であることが容易に確認できます。これくらい確認すれば，正解として確定してよいでしょう。

解答　エ

問6　ノード1～5をもつグラフを隣接行列で表したもののうち，木となるものはどれか。ここで，隣接行列のi行j列目の成分は，ノードiとノードjを結ぶエッジがある場合は1，ない場合は0とする。

(H29秋-AP 問6)

ア
$$\begin{pmatrix} 0 & 1 & 0 & 0 & 1 \\ 1 & 0 & 1 & 0 & 0 \\ 0 & 1 & 0 & 1 & 0 \\ 0 & 0 & 1 & 0 & 1 \\ 1 & 0 & 0 & 1 & 0 \end{pmatrix}$$

イ
$$\begin{pmatrix} 0 & 1 & 0 & 0 & 1 \\ 1 & 0 & 1 & 1 & 0 \\ 0 & 1 & 0 & 0 & 0 \\ 0 & 1 & 0 & 0 & 0 \\ 1 & 0 & 0 & 0 & 0 \end{pmatrix}$$

ウ
$$\begin{pmatrix} 0 & 1 & 0 & 1 & 0 \\ 1 & 0 & 1 & 0 & 0 \\ 0 & 1 & 0 & 1 & 1 \\ 1 & 0 & 1 & 0 & 0 \\ 0 & 0 & 1 & 0 & 0 \end{pmatrix}$$

エ
$$\begin{pmatrix} 0 & 1 & 1 & 0 & 0 \\ 1 & 0 & 1 & 0 & 0 \\ 1 & 1 & 0 & 1 & 1 \\ 0 & 0 & 1 & 0 & 1 \\ 0 & 0 & 1 & 1 & 0 \end{pmatrix}$$

1.3 データ構造

解説

　ノード（節）とエッジ（辺）から構成されるデータ構造のことをグラフと呼びますが，隣接行列というのは，このグラフの構造を表現した行列のことです。問題文には「隣接行列の i 行 j 列目の成分は，ノード i とノード j を結ぶエッジがある場合は 1，ない場合は 0 とする」と説明されていますから，この記述を基に，隣接行列が表現する内容を理解しましょう。

　選択肢にある全ての行列は，1 行 1 列目の成分が 0，1 行 2 列目の成分が 1 になっていますが，この二つは，ノード 1 とノード 1 を結ぶエッジ（自己ループ）はないこと，ノード 1 とノード 2 を結ぶエッジがあることを示しています。なお，i 行 i 列目の対角成分は全て 0 になっていますから，全てのノードに自己ループ（自ノードに対するエッジ）はありません。ここで，1 行 2 列目と 2 行 1 列目の成分が 1 であるように，i 行 j 列目の成分と j 行 i 列目の成分は同じであることに注意します。つまり，ノード i とノード j の間のエッジの有無は，i 行 j 列目の成分と j 行 i 列目の成分の二つに表現されているので，i 行 j 列，つまり，対角成分の上側の要素だけに注目します。（ア）～（エ）の隣接行列が示すグラフは，それぞれ次のようになり，（イ）が正解であることが分かります。

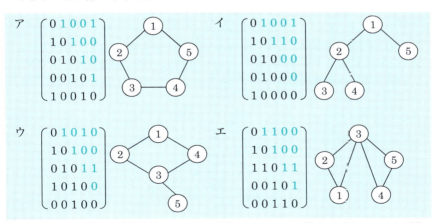

　なお，木構造は，根以外のノード（節）が，一つの親ノードとエッジで結ばれていて，それ以外にエッジはありません。つまり，ノード数が n 個の場合，エッジの数は n−1 個です。この問題の場合，ノードの数は 5 個なので，エッジは 4 個ですが，該当するのは（イ）だけです。

解答　イ

第1章 基礎理論

問7 配列 $A[1]$, $A[2]$, …, $A[n]$ で，$A[1]$ を根とし，$A[i]$ の左側の子を $A[2i]$，右側の子を $A[2i+1]$ とみなすことによって，2分木を表現する。このとき，配列を先頭から順に調べていくことは，2分木の探索のどれに当たるか。

(R3 春·AP 問6)

- ア　行きがけ順（先行順）深さ優先探索
- イ　帰りがけ順（後行順）深さ優先探索
- ウ　通りがけ順（中間順）深さ優先探索
- エ　幅優先探索

解説

問題文にあるような要素間の親子関係を表現すると，例えば，$A[1]$ の左側の子を $A[2]$，右側の子を $A[3]$ とするので，配列 $A[1]$, $A[2]$, …, $A[7]$ によって，2分木を表現すると，次図のようになります。

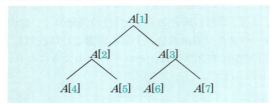

一方，配列の線形探索とは，配列の先頭 $A[1]$ から順に $A[2]$, $A[3]$, …, $A[7]$ という探索ですから，2分木上では次図の①～⑦の順番となりますが，この探索順序は**幅優先探索**と呼ばれるものなので，（エ）が正解です。

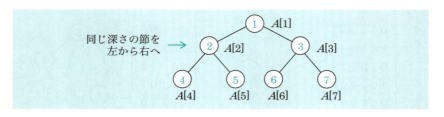

2分木の探索法には，（ア）～（エ）の四つの方法がありますが，（ア）～（ウ）の方法は，いずれも**深さ優先探索**に分類されるもので，深いところにある子を優先する探索法です。この方法は，その子にたどり着くまでの親の探索順が違い，先行順は親が先，後行順は親が後，中間順は親が中間というものです。具体的には，先行順は 1→2→4→5→3→6→7，後行順は 4→5→2→6→7→3→1，中間順は 4→2→5→1→6→3→7 という探索順になります。

1.3 データ構造

ア：行きがけ（**先行順**）深さ優先探索　　イ：帰りがけ（**後行順**）深さ優先探索

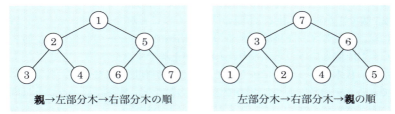

ウ：通りがけ（**中間順**）深さ優先探索

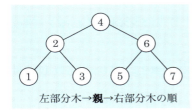

解答　エ

問8　あるB木は，各節点に4個のキーを格納し，5本の枝を出す。このB木の根（深さのレベル0）から深さのレベル2までの節点に格納できるキーの個数は，最大で幾つか。

(H28 秋-AP 問5)

　ア　24　　　　イ　31　　　　ウ　120　　　　エ　124

解説

　レベル0には根が一つだけですが，レベル1以降の節点は，親の節点から出る枝の総数ですから，根の子であるレベル1の節点は，最大で5個です。さらに，レベル1の5個の節点が，それぞれ5個の子をもつことができますから，レベル2の節点は，最大で25個（＝5×5個の親）です。

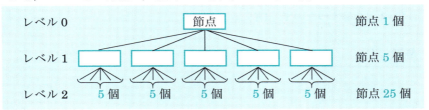

つまり，レベル0の節点が1個，レベル1の節点が5個，レベル2の節点が25個ですから，合計で31個の節点をもつことができます。そして，各節点には，4個のキーを格納できるので，格納できるキーの個数は，4個×31節点＝124個ということになり，（エ）が正解です。

なお，**B木**ということで少し難しく感じたかもしれませんが，各節点に格納できるキーの数，もつことのできる子の数など，解答に必要なことは問題文に記述されていますから，B木が3個以上の枝をもつことができる多分木であることさえ，知っていれば十分でしょう。ちなみに，B木の性質について，復習すると次のようになります。

- 全ての葉までの深さは同じ
- 根以外の各節は，n個〜2n個の要素をもつ → **バランス木：葉まで探索回数のバラツキがない**
- 各節は，節の要素数＋1個の子をもつ
  → **最小要素以下，各要素の間，最大要素以上の値をそれぞれ子に格納（索引用）**

解答　エ

問9 2次元配列 $A[i, j]$（i, j はいずれも0〜99の値をとる）の $i > j$ である要素 $A[i, j]$ は全部で幾つか。

◎高度午前Ⅰ　（H30秋-AP 問7）

　ア　4,851　　　イ　4,950　　　ウ　4,999　　　エ　5,050

解説

i, jがいずれも0〜99の値をとるとき，2次元配列A[i, j]の要素数は，100×100の10,000個になります。そして，配列の添字i, jの関係については，i＞j，i＝j，i＜jの三つに分かれますが，i＝jである要素は，A[0, 0]，A[1, 1]，…A[99, 99]の100個だけで，これを除いた9,900個の要素は，i＞jとi＜jに二分されます。したがって，9,900÷2＝4,950個ずつなので，（イ）が正解です。

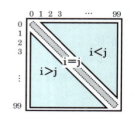

解答　イ

1.4 基本アルゴリズム

▶▶▶ **Explanation**
ポイントの解説

　基本アルゴリズムに関しては，最重要ポイントである整列と探索について学習しましょう。これらのアルゴリズムを考える場合は，実際にテストデータを使って処理が進む過程を自分の頭で考えることが大切です。

(1) 整列

　整列アルゴリズムのうち，よく出題されるものとして，①選択法，②交換法（バブルソート），③挿入法，④クイックソート／ヒープソート／シェルソート／マージソートがあります。中でも，①〜③は整列の基本三法といわれる最も基本的なアルゴリズムであり，細かい内容まで出題されます。例えば，平均比較回数の考え方なども頭に入れておかなければなりません。④に挙げた整列アルゴリズムについては，整列の手順や特徴を理解しておきましょう。

①選択法

　整列対象データ列中の最小のデータを選択し，左端のデータと交換します。次に，左端（最小のデータ）を除くデータ列に対して同じ操作を繰り返し，データが残り一つになったら処理を終了します。

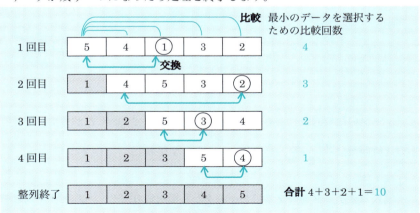

選択法による整列

[データの比較回数] $(n-1)+(n-2)+\cdots\cdots+1=\sum_{k=1}^{n-1}k=\dfrac{n(n-1)}{2}$
1回目　2回目……$n-1$回目

　nを非常に大きくすれば，$\dfrac{n(n-1)}{2}=\dfrac{1}{2}(n^2-n)$の$n^2$の大きさに比べてそれ以外の項は無視できる大きさになるので，比較回数はn^2に比例するとみなすことができます。計算量の表記法では$O(n^2)$と表され，「n^2のオーダである」といいます。1列分でnのオーダの比較が行われ，それが$n-1$（nのオーダ）回分行われるので$O(n)\times O(n)=O(n^2)$になります。

②交換法（バブルソート）

　互いに隣り合うデータを比較し，大小関係が逆なら交換します。この結果，左端に最小のデータがきます。次に，左端のデータを除くデータ列に対して同じ操作を繰り返し，データが残り一つになったら処理を終了します。

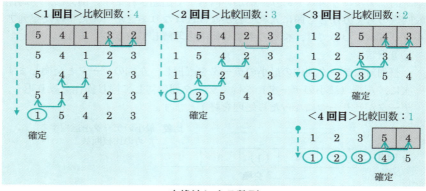

交換法による整列

　[データの比較回数] 求め方は選択法と全く同じです。したがって，データの比較回数は$\dfrac{n(n-1)}{2}$，計算量は$O(n^2)$となります。

③挿入法

　整列対象データ列の2番目のデータから順次取り出し，それより左側のデータ列が整列された状態になるように適切な位置に挿入します。この操作をn番目のデータまで行います。

1.4 基本アルゴリズム

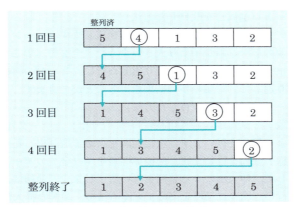

挿入法による整列

[データの比較回数] 選択法と交換法は常に同じ回数の比較を行いますが，挿入法は挿入位置が決まった時点で比較を終了します。k 番目のデータの挿入位置を探すとき，最大 $k-1$ 回，最小 1 回の比較が行われます。k 個のデータの置換が等確率で起きるならば，平均 $\dfrac{k}{2}$ 回の比較が行われます。平均比較回数は次式で表すことができます。

$$\sum_{k=2}^{n}\dfrac{k}{2}=\dfrac{1}{2}\sum_{k=2}^{n}k=\dfrac{1}{2}\left\{\dfrac{n(n+1)}{2}-1\right\}=\dfrac{n^2+n-2}{4}$$

選択法や交換法と比較回数は異なりますが，計算量は同じ $O(n^2)$ となります。なお，整列前のデータが逆順に並んでいる場合には，挿入位置を探すための比較が常に 1 回で済むので，比較回数は $O(n)$ になります。

④その他の整列法
- **クイックソート**（交換法を改良した方法）
  整列対象データ列から比較するデータを一つ取り出し（例えば，中央に位置するデータ），その値より小さいデータのグループと，大きいデータのグループに分けていく操作を，各グループの要素数が 1 になるまで再帰的に繰り返すことによって整列します。効率の良い整列法で，最良の場合の計算量は $O(n\log_2 n)$ ですが，一方のグループの要素数が常に 0 となるような場合が最悪で，計算量が $O(n^2)$ です。

第1章 基礎理論

- **ヒープソート**（選択法を改良した方法）

　整列に先立ち，データ列からヒープを構成します。ヒープとは，どの部分木も親のデータ値が子より大きいような完全2分木のことです。ヒープから根（最大のデータ）を取り出した後に，ヒープの再構成を行うことを繰り返して，降順の整列結果を得ることができます。

- **シェルソート**（挿入法を改良した方法）

　整列対象データ列から，一定間隔ごとに取り出したデータ列に対して，挿入法による整列を行います。次に間隔を狭めて取り出したデータ列に対して同様の整列を行います。最後に間隔を0（全てのデータが対象となる）にして，挿入法による整列を行い終了します。最初は，大ざっぱに整列を行い，徐々に精度を高めていく方法で，単純な挿入法よりも効率が良くなります。

- **マージソート**

　整列対象データ列を2分割していって，データの個数が2個以下の部分データ列を作り，それぞれを整列します。整列済みの部分データ列をマージ（併合）して整列を進めていきます。

(2) 探索

　探索アルゴリズムで出題されるものは，①線形探索（逐次探索），②2分探索（バイナリサーチ），③ハッシュ法による探索です。アルゴリズムそのものが出題される場合もありますが，その理解を前提として効率や計算量に関するものもよく出題されます。ハッシュ法に関しては，シノニム（データの衝突）を扱ったものが重要テーマです。また，1.3で取り上げた2分探索木も探索アルゴリズムの一つとして出題されます。

①線形探索（逐次探索）

　探索対象データ列の先頭から順に探索キーと等しいかどうかを調べていく方法です。探索対象のデータ数をnとすると，最大比較回数はn回（探索キーが存在しないとき），最小比較回数は1回（先頭データが探索キーに等しいとき）なので，平均比較回数は$(n+1) \div 2$になります。nを非常に大きくすれば，平均比較回数はnに比例するとみなせます。

平均比較回数　$\dfrac{n+1}{2} \fallingdotseq \dfrac{n}{2}$

②**2分探索**（バイナリサーチ）
　探索対象データ列をあらかじめ整列しておきます。探索対象範囲を2分割して狭めていって，探索キーを探します。

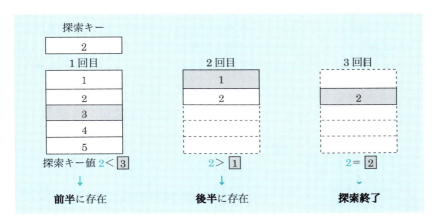

　探索対象のデータ数を n とすると，平均比較回数は次の（*）式を満たす整数値 k で，最大比較回数は $k+1$ となります。

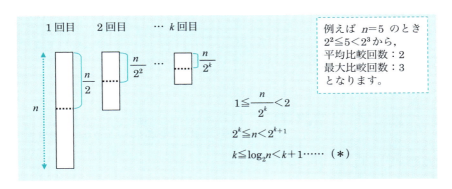

　探索対象範囲を2分割していき，探索キーの存在の有無に関わらず最後にデータが1個になったときに探索が終了します。$\frac{1}{2}$ する際に切捨てを行っていますから，実際には残りのデータが1以上2未満になったときということになります。

③**ハッシュ法**による探索

キーとなるデータの値にある関数(**ハッシュ関数**)を適用して数値(**ハッシュ値**)を求め,それを格納位置とします。データの探索を行うときは,同じハッシュ関数で格納位置を求めて,目的のデータを探します。

データの格納位置を調べてからアクセスするので効率的ですが,異なるデータに対してハッシュ関数で得られた数値が同じ値になることがあります。このような状態を**シノニム**(衝突ともいいます)といい,次のような対処法があります。

・**オープンアドレス法**(クローズドハッシュ法)

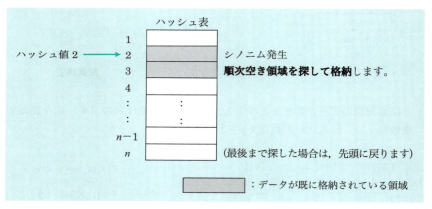

・**チェーン法**(オープンハッシュ法)

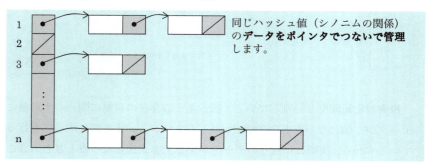

1.4 基本アルゴリズム

▶▶▶ **Check**

理解度チェック ▶ **1.4 基本アルゴリズム**

次の文中の ☐ に適切な用語や数値を入れてください。

(1) 基本的な整列法には ア ， イ ， ウ の三つがあります。 ア は，隣り合う要素の大小関係が逆であれば交換するという操作を繰り返すもので， イ は，対象要素から最小（最大）のものを選択して端に配置するという操作を繰り返すものです。また， ウ は，整列済みの要素の中の適切な位置に新たな要素を挿入する操作を繰り返しながら，整列範囲を広げていく方法です。

(2) 整列法には，(1)の三つの方法の他に，整列対象を基準値よりも小さい要素のグループと，大きい要素のグループに分ける操作を再帰的に繰り返す エ ，親と子の大小関係にルールをもった オ と呼ばれる 2 分木を利用する カ ，整列対象から一定間隔ごとに取り出した要素を整列するという操作を，間隔を狭めながら繰り返す キ ，まず，整列対象を整列済みの部分データ列に分け，それを併合することで全体を整列する ク があります。

(3) 配列などに格納されたデータの中から，目的のデータを探す処理を探索と呼びます。探索法には，データ列の先頭から順に探す ケ と，データ列が コ であることを前提に，2 分割しながら探索範囲を狭めていく サ があります。データ列の要素数を n としたとき， ケ による探索の平均比較回数は シ ， サ による探索の平均比較回数は， ス 以下の最大の整数であり，最大比較回数は，平均比較回数＋ セ 回になります。

(4) キーの値に一定の計算などを施して得られる値を元に，データの格納位置を決める方法は， ソ 法と呼ばれます。 ソ 法では，異なるキー値に対する計算結果が同じになることがあり，そのような状態を タ の発生と呼びます。 タ が発生していない場合， ソ 法によって格納されたデータ列中からは，直ちに目的のデータを見つけられますが， タ が発生した場合，処理が複雑になります。 タ データを格納する方法には，本来の格納位置から順に空き領域を探してデータを格納する チ や，同じ値になる タ 要素ごとにリストを作る ツ があります。

第 1 章 基礎理論

解 答

(1) ア：交換法（バブルソート）　イ：選択法　　ウ：挿入法

(2) エ：クイックソート　オ：ヒープ　カ：ヒープソート　キ：シェルソート
　　ク：マージソート

(3) ケ：線形探索（逐次探索）　コ：整列済み　サ：2分探索　シ：$\dfrac{n}{2}$
　　ス：$\log_2 n$　セ：1

(4) ソ：ハッシュ　タ：シノニム　チ：オープンアドレス法　ツ：チェーン法

1.4 基本アルゴリズム

第1章

▶▶▶**Question**

問題で学ぼう

問1　ヒープソートの説明として，適切なものはどれか。

◎**高度午前Ⅰ**〔H28 秋-AP 問 6〕

ア　ある間隔おきに取り出した要素から成る部分列をそれぞれ整列し，更に間隔を詰めて同様の操作を行い，間隔が 1 になるまでこれを繰り返す。

イ　中間的な基準値を決めて，それよりも大きな値を集めた区分と，小さな値を集めた区分に要素を振り分ける。次に，それぞれの区分の中で同様な処理を繰り返す。

ウ　隣り合う要素を比較して，大小の順が逆であれば，それらの要素を入れ替えるという操作を繰り返す。

エ　未整列の部分を順序木にし，そこから最小値を取り出して整列済の部分に移す。この操作を繰り返して，未整列の部分を縮めていく。

解説

　ヒープとは，どの部分木についても，親の節と子の節の値の関係に規則性（子の節の値 ＞ 親の節の値 又は その逆）がある完全 2 分木のことですが，親子の節の値に大小関係などのルールがある**順序木**の一つです。そして，この順序木を利用したソートが**ヒープソート**なので，（エ）が正解です。

　なお，（ア）は**シェルソート**，（イ）は**クイックソート**，（ウ）は**バブルソート**の説明です。不安な人は，復習しておきましょう。

解答　エ

問2　分割統治を利用した整列法はどれか。

（R1 秋-AP 問 8）

　　ア　基数ソート　　　　　　　　イ　クイックソート
　　ウ　選択ソート　　　　　　　　エ　挿入ソート

解説

　分割統治（divide and conquer method）の conquer というのは克服するというような意味で，対象を細分化（divide）していき，細分化された各部分の問題を解決（克服）していくことで，最終的に対象全体の問題を解決する方法です。この方法による整列法としては，再帰的なアルゴリズムを適用して，データ範囲の分割を各範囲の要素数が 1 になるまで繰り返すことで，

第1章 基礎理論

最終的に全体を整列するクイックソートが代表的なので，（イ）が正解です。

　なお，（ア）の基数ソートというのは，有限桁の数値や文字列からなるデータを対象とする整列法で，まず，最下位桁の値によってデータを整列し，その結果に対してその上（前）の桁の値による整列を行う，という操作を最上位桁まで繰り返します。

解答　イ

問3　n個のデータを整列するとき，比較回数が最悪の場合で$O(n^2)$，最良の場合で$O(n)$となるものはどれか。

(H19春-SW 問11)

　　ア　クイックソート　　　　　　　イ　単純選択法
　　ウ　単純挿入法　　　　　　　　　エ　ヒープソート

解説

　代表的な整列法は，計算量が$O(n^2)$の**低速アルゴリズム**と，$O(n\log_2 n)$の**高速アルゴリズム**に分けられ，解答群中では単純選択法（イ）と単純挿入法（ウ）が低速で，クイックソート（ア）とヒープソート（エ）が高速です。

　単純挿入法とは**挿入ソート**のことで，k番目のデータの挿入位置を探すための比較を位置が決まった時点で終えるので，その回数は，最大で$k-1$回ですが，最小では1回です。そして，全てのデータに対して比較回数が最大，最小であった場合の比較回数の合計は，次のようになります。

$$\text{最大の場合}\quad \sum_{k=2}^{n}(k-1)=\{\frac{n(n+1)}{2}-1\}-(n-1)=\frac{n^2-n}{2}$$

$$\text{最小の場合}\quad \sum_{k=2}^{n}1=n-1$$

　したがって，最大（悪）の場合の計算量は$O(n^2)$，最小（良）の場合の計算量は$O(n)$となり，（ウ）が正解です。

ア：**クイックソート**……高速アルゴリズムですから，最良の場合は$O(n\log_2 n)$となりますが，最悪の場合には，$O(n^2)$になります。

イ：**単純選択法**……データの並び方によらず常に同じ比較回数です。低速ですから計算量は$O(n^2)$で，**単純交換法**（バブルソート）も同じです。

エ：**ヒープソート**……最悪の場合でも$O(n\log_2 n)$となりますが，ヒープを作成しなくてはいけません。

解答　ウ

1.4 基本アルゴリズム

第1章

問4 従業員番号と氏名の対が n 件格納されている表に線形探索法を用いて，与えられた従業員番号から氏名を検索する。この処理における平均比較回数を求める式はどれか。ここで，検索する従業員番号はランダムに出現し，探索は常に表の先頭から行う。また，与えられた従業員番号がこの表に存在しない確率を a とする。

〔H26 春·AP 問6〕

ア $\dfrac{n+1}{2} + \dfrac{na}{2}$

イ $\dfrac{(n+1)(1-a)}{2}$

ウ $\dfrac{(n+1)(1-a)}{2} + \dfrac{n}{2}$

エ $\dfrac{(n+1)(1-a)}{2} + na$

解説

　表中に目的の従業員番号が存在しない場合には，最後の要素まで比較しなくてはいけないので，比較回数は必ず n 回で，平均比較回数も n 回になります。一方，存在する場合には，比較回数は一定にはならないので，平均比較回数を求めます。この問題のように条件によって平均比較回数が異なる場合には，存在する場合としない場合の平均比較回数を別に求めて，それぞれの確率を乗じることで全体の平均を求めます。存在しない場合の平均比較回数は n 回でした。一方，存在する場合でも，探索するときに存在するかどうかは分かっていないので，見つからないことも考慮する必要があり，最小比較回数が1回，最大比較回数が n 回になり，平均比較回数は $\dfrac{n+1}{2}$ です。そして，それぞれに，存在しない確率 a と存在する確率 $(1-a)$ を乗じて整理すると（エ）の $\dfrac{(n+1)(1-a)}{2} + na$ になります。

	平均比較回数	確率	全体の平均比較回数
存在する	$\dfrac{n+1}{2}$	$1-a$	$\dfrac{(n+1)(1-a)}{2} + na$
存在しない	n	a	

　ちなみに，$1+2+\cdots+n$ を分解すると，$1+n$，$2+(n-1)$，$3+(n-2)$，…というように，合計が $n+1$ となる対（ペア）が $\dfrac{n}{2}$ 個できるので，合計は $(n+1) \times \dfrac{n}{2}$ になるのでした。そして，この合計を n で割って平均を求めると，$\dfrac{n+1}{2}$ になります。ただし，いつもこのように考えるのは面倒なので，最小比較回数の1と最大比較回数回数の n を足して2で割るというように理解しておけばよいでしょう。

解答　エ

第1章 基礎理論

> **問5** 異なる n 個のデータが昇順に整列された表がある。この表を m 個のデータごとのブロックに分割し，各ブロックの最後尾のデータだけを線形探索することによって，目的のデータの存在するブロックを探し出す。次に，当該ブロック内を線形探索して目的のデータを探し出す。このときの平均比較回数を表す式はどれか。ここで，m は十分に大きく，n は m の倍数とし，目的のデータは必ず表の中に存在するものとする。
>
> (H30春-AP 問6)
>
> ア　$m + \dfrac{n}{m}$　　イ　$\dfrac{m}{2} + \dfrac{n}{2m}$　　ウ　$\dfrac{n}{m}$　　　　エ　$\dfrac{n}{2m}$

解説

　探索手順が少し複雑なので整理すると，まず，分割された各ブロックの末尾の要素と比較して，どのブロックにあるかを突き止めて，次にそのブロックを先頭から順に調べていくというものです。また，必ず表の中に目的のデータが存在するということですが，このことにも注意が必要です。存在することが分かっている場合には，末尾の一つ手前の要素まで調べて見つからなければ，必ず末尾に存在するので，末尾の要素との比較は不要です。このことから，表の要素数を n とすると，最小比較回数が 1 回，最大比較回数が $n-1$ 回で，平均比較回数は $\dfrac{n}{2}$ 回になります。

> 表中に必ず存在：$\dfrac{n}{2}$ 回　（存在しないことがある：$\dfrac{n+1}{2}$ 回）

　要素 n の表を，m 個ずつのブロック表に分割するのですから，分割されたブロックの数は $\dfrac{n}{m}$ 個になります。データは昇順に並んでいるので，最初に行う末尾の要素との比較では，各ブロック内で一番大きな末尾の要素を順に調べて，目的のデータと等しいか大きなデータが見つかれば，そのブロック内にあることが分かります。これは末尾の要素だけを集めた要素数 $\dfrac{n}{m}$ 個の表の線形探索なので，最小比較回数は 1 回，最大比較回数は $\dfrac{n}{m}-1$ 回，平均比較回数は $\left(1+\left(\dfrac{n}{m}-1\right)\right) \div 2 = \dfrac{n}{2m}$ 回です。次の要素数 m 個のブロックに対する線形探索の平均比較回数は $\dfrac{m}{2}$ 回なので，合計は $\dfrac{n}{2m} + \dfrac{m}{2}$ （回）となり，（イ）が正解です。

解答　イ

1.4 基本アルゴリズム

> **問6** 自然数をキーとするデータを，ハッシュ表を用いて管理する。キーxのハッシュ関数$h(x)$を
> $$h(x) = x \bmod n$$
> とすると，キーaとbが衝突する条件はどれか。ここで，nはハッシュ表の大きさであり，$x \bmod n$はxをnで割った余りを表す。
>
> (R1秋-AP 問7)
>
> ア　$a+b$がnの倍数　　　　イ　$a-b$がnの倍数
> ウ　nが$a+b$の倍数　　　　エ　nが$a-b$の倍数

解説

　与えられた**ハッシュ関数**$h(x)$は，$x \bmod n$，つまり，xをnで割った余りなので，**キーa，bが衝突する条件**は，aをnで割った余りとbをnで割った余りが同じということです。aをnで割ったときの商をa'，bをnで割ったときの商をb'，余りをrとすると，次のように整理ができます。

$a = a' \times n + r,\ b = b' \times n + r$
$a - b = (a' \times n + r) - (b' \times n + r) = a' \times n - b' \times n = (a' - b') \times n$

　このことから，$a-b$はnの倍数であることが分かります。したがって，(イ)が正解です。なお，$a=11$，$b=5$，$n=3$などの具体例を用いても簡単に確認できます。$a+b=11+5=16$，$a-b=11-5=6$ですから，$a-b=6$は$n=3$の倍数ですが，$a+b=16$は$n=3$の倍数ではありません。また，$n=3$は$a+b=16$や$a-b=6$の倍数ではありません。

　なお，ハッシュ関数は値の範囲が広いキー値を，ある一定の範囲に収まるように変換することが目的の関数です。例えば，キー値の範囲が1～10,000で，実際のデータ数が100個というような場合，できるだけデータ数に近い配列要素の中に格納できるようにします。そして，そのために最もよく用いられるのが，剰余（mod）の計算です。併せて理解しておきましょう。

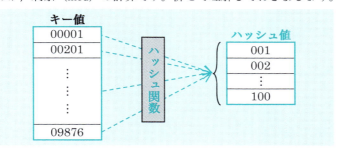

解答　イ

第1章 基礎理論

問7 自然数を除数とした剰余を返すハッシュ関数がある。値がそれぞれ571，1168，1566である三つのレコードのキー値を入力値としてこのハッシュ関数を施したところ，全てのハッシュ値が衝突した。このとき使用した除数は幾つか。

◎高度午前I　(H30 秋-AP 問27)

　　ア　193　　　　　　イ　197　　　　　　ウ　199　　　　　　エ　211

解説

　　自然数を除数とした剰余とするハッシュ値が衝突する条件は，入力値（元の数）の差が除数とした自然数の倍数であるということでした。この問題では，571，1168，1566の三つを入力値に対するハッシュ値が衝突するのですから，選択肢の中で，入力値の差の約数になっているものが正解です。差の約数であることを確認するときに，入力値の差ができるだけ小さい方が楽なので，1,566－1,168＝398について考えます。差の398はおよそ400ですが，選択肢はいずれもおよそ200なので，差は正解である除数のおよそ2倍です。

二つの数の差が割る数の倍数　←　剰余のハッシュ値が衝突する条件
→　　1566 － 1168 ＝ 398 が除数の倍数（2倍）

　　選択肢にある数の1の位に着目します。差398は1の位が8ですから，2倍すると1の位が8になる（ウ）の199が正解であることが分かります（199×2＝398）。心配でしたら確認してから，正解を確定しましょう。571÷199＝2…173，1,168÷199＝5…173，1,566÷199＝7…173と，いずれもハッシュ値（剰余）は173になります。

解答　ウ

1.4 基本アルゴリズム

問8 探索表の構成法を例とともに a〜c に示す。最も適した探索手法の組合せはどれか。ここで，探索表のコードの空欄は表の空きを示す。　〔H30秋-AP 問8〕

a　コード順に格納した探索表

コード	データ
120380	……
120381	……
120520	……
140140	……

b　コードの使用頻度順に格納した探索表

コード	データ
120381	……
140140	……
120520	……
120380	……

c　コードから一意に決まる場所に格納した探索表

コード	データ
120381	……
120520	……
140140	
120380	……

	a	b	c
ア	2分探索	線形探索	ハッシュ表探索
イ	2分探索	ハッシュ表探索	線形探索
ウ	線形探索	2分探索	ハッシュ表探索
エ	線形探索	ハッシュ表探索	2分探索

解説

a：コード順に格納されているデータ列の場合，探索対象がどこにあるかは分かりませんが，順に格納されているという性質を利用して**2分探索**が利用でき，これが適しています。

b：コードの使用頻度順に格納されたデータ列の場合，先頭の方に探索対象のデータがある確率が高いので，先頭から順に探索していく**線形（逐次）探索**が適しています。なお，一般には，データ個数がn個の場合，線形探索の平均比較回数は $\frac{n}{2}$ 回ですが，先頭部分で見つかる可能性が高いので，実際には $\frac{n}{2}$ 回より大幅に少なくなることが期待できます。

c：コードから，計算などによって一意に格納場所を決定するのがハッシュですから，そのルール（計算方法など）を利用した**ハッシュ表探索**が適切です。

解答　ア

第 1 章 基礎理論

> 問9 fact (n)は，非負の整数 n に対して n の階乗を返す。fact (n)の再帰的な
> 定義はどれか。
>
> ◎高度午前Ⅰ (H29 秋·AP 問 7)
>
> ア if $n=0$ then return 0 else return $n \times$ fact $(n-1)$
> イ if $n=0$ then return 0 else return $n \times$ fact $(n+1)$
> ウ if $n=0$ then return 1 else return $n \times$ fact $(n-1)$
> エ if $n=0$ then return 1 else return $n \times$ fact $(n+1)$

解説

n の階乗とは，$n \times (n-1) \times (n-2) \times \cdots \times 1$ のことで，一般に $n!$ と表記します。そして，この階乗は $n! = n \times (n-1) \times (n-2) \times \cdots \times 1 = n \times (n-1)!$ と表現でき，**再帰アルゴリズム**の代表例です。この辺りまで理解できていれば，正解が（ア）か（ウ）であるということまでは分かると思います。

$$n! = n \times \underbrace{(n-1) \times (n-2) \times \cdots \times 1}_{}$$
$$= n \times \qquad (n-1)!$$

ここで問題となるのが，$n=0$ のとき，つまり，$n!$ が 0 なのか 1 なのかということです。知らないとお手上げということになってしまうかもしれません。しかし，落ち着いて考えましょう。例えば，$2! = 2 \times 1 = 2$ であることは明らかでしょう。この fact(n)の定義によれば，fact(2)$= 2 \times$ fact(1)$= 2 \times 1 \times$ fact(0)ですが，これがポイントです。$2 \times 1 \times$ fact(0)の結果は 2 になるはずですが，もし，fact(0)が 0 だとすると，$2 \times 1 \times$ fact(0)の結果は 0 になってしまいます。つまり，fact(0)が 0 だとすると，全ての結果が 0 になってしまいます。こうして考えれば，fact(0)は 1 でなくてはいけないことが分かり，正解が（ウ）であると確信がもてると思います。

このように落ち着いて視点を変えてみると解ける問題が多くあります。あきらめは禁物です。

解答 ウ

1.4 基本アルゴリズム

第1章

> **問10** 非負の整数 m, n に対して次のとおりに定義された関数 $Ack(m, n)$ がある。$Ack(1, 3)$ の値はどれか。
>
> ◎高度午前Ⅰ （H30 春-AP 問5）
>
> $$Ack(m, n) = \begin{cases} Ack(m-1, Ack(m, n-1)) & (m>0 \text{ かつ } n>0 \text{ のとき}) \\ Ack(m-1, 1) & (m>0 \text{ かつ } n=0 \text{ のとき}) \\ n+1 & (m=0 \text{ のとき}) \end{cases}$$
>
> ア 3 　　　　 イ 4 　　　　 ウ 5 　　　　 エ 6

解説

　関数 $Ack(m, n)$ の定義は，m，n の値によって3種類に分かれていて，$m>0$ かつ $n>0$ のときの $Ack(m-1, Ack(m, n-1))$ は，さらに関数 Ack の計算が必要な再帰的なものになっています。そして，問われている $Ack(1, 3)$ は，$m=1>0$ かつ $n=3>0$ なので，この定義に該当し，$Ack(0, Ack(1, 2))$ と変形できます。さらに，この中に含まれる $Ack(1, 2)$ の部分は①$ACK(0, Ack(1, 1))$，そして，$Ack(1, 1)$ の部分は，②$Ack(0, Ack(1, 0))$ と変形が進み，$Ack(1, 0)$ の部分を③$Ack(0, 1)$ と変形した時点で $Ack(0, 1)=1+1=2$ と計算することができ，変形が収束します。

　問われている $Ack(1, 3)$ の値を求めるためには，ここから逆にたどっていきます。$Ack(0, 1)=2$ ですから，④$Ack(0, Ack(1, 0))=Ack(0, 2)=2+1=3$ ですが，これは $Ack(1, 1)$ を変形したものでした。そして，⑤$Ack(0, Ack(1, 1))=Ack(0, 3)=3+1=4$ ですが，こちらは $Ack(1, 2)$。さらに，⑥$Ack(0, Ack(1, 2))=Ack(0, 4)=4+1=5$ ですが，これが $Ack(1, 3)$ でしたから，求める値は5であり，（ウ）が正解です。

```
Ack(1, 3)
= Ack(0, Ack(1, 2))                    → Ack(0, 4) = 5 (=4+1)
         ①                                        ⑥
     Ack(0, Ack(1, 1))         →    Ack(0, 3) = 4 (=3+1)
              ②                             ⑤
         Ack(0, Ack(1, 0))  →  Ack(0, 2) = 3 (=2+1)
                  ③                    ④
             Ack(0, 1) =   2
```

解答　ウ

問11 流れ図に示す処理の動作の記述として，適切なものはどれか。ここで，二重線は並列処理の同期を表す。

◎高度午前Ⅰ　（H28 春・AP 問6）

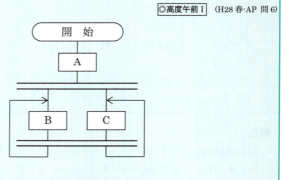

ア　ABC 又は ACB を実行してデッドロックになる。
イ　AB 又は AC を実行してデッドロックになる。
ウ　A の後に BC 又は CB，BC 又は CB，…と繰り返して実行する。
エ　A の後に B の無限ループ又は C の無限ループになる。

解説

　通常の流れ図では見かけない二重線については，問題文に「並列処理の同期を表す」と説明されています。問題の図では，A に続いて二重線があり，その下から B と C の並列処理が始まります。そして，B と C の並列処理に続いてまた二重線があり，その下から B，C それぞれに対する繰返しのための矢印が出ています。

　まず，A に続く上の二重線については，A が終わると B と C が開始できること，B と C に続く下の二重線については，B と C が終わると，再度，B と C が開始できることを示しています。逆の見方をすれば，B と C を開始するためには A が終了しなければならず，B や C の再処理を始めるためには，B と C の両方が終了しなければならないということです。B の再処理（繰返し）のためには C の終了を待ち合わせる必要があり，C の繰返しのためには B の終了を待ち合

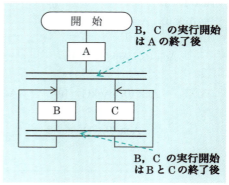

1.4 基本アルゴリズム

第1章

わせる必要があります。つまり，BとCは互いに相手の終了を待ち合わせる
ことになるので，デッドロックが思い浮かぶかもしれませんが，処理が中断
してしまうわけではないので，デッドロックは発生しません（ア），（イ）。
また，B…BやC…CというようにBだけ，Cだけが無限ループになったり
することもありません（エ）。前述のように，BとCを開始するためにはA
の終了を待ち合わせることになり，BとCの繰返しは必ずペアで行われます。
このときBとCの実行順には制限はないので，BCかCBという実行順にな
りますが，このことを表現しているのが（ウ）なので，（ウ）が正解です。

解答　ウ

89

第1章 基礎理論

1.5 BNF と逆ポーランド記法

▶▶▶ **Explanation**

ポイントの解説

　BNF（Backus-Naur Form；バッカス記法）の出題内容は，BNF で示された構文規則に当てはまる文字列や数字列を解答するものや，逆に適切な BNF による表現を解答するものです。BNF に用いられる記号の意味を正しく理解し，再帰的な表現に慣れることが必要です。

　ポーランド記法と逆ポーランド記法では演算子を記述する位置が異なります。主な出題内容は，通常用いられる式の表現を正しい逆ポーランド記法（又はポーランド記法）に変換するものや，逆ポーランド記法で表現された式の計算結果を求めるものです。

（1）　BNF

　BNF はプログラムの構文記述に用いられます。もともとは ALGOL60 というプログラム言語の構文記述に使われたものです。

①基本的な BNF の記号

　例えば，「数字は 0～9 までのいずれか一つからなる」という規則を BNF で記述します。

> 　＜数字＞::＝0｜1｜2｜3｜4｜5｜6｜7｜8｜9
> "::＝" は「左辺を右辺のように定義する」，"｜" は「又は (OR)」を表します。

②BNF の記述法

　BNF では，既に定義された要素（例えば，上で挙げた＜数字＞）を幾つか併記したり，同じ要素を繰り返したりして，複雑な構文記述を行います。再帰的な定義ができる点もポイントです。

> ＜数字＞と＜英字＞が次のように BNF によって定義されています。次の (a)，(b) の BNF を考えます。
> ＜数字＞::＝0｜1｜2｜3｜4｜5｜6｜7｜8｜9
> ＜英字＞::＝A｜B｜C

1.5 BNFと逆ポーランド記法

第1章

(a)　1文字の＜英字＞又は＜数字＞からなる＜英数字＞の BNF
　　　＜英数字＞::=＜英字＞｜＜数字＞　　例．A，5
(b)　1文字以上の＜英数字＞からなる＜英数字の並び＞の BNF
　　　＜英数字＞は 1 文字ですから，それを単独か，又は繰り返して＜英数字の並び＞を表現します。

　　　＜英数字の並び＞::=＜英数字＞｜＜英数字＞＜英数字の並び＞
　　　　　　　　　　　　　　↓　　　　　　↓
　　　　　　　　　　　1 文字の場合　　2 文字以上の場合

　　　＜英数字の並び＞は，＜英数字の並び＞を用いて再帰的に定義されています。実際に，＜英数字の並び＞の中に，＜英数字の並び＞が含まれていることを例で確認しましょう。この場合，先頭の 1 文字は＜英数字＞で，残りの文字が＜英数字の並び＞です。
　　　（例）B，0，AA，256，A7C5

(2)　ポーランド表記法と逆ポーランド表記法
　ポーランド表記法と逆ポーランド表記法は，数式の表現に用いられ，演算子を記述する位置が異なります。
　①数式の表現
　　数式を表現するに当たって，演算子を演算対象の前，間，後ろに記述する方法が考えられます。

記述法	演算子の配置	特徴	例
ポーランド表記法	前置記法	演算子を演算対象の**前**に置く	＋ab
通常の表記法	中置記法	演算子を演算対象の**間**に置く	a＋b
逆ポーランド表記法	後置記法	演算子を演算対象の**後ろ**に置く	ab＋

　②逆ポーランド表記法の利用
　　逆ポーランド表記法は，簡単なコンパイラで構文解析の結果を表現する表記法として使われることがあります。逆ポーランド表記法で表現された数式は，演算対象が二つ並んだ後に必ず演算子がきます。この規則性に従って，数式の一番左の演算子から順に，その前にある二つの演算対象に対して演算を行っていきます。

[逆ポーランド表記法による表現]
y＝a×x＋b　（通常の表記法）
y |a×x＋b|＝
y |a×x| b＋＝
y |a| x×b＋＝
yax×b＋＝　（逆ポーランド表記法）

（注）□ の部分は演算対象です。

[構文木*による表現]

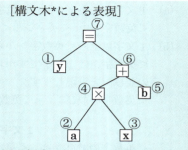

深さ優先の後行順で巡回します。
構文木…構文解析結果を表す木

[逆ポーランド表記法の演算]
|yax×b＋＝|　　a×x→中間データ S
|ySb＋＝|　　　S＋b→中間データ T
|yT＝|　　　　　T→y（a×x＋bの演算終了）

（3）オートマトン

　オートマトン（automaton）という馴染みのない名称は，本来，自動人形（日本のからくり人形のようなもの）を意味しますが，情報分野では状態機械と呼ばれます。**状態機械**とは，入力記号と内部状態，及び遷移ルールの組合せとして定義されるもので，試験には，状態遷移図のトレース問題として出題されます。図の状態遷移図で示されたオートマトンの場合，初期状態はS1で，1文字目の入力記号が1の場合はS2に，0の場合にはS3に遷移します。また，記号列の最後の記号を入力した時点で，受理状態の S3 にある場合にその記号列は受理されることになります。例えば，"0"や"110"，"0111"などは，受理される記号列です。

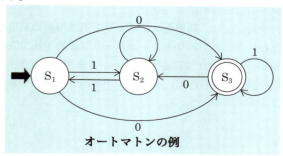

オートマトンの例

1.5 BNFと逆ポーランド記法

▶▶▶Check

理解度チェック ▶ 1.5 BNF と逆ポーランド記法

第1章

次の文中の 　　 に適切な用語や記号を入れてください。

(1) 　ア　 は，プログラムの構文規則などの定義に用いられます。例えば，数字であれば，「＜数字＞::=0｜1｜2｜3｜4｜5｜6｜7｜8｜9」というように記述しますが，この記述中の 　イ　 は，左辺を右辺のように定義するというような意味で，「｜」は 　ウ　 を意味します。また，「＜数字＞::=0｜1｜2｜3｜4｜5｜6｜7｜8｜9」という定義を利用すれば，複数の数字の並びである数字列は，次のように定義できます。

　　＜数字列＞::=＜数字＞｜＜数字＞＜ 　エ　 ＞

(2) 通常は，数式を表現するときに，＋，－，×，÷などの演算子を，演算対象（OP：オペランド）の真中に配置しますが，この表記法は中置記法と呼ばれることがあります。これに対して，演算子を先頭に配置する方法を前置記法，最後に配置する方法を後置記法と呼びます。また，前置記法は 　オ　 ，後置記法は 　カ　 と呼ばれることがあり，　カ　 は，演算の優先順位を示す 　キ　 を用いずに数式を表現できるので，コンパイラの構文解析で利用されます。なお，中置記法で「A＝B＋C」と表される数式は，後置記法によって 　ク　 というように表すことができます。

(3) 状態機械と呼ばれる 　ケ　 は，　コ　 と 　サ　 ，及び遷移ルールによって定義されます。このうち，遷移ルールについては，通常，　シ　 図で示されます。

解 答

(1) ア：BNF　イ：::=　ウ：又は（OR）　エ：数字列

(2) オ：ポーランド表記法　カ：逆ポーランド表記法　キ：（ ）
　　ク：ABC＋＝

(3) ケ：オートマトン　コ：入力記号　サ：内部状態　シ：状態遷移

第1章 基礎理論

▶▶▶**Question**

問題で学ぼう

問1　あるプログラム言語において，識別子（identifier）は，先頭が英字で始まり，それ以降に任意個の英数字が続く文字列である。これを BNF で定義したとき，a に入るものはどれか。

◎高度午前Ⅰ　（H29 春-AP 問 4）

＜digit＞::=0｜1｜2｜3｜4｜5｜6｜7｜8｜9
＜letter＞::=A｜B｜C｜…｜X｜Y｜Z｜a｜b｜c｜…｜x｜y｜z
＜identifier＞::=　　　　a

ア　＜letter＞｜＜digit＞｜＜identifier＞＜letter＞｜＜identifier＞＜digit＞
イ　＜letter＞｜＜digit＞｜＜letter＞＜identifier＞｜＜identifier＞＜digit＞
ウ　＜letter＞｜＜identifier＞＜digit＞
エ　＜letter＞｜＜identifier＞＜digit＞｜＜identifier＞＜letter＞

解説

　識別子＜identifier＞とは，先頭が英字で始まり，それぞれ任意個の英数字が続く文字列という定義です。一方，既に定義済みの＜digit＞とは1桁の数字，＜letter＞とは1字の英字（大文字，小文字）のことです。これらを利用して，任意個の英数字とするためには，＜identifier＞の中で**再帰的な定義**が必要になります。この再帰的な定義が混乱の元になるのですが，とりあえずその部分には目を向けず，明らかに誤りのある選択肢から除外していきましょう。

　（ア），（イ）には単独で＜digit＞が含まれていますが，この定義では数字1字でも＜identifier＞であるという意味になり，先頭が英字という定義に反するので，この二つは除外できます。したがって，正解は（ウ）か（エ）になります。二つとも，最初に＜letter＞が単独で定義されていますが，＜letter＞とは1字の英字（大文字，小文字）のことでしたから，この定義によって，英字から始まらなくてはならないということになります。続く＜identifier＞＜…＞の部分は，＜…＞の内容を任意個続けられるという意味になりますが，（ウ）には＜identifier＞＜digit＞しかないので，先頭の英字の後に英字を続けることはできません。一方の（エ）にはこれに加え＜identifier＞＜letter＞というのがあるので，英字，数字どちらも続けることができ，これが正解となります。

解答　エ

1.5 BNFと逆ポーランド記法

問2 次のBNFにおいて非終端記号〈A〉から生成される文字列はどれか。
(H29 秋·AP 問2)

〈R_0〉 ::= 0 | 3 | 6 | 9
〈R_1〉 ::= 1 | 4 | 7
〈R_2〉 ::= 2 | 5 | 8
〈A〉 ::= 〈R_0〉 | 〈A〉〈R_0〉 | 〈B〉〈R_2〉 | 〈C〉〈R_1〉
〈B〉 ::= 〈R_1〉 | 〈A〉〈R_1〉 | 〈B〉〈R_0〉 | 〈C〉〈R_2〉
〈C〉 ::= 〈R_2〉 | 〈A〉〈R_2〉 | 〈B〉〈R_1〉 | 〈C〉〈R_0〉

ア　123　　　イ　124　　　ウ　127　　　エ　128

解説

問われている非終端記号〈A〉の定義は〈R_0〉であるか，〈A〉，〈B〉，〈C〉の後ろに〈R_n〉が付く形式になっています。つまり，2文字以上の場合には，1文字目に当たる〈R_0〉，〈R_1〉，〈R_2〉をそれぞれ〈A〉，〈B〉，〈C〉に読み換えて，続く2文字目を〈R_n〉として後に付けるというように解釈していきます。そして，3文字の場合も同様です。

選択肢の内容は，全て3文字で先頭の2文字が"12"になっていますから，まず，この2文字から解釈してみます。1文字目の"1"は〈R_1〉なので，〈B〉に置き換えることができます。そして，2文字目の"2"は〈R_2〉なので，"12"は〈B〉〈R_2〉であり〈A〉に置き換えることができます。したがって，3文字目までを含めると〈A〉〈R_n〉になりますが，これが〈A〉に置き換えられればよいことになります。

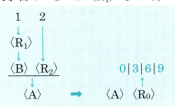

〈A〉の定義を再確認すると〈A〉で始まるのは，〈A〉〈R_0〉だけなので，3文字目は〈R_0〉，つまり，0 | 3 | 6 | 9 であればよいのですが，該当するのは（ア）の"123"だけなので，これが正解です。

なお，"4"と"7"は〈R_1〉なので，（イ）と（ウ）は〈B〉，そして，"8"は〈R_2〉なので，（エ）は〈C〉です。ちなみに，**非終端記号**とは，解釈の途中だけに現れる記号のことで，〈R_0〉，〈R_1〉，〈R_2〉や〈A〉，〈B〉，〈C〉が該当します。そして，実際の文字列中に現れる"0"〜"9"を**終端記号**と呼びます。

解答　ア

第1章 基礎理論

問3 式 A+B×C の逆ポーランド表記法による表現として，適切なものはどれか。

◎**高度午前Ⅰ**（R2-AP 問3）

　ア　＋×CBA　　　イ　×＋ABC　　　ウ　ABC×＋　　　エ　CBA＋×

解説

　数式表現には，次の三つの方法がありましたね。いずれも，○置記法となり，○の部分は前，中，後のいずれかになりますが，演算子を前，中，後のどこに置くかという意味です。

> ・前置記法（**ポーランド表記法**）　：演算子を二つの**演算数の前**に置く表記法です（例：×AB）。
> ・中置記法（一般的な表記法）　　：演算子を二つの**演算数の間**に置く表記法です（例：A×B）。
> ・後置記法（**逆ポーランド表記法**）：演算子を二つの**演算数の後ろ**に置く表記法です（例：AB×）。

　逆ポーランド表記法とは，**後置記法**のことですから，二つの演算数の後ろに演算子が置かれる形式です。通常の表記法（中置記法）から変換するときには，元の式の演算順序に注意してください。

　問題の A+B×C は，先に B×C を計算し，A とその結果を加算する数式なので，まず，B×C の部分を書き換えると，"BC×" というようになります。ここで "BC×" を一つの演算数と見ることがポイントになります（なかなか難しいのですが）。分かりやすく括弧を付けて表すと，この結果，元の式は A+(BC×)となります。さらに，変換を進めると A(BC×)＋となり，括弧を外した（ウ）の ABC×＋が正解になります。（ア），（イ）は前置記法なので，まず，（エ）について，通常の中置記法に変換しておきましょう。この場合は，先頭から演算子の現れる順に変換していくことがポイントです。

エ：CBA＋× → C(BA＋)× → C(B＋A)× → C×(B＋A)となります。中置記法の場合，括弧は外せません。

　続いて，前置記法の（ア），（イ）について，中置記法に変換してみます。今度は，演算子の後に二つの演算数が付いている部分から変換します。

ア：＋×CBA → ＋(×CB)A → ＋(C×B)A → (C×B)＋A となります。括弧を取っても演算順序は変わりませんから，C×B＋A でも OK です。

イ：×＋ABC → ×(＋AB)C → ×(A＋B)C → (A＋B)×C となります。こちらは括弧を外せません。

解答　ウ

96

1.5 BNFと逆ポーランド記法

第1章

問4 次に示す計算式と逆ポーランド表記法の組合せのうち，適切なものはどれか。

(H26秋-FE 問4)

	計算式	逆ポーランド表記法
ア	((a+b)*c)−d	abc*+d−
イ	(a+(b*c))−d	ab+c*d−
ウ	(a+b)*(c−d)	abc*d−+
エ	a+(b*(c−d))	abcd−*+

解説

　選択肢を一つずつ確認していくと考えると面倒そうですが，正解が分かればよいので，ポイントを絞って確認していきましょう。計算式を逆ポーランド表記法にするときは，カッコの中や乗除算など，式の中で最初に計算する部分から変換していくのでした。このことに注目して，最初に計算する部分を取り出すと，（ア）は (a+b)，（イ）は (b*c)，（ウ）は(a+b)，（エ）が (c−d) です。これらを逆ポーランド表記法に変換すると，（ア）と（ウ）が ab+，（イ）が bc*，（エ）cd−になります。そして，以降の変換では，変換済みの部分は一つの演算数とみなすので，そのままの形で残ります。選択肢の内容を見ると，最初に変換した内容が，そのままの形で表記中に残っているのは，（エ）だけです。これで正解は分かりましたが，念のため（エ）の計算式を変換すると，次のようになり，正解であることが確認できます。

　a+(b*(c−d))　←　(c−d)の部分を cd−に
　a+(b*cd−)　←　b*cd−の部分を bcd−*に
　a+bcd−*　　←　bcd−*は一つの演算数ですから abcd−*+に
　abcd−*+

　なお，（ア）～（ウ）の計算式を，正しく逆ポーランド表記法で表現すると，それぞれ，（ア）ab+c*d−，（イ）abc*+d−，（ウ）ab+cd−*になります。また，逆ポーランド表記法の内容を計算式で表現すると，（ア）a+b*c−d，（イ）(a+b)*c−d，（ウ）a+(b*c−d)になります。変換の練習に使ってください。

解答　エ

| 第1章 基礎理論 |

問5 表は，入力記号の集合が {0，1}，状態集合が {a，b，c，d} である有限オートマトンの状態遷移表である。長さ3以上の任意のビット列を左（上位ビット）から順に読み込んで最後が 110 で終わっているものを受理するには，どの状態を受理状態とすればよいか。

◎高度午前Ⅰ　(H28 秋·AP 問4)

	0	1
a	a	b
b	c	d
c	a	b
d	c	d

ア　a　　　　　イ　b　　　　　ウ　c　　　　　エ　d

解説

110 を読み込む直前の状態が示されていないので，悩ましいところです。しかし，問題の状態遷移表をよく見ると，1 の入力に対して，状態が a か c であれば b に，b か d であれば d に遷移することが分かります。つまり，a，b，c，d のどの状態であっても，1 を読み込むと b か d のいずれかに遷移します。そして，この b か d の状態で 1 を読み込むと，遷移先は d だけに落ち着きます。さらに，d で 0 を読み込むと c に遷移しますから，受理状態は c です。したがって，（ウ）が正解ですが，このような遷移規則の場合，どのような入力記号の並びであっても，最後の 3 個が 110 であれば，c に遷移するということです。

最初の状態が分からないので，どうしようかと思ったかもしれませんが，きちんと解けるようにできています。落ち着いて取り組むことが大切です。

解答　ウ

1.6 待ち行列とその他理論

1.6 待ち行列とその他理論

第1章

▶▶▶**Explanation**

ポイントの解説

　基礎理論の分野には，待ち行列理論や，通信，計測・制御に関する理論が含まれていますが，よく出題されるのは，PCM 伝送，誤り制御，そして待ち行列理論です。また，AI（人工知能）に関する出題も目に付くようになっています。ここでは，知識が必要となる待ち行列理論と AI についてのポイントを解説します。そして，誤り制御などについては，基本情報技術者試験にも出題されるテーマなので，問題演習を通して復習することにします。

(1)　M/M/1 待ち行列モデル

　待ち行列モデルで用いられる M/M/1 という記述は，**ケンドール記法**のM/M/1(/∞)の(/∞)の部分を省略したもので，「客の到着過程／サービス時間の分布／窓口の数（／待ち行列の長さ）」を表しています。M はマルコフ過程と呼ばれるランダムな状態を示しているので，M/M/1(/∞)は「客の到着過程，サービス時間ともにランダム，窓口が一つで，長さに制限のない待ち行列モデル」ということになります。また，M/M/1 待ち行列であるためには，先着順に処理されること，待ち行列から途中で抜けることがないなどの条件を満たしている必要もあります。

ケンドール記法	客の到着過程	／ サービス時間の分布	／窓口の数
	M（ランダム）	／　M（ランダム）	／1（窓口が1）

待ち行列の条件：待ち行列の長さは無限，先着順の処理，途中で抜けない

　サービス時間と到着間隔については，時間のような連続量のランダム分布である**指数分布**に従うものとしてモデル化しています。また，客の到着過程は，ポアソン到着と呼ばれますが，これは，客が誘い合いなどをせずに，互いに独立してランダムにやって来るということで，到着間隔の逆数である到着率（単位時間当たりに到着する客の数）は，数のような離散量のランダム分布である**ポアソン分布**に従います。

99

(2) 待ち行列の長さと待ち時間，応答時間

待ち行列問題で基本になるのは，**待ち行列の長さ**（並んでいる数）で，この長さは**窓口利用率**（ρ）を使って求めます。窓口利用率とは，その窓口の能力のうちどのくらいの割合を使っているかという**忙しさを表す指標**です。窓口の忙しさは，能力（処理能力）と，訪れる客の数で決まります。忙しいほど，待ち行列の長さは長くなりますが，窓口の能力が高ければ，窓口利用率は低くなり待ち行列は短くなりますし，窓口を訪れる客の数が多くなれば，窓口利用率は高くなり，待ち行列は長くなります。

待ち行列の長さは，窓口利用率（ρ）によって，$\dfrac{\rho}{1-\rho}$ として求めることができます。ρは窓口がサービスをしている割合（確率）で，$1-\rho$は，窓口が空いている確率です。窓口が忙しい（ρの値が大きい）ほど列に待ち行列の長さは長くなりますが，この式の値もそのようになります。

待ち時間とは，**自分がサービスを受けられるまでの時間**です。列に並んでいた人数は，待ち行列の長さの $\dfrac{\rho}{1-\rho}$ ですから，平均サービス（処理）時間をtとすると，この人たちへのサービスに要する時間は $\dfrac{\rho}{1-\rho}\times t$ になります。

応答時間とは，**自分に対するサービスまで終わる時間**です。したがって，待ち時間に自分に対するサービス時間を足したものです。ρとtを使って考えると，平均待ち時間が $\dfrac{\rho}{1-\rho}\times t$，平均サービス時間がtなので，平均応答時間は $\dfrac{\rho}{1-\rho}\times t+t$ ですが，整理すると次のように簡潔な式になります。

$$\dfrac{\rho}{1-\rho}\times t + t = \dfrac{\rho}{1-\rho}\times t + \dfrac{1-\rho}{1-\rho}\times t = \dfrac{\rho+(1-\rho)}{1-\rho}\times t = \dfrac{1}{1-\rho}\times t$$

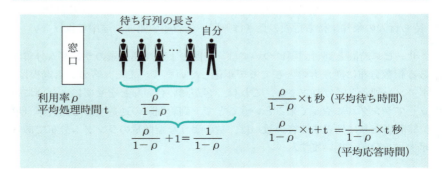

（3） 人工知能（AI；Artificial Intelligence）

　AI とは，言語の理解，推論，判断などの人間が行う知的活動を，コンピュータによって行うための研究分野や技術，仕組みなどのことです。これまでに 1950 年代，1980 年代と 2 回の AI ブームがあり，2000 年代に第 3 次 AI ブームが始まり，現在に至っています。第 3 次 AI ブームのきっかけは，**ディープラーニング**（deep learning；深層学習）と呼ばれる技術の出現です。

　ディープラーニングは，AI 自身が学習して知識を習得する機械学習手法の一つで，神経回路網（ニューラルネットワーク）を模倣した仕組みを利用することを前提にしています。ニューラルネットワークでは，入力と出力の間を信号線でつなぎ，各信号線に対する重み（パラメタ）を調整することで入力に対する適切な出力，つまり，知識を得ます。以前は入力と出力を直接つなぐ単層のものでしたが，ディープラーニングが適用されるのは，入力と出力の間に複数の中間層を設けた多層なものになっています。また，機械学習の教材として，ビッグデータなどの大量のデータが利用されます。

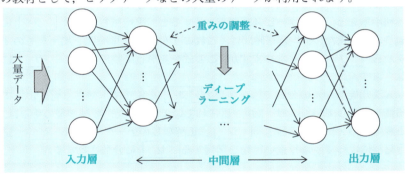

　AI の機械学習の手法の多くは，次の三つの種類に分類されます。
- **教師あり学習**：正解（教師）付きのデータによって，学習していく方法で，正解は**ラベル**とも呼ばれる。分類や回帰分析による未来予測など，学習によって精度を上げていく。
- **教師なし学習**：正解のないデータで学習していく方法で，データ同士の類似度や相互関係などによる**クラスタリング**（グループ化）など，新たな特徴や規則を見いだしていく。
- **強化学習**：将棋などのゲーム分野での利用がよく知られ，試行錯誤によってより良い行動を習得する。正解ではなく**報酬**と呼ばれる値によって学習する。

第1章 基礎理論

▶▶▶**Check**

理解度チェック ▶ 1.6 待ち行列とその他理論

次の文中の ☐ に適切な用語や数式を入れてください。

（窓口）利用率とは，単位時間当たりの ア に対する イ の割合です。この利用率が大きいほど，窓口が ウ ことを示します。その結果として，待ち行列の長さも長くなり，たくさん待たされることになります。

利用率（ρ）を基に，待ち行列の長さを求めます。この長さ（待ち数）は，ρを使って エ というように求めることができます。

平均待ち時間は，待ち数分の処理時間ですから，待ち数× オ によって求めることができます。

平均応答時間は， カ に自分自身の処理時間を加えた時間です。したがって， カ ＋ キ によって求めることができます。

利用率をρ，平均サービス時間をｔとすると，平均待ち時間は ク になります。また，平均応答時間は，これに1件分の処理時間を加えたものですから， ク ＋ｔとなりますが，この式を変形して整理すると ケ になります。

人工知能（AI）の分野では，多層の コ を使って，機械学習によって知識を獲得していく サ が注目されています。また，機械学習の手法は，正解付きのデータで学習する シ ，正解なしのデータを使う ス ，試行錯誤によって，より良い行動を学習する セ に分類されます。

解 答

ア：処理可能件数（処理能力）　　イ：実際の処理件数（データ件数）

ウ：忙しい（混んでいる）　　エ：$\dfrac{\rho}{1-\rho}$

オ：平均サービス時間（平均処理時間）

カ：平均待ち時間　　　　　　　　キ：平均サービス時間（平均処理時間）

ク：$\dfrac{\rho}{1-\rho} \times t$　　　　　　ケ：$\dfrac{1}{1-\rho} \times t$

コ：ニューラルネットワーク　　サ：ディープラーニング（深層学習）

シ：教師あり学習　　ス：教師なし学習　　セ：強化学習

1.6 待ち行列とその他理論

▶▶▶ **Question**

問題で学ぼう

問1　コンピュータによる伝票処理システムがある。このシステムは，伝票デー
　　タをためる待ち行列をもち，M/M/1 の待ち行列モデルが適用できるものと
　　する。平均待ち時間が *T* 秒以上となるのは，システムの利用率が少なくとも
　　何%以上となったときか。ここで，伝票データをためる待ち行列の特徴は次
　　のとおりである。
　　・伝票データは，ポアソン分布に従って到着する。
　　・伝票データをためる数に制限はない。
　　・1 件の伝票データの処理時間は，平均 *T* 秒の指数分布に従う。

　　　　　　　　　　　　　　　　　　　　　　　　　　　　　（H30 秋-AP 問 2）

　　ア　33　　　　　　イ　50　　　　　　ウ　67　　　　　　エ　80

解説

　待ち行列モデルの M/M/1 という記述は，ケンドール記法の M/M/1(/∞)の
(/∞)の部分を省略したもので，「客の到着過程／サービス時間の分布／窓口
の数（／待ち行列の長さ）」を表しているのでした。そして，M はマルコフ
過程であることを示し，客の到着過程である到着間隔と，サービス時間は，
指数分布に従います。また，単位時間内の客数である到着率はポアソン分布
に従うのでした。その他に，待ち行列の長さに制限はなく（∞），先着順に
処理される，待ち行列から途中で抜けることがないという条件があります。
　問題の伝票データの待ち行列には，M/M/1 の待ち行列モデルが適用できる
という条件なので，この待ち行列の平均待ち時間は，次の式で求められます。

$$平均待ち時間 = 平均処理時間（T）\times \frac{利用率}{1-利用率} = \left(T \times \frac{\rho}{1-\rho}\right)$$

　式の中の $\dfrac{利用率}{1-利用率}$ には，分母と分子に利用率があり，利用率が大きく
なると，分母は小さく，分子は大きくなるので，この部分の値も大きくなり，
平均待ち時間も利用率が大きくなるほど，大きくなります。そして，平均待
ち時間が T 秒になるのは，この部分の値が 1，つまり，利用率＝1−利用率
のときで，移項すると 2×利用率＝1 となるので，（イ）の 50%が正解です。

解答　イ

第1章 基礎理論

問2　ATM（現金自動預払機）が1台ずつ設置してある二つの支店を統合し，統合後の支店には ATM を1台設置する。統合後の ATM の平均待ち時間を求める式はどれか。ここで，待ち時間は M/M/1 の待ち行列モデルに従い，平均待ち時間にはサービス時間を含まず，ATM を1台に統合しても十分に処理できるものとする。

〔条件〕
(1)　統合後の平均サービス時間：T_S
(2)　統合前の ATM の利用率：両支店とも ρ
(3)　統合後の利用者数：統合前の両支店の利用者数の合計

(R3 秋-AP 問2)

ア　$\dfrac{\rho}{1-\rho} \times T_S$　　イ　$\dfrac{\rho}{1-2\rho} \times T_S$　　ウ　$\dfrac{2\rho}{1-\rho} \times T_S$　　エ　$\dfrac{2\rho}{1-2\rho} \times T_S$

解説

　利用率 ρ，平均サービス時間 T_S を使うと，平均待ち時間は $\dfrac{\rho}{1-\rho} \times T_S$ になります。問題には，統合後の利用率は記述されていませんが，統合前の利用率は両支店とも ρ です。平均サービス時間が同じならば，利用率は利用者数に比例するので，統合前の利用者数は両支店で同じと考えることができます。統合後の利用者数は両支店の合計，つまり，2倍なので，利用率も2倍の 2ρ になります。したがって，平均待ち時間を求める式は $\dfrac{2\rho}{1-2\rho} \times T_S$ になるので，（エ）が正解です。なお，（イ），（ウ）については，分母と分子で利用率が違うので，誤りであることはすぐ分かると思います。また，（ア）については，統合前の平均待ち時間を求める式ですね。

　この問題では，統合後も同じ ATM を使うようですが，統合後は利用者数が2倍になるので，性能も2倍の ATM を使うとすると，どうなるでしょう。利用者数は2倍になりますが，性能が2倍ですから，平均サービス時間が半分になるので，利用率 ρ はそのままです。したがって，平均待ち時間を求める式は，統合前と同じになります。このことから，平均待ち時間も変わらないと考えてしまう人もいると思いますが，大事なことを忘れています。待ち人数に当たる $\dfrac{\rho}{1-\rho}$ の部分の値は同じですが，平均サービス時間が $\dfrac{T_S}{2}$ になるので，平均待ち時間は，統合前の半分になります。

解答　エ

	1.6 待ち行列とその他理論

> **問3** 音声を標本化周波数 10kHz，量子化ビット数 16 ビットで 4 秒間サンプ
> リングして音声データを取得した。この音声データを，圧縮率 1／4 の
> ADPCM を用いて圧縮した場合のデータ量は何 k バイトか。ここで，1k バ
> イトは 1,000 バイトとする。
>
> (H31 春-AP 問 22)
>
> ア 10 　　　　　　 イ 20 　　　　　　 ウ 80 　　　　　　 エ 160

解説

　標本化周波数とは 1 秒間の標本取得回数のことで，10 kHz は，1 秒間に 10k
回標本を取得する，つまり，1 秒間に取得する標本数が 10k 個であることを示
します。一方，**量子化ビット数**とは，標本の大きさ（ビット数）のことなので，
量子化ビット数 16 ビットの場合，標本 1 個当たりのビット数が 16 ビット，つ
まり，2 バイトであることを示しています。そして，それが 4 秒間分ですから，
2 バイト×10k 個×4 秒分＝80k バイトのデータが取得されます。そして，そ
れを圧縮率 1／4 で圧縮するので，圧縮後のデータ量は，80k バイト×1／4＝
20k バイトとなり，（イ）が正解です。

　問題文には，「圧縮率1／4の ADPCM を用いて」などと問題を難しく感じさ
せるための記述がありますが，本質として，求めるデータ量は，サンプリング
したデータ量の 1／4 ですよと言っているだけですから，惑わされないように
注意しましょう。ちなみに，PCM（Pulse Code Modulation）とは，次の手順
でアナログデータをデジタル化する方式で，ADPCM（Adaptive Differential
PCM）は，その拡張版で，測定値をそのままデータ化するのではなく，予測値
との差の値をデータ化することで，データ量を圧縮する方式です。

> **PCM の手順**
>
> 　　**標本化** 　　→ 　　**量子化** 　→ 　　**符号化**
> 　　一定周期で測定　　測定値を整数化　データ符号に変換

　解答　イ

| 第1章 基礎理論 |

問4 表は，文字A～Eを符号化したときのビット表記と，それぞれの文字の出現確率を表したものである。1文字当たりの平均ビット数は幾らか。

(H30 春-AP 問2)

文字	ビット表記	出現確率（％）
A	0	50
B	10	30
C	110	10
D	1110	5
E	1111	5

ア　1.6　　　　　イ　1.8　　　　　ウ　2.5　　　　　エ　2.8

解説

　符号の平均ビット数は，各文字に割当てられた符号のビット長に出現確率を掛けて求めます。この求め方から分かるように，平均ビット数を小さくするためには，出現確率の高い文字に短いビット長の符号を割り当てるようにします。表に文字A～Eの出現確率とビット表記がまとめられていますから，各文字に割り当てられた符号の長さに出現確率を掛けた値を合計して平均ビット数を求めると，次のように1.8になり，（イ）が正解です。

　$1 \times 0.5 + 2 \times 0.3 + 3 \times 0.1 + 4 \times 0.05 + 4 \times 0.05 = 0.5 + 0.6 + 0.3 + 0.2 + 0.2 = 1.8$

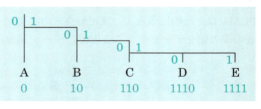

　各文字に割り当てられたビット表記を見ると，先頭が0のものは文字Aだけ，残りのB～Eは先頭が1ですが，続く2ビット目が0なのは10のBだけ，そして，11に続けて3ビット目が0なのはCだけです。このように，各ビットに割当てられているビット表記は，符号化した文字列を一意に復号できるように工夫されています。ちなみに，この問題の符号化方式は，**ハフマン符号**と呼ばれ，文字の出現確率に着目して，図のような**ハフマン木**を使って，各文字に符号を割り当てます。

解答　イ

1.6 待ち行列とその他理論

第1章

問5 ハミング符号とは，データに冗長ビットを付加して，1 ビットの誤りを訂正できるようにしたものである。ここでは，X_1，X_2，X_3，X_4 の 4 ビットから成るデータに，3 ビットの冗長ビット P_3，P_2，P_1 を付加したハミング符号 $X_1X_2X_3P_3X_4P_2P_1$ を考える。付加ビット P_1，P_2，P_3 は，それぞれ

$X_1 \oplus X_3 \oplus X_4 \oplus P_1 = 0$

$X_1 \oplus X_2 \oplus X_4 \oplus P_2 = 0$

$X_1 \oplus X_2 \oplus X_3 \oplus P_3 = 0$

となるように決める。ここで，$\oplus$ は排他的論理和を表す。

ハミング符号 1110011 には 1 ビットの誤りが存在する。誤りビットを訂正したハミング符号はどれか。

◎高度午前 I （H30 春·AP 問 3）

ア 0110011 　　イ 1010011 　　ウ 1100011 　　エ 1110111

解説

問題文にあるとおり，**ハミング符号**というのは，データに冗長ビットを付加して，1 ビットの誤りを訂正できるようにしたものです。解答を求めるためには，問題に示された式に X_1〜P_3 の値を代入して計算して，誤りのあるビットを探せばよいのですが，X_1〜P_3 の並びが入り組んでいるので，注意が必要です。問題のハミング符号は 1110011 ですが，これを X_1〜P_3 に割り当てると，X_1〜X_3 が 1，P_3 と X_4 が 0，P_2 と P_1 が 1 になっています。これらの値を三つの式に代入すると，それぞれ次のようになります。

$$
\begin{array}{l}
X_1\,X_2\,X_3\,P_3\,X_4\,P_2\,P_1 \\
\;1\;\;1\;\;1\;\;0\;\;0\;\;1\;\;1
\end{array}
\rightarrow
\begin{cases}
X_1 \oplus X_3 \oplus X_4 \oplus P_1 = 1 \oplus 1 \oplus 0 \oplus 1 = 1 & \cdots \;\; 式 1 \\
X_1 \oplus X_2 \oplus X_4 \oplus P_2 = 1 \oplus 1 \oplus 0 \oplus 1 = 1 & \cdots \;\; 式 2 \\
X_1 \oplus X_2 \oplus X_3 \oplus P_3 = 1 \oplus 1 \oplus 1 \oplus 0 = 1 & \cdots \;\; 式 3
\end{cases}
$$

式 1〜3 の結果が 1 なので，全ての式に共通して含まれるビットに誤りがあることが分かります。そして，それは X_1 なので，元のビット列の X_1 を反転すると 0110011 となり，（ア）が正解です。

式 1〜3 の構成に注目してください。まず，P_1〜P_3 は，それぞれ式 1〜3 の一つにだけに含まれます。X_1 は三つの式全てに，そして，X_2〜X_4 は式 1〜3 のうち二つの式にだけ含まれるように上手に割り振られていますね。このようにすることで，三つの式の結果から，誤りビットが分かるようになっています。そして，ビットの値は 0 か 1 なので，誤りビットの値を反転させて訂正します。

解答 ア

107

第1章 基礎理論

> **問6** 次の数式は，ある細菌の第 n 世代の個数 $f(n)$ が1世代後にどのように変化するかを表現したものである。この漸化式の解釈として，1世代後の細菌の個数が，第 n 世代と比較してどのようになるかを適切に説明しているものはどれか。
>
> $$f(n+1)+0.2 \times f(n) = 2 \times f(n)$$
>
> (H29 春-AP 問5)
>
> ア　1世代後の個数は，第 n 世代の個数の 1.8 倍に増える。
> イ　1世代後の個数は，第 n 世代の個数の 2.2 倍に増える。
> ウ　1世代後の個数は，第 n 世代の個数の2倍になり，更に増殖後の 20%が増える。
> エ　1世代後の個数は，第 n 世代の個数の2倍になるが，増殖後の 20%が死ぬ。

解説

　細菌の個数という題材や，漸化式，$f(n+1)$，$f(n)$ など，難しく感じさせる仕掛けが山盛りですが，第 n 世代の個数 $f(n)$ を x，その1世代後の個数 $f(n+1)$ を y に置き換えると，与えられた漸化式は，$y+0.2x=2x$ になります。この式であれば，左辺の $0.2x$ を右辺に移項して，$y=1.8x$ という関係が分かります。x が第 n 世代の個数，y が1世代後の個数でしたから，1世代後の個数は，第 n 世代の個数の 1.8 倍，つまり，（ア）が正解です。

　その他の選択肢には，それぞれ紛らわしくする仕掛けがありますが，次のような関係になるので誤りです。

イ：1世代後の個数 y は，第 n 世代の個数 x の 2.2 倍に増える。

→　$y=2.2x$

ウ：1世代後の個数 y は，第 n 世代の個数 x の2倍になり，

→　$y=2x$

　　さらに増殖後の 20%が増える。　　　　　→　$+2x \times 0.2=0.4x$
　　したがって，$y=2.4x$

エ：1世代後の個数 y は，第 n 世代の個数 x の2倍になるが，

→　$y=2x$

　　増殖後の 20%が死ぬ。　　　　　　　　　→　$-2x \times 0.2=-0.4x$
　　したがって，$y=1.6x$

解答　ア

1.6 待ち行列とその他理論

第1章

問7 AIにおけるディープラーニングに最も関連が深いものはどれか。

[H30 春·AP 問1]

ア 試行錯誤しながら条件を満たす解に到達する方法であり，場合分けを行い深さ優先で探索し，解が見つからなければ一つ前の場合分けの状態に後戻りする。

イ 神経回路網を模倣した方法であり，多層に配置された素子とそれらを結ぶ信号線で構成され，信号線に付随するパラメタを調整することによって入力に対して適切な解が出力される。

ウ 生物の進化を模倣した方法であり，与えられた問題の解の候補を記号列で表現して，それを遺伝子に見立てて突然変異，交配，とう汰を繰り返して逐次的により良い解に近づける。

エ 物質の結晶ができる物理現象を模倣した方法であり，温度に見立てたパラメタを制御して，大ざっぱな解の候補から厳密な解の候補に変化させる。

解説

AI（Artificial Intelligence；人工知能）における（deep learning；深層学習）では，神経回路網を模倣した多層のニューラルネットワークを利用するので，（イ）が正解です。

なお，人間の神経回路網は，**ニューロン**と呼ばれる神経細胞が，**シナプス**と呼ばれる信号の伝達部位によって結びつくことで構成されています。AIでは，ニューロンをモデル化した人工のニューロンを利用しますが，代表的なものに**パーセプトロン**があります。パーセプトロンでは，入力値に重み付けした値を合計し，バイアス値を加えて出力値を決定します。

また，多層ニューラルネットワークは，入力層と出力層の間に何層かの中間層を入れて構成しますが，この中間層を**隠れ層**と呼ぶことがあります。

ア：試行錯誤しながら条件を満たす解に到着する方法で，解が見つからない場合に，一つ前の状態に戻ることを**バックトラッキング**と呼びます。

ウ：遺伝的アルゴリズムに関する記述です。

エ：SA（Simulated Annealing；焼きなまし法）と呼ばれる解法に関する記述です。なお，焼きなましとは，金属の製造時に，結晶を成長させるためにゆっくり冷やすことです。

解答　イ

| 第1章 基礎理論 |

問8 AI の機械学習における教師なし学習で用いられる手法として，最も適切なものはどれか。

◎高度午前Ⅰ （R1 秋-AP 問 4)

ア　幾つかのグループに分かれている既存データ間に分離境界を定め，新たなデータがどのグループに属するかはその分離境界によって判別するパターン認識手法

イ　数式で解を求めることが難しい場合に，乱数を使って疑似データを作り，数値計算をすることによって解を推定するモンテカルロ法

ウ　データ同士の類似度を定義し，その定義した類似度に従って似たもの同士は同じグループに入るようにデータをグループ化するクラスタリング

エ　プロットされた時系列データに対して，曲線の当てはめを行い，得られた近似曲線によってデータの補完や未来予測を行う回帰分析

解説

教師なし学習は，学習しながら正解を見つけていくような問題に適用されます。例として，類似度の定義を基に，よく似たデータのグループを見つけていく**クラスタリング**などが代表的なので，（ウ）が正解です。

　（ア）は分離境界，（エ）は当てはまる曲線，つまり，事前に正解が分かっているので，**教師あり学習**です。また，（イ）の乱数を利用するモンテカルロ法は，ゲーム分野などの**強化学習**で利用されます。

解答　ウ

問9 受験者 1,000 人の 4 教科のテスト結果は表のとおりであり，いずれの教科の得点分布も正規分布に従っていたとする。90 点以上の得点者が最も多かったと推定できる教科はどれか。

◎高度午前Ⅰ （H30 秋-AP 問 3)

教科	平均点	標準偏差
A	45	18
B	60	15
C	70	8
D	75	5

ア　A　　　　　イ　B　　　　　ウ　C　　　　　エ　D

解説

単純に考えると，平均点が 75 点と最も高い教科 D の試験は，問題が簡単そうで，90 点以上の人が最も多いように思えます。しかし，正規分布に従っていたとするということなので，正規分布の性質に従って評価しなければなりません。

試験の成績などの評価する際に利用される正規分布は，平均点と標準偏差によって，曲線の形状が決まります。平均点は，曲線の頂点になる部分で，標準偏差は，得点のばらつき，つまり，曲線の広がり方を示し，値が大きいほどなだらかな曲線になります。具体的には，図のような形

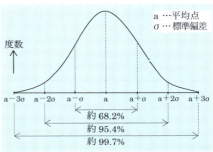

状を描く曲線ですが，平均から標準偏差の何倍離れているかが分かると，全体でのおよその順位が推定できます。

正規分布では，平均点の $a±σ$，$a±2σ$，$a±3σ$ の範囲に，それぞれ全体の約 68.2%，約 95.4%，約 99.7%が含まれます。つまり，標準偏差の何倍かという尺度で，平均点からの隔たりが大きくなるほど，その範囲に含まれる得点者が多くなります。これを逆にとらえると，隔たりが小さいほど，その範囲に含まれる得点者が少ないということなので，各教科について，90 点に対する平均点からの隔たり（(90−平均点)÷標準偏差）を求め，一番小さい教科が 90 点以上の得点者が最も多い教科であることが分かります。

教科 A：(90−45)÷18＝2.5 教科 B：(90−60)÷15＝2.0
教科 C：(90−70)÷ 8＝2.5 教科 D：(90−75)÷ 5＝3.0

隔たりが一番小さいのは，2.0 の教科 B なので，（イ）が正解です。

なお，偏差値は，この隔たりを 10 倍した値（(得点−平均点)÷標準偏差×10）に 50 を加えたものなので，各教科の 90 点に対する偏差値は，教科 A が 75，教科 B が 70，教科 C が 75，教科 D が 80 となり，90 点に対する偏差値が 70 と最も低い教科 B は，各教科の中で 90 点の人の順位が最も低い，つまり，90 点よりも高得点の人が最も多いことを示しています。

解答　イ

第 1 章 基礎理論

問10 本社から工場まで車で行くのに、一般道路では 80 分掛かる。高速道路を利用すると、混雑していなければ 50 分、混雑していれば 100 分掛かる。高速道路の交通情報が"順調"ならば高速道路を利用し、"渋滞"ならば一般道路を利用するとき、期待できる平均所要時間は約何分か。ここで、高速道路の混雑具合の確率は、混雑している状態が 0.4、混雑していない状態が 0.6 とし、高速道路の真の状態に対する交通情報の発表の確率は表のとおりとする。

◎高度午前 I （H29 秋·AP 問 75）

		高速道路の真の状態	
		混雑している	混雑していない
交通情報	渋滞	0.9	0.2
	順調	0.1	0.8

ア　62　　　　イ　66　　　　ウ　68　　　　エ　72

解説

　表の確率の合計が 1 ではないので、問題文にある、「高速道路の混雑具合の確率は、混雑している状態が 0.4、混雑していない状態が 0.6」という条件を、表の確率に適用して合計を 1 にします。表では真の状態が"渋滞"のときに、交通情報が"混雑している"確率が 0.9、"混雑していない"確率が 0.1 ですが、これらは"渋滞"である 4 割（0.4）のときの交通情報の内訳です。したがって、全体を 1 としたときの確率は、それぞれ 0.4×0.9＝0.36、0.4×0.1＝0.04 になります。同様にして、真の状態が"順調"のときについては、交通情報が"混雑している"確率が 0.6×0.2＝0.12、"混雑していない"確率が 0.6×0.8＝0.48 です。

		高速道路の真の状態	
		渋滞（0.4）	順調（0.6）
交通情報	混雑している	0.9（0.36）	0.2（0.12）
	混雑していない	0.1（0.04）	0.8（0.48）

　高速道路を利用するのは、交通情報が"混雑していない"ときです。そして、真の状態が"順調"である確率は 0.48 で、このときに掛かる時間は 50 分です。また、真の状態が"渋滞"である確率は 0.04 で、掛かる時間は 100 分です。一方、一般道路を使うのは、交通情報が"混雑している"ときで、確率は 0.48（＝0.36＋0.12）、このときに掛かる時間は 80 分です。これらの確率と時間をそれぞれ乗じて合計し期待値を求めると、次のようにおよそ 66

1.6 待ち行列とその他理論

第1章

分になるので，（イ）が正解です。

0.48×50＋0.04×100＋0.48×80＝24＋4＋38.4＝66.4 分≒66 分

解答　イ

問 11　3 台の機械 A，B，C が良品を製造する確率は，それぞれ 60%，70%，80% である。機械 A，B，C が製品を一つずつ製造したとき，いずれか二つの製品が良品で残り一つが不良品になる確率は何%か。

(R2-AP 問 2)

　ア　22.4　　　　　イ　36.8　　　　　ウ　45.2　　　　　エ　78.8

解説

　「いずれか二つの製品が良品で残り一つが不良品になる確率」という条件の場合，通常は，「良品の確率×良品の確率×不良品の確率」を求め，三つの製品のうちのどの製品が不良品なのかということを考慮して，この確率を 3 倍します。例えば，良品の確率が 0.7 の場合，不良品の確率は 1−0.7＝0.3 になりますから，求める確率は 0.7×0.7×0.3×3＝0.441 です。しかし，この問題の場合，どの機械で製造した製品が不良品なのかによって，良品，不良品の確率が異なるので注意が必要です。つまり，どの機械で製造した製品が不良品なのかということで場合分けをして，それぞれの確率を求めると次のようになります。

　　・機械 A で製造した製品が不良品の場合
　　　0.4×0.7×0.8＝0.224　　（不良品の確率＝1−0.6＝0.4）
　　・機械 B で製造した製品が不良品の場合
　　　0.6×0.3×0.8＝0.144　　（不良品の確率＝1−0.7＝0.3）
　　・機械 C で製造した製品が不良品の場合
　　　0.6×0.7×0.2＝0.084　　（不良品の確率＝1−0.8＝0.2）

　この三つを合計すると，0.224＋0.144＋0.084＝0.452 になるので，（ウ）が正解です。

解答　ウ

第2章 コンピュータ構成要素

第2章 コンピュータ構成要素

part 2

▶▶▶ Point

学習のポイント

　この分野はプロセッサ，メモリ，バス，入出力デバイス，入出力装置の五つの小分類に分かれていますが，プロセッサ（CPU）とメモリが出題の中心になっています。そして，そのキーワードは高速化です。CPUとメモリは，コンピュータ構成要素の中でも中心的な役割を果たし，コンピュータの性能向上には，この二つの構成要素の高速化は欠かせません。この高速化に関する技術が出題の中心となりますから，しっかり理解しておきましょう。

(1)　CPUアーキテクチャ

　パイプラインなど，CPU（Central Processing Unit；中央処理装置）の高速化技術が出題の中心です。しかし，こうした技術を正しく理解するためには，CPUの基本動作である命令の実行過程について，きちんと整理しておく必要があります。技術の名称や概要といった表面的な内容も含め，基本をきちんと理解することが大切です。

(2)　メモリアーキテクチャ

　CPUによる命令の実行過程を学習すると，どれだけ頻繁にメモリがアクセスされるか理解できると思います。しかし，メモリのアクセス速度は，CPUの動作速度と比べて遅いので，実はこの高速化が，実際にCPUを高速に動作させるための鍵になっています。最も出題頻度が高いテーマが，キャッシュメモリですが，仮想記憶と同じ参照の局所性と呼ばれる性質に着目した技術です。こうした内容から理解することで，知識を正しく定着させることができます。

(3)　ハードウェア

　ハードウェアというと非常に範囲が広いのですが，出題内容は，組込みシステムに関連して，半導体素子やLSI，機械の制御方式，組込みシステム関連要素などがほとんどで，基本的なものばかりですから，難しく考えすぎずに学習しましょう。

2.1 CPUアーキテクチャ

▶▶▶ Explanation
ポイントの解説

(1) CPUの動作原理と命令実行過程

CPU（Central Processing Unit；中央処理装置）は，主記憶装置内から次に実行すべき命令を取り出し，その命令を実行する動作を繰り返しています。このような動作の仕組みはプログラム内蔵方式と呼ばれ，コンピュータが出現して以来，現在まで基本的に変わっていません。

CPUによる命令の実行動作をもう少し詳しく見ると，命令実行過程と呼ばれる次のような実行過程に分けられます。各実行過程はステージ（stage）と呼ばれ，6ステージで1命令の実行をする場合の例を次図に示します。

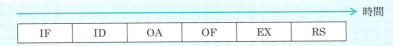

① IF（命令フェッチ）……プログラムカウンタで示される主記憶上のアドレスにある命令を，命令レジスタに格納します。
② ID（デコード）……命令レジスタ内の命令コードを解読し，他装置に出す制御信号を生成します。
③ OA（オペランドアドレスの計算）……命令レジスタ内のオペランドから，操作対象のデータ，結果の格納先であるレジスタ，主記憶上のアドレスを求めます。
④ OF（オペランドフェッチ）……③で求められたアドレスにあるデータをレジスタ（メモリ・レジスタ）に格納します。
⑤ EX（命令の実行）……デコーダからの制御信号に従って，命令を実行します。
⑥ RS（演算結果の格納）……演算結果をレジスタや主記憶に格納します。

それぞれのステージは，クロックと呼ばれるタイミング信号に合わせて行われ，従来のCPUの高速化は，各ステージの実行時間を短くすることが中心でした。このため，CPUの性能を表すクロック周波数も大きな値になってきました。しかし，この方法による高速化は，そろそろ限界といわれています。個々の動作時間を短くすることが限界であれば，同時に複数の操作を実行させることによって高速化するということが，当然の流れです。そのための具体的な技術が，パイプラインやマルチプロセッサなどです。

（2） CPU の高速化技法

①RISC と CISC

　利用者の要求に応じてプロセッサに搭載される命令の種類が増えたために，語長の長い命令や，中には，複数の機械語命令を組み合わせた**マイクロプログラム**によって実現される命令なども出現しました。その結果，プロセッサの内部構造が複雑になり，プロセッサの開発に長い期間と多大なコストがかかるようになってしまいました。

　こうした状況を解消するために出現したのが，RISC（Reduced Instruction Set Computer；縮小命令セットコンピュータ）と呼ばれるタイプの CPU です。RISC は，命令の種類を単純なものだけに絞り（縮小），CPU の内部構造を単純化した方式のコンピュータです。全ての命令の長さと各ステージの実行時間を揃え，後述のパイプライン処理によって，命令実行の高速化を実現しています。

　RISC の出現によって，従来型のプロセッサは CISC（Complex Instruction Set Computer）と呼ばれるようになっています。また，CISC の一部の命令に採用されていたマイクロプログラムに対して，CPU に実装された回路だけで実行できる命令制御のことを，**ワイヤードロジック**（布線論理）と呼びます。なお，RISC は，単純な命令だけに絞ることで，全ての命令がこのワイヤードロジックで実現されています。

②パイプライン方式

　命令の実行過程を構成する各ステージは，別の回路（部品）によって処理されるので，各ステージは独立して実行可能です。このことに着目し，複数の命令の異なるステージを同時に並行処理することによって，命令実行時間の高速化（短縮化）を図る方式を**パイプライン方式**といいます。

IF ：命令フェッチ
ID ：デコード
OA ：オペランドアドレスの計算
OF ：オペランドフェッチ
EX ：命令の実行
RS ：演算結果の格納

2.1 CPUアーキテクチャ

　パイプライン方式では，命令の実行ステージを並行して処理できない要因（hazard；**ハザード**）が発生する場合があり，パイプラインハザードと呼ばれます。パイプラインハザードには，分岐命令の実行による**制御ハザード**，レジスタなどの競合による**構造ハザード**，連続する命令が同じメモリ内容を参照・更新する**データハザード**があります。パイプライン制御の効率化のためには，こうしたハザードの発生をなるべく防止する必要があります。

③スーパパイプライン方式
　命令実行過程のステージ動作をさらに細分化し，並列多重度を高めて処理するのが**スーパパイプライン方式**です。

命令1	IF	ID	OA	OF	EX	RS
命令2		IF	ID	OA	OF	EX	RS
命令3			IF	ID	OA	OF	EX	RS
命令4				IF	ID	OA	OF	EX	RS

④スーパスカラ方式
　命令実行のための回路を複数搭載し，複数の命令の同一ステージを同時に実行できるようにしたのが**スーパスカラ方式**です。パイプライン方式では，同時に同一ステージを実行することがないのに対して，スーパスカラ方式では，同時に同一ステージを複数実行している点に注意してください。

命令1	IF	ID	OA	OF	EX	RS
命令2	IF	ID	OA	OF	EX	RS
命令3		IF	ID	OA	OF	EX	RS
命令4		IF	ID	OA	OF	EX	RS

⑤VLIW方式
　一つの命令中に複数の操作を指定できる語長の長い命令語を用いて，命令中に指定された複数の操作を同時に実行する方式です。命令語が（とても）長いことから，**VLIW**（Very Long Instruction Word）**方式**と呼ばれます。指定できる複数の操作とは，それぞれ，一般の CPU では命令に相当するもので，演算装置を複数個もつなどして，複数の操作を同時に実行できる専用の CPU を用います。逆に，命令中に指定できる複数の操作の種類や個数は，

117

このハードウェアの仕様によって決まり，それぞれ独立して並列に実行できる操作が，コンパイラによって一つの命令の中に埋め込まれます。コンパイル段階で，依存関係などによるハザードが取り除かれているので，プログラムの実行中に，ハザードに関する制御が不要です。

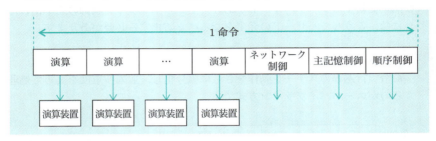

(3) 並列処理

命令を一つずつ順番に実行する逐次処理に対して，複数の命令を同時に実行するのが**並列処理**です。プロセッサの処理方式は，フリン（M.J. Flynn）によって次の四つに分類されています。なお，それぞれの名称が，Single の S，Multiple の M，Instruction の I，Data stream の D の組合せであることに着目すると，理解しやすいと思います。

①SISD（Single Instruction Single Data stream）方式

一つの命令で一つのデータに対する処理を行う，最も基本的な処理方式です。なお，命令実行過程を並列に処理するパイプライン処理は，命令自体を並列実行する方式ではないので，この SISD 方式に分類されます。

②SIMD（Single Instruction Multiple Data stream）方式

一つの命令で異なる複数のデータに対する処理を並列に行う方式です。ベクトル演算を高速に実行するために，演算装置が配列状に結合されたアレイプロセッサや**ベクトルコンピュータ**（ベクトルプロセッサ）と呼ばれる方式や，PC の CPU に採用されている，マルチメディアなどを扱うための拡張命令は，この SIMD 方式に分類されます。

③MISD（Multiple Instruction Single Data stream）方式

複数の命令で一つのデータに対する処理を並列に行う方式です。フリンは「MISD 方式は実際には存在しない」としています。

④MIMD（Multiple Instruction Multiple Data stream）方式

複数の命令で，複数のデータに対する処理を並列に行う方式です。制御装置を含む処理装置が相互に接続され，同期を取りながら異なった処理を行います。マルチプロセッサは，この MIMD 方式に分類されます。

2.1 CPUアーキテクチャ

（4） プロセッサの性能計算

　プロセッサの性能計算問題は比較的よく出題されるテーマですが，最近はシステム全体の性能問題として出題されることが多くなっています。システム全体の性能問題については，「第3章　システム構成要素」で解説します。そのため，ここでは CPU 単体の性能問題として出題された場合の解法に必要な知識だけを説明します。

①MIPS（Million Instructions Per Second）

　単位時間当たりの代表的な命令実行回数を表す性能指標です。1MIPS は 1 秒間に 100 万回命令実行ができることを示します。

②FLOPS（FLoating-point number Operations Per Second）

　1 秒間に実行可能な浮動小数点演算命令の回数を表す性能指標です。FLOPS では単位が小さすぎるので，1 秒間に何百万回の浮動小数点数演算が実行できるかを表す MFLOPS が使われます。

③クロック

　CPU 動作の同期を取る信号のことです。単位は MHz で表され，例えば，クロック数 800MHz のプロセッサは，1 秒間に 800×10^6 回発生するクロック信号に同期して動作します。

④CPI（Cycles Per Instruction）

　1 命令の実行に必要なクロックサイクル数を表す単位です。

　最も基本的な計算問題のパターンは，プロセッサの MIPS 値から平均命令実行時間を求める問題です。

　この場合，平均命令実行時間は MIPS 値の逆数，すなわち，

$$\frac{1}{\text{プロセッサの MIPS 値}}$$

となります。

　この他，最近では命令の CPI 値と 1 クロックサイクル時間を与え，命令実行時間を計算させる問題も出題されます。

　この場合，命令実行時間は，

> CPI 値×1 クロックサイクル時間

で求められます。

　計算問題では，時間の単位（秒，ms，μs，ns）や，単位の接頭語（k，M，G など）を合わせることに注意が必要です。

第2章 コンピュータ構成要素

▶▶▶**Check**

理解度チェック ▶ 2.1 CPU アーキテクチャ

次の文中の ▢ に適切な用語を入れてください。

(1) 6ステージによって命令を実行するCPUでは，命令の実行過程は ▢ア▢ ，▢イ▢ ，OA（オペランドアドレスの計算），▢ウ▢ ，EX（命令の実行），RS（演算結果の格納）という六つのステージから構成されます。▢ア▢ では ▢エ▢ に示されている主記憶上のアドレスに格納されている命令を，▢オ▢ に読み込みます。また，▢イ▢ は，▢オ▢ に格納されている命令を解読して，必要な制御信号を生成する過程です。そして，▢ウ▢ では，OAによって求められた主記憶上のアドレスから，演算に必要なオペランドの値をレジスタに読み込みます。

(2) CPUの命令実行過程を構成する各ステージは，▢カ▢ と呼ばれるタイミング信号に合わせて実行されるので，これまでのCPU性能の向上は，集積度を上げるなどしてCPUの動作を速くし，▢カ▢ の周波数を上げることで実現されてきました。しかし，この方法での性能向上は限界に達しつつあるので，命令や命令の実行過程を同時に実行する並列化による性能向上が図られるようになっています。こうしたCPUの高速化手法には，異なる命令の異なるステージを同時に実行する ▢キ▢ 方式，▢キ▢ 方式の実行ステージをさらに細分化して並列性を高めた ▢ク▢ 方式，複数の命令実行回路を搭載して，異なる命令の同一ステージを実行できるようにした ▢ケ▢ 方式があります。そして，その他に独自のアーキテクチャを採用して，複数の操作を埋め込んだ語長の長い命令を実行する ▢コ▢ 方式があります。

(3) フリンは同時に実行する命令（Instruction）の数，そして，その命令が対象とするデータ（Data stream）の数に着目して，プロセッサの命令実行方式をSISD，SIMD，MISD，MIMDの四つのタイプに分けました。この分類によれば，命令を一つずつ実行し，対象のデータも一つの通常のプロセッサは ▢サ▢ ，一つの命令が同時に複数のデータに対する演算を行うアレイプロセッサなどは ▢シ▢ ，そして，マルチプロセッサは ▢ス▢ に分類されます。なお，複数の命令が同時に一つのデータを扱う ▢セ▢ については，現状では該当するものがないとされています。

2.1 CPUアーキテクチャ

解 答

(1) ア：IF（命令フェッチ）　イ：ID（デコード）
ウ：OF（オペランドフェッチ）　エ：プログラムカウンタ
オ：命令レジスタ
(2) カ：クロック　キ：パイプライン　ク：スーパパイプライン
ケ：スーパスカラ　コ：VLIW
(3) サ：SISD　シ：SIMD　ス：MIMD　セ：MISD

第2章 コンピュータ構成要素

▶▶▶ Question

問題で学ぼう

問1　CPU のプログラムレジスタ（プログラムカウンタ）の役割はどれか。

(R1 秋·AP 問9)

ア　演算を行うために，メモリから読み出したデータを保持する。
イ　条件付き分岐命令を実行するために，演算結果の状態を保持する。
ウ　命令のデコードを行うために，メモリから読み出した命令を保持する。
エ　命令を読み出すために，次の命令が格納されたアドレスを保持する。

解説

　CPU の**プログラムレジスタ**（プログラムカウンタ）には，次に読み出す命令が格納されたアドレスを保持されているので，（エ）が正解です。

　CPU による命令実行の過程を分解すると，次のようになります。

　①命令フェッチ　→　②デコード　→　③オペランドアドレスの計算
　　　→　④オペランドフェッチ　→　⑤命令の実行　→⑥演算結果の格納

　プログラムレジスタの値は，①の命令フェッチで参照され，主記憶中のそのアドレスに格納された命令が読み出されます。次に，②のデコードによって読み出した命令が解読されて長さが分かると，その長さ分だけ値が加算されて，次の命令が格納されたアドレスに更新されるようになっています。CPU は，この動作を繰り返すことによって，主記憶に格納されたプログラム中の命令を順番に読み出して実行します。なお，命令の実行の流れを変える分岐命令は，プログラムレジスタの値を，分岐先の命令が格納されたアドレスに書き換えることで実現されます。パイプラインなど，CPU の高速化技法の理解には，この実行過程が大切ですから，思い出しておきましょう。

　（ア）の演算のためのデータ（オペランド）は，汎用レジスタに読み出されます。また，（イ）の演算結果の状態には，結果の正負，オーバフローの有無などがありますが，これを保持するのは**フラグレジスタ**です。演算結果の状態ごとのビットから構成され，そのビット値によって，分岐するかどうかが変わるのが，条件分岐です。そして，（ウ）の読み出した命令が格納されるのが命令レジスタで，デコードを行う装置がデコーダでした。

解答　エ

2.1 CPUアーキテクチャ

問2 パイプライン制御を適切に表しているものはどれか。ここで，図中の記号Dは解読，Eは実行，Fは命令フェッチとする。

(H29 秋·AP 問 8)

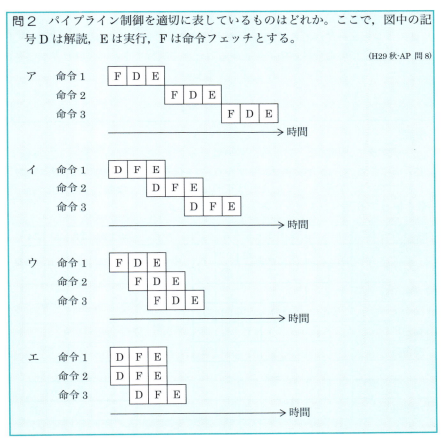

解説

パイプライン制御では，異なる命令の異なるステージを同時に実行するので，全く同時に実行していない（ア）や，異なる命令の同じステージを同時に実行している（エ）は誤りですね。そして，これまでに学習したパイプライン制御のイメージ図から（ウ）が正解であること分かると思います。

（イ）は一部のステージだけしか同時に実行されていませんし，よく見るとD → Fという順番になっています。命令レジスタに命令をフェッチ（F）する前に，解読（D）することはできませんね。この問題のようにF，D，Eの三つのステージであれば，F → D → Eという順番になります。

解答 ウ

第2章 コンピュータ構成要素

> **問3** 全ての命令が5ステージで完了するように設計された，パイプライン制御のコンピュータがある。20命令を実行するには何サイクル必要となるか。ここで，全ての命令は途中で停止することなく実行でき，パイプラインの各ステージは1サイクルで動作を完了するものとする。
>
> (H28秋·AP 問8)
>
>   ア　20　　　　　　イ　21　　　　　　ウ　24　　　　　　エ　25

解説

　パイプライン制御は，異なる命令の異なるステージを同時に実行する高速化手法でしたね。命令数は20ですから，パイプライン制御による実行の様子を次図のように整理して数えれば正解は分かります。なお，ここでは各命令を構成する五つのステージを①〜⑤とします。

サイクル数	1	2	3	4	5	6	7	・・・	20	21	22	23	24
命令1	①	②	③	④	⑤								
命令2		①	②	③	④	⑤							
命令3			①	②	③	④	⑤						
命令4				①	②	③	④						
命令5					①	②	③	・・・					
命令6						①	②						
命令19								・・・	②	③	④	⑤	
命令20									①	②	③	④	⑤

　まず，命令1は5サイクル目で終了し，次の6サイクル目では命令2，さらに次の7サイクル目では命令3，…，これを根気よく数えていけば，命令20は24サイクル目で終了ということになるので，（ウ）が正解です。

　5サイクル目で命令1が終わり，その後，1サイクルごとに一つの命令が終わっていきます。つまり，最初の4サイクルまでは終了する命令はありませんが，5サイクル目から一つずつ順番に終わっていくので，20命令の実行は，4＋20＝24サイクル目で終わります。一般化したnサイクルでm命令を実行する場合を考えると，最初のn−1サイクルまでは命令が終わりませんが，nサイクル目から順にmサイクルかけて命令が一つずつ終わっていくので，必要なサイクル数は(n−1)＋mということになります。

解答　ウ

2.1 CPUアーキテクチャ

第2章

問4 パイプラインの深さを D，パイプラインピッチを P 秒とすると，I個の命令をパイプラインで実行するのに要する時間を表す式はどれか。ここで，パイプラインの各ステージは1ピッチで処理されるものとし，パイプラインハザードについては，考慮しなくてよい。

(H23 春-AP 問 10)

ア $(I+D) \times P$　　　　　　　　イ $(I+D-1) \times P$
ウ $(I \times D) + P$　　　　　　　　エ $(I \times D-1) + P$

解説

　前の問題の理解度チェックです。ここで**パイプラインの深さ**とは，1 命令を構成するステージ数，パイプラインピッチとは，1 サイクルの時間という意味です。深さが D の場合，$D-1$ サイクルまでは命令が終了せず，その後，1 サイクルごとに命令が一つずつ終わります。したがって，I個の命令を実行するのに必要なサイクル数は$(D-1)+I=(I+D-1)$ となります。そして，それぞれのサイクルに P 秒かかるのですから，（イ）が正解であることが分かります。

解答　イ

問5 パイプライン方式のプロセッサにおいて，パイプラインが分岐先の命令を取得するときに起こるハザードはどれか。

(H26 秋-AP 問 7)

ア　構造ハザード　　　　　　　　イ　資源ハザード
ウ　制御ハザード　　　　　　　　エ　データハザード

解説

　パイプライン制御は，格納されている順番に命令が実行されることを前提にして，続く命令の先読みなど，後続の命令を実行するための事前準備をしておくことによる高速化手法です。しかし，こうした準備が効率的に実行できなかったり，すっかり無駄になってしまったりすることがあります。このようなパイプライン制御を阻害する原因を**ハザード**と呼ぶのですね。

　この問題で問われているのは分岐命令によるハザードですが，分岐命令を実行すると，それまで実行の準備をしていた命令とは違った位置にある命令を実行しなくてはいけなくなるので，せっかくの準備が無駄になってしまい

125

第2章 コンピュータ構成要素

ます。分岐命令はプログラムの実行を制御する制御命令に分類されるので，このハザードは，（ウ）**制御ハザード**と呼ばれます。また，直接的に，分岐ハザードと呼ばれることもあります。

（ア）の**構造ハザード**というのは，演算器やメモリバスなどのハードウェア資源の競合によって，ステージの実行に待ちが生じるハザードで，ハードウェアの構造が原因なので，構造ハザードと呼ばれます。また，（エ）の**データハザード**とは，後続の命令のオペランドフェッチが済んでいる時点で，前の命令の実行によって値が変更され，オペランドの再フェッチが必要になるような，データ競合によるハザードのことです。一般的には，パイプラインハザードは，構造，制御，データハザードの三つで，（イ）の資源ハザードというのはありません。

- **構造ハザード**　：メモリバスなど，同一資源の競合によって発生する
- **制御ハザード**　：分岐命令を実行したことによって発生する
- **データハザード**：前の命令の処理結果（データ）を，次の命令に利用するような場合に，前の命令の終了を待ち合わせるために発生する

なお，問題では，分岐命令を実行したときではなく，「分岐先の命令を取得するとき」となっています。通常の場合，分岐命令の動作は，次の命令を指しているプログラムカウンタの値を，分岐先の命令のアドレスに書き換えるだけなので，その位置の命令の取得（フェッチ）の方が，より正確ですね。

解答　ウ

問6　スーパスカラの説明として，適切なものはどれか。

◎高度午前 I （H31春-AP 問8）

ア　一つのチップ内に複数のプロセッサコアを実装し，複数のスレッドを並列に実行する。

イ　一つのプロセッサコアで複数のスレッドを切り替えて並列に実行する。

ウ　一つの命令で，複数の異なるデータに対する演算を，複数の演算器を用いて並列に実行する。

エ　並列実行可能な複数の命令を，複数の演算器に振り分けることによって並列に実行する。

2.1 CPUアーキテクチャ

第2章

解説

　スーパスカラとは，複数のパイプライン（回路）を用いて複数の命令の同一ステージを同時に実行する方式でした。問題では，「複数のパイプライン」を「複数の演算器」と表現していますが，並列実行可能な複数の命令を，複数の演算器に振り分けて並列（同時）に実行するという，（エ）が正解です。

　（ア）はマルチコアプロセッサ，（イ）はマルチプロセッサの説明で，これらは，命令実行の高速化でなく，スレッドの並列実行による性能向上を目指したものです。また，（ウ）は「一つの命令で，複数の異なるデータに対する演算」ですから，ベクトルプロセッサですね。

解答　エ

問7　プロセッサの高速化技法の一つとして，同時に実行可能な複数の動作を，コンパイルの段階でまとめて一つの複合命令とし，高速化を図る方式はどれか。

(R4 春·AP 問 8)

　ア　CISC　　　イ　MIMD　　　ウ　RISC　　　エ　VLIW

解説

　選択肢の中で，プロセッサの高速化技法は（エ）VLIW（Very long Instruction Word）だけですから，すぐに正解が分かります。特別な CPU アーキテクチャで，並列処理が可能な複数の操作を，コンパイル段階で一つの命令語の中にまとめるので，命令語が長くなります。

　最後に，プロセッサの高速化技法の種類と特徴をまとめておきます。

異なるステージを並列実行	→ **パイプライン方式**
パイプラインを細分化	→ **スーパパイプライン方式**
複数のパイプライン	→ **スーパスカラ方式**
複数の操作を含んだ長い命令	→ **VLIW 方式**
並列演算（ベクトル演算）	→ **ベクトルプロセッサ方式**

解答　エ

第2章 コンピュータ構成要素

> **問8** 並列処理方式である SIMD の説明として，適切なものはどれか。
>
> ◎高度午前I （H28春-AP 問9）
>
> ア　単一命令ストリームで単一データストリームを処理する方式
> イ　単一命令ストリームで複数のデータストリームを処理する方式
> ウ　複数の命令ストリームで単一データストリームを処理する方式
> エ　複数の命令ストリームで複数のデータストリームを処理する方式

解説

　SIMD というのは，フリン（Flynn）の分類における四つの内の一つですね。フリンの分類では，同時に実行する命令（Instruction）と命令の扱うデータ（Data stream）の単（Single），複（Multiple）によって，SISD，SIMD，MISD，MIMD の四つの処理方式に分類するのでした。SIMD は，Single Instruction Multiple Data stream ですから，単一命令ストリームで複数のデータストリームを処理する方式という（イ）が正解です。

Flynn の分類

名称	処理方式	例
SISD	一つの命令，一つのデータ	基本的なプロセッサ
SIMD	一つの命令，複数のデータ	ベクトルプロセッサ，マルチメディア処理
MISD	複数の命令，一つのデータ	————————————
MIMD	複数の命令，複数のデータ	マルチプロセッサ

　プロセッサの問題では，選択肢に RISC や CISC も使われるので，思い出しておきましょう。利用者の要望に応えるうちに，命令の種類が増えてプロセッサの構造が複雑になりました。その解消のために，命令の種類を限定することで構造を単純にした RISC（Reduced Instruction Set Computer；縮小命令セットコンピュータ）が出現し，RISC 以前の多くの種類の命令をもったプロセッサを CISC（Complex Instruction Set Computer）と呼ぶようになりました。CISC では，一部の複雑な命令をプロセッサ内に内蔵したマイクロプログラムと呼ばれるソフトウェアで実現しますが，RISC では，全ての命令がハードウェアで実現されます。この実現方法は，マイクロプログラムに対して，ワイヤードロジックと呼ばれます。また，RISC の命令は，パイプライン制御の効率化のために，実行サイクル数を揃えています。

解答　イ

2.1 CPUアーキテクチャ

第2章

問9　ディープラーニングの学習に GPU を用いる利点として，適切なものはどれか。

(R3 春-AP 問 10)

ア　各プロセッサコアが独立して異なるプログラムを実行し，異なるデータを処理できる。

イ　汎用の行列演算ユニットを用いて，行列演算を高速に実行できる。

ウ　浮動小数点演算ユニットをコプロセッサとして用い，浮動小数点演算ができる。

エ　分岐予測を行い，パイプラインの利用効率を高めた処理を実行できる。

解説

　GPU（Graphics Processing Unit）は，画像処理用のプロセッサです。画像処理では，画像を構成する多くの画素に対する同じ演算，つまり，行列演算を多用するので，汎用の行列演算ユニットを搭載していることが GPU の特徴の一つです。一方，ディープラーニング（深層学習）では行列演算が多用されるので，高速化のために，GPU を利用することがあります。したがって，（イ）が正解です。なお，GPU をディープラーニングのような本来の目的以外に利用することや，そのための技術を GPGPU（General-Purpose computing on GPU）や，GPU コンピューティングと呼びます。

　（ア）はマルチコアプロセッサ，（ウ）は FPU（Floating Point Unit）を搭載したプロセッサに関する記述です。また，（エ）の**分岐予測**というのは，分岐によってパイプライン制御の効率が下がる制御ハザードの対策として，分岐先を予測することです。また，その結果によって，分岐先の命令を分岐前に実行することを**投機実行**と呼びます。ついでなので，パイプラインのハザード対策に触れておくと，制御ハザード対策として，投機実行の他に，分岐の有無に関わらず実行される命令を実行してから分岐する**遅延分岐**があります。また，構造ハザードの対策として，競合するレジスタについて，結果に影響のない範囲で，命令中に指定されたレジスタとは別のレジスタを利用する**レジスタリネーム**，データハザードの対策として，依存関係にある命令の間に，実行結果が変わらない範囲で実行順序とは異なる命令を入れて実行する**アウトオブオーダ実行**があります。

解答　イ

第2章 コンピュータ構成要素

問10 表に示す命令ミックスによるコンピュータの処理性能は何 MIPS か。

(R3 春·AP 問9)

命令種別	実行速度（ナノ秒）	出現頻度（％）
整数演算命令	10	50
移動命令	40	30
分岐命令	40	20

ア 11　　　　イ 25　　　　ウ 40　　　　エ 90

解説

　3種類の命令があり，出現頻度はそれぞれ50％，30％，20％となっていますから，命令の平均実行時間は，次のようになります。

$$10×0.5＋40×0.3＋40×0.2＝5＋12＋8＝25（ナノ秒／命令）$$

1命令につき25ナノ秒掛かるとすると，1秒間に実行できる命令は，

　　1（秒）÷25（ナノ秒／命令）
　　　＝1,000,000,000（ナノ秒）÷25（ナノ秒／命令）
　　　＝40,000,000（命令）
　　　＝40百万（命令）

　よって，求める MIPS 値は40となりますから，（ウ）が正解です。

　1命令につき0.25秒かかるときに，1秒間に実行できる命令数はという問題であれば，容易に求められると思いますが，1命令につき25ナノ秒などとなると，難しく感じてしまいます。しかし，時間が大きくなろうと，小さくなろうと，命令の実行時間が与えられているときに，1秒間に実行できる命令の数を求めるための計算方法は同じです。現実的な数字を使って求め方を確認してから，その計算式に問題の数値を当てはめるようにするとよいでしょう。また，10のべき乗の計算にも慣れておきましょう。

解答　ウ

2.1 CPUアーキテクチャ

第2章

問 11 同じ命令セットをもつコンピュータ A と B がある。それぞれの CPU クロック周期，及びあるプログラムを実行したときの CPI（Cycles Per Instruction）は，表のとおりである。そのプログラムを実行したとき，コンピュータ A の処理時間は，コンピュータ B の処理時間の何倍になるか。

(H24 春-AP 問 12)

	CPU クロック周期	CPI
コンピュータ A	1 ナノ秒	4.0
コンピュータ B	4 ナノ秒	0.5

ア $\dfrac{1}{32}$　　　イ $\dfrac{1}{2}$　　　　ウ 2　　　　　エ 8

解説

　CPI（Cycles Per Instruction）というのは，一つの命令を実行するために何クロック周期（cycle）分の時間が必要になるかという値です。したがって，クロック周期に CPI を掛けると，命令の実行時間になります。

　コンピュータ A は，CPU クロック周期が 1 ナノ秒で CPI が 4.0 ですから，命令実行時間は 4 ナノ秒（＝1×4.0）です。一方，コンピュータ B は CPU クロック周期が 4 ナノ秒で，CPI が 0.5 ですから，命令実行時間は 2 ナノ秒（＝4×0.5）になります。

　この問題では，あるプログラムを実行したときの処理時間の比が問われています。命令実行時間について，コンピュータ A はコンピュータ B の 2 倍（＝4 ナノ秒÷2 ナノ秒）ですから，処理時間もこれと同じ 2 倍になります。したがって，（ウ）が正解です。

　なお，表に示されている CPI は，あるプログラムを実行したときの平均値と考えてよいでしょう。また，同じ命令セットをもつとしているのは，それぞれのコンピュータで実行されるあるプログラムは，機械語レベルで全く同じであるということをいっています。問題を解くときに，このような細かな部分に注目する必要はありませんので，素直に考えましょう。

解答　ウ

第 2 章 コンピュータ構成要素

2.2 メモリアーキテクチャ

▶▶▶ Explanation
ポイントの解説

　メモリアーキテクチャに関しては，アクセス速度の高速化がキーワードで，キャッシュメモリ（Cache Memory）に関する出題がほとんどですが，メモリインタリーブ（Memory Interleaving）についても取り上げます。

（1） キャッシュメモリ
　命令の実行過程（ステージ）の内容から分かるように，一つの命令を実行する過程では，命令フェッチ，オペランドフェッチなど，命令やオペランドが格納されているメモリへアクセスが発生します。したがって，命令の実行速度を向上させるためには，メモリのアクセス速度を向上させることが不可欠です。しかし，実際には，メモリのアクセス速度は，CPU の命令実行速度ほど向上していません。メモリの構成素子には DRAM と SRAM があり，一般的に SRAM の方がアクセス速度は高速ですが，コストや消費電力などの問題から，主記憶装置は DRAM によって構成されています。
　CPU の動作の基本は，主記憶中の命令を順番に取り出して実行することです。そして，それらの命令によってアクセスされる内容も，主記憶上の一定範囲内にあることがほとんどです。つまり，ある短い時間に限って考えると，CPU は主記憶の限られた範囲だけにアクセスしているということです。この性質は「**参照の局所性**」と呼ばれ，主記憶の（実効）アクセス速度の向上や，実装容量の削減に利用されています。

　参照の局所性：CPU からのアクセス範囲が局所的であること

　前述のように主記憶全体のアクセス速度を向上させることは困難ですが，CPU が頻繁にアクセスする局所的な範囲だけでもアクセス速度を高速にすれば，実際のメモリアクセス速度（実効アクセス速度）を大幅に向上させることができます。このために，CPU から頻繁にアクセスされる局所的な内容を格納するためのメモリが**キャッシュメモリ**（Cache Memory）で，アクセス速度が速い SRAM によって構成し，通常は，CPU 内部に置かれます。

2.2 メモリアーキテクチャ

> **キャッシュメモリ**：頻繁にアクセスされる局所範囲を格納する高速・小容量のメモリ

目的のデータがキャッシュメモリ中に存在することをヒット（する），また，その確率を**ヒット率**と呼びます。キャッシュメモリの容量を大きくすると，ヒット率を高くすることができますが，ある程度の容量を超えるとヒット率の伸びは鈍くなります。また，あまり容量を大きくすると，キャッシュメモリの中から目的のデータを探すために必要な時間が長くなってしまいます。このため，キャッシュメモリの容量を増やす場合には，利用頻度に応じたレベル分けを行い，キャッシュメモリを多段構成にします。多段構成の場合，CPUからのアクセス順によって，1次キャッシュ，2次キャッシュ，…と呼ばれますが，現状では，CPU内部に2次キャッシュまで配置し，3次キャッシュをCPUの外に配置するという構成がほとんどです。

キャッシュメモリに関する出題で多いのが，キャッシュメモリを採用したときの，見かけ上のアクセス速度の計算です。この他には，キャッシュメモリを採用する目的を問う問題も出題されます。そして，難易度としてやや高いのが，キャッシュメモリの内容を主記憶に書き込むタイミングであるライトバックとライトスルーに関する問題です。

①キャッシュメモリ採用時の平均アクセス時間の計算

プロセッサ内にキャッシュメモリ（以下，キャッシュという）があるとして，読み出すデータがキャッシュ内にある場合とない場合では，アクセス時間が変わります。このアクセス時間の平均値を求める問題がよく出題されます。

> **例題** キャッシュからの読取り時間が10ナノ秒，主記憶からの読取り時間が80ナノ秒として，ヒット率（キャッシュからデータを読み取れる確率）が0.9のとき，平均読取り時間は何ナノ秒か。

この問題は確率・統計の問題で期待値を求める考え方と同じです。主記憶から読み取る確率が1－ヒット率になることを把握してください。

・キャッシュから読み取る場合……読取り時間10ナノ秒　確率0.9
・主記憶から読み取る場合…………読取り時間80ナノ秒　確率1－0.9＝0.1

よって，平均読取り時間はそれぞれの読取り時間と確率を掛けて加えます。
平均読取り時間＝10×0.9＋80×0.1＝9＋8＝17（ナノ秒）

133

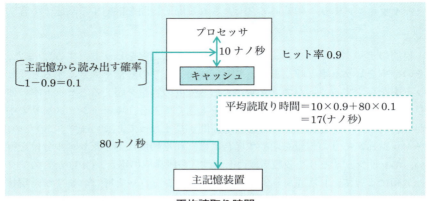

平均読取り時間

② キャッシュメモリと主記憶の同期（書き戻し）

　キャッシュは高速・小容量のメモリで，短時間に着目した局所的な内容だけが格納されるので，時間の経過とともに，アクセス状況に応じた新たな内容に置き換えられていきます。つまり，キャッシュに格納されている内容は，時間が経過すると，キャッシュ上から無くなってしまいます。一方で，キャッシュの内容は，CPUから参照されるだけでなく，更新されることもあります。そして，キャッシュに格納されている内容のうち，更新されたものは，その内容を主記憶まで書き戻さないと，更新内容が失われてしまうことになります。

　このために，キャッシュ上で更新された内容については，その内容がキャッシュから無くなる前に，主記憶へ反映（書き戻し）する必要があります。この書き戻し方式（タイミング）には，ライトスルー方式とライトバック方式の2種類があります。キャッシュの目的を考えると，更新の都度，主記憶まで書き戻すのは効率的ではありません。そこで，キャッシュの内容だけを書き換え，その内容がキャッシュから無くなるときに主記憶に書き戻すのが**ライトバック**（Write Back）方式です。一方，更新のたびに主記憶まで書き戻すのが**ライトスルー**（Write Through）方式です。ライトスルー方式では，更新の都度，主記憶にもデータを書き戻すので，アクセスが高速化されるのは読取り時だけになります。

ライトバック方式の方が効率的ですが，ライトスルー方式では，キャッシュ上の内容と対応する主記憶の内容とが常に一致しています。このような状態をキャッシュと主記憶の**コヒーレンシ**（Coherency；一貫性，整合性）が保たれた状態と呼びますが，ライトバック方式の場合，キャッシュの内容が更新されてから，その内容が主記憶に書き戻されるまでの間，コヒーレンシが失われた状態になります。なお，マルチ（コア）プロセッサでは，プロセッサ（コア）ごとにキャッシュをもちますが，こうした場合には，キャッシュと主記憶の間だけでなく，キャッシュ間のコヒーレンシ問題も発生します。

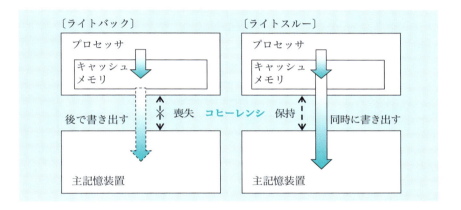

③キャッシュメモリの割付方式

一定の大きさのブロックを単位として主記憶のブロックとキャッシュメモリのブロックを対応させることをキャッシュメモリの割付（マッピング）といいます。主記憶のブロック数に比べて，キャッシュメモリのブロック数は少ないので，主記憶の複数のブロックが，キャッシュメモリの同じブロックに割り付けられることになります。実際には，キャッシュメモリのブロックは，セットと呼ばれるグループで管理されていて，割付方式には次のようなものがあります。

・**ダイレクトマッピング**
　　主記憶装置の各ブロックに対して，キャッシュメモリの特定のブロックを割り付ける方式です。セットアソシアティブでセット内のブロック数を1としたのが，ダイレクトマッピングと考えることができます。

- **セットアソシアティブ**
　キャッシュメモリのブロックを複数個ずつまとめたセットに対して，主記憶装置の各ブロックを割り付ける方式です。主記憶装置のブロックは，割り付けられたセット内のブロックの任意の位置に配置されます。
- **フルアソシアティブ**
　主記憶装置の各ブロックをキャッシュメモリの任意の位置に割り付ける方式です。キャッシュメモリの全てのブロックを一つのセットとしてまとめたセットアソシアティブが，フルアソシアティブであると考えることができます。

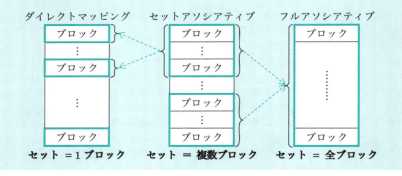

(2) メモリインタリーブ

　主記憶を同時にアクセス可能な複数のバンクに分割し，各バンクを並行してアクセスできるようにすることによって，主記憶のアクセスを高速化する方法です。メモリアクセスは，連続した領域に対して行われることが多いので，連続した領域の内容を，順に異なるバンクに格納しておき並列アクセスができるようにすれば，連続した領域に対するアクセスを，高速化することができます。キャッシュメモリと並んで主記憶からのデータ読取り速度を向上させる方法として，試験にもよく出題されます。

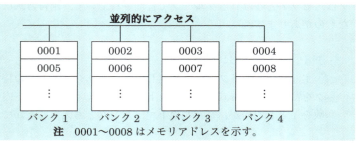

2.2 メモリアーキテクチャ

（3） 入出力制御

　磁気ディスク装置などの入出力装置と CPU との間のデータ転送は主記憶経由で行われます。このための制御は入出力制御と呼ばれ，CPU が直接制御する直接制御方式の他に，DMA 制御方式とチャネル制御方式があります。

①DMA（Direct Memory Access；直接記憶アクセス）制御方式

　DMAC（DMA Controller）と呼ばれる専用の制御装置によって，主記憶と入出力装置の間で直接データ転送を行う方式です。

②チャネル（入出力チャネル）制御方式

　チャネルと呼ばれる入出力制御専用のプロセッサを用いる方式で，主に汎用コンピュータで使われます。チャネルに接続された複数の装置との入出力を多重化して，同時に並行して入出力動作を行うことができます。

（4） ストレージシステム

　ストレージとは，磁気ディスク装置などの外部記憶装置の総称です。信頼性やアクセス性能を高めるために，外部記憶装置をそのまま利用するのではなく，複数の外部記憶装置を組み合わせたり，専用のネットワークに接続したりと**ストレージシステム**とも呼べる構成で利用することが増えてきています。ストレージシステムを構成するための代表的な手法（技術）として次のものを理解しておきましょう。

①RAID（Redundant Arrays of Inexpensive Disks）構成

　Redundant とは "冗長の"，Inexpensive とは "安価な" という意味です。一般的で安価な磁気ディスク装置を組み合わせて，高価で高性能で大容量の磁気ディスク装置と同等の信頼性やアクセス性能を実現する技術です。この技術ではストライピングと冗長データの保有によって実現されています。

　ストライピングとは，データを複数のディスク装置に分散して配置する手法で，前頁で学習したメモリインタリーブのディスク版と考えると分かりやすいでしょう。1 回のアクセス単位を分割し，複数の磁気ディスク装置に分散して並列アクセスすることで，アクセス性能を向上させます。また，冗長データとはパリティや ECC のようなもので，RAID を構成する装置の 1 台に障害が発生しても，正常な装置と冗長データの内容によって，障害となった装置の記録内容を復元します。RAID には RAID0〜RAID6 の規格がありますが，RAID0 はストライピングだけを適用した構成で，冗長データはもちません。また，RAID1 はミラーリング構成で，ストライピングは採用していません。RAID2〜RAID6 はストライピングと冗長データの双方を採用した構成で，ストライピングの単位や冗長データのもち方によって，次のように

分類されています。なお，RAID5 は，冗長データを記録した専用のディスクに対するアクセス負荷が高いという RAID2〜4 の問題点に対し，冗長データを各ディスクに分散した方式です。また，RAID6 は，2 種類の冗長データを保有することで，RAID5 の信頼性を高めた方式で，2 台の装置が故障しても稼働できます。

名称	RAID2	RAID3	RAID4	RAID5	RAID6
ストライピング	ビット	バイト	ブロック		
冗長データ	専用のディスクに記録			各ディスクに分散	

②SAN と NAS

SAN（Storage Area Network）とは，サーバなどとの間を専用の高速ネットワークによって接続したストレージで，専用ネットワークは光ファイバの高速通信が可能なケーブルで構成します。一方，NAS（Network Attached Storage）は，通信機能を有したストレージを直接 LAN に接続します。なお，NAS はブロックと呼ばれる独特なアクセス単位に分割されたブロックストレージです。

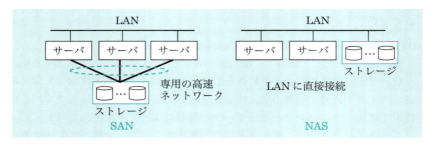

2.2 メモリアーキテクチャ

►►► **Check**

理解度チェック ► **2.2 メモリアーキテクチャ**

第2章

次の文中の　　　　に適切な用語を入れてください。

(1)　コンピュータの性能を向上させるためには，CPU の高速化だけではなく，メモリアクセスの高速化も重要です。そして，そのためにメモリ自体の性能向上だけでなく，　ア　や　イ　などの手法が採用されています。　ア　は，アクセスが高速な小容量のメモリ領域で，通常は　ウ　によって構成されます。この　ア　上に，CPU から頻繁にアクセスされる内容を記録することによって，メモリに対する　エ　アクセス速度を向上させます。なお，頻繁にアクセスされる内容とは，その時点でアクセスされた内容の周辺に格納されている内容で，　オ　と呼ばれる性質に基づいています。

(2)　キャッシュメモリ上の内容は，CPU から参照されるだけでなく更新されることもあり，更新された内容は，主記憶上に書き戻す必要があります。このときの書込み方式には，キャッシュメモリの更新と同時に主記憶にも書き戻す　カ　方式と，該当の内容がキャッシュメモリから無くなるときに主記憶に書き戻す　キ　方式があります。一般に，性能面では　キ　方式の方が優れていますが，主記憶に書き戻されるまでの間，キャッシュメモリと主記憶との間で，記憶内容が異なる　ク　の保たれていない状態が生じるという問題があります。

(3)　主記憶のあるブロックをキャッシュメモリ上のどのブロックに対応させるかという割付（マッピング）方式は，三つあります。一つ目は，主記憶のブロックをあらかじめ定められたルールによって割り出されたキャッシュメモリ上のある特定のブロックに対応させる方式で　ケ　と呼ばれます。二つ目は，同様にしてセットと呼ばれる複数のブロックをまとめたグループを割り出し，そのセット内のいずれかに記録する方式で　コ　と呼ばれます。三つ目は，キャッシュメモリ上の任意のブロックに対応させる方式で　サ　と呼ばれます。この三つの方式は，セットを構成するブロックの数という視点でも同様に分類することができます。キャッシュへの対応は，あらかじめ定められたルールでセットを選択し，そのセット内のブロックに対応させるということを原則としています。そして，セットを一つのブロックだけで構成すると　ケ　になり，全

139

第2章 コンピュータ構成要素

てのブロックを一つのセットにまとめた，つまり，キャッシュ全体を一つのセットにすると サ になります。また，キャッシュを複数のブロックをまとめた幾つかのセットから構成すると コ になります。

(4) メモリインタリーブとは，主記憶を シ と呼ばれる複数のメモリ部品から構成する方式です。複数の シ に対して，ス できるようにすることでアクセスの高速化を図る手法です。主記憶に対するアクセスには，ある程度まとまった範囲，つまり，連続したアドレスに対して行われることが多いという性質があります。メモリインタリーブでは，各バンクをまたがって連続したアドレスを割り当てることで，連続したアドレスに対するアクセスを，各バンクへの ス によって実現します。

(5) 複数のディスク装置を組み合わせて，高性能で信頼性の高い大容量のディスクシステムを構成する手法が セ で，データを各ディスク装置に分散して配置する ソ と，データ復元用の タ の保有によって実現します。ソ によってデータを分散配置するだけでなく，タ も分散配置する チ や，2種類の タ を保有して信頼性をさらに高めた ツ が主流になっています。しかし，ストライピングだけを採用した テ や，ミラーリングによる構成の ト も利用されることがあります。

(6) 通信機能を内蔵したディスク装置を用いるストレージシステムには，専用の高速ネットワークに装置を接続する ナ と，装置を直接 LAN に接続して利用する ニ があります。

解答

(1) ア：キャッシュメモリ　イ：メモリインタリーブ　ウ：SRAM　エ：実効
　　オ：参照の局所性

(2) カ：ライトスルー　キ：ライトバック　ク：コヒーレンシ

(3) ケ：ダイレクトマッピング　コ：セットアソシアティブ
　　サ：フルアソシアティブ

(4) シ：バンク　ス：並列アクセス

(5) セ：RAID（Redundant Arrays of Inexpensive Disks）
　　ソ：ストライピング　タ：冗長データ　チ：RAID5　ツ：RAID6
　　テ：RAID0　ト：RAID1

(6) ナ：SAN（Storage Area Network）
　　ニ：NAS（Network Attached Storage）

2.2 メモリアーキテクチャ

▶▶▶ **Question**

問題で学ぼう

第2章

問1　容量が a M バイトでアクセス時間が x ナノ秒の命令キャッシュと，容量が b M バイトでアクセス時間が y ナノ秒の主記憶をもつシステムにおいて，CPU からみた，主記憶と命令キャッシュとを合わせた平均アクセス時間を表す式はどれか。ここで，読み込みたい命令コードがキャッシュに**存在しない確率**を r とし，キャッシュ管理に関するオーバヘッドは無視できるものとする。

◎高度午前Ⅰ　(R1 秋-AP 問 10)

ア　$\dfrac{(1-r) \cdot a}{a+b} \cdot x + \dfrac{r \cdot b}{a+b} \cdot y$　　　イ　$(1-r) \cdot x + r \cdot y$

ウ　$\dfrac{r \cdot a}{a+b} \cdot x + \dfrac{(1-r) \cdot b}{a+b} \cdot y$　　　エ　$r \cdot x + (1-r) \cdot y$

解説

　キャッシュメモリを搭載している CPU からみた，メモリの平均アクセス時間は，**実効アクセス時間**と呼ばれますが，その求め方は，次のように確率を用いた平均計算の問題になります。

　実効アクセス時間 ＝ **ヒット率** × **キャッシュ**のアクセス時間
　　　　　　　　　　　 ＋ **(1 － ヒット率)** × **主記憶**のアクセス時間

　ヒット率とはキャッシュに存在する確率のことですが，この問題では，キャッシュに**存在しない確率**を r としているので，ヒット率は $(1-r)$ であることに注意します。したがって，$(1-r) \cdot x + r \cdot y$ なので，(イ) が正解です。

　キャッシュメモリの構成には，この問題のように命令用の命令キャッシュとデータ用のデータキャッシュに分けた目的別のものや，1 次キャッシュ，2 次キャッシュというように多階層のものがあります。また，問題文ではキャッシュの容量について触れられていますが，キャッシュの容量はヒット率に反映されているので，実効アクセス時間の計算では，考慮しなくてよいことも理解しておきましょう。

解答　イ

141

第2章 コンピュータ構成要素

問2 キャッシュメモリへの書込み動作には，ライトスルー方式とライトバック方式がある。それぞれの特徴のうち，適切なものはどれか。

◎高度午前Ⅰ （R3春-AP 問12）

ア　ライトスルー方式では，データをキャッシュメモリだけに書き込むので，高速に書込みができる。
イ　ライトスルー方式では，データをキャッシュメモリと主記憶の両方に同時に書き込むので，主記憶の内容は常に最新である。
ウ　ライトバック方式では，データをキャッシュメモリと主記憶の両方に同時に書き込むので，速度が遅い。
エ　ライトバック方式では，読出し時にキャッシュミスが発生してキャッシュメモリの内容が追い出されるときに，主記憶に書き戻す必要が生じることはない。

解説

　キャッシュメモリの書込み動作の**ライトスルー**方式は，キャッシュと同時に主記憶にも書き込む方式で，**ライトバック**方式は，キャッシュだけに書き込んでおき，その内容がキャッシュから追い出されるときに，主記憶に書き込む（書き戻す）方式でした。ライトスルー方式は，キャッシュと主記憶が同時に更新され「主記憶が常に最新」ですから，（イ）が適切です。

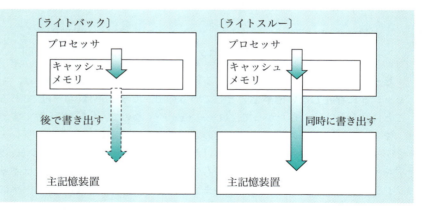

　（ア）はライトバック方式，（ウ）はライトスルー方式なので，それぞれ逆の説明です。また，（エ）については，ライトバック方式は，追い出されるときに主記憶に書き戻す必要があり，必要がないのはライトスルー方式です。

解答　イ

2.2 メモリアーキテクチャ

問3 キャッシュの書込み方式には，ライトスルー方式とライトバック方式がある。ライトバック方式を使用する目的として，適切なものはどれか。

◎高度午前Ⅰ （H26秋-AP 問9）

ア　キャッシュと主記憶の一貫性（コヒーレンシ）を保ちながら，書込みを行う。
イ　キャッシュミスが発生したときに，キャッシュの内容の主記憶への書き戻しを不要にする。
ウ　個々のプロセッサがそれぞれのキャッシュをもつマルチプロセッサシステムにおいて，キャッシュ管理をライトスルー方式よりも簡単な回路構成で実現する。
エ　プロセッサから主記憶への書込み頻度を減らす。

解説

前の問題が理解できていれば，（エ）が正解であることは明らかでしょう。また，（ア）と（イ）はライトスルー方式の特徴です。ライトバック方式では，「キャッシュミスが発生したとき」にブロックを空けるためのデータ追い出しに合わせて主記憶への書き戻しが必要になります。

この問題では，（ア）にある"一貫性"について理解しましょう。通常は**コヒーレンシ**と呼ばれ，主記憶と対応するキャッシュメモリの内容が一致していることを意味します。ライトスルー方式では，キャッシュメモリと主記憶の内容は常に一致していますから，コヒーレンシは保たれています。一方，ライトバック方式では，内容が一致していないことがあります。

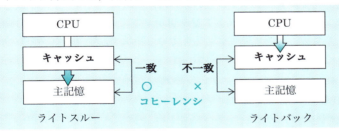

複数のキャッシュメモリをもつマルチプロセッサでは，バス上でキャッシュメモリの更新状況を監視して，更新されたアドレスの内容を無効化する**バススヌーピング**や，別のキャッシュメモリも更新された内容に合わせる**スナーフィング**などの対策が必要になるので回路が複雑になります。

解答　エ

第2章 コンピュータ構成要素

問4 キャッシュメモリにおけるダイレクトマップ方式の説明として，適切なものはどれか。

(H24 春-AP 問 10)

ア　アドレスが連続した二つ以上のメモリブロックを格納するセクタを，キャッシュ内の任意のロケーションに割り当てる。

イ　一つのメモリブロックをキャッシュ内の単一のロケーションに割り当てる。

ウ　メモリブロックをキャッシュ内の任意のロケーションに割り当てる。

エ　メモリブロックをキャッシュ内の二つ以上の配置可能なロケーションに割り当てる。

解説

　ロケーションには，映画などの屋外撮影（ロケ）という意味もありますが，一般的には場所という意味です。そのため，キャッシュ内のロケーションというのは，キャッシュ内にあるメモリブロックを割り当てる場所，つまり，ブロックを意味しているものと考えられます。主記憶とキャッシュメモリのブロックを対応付ける方式としては，ダイレクトマッピング，セットアソシアティブ，フルアソシアティブの三つがありました。このうち，メモリブロックを，キャッシュ内の特定（単一）ブロックに割り当てる方式が，**ダイレクトマッピング**でしたから，（イ）が正解です。

　（ウ）の「キャッシュ内の任意のロケーション」，つまり，任意のブロックに割り当てるのは**フルアソシアティブ**でしたね。また，（エ）の「二つ以上の配置可能なロケーション」というのは，複数のブロックから構成されるセットのことですから，**セットアソシアティブ**です。また，（ア）は連続した複数のメモリブロックであるセクタという単位で，マッピングを行うセクタマッピングと呼ばれる方式の説明です。

ダイレクトマッピング　1セット＝<u>1</u>ブロック　→　<u>単一</u>ロケーション
　　　　　　　　　　　　　　　↑　　　　　　　　　↑
セットアソシアティブ　1セット＝<u>n</u>ブロック　→　<u>二つ以上</u>のロケーション
　　　　　　　　　　　　　　　↓　　　　　　　　　↓
フルアソシアティブ　　1セット＝<u>全</u>ブロック　→　<u>任意</u>のロケーション

　試験に出題される方式は，前述の三つの方式がほとんどですから，この三つの方式をしっかり理解しておけばよいでしょう。

解答　イ

2.2 メモリアーキテクチャ

問5 メモリインタリーブの説明はどれか。

◎高度午前Ⅰ　(R2-AP 問9)

ア　CPUと磁気ディスク装置との間に半導体メモリによるデータバッファを設けて，磁気ディスクアクセスの高速化を図る。
イ　主記憶のデータの一部をキャッシュメモリにコピーすることによって，CPUと主記憶とのアクセス速度のギャップを埋め，メモリアクセスの高速化を図る。
ウ　主記憶へのアクセスを高速化するために，アクセス要求，データの読み書き及び後処理が終わってから，次のメモリアクセスの処理に移る。
エ　主記憶を複数の独立したグループに分けて，各グループに交互にアクセスすることによって，主記憶へのアクセスの高速化を図る。

解説

メモリインタリーブとは，主記憶を複数の独立した区画（バンク）によって構成して，CPUからのアクセス要求を並列に処理できるようにすることで，主記憶へのアクセスの高速化を図る仕組み（手法）です。選択肢には，ピッタリ当てはまるものはありませんが，（ウ）の「アクセス要求，データの読み書き及び後処理が終わってから，次のメモリアクセスの処理に移る」というのは，メモリインタリーブ構成でない通常の主記憶でのアクセス処理のイメージです。実は，メモリインタリーブでは，アクセスを完全に並列化しているのではなく，前のバンクに対する後処理の時点で，次のバンクに対するアクセス要求をすることで，後処理の時間を短縮します。このことが「並列」というように表現されるのですが，実際には「交互にアクセスする」とした方がより正確かもしれません。したがって，（エ）が正解です。

主記憶には，まとまった範囲に連続してアクセスすることが多いという性質があり，メモリインタリーブではこの性質に着目して，各バンクをまたがって連続したアドレスを割り当てることで，連続したアドレスに対するアクセス要求を，各バンクに交互に振り分けるようにして処理を高速化します。

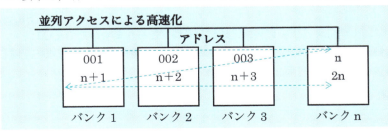

> 第2章 コンピュータ構成要素

なお，（ア）はディスクキャッシュ，（イ）はキャッシュメモリの説明です。

解答　エ

問6　相変化メモリの説明として，適切なものはどれか。

(H30 秋-AP 問 10)

　ア　一度だけ書込みが可能な不揮発性メモリ
　イ　結晶状態と非結晶状態の違いを利用して情報を記憶する不揮発性メモリ
　ウ　フリップフロップ回路で構成された揮発性メモリ
　エ　リフレッシュ動作が必要な揮発性メモリ

解説

　相変化メモリの"相"とは，状態のことです。相変化メモリは，結晶状態と非結晶状態の違いを利用して情報を記憶する不揮発性メモリなので，（イ）が正解です。

　なお，非結晶状態はアモルファス状態とも呼ばれます。加熱・冷却状況の違いによって，結晶状態とアモルファス状態を作り出します。同様の原理はCD-RWやDVD-RAMなどでも利用されていますが，これらは状態の違いによる光の反射率の違いで情報を記憶します。一方，PCRAMやPCM（Phase Change Memory）などと呼ばれる相変化メモリは，電気抵抗の違いを利用しています。書き換え可能な不揮発性メモリというと，フラッシュメモリが思い浮かびますが，相変化メモリのような不揮発性メモリもあることを覚えておきましょう。

　（ア）は，一般的にPROM（Programmable ROM）と呼ばれる不揮発性メモリの説明です。（ウ）は，「フリップフロップ回路」とありますから，SRAMですね。（エ）は，「リフレッシュ動作が必要」とありますからDRAMです。DRAMは，キャパシタとも呼ばれるコンデンサの電荷の有無で情報を記憶しますが，放電してしまうためリフレッシュが必要になります。

解答　イ

2.2 メモリアーキテクチャ

問7　DMA の説明として，適切なものはどれか。

(H25 秋-AP 問 12)

ア　CPU が磁気ディスクと主記憶とのデータの受渡しを行う転送方式である。

イ　主記憶の入出力専用アドレス空間に入出力装置のレジスタを割り当てる方式である。

ウ　専用の制御回路が入出力装置，主記憶などの間のデータ転送を行う方式である。

エ　複数の命令の実行ステージを部分的にオーバラップさせて同時に処理し，全体としての処理時間を短くする方式である。

第2章

解説

DMA（Direct Memory Access）というのは，（ウ）の記述にあるように，専用の制御回路（DMAC；DMA Controller）が入出力装置や主記憶などの間のデータ転送を行う方式のことです。これに対して，（ア）の記述にあるように，CPU が直接制御する方式を直接制御方式と呼びます。この二つの方式の違いは，磁気ディスク装置などの入出力装置と主記憶装置とのデータ転送を CPU が直接行うのか，それとも CPU 以外の専用の制御回路（装置）が行うのかということです。専用の制御回路を用意すれば，CPU から入出力装置の制御という役割を解放することができ，CPU の負荷を下げることができます。なお，メインフレームでは，専用回路ではなく入出力チャネルと呼ばれる小型のコンピュータで入出力装置と主記憶間のデータ転送を制御します。この方式は（入出力）**チャネル制御方式**と呼ばれます。

　（イ）の記述は**メモリマップド I/O** と呼ばれる方式に関するものです。この方式は，入出力装置をメモリの一部のように扱うために，入出力専用アドレス空間に入出力装置のインタフェース（レジスタ）を割り当てるものです。他には入出力装置とのデータの入出力を，ポートを通して行う**ポートマップド I/O**（I/O マップド I/O）方式がありますが，これらの方式は，DMA 制御方式や直接制御方式とは，違った観点からの分類になります。また，（エ）の記述は入出力装置の制御とは関係のない CPU のパイプライン制御方式に関する記述ですね。

解答　ウ

147

第2章 コンピュータ構成要素

問8 RAID の種類 a, b, c に対応する組合せとして, 適切なものはどれか。

(H26 春·AP 問11)

RAID の種類	a	b	c
ストライピングの単位	ビット	ブロック	ブロック
冗長ディスクの構成	固定	固定	分散

	a	b	c
ア	RAID3	RAID4	RAID5
イ	RAID3	RAID5	RAID4
ウ	RAID4	RAID3	RAID5
エ	RAID4	RAID5	RAID3

解説

　RAID（Redundant Arrays of Inexpensive（Independent）Disks）の代表的な規格には, RAID0〜RAID6 がありますが, **RAID0 はストライピング**だけ, **RAID1 はミラーリング**だけの規格です。そして, **RAID2〜RAID6 は, ストライピングと冗長データの保持**の両方を採用しています。また, RAID2〜RAID4 では, 全ての冗長データを1台のディスク装置に記録し, RAID5, 6 は各ディスク装置に分散して記録することが特徴です。

　RAID の種類 a〜c の特徴を見ると, 冗長ディスクの構成が "分散" ということから, c が RAID5 であることは分かると思います。ストライピングの単位が "ブロック" なのは, RAID3, 4 のどちらかかということですが, RAID では, 前の規格の問題点を改善して新しい規格を作ることに注意します。つまり, RAID5 は RAID4 の冗長ディスクの構成が "固定" という問題点を改善した規格で, ストライピングの単位は RAID4, 5 とも同じ "ブロック" ですから（ア）が正解です。なお, RAID2〜6 の特徴は次のとおりです。

名称	RAID2	RAID3	RAID4	RAID5	RAID6
ストライピング	バイト（ビット）			ブロック	
冗長データ	専用のディスクに記録			各ディスクに分散	

　なお, RAID6 は RAID5 の冗長データに加え, 別の形式の冗長データを保持することで, 信頼性をさらに高めた規格です。

解答　ア

148

2.2 メモリアーキテクチャ

問9 80Gバイトの磁気ディスク8台を使用して,RAID0の機能とRAID1の機能の両方の機能を同時に満たす構成にした場合,実効データ容量は何Gバイトか。

(H25秋-AP 問13)

ア 320　　　　イ 480　　　　ウ 560　　　　エ 640

解説

RAID0はストライピングだけですから,磁気ディスクは全てデータの記録に利用できます。一方,RAID1はミラーリングですから,実際に記録することのできる実効データ容量は,物理容量の半分になります。問題の条件は,80Gバイトの磁気ディスク8台ですから,物理容量は80Gバイト×8台＝640Gバイト,そして,実効データ容量はその半分の320Gバイトになるので,(ア)が正解です。

なお,RAID0とRAID1の機能の組合せ方には,二つのストライピンググループを使ってミラーリングするRAID01と,ミラーリングしたディスクによって,ストライピンググループを構成するRAID10があります。

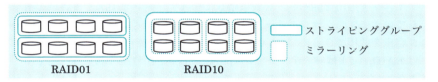

種類	容量	備考
RAID0	8台分	ストライピングだけで冗長データなし
RAID1 RAID01 (10)	4台分	ミラーリングのため,冗長データは全体の半分
RAID2 ～RAID5	7台分	専用ディスク・分散配置の違いはあるが,冗長データは全体で1台分
RAID6	6台分	2種類の冗長データを分散 → 冗長データ2台分

RAID6はRAID5の2倍(合計で2台分)の冗長データを保持しますが,RAID5では稼働が継続できない2台の装置に障害が発生しても,稼働を継続できます。

解答 ア

第2章 コンピュータ構成要素

問10 ストレージ技術におけるシンプロビジョニングの説明として，適切なものはどれか。

(H30 秋-AP 問 11)

ア　同じデータを複数台のハードディスクに書き込み，冗長化する。
イ　一つのハードディスクを，OS をインストールする領域とデータを保存する領域とに分割する。
ウ　ファイバチャネルなどを用いてストレージをネットワーク化する。
エ　利用者の要求に対して仮想ボリュームを提供し，物理ディスクは実際の使用量に応じて割り当てる。

解説

ストレージ技術における**シンプロビジョニング**（thin provisioning）とは，ディスク装置などのストレージを仮想化して，利用者に仮想ボリュームを提供する仕組みのことですから，（エ）が正解です。

ストレージの導入時には，数年後を見越した容量を準備することが一般的ですが，運用開始時は使用率が低く非効率なので，実際に必要な容量の物理ディスクで運用を開始し，必要に応じて物理ディスクを追加して容量を増やしていきます。クラウドサービスでは，複数の利用者間で追加用のストレージ容量を共用できるので，さらに効率的な運用が可能になります。なお，（ア）は RAID，（イ）はパーティション（partition；区画）分割に関する記述です。また，（ウ）は SAN に関する記述ですが，せっかくですから，NAS とともに，ここで復習しておきましょう。

NAS（Network Attached Storage）は，通信など必要最低限の機能だけをもつ OS を内蔵した記憶装置（Storage）で，LAN に直接接続してファイルサーバとして利用します。SAN（Storage Area Network）も同様の役割ですが，LAN とは別のストレージ専用ネットワークで接続します。そして，このネットワークは，光ケーブルなどによる高速のものであることが特徴です。

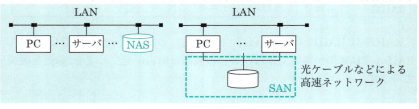

解答　エ

| | 2.3 ハードウェア |

2.3　ハードウェア

▶▶▶ Explanation
ポイントの解説

　ハードウェアという大きなテーマですが，実際には，組込みシステム関連技術といえる内容です。知っているかどうかという問題がほとんどですから，基本的な用語の意味を理解すれば十分です。

（1）　メモリ関連
①DRAM と SRAM
　RAM（Random Access Memory）とは，読み書きが可能なメモリのことで，DRAM（Dynamic RAM）と SRAM（Static RAM）があります。それぞれの特徴を対比すると次のようになります。なお，DRAM は記憶内容の保持のために周期的なリフレッシュが必要なこと，SRAM は記憶内容をフリップフロップ回路から構成されることも覚えておきましょう。

	主な用途	速度	容量	価格	電力
DRAM	主記憶	×	○	○	○
SRAM	キャッシュ	○	×	×	×

②フリップフロップ回路
　1ビットの情報を記憶することができる回路で，SRAM はこの回路によって構成されます。入力値の組合せだけで出力値が決まる回路を組合せ回路と呼びますが，この回路は入力値だけでなく，現在の状態（記憶内容）を加味して出力値が決まるので順序回路と呼ばれます。
③エンディアン（endian）
　数値などの多バイトデータをメモリに配置する方式には，**ビッグエンディアン**と**リトルエンディアン**があります。**エンディアン**とは終端を意味し，一般的なイメージどおり，データの終端位置がメモリ上で大きなアドレスに配置されるのがビッグエンディアン，イメージとは逆に，メモリ上の小さなアドレスに配置されるのがリトルエンディアンです。

例えば，16 進表現で 01234567 となる 4 バイトデータをメモリ上に配置すると次のようになります。

リトルエンディアン		アドレス	ビッグエンディアン	
終端	67	0001	01	
	45	0002	23	
	23	0003	45	
	01	0004	67	終端

（2） 機械の制御

組込みシステムなどによる機械の制御方式として，次の内容を理解しておきましょう。

①シーケンス制御

シーケンス（Sequence）とは順番という意味で，機械などをあらかじめ決められた順番に動作するような制御をシーケンス制御と呼びます。

②フィードバック制御

フィードバック（feedback）とは戻すという意味で，制御結果を制御装置に戻すことで，目標の状態を維持するような制御を行います。例えば，エアコンの設定温度に対して，実際の温度をフィードバックして，設定温度以上になると運転を停止し，以下になったら再開するという制御が該当します。

③PWM（Pulse Width Modulation；パルス幅変調）制御

パルスとは一つの信号のことで，この信号幅を変化させることによる制御がPWM制御です。例えば，モータの回転数をパルス幅に合わせて変化させる制御などがあります。

（3） 組込みシステムの構成部品

①カスタムIC

カスタム IC とは，特定の用途のために設計・製造された半導体チップのことで，ASIC（Application Specific IC）と呼ばれることもあります。また，利用者が内部回路を記述することができる FPGA（Field-Programmable Gate Array）と呼ばれる IC チップもあります。なお，FPGA のプログラミングやカスタム IC の設計には，HDL（Hardware Description Language）と呼ばれる言語が用いられます。

2.3 ハードウェア

②システム LSI

　システムに必要な機能をもつ幾つかの半導体回路（メモリやコントローラなど）を，プロセッサと同じチップ上に実装した LSI は，SoC（System on a Chip）と呼ばれています。また，こうしたシステム LSI の設計では，ハードウェアと同時にソフトウェアの設計を行うコデザイン（Co Design）によって，システム全体の最適化を目指します。

③DSP（Digital Signal Processor）

　デジタル信号処理に特化したプロセッサのことです。デジタル信号処理で多用される積和演算（乗算結果の順次加算）を高速に行うことができるプロセッサで，音声処理や画像処理に用いられます。

④ウォッチドッグタイマ

　ハードウェアではありませんが，組込みシステムで多く用いられる独特の仕組みです。ウォッチドッグとは番犬のことで，常に一定間隔でタイマを設定し，そのタイマが時間内に取り消されないときには，システムの異常と判断してシステムをリセットします。プログラムが正常に動作していれば，タイマを時間内に取り消すようにしてあるので，取り消されない原因は，プログラムのループや暴走であると判断します。

第2章 コンピュータ構成要素

▶▶▶ Check

理解度チェック ▶ 2.3 ハードウェア

次の文中の ☐ に適切な用語を入れてください。

(1) コンピュータのメモリとして用いられる読み書きが可能なメモリには, ア と イ があります。 ア は構造が単純で高集積化が可能であり，ビット当たりの価格が安く，大きさ，消費電力の面でも イ よりも優れているので，主に主記憶装置に用いられます。 イ は, ア に比べてアクセス速度は高速ですが，構造が複雑で高集積化が難しいので，主にキャッシュメモリなどに利用されます。なお, ア に関しては，記憶内容を保持するために ウ と呼ばれる定期的な再書込みが必要なこと，また, イ に関しては, エ と呼ばれる回路によって構成されることを特徴として覚えておきましょう。

(2) 組込みシステムで用いられる，機械の代表的な制御方式には，あらかじめ決められた順番で動作するように制御する オ ，還元された制御結果を基に目標の状態を維持するように制御する カ ，モータの回転数などの制御するために信号の幅を変化させる キ などがあります。

(3) カスタム IC とは，組込みシステムで用いられる特定用途のために設計・製造された半導体チップのことで, ク とも呼ばれます。また，利用者がチップ内部の構造を ケ という言語で記述できる コ もあります。そして，メモリなどの必要な機能を，プロセッサと同じチップ上に実装した LSI が サ ，デジタル信号処理に特化したプロセッサが シ です。なお，組込みシステムでは，ソフトウェアのループや暴走を検出して，システムをリセットする ス と呼ばれるタイマを備えていることが一般的です。

解 答

(1) ア：DRAM　イ：SRAM　ウ：リフレッシュ　エ：フリップフロップ回路
(2) オ：シーケンス制御　カ：フィードバック制御
　　キ：PWM（パルス幅変調）制御
(3) ク：ASIC（Application Specific IC）
　　ケ：HDL（Hardware Description Language）
　　コ：FPGA（Field-Programmable Gate Array）
　　サ：SoC（System on Chip）
　　シ：DSP（Digital Signal Processor）　ス：ウォッチドッグタイマ

▶▶▶ Question
問題で学ぼう

問1　図の回路が実現する論理式はどれか。ここで，論理式中の"・"は論理積，"＋"は論理和を表す。

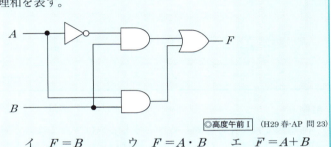

◎高度午前Ⅰ　(H29春・AP 問23)

ア　$F=A$　　イ　$F=B$　　ウ　$F=A \cdot B$　　エ　$F=A+B$

解説

図の回路中には，論理否定素子（NOT），二つの論理積素子（AND），論理和素子（OR）の四つの素子があります。そして，二つの入力値 A, B に対する出力値 F の値と同じ論理式が問われています。

④の論理和素子の出力値である F は，②，③の論理積素子の出力の論理和（② OR ③）です。そして，②の出力は，A の否定 $\overline{A}$ と B の論理積（$\overline{A}$ AND B），③の出力は A と B の論理積

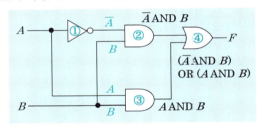

（A AND B）です。したがって，出力値 F は，入力値 A, B を使って，次のように表現できます。

$$F = (\overline{A} \text{ AND } B) \text{ OR } (A \text{ AND } B) \longrightarrow (\overline{A} \text{ OR } A) \text{ AND } B$$
　　　　②　　　　　④　　　　③　　　　　分配則

変形後の，（$\overline{A}$ OR A）の部分は常に真なので省略することができ，$F=B$ になります。したがって，（イ）が正解です。

解答　イ

第2章 コンピュータ構成要素

問2 1桁の2進数 A, B を加算し, X に桁上がり, Y に桁上げなしの和（和の1桁目）が得られる論理回路はどれか。

◎高度午前I （R3 秋-AP 問22）

解説

　回路図を見ただけで難しそうと感じる人は少なくないと思います。しかし, 図中の記号（素子）については, 問題冊子に表記ルールとして説明されているので, 心配はいりません。選択肢にある回路の共通点と相違点に着目して, 正解を絞り込んでいきます。

　まず, 桁上がりの X については, A AND B の（ア）,（エ）と, A OR B の（イ）,（ウ）に分かれます。1桁の2進数の加算には, 0+0=0, 0+1=1, 1+0=1, 1+1=10 の4種類がありますが, 桁上がりがあるのは 1+1=10 だけなので, A=1, B=1 のときだけ1を出力する A AND B の（ア）,（エ）に正解を絞り込むことができます。

　和の1桁目の Y については,（ア）が排他的論理和（XOR）,（エ）が論理和（OR）です。この部分については, A と B の一方が0, 他方が1（0+1=1, 1+0=1）のときに1, A と B の両方が0又は1（0+0=0, 1+1=10）のときは0なので, 排他的論理和になっている（ア）が正解です。

　選択肢が回路図になっているこの手の問題は, 必要以上に難しく感じてしまいますが, このように落ち着いて整理すると正解できることを理解しておきましょう。

解答 ア

156

2.3 ハードウェア

第2章

問3 16進数ABCD1234をリトルエンディアンで4バイトのメモリに配置したものはどれか。ここで，0〜+3はバイトアドレスのオフセット値である。

(H29春-AP 問21)

	0	+1	+2	+3
ア	12	34	AB	CD

	0	+1	+2	+3
イ	34	12	CD	AB

	0	+1	+2	+3
ウ	43	21	DC	BA

	0	+1	+2	+3
エ	AB	CD	12	34

解説

　リトルエンディアンですから，アドレスの小さい（リトル）方にデータの最下位バイトが配置されます。したがって，（イ）が正解です。なお，（エ）が**ビッグエンディアン**ですね。

リトル	34	12	CD	AB	(イ)
ABCD1234	0	+1	+2	+3	
ビッグ	AB	CD	12	34	(ニ)

　なお，リトルエンディアンの長所としては，目的のアドレスから1バイトを読み込んでも，4バイト（ワード）をまとめて読み込んでも，最下位が必ず同じであるということが挙げられます。一方，ビッグエンディアンの長所は，人間にとって分かりやすいこととされています。ただし，どちらの配置であっても，利用者が意識することはほとんどありません。ちなみに，1バイト中のビットの並び順にもリトルとビックがあり，エンディアンやナンバリングと呼ばれています。この試験でも，必要に応じて **MSB**（Most Significant Bit；最上位ビット）や **LSB**（Least Significant Bit；最下位ビット）を示すことで，ビットの並び順を明確にした問題が出題されることがあります。

解答　イ

157

第2章 コンピュータ構成要素

問4 ワンチップマイコンにおける内部クロック発生器のブロック図を示す。15MHz の発振器と，内部の PLL1，PLL2 及び分周器の組合せで CPU に 240MHz，シリアル通信（SIO）に 115kHz のクロック信号を供給する場合の分周器の値は幾らか。ここで，シリアル通信のクロック精度は±5%以内に収まればよいものとする。

◎高度午前Ⅰ （H30 春·AP 問23）

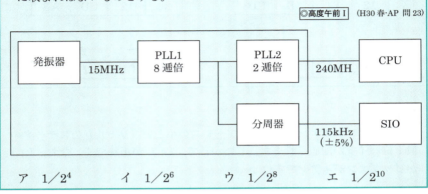

ア $1/2^4$　　イ $1/2^6$　　ウ $1/2^8$　　エ $1/2^{10}$

解説

　分周器の値が問われています。分周器を知らなくても，解答群の内容から，入力信号の周波数を $1/2^n$ にする部品であることを読み取れるようにしましょう。また，PLL1，PLL2 の 8 逓倍，2 逓倍というのが分からないかもれませんが，発振器からの 15MHz の信号を 8 逓倍，2 逓倍すると 240MHz の信号になることから，8 逓倍，2 逓倍というのは，単純に信号の周波数を 8 倍，2 倍にするということを理解できるようにしましょう。

　分周器の入力信号は，発振器の信号を 8 逓倍したものなので，120MHz（= 15×8）です。そして，それを 115kHz に分周するのですから，120÷0.115 ≒ 1,043.…，つまり，1,040 分の 1 程度に分周すればよいので，（エ）の $1/2^{10}$ = 1/1,024 が正解です。

　なお，120÷1,024 ≒ 0.1171…なので，誤差は 2%です。ただし，ここまで厳密に確認しなくても，（ウ）の $1/2^8$ = 1/256 なので，（ア）〜（ウ）は不適切なことは明らかです。ちなみに，入力信号の周波数を分周する**分周器**に対して，PLL1，PLL2 のように入力信号の周波数を逓倍する回路を**逓倍器**と呼びます。

解答　エ

2.3 ハードウェア

問5 マイコンの汎用入出力ポートに接続された LED1 を，LED2 の状態を変化させずに点灯したい。汎用入出力ポートに書き込む値として，適切なものはどれか。ここで，使用されている汎用入出力ポートのビットは全て出力モードに設定されていて，出力値の読出しが可能で，この操作の間に汎用入出力ポートに対する他の操作は行われないものとする。

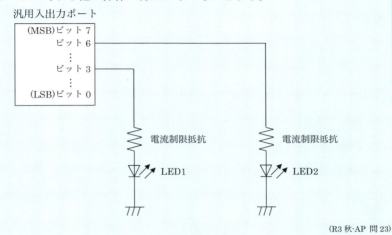

(R3 秋-AP 問 23)

- ア　汎用入出力ポートから読み出した値と 16 進数の 08 との論理積
- イ　汎用入出力ポートから読み出した値と 16 進数の 08 との論理和
- ウ　汎用入出力ポートから読み出した値と 16 進数の 48 との論理積
- エ　汎用入出力ポートから読み出した値と 16 進数の 48 との論理和

解説

　電流制限抵抗，LED の記号と見慣れない記号がありますが，気にしないで取り組みましょう。まず，LED1 を点灯させることに着目します。LED を点灯させるために，0 と 1 のどちらを出力するかは，記述されていませんが，点灯させる LED1 は，ビット 3 に接続されていて，MSB（最上位ビット）がビット 7 ですから，ビット 3 は先頭から 5 ビット目です。選択肢にある 16 進数の 08（＝00001000），48（＝01001000）は，いずれもビット 3 が 1 ですから，LED を点灯させるためには，該当ビットを 1 にすることが分かります。次に，該当ビットを 1 にするためには，1 との論理積，1 との論理和のどちらの操作をするかを考えると，論理積では読み出した値が 0 のときに 0（＝0×1）になってしまいます。一方，論理和では，読み出した値によらず 1 になるので，正解の候補は，論理和の（イ），（エ）に絞りこめます。最後

第2章 コンピュータ構成要素

に，状態を変えないビット6に着目して，読み出した値との論理和で値が変化しないのは，0か1かを考えると，1との論理和は，読み出した値によらず結果が1になるのでしたから，ビット6の値が0の16進数の08と論理和をとる（イ）が正解です。このように，見慣れない記号などがあっても，正解は導くことができるので，冷静に取り組めるようにしましょう。

解答　イ

問6　SoCの説明として，適切なものはどれか。

(R3春·AP 問22)

ア　システムLSIに内蔵されたソフトウェア
イ　複数のMCUを搭載したボード
ウ　複数のチップで構成していたコンピュータシステムを，一つのチップで実現したLSI
エ　複数のチップを単一のパッケージに封入してシステム化したデバイス

解説

　SoCとは，System on a Chipの略称です。これを知っていれば，正解が（ウ）であることは明らかでしょう。

　Chipというのは一つの半導体のことで，これを保護するために，外側に囲いを付けたものがパッケージです。しかし，（エ）の記述にあるように，複数のチップを単一のパッケージに封入することもあり，そのようにシステムの機能に必要となる複数のチップを単一のパッケージに封入したものは，SoP（System on a Package）と呼ばれます。また，システムに必要となる機能を一つのチップ又は，パッケージにまとめたものをシステムLSIと呼びます。

> SoC（System on a Chip）
> SoP（System on a Package）　　システムLSI

　なお，SoCは，System on a Chip，つまり，ハードウェアであり，ソフトウェアではありません（ア）。（イ）のボードとは，Chipなどを搭載するためのプリント基板のことです。また，MCU（Micro Controller Unit）は，CPUの他にメモリや入出力制御など，コンピュータに必要な機能を一つのChipやパッケージとしたもので，組込みシステムで利用されます。

解答　ウ

2.3 ハードウェア

問7 組込みシステムにおける，ウォッチドッグタイマの機能はどれか。

(R1秋-AP 問21)

ア　あらかじめ設定された一定時間内にタイマがクリアされなかった場合，システム異常とみなしてシステムをリセット又は終了する。

イ　システム異常を検出した場合，タイマで設定された時間だけ待ってシステムに通知する。

ウ　システム異常を検出した場合，マスカブル割込みでシステムに通知する。

エ　システムが一定時間異常であった場合，上位の管理プログラムを呼び出す。

解説

　ウォッチドッグとは番犬のことで，**ウォッチドッグタイマ**とは，番犬のような監視タイマで，組込みシステムなどで用いられます。組込みシステムは，ハードウェア，ソフトウェアが簡素なので，一般的なコンピュータシステムのように監視タイマを設定して，タイムアップしたら必要な例外処理を行うというような複雑な作りにすることはできません。タイムアップすると割込みを発生するウォッチドッグタイマと呼ばれるタイマを内蔵して，一定時間内にそのタイマがクリアされないときには，ウォッチドッグタイマ割込みを発生させて，システムをリセットするという単純な仕組みにすることがほとんどです。したがって，（ア）が正解です。なお，正常時にシステムがリセットされないように，アプリケーション処理の一環として，ウォッチドッグタイマの設定時間以内にタイマをクリアしています。

> **ウォッチドッグタイマ**：システムをリセットする監視タイマ
> ← 正常時には，タイムアップする前にクリア

　なお，システム異常を検出した場合に即座にリセットしますし（イ），（エ），リセットの代わりに割込みを発生させるものもありますが，マスク（抑止）のできない，ノンマスカブル割込み（NMI；Non-Maskable Interrupt）を利用します（ウ）。

解答　ア

第3章 システム構成要素

システム構成要素

▶▶▶ Point

学習のポイント

　システム構成要素分野のポイントとして，これまでの出題頻度から「システムの信頼性」，「システムの性能」，「システム構成」の三つのテーマを扱います。この分野から出題される問題には，計算問題が多いのですが，単なる公式の暗記では対処できないような問題が多くなっています。こうした計算問題をどのように解いていくかという点を中心に解説しています。

　解法のアプローチは，解説を読んだだけでは身に付きません。演習問題も多く用意していますから，必ず自分自身で問題を解くように心掛けてください。

(1) システムの信頼性

　信頼性，つまり，稼働率の計算です。稼働率の計算では，直列系や並列系の公式が基本となりますが，最近は，複雑な構成の稼働率を求める問題や，稼働率の評価などの応用問題が出題されていて，公式を知っているだけでは，太刀打ちできません。稼働率の意味や，その考え方についてしっかり理解する必要があります。また，問題に示された複雑な構成を，単純な構成に分解していくプロセスを理解することが重要です。学習のポイントは次のようになります。

- MTBF（Mean Time Between Failures），MTTR（Mean Time To Repair）の意味と稼働率（アベイラビリティ）の関係について理解する。
- 直列系システムや，並列系システム，その複合系システムの稼働率の計算ができる。

（2）　システムの性能

　IT 知識体系の「システムの性能」には，システム性能の計算，ベンチマークテストなどの性能指標に関する知識が含まれています。学習のポイントは次のようになります。

- ・実行ステップ数と CPU 性能（MIPS；Million Instructions Per Second）から，処理時間や単位時間当たりの処理可能件数を求められます。
- ・代表的なベンチマークテストの種類を挙げ，その用途について説明できる。
- ・各種資源のモニタリング結果から，システムのボトルネックを指摘できる。

（3）　システム構成

　このテーマに関しては，クライアントサーバシステムの構成方法や，システム構成（デュアル，デュプレックスなど），分散データベースについての特徴や留意点などが出題されています。この他にトランザクション管理なども含まれますが，この内容は，DBMS（DataBase Management System）との関係が密接なので，本書では「第 6 章　データベース」で扱います。学習のポイントは次のようになります。

- ・2 層，3 層クライアントサーバシステム，それぞれの特徴を理解します。
- ・ストアドプロシージャ，RPC（Remote Procedure Call）について理解します。
- ・デュアル，デュプレックスシステムなどのシステム構成について，それぞれの特徴を理解します。
- ・フェールセーフ，フェールソフトなどの信頼性設計の基本となる考え方を理解します。

第3章 システム構成要素

3.1 システムの信頼性

▶▶▶ Explanation

ポイントの解説

　性能計算や処理時間の計算などを含めた計算問題については，得意，不得意がはっきり分かれます。学習のポイントにも挙げましたが，信頼性の計算では，直列系，並列系の公式があります。多くの方は，この公式を暗記した上で，実際の問題に適用して，解答を導いているようです。このため，少し条件が違ってくると，公式の適用が上手にできないということになるのではないでしょうか。そこでこの章では，公式にあまり頼らず，どうしてそのような計算式で信頼度が求められるのかという点に注意しながら，解説を進めていきたいと思います。解説を読むだけでなく，実際に計算をしながら学習してください。

（1）　MTBF と MTTR 及び稼働率の関係について

　システムの**稼働率**（**アベイラビリティ**）とは，全運転時間に対する正常稼働時間の割合のことです。したがって，システムの正常稼働時間を全運転時間で割ることによって求められます（正常に稼働していない，つまり，故障や修理している間は，システムは運転していないと考えてしまうと，稼働率は常に100％となってしまいます）。稼働率の計算では，システムの運転時間を，正常に稼働している時間＋故障や修理をしている時間，と考えます。つまり，運転時間中のシステムの状態は，正常に稼働している状態と，故障やその修理のために稼働できない状態の2通りと考えます。

　システムの故障といっても，装置の故障，ソフトウェアのバグなどいろいろな要因があるので，前回の故障に対する修理が終わって次に故障するまでの時間間隔（故障間隔）や，それぞれの修理に費やす時間などは様々です。このため，ある一定期間（例えば，過去1年間など）の，故障間隔と修理時間（故障してから修理が完了するまでの時間）を，それぞれの平均値を用いて評価します。そして，故障間隔の平均値が MTBF（Mean Time Between Failures；平均故障間隔），修理時間の平均値が MTTR（Mean Time To Repair；平均修理時間）と呼ばれているのです。

3.1 システムの信頼性

　システムの稼働率とは，全運転時間に対する正常稼働時間の割合でした。したがって，過去一定期間中の正常稼働時間の合計を，全運転時間で割れば求めることができます。一方，MTBF は過去一定期間中の正常稼働時間の合計を，故障回数で割った平均値であり，MTTR は故障やその修理のために正常に稼働できなかった時間の合計を，故障回数で割った平均値です。逆にいえば，MTBF に故障回数を掛けたものがその期間の正常稼働時間の合計であり，MTTR に故障回数を掛けたものが正常に稼働できなかった時間の合計となります。したがって，次のように考えると，$\dfrac{\text{MTBF}}{\text{MTBF}+\text{MTTR}}$ によって，稼働率を求められることが分かります。

$$\text{稼働率}=\frac{\text{過去一定期間中の正常稼働時間の合計}}{\text{過去一定期間中の運転（正常稼働＋故障・修理）時間の合計}}$$

$$=\frac{\text{平均故障間隔(MTBF)}\times\text{故障回数}}{\text{平均故障間隔(MTBF)}\times\text{故障回数}+\text{平均修理時間(MTTR)}\times\text{故障回数}}$$

$$=\frac{\text{MTBF}\times\text{故障回数}}{(\text{MTBF}+\text{MTTR})\times\text{故障回数}}$$

$$=\frac{\text{MTBF}}{\text{MTBF}+\text{MTTR}}$$

　いざ試験となると，MTBF や MTTR という間違えやすい指標で，どちらがどちらだったか迷ってしまう方も多いようです。前記のようなストーリを基に理解しておくと，試験で混乱せずにすみます。

（2）　直列系，並列系システムと複合系システムの稼働率の計算

　直列系システムとは，システムを構成する要素全てが正常に稼働しているときだけ，システム全体として正常に稼働できるシステムです。また，**並列系システム**とは，システムを構成する要素のうち，いずれか一つでも正常に稼働していれば，システム全体として正常に稼働できるシステムです。**複合系のシステム**とは，直列系，並列系システムが複合して構成されたシステムです。

　まず，稼働率計算の基本となる直列系，並列系システムの稼働率計算について考えてみます。あるシステムが稼働率 A の構成要素二つから構成されているとします。このとき，直列系システムであればシステム全体の稼働率は A^2，並列系システムであれば $1-(1-A)^2$ となります。この二つの公式は，どこかで見たことがあると思います。しかし，いざ試験で出題されると，記憶が曖昧で困

第3章 システム構成要素

ってしまう方も多いようです。迷ったら、次のように考えましょう。

　稼働率について考えたときに、システムの状態は、正常に稼働している状態と故障や修理をしている状態の2通りで考えるということを書きました。この考えに基づいて、二つの構成要素（①、②）の状態の組合せを整理すると、次の4通りとなります（○：正常稼働、×：故障・修理）。また、稼働率とは正常に稼働している割合（確率）ですから、**○の確率はA，×の確率は1−A**になります。

	①	②	確率
ケース1	○	○	$A×A=A^2$
ケース2	○	×	$A×(1−A)=A(1−A)$
ケース3	×	○	$(1−A)×A=(1−A)A$
ケース4	×	×	$(1−A)×(1−A)=(1−A)^2$

二つの構成要素からなるシステムの稼働率

　直列系システムの場合、前図「二つの構成要素からなるシステムの稼働率」中の①、②のいずれも○でなくてはいけませんから、正常稼働と見なせるのはケース1のときだけで、その確率（稼働率）は A^2 となります。一方、並列系システムの場合、①、②のいずれか一つでも○であればよく、ケース1〜3のいずれも正常稼働と見なせるので、その稼働率は $A^2+2A(1−A)$ となります。また、並列系のケース1〜3とは、「ケース4ではない」ということなので、ケース1〜4の合計が1になることに注目して $1−(1−A)^2$ として求めることもできます。ちなみに、$1−(1−A)^2=1−(1−2A+A^2)=1−1+2A−A^2=2A−A^2$ となりますし、$A^2+2A(1−A)=A^2+2A−2A^2=2A−A^2$ ですから、ケース1〜3の合計値も、（1−ケース4）も同じ値になります。単純な問題の場合で、公式をきちんと知っていれば、このような整理方法は必要ありません。この整理方法は、公式が不確かな場合や、3台中2台稼働しているとき正常稼働と見なせるようなシステムの稼働率を求める場合に、効果を発揮します。

　複合系システムの簡単な例として、次の二つの構成について考えてみましょう。ただし、各構成要素の稼働率は全てAであることとします。

3.1 システムの信頼性

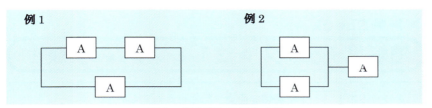

図A　複合系システムの例

　図A中の例1,2とも直列系,並列系システムの組合せなので,単純に稼働率を求めることはできません。このような場合,部分的な稼働率を求めて,その部分を一つの構成要素として考えることによって,直列系,並列系の基本構成にもっていきます。

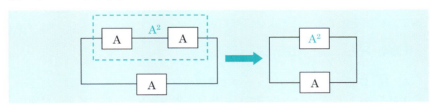

図B　例1の単純化

　例1の場合は,図B中の破線で囲んだ部分を一つの構成要素と見なせれば,単純な並列構成となります。この部分の稼働率はA^2ですから,稼働率A^2の要素と,稼働率Aの要素の並列構成と見ればよいわけです。したがって,稼働率は$1-(1-A^2)\times(1-A)$となります。

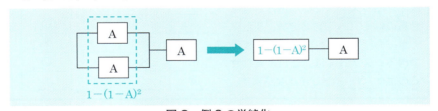

図C　例2の単純化

　例2の場合にも,図C中の破線で囲んだ部分を一つの構成要素と見なせれば,単純な直列構成となります。この部分の稼働率は$1-(1-A)^2$ですから,稼働率$1-(1-A)^2$と,稼働率Aの要素の直列構成と見ればよいのです。したがって,稼働率は,$\{1-(1-A)^2\}\times A$となります。

　実際の試験では,もう少し複雑な構成について出題されますが,この考え方に基づいて解答すれば,必ず正解できますから,しっかり理解してください。

第3章 システム構成要素

▶▶▶ **Check**

理解度チェック ▶ 3.1 システムの信頼性

次の文中の ☐ に適切な用語や記号を入れてください。

稼働率（アベイラビリティ）とは，$\boxed{\text{ア}}$ に対する $\boxed{\text{イ}}$ している時間の割合のことです。また，$\boxed{\text{ア}}$ とは，$\boxed{\text{イ}}$ している時間と $\boxed{\text{ウ}}$ している時間の合計時間です。

$\boxed{\text{エ}}$ とは，平均故障間隔のことで，正常に稼働している時間の合計を $\boxed{\text{オ}}$ で割って求めます。また，$\boxed{\text{カ}}$ とは平均修理時間のことで，修理に要した時間の合計を $\boxed{\text{オ}}$ で割って求めます。$\boxed{\text{エ}}$ と $\boxed{\text{カ}}$ を使って，稼働率を表すと次のようになります。

$$稼働率 = \frac{\boxed{\text{キ}}}{\boxed{\text{ク}} + \boxed{\text{ケ}}}$$

A，B，C の 3 台のコンピュータで構成されるシステムで，各コンピュータの状態を〇（正常），✕（修理中）に分けて考えると，状態の組合せは次の表のように八つになります。全てのコンピュータが正常なときだけ正常に稼働できるシステムでは，正常と見なせるのは①のときだけです。3 台中 2 台が正常であれば正常に稼働できるシステムでは，正常と見なせるのは $\boxed{\text{コ}}$ のときで，3 台中 1 台でも正常であれば，正常に稼働できるシステムでは，正常と見なせるのは $\boxed{\text{サ}}$ のときとなります。

NO	A	B	C
①	〇	〇	〇
②	〇	〇	✕
③	〇	✕	〇
④	〇	✕	✕
⑤	✕	〇	〇
⑥	✕	〇	✕
⑦	✕	✕	〇
⑧	✕	✕	✕

解答

ア：全運転時間　イ：正常に稼働　ウ：故障して修理
エ：MTBF　オ：故障回数　カ：MTTR　キ：MTBF　ク：MTBF　ケ：MTTR
コ：①②③⑤　サ：①②③④⑤⑥⑦（⑧以外）

▶▶▶ Question
問題で学ぼう

> 問1　MTBFを長くするよりも，MTTRを短くするのに役立つものはどれか。
> (R4 春·AP 問 14)
>
> ア　エラーログ取得機能　　　イ　記憶装置のビット誤り訂正機能
> ウ　命令再試行機能　　　　　エ　予防保全

解説

　MTBF が平均故障間隔，MTTR は平均修理時間でしたから，故障の発生を防ぐためのものではなく，修理時間を短縮するためのものです。選択肢のうち，(ア) のエラーログ取得機能は，取得されたログを解析することで修理のための原因究明ができるので，修理時間の短縮，つまり，MTTR を短くするのに役立ちますから，(ア) が正解です。なお，(イ)～(エ) はいずれも，故障の発生を防ぐためのもので，MTBF を長くするのに役立ちます。

解答　ア

> 問2　図に示す二つの装置から構成される並列システムの稼働率は幾らか。ここで，どちらか一つの装置が稼働していればシステムとして稼働しているとみなし，装置A，Bとも，MTBFは450時間，MTTRは50時間とする。
>
> ◎高度午前I　(H29 春·AP 問 15)
>
>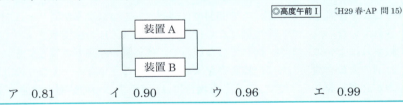
>
> ア　0.81　　　イ　0.90　　　ウ　0.96　　　エ　0.99

解説

　装置 A，B の稼働率は同じで，次のように 0.90 になります。

$$\frac{\text{MTBF}}{\text{MTBF}+\text{MTTR}} = \frac{450}{450+50} = \frac{450}{500} = 0.90$$

　したがって，装置 A，B から構成される並列システムの稼働率は，1−(1−0.90)×(1−0.90)＝1−0.1×0.1＝1−0.01＝0.99 となり，(エ) が正解です。

解答　エ

第3章 システム構成要素

問3 3台の装置 X～Z を接続したシステム A, B の稼働率に関する記述のうち, 適切なものはどれか。ここで, 3台の装置の稼働率は, いずれも0より大きく1より小さいものとし, 並列に接続されている部分は, どちらか一方が稼働していればよいものとする。

(H30 秋·AP 問14)

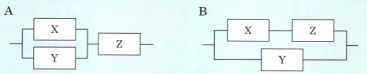

- ア　各装置の稼働率の値によって, A と B の稼働率のどちらが高いかは変化する。
- イ　常に A と B の稼働率は等しい。
- ウ　常に A の稼働率が高い。
- エ　常に B の稼働率が高い。

解説

A, B のシステムは, それぞれ3台の装置 X～Z によって構成されていますが, 接続形態が少し異なります。それぞれのシステムが, どのような場合に正常稼働と見なされるのかは明記されていませんが, 通常のシステム構成図の解釈に従って, 次のように考えればよいでしょう。

> システムA：装置 X, Y の一方が正常で, かつ, 装置 Z が正常のとき
> システムB：装置 X, Z がいずれも正常, 又は, 装置 Y が正常のとき

ここで注意したいのが, この問題では装置 X～Z の稼働率が同じとは記述されていない点です。全て同じならば, システム A, B の稼働率を求めて比較すればよいのですが, 同じではないので, 各装置の稼働率に対してそれぞれ別の変数を割り当てて, 稼働率を求め比較することになり, かなりの計算力が必要となりそうです。こうした場合には, 迷わず3台の装置の状態 (○：稼働, ×：故障) の組合せで整理してみましょう。

ケース	X	Y	Z	システムA	システムB
①	○	○	○	○	○
②	○	○	×	×	○
③	○	×	○	○	○
④	○	×	×	×	×
⑤	×	○	○	○	○
⑥	×	○	×	×	○
⑦	×	×	○	×	×
⑧	×	×	×	×	×

3.1 システムの信頼性

前の表から，システムAが正常稼働と見なせるのは①，③，⑤の三つの場合だけなのに対して，システムBはこの三つの場合に加え，②と⑥の場合も正常稼働と見なせることが分かります。したがって，常にBの稼動率が高いとする（エ）が正解です。装置X～Zそれぞれの稼働率がどうであれ，システムAとBとで①の状態になる確率は同じです。このことは②～⑧でも同様ですから，装置X～Zの稼働率をあれこれ考えて悩む必要はありません。

解答 エ

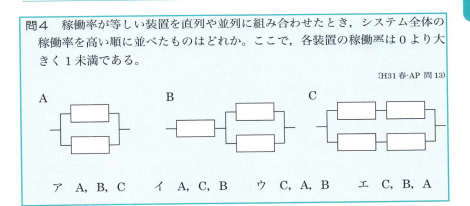

問4　稼働率が等しい装置を直列や並列に組み合わせたとき，システム全体の稼働率を高い順に並べたものはどれか。ここで，各装置の稼働率は0より大きく1未満である。

〔H31春-AP 問13〕

ア A，B，C　　イ A，C，B　　ウ C，A，B　　エ C，B，A

解説

まず，複数の装置から構成される稼働率の基本を押さえましょう。直列接続の場合，装置が全て稼働していないと，全体が稼働状態とはならないので，装置の数が増えるほど全体の稼働率は低くなります。これに対して，並列接続の場合，どれか1台だけ稼働していればよいので，接続台数が増えると全体の稼働率は高くなります。

| 装置の台数 | 直列構成 → | 稼働率低下 |
| が増えると | 並列構成 → | 稼働率向上 |

この基本を念頭に，A～Cの構成を比較します。まず，BはAの構成に1台の装置を直列接続で追加したものなので，BはAに比べて稼働率が低くなり，A＞Bです。また，直列構成では装置1台よりも2台の方が稼働率は低くなりますから，装置2台の並列構成であるCは，装置1台の並列構成であるAよりも稼働率は低くなり，A＞Cです。したがって，AはB，Cよりも稼働率が高くなることは分かりますが，残念ながらBとCの稼働率については，計算しないと比較できないようです。

第3章 システム構成要素

　並列構成の稼働率計算は面倒に感じますが，概算であればそれほど面倒ではありません。まず，並列構成の稼働率は，1 から稼働していない確率を引いたものであることを思い出しましょう。A は並列構成なので，2 台の装置が同時に故障したときだけ稼働できません。例えば，装置単体の稼働率を 0.9 だとすると，A の構成の稼働率は 0.99 になります。

> 装置単体が故障する確率：　　　　　　　$1-0.9=0.1$
> 2 台の装置が同時に故障する確率：　　$0.1 \times 0.1=0.01$
> A の構成の稼働率：　　　　　　　　　$1-0.01=0.99$

　B は，A に装置を 1 台直列に接続した構成で，稼働率はおよそ 0.9 です。

> B の構成の稼働率：　　　　　　　$0.9 \times 0.99=0.891 \fallingdotseq 0.9$

　C は，2 台の直列構成を並列接続したもので，稼働率はおよそ 0.96 です。

> 2 台の直列構成の稼働率：　　　　　$0.9 \times 0.9=0.81 \fallingdotseq 0.8$
> 2 台の直列構成が故障する確率：　　$1-0.8=0.2$
> 二つの直列構成が同時に故障する確率：$0.2 \times 0.2=0.04$
> C の構成の稼働率：　　　　　　　　$1-0.04=0.96$

　概算ですが，B の稼働率は 0.9，C の稼働率は 0.96 なので，稼働率の高い順に並べると「A，C，B」となり（イ）が正解です。

　なお，装置単体の稼働率を α として計算すると，次のようになります。

> 2 台の直列構成の稼働率：　　　　　α^2
> 2 台の並列構成の稼働率：　　　　　$1-(1-\alpha)^2=2\alpha-\alpha^2$
> B の構成の稼働率：　　　　　$\alpha \times (2\alpha-\alpha^2)=2\alpha^2-\alpha^3$
> C の構成の稼働率：　　　　$1-(1-\alpha^2)^2=2\alpha^2-\alpha^4$
> （C は 2 台の直列構成（稼働率 α^2）を並列接続したもの）

　ここで，装置単体の稼働率 α は「0 より大きく 1 未満」なので，$\alpha^3>\alpha^4$ です。同じ $2\alpha^2$ から引くと大小が逆転して，$2\alpha^2-\alpha^3 < 2\alpha^2-\alpha^4$，つまり，B<C となることが分かりますが，このような求め方は，少し面倒かもしれません。

解答　イ

3.1 システムの信頼性

問5 4種類の装置で構成される次のシステムの稼働率は，およそ幾らか。ここで，アプリケーションサーバとデータベースサーバの稼働率は 0.8 であり，それぞれのサーバのどちらかが稼働していればシステムとして稼働する。また，負荷分散装置と磁気ディスク装置は，故障しないものとする。

◎高度午前Ⅰ （H30春・AP 問16）

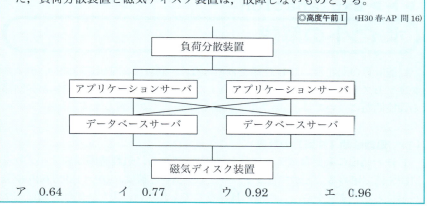

ア　0.64　　　　イ　0.77　　　　ウ　0.92　　　　エ　0.96

解説

　4種類6台の装置による複雑そうな構成なので難しく感じますが，負荷分散装置と磁気ディスク装置は故障しないので無視できます。また，相互に接続されている部分については，アプリケーションサーバ，データベースサーバともに2台のうちの1台正常であれば稼働できます。問題の図を見慣れた表現に書き換えると，稼働率の計算に必要な部分は，2台の並列構成を二つ直列に接続した次の構成になります。

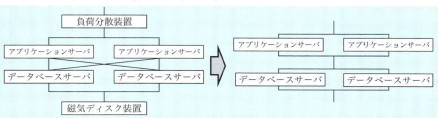

　アプリケーションサーバ，データベースサーバともに稼働率は 0.8 ですから，それぞれの並列部分の稼働率は

$1-(1-0.8)\times(1-0.8)=1-0.2\times 0.2=1-0.04=0.96$

直列接続した全体の稼働率は，およそ 0.92 なので（ウ）が正解です。

$0.96\times 0.96=0.9216≒0.92$

解答　ウ

第3章 システム構成要素

3.2 システムの性能

▶▶▶**Explanation**

ポイントの解説

　性能計算の問題は，CPU 性能だけではなく，回線による伝送時間や，ディスクアクセス時間などを含めた計算問題となっていることが多いのですが，回線の性能問題については，「第7章　ネットワーク」で学習します。

(1)　処理時間（件数）の計算

　1件の処理に必要なステップ数と MIPS 値から，**処理時間**はステップ数÷MIPS 値で求めることができます。ただし，MIPS 値は，$10^6＝1,000,000$ 命令が単位となりますから，この点には注意してください。また，処理時間にディスクのアクセス時間を加味する場合もありますが，問題文中の記述から読み取って加算します。

例題　オンラインシステムにおいて，1トランザクションの処理に必要な実行命令数が60万ステップ，ファイルアクセス回数が平均20回であるとき，CPU性能が 0.5MIPS の計算機の1トランザクション当たりの平均処理時間は何秒か。

　なお，ディスクの平均アクセス時間は 30 ミリ秒とし，当該トランザクション以外の処理は発生しないものとする。

(H8 春·PM 問 36 改)

　ア　0.6　　　　イ　1.2　　　　ウ　1.8　　　　エ　2

解説

　1トランザクションの処理時間は，60万ステップを実行するためのCPU 処理時間と，平均 20 回発生するファイルアクセスに要する時間の合計です。ディスクの平均アクセス時間が 30 ミリ秒ですから，20 回では 30×20＝600 ミリ秒＝0.6 秒です。0.5MIPS とは，1秒間に 0.5 百万命令（＝50 万命令）の実行ができるということですから，60 万命令に要する時間は，60 万÷50 万＝1.2 秒となります。この二つを合計すると，0.6＋1.2＝1.8 秒となり，正解は（ウ）です。

174

（2）　ベンチマークテスト

ベンチマークテストとは，性能評価用のプログラムを実行して，CPUやコンピュータシステムの性能評価をすることです。次のようなものが代表的です。
①ギブソンミックスとコマーシャルミックス

ギブソンミックスは科学技術計算用，**コマーシャルミックス**は事務処理用のベンチマークです。これらのベンチマークは，テストプログラムとしてだけでなく，それぞれの処理における標準的な命令比率も示しています。
②SPECベンチマーク

SPEC（The Standard Performance Evaluation Corporaticn）とは，ベンチマークの標準化のために，ベンチマークプログラムの開発と配布を行う非営利会社です。SPECから配布されているベンチマークのうち，整数演算性能評価用は**SPECint**，浮動小数点演算性能評価用は**SPECfp**と総称されています。
③TPCベンチマーク

TPC（Transaction processing Performance Council；トランザクション処理性能評議会）が開発したベンチマークテストで，CPU性能だけでなく，ネットワークやデータベース処理など，トランザクション処理システムに求められるトータル性能を評価するためのものです。

（3）　キャパシティプランニングとモニタリング

システムに対するユーザの要求や将来的な変化などを分析して，要求を満たすシステム資源や性能を見積もり，経済性や拡張性を考慮した最適なシステム構成を立案，構築，維持していくことを**キャパシティプランニング**と呼びます。システムの構築後に必要な性能を維持していくためには，計画に基づいた保守作業が必要になりますが，システム全体としての性能や，構成要素であるCPUやメモリ，ディスクなどの資源の使用率などを定期的に測定（**モニタリング**）して**ボトルネック**となりそうな資源を見つけ，早めに増設やレベルアップなどの手当てをしていく必要もあります。ただし，使用率だけを見てボトルネックを判断してはいけません。異常な使用率を示しているような場合には，その根本的な原因を取り除くことが大切です。例えば，CPUの使用率が異常に高いような場合，アプリケーションプログラムの処理のために高いのか，メモリ不足などが原因でOSのオーバヘッドのために高くなっているのかを見極める必要があります。メモリ不足が原因の場合には，CPUのアップグレードではなく，メモリの増設の方が適切な手当てとなります。

第3章 システム構成要素

▶▶▶ Check

理解度チェック ▶ 3.2 システムの性能

次の文中の ☐ に適切な用語を入れてください。

CPU が 1 秒間に実行できる命令の数を表す単位に ア があります。 ア とは，CPU が 1 秒間に何 イ 命令を実行できるかを示します。

性能評価用のプログラムを実行して，その結果を計測することによって CPU やコンピュータシステムの性能評価を行うことを ウ と呼びます。古くから有名な ウ には，科学技術計算用の エ と，事務処理用の オ があります。 エ や オ は，性能評価用のプログラムとしてだけではなく，科学技術計算，事務処理それぞれについて，命令ごとの出現頻度の平均値を示した点でも有名です。

カ は，標準的な CPU の演算性能評価を提供するために設立された非営利会社です。この会社が提供する性能評価の代表的なものには，整数演算の性能を評価するための キ と，浮動小数点演算の性能を評価するための ク があります。

ケ は，コンピュータだけでなく，ディスク装置やネットワークなどを含めた，トータルとしてコンピュータシステムの性能評価を提供します。

要求に対して最適なシステム構成を立案・構築・維持することを コ と呼びます。そして，構築後の性能を維持していくために構成機器の使用状況などのデータを収集する作業が サ です。 サ の結果は，システム資源上のボトルネックの検出や，装置の増設やリプレースなどの計画立案に利用されます。ボトルネックが検出された場合には，表面的な事象だけに注目するのではなく，その事象の発生する シ を追求し，その解消を図らなくてはいけません。

解 答

ア：MIPS　イ：百万（10^6）　ウ：ベンチマーク　エ：ギブソンミックス
オ：コマーシャルミックス　カ：SPEC　キ：SPECint　ク：SPECfp
ケ：TPC（TPC ベンチマーク）　コ：キャパシティプランニング
サ：モニタリング　シ：根本原因

3.2 システムの性能

▶▶▶**Question**

問題で学ぼう

問1 次のシステムにおいて，ピーク時間帯の CPU 使用率は何%か。ここで，トランザクションはレコードアクセス処理と計算処理から成り，レコードアクセスは CPU 処理だけで I/O は発生せず，OS のオーバヘッドに考慮しないものとする。また，1 日のうち発生するトランザクション数が最大になる 1 時間をピーク時間帯と定義する。

(R2-AP 問15)

〔システムの概要〕
(1) CPU 数：1 個
(2) 1 日に発生する平均トランザクション数：54,000 件
(3) 1 日のピーク時間帯におけるトランザクション数の割合：20%
(4) 1 トランザクション当たりの平均レコードアクセス数：100 レコード
(5) 1 レコードアクセスに必要な平均 CPU 時間：1 ミリ秒
(6) 1 トランザクション当たりの計算処理に必要な平均 CPU 時間：100 ミリ秒

ア　20　　　　　イ　30　　　　　ウ　50　　　　　エ　60

解説

　ピーク時間帯の CPU 使用率が問われています。まず，ピーク時間帯とは，1 日のうち発生するトランザクション数が最大になる 1 時間のことで，〔システムの概要〕(2)の 1 日 54,000 件と，(3)のピーク時間帯の割合 20%から，この時間帯のトランザクション数は 54,000 件×0.20＝10,800 件となります。

　続いて，1 トランザクション当たりの CPU 処理時間を求めます。問題文の条件は「トランザクションはレコードアクセス処理と計算処理から成り」ということですが，〔システムの概要〕(4)と(5)，レコードアクセス処理には100 レコード×1 ミリ秒／レコード＝100 ミリ秒の CPU 時間，そして，(6)から計算処理に 100 ミリ秒の CPU 時間が必要になり，合計で 200 ミリ秒ということになります。200 ミリ秒＝0.2 秒ですから，ピーク時間帯のトランザクション数 10,800 件を処理するために必要な CPU 時間は，10,800×0.2＝2,160 秒です。つまり，1 時間（＝3,600 秒）当たりの CPU 使用時間は 2,160 秒なので，CPU 使用率は 2,160÷3,600＝0.6 であり，（エ）の 60%が正解です。

解答　エ

第3章 システム構成要素

問2 あるクライアントサーバシステムにおいて，クライアントから要求された1件の検索を処理するために，サーバで平均100万命令が実行される。1件の検索につき，ネットワーク内で転送されるデータは平均$2×10^5$バイトである。このサーバの性能は100MIPSであり，ネットワークの転送速度は$8×10^7$ビット／秒である。このシステムにおいて，1秒間に処理できる検索要求は何件か。ここで，処理できる件数は，サーバとネットワークの処理能力だけで決まるものとする。また，1バイトは8ビットとする。

◎高度午前Ⅰ　（H31春-AP　問15）

　ア　50　　　　　　イ　100　　　　　ウ　200　　　　　エ　400

解説

　1件の検索処理には，サーバで平均100万命令の実行と，平均$2×10^5$バイトのネットワーク内のデータ転送が必要ということから，それぞれの実行時間を求めます。まず，サーバの命令実行については，CPUの性能が100MIPSということですが，1MIPSとは1秒間に100万命令という単位でしたから，100MIPSならば1秒間に100×100万命令を実行することができます。つまり，1秒間に，100万命令要する検索処理を100件実行することができるので，1件のサーバの処理時間は1÷100＝0.01秒です。

　一方，ネットワーク内で$2×10^5$バイトのデータを転送するための時間については，ネットワークの転送速度が$8×10^7$ビット／秒なので，$2×10^5$バイト÷$8×10^7$ビットで求めることができます。ここで，バイトとビットという単位の違いに注意しましょう。1バイトは8ビットなので，転送速度の$8×10^7$ビット／秒は，$1×10^7$バイト／秒です。したがって，$2×10^5$バイト÷$1×10^7$バイト＝$2÷10^2$＝0.02秒になります。

　問われているのは，この検索を1秒間に何件行うことができるかということですが，サーバ内部の処理と，ネットワーク内でのデータ転送は並列して行うことができます。そして，処理時間が長い方が**ボトルネック**となり処理件数が決まります。この問題の場合，サーバの処理時間に比べてネットワーク内の転送時間の方が長いので，こちらがボトルネックとなり1÷0.02＝50件の処理ということになります。したがって，（ア）が正解です。

　なお，サーバ内部の処理と，ネットワーク内のデータ転送を合わせた0.03秒を基に処理件数を求めると，1÷0.03≒33.3件となり選択肢にはありません。このことから，並列して行えることに気付いてもよいでしょう。

解答　ア

3.2 システムの性能

問3 商品検索と発注入力が可能な Web システムについて，時間帯別のトランザクション数を表1に，TPS（Transaction Per Second）による必要な CPU 数を表2に示す。この Web システムに必要かつ十分な CPU 数は幾つか。ここで，OS のオーバヘッドなどの処理については無視でき，トランザクションはそれぞれの時間帯の中で均等に発生するものとする。

(H30 秋-AP 問13)

表1 時間帯別のトランザクション数　　　　単位 件

	9:00 〜 10:00	11:00 〜 12:00	13:00 〜 14:00
商品検索	10,800	43,200	21,600
発注入力	7,200	21,600	14,400

表2 TPS による必要な CPU 数

	10TPS 未満	10TPS 以上 20TPS 未満	20TPS 以上 30TPS 未満	30TPS 以上 40TPS 未満
必要な CPU 数	1	2	3	4

ア　1　　　　　イ　2　　　　　ウ　3　　　　　エ　4

解説

表1に時間帯別のトランザクション数，表2に TPS による必要な CPU 数が示され，この Web システムに必要かつ十分な CPU 数が問われています。つまり，表1からピーク時間帯の処理件数（TPS）を求めて，表2からその件数を処理するのに必要かつ十分な CPU 数を求めます。

表1によれば，ピーク時間帯は 11:00〜12:00 で，この1時間の処理件数は，商品検索 43,200 件と発注入力 21,600 件の合計の 64,800 件です。1秒当たりに直すと 64,800 件÷3,600 秒＝18 件／秒（TPS）なので，必要かつ十分な CPU 数は，10TPS 以上 20TPS 未満の2台です。したがって，（イ）が正解です。

なお，この問題では比較的簡単に TPS 数が求められましたが，3,600 秒という大きな数の割り算に抵抗がある人もいると思います。そうした人は，逆に TPS を1時間当たりに直すとよいと思います。例えば，10TPS の場合，1時間当たり 10 件×3,600＝36,000 件なので，不足しますね。続けて 20TPSでは，20 件×3,600＝72,000 件ですから，ピーク時の 64,800 件を超え，2台で十分であることが分かります。

10TPS → 36,000 件／時
20TPS → 72,000 件／時

解答　イ

第3章 システム構成要素

> **問4** プロセッサ数と，計算処理におけるプロセスの並列化が可能な部分の割合とが，性能向上へ及ぼす影響に関する記述のうち，アムダールの法則に基づいたものはどれか。
>
> ◎高度午前I （R4春·AP 問12）
>
> ア　全ての計算処理が並列化できる場合，速度向上比は，プロセッサ数を増やしてもある水準に漸近的に近づく。
> イ　並列化できない計算処理がある場合，速度向上比は，プロセッサ数に比例して増加する。
> ウ　並列化できない計算処理がある場合，速度向上比は，プロセッサ数を増やしてもある水準に漸近的に近づく。
> エ　並列化できる計算処理の割合が増えると，速度向上比は，プロセッサ数に反比例して減少する。

解説

　アムダールの法則というのは，プロセッサ数（n）と，計算処理におけるプロセスの並列化が可能な部分の割合（r）を基に，性能向上比を求めるもので，nとrを使った次の式で表されます。

$$性能向上比 = \frac{1}{(1-r)+(r/n)}$$

ア：全ての計算処理が並列化できる場合，並列化可能な部分の割合 r は 1 になりますから，アムダールの法則による性能向上比は，$1/(1/n)=n$ になります。つまり，プロセッサ台数に比例しますから，誤りです。

イ，ウ：アムダールの法則を示す式中で，プロセッサ数 n は，分母の(r/n)の部分にあります。そして，rの値を一定だとすると，nが大きくなるほど(r/n)の値は小さくなっていき，n の値を十分大きくすると，$(1-r)$の値に比べて無視できるくらい小さくなり，性能向上比は $1/(1-r)$に近づいていきます。したがって，「プロセッサ数nに比例して増加する」という（イ）は誤りで，ある水準（$1/(1-r)$）に漸近的（徐々に）に近づくとする（ウ）が正解です。

エ：並列化可能な割合 r が一定の場合，プロセッサ数 n の値が大きくなるほど，性能向上比は $1/(1-r)$に近づいていき，反比例して減少することはありません。これは並列化可能な割合が変化しても同じなので，誤りです。

解答　ウ

3.2 システムの性能

問5 システムが使用する物理サーバの処理能力を，負荷状況に応じて調整する方法としてのスケールインの説明はどれか。

◎高度午前Ⅰ (R3秋·AP 問12)

ア システムを構成する物理サーバの台数を増やすことによって，システムとしての処理能力を向上する。

イ システムを構成する物理サーバの台数を減らすことによって，システムとしてのリソースを最適化し，無駄なコストを削減する。

ウ 高い処理能力の CPU への交換やメモリの追加などによって，システムとしての処理能力を向上する。

エ 低い処理能力の CPU への交換やメモリの削減などによって，システムとしてのリソースを最適化し，無駄なコストを削減する。

解説

システムの処理能力を向上させる方法には，サーバなどハードウェアの台数を増やす**スケールアウト**と，CPU の高性能化やメモリの容量アップ，上位機種との交換など個々のハードウェアの性能を向上させる**スケールアップ**があります。

スケールアウト：サーバなどのハードウェアの台数を増やす
スケールアップ：CPU の高性能化やメモリ増設，上位機種との交換

これらに対して，処理量が減った場合などには，コストの最適化を図るために，負荷に応じて処理能力を下げることがあります。そのための方法には，スケールアウトの逆の**スケールイン**，スケールアップの逆の**スケールダウン**があります。したがって，スケールインの説明は，（イ）の「システムを構成する物理サーバの台数を減らすことによって，システムとしてのリソースを最適化し，無駄なコストを削減する」になります。

なお，（ア）はスケールアウト，（ウ）はスケールアップ，（エ）はスケールダウンの説明です。自社所有のハードウェアの場合，スケールインやスケールダウンをしてもあまりコスト削減にはつながりませんが，クラウド利用の場合，利用したリソース量に応じて料金が変わり，負荷に応じて割り当てるリソース量を変化させる**オートスケーリング**と呼ばれる機能が提供されています。

スケールアウト ⟷ スケールイン　スケールアップ ⟷ スケールダウン

解答　イ

第3章 システム構成要素

問6　システムの性能を向上させるための方法として，スケールアウトが適しているシステムはどれか。

(R1 秋-AP 問13)

ア　一連の大きな処理を一括して実行しなければならないので，並列処理が困難な処理が中心のシステム

イ　参照系のトランザクションが多いので，複数のサーバで分散処理を行っているシステム

ウ　データを追加するトランザクションが多いので，データの整合性を取るためのオーバヘッドを小さくしなければならないシステム

エ　同一のマスタデータベースがシステム内に複数配置されているので，マスタを更新する際にはデータベース間で整合性を保持しなければならないシステム

解説

　サーバの台数を増やすという手段から分かるように，スケールアウトによる性能向上が可能なシステムは，分散処理が前提です。また，分散して処理を行うサーバ間で同期処理などが必要になると，台数が多くなるほどオーバヘッドも増えるので，それぞれのサーバで独立した処理ができるシステムが適しています。こうした観点で選択肢を見ると，(イ) の「参照系のトランザクションが多いので，複数のサーバで分散処理を行っているシステム」というのが，最も適しているので，(イ) が正解です。

　なお，(ア) は並列処理ができないので，前提条件である分散処理もできません。また，(ウ) のような更新処理はサーバ間での排他制御や，(エ) のようなデータベース間の整合性を保持するための処理は，サーバの台数が増えるほどオーバヘッドも増えるため，こうしたオーバヘッドが発生しない (イ) の参照系ほどは適していません。

> **スケールアウト**：前提は並列処理で，参照系の処理が適している。
> 　　　　　(更新系は，台数が増えると排他処理などのオーバヘッドが増大)

解答　イ

3.2 システムの性能

問7 キャパシティプランニングの目的の一つに関する記述のうち，最も適切なものはどれか。

◎高度午前I （R1秋-AP 問14）

ア 応答時間に最も影響があるボトルネックだけに着目して，適切な変更を行うことによって，そのボトルネックの影響を低減又は排除することである。

イ システムの現在の応答時間を調査し，長期的に監視することによって，将来を含めて応答時間を維持することである。

ウ ソフトウェアとハードウェアをチューニングして，現状の処理能力を最大限に引き出して，スループットを向上させることである。

エ パフォーマンスの問題はリソースの過剰使用によって発生するので，特定のリソースの有効利用を向上させることである。

解説

　キャパシティプランニングとは，ユーザの要求や将来的な処理量の変化などを分析して，最適なシステム構成を立案，構築し，さらにその性能を維持していく活動のことでした。選択肢の内容は，いずれもシステム構築後のキャパシティプランニングの活動として適切なように思われますが，この段階での活動の目的は，将来にわたって必要な性能を維持していくことなので，（イ）が正解です。なお，応答時間や構成機器の使用状況の調査などを行う作業を，**モニタリング**と呼ぶことも思い出しておいてください。

　キャパシティプランニングの目的は，必要な性能を維持することです。ボトルネックの解消（ア）や，スループットの向上（ウ），リソースの有効利用（エ）などは，必要に応じて行われる性能維持のための手段で，目的ではありません。また，必要以上の性能向上も，キャパシティプランニングの目的ではありません。

解答　イ

第3章 システム構成要素

3.3 システム構成

▶▶▶**Explanation**

ポイントの解説

　従来，システム構成の問題といえば，デュアル，デュプレックスといった，ホストコンピュータの構成に関するものが中心でしたが，最近では，分散システムに関する問題が中心となっています。2層，3層クライアントサーバシステムや分散データベースの特徴などは，分散系システムの開発に携わっていない方には，なじみのない内容だと思いますが，出題されるのは基本的な事項ですから，基本をしっかりと理解してください。

(1) クライアントサーバシステム

　クライアントサーバ処理では，クライアントとデータベースサーバの構成によって，データベース処理だけをサーバ側に集中する方式が主流でした。このような処理形態を，**2層クライアントサーバシステム**と呼びます。一方，クライアントサーバ処理で実行されるアプリケーションプログラムの機能を，画面制御などのユーザ入出力部分（**プレゼンテーション層**），計算や更新内容の設定などのアプリケーション部分（**ファンクション層**），データベースの読込みや更新などの部分（**データ層**）に分けて構成するのが，**3層クライアントサーバシステム**です。なお，ファンクション層はアプリケーション層と呼ばれることもあります。

　3層クライアントサーバシステムは，各層に対応するプログラムをクライアントとサーバにどう配置するかを規定するものではありません。したがって，全てをクライアントに配置しても，全てをサーバに配置してもよいのですが，プレゼンテーション層をクライアントに，そして，ファンクション層をアプリケーションサーバに，データ層をデータベースサーバに配置するのが一般的なようです。

　また，3層クライアントサーバシステムが一般化する以前にも，クライアントとサーバ間のやり取りでは，**ストアドプロシージャ**や **RPC**（Remote Procedure Call；遠隔手続呼出し）という技術がありました。いずれも，クライアントからサーバ上の手続を呼び出して利用します。

184

ストアドプロシージャは，よく使われる SQL（Structured Query Language）文をサーバ上に配置しておいて，クライアントからはその SQL 文の名前（プロシージャ名）だけを指定して DB（Data Base）アクセスを依頼する方法です。一方，RPC は DB アクセスに限定されず，各種の処理をサーバや別のコンピュータのプログラムによって実行させる方式です。

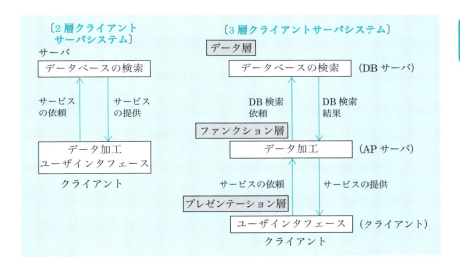

（2） システム構成方式

代表的なシステム構成方式には，デュアルシステム，デュプレックスシステム，ロードシェアシステム，クラスタ構成などがあります。それぞれの構成の特徴について簡単にまとめておきましょう。

①デュアルシステム

同じ構成の 2 組のコンピュータシステムで，同じデータを処理して，結果を照合しながら運転する構成です。

②デュプレックスシステム

予備系のコンピュータを用意しておき，本番系のコンピュータに障害が発生した場合には，予備系にディスクやネットワークなどを切り替えて運転を継続する方式です。**ホットスタンバイ**はこの構成に分類される運用形態の一つで，予備系に本番系と同じ OS やアプリケーションプログラムをあらかじめ起動しておくことで，切替えを短時間で行うことができます。この切替えのことを**フェールオーバ**，そして，本番系の修理などが終了し，元の運用形

第3章 システム構成要素

態に戻すことを**フェールバック**と呼びます。ちなみに，本番系に障害が発生した場合に，予備系で行っている別の処理を中断した後，再立ち上げ後，処理を引き継ぐ方式を**コールドスタンバイ**と呼びます。

③ロードシェアシステム

　複数のコンピュータによって，ディスクを共用して負荷分散を行うシステムです。

④クラスタ構成

　クラスタ（cluster）とは，ブドウの房や動物の群れなどの意味です。**クラスタ構成**は複数台のコンピュータをネットワークで接続して一つのシステムとしたものであり，このような構成にすることを**クラスタリング**と呼びます。クラスタ構成には，**HA**（High Availability）**クラスタ**と呼ばれる可用性向上を目的とした構成と，**HPC**（High Performance Computing）**クラスタ**と呼ばれる性能向上を目的とした構成があります。HAクラスタでは，主に，ホットスタンバイ構成にすることによって可用性を向上させますが，ホットスタンバイ構成にはせずに，複数台のコンピュータによる並列処理を行う場合には，**負荷分散クラスタ**と呼ばれることもあります。ただし，負荷分散クラスタの場合でも，構成するコンピュータの障害に対して，他のコンピュータが処理を引き継ぐことができるので，可用性は向上します。一方，HPCクラスタは，複雑な計算などを分散させることによって，スーパコンピュータのような計算能力を実現します。

クラスタ構成 $\left\{\begin{array}{l}\text{HA クラスタ：ホットスタンバイによる可用性向上}\\ \quad\text{（待機系なし → 負荷分散クラスタ（可用性は向上））}\\ \text{HPC クラスタ：スーパコンピュータのような計算性能}\end{array}\right.$

（3）　信頼性設計

　信頼性設計と呼ばれるのは，信頼性の高いコンピュータシステムを実現するための指針となる考え方で，フェールセーフ，フェールソフト，フォールトトレラント，フォールトアボイダンス，フールプルーフなどがあります。

①**フェールセーフ**

　電車や車の信号制御システムなど，システムの誤動作が人命の危機につながるようなシステムに求められる考え方で，システムの一部に障害などが発生した場合に，その影響によって誤動作につながらないように，安全な状態を確保して停止するというものです。例えば，交通信号の制御システムでは，全部の信号を「赤」にしてしまえば，交通の渋滞は起きますが，交通事故の

3.3 システム構成

危険はなくなります。したがって，一部に障害が発生した場合に，そのままの状態で停止するのではなく，全ての信号機を「赤」にするという安全の確保をした後に停止します。

②フェールソフト

　故障の影響範囲を限定し，システム全体のダウンにつながらないようにするという考え方です。例えば，データベースを格納するディスクを業務ごとに分けておけば，あるディスクが故障しても，そのディスクに格納されているデータベースに関連しない業務は継続できます。また，一部の故障によってシステムの機能を縮小して運転している状態のことを，**フォールバック（縮退）運転**と呼びます。このような考え方は，銀行のオンラインシステムなどのような，そのシステムダウンが社会的に大きな影響を与えるコンピュータシステムに用いられています。

③フォールトトレラント

　文字どおりの意味は耐故障性なので，信頼性設計に用いられる手法全てが含まれることになります。しかし，一般的には全ての構成機器を冗長構成（二重化など）にして，一部の機器が故障しても影響を受けないようなシステム構成のことをいいます。また，故障したシステム部品については，運転を継続したまま修理や交換（**ホットスワップ**）ができるようになっていることが多いようです。

④フォールトアボイダンス

　①～③については故障が発生した場合の備えであるのに対して，アボイダンス（avoidance）とは避けるという意味で，できるだけ故障しにくいようなシステムにするという考え方です。信頼性の高い部品を使ったり，構成を単純にしたりすることで実現します。

⑤フールプルーフ

　フール（不慣れな利用者による誤操作）を考慮したシステム設計のことです。以前のコンピュータシステムは利用者が限定されていたので，誤操作や考慮されていない値の入力といったことに対して，あまり配慮する必要はありませんでした。しかし，現在のインターネットを利用したシステムなどでは，誰がどんな操作をするか分かりません。そして，その想定外の操作によって，いちいちシステムダウンしていたら，到底信頼性など確保できません。したがって，規定外の操作を想定して，チェックなどを十分に行うような設計が必要となります。

(4) マルチプロセッサ

　マルチプロセッサというのは，複数のプロセッサ（CPU）をもったコンピュータのことです。そして，マルチプロセッサと呼ばれるコンピュータは，二つの種類に分類されます。一つは密結合マルチプロセッサ，そして，もう一つは疎結合マルチプロセッサです。マルチプロセッサでは，各 CPU の間で処理結果などのやり取りが必要となります。このため各プロセッサ間で，何らかの通信手段をもつ必要があります。この通信手段が密なもの，つまり，主記憶を共用することで結び付いているマルチプロセッサが**密結合マルチプロセッサ**です。一方，主記憶の共用以外，つまり，チャネルや LAN などの高速伝送路で結び付いているマルチプロセッサを**疎結合マルチプロセッサ**と呼びます。

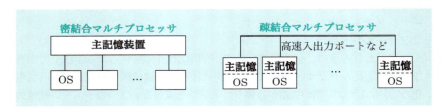

　主記憶を共用する密結合マルチプロセッサでは，各プロセッサは一つの OS で制御されますが，どのプロセッサで OS の処理を行うかという決まりはありません。また，主記憶を共用するために，排他制御が頻繁に発生し，CPU の数を多くすると，オーバヘッドが増加して性能の伸びが鈍ります。つまり，あまり CPU 数を増やせないという特徴があります。一方の疎結合マルチプロセッサの方は，それぞれの CPU に主記憶をもち，OS も CPU ごとに別なもの（別の種類ということではない）になります。これが疎な結び付きということです。複数のコンピュータを LAN などで接続し，外部からは 1 台のコンピュータとして見せる**クラスタリング**は，この疎結合マルチプロセッサに分類されます。

(5) サーバの仮想化

　クライアントサービスの普及とともに，一つの物理サーバ上で，複数の仮想サーバを動作させ，利用者に対して，仮想サーバを割り当てるようなサービスが一般化しています。仮想サーバは，仮想マシンとも呼ばれ，実現方法には，次の三つの方式（型）があります。

・**ハイパバイザ型**：**ハイパバイザ**（hypervisor）と呼ばれる仮想化ソフト（仮想化 OS）によって物理サーバを動作させ，ハイパバイザによって複数の仮想サーバを稼働させる方式です。各仮想サーバは，それぞれゲ

3.3 システム構成

ストOSと呼ばれるOS上でアプリケーションを動作させます。

- **ホスト型**：通常のOSによって物理サーバを動作させ，そのOS上で動作する仮想化ソフトウェアによって，複数の仮想マシンを稼働させる方式です。各仮想サーバでは，ハイパバイザ型と同様に，ゲストOS上でアプリケーションを動作させます。なお，各仮想マシン上で動作するゲストOSに対して，物理サーバを動作させるためのOSを，**ホストOS**と呼びます。

- **コンテナ型**：通常のOSによって物理サーバを動作させ，そのOS上で動作する（コンテナ型）仮想化ソフトウェアによって，**コンテナ**と呼ばれる複数の仮想サーバを稼働させる方式です。なお，コンテナとは，ライブラリなどアプリケーションの動作に必要な資源をまとめたもので，コンテナ内ではゲストOSは動作させず，必要な機能はホストOSが提供します。

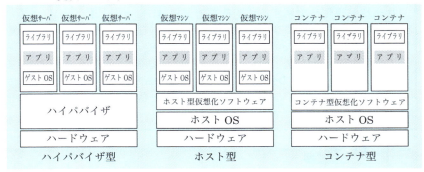

▶▶▶ Check

理解度チェック ▶ 3.3 システム構成

次の文中の ☐ に適切な用語を入れてください。

2層クライアントサーバシステムとは，アプリケーションプログラムを2層に分けて処理プログラムを構成する方式です。一般的には， ア の部分だけが分離され，サーバに配置されることが多いようです。一方，3層はアプリケーションプログラムに必要な機能を， イ ， ウ ， エ の三つの層に分けて，処理プログラムを構成する方式です。

2台のコンピュータを用いたシステム構成の代表的な方式に オ と カ があります。 オ は，2台のコンピュータが同じデータを処

第3章 システム構成要素

理して，結果を照合しながら処理を進める方式です。一方，│ カ │では，
1台のコンピュータでオンライン処理などを行い，もう1台のコンピュータ
は障害時の予備とする方式です。予備のコンピュータの状態による分類もあ
りますが，予備のコンピュータに，あらかじめオンライン処理プログラムを
ロードしておき，障害発生時に即座に処理を継続できるようにしたものは，
│ キ │と呼ばれます。

　信頼性設計の基本的な考え方としては，障害が発生した場合に安全性の確
保を最優先する│ ク │，障害の影響範囲を最小限にとどめ運転を継続す
る│ ケ │，規定外の操作に対する考慮を十分に行う│ コ │などがありま
す。また，│ サ │は広義ではこうした耐障害設計全てを含みますが，一般
的には，構成部品などを二重化し信頼性を高める設計を意味します。

　複数の CPU から構成されるコンピュータシステムをマルチプロセッサと
呼びますが，このうち主記憶装置を共用する方式を│ シ │，それ以外の方
法で接続される方式を│ ス │と呼びます。

　サーバ仮想化を実現する代表的な方式には，│ セ │型，│ ソ │型，
│ タ │型の三つがあります。このうち，│ セ │型は，アプリケーションの
動作に必要な資源をまとめた│ セ │という単位で稼働させる方式で，ゲス
ト OS は動作しません。また，│ ソ │型は，物理サーバを直接制御できる
仮想化ソフト上で複数のゲスト OS を動作させる方式，│ タ │型は物理サー
バを制御する通常の OS 上で仮想化ソフトを動作させ，その上で仮想化
OS を動作させる方式です。

解　答

ア：データベースアクセス　イ：プレゼンテーション層
ウ：ファンクション層　エ：データ層（イ，ウ，エは順不同）
オ：デュアルシステム　カ：デュプレックスシステム
キ：ホットスタンバイシステム　ク：フェールセーフ　ケ：フェールソフト
コ：フールプルーフ　サ：フォールトトレラント
シ：密結合マルチプロセッサ　ス：疎結合マルチプロセッサ
セ：コンテナ　ソ：ハイパバイザ　タ：ホスト

3.3 システム構成

▶▶▶ Question

問題で学ぼう

問1　クライアントサーバシステムの3層アーキテクチャを説明したものはどれか。

(H28春-AP 問12)

ア　アプリケーションに必要な GUI と API をプレゼンテーション層とファンクション層に分離したアーキテクチャであり，データベースサーバを独立させている。

イ　プレゼンテーション層，ファンクション層，データ層に分離したアーキテクチャであり，各層の OS は異なってもよい。

ウ　プレゼンテーション層とデータ層をミドルウェア層によって連係したアーキテクチャであり，各層をネットワークで接続されたコンピュータに分散する。

エ　プレゼンテーション層とファンクション層を結合し，データ層を分離したアーキテクチャであり，データベースサーバを効率的に運用できる。

解説

　クライアントサーバシステムの3層アーキテクチャとは，アプリケーションプログラムに必要な機能を，プレゼンテーション層，ファンクション層，データ層の三つの層に分離するアーキテクチャでした。そして，各層の配置については，特に制約はなく，極端な場合には，3層全てを1台のサーバに配置することもできます。通常は，プレゼンテーション層を PC などに配置し，ファンクション層，データ層を1台のサーバ，もしくは，それぞれ別のサーバに配置することが多く，当然，各層が動作する PC やサーバでは，OS は異なっていても構いません。したがって，（イ）が正解です。

　3層アーキテクチャでは，画面入出力などのユーザインタフェース機能をプレゼンテーション層，業務アプリケーション機能をファンクション層，データベースへのアクセス機能をデータ層として分けます。また，このような構成によって実装されたクライアントサーバシステムのことを，3層クライアントサーバシステムと呼ぶことがあります。

検索条件の入力　→　データ処理条件の組立て　→　データの加工　→　データへのアクセス

プレゼンテーション層	ファンクション層	データ層
（ユーザインタフェース）	（アプリケーション機能）	（データベースアクセス）

第3章

191

第3章 システム構成要素

ア：GUI（Graphical User Interface）などのユーザインタフェースは，プレゼンテーション層として独立させますが，アプリケーションとOSの間のようなコンポーネント間のインタフェースであるAPI（Application Programming Interface）をファンクション層に分離するということはありませんし，データ層をデータベースサーバとして独立させる必要もありません。

ウ：プレゼンテーション層とファンクション層は分離しますが，その連携のためのミドルウェア層というものはありません。また，各層をネットワークで接続されたコンピュータに分散する必要もありません。

エ：プレゼンテーション層とファンクション層に当たる機能を結合し，データ層を分離した構成は，2層クライアントサーバ構成です。

解答　イ

問2　PCをシンクライアント端末として利用する際の特徴として，適切なものはどれか。

(H30春-AP 問13)

ア　アプリケーションに加えてデータもクライアント端末にインストールされるので，効率的に利用できるが，PCの盗難などによる情報の漏えいリスクがある。

イ　クライアント端末にサーバ機能を導入して持ち運べるようにしたものであり，導入したサーバ機能をいつでも利用することができる。

ウ　クライアント端末の機器を交換する場合，アプリケーションやデータのインストール作業を軽減することができる。

エ　必要なアプリケーションをクライアント端末にインストールしているので，サーバに接続できない環境でも，アプリケーションを利用することができる。

解説

　シンクライアント（thin client）とは，通信，画面表示・入力といった必要最低限の機能だけをもったクライアント端末のことです。シンクライアントの登場前には，クライアントPCに多くの機能をもたせたことから，高額な導入・維持費用が問題となっていました。こうした問題を解決するために出現したのがシンクライアントで，クライアント端末に必要最低限の機能しかもたせないため，機器を交換する場合，アプリケーションやデータのインストール作業を軽減することができます。したがって，（ウ）が適切です。

3.3 システム構成

　シンクライアントは，3層クライアントサーバシステムのプレゼンテーション層に当たります。また，最近では，セキュリティの観点からもシンクライアントが注目されています。

解答　ウ

問3　システムの信頼性設計に関する記述のうち，適切なものはどれか。
(R3春·AP 問13)

　ア　フェールセーフとは，利用者の誤操作によってシステムが異常終了してしまうことのないように，単純なミスを発生させないようにする設計方法である。
　イ　フェールソフトとは，故障が発生した場合でも機能を縮退させることなく稼働を継続する概念である。
　ウ　フォールトアボイダンスとは，システム構成要素の個々の品質を高めて故障が発生しないようにする概念である。
　エ　フォールトトレランスとは，故障が生じてもシステムに重大な影響が出ないように，あらかじめ定められた安全状態にシステムを固定し，全体として安全が維持されるような設計方法である。

第3章

解説

　システムの信頼性設計の考え方としては，**フォールトトレラント**，**フェールセーフ**，**フェールソフト**，**フールプルーフ**の四つについてがほとんどでしたが，最近は，フォールトアボイダンスやフォールトマスキングなどについても出題されています。**フォールトアボイダンス**（fault avoidance）とは，故障回避や故障排除などと訳される信頼性設計技法で，信頼性の高い部品や素子など，システム構成要素の個々の品質を高めることで，システムの故障そのものが発生しないようにするという考え方でしたから，（ウ）が適切です。

　（ア）はフールプルーフの説明です。また，（イ）のフェールソフトでは，故障が発生した場合に，機能の一部を縮退した**フォールバック**（縮退）**運転**によって稼働を継続します。そして，（エ）はフェールセーフの説明で，フォールトトレラントは，構成要素を二重化するなどして故障を許容（tolerance）するという考え方で，一部の構成要素が故障しても，システム全体には影響を及ぼさないようにします。その他に，故障の影響が外に出ないようにマスクして隠す**フォールトマスキング**という考え方があります。

第3章 システム構成要素

フェール（障害）	ソフト	影響をソフトに（全面停止しない）
	セーフ	影響を安全方向に（安全に停止）
フォールト（故障）	トレラント	許容する（二重化など）
	アボイダンス	排除する（高信頼性部品など）
	マスキング	隠す（誤り訂正など）
フールプルーフ		誤操作を考慮（不特定多数向け）

解答　ウ

問4　複数のサーバを用いて構築されたシステムに対するサーバコンソリデーションの説明として，適切なものはどれか。

◎高度午前I　(R2-AP 問13)

ア　各サーバに存在する複数の磁気ディスクを，特定のサーバから利用できるようにして，資源の有効活用を図る。

イ　仮想化ソフトウェアを利用して元のサーバ数よりも少なくすることによって，サーバ機器の管理コストを削減する。

ウ　サーバのうちいずれかを監視専用に変更することによって，システム全体のセキュリティを強化する。

エ　サーバの故障時に正常なサーバだけで瞬時にシステムを再構成し，サーバ数を減らしてでも運転を継続する。

解説

　コンソリデーション（consolidation）は，「統合」などの意味で，仮想化ソフトによって，複数の物理サーバを統合して，物理サーバの台数を少なくすることを**サーバコンソリデーション**と呼びます。サーバを統合して台数を少なくすることで，サーバ機器の管理コストや，消費電力，設置スペースなどを削減できるので，（イ）が正解です。

　（ア）は磁気ディスク資源の有効活用ということですから，ファイルサーバの説明と思われますが，通常は特定のサーバの磁気ディスクを他のサーバが利用します。また，（ウ）はサーバ運用監視システムの説明でしょう。そして，（エ）は，複数のサーバによるクラスタ構成などでの障害時のシステム再構成の説明です。

解答　イ

3.3 システム構成

問5　仮想サーバの運用サービスで使用するライブマイグレーションの概念を
　説明したものはどれか。

《H30 秋-AP 問 12》

ア　仮想サーバで稼働している OS やソフトウェアを停止することなく，
　　他の物理サーバに移し替える技術である。
イ　データの利用目的や頻度などに応じて，データを格納するのに適した
　　ストレージへ自動的に配置することによって，情報活用とストレージ活
　　用を高める技術である。
ウ　複数の利用者でサーバやデータベースを共有しながら，利用者ごとに
　　データベースの内容を明確に分離する技術である。
エ　利用者の要求に応じてリソースを動的に割り当てたり，不要になった
　　リソースを回収して別の利用者のために移し替えたりする技術である。

解説

　ライブマイグレーションとは，ライブ（live；稼働中）のマイグレーショ
ン（migration；移行）ということなので，「OS やソフトウェアを停止する
ことなく，他の物理サーバに移し替える技術」とする（ア）が正解です。**ホ
ットマイグレーション**とも呼ばれ，物理サーバの保守などの際に，ソフトウ
ェアを稼働させたまま別の物理サーバに移すためなどに利用されます。
イ：ストレージ自動階層化と呼ばれる技術の説明です。従来から，ストレー
　　ジ階層化という考え方はありましたが，それを自動的に行う技術で，半導
　　体ディスク装置，高速な磁気ディスク装置，一般的な磁気ディスク装置な
　　どを組み合わせて階層化することで，性能とコストを最適化します。
ウ：マルチテナントアーキテクチャと呼ばれる技術の説明です。CDB（コン
　　テナ DB）と呼ばれる共通のデータベース上に，PDB（プラガブル
　　（pluggable）DB）と呼ばれる，出し入れ可能な利用者ごとの仮想データ
　　ベースを配置します。
エ：クラウドコンピューティングなどにおけるオンデマンド（技術）の説明
　　です。なお，動的な割当てや回収が可能なリソースを用意しておくことや，
　　その管理手法のことをプロビジョニングと呼びます。

解答　ア

第3章 システム構成要素

問6 クラスタリングシステムで，ノード障害が発生したときに信頼性を向上させる機能のうち，適切なものはどれか。

◎高度午前Ⅰ （H27 秋·AP 問12）

ア　アプリケーションを代替ノードに転送して実行するためのホットプラグ機能が働く。

イ　アプリケーションを再び動かすために，代替ノードを再起動する機能が働く。

ウ　障害ノードを排除して代替ノードでアプリケーションを実行させるフェールオーバ機能が働く。

エ　ノード間の通信が途切れるので，クラスタの再構成を行うフェールバック機能が働く。

解説

　　クラスタリングシステムとは，複数台のコンピュータによって処理などを分散して実行するシステム構成のことで，複数台のコンピュータ（ノード）を房（クラスタ）のようにまとめて，1台のコンピュータのように扱えることが名称の由来です。そして，クラスタリングシステムに限らず，複数台から構成される分散システムには，分散処理による性能向上と障害発生時の代替処理による信頼性向上が期待できます。この問題では，クラスタリングシステムにおいて信頼性を向上させる機能について問われていますが，クラスタリングシステム独自の機能というよりも一般的な内容で，具体的には，ホットプラグ機能，フェールオーバ機能，フェールバック機能という信頼性向上手法に関する用語の意味が問われています。

　　（ア）の**ホットプラグ**機能とは，システムの運転中に周辺装置の抜き差し（着脱）や交換ができる機能のことで，**ホットスワップ**機能とも呼ばれます。これに対して，ノード障害が発生したときに，アプリケーションを代替ノードに転送するなどして，障害発生時の処理を引き継ぐことを**フェールオーバ**と呼ぶので，（ウ）が適切です。

　　前述のように，クラスタリングシステムは，複数（多数）のノード（コンピュータ）によって構成されるシステムで，ノード障害が発生したときに代替ノードを再起動する必要はありません。また，（エ）の**フェールバック**とは，障害になったノードが正常に戻った後に，フェールオーバによって代替ノードで実行していたアプリケーションの処理を元のノードに戻すことです。なお，ホットプラグやホットスワップと似た用語に，ホットスペアがあります。ホットスペアとは，予備の装置を動作可能な状態で待機させておき，

3.3 システム構成

装置に障害が発生したときに自動的に切り替える機能のことで，ホットスタンバイと呼ばれることもあります。

元のノード	── フェールオーバ ──→ ←── フェールバック ──	代替ノード

ホットプラグ（**ホットスワップ**）：稼働中に装置の着脱（交換）が可能
ホットスペア：動作可能な予備機を待機させた構成 → **ホットスタンバイ**

解答　ウ

問7　コンテナ型仮想化の説明として，適切なものはどれか。
(R3 秋-AP 問 14)

ア　アプリケーションの起動に必要なプログラムやライブラリなどをまとめ，ホスト OS で動作させるので，独立性を保ちながら複数のアプリケーションを稼働できる。

イ　サーバで仮想化ソフトウェアを動かし，その上で複数のゲスト OS を稼働させるので，サーバの OS とは異なる OS も稼働できる。

ウ　サーバで実行されたアプリケーションの画面情報をクライアントに送信し，クライアントからは端末の操作情報がサーバに送信されるので，クライアントにアプリケーションをインストールしなくても利用できる。

エ　ホスト OS で仮想化ソフトウェアを動かし，その上で複数のゲスト OS を稼働させるので，物理サーバへアクセスするにはホスト OS を経由する必要がある。

解説

　コンテナ型仮想化ですから，アプリケーションを動作させるために必要なプログラムやライブラリなどの資源をまとめた**コンテナ**と呼ばれる単位で稼働させる方式です。コンテナは，仮想サーバと同等の位置付けですが，コンテナ内にゲスト OS は置かず，ホスト OS 上で動作させます。ただし，直接ホスト OS 上で動作するのではなく，ホスト OS 上で動作する（コンテナ型）仮想化ソフト上で動作し，それぞれのコンテナは，荷物を運ぶコンテナのように，他のコンテナとは独立性を保つことができます。したがって，（ア）が正解です。

イ：仮想化ソフトをどのような状態で動かすかが曖昧ですが，（エ）のようなホスト OS という記述がないので，この仮想化ソフトは，物理サーバを

第3章 システム構成要素

直接制御することができる**ハイパバイザ**（hypervisor）のことだと思われます。そして，ハイパバイザ上で，複数のゲスト OS を稼働させるのですから，ハイパバイザ型の説明です。また，記述中にあるサーバの OS というのも曖昧ですが，ハイパバイザのことだとすると，ゲスト OS は，サーバの OS とは異なります。

ウ：「クライアントにアプリケーションをインストールしなくても利用できる」というのは，**シンクライアント**（thin client）の説明です。ただし，サーバからクライアントに画面情報，クライアントからサーバへは操作情報だけが送られるシンクライアントは，特に VDI（Virtual Desktop Infrastructure；**仮想デスクトップ**）方式と呼ばれます。VDI 方式のシンクライアントの場合，プロセスがサーバ上で実行されるので，セキュリティ面でのメリットによって採用されることも多くなっています。

エ：仮想化ソフトをホスト OS 上で動かすということから，**ホスト型**の説明です。なお，「物理サーバへアクセスするにはホスト OS を経由する必要がある」という部分については，物理サーバのディスクなどのハードウェアへのアクセスは，最終的にホスト OS の機能（要求）によって実現されるというような意味でしょう。

解答 ア

ソフトウェア

▶▶▶ Point
学習のポイント

ソフトウェア分野には，基本ソフトウェア（OS），ミドルウェア，ファイルシステム，開発ツール，オープンソースソフトウェア（OSS）が含まれます。ただし，OSの問題が出題の中心で，その中でもプロセス（又はタスク）制御，主記憶管理に関する問題がほとんどですから，この二つを中心に学習しましょう。

(1) プロセス制御
OSにおける基本管理単位であるプロセスとは何か，また，プロセスの三つの状態（実行，実行可能，待ち）とプロセススケジューリングの関係について正しく理解してください。また，代表的なプロセススケジューリング方式の特徴や，プロセスの同時実行制御とデッドロック，割込み制御についても学習します。

(2) 主記憶管理
主記憶管理に関しては，区画と呼ばれる主記憶の管理単位，管理上の問題点，そして，その解決策について学習しましょう。また，仮想記憶方式については，LRU（Least Recently Used；最後に参照してから最も長い時間が経過したページをページアウトする方式）などのページ置換えアルゴリズム，スラッシング，ページイン，ページアウトといった内容をしっかり理解してください。

(3) OSS（オープンソースソフトウェア）
OSS（Open Source Software；オープンソースソフトウェア）は重要な技術分野に位置付けられています。まず，OSSとは何なのか，そして，OSSライセンスの種類と，それぞれの特徴を理解しておきましょう。

第4章 ソフトウェア

4.1 プロセス制御

▶▶▶ Explanation
ポイントの解説

(1) プロセスとスレッド

　OSによるCPUの割当て単位を**プロセス**と呼び，CPUの他にも実行に必要な主記憶領域やファイルなどの各種資源が割り当てられます。また，汎用コンピュータのOSでは，利用者の側から見た仕事の単位を**ジョブ**と呼びます。ジョブは，利用者から見て意味のある仕事を自動的に実行するために，必要なプロセスを順番に指定したものです。

　マルチプロセッサなどが一般化していることから，最近のOSでは，プロセス内部に**スレッド**と呼ばれるCPUの割当て単位を複数生成することが可能です。CPU以外の主記憶などの資源については，プロセスに割り当てられたものを共用します。このためスレッドは，**軽量プロセス**と呼ばれることもあります。それぞれのスレッドが独立して実行できるように，レジスタの値などの実行環境（**コンテキスト**）はスレッドごとに管理されます。プログラム全体がプロセスに，その一部であるサブルーチンやモジュールがスレッドに対応すると考えるとイメージしやすいでしょう。

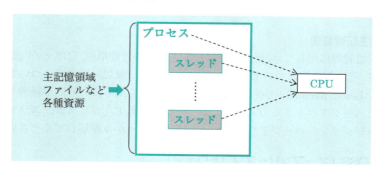

(2) プロセスの状態遷移

　プロセスの状態は，CPUを割り当てられた**実行状態**（Running），入出力処理の終了などのイベントの発生を待つ**待ち状態**（Waiting），CPUが割り当てられるのを待っている**実行可能状態**（Ready）の三つに分けて管理されます。

4.1 プロセス制御

CPUが一つのシングルプロセッサでは実行状態のプロセスは一つですが，CPUが複数あるマルチプロセッサではCPUの数だけ実行状態のプロセスがあります。実行状態にあるプロセスよりも実行優先度が高いプロセスが実行可能状態になった場合に，実行状態のプロセスを実行可能状態に移すことを**プリエンプション**といいます。そして，実行可能状態にあるプロセスの中で，最も優先度の高いプロセスを実行状態に移します。優先度方式のOSでは，プリエンプションを利用して，実行優先度に応じてプロセスを実行していきます。

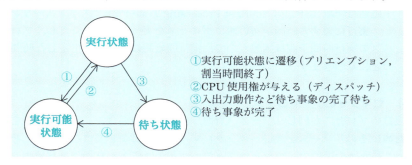

(3) プロセススケジューリング

複数のプロセス中から一つのプロセスを選び，CPUを割り当てる(実行する)ことを**プロセススケジューリング**といいます。実行中のプロセスを中断させるプリエンプションを行うかどうかで，プリエンプティブスケジューリングとノンプリエンプティブスケジューリングに分けられますが，それぞれの代表的なスケジューリング方式には次のようなものがあります。

①プリエンプティブスケジューリング（プリエンプションを行う）

- **優先度順スケジューリング**

  プロセスに割り当てられた優先度が高い順にプロセスを実行します。実行中のプロセスよりも優先度が高いプロセスが実行可能になると，プリエンプションが発生します。

- **ラウンドロビンスケジューリング**

  タイムクウォンタムと呼ばれる一定時間ごとに，実行中のプロセスを切り替え，各プロセスを平等に実行します。実行中のプロセスは，タイムクウォンタム分の時間が経過すると，プリエンプションされ，実行待ち行列の末尾につながれます。

- 多重待ち行列スケジューリング

  バッチ処理，オンライン処理など，プロセスの種類ごとに実行待ち行列を設定し，待ち行列ごとに異なるスケジューリング方式を採用します。

201

・フィードバック待ち行列スケジューリング
　　優先度の異なる複数の実行待ち行列を用意し，ラウンドロビンスケジューリングによって一定時間の実行が終了したプロセスは，一つ優先度の低い実行待ち行列の末尾につなぎます。
② ノンプリエンプティブスケジューリング（プリエンプションなし）
・**到着順**（FCFS；First Come First Served）**スケジューリング**
　　早く実行可能状態になったプロセスから順に実行していきます。
・**処理時間順**（SPTF；Shortest Processing Time First）**スケジューリング**
　　実行に要する時間が短い順にプロセスを実行します。ただし，プロセスの実行時間予測は困難なので，実行開始時に利用者が指定した時間などに基づきます。

(4) セマフォとデッドロック

　複数のプロセスが同じリソース（資源）を使用する場合，二重更新などを防ぐためにそのリソースを獲得（ロック）する排他制御が必要になります。そして，このための手段の一つが**セマフォ**で，ロックに当たるP操作と解放するV操作があります。セマフォは，セマフォ変数と呼ばれる変数によって実現され，変数の値を1減算する操作がP操作，1加算する操作がV操作になります。P操作（－1）を行うとき，セマフォ変数の値が1以上であれば直ちに操作が完了しますが，0のときには1になるまで待たされます。この仕組みによって，ロックが実現されます。

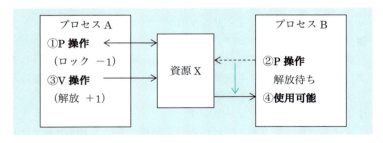

　セマフォには，初期値が1の**バイナリセマフォ**と，初期値が2以上の**ゼネラルセマフォ**がありますが，バイナリセマフォでは排他制御が可能になり，ゼネラルセマフォでは多重度を初期値以下に制限することができます。

4.1 プロセス制御

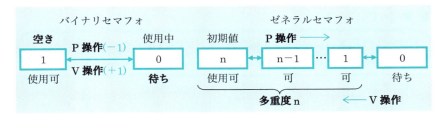

　排他制御の結果として，お互いが相手の終了を待ち，永遠にプロセスの実行が終了しない状態が発生することがあります。この状態を**デッドロック**と呼びます。デッドロックを避けるためには，リソース確保の順番をどのプロセスでも同じにすることが一般的です。

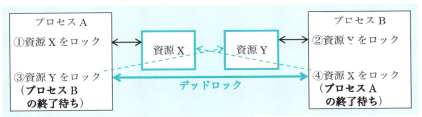

(5) 割込み制御

　イベント（事象）の発生によって実行中のプロセスを中断して，イベントに応じた処理を行うための，ハードウェアの仕組みが**割込み**機構です。入出力処理の完了，タイマ切れ，新しいプロセスの生成（ジョブの到着）などが代表的なイベントで，こうしたイベントが発生すると割込みが発生します。割込み機構の仕組みはハードウェアによって異なりますが，一般に割込みの種類ごとに決まった割込み処理ルーチンが実行されます。このとき，中断されるプロセスのPSW（Program Status Word）やレジスタの値などのコンテキスト情報をスタックなどに保存しておき，割込み終了後の再開に備えます。

　割込みの種類には，①**マシンチェック割込み**，②**入出力割込み**，③**外部割込み**，④**プログラム割込み**，⑤**SVC**（SuperVisor Call；**スーパバイザコール**）**割込み**などがあります。一般に，ハードウェアの異常を通知する①のマシンチェック割込みが最も優先順位が高く，以下②から⑤の順番になっています。また，プログラム割込みとSVC割込みは，実行しているプログラムが原因で発生するものなので内部割込みと呼ばれ，その他の割込みは外部割込みと呼ばれます。なお，SVC割込みは，プログラムでSVC命令を実行すると発生するもので，プログラムからスーパバイザ（**カーネル**）を呼び出す場合に使用します。

第4章 ソフトウェア

▶▶▶Check

理解度チェック ▶ 4.1 プロセス制御

次の文中の ⬚ に適切な用語を入れてください。

(1)　プロセスは，OS による ア の割当て単位であり， ア の他に， イ やファイルなどの，実行に必要な各種資源が割り当てられます。また，マルチプロセッサなど，複数のプロセスが同時に実行できる環境が一般化していることから，最近の OS では，プロセス内部に ウ と呼ばれる ア の割当て単位を複数生成することが可能です。 ウ は， ア 以外の各種資源についてはプロセスに割り当てられたものを共用しますが，プログラムカウンタやレジスタなどの エ は，それぞれ ウ ごとに管理されます。

(2)　マルチプログラミング環境では，システム上に複数のプロセスが存在しますが，それぞれのプロセスは， オ 状態， カ 状態， キ 状態の三つの状態に分けて管理されます。プロセスは起動されると オ 状態になります。そして，CPU に空きができると オ 状態にあるプロセスの中から，あらかじめ定められたルールによってプロセスが選ばれ カ 状態に遷移します。また， カ 状態のプロセスが入出力命令を実行するなどして，何らかの事象を待つ必要が生じると キ 状態に遷移しますが，事象が発生すると再び オ 状態に遷移します。このように，OS が複数のプロセスを，三つの状態間で遷移させながら，CPU 資源を有効に活用するのがマルチプログラミングです。

(3)　実行状態にあるプロセスよりも優先度の高いプロセスが実行可能状態になったときに，実行状態のプロセスを ク 状態に移すことを ケ と呼びます。 ケ は実行優先度に基づくプロセススケジューリングを行うために必須の機能であり，各プロセスを順番に一定時間ずつ実行させる コ スケジューリングでも，この ケ を利用しています。

4.1 プロセス制御

(4) サ とは，プロセス間で共有される資源に対する二重更新などを防ぐ目的で利用される特別な変数（仕組み）です。 サ を使用すると，共有資源の排他や多重度の制御を行うことができますが，初期値が 1 の シ は排他制御に利用され，初期値が 2 以上の ス は，多重度の制御に利用されます。また，共有資源の利用に当たり変数の値を 1 減算する操作が セ ，共有資源を解放するために変数の値を 1 加算する操作が ソ です。なお，共有資源の排他制御によって，お互いが相手のプロセスの終了を待つ タ と呼ばれる状態が発生することがあります。

(5) 一般的なプロセッサには，何らかの事象（イベント）の発生を通知する割込みと呼ばれる機能があり，プロセッサはこの割込みが発生すると，プロセスの実行を一時中断して，割込み原因に応じた処理を行います。割込みには，ハードウェアの異常を知らせる チ 割込み，入出力動作の終了を知らせる ツ 割込み，タイマの完了やキー入力の発生などを通知する テ 割込み，演算例外や記憶保護例外のようなプログラムが実行した命令によって生じる ト 割込み，そして，システムコールを行った場合に発生する ナ 割込みなどがあります。なお，ト 割込みと ナ 割込みは，プログラムの実行によって発生するので，ニ 割込みに分類され，その他の割込みは ヌ 割込みに分類されます。

第4章

解 答

(1) ア：CPU　イ：主記憶領域　ウ：スレッド　エ：実行環境（コンテキスト）

(2) オ：実行可能　カ：実行　キ：待ち

(3) ク：実行可能　ケ：プリエンプション　コ：ラウンドロビン

(4) サ：セマフォ　シ：バイナリセマフォ　ス：ゼネラルセマフォ
　　セ：P 操作　ソ：V 操作　タ：デッドロック

(5) チ：マシンチェック　ツ：入出力　テ：外部　ト：プログラム　ナ：SVC
　　ニ：内部　ヌ：外部

第4章 ソフトウェア

▶▶▶**Question**

問題で学ぼう

問1　プリエンプション方式のタスクスケジューリングにおいて，タスクBの実行中にプリエンプションが発生する契機となるのはどれか。ここで，タスクの優先度は，タスクAが最も高く，タスクA＞タスクB＝タスクC＞タスクDの関係とする。

(H30秋·AP 問17)

　　ア　タスクAが実行可能状態になった。
　　イ　タスクBが待ち状態になった。
　　ウ　タスクCが実行可能状態になった。
　　エ　タスクDが実行可能状態になった。

解説

　プリエンプションとは，実行中のタスクよりも優先度が高いタスクが実行可能状態になった時点で，実行中のタスクが実行可能状態に移されることでした。問題の条件によれば，実行中のタスクBよりも優先度が高いのはタスクAだけなので，タスクAが実行可能状態になったとする（ア）が正解です。サービス問題ですから，確実に正解できるようにしておきましょう。

解答　ア

問2　リアルタイムOSにおいて，実行中のタスクがプリエンプションによって遷移する状態はどれか。

(R3春·AP 問17)

　　ア　休止状態　　イ　実行可能状態　　ウ　終了状態　　エ　待ち状態

解説

　プリエンプションとは，実行中のタスクよりも優先度が高いタスクが実行可能状態になった時点で，実行中のタスクが実行可能状態に移されることでしたから，（イ）が正解です。実行可能状態とは，CPUが空くのを待っている状態なので，待ち状態と勘違いしがちですが，待ち状態は，入出力操作の終了など，終わらないと先に進むことができない外部事象を待っている状態

のことですから，きちんと理解してください。

なお，通常の OS は，プロセスを実行可能状態，実行状態，待ち状態の三つの状態に分けて管理しますが，リアルタイム OS の中には，この三つに休止状態を加えた四つの状態，もしくは，未登録状態なども加えたもっと多くの状態で管理するものもあります。この問題のように，休止状態を含む四つの状態で管理する場合，実行状態からはプロセスの終了，実行可能状態と待ち状態からは強制終了によって休止状態に遷移します。一方，休止状態のプロセスは，起動されると実行可能状態に遷移します。

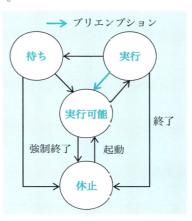

解答　イ

問3　CPU スケジューリングにおけるラウンドロビンスケジューリング方式に関する記述として，適切なものはどれか。

(H29 秋-AP 問 18)

ア　自動制御システムなど，リアルタイムシステムのスケジューリングに適している。
イ　タイマ機能がないシステムにおいても，簡単に実現することができる。
ウ　タイムシェアリングシステムのスケジューリングに適している。
エ　タスクに優先順位を付けることによって，容易に実現することができる。

解説

ラウンドロビンスケジューリング方式は，一定時間ごとに実行中のプロセスを切り替えるので，利用者ごとにプロセスを生成すれば，タイムシェアリングシステムが実現できます。したがって，（ウ）が正解です。

ア：自動制御システムなどのリアルタイムシステムは，緊急性によって優先度を割り当てて実行しますから，各プロセスに対して一定時間ずつ CPU を割り当てて，平等に実行するラウンドロビンスケジューリング方式は適してい

第4章 ソフトウェア

ません。なお，リアルタイムシステムでは，プロセスを許される時間内に終了させるための**デッドラインスケジューリング方式**という方式があります。この方式では，目標とする終了時間に注目して，目標時間に近いプロセスの優先度を上げて，時間内に処理が終了するようにします。

イ：一定時間ごとにプロセスを切り替えるので，タイマ機能は必要です。

エ：基本的には，全てのプロセス（タスク）には，均等にCPU時間を割り当てるので，優先順位によって容易に実現できるわけではありません。なお，一部には，プロセス群ごとに優先度を設定して，優先度に応じてCPUの割当て頻度を変える方式もあります。

解答　ウ

問4　OSのスケジューリング方式に関する記述のうち，適切なものはどれか。

◎高度午前Ⅰ　(H23春·AP 問19)

ア　処理時間順方式では，既に消費したCPU時間の長いジョブに高い優先度を与える。

イ　到着順方式では，ラウンドロビン方式に比べて特に処理時間の短いジョブの応答時間が短くなる。

ウ　優先度順方式では，一部のジョブの応答時間が極端に長くなることがある。

エ　ラウンドロビン方式では，ジョブに割り当てるCPU時間（タイムクウォンタム）を短くするほど，到着順方式に近づく。

解説

代表的な**スケジューリング方式**が選択肢になっています。この問題を利用して理解を深めましょう。この問題の選択肢は，どれも正しそうで，どれも誤っていそうな内容です。一つ一つ吟味しながら，正解を決めていきます。

ア：**処理時間順方式**では，処理時間の短いジョブから順に高い優先度を与えるので誤りです。なお，CPU処理が中心のジョブに高い優先度を与えてしまうと，CPUが独占されてしまいます。ジョブの実行中に優先度を変える方式では，逆にI/O処理などが多く，ジョブの実行時間に比べて消費したCPU時間が短いジョブの優先度を高くします。この方式は，動的優先度方式に分類される入出力ジョブ優先方式と呼ばれます。

イ：**到着順方式**とは，その名のとおり到着順，つまり，早いもの順のスケジュ

—リング方式です。また，**ラウンドロビン方式**は，（エ）の記述にあるように**タイムクウォンタム**と呼ばれる一定時間ずつ，各ジョブを実行させる方式で，タイムクウォンタム内に終了しないジョブは，もう一度，待ち行列の最後につながれ，次の実行時間を待つことになります。このようにすることで，各ジョブが短時間ずつ平等に実行されることになりますが，処理時間の短いジョブは，少ない回数のタイムクウォンタムで終了するので，応答時間が短くなります。したがって，この記述の到着順方式とラウンドロビン方式を入れ替えると，正しい記述になります。

ウ：**優先度順方式**とは，設定された優先度の高いジョブから順に実行する方式なので，優先度の低いジョブは待たされることになります。極端にという部分が気になりますが，優先度の低いジョブのことでしょう。

エ：ラウンドロビン方式でタイムクウォンタムを短くすると，各ジョブに対するCPU割当てが頻繁になり，並列実行の状態に近くなるので，処理時間の短いジョブの応答時間が短くなります。ただし，処理時間が短いジョブほど早く終わるのは処理時間順方式であり，到着順方式ではありません。

以上から，（ウ）が正解であることが分かります。

解答　ウ

問5 複数のクライアントから接続されるサーバがある。このサーバのタスクの多重度が2以下の場合，タスク処理時間は常に4秒である。このサーバに1秒間隔で4件の処理要求が到着した場合，全ての処理が終わるまでの時間はタスクの多重度が1のときと2のときとで，何秒の差があるか。

(R4春-AP 問19)

　ア　6　　　　　イ　7　　　　　ウ　8　　　　　エ　9

解説

　タスクの多重度が1のときは，1件ずつの直列処理ですが，多重度が2のときは，2件ずつの並列処理ができます。ただし，4件の処理要求は1秒間隔で到着するので，多重度2の場合，2件目の処理要求の待ち時間が発生し，4件の処理要求は次のように処理されていきます。

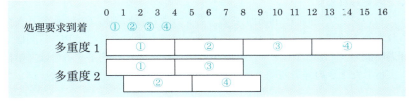

第4章 ソフトウェア

多重度が1のときは，処理時間4秒の処理4件の直列処理なので16（＝4×4）秒，多重度が2のときは，2件ずつの並列処理ができるので，8（＝（4÷2）×4）かかりますが，2件目の処理要求の待ち時間1秒が発生し，処理時間は8＋1＝9秒になりますから，処理時間の差は，16−9＝7秒になり，（イ）が正解です。

解答　イ

問6　処理は全てCPU処理である三つのジョブA，B，Cがある。それらを単独で実行したときの処理時間は，ジョブAは5分，ジョブBは10分，ジョブCは15分である。この三つのジョブを次のスケジューリング方式に基づいて同時に開始すると，ジョブBが終了するまでの経過時間はおよそ何分か。

（H30秋-AP 問16）

〔スケジューリング方式〕
(1)　一定時間（これをタイムクウォンタムと呼ぶ）内に処理が終了しなければ，処理を中断させて，待ち行列の最後尾へ回す。
(2)　待ち行列に並んだ順に実行する。
(3)　タイムクウォンタムは，ジョブの処理時間に比べて十分に小さい値とする。
(4)　ジョブの切替え時間は考慮しないものとする。

　　ア　15　　　　　　イ　20　　　　　　ウ　25　　　　　　エ　30

解説

(1)の「一定時間（これをタイムクウォンタムと呼ぶ）内に処理が終了しなければ，処理を中断させて，待ち行列の最後尾へ回す」という記述から，スケジューリング方式は，ラウンドロビン方式です。また，(3)の「タイムクウォンタムは，ジョブの処理時間に比べて十分に小さい値とする」という条件から，処理時間順方式に近づくので，処理時間が短いジョブから終了していくと考えられます。

三つのジョブが同時に開始すると，各ジョブには均等にCPUが割り当てられながら並列実行されるので，各ジョブに割り当てられるCPU時間は，経過時間の1／3になります。したがって，ジョブAが終了するのは，単独に実行したときの経過時間の3倍の15分後になります。その後は，ジョブ

B，C の並列実行なので，CPU 時間は，経過時間の 1/2 になります。ジョブ B，C は，既に 5 分間分の処理をしているので，ジョブ B の残り処理時間は 5 分です。そして，CPU 時間は，経過時間の 1/2 ですから，ジョブ B が終了するのは，5 分の 2 倍の 10 分後です。したがって，ジョブ B が終了するまでの経過時間は 25 分（＝15＋10）となり，（ウ）が正解です。

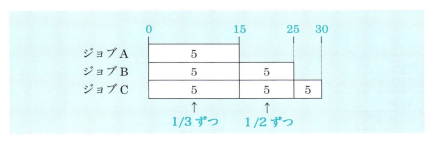

解答 ウ

問 7 五つのジョブ A〜E に対して，ジョブの多重度が 1 で，処理時間順方式のスケジューリングを適用した場合，ジョブ B のターンアラウンドタイムは何秒か。ここで，OS のオーバヘッドは考慮しないものとする。

(H31 春-AP 問 16)

単位 秒

ジョブ	到着時刻	単独実行時の処理時間
A	0	2
B	1	4
C	2	3
D	3	2
E	4	1

ア 8　　　　イ 9　　　　ウ 10　　　　エ 11

解説
　ターンアラウンドタイムとは，主にバッチジョブにおけるシステム性能評価指標で，ジョブを投入してからその処理結果が実際に得られるまでの時間のことです。ジョブの多重度が 1 で，処理時間順方式のスケジューリングを適用するのですから，その時点で到着している（実行開始を待っている）ジョブの中から，最も処理時間の短いものが選ばれて実行されることになりま

第4章 ソフトウェア

す。最初に全てのジョブが到着していれば簡単なのですが，ジョブの到着時間が異なるので，到着しているジョブの中から，処理時間が最短のものを選ぶことに注意しましょう。例えば，最初に実行されるジョブ A の終了時点では，ジョブ B，C しか到着していないので，処理時間の短いジョブ C が選択されることになります。こうしたことを，頭の中だけで考えるのは危険です。次図を参考にして，簡単な図を書いて考えるようにしましょう。

到着している B，D，E のうち，処理時間の最も短い E が選ばれる。

時間	0	1	2	3	4	5	6	7	8	9	10	11	12
到着ジョブ	A	B	C	D	E								
(処理時間)	2	4	3	2	1								
A 実行	A	A											
C 実行			C	C	C								
E 実行						E							
D 実行							D	D					
B 実行									B	B	B	B	

B，D のうち，処理時間の短い D が選ばれる。

到着している B，C のうち，処理時間の短い C が選ばれる。

図の内容から，A(2)→C(3)→E(1)→D(2)→B(4) という順で処理が進み，B が終了するのは，12（秒）であることが分かります。ただし，問われている B のターンアラウンドタイムは，ジョブ B の到着を起点とした時間なので，A の実行開始から 1 秒後を起点とした，（エ）の 11（秒）になります。

解答　エ

問8　一つの I²C バスに接続された二つのセンサがある。それぞれのセンサ値を読み込む二つのタスクで排他的に制御したい。利用するリアルタイム OS の機能として適切なものはどれか。

◎高度午前Ⅰ （R4 春-AP 問17）

ア　キュー　　　　　　　　　イ　セマフォ
ウ　マルチスレッド　　　　　エ　ラウンドロビン

解説

　I²C バスというのが気になるかもしれませんが，排他制御を行うためのリアルタイム OS の機能ですから（イ）のセマフォが正解です。

4.1 プロセス制御

セマフォとは，占有のためのP操作，解放のためのV操作という二つの操作をもった変数で，P操作では，変数の値から1を減算して資源を占有し，V操作では，変数の値に1加算して資源を解放します。P操作では，変数の値が0，つまり，既に占有されているときには，資源の解放のためのV操作による加算で値が1になるまで待ち合わせます。このようにすることで，排他制御を実現しますが，初期値が1でない**ゼネラルセマフォ**の場合，初期値分のP操作が可能で，初期値分の多重度制御を実現できます。また，初期値が1のセマフォを**バイナリセマフォ**と呼びます。

なお，I²C（Inter Integrated Circuit）バスとは，センサなどデバイスを複数接続できるシリアルバスで，組込みシステムなどで利用されます。

解答　イ

問9 二つのタスクが共用する二つの資源を排他的に使用するとき，デッドロックが発生するおそれがある。このデッドロックの発生を防ぐ方法はどれか。

◎高度午前Ⅰ　（H31春-AP 問18）

ア　一方のタスクの優先度を高くする。
イ　資源獲得の順序を両方のタスクで同じにする。
ウ　資源獲得の順序を両方のタスクで逆にする。
エ　両方のタスクの優先度を同じにする。

解説

デッドロックとは，複数のタスク（プロセス）が，互いに他のプロセスの占有（排他）資源の解放を待つ状態になり，それ以上，処理が進まなくなる状態のことでした。例えば，二つのプロセスが，共用資源A，Bをともに排他的に使用するとき，次のような状況でデッドロックが発生します。

上の例のように獲得順序が逆になっている（異なっている）とデッドロックが発生します。同じ順序にすれば，デッドロックを発生しないようにできるので，（イ）が正解です。なお，資源獲得順序が同じでも，資源の解放待ちは発生しますが，専有中のプロセスが終了した時点で待ちが解除されます。

解答　イ

第4章 ソフトウェア

問10 外部割込みの要因となるものはどれか。

(H21春·AP 問10)

ア 仮想記憶管理における存在しないページにアクセスしたときのページフォールト

イ システム管理命令を一般ユーザモードで実行したときの特権命令違反

ウ ハードウェア異常などによるマシンチェック

エ 浮動小数点演算命令でのオーバフローなどの演算例外

解説

　一般に，割込みは内部割込みと外部割込みに分けられ，CPU が実行した命令が原因で発生する割込みが**内部割込み**，命令の実行とは無関係に発生する割込みが**外部割込み**です。選択肢を眺めてみると，（ア）はプログラムによるメモリアクセス命令の結果として生じたものなので，内部割込みです。また，（イ）はシステム管理命令を実行した結果，（エ）は浮動小数点演算命令を実行した結果なので，どちらも内部割込みです。一方，（ウ）のハードウェア異常は，命令実行の結果として生じるものではないので，このマシンチェック割込みが外部割込みで，正解です。

　内部割込みには（ア），（イ），（エ）の他に，アクセスの許されていないアドレス領域にアクセスしたときに生じる記憶保護例外，実行しようとした命令コードが規定外であったときに生じる命令例外，OS にしか許されていない機能を実行するために SVC（SuperVisor Call；スーパバイザコール）命令を実行した結果生じる **SVC 割込み**などがあります。一方，外部割込みには，（ウ）の他に，入出力の終了を通知する**入出力割込み**，タイマのタイムアップを通知する**タイマ割込み**などがあります。なお，入出力割込みやタイマ割込みは，プログラムによって実行された入出力命令やタイマ設定の結果として発生するのですが，原因となった命令の実行とは非同期に発生するので，外部割込みに分類されます。

内部割込み：プログラムの実行に伴う　ページフォールト，SVC，演算例外など
外部割込み：プログラムとは無関係　　マシンチェック，タイマ，入出力など

解答　ウ

4.2 主記憶管理

▶▶▶ Explanation
ポイントの解説

(1) 主記憶管理

　プロセス管理で触れたように，プロセスには主記憶領域が割り当てられます。同時に複数のプロセスが存在する場合には，主記憶を幾つかの領域（区画）に分割して，区画単位にプロセスに割り当てられます。このときの区画の分け方には，各区画の位置と大きさを固定する**固定区画方式**と，固定しない**可変区画方式**があります。可変区画方式では，プロセスへの割当て時に，要求サイズ以上の余った部分を新たな空き区画として分割するので，区画の数や大きさがプロセスの実行状況に応じて変化します。なお，プロセスに対しては，要求サイズ以上の空き区画を探して割り当てることになりますが，その方式には，最初に見つけた空き区画を割り当てる**ファーストフィット**（first fit）**方式**，最小の空き区画を割り当てる**ベストフィット**（best fit）**方式**，最大の空き領域を割り当てる**ワーストフィット**（worst fit）**方式**があります。

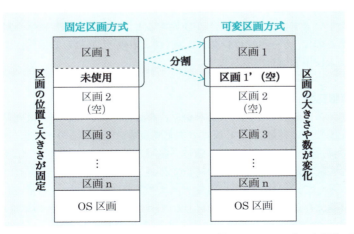

　可変区画方式では，区画の分割を繰り返した結果，小さな空き区画が散在してしまうことがあり，**フラグメンテーション**（断片化）と呼ばれます。一般的に，こうした空き区画は，プロセスからの要求サイズよりも小さいので，その

ままの状態では，プロセスに割り当てることはできません。こうした不都合を解消するために，散在している小さな空き区画を大きな空き区画にまとめる**メモリコンパクション**と呼ばれる操作が実行されます。メモリコンパクションを実行するためには，主記憶上の区画の位置を変更する必要があります。このときの区画の移動は**動的再配置**と呼ばれます。

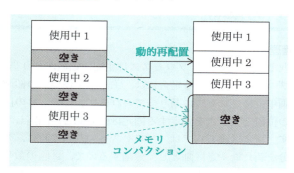

作業領域などプロセスの実行中に動的に割り当てる主記憶領域には，**ヒープ領域**と**スタック領域**があります。このうち，スタック領域は LIFO（後入れ先出し）のデータ構造なので，モジュール呼出しの際の戻りアドレスの格納などに利用されます。また，プログラムのバグが原因で，動的に割り当てた主記憶領域がプログラムの終了後も解放されないことがあり，この状況を**メモリリーク**と呼んでいます。メモリリークが多発すると，主記憶の空き領域不足になることもあるので，**ガーベジコレクション**（ゴミ集め）と呼ばれる操作によって，こうした未使用領域を解放します。

(2) 仮想記憶

磁気ディスク装置と主記憶装置を組み合わせて，コンピュータに実装されている主記憶装置の容量以上の，仮想の主記憶領域を提供するのが仮想記憶です。仮想記憶は，キャッシュメモリと同じ「参照の局所性」に着目した仕組みで，仮想的な主記憶領域のうち，その時点で必要とされる部分だけを実際の主記憶装置に，そして，残りの部分は磁気ディスク装置に配置して，必要に応じて内容を入れ替えながらプログラムを実行していきます。この入替えの単位として，プログラムの機能単位など意味のあるまとまりである**セグメント**と呼ばれる可変長の領域を単位とする方式と，こうしたまとまりとは無関係な**ページ**と呼ばれる固定長の領域を単位とする方式があります。つまり，セグメントの大きさは可変長になり，ページの大きさは固定長となります。

4.2 主記憶管理

　仮想記憶では，主記憶装置と磁気ディスク装置の内容を入れ替えながら処理を行っていきますが，入替え単位がセグメントの場合，それぞれの大きさが違うので，入替えのための処理が複雑になります。一方，ページ単位の入替えは，主記憶装置上のどの部分に対しても入替えが可能なので，処理が単純です。最近の仮想記憶方式では，ページ単位に入替えを行う**ページング方式**と呼ばれる方式が主流です。

> **セグメント方式**：セグメント（可変長の領域）を単位とする
> **ページング方式**：ページ（固定長の領域）を単位とする

(3)　ページングアルゴリズム

　プログラムの実行に必要な内容（ページ）が主記憶装置上に存在しないことを**ページフォールト**と呼びます。ページフォールトの状態では，プログラムが先に進まないので，磁気ディスク装置から必要なページを主記憶装置上に読み込む（**ページイン**）ことになりますが，主記憶装置上に空きがない場合には，主記憶装置上のいずれかのページを磁気ディスク装置に追い出す（**ページアウト**）ことで必要な場所を確保し，その場所に必要なページを読み込みます。このときに必要なページは明らかですが，主記憶装置上のどのページをページアウトするかが問題です。ページの選択を間違えて，直後にそのページが必要となった場合には，再びページアウト，ページインの**ページング**が発生してしまうため，適切なページを選択しないと性能を悪化させることになります。

> **ページフォールト**：目的のページが主記憶上にない状態
> **ページイン**　　　：必要なページを磁気ディスク装置から主記憶装置へ
> **ページアウト**　　：不要なページを主記憶装置から磁気ディスク装置へ

　ページングアルゴリズムとは，ページアウトするページを選択するためのアルゴリズムのことで，なるべく再ページインが発生しないように適切なページを選択します。適切なページとは，もう必要のなくなったページですが，これはページアウト後のプログラムの実行状態によって変わるので，完全に予測することは不可能です。ある程度の割切りを基に決定することになりますが，最後に使われてから最も長い時間経過したページを選択する LRU（Least Recently Used）アルゴリズムがよく利用されています。LRU 以外には，最も古くから存在するページを選択する FIFO（First In First Out）アルゴリズムや，直前の一定時間に最も参照回数の少ないページを選択する LFU（Least Frequently Used）アルゴリズムなどがあります。

第4章 ソフトウェア

ページングアルゴリズム（ページアウトするページの選択ルール）
- **LRU**：最後に使われてから最も長い時間が経過しているページ
- **FIFO**：ページインされてから最も長い時間が経過しているページ
- **LFU**：過去の一定時間に最も参照回数の少ないページ

（4） スラッシング

　仮想記憶を利用することで，実装している主記憶装置の容量という制限を超えた主記憶領域の利用が可能となりますが，実際には，その差が大きくなるとシステムの性能が悪化します。必要としている主記憶容量に対して，実装している主記憶装置の容量が大きく不足している場合には，プログラムの実行に伴うページングが多発することになりますが，ページングにも CPU などの資源が必要となります。そして，このページングのための処理は実行優先度が高いので，ページングが多発すると，ページングのためにシステムの資源がほとんど使われてしまい，一般のプログラムに割り当てられずシステムの性能が悪化します。つまり，プログラムの動作ができなくなってしまいます。このように，ページングの多発によって，システムの性能が悪化している状況を**スラッシング**といいます。

▶▶▶ Check

理解度チェック ▶ 4.2 主記憶管理

　次の文中の　　　　に適切な用語を入れてください。

(1)　主記憶領域は，複数の区画に分割され，それぞれプロセスに割り当てられます。この区画の管理方式として，各区画の位置や大きさを固定する　ア　区画方式と，固定しない　イ　区画方式があります。　イ　区画方式の場合，プロセスからの割当て要求に対して適切な空き領域を探し，要求サイズ分の領域だけを割り当てますが，この際に，要求サイズを超えた残りの領域は，新たな空き領域として分割されることになります。この分割の結果，小さな空き領域が散在することがあり，　ウ　と呼ばれます。そして，　ウ　を解消するために，小さな空き領域を一つの空き領域にまとめる操作を　エ　と呼びますが，この操作を行うためには，使用中の領域の位置をずらす必要がありますが，この位置の変更を　オ　と呼びます。

4.2 主記憶管理

(2) 実行中のプログラムに対して，動的に割り当てる主記憶領域には，
　　 カ 領域と キ 領域があります。このうち， キ 領域は，後
　　入れ先出し（LIFO）のデータ構造になっていて，分岐時の戻りアドレスな
　　どを記憶するために利用されます。また，プログラムのミスなどが原因で，
　　動的に割り当てた領域が使い終わっても解放されないことを， ク と
　　呼びます。 ク が多発すると，メモリ不足の原因になるので ケ と
　　呼ばれる操作によって解消します。

(3) 磁気ディスク装置などの補助記憶装置と主記憶装置を組み合わせて，
　　実際の主記憶容量以上の主記憶領域を提供する仕組みが コ です。
　　 コ には，可変長の領域を入替え単位とする サ 方式と，固定長
　　の領域を入替え単位とする シ 方式があります。また， シ 方式
　　では，必要なページが主記憶装置上に存在しないことを ス と呼び
　　ますが，通常は， ス が発生した時点では，主記憶装置上に空きがな
　　いので，不要なページを補助記憶装置に書き戻して空を作り，その位置に，
　　必要なページを読み込みます。このとき，主記憶から補助記憶装置への書
　　き戻しを セ ，その逆を ソ ，二つの操作を合わせて シ
　　と呼びます。 シ では， セ の対象となるページを選ぶ必要があ
　　りますが，このときの選択ルールとしては，最も古くから主記憶中に存
　　在するページを選ぶ タ と，最も長い間使われていないページを選
　　ぶ チ が代表的です。

(4) 必要とされる主記憶容量に対して，実際の主記憶容量が少なすぎると，
　　ページングが多発して，システムの性能が低下する ツ という状態
　　が生じます。この現象は，CPU などのシステム資源の多くがページング
　　のために消費され，アプリケーションプログラムなどに割り当てること
　　ができなくなることが原因です。

解答

(1) ア：固定　イ：可変　ウ：フラグメンテーション
　　エ：メモリコンパクション　オ：動的再配置
(2) カ：ヒープ　キ：スタック　ク：メモリリーク
　　ケ：ガーベジコレクション
(3) コ：仮想記憶　サ：セグメント　シ：ページング　ス：ページフォールト
　　セ：ページアウト　ソ：ページイン　タ：FIFO　チ：LRU
(4) ツ：スラッシング

第4章 ソフトウェア

▶▶▶ **Question**

問題で学ぼう

問1　記憶領域を管理するアルゴリズムのうち, ベストフィット方式の特徴として, 適切なものはどれか。

◎高度午前Ⅰ　(H26春·AP 問5)

ア　空きブロック群のうち, アドレスが下位のブロックを高い頻度で使用するので, アドレスが上位の方に大きな空きブロックが残る傾向にある。

イ　空きブロック群のうち, 要求された大きさを満たす最小のものを割り当てるので, 最終的には小さな空きブロックが多数残る傾向にある。

ウ　空きブロックの検索にハッシュ関数を使用しているので, 高速に検索することができる。

エ　空きブロックをアドレスの昇順に管理しているので, 隣接する空きブロックを簡単に見つけられ, より大きな空きブロックにまとめることができる。

解説

　記憶領域管理アルゴリズムの**ベストフィット方式**とは, プログラムなどが動的に要求した記憶領域を割り当てるための, 空きブロックを選択するアルゴリズム（方式）の一つです。ベストフィット（最適）という名のとおり, 要求されたサイズに最適, つまり, 要求サイズ以上の最小の空きブロックを割り当てます。また, 最初に見つけた要求サイズ以上の空きブロックを割り当てるのが**ファーストフィット方式**です。（イ）の前半部分は, ベストフィット方式の説明そのままですが, 後半の「小さな空きブロックが多数残る」という部分が少し悩ましいところです。この部分について考えてみましょう。

　空きブロック（区画）の管理方式には, 固定区画方式と可変区画方式があります。**固定区画方式**では, 空きブロックが要求サイズ以上の場合でもそのまま割り当てますが, **可変区画方式**では, 要求サイズ以上の部分を, 新たな空き領域として分割します。そして, 可変区画方式としてこの問題を考えてみると, ベストフィット方式では, 割当て時に分割される空きブロックが最小になるようなブロックを選択するので, 分割後のブロックサイズが以降の要求を満たさない小さなものになってしまう傾向にあります。したがって, 後半の部分も正しいので, （イ）が適切です。

ベストフィット方式：最適サイズ（必要最低限）の空きブロックを割当て
　→　分割後の空きブロックのサイズが小　→　そのまま使われずに残る

4.2 主記憶管理

　一般に，ファーストフィット方式では，主記憶の下位のアドレス（前方）から順に空き領域を探して，最初に見つかったものを割り当てるので，下位のブロックの使用頻度が高く，上位（後方）のブロックは使われずに，そのままの状態で残る傾向にあります。また，空きブロックをアドレス順に管理するので，空きブロックの合併などが容易です（ア），（エ）。なお，（ウ）のようにハッシュ関数を使う方式はありません。

> ・**ファーストフィット方式**：最初に見つかった空き領域を割り当てる
> ・**ベストフィット方式**　：必要な大きさを超える最小の空き領域を割り
> 　　　　　　　　　　　　　当てる
> ・**固定区画方式**：領域の分割や合併を行わない　→　区画の位置が固定
> ・**可変区画方式**：領域の分割や合併を行う　→　区画の位置が変化（可変）

　ちなみに，利用できない小さなブロックが多数残るというベストフィット方式の問題点を解決するために，分割後の空きブロックのサイズが大きくなるように，最も大きなブロックを割り当てるワーストフィット方式という方式も出現しましたが，効率が悪いので使われていません。

解答　イ

問2　プログラムの実行時に利用される記憶領域にスタック領域とヒープ領域がある。それらの領域に関する記述のうち，適切なものはどれか。

(H31 春·AP 問 17)

　ア　サブルーチンからの戻り番地の退避にはスタック領域が使用され，割当てと解放の順序に関連がないデータの格納にはヒープ領域が使用される。

　イ　スタック領域には未使用領域が存在するが，ヒープ領域には未使用領域は存在しない。

　ウ　ヒープ領域はスタック領域の予備領域であり，スタック領域が一杯になった場合にヒープ領域が動的に使用される。

　エ　ヒープ領域も構造的にはスタックと同じプッシュとポップの操作によって，データの格納と取出しを行う。

解説

　スタック領域とヒープ領域は，メモリの動的割当てに利用されるメモリ領域の代表的な構造です。**スタック領域**とは，抽象データ型として知られているス

第4章 ソフトウェア

タック構造になったメモリ領域のことで，記憶内容は後入れ先出しで扱われます。一方，**ヒープ領域**とは，未使用領域，使用領域をそれぞれポインタでつないだリスト構造や，ヒープと呼ばれる木構造によって管理されているメモリ領域のことです。したがって，サブルーチンの戻りアドレスのように，最後に割り当てた領域が最初に解放されることが分かっているような場合はスタック領域，要求した順序と無関係に解放されるような場合は，ヒープ領域を利用することが一般的であり，（ア）の記述が適切です。（ア）以外の記述には，次のような誤りがあります。

イ：記述が逆です。スタック領域には途中に未使用領域が存在することはありませんが，ヒープ領域には未使用領域が存在することもあります。

ウ：ヒープ領域はスタック領域の予備領域ではなく，それぞれ，別の目的で使われるメモリ領域です。

エ：プッシュやポップの操作はスタック領域に対するもので，ヒープ領域では使いません。

解答　ア

問3　プログラム実行時の主記憶管理に関する記述として，適切なものはどれか。

(R3 春-AP 問 18)

ア　主記憶の空き領域を結合して一つの連続した領域にすることを，可変区画方式という。

イ　プログラムが使用しなくなったヒープ領域を回収して再度使用可能にすることを，ガーベジコレクションという。

ウ　プログラムの実行中に主記憶内でモジュールの格納位置を移動させることを，動的リンキングという。

エ　プログラムの実行中に必要になった時点でモジュールをロードすることを，動的再配置という。

解説

選択肢を順に見ながら，主記憶管理に関連する用語を整理しましょう。

ア：主記憶の空き領域を結合して一つの連続した領域にする（まとめる）処理は，**メモリコンパクション**です。また，この処理が必要となる原因の空き領域の断片化が**フラグメンテーション**です。なお，**可変区画方式**は，主記憶管理方式の一つで，プログラムなどに対する主記憶の割当て単位（区画）を，プログラムなどからの要求に応じた可変長とします。一方，あらかじめ設定されている固定長の区画で割り当てるのが**固定区画方式**でした。

イ：ヒープ領域とは，プログラムからの要求に応じて動的に割り当てる主記憶領域のことです。使用しなくなったにも関わらず解放されていないヒープ領域を回収し，再度使用可能にすることを，**ガーベジコレクション**と呼ぶので，これが適切です。なお，プログラムが使用しなくなった領域を開放しないことを**メモリリーク**と呼びます。

ウ，エ：メモリコンパクションによって，主記憶の空き領域を結合するためには，他の領域に格納されているプログラムなどの格納位置を移動させる必要があります。この処理のことを**動的再配置**と呼びます。また，(エ)の記述にある必要になった時点でモジュールをロードしてリンクすることを**動的**（ダイナミック）**リンク**と呼びます。

解答　イ

問4 フラグメンテーションに関する記述のうち，適切なものはどれか。
(R4春·AP 問18)

ア　可変長ブロックのメモリプール管理方式では，様々な大きさのメモリ領域の獲得や返却を行ってもフラグメンテーションは発生しない。
イ　固定長ブロックのメモリプール管理方式では，可変長ブロックのメモリプール管理方式よりもメモリ領域の獲得と返却を早く行えるが，フラグメンテーションが発生しやすい。
ウ　フラグメンテーションの発生によって，合計としては十分な空きメモリ領域があるにもかかわらず，必要とするメモリ領域を獲得できなくなることがある。
エ　メモリ領域の獲得と返却の頻度が高いシステムでは，フラグメンテーションの発生を防止するため，メモリ領域が返却されるたびにガーベジコレクションを行う必要がある。

解説

　フラグメンテーションが進むと，合計としては十分な空きメモリ領域があるのにもかかわらず，必要とする大きさの空きメモリ領域が存在せずに，メモリ領域の獲得ができなくなることがあるので，(ウ)が正解です。
　メモリプールとは，動的割当て用のメモリブロックが格納されている領域

第4章 ソフトウェア

です。（ア）の可変長ブロックのメモリプールの場合，要求された大きさの
メモリ領域と空き領域にブロックを分割するので，サイズの小さい空き領域
ができ，フラグメンテーションの原因になります。（イ）の固定長ブロック
のメモリプールの場合には，ブロックを分割しないため獲得や返却が高速で，
フラグメンテーションも発生しません。ただし，ブロック内に内部フラグメ
ンテーションと呼ばれる未使用部分ができ使用効率は悪くなりますが，返却
時には解消します。また，（エ）の**ガーベジコレクション**は，フラグメンテ
ーションを解消する負荷が高い操作なので，頻繁に実行するのは誤りです。

解答　ウ

問5　仮想記憶方式で，デマンドページングと比較したときのプリページング
の特徴として，適切なものはどれか。ここで，主記憶には十分な余裕がある
ものとする。

◎高度午前I　(R2-AP 問18)

　ア　将来必要と想定されるページを主記憶にロードしておくので，実際に
　　　必要となったときの補助記憶へのアクセスによる遅れを減少できる。
　イ　将来必要と想定されるページを主記憶にロードしておくので，ページ
　　　フォールトが多く発生し，OS のオーバヘッドが増加する。
　ウ　プログラムがアクセスするページだけをその都度主記憶にロードす
　　　るので，主記憶への不必要なページのロードを避けることができる。
　エ　プログラムがアクセスするページだけをその都度主記憶にロードす
　　　るので，将来必要となるページの予想が不要である。

解説

　デマンドページング方式のデマンド（demand）とは「要求」という意味で，
要求，つまり，ページフォールトが発生したときに，必要なページをページ
インする方式です。これに対して，**プリページング方式**のプレ（pre-）は「あ
らかじめ」という意味で，あらかじめ必要とされるページを予測して主記憶
にロードしておく方式です。必要とされるページが主記憶にロードされてい
れば，ページフォールトは発生しないので，補助記憶へのアクセスも発生せ
ず，そのための遅れを減少できます。したがって，（ア）が正解です。

　なお，主記憶に必要なページがロードされていれば，ページフォールトは
発生しないので，（イ）は誤りです。しかし，現実には予測が困難なので，
プリページング方式は，ほとんど採用されていません。また，（ウ），（エ）

はデマンドページング方式の特徴ですから，覚えておきましょう。

主記憶容量よりも大きなプログラムを実行するために，プログラムを**セグメント**と呼ばれるいくつかの区画に分割して，必要なセグメントだけを主記憶にロードしておき，プログラムの実行に伴い不要となったセグメントを，その後に必要となるセグメントに置き換える**オーバレイ方式**もありますが，こちらは予測ではなく，プログラム中の命令によって計画的にセグメントを置き換えます。なお，オーバレイ方式は仮想記憶方式には含まれません。

解答　ア

問6 仮想記憶方式において，論理アドレスから物理アドレスへの変換を行うのはいつか。

(H26春-AP 問18)

ア　主記憶に存在するページをアクセスするとき
イ　ページフォールトが発生したとき
ウ　ページを主記憶にページインするとき
エ　ページを補助記憶にページアウトするとき

解説

仮想記憶方式では，プログラムなどから指定される論理アドレスを，主記憶の物理アドレスに変換してアクセスします。つまり，変換は「主記憶に存在するページをアクセスするとき」に行われるので，（ア）が正解です。

なお，ページを主記憶に**ページイン**するときには，主記憶上のページの格納位置をページテーブルに登録します。その後，ページをアクセスするときには，ページテーブルの情報を元に，論理アドレスから物理アドレスに変換します。そして，**ページアウト**するときに，その情報を削除してしまうので，以降は，アドレス変換ができない，つまり，**ページフォールト**になります。

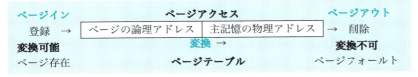

解答　ア

第4章 ソフトウェア

問7 仮想記憶管理におけるページ置換えアルゴリズムとして LRU 方式を採用する。主記憶のページ枠が，4000，5000，6000，7000 番地（いずれも 16 進数）の4ページ分で，プログラムが参照するページ番号の順が，1 → 2 → 3 → 4 → 2 → 5 → 3 → 1 → 6 → 5 → 4 のとき，最後の参照ページ 4 は何番地にページインされているか。ここで，最初の 1 → 2 → 3 → 4 の参照で，それぞれのページは 4000，5000，6000，7000 番地にページインされるものとする。

(H31 春-AP 問 19)

　ア　4000　　　　イ　5000　　　　ウ　6000　　　　エ　7000

解説

　仮想記憶管理におけるページ置換えアルゴリズムとは，ページ枠に空きがない場合に，ページアウトするページ枠を決めるためのアルゴリズムです。その一つである LRU（Least Recently Used）方式では，最も長い間参照されていないページをページアウトして，ページ枠の空きを作り，その枠にページインします。ページインやページアウトの回数などを問う問題であれば，図を描かなくても正解を導くこともできますが，この問題では，最後の参照ページ 4 が何番地（どのページ枠）にページインされるかが問われているので，簡単に図を描いて整理した方がよいでしょう。ページイン，ページアウトの様子は，次のようになるので，（ウ）の 6000 番地が正解です。

番地	プログラムが参照するページ番号										
	1	2	3	4	2	5	3	1	6	5	4
4000	1					5				5	
5000		2			2				6		
6000			3				3				4
7000				4				1			

n ページインされたページの番号

　なお，ページ置換えアルゴリズムには，LRU の他に，最初に（最も古く）ページインされたページを選択する FIFO（First In First Out）方式と，直前の一定時間内で最も参照回数の少ないページを選択する LFU（Least Frequently Used）方式があります。

解答　ウ

4.2 主記憶管理

問8 ページング方式の仮想記憶において，ページ置換えの発生頻度が高くなり，システムの処理能力が急激に低下することがある。このような現象を何と呼ぶか。

(H29秋-AP 問17)

ア　スラッシング　　　　　　　　イ　スワップアウト
ウ　フラグメンテーション　　　　エ　ページフォールト

解説

　ページング方式の仮想記憶において，ページ置換えの発生頻度が高くなり，システムの処理能力が急激に低下する現象のことを**スラッシング**と呼ぶので，（ア）が正解です。

　ページ置換え処理は，アプリケーションプロセスの処理に比べて実行優先度が高いので，ページ置換えが多発するとアプリケーションプロセス（システム）の処理能力が急激に低下することになります。なお，ページ置換えの多発は，主記憶の容量不足が原因なので，スラッシングを解消するためには，起動するプロセスの数を減らして必要な主記憶容量を削減するか，主記憶を増設して容量を増やすかによって，根本原因を取り除く必要があります。

イ：スワップアウト…一定時間動作していないプロセスを，ページ単位ではなく，プロセスごと補助記憶装置に掃き出す（スワップアウト）ことです。

ウ：フラグメンテーション…未使用メモリが断片化している状態のことです。状況が悪化していくと，メモリ不足の原因になりますから，必要に応じてガーベジコレクションを実行して，未使用メモリをまとめて，断片化を解消します。

エ：ページフォールト…プロセスの実行に必要なページが主記憶に存在しないことです。ページフォールトが発生すると，そのページをページインしますが，ページ枠に空きがない場合には，置換え対象のページを決定して，その枠のページをページアウトしてから，ページインするページ置換えが発生します。

解答　ア

第4章

第4章 ソフトウェア

4.3 OSS（オープンソースソフトウェア）

▶▶▶ **Explanation**

ポイントの解説

OSS（Open Source Software；オープンソースソフトウェア）は，ソフトウェアのソースコードを公開し，その改変や再配布などを自由に行えるようにしたソフトウェアのことです。OSS には Linux，Firefox，Thunderbird など，よく知られたソフトウェアも含まれ，利用も進んでいます。出題数は多くありませんが，OSS の特徴，OSS のライセンスの種類と特徴，代表的な OSS の名称と特徴などを理解しておきましょう。

（1） OSS（オープンソースソフトウェア）の特徴

①OSS の特徴

- ・プログラムのソースコードが入手できる。
- ・プログラムの改変を行うことができる。
- ・プログラムのコピーや配布を自由に行える。
- ・利用目的に制限がなく，商用目的の利用や有償販売も可能である。

OSS を推進することによって，特定のソフトウェアだけが独占的に利用される弊害をなくす目的もあるといわれています。

②オープンソースの定義

OSS の推進を目的とした NPO である OSI（Open Source Initiative）は，オープンソースの定義（OSD；The Open Source Definition）として次の 10 個の要件を挙げています。詳しくは URL を参考に確認してください。

1) 再頒布の自由	8) 特定製品でのみ有効なライセンスの禁止
2) ソースコード	
3) 派生ソフトウェア	9) 他のソフトウェアを制限するライセンスの禁止
4) 作者のソースコードの完全性	
5) 個人やグループに対する差別の禁止	10) ライセンスは技術中立的でなければならない
6) 利用する分野に対する差別の禁止	
7) ライセンスの分配	

（URL）https://opensource.jp/osd/osd19plain/

4.3 OSS（オープンソースソフトウェア）

（2） OSS のライセンス

OSS のキーワードの一つに"自由"がありますが，その自由さが故の不自由さがあります。つまり，OSS を改変したり，一部として利用したりするソフトウェアに対しても，ソースコードの公開や，改変，配布などの自由を求めるという制限が生じるということです。OSS は，**コピーレフト**という，これまでの著作権（copyright；コピーライト）に対する考え方に基づいて出発したので，改変した派生ソフトウェアに対しても，著作権を保持したまま，改変や配布などの自由の保証を求めていました。しかし，その利用が広まってくると，配布や商用利用などの問題点が指摘されるようになり，様々なライセンスが誕生しています。これらのライセンスについては，コピーレフト型，非コピーレフト型，そして，その中間の準コピーレフト型の三つに分類できるので，それぞれのタイプ（型）の特徴と，代表的なライセンスの名称を覚えておきましょう。

OSS の各ライセンスは，①ソースコードの改変部分の公開要否，②他のソフトウェアに組み込んだときのソフトウェア全体の公開要否という二つのポイントによって，次のように三つのタイプに分けられます。

	①改変部分の公開要否	②全体の公開要否
コピーレフト型	要	要
準コピーレフト型	要	不要
非コピーレフト型	不要	不要

また，各タイプの代表的なライセンスを次に示します。

①コピーレフト型
- GPL（GNU General Public License）：コンパイラやツールなど，一連のソフトウェア環境を，フリーソフトウェアで実現しようとする GNU プロジェクトによるライセンスです。派生著作物に対しても同一ライセンスによる配布を求めています。

②準コピーレフト型
- LGPL（GNU Lesser GPL）：LGPL のソフトウェアを動的にリンクしたソフトウェアのソースコード公開を求めないなど，GPL による制限を一部緩和したライセンスです。
- MPL（Mozilla Public License）：Firefox などの Mozilla ソフトウェアに適用されるライセンスです。LGPL の動的リンクに加え，静的にリンクした場合もソースコードの公開を求めません。

第4章

229

③非コピーレフト型

- **BSD ライセンス**：カリフォルニア大学バークレイ校で開発されたソフトウェア群に適用されるライセンスです。著作権表示，ライセンス条文，無保証であることの明示だけを制限とするライセンスで，2 次著作物に対するソースコードの開示などは求めていません。

(3) 代表的な OSS

OSS には基本ソフトとして有名な Linux をはじめ，サーバソフト，データベース，デスクトップソフトウェア，スクリプト言語，統合開発環境など，様々なものがあります。代表的なソフトウェアの特徴については，出題される可能性がありますので，理解しておきましょう。

①基本ソフトウェア

　Linux，Android（OS），KVM，Xen，VirtualBox（サーバ仮想化）

②サーバソフト

　Apache HTTP Server（Web サーバ），BIND（DNS サーバ），Postfix，sendmail（メールサーバ），Tomcat，WildFly（AP サーバ），Squid（プロキシサーバ），Samba（ファイルサーバ），Hadoop（分散処理）など

③DBMS

　MySQL，PostgreSQL

④スクリプト言語

　Perl，PHP，Python

⑤その他

　GNOME(デスクトップ統合環境)，Firefox(Web ブラウザ)，Thunderbird（メールソフト），OpenOffice.org（オフィスソフト），GIMP（グラフィックソフトウェア），Eclipse（統合開発環境）など

(4) LAMP と LAPP

Web アプリケーション開発で利用できる人気のある OSS の組合せのことです。言語の PHP は Perl や Python の場合もあります。

①LAMP

　Linux（基本ソフト），Apache（Web サーバ），MySQL（データベース），PHP（言語）

②LAPP

　Linux（基本ソフト），Apache（Web サーバ），PostgreSQL（データベース），PHP（言語）

4.3 OSS（オープンソースソフトウェア）

▶▶▶**Check**

理解度チェック ▶ 4.3 OSS（オープンソースソフトウェア）

次の文中の ☐ に適切な用語を入れてください。

(1) ☐ ア ☐ が公開されていて，その ☐ イ ☐ や再配布が ☐ ウ ☐ に行える
ソフトウェアを ☐ エ ☐ と呼びます。一般に，☐ オ ☐ には制限がなく，
☐ カ ☐ 目的の利用や，☐ キ ☐ も可能です。現在では，☐ エ ☐ は様々な
システムで利用されていて，ソフトウェア開発において欠かせない資源の
一つになっています。

(2) OSS が普及するとともに，様々なライセンスが登場しましたが，これ
らのライセンスは，OSS そもそもの自由さを求めるコピーレフト型，コ
ピーレフトの保障についての制限を少し緩和した準コピーレフト型，そし
て，ほとんど制限のない非コピーレフト型に分類されます。OSS の代表
的なライセンスには，GPL，LGPL，MPL，BSD がありますが，このう
ち，☐ ク ☐ はコピーレフト型，☐ ケ ☐ と ☐ コ ☐ は準コピーレフト型，
☐ サ ☐ が非コピーレフト型に分類されます。

(3) OSS には様々な用途のものがありますが，Linux や Android は ☐ シ ☐ ，
Apache や Tomcat などは ☐ ス ☐ ，MySQL や PostgreSQL は ☐ セ ☐
として利用されます。また，☐ ソ ☐ とは，著名な OSS である Linux，
Apache，MySQL に，スクリプト言語の PHP を組み合わせた略称です。

解 答

(1) ア：ソースコード　イ：改変　ウ：自由
　　エ：OSS（オープンソースソフトウェア）　オ：利用目的　カ：商用
　　キ：有償販売
(2) ク：GPL　ケ：LGPL　コ：MPL　サ：BSD
(3) シ：OS　ス：サーバソフト　セ：DBMS　ソ：LAMP

第4章 ソフトウェア

▶▶▶ **Question**

問題で学ぼう

問1　表は OSS のライセンスごとに，その OSS を利用したプログラムを配布するとき，ソースコードを公開しなければならないかどうかを示す。a〜d に入れるライセンスの適切な組合せはどれか。ここで，表中の "○" は公開しなければならないことを表し，"×" は公開しなくてもよいことを表す。

(H25 秋·AP 問 21)

	a	b	c	d
OSS のソースコードを修正して作ったプログラム	○	○	○	×
OSS に静的にリンクしたプログラム	○	○	×	×
OSS に動的にリンクしたプログラム	○	×	×	×

	a	b	c	d
ア	GPL	LGPL	MPL	BSD
イ	GPL	MPL	BSD	LGPL
ウ	LGPL	GPL	MPL	BSD
エ	LGPL	MPL	BSD	GPL

解説

　GPL（GNU General Public License），LGPL（GNU Lesser GPL），MPL（Mozilla Public License），BSD（Berkeley Software Distribution）は，いずれも OSS の代表的なライセンス（体系）です。OSS というと，プログラムのソースコードが一般に公開されていて，誰でも自由に利用できるというイメージだと思います。しかし，ライセンスの種類によって，その自由度は異なります。

　自由度というと，誰でも自由に利用できる度合いのように考えてしまいますが，OSS のライセンスにおける自由度は，そうではありません。誰でも自由に利用できるということを保証しなければいけないという制約に対する自由度です。例えば，この問題のように OSS のソースコードを利用したプログラム，つまり，二次著作物の扱いについても，ライセンスの種類によって違います。二次著作物として扱う範囲が広く，さらにその二次著作物に対しても，誰でも自由に利用できることを保証しなければいけないというライセンスが，一番制約が強く（自由度が低く）なります。よって，二次著作物については何らの制約も付けない（OSS としなくてもよい）とするライセン

スが，最も制約が弱い，自由なライセンスということになります。

問題にある四つのライセンスの中で，最も制約が強いのは GPL です。GPL は二次著作物を含めて，誰でも自由に利用（頒布，改変も含む）できなくてはいけないというコピーレフトと呼ばれる考え方に基づくライセンスです。一方，最も制約が弱いのは UNIX で有名な BSD で，二次著作物に対しての制約はありません。また，LGPL は劣等（lesser）GPL という意味の，GPL の制約を少し弱めたライセンスで，GPL と BSD の間に位置します。そして，MPL はブラウザの Firefox やメールソフトの Thunderbird などで有名な Mozilla プロジェクトのライセンスで，LGPL よりも制約が弱く，BSD よりは強いライセンスです。四つのライセンスを制約の強い順に並べると，GPL，LGPL，MPL，BSD となります。

OSS ライセンスの制約　　GPL ＞ LGPL ＞ MPL ＞ BSD

問題にある二次著作物の種類について，OSS のソースコードを修正して作ったプログラムという意味は分かると思います。OSS に静的にリンクしたプログラムというのは，実行形式のプログラムファイル中に，既に組み込まれているプログラムということです。OSS に動的にリンクしたプログラムというのは，プログラムファイル中には組み込まれておらず，実行時にメモリ中で動的に組み込まれるプログラムのことです。つまり，表の上から順に，OSS プログラムとの結び付きが強いことになります。したがって，問題の表は左から順に制約が強いことを示しているので，GPL，LGPL，MPL，BSD の順に並んでいる（ア）が正解です。

解答　ア

問2　OSS（Open Source Software）における，ディストリビュータの役割はどれか。

(R2-AP 問 19)

ア　OSS やアプリケーションソフトウェアを組み合わせて，パッケージにして提供する。
イ　OSS を開発し，活動状況を Web で公開する。
ウ　OSS を稼働用のコンピュータにインストールし，動作確認を行う。
エ　OSS を含むソフトウェアを利用したシステムの提案を行う。

第4章 ソフトウェア

解説

　ディストリビュータ（distributor）は，配給者や販売代理店などと訳され，OSS のディストリビュータは，OSS を利用者などに提供する企業です。その際に，OSS やアプリケーションソフトウェアを組み合わせて，ディストリビューションなどと呼ばれるパッケージにした商品として提供するので，（ア）が正解です。なお，商品の提供だけでなく，サポートなども行います。

　（イ）は OSS の開発コミュニティ，（ウ）は利用者企業などのシステムエンドユーザ，（エ）は OSS によるシステム構築を行う際の SI 企業などの役割です。

解答　ア

問3　Hadoop の説明はどれか。

（H29 秋-AP 問 19）

　ア　Java EE 仕様に準拠したアプリケーションサーバ
　イ　Linux や Windows などの様々なプラットフォーム上で動作する Web サーバ
　ウ　機能の豊富さが特徴の RDBMS
　エ　大規模なデータを分散処理するためのソフトウェアライブラリ

解説

　Hadoop（ハドゥープ）は，大規模なデータを分散処理するためのミドルウェアで，ソフトウェアライブラリとして提供されているので，（エ）が正解です。正式には，Apache Hadoop という名称です。Apache ソフトウェア財団のプロジェクトの一つとして開発された OSS で，1 台のメインサーバと多数のスレーブサーバによって分散処理を実現します。なお，Hadoop という名前は，開発者の家族がもっていた象のぬいぐるみに由来し，ロゴマークも象をモチーフにしたものです。

ア：Java EE（Java Platform, Enterprise Edition）とは，Java 言語のプログラムによって企業（Enterprise）などのシステムを構築する際の標準仕様です。この仕様に準拠している OSS のアプリケーションサーバとしては，WildFly（商用 JBoss Application Server）が代表的です。

イ：様々なプラットフォーム上で動作する OSS の Web サーバとしては，Apache HTTP Server が代表的です。

ウ：OSS の RDBMS としては，MySQL や PostgreSQL が代表的です。

解答　エ

ヒューマンインタフェースとマルチメディア

▶▶▶ **Point**

学習のポイント

　インタフェースとは"境界"を意味しますが，IT分野では境界をつなぐ技術，境界を意識させずに使えるように見せる技術，操作する技術など，境界周辺の技術全般を指します。また，機械（コンピュータ）と人間のインタフェースを"マンマシンインタフェース"や"ヒューマンインタフェース"と呼びます。ヒューマンインタフェースの分野からは，インタフェースに求められるユーザビリティ，アクセシビリティやコード設計に関する問題が出題され，基本的な用語の意味などを理解しているかが問われています。

　次に，マルチメディア分野については，既にテレビ，映画，ゲーム，インターネットなどの様々なサービスとして広く日常生活に入ってきています。文字，音声，画像（静止画，動画）などのデータをコンピュータで処理した見せる技術が発展して，CG（Computer Graphics）やバーチャルリアリティ（VR；Virtual Reality）の応用など新しい利用方法が生まれてきています。この分野も試験ではあまり難しい内容は出題されていません。静止画や動画の圧縮・伸張方式，CG技術の基礎，VRといった用語の意味を理解しておきましょう。

（1）ヒューマンインタフェース

　応用情報技術者試験及び高度試験の午前Ⅰ（共通知識）では，上述したように，ユーザビリティ，アクセシビリティ，コード設計などが出題されています。

第5章 ヒューマンインタフェースとマルチメディア

（2） マルチメディア

　マルチメディア分野では，マルチメディア関連技術の仕組みや規格など原理に近い部分の内容が出題されると思われます。特に，静止画の JPEG や GIF，動画の MPEG，音声関連の MP3 や MIDI などの特徴を理解しておきましょう。また，データを圧縮して小さくする技術に関して，可逆圧縮と非可逆圧縮の違いや，ZIP や LZH などのデファクトスタンダードになっている圧縮ファイルの形式も重要です。

　この他，マルチメディアの応用については，CG や VR などでの応用例を学んでおきましょう。CG については CG 画像の作成手順に関連して，その基本操作であるクリッピング，テクスチャマッピング，シェーディングなどの用語も押さえておきましょう。

　これらの分野は新しい内容も含まれているので，レベル的には，用語の意味などを問う問題が多くなりますが，やや専門的な内容まで踏み込んだ出題になる可能性もありますので，ここで説明されている内容を中心に，演習問題の解説も理解して，試験に臨むようにしましょう。

5.1 ヒューマンインタフェース

5.1 ヒューマンインタフェース

▶▶▶ Explanation
ポイントの解説

　システムをいかに使いやすいものにするかという意味でヒューマンインタフェースに関する基礎知識は，利用者側・開発者側を問わず理解しておくべき内容です。以前から出題されている，コードの設計に加え，ユーザビリティ，アクセシビリティについて出題されています。

（1）　インフォメーションアーキテクチャ（情報アーキテクチャ）
　インフォメーションアーキテクチャとは「情報を分かりやすく伝え」「受け手が情報を探しやすくする」ための表現技術（情報アーキテクチャアソシエーションジャパン；IAAJ　ホームページから）のことです。見やすく使いやすいWeb ページなどの研究をする Web デザイン，マルチメディアを利用した学習コンテンツ（内容）や広告など，幅広い領域の研究・開発が行われています。

（2）　インタラクティブシステム
　「インタラクティブシステムの人間中心設計」（JIS Z 8530:2019）によれば，インタラクティブシステムとは，「ユーザーからの入力を受信し，出力を送信するハードウェア，ソフトウェア及び／又はサービスの組合せ」とされていますが，人とシステムが相互に情報をやり取りするような場合によく使われます。
　例として，座席予約や商品購入を行うシステムで，画面上から選んだ内容に対応して購入するものを順次絞り込みながら，最終的なお勧め商品を出したり，ゲームソフトで相手の反応に合わせてシステム側の処理を随時変更したりするものなどが挙げられます。このようなシステムでは画面とのやり取りが重要な要素になり，これを最適化する考え方を**インタラクションデザイン**といいます。なお，単にインタラクションといった場合は，対話や相互作用の意味になります。

第5章

（3）　ユーザビリティ

　"使いやすさ"を表す言葉ですが，JIS 規格では，「あるシステム，製品又はサービスが，指定されたユーザーによって，指定された利用状況下で，指定された目標を達成するために用いられる場合の有効さ，効率及びユーザーの満足度の度合い」（JIS Z 8530:2019）としています。

- **利用状況**：ユーザー，仕事，装置（ハードウェア，ソフトウェア及び資材），並びに製品が使用される物理的及び社会的環境
- **有効さ**（effectiveness）：ユーザーが，指定された目標を達成する上での正確さと完全さ
- **効率**（efficiency）：ユーザーが，目標を達成する際に正確さと完全さに費やした資源
- **満足度**（satisfaction）：不快さのないこと，及び製品使用に対しての肯定的な態度

　また，「ユーザビリティエンジニアリング原論」の著者で，ユーザビリティ研究の第一人者であるヤコブ・ニールセン（Jakob Nielsen）博士は，ユーザビリティの構成要素として，次の五つの特性を挙げています。

- **学習のしやすさ**：使い始めるための学習がしやすい
- **効率性**：効率的に使えるようになっている
- **記憶のしやすさ**：使い方を忘れないような工夫がある
- **エラー発生率**：エラーが起きにくく，起きても簡単に回復できる
- **主観的満足度**：利用者が楽しく使える

（4）　ユーザビリティテスト

　ユーザビリティテストとは，ユーザビリティに関する問題点を発見するために行う調査や評価のことで，次のような手法があります。
- アンケート法：利用者に使ってもらった後，アンケートを行う。
- 回顧法：利用者に使ってもらった後，使いやすさに関する質問をする。
- 思考発話法：利用者に使いながら感じたことを口に出してもらう（発話）。
- ログデータ分析法：操作ログなどを分析する。
- 認知的ウォークスルー法：専門家が，利用者のように操作して評価する。
- **ヒューリスティック評価法**：専門家が自身の経験則や，あらかじめ用意されているチェック項目について客観的に評価する。評価指標の一つに 10 項目からなる「ユーザビリティに関する 10 のヒューリスティクス（問題解決に役立つ知見）」がある。

5.1 ヒューマンインタフェース

①**システム状態の視認性**：処理状態が常に分かる（砂時計の表示など）

②**システムと実世界の調和**：なじみのある用語，概念を用いる（ゴミ箱など）

③**ユーザコントロールと自由度**：自由に操作できる（Undo，Redoなど）

④**一貫性と標準化**：標準化され一貫性のある用語や操作

⑤**エラーの防止**：操作ミスを防ぐ設計（必須入力項目の強調など）。

⑥**記憶しなくても，見れば分かるように**：分かりやすい操作方法やヘルプ

⑦**柔軟性と効率性**：多様な利用者を想定した設計（ショートカットキーなど）

⑧**美的で最小限のデザイン**：シンプルでかつ美しい画面デザイン

⑨**ユーザによるエラー認識，診断，回復をサポートする**：エラーの内容や対処方法が分かりやすいエラーメッセージ

⑩**ヘルプとマニュアル**：必要な情報が探しやすく，簡潔な内容

（5）　アクセシビリティ

　アクセシビリティとは，高齢者や障害者などを含む全ての人が，施設やサービスなどを支障なく利用できること，又は，その度合いのことです。ユーザビリティが特定の利用者にとっての"使いやすさ"であるのに対し，アクセシビリティとは，誰にとっても使いやすいということになります。

　アクセシビリティとよく似た言葉として，**バリアフリーとユニバーサルデザイン**があります。前者は既存の製品やサービスから利用する上での障壁（バリア）を取り除くアプローチ，後者は最初からそうしたバリアが存在しないように，年齢や性別，文化などが違う全ての人に適合した製品やサービスを設計するアプローチとされています。また，情報機器やサービスに対しては，利用できる人と利用できない人の間で生じる各種の格差のことを**デジタルディバイド**（情報格差）と呼びますが，デジタルディバイドを生じさせないための取組みや仕組みのことを**情報バリアフリー**と呼びます。

（6）　帳票設計

　ヒューマンインタフェース設計において，帳票は出力結果を確認し，結果を残すための重要な書類です。**帳票設計**では，必要な情報を見やすく伝えるために，「出力する項目は必要なものだけに絞り，関連する項目は近くに並べる」，「文字の大きさやフォント（字形）を適切に選ぶ」といった配慮をして帳票レイアウトを設計します。また，複数の帳票がある場合は統一したルールで設計することが大切です。また，印刷される内容が画面上で確認できるようにすることを，見た状態がそのまま出力結果として得られるという意味でWYSIWYG（What You See Is What You Get）といいます。

第5章 ヒューマンインタフェースとマルチメディア

(7) 画面設計

画面設計も帳票設計と同じように，出力結果を確認する目的もありますが，基本的にはシステムで処理をするデータを入力することを第一の目的として設計をします。このために，データの入力が自然に行えるような項目の配置にしたり，色の使い方のルールを決めたり，正しくデータを入力できるように操作のためのガイダンスを表示したりするなどの工夫をします。

(8) コード設計

コードはデータを識別するために利用するものですが，コード設計した後の変更はシステム設計からやり直しが必要になることもあるため，コードの役割と種類・特徴をよく理解して，設計する必要があります。

①コードの種類

代表的なコードの種類として，次のようなものがあります。

・**順番コード（シーケンスコード）**

順番に番号を付けていく方法で，桁数は少なくて済みますが，追加が多い場合に体系化が難しくなります。一時的に使用される受付番号や他のコードを細分化するための補助コードとして使われます。

・**ブロックコード**

コード化の対象をあらかじめブロック化してブロック内で追加用欠番を残しておく方法です。追加用欠番があるので，コード体系が崩れにくいという特徴があります。

・**区分コード**

あるデータ項目の中を幾つかの組に分け，各組の順を追って番号を割り振る方法です。少ない桁数で多くの内容を表せますが，追加などに備えた検討が必要です。

・**桁別コード**

コードの各桁に意味をもたせる方法です。ブロックコードよりも桁数が多くなりますが，桁の位置でソートキーを指定できるので，コンピュータ処理に適しています。

・**表意コード（ニモニックコード）**

コード化するデータ項目の名称や略称をコードの中に組み込み，コード化したデータから意味を連想しやすくする方法です。桁数が多くなるという欠点があります。

（例）TV-C-21 → 「カラーテレビ　21インチ」

②チェックディジットチェック

　チェックディジットは，入力したコードの誤りを検出する目的で，データに付加するものです。コードの各桁の数値にあらかじめ決められた計算（加減乗除や剰余）を行い，求められた数値をチェックディジットとして，コードに付加します。コードを入力したときに誤りがあれば，入力されたコードから求めたチェックディジットと，付加されているチェックディジットが異なるため，入力した値の誤りを検出することができます。

(9)　Web デザイン

　ホームページなどの Web ページのデザインでは，サイト全体の印象を統一するため，フォントや色，余白などの色調やデザインの表現にスタイルシートを使います。また，複数の Web ブラウザに対応できるようなデザインを検討します。

①Web デザインのポイント

　Web デザインをする上で，一般的に重要になることは，Web ページを見る対象者と伝えたい内容（宣伝内容，製品内容），デザイン依頼者の要望を理解することといえます。また，著作権を意識して，デザイン実務を行う必要もあります。

②CSS（Cascading Style Sheets）

　W3C（World Wide Web Consortium）で標準化されているスタイルシートの仕様が CSS です。文書の構造と体裁を分離させる目的があります。

③SEO（Search Engine Optimization；検索エンジン最適化）

　利用者がキーワード検索などしたときに，自社の Web ページが少しでも先に出てくるように，検索エンジンの特性を意識して，Web デザインすることです。

(10)　ユビキタスコンピューティングと IoT

　少し前まで，身の回りにある全ての情報機器や電化製品などをネットワークに接続して，便利で豊かな社会を実現する**ユビキタスコンピューティング**という考え方が注目されていましたが，最近では，IoT（Internet of Things；モノのインターネット）という考え方に発展しています。IoT は，マイコンやセンサなどを活用して，全てのモノの情報をネットワーク経由で収集して活用することを目指します。

第5章 ヒューマンインタフェースとマルチメディア

►►►**Check**

理解度チェック ► 5.1 ヒューマンインタフェース

次の文中の ☐ に適切な用語を入れてください。

(1) インタフェースとは"境界"や"接点"という意味で，情報システムでは利用者との接点となる画面や操作方法，帳票などの ア を適切に設計することが重要になります。そして， ア の設計では，"使いやすさ"を意味する イ に対する配慮が必要になります。なお，JIS Z 8530:2019 によれば， イ とは「あるシステム，製品又はサービスが，指定されたユーザーによって，指定された利用状況下で，指定された目標を達成するために用いられる場合の ウ ， エ 及びユーザーの オ の度合い」と定義されています。また， ア に関する イ の代表的な評価手法には，専門家自身の経験則やチェックリストなどによって客観的に評価する カ があります。

(2) ユーザビリティが特定の利用者，特定の状況など限定的なものであるのに対して，高齢者や障害者などを含めた様々な利用者に対するユーザビリティのことを キ と呼びます。また， キ を高めるために，既存の製品やサービスから，利用者にとって障害となる要因を取り除くことを ク ，最初からこうした障害が存在しないように配慮して設計することを ケ と呼びます。なお，情報技術を利用した機器やサービスにおいて，利用できる人とできない人との間で生じる格差のことを コ と呼びますが， コ を生じさせないための仕組みや取組みを サ と呼びます。

(3) 情報システムのヒューマンインタフェースの中で，一度決定してしまうとその後の変更が難しいものとして，コードがあります。代表的なコードには，順番に番号を付けていく シ コード，コード化の対象をグループ化し，グループごとに欠番を含んだコードの範囲（ブロック）を割り当てる ス コード，桁ごとに意味をもつ複数桁のコードを用いる セ コード，略称などを用いてコードの意味を連想できるようにする ソ コードなどがあります。

5.1 ヒューマンインタフェース

解　答

(1)　ア：ヒューマンインタフェース　イ：ユーザビリティ　ウ：有効さ
　　　エ：効率　オ：満足度　カ：ヒューリスティック評価法
(2)　キ：アクセシビリティ　ク：バリアフリー　ケ：ユニバーサルデザイン
　　　コ：デジタルディバイド　サ：情報バリアフリー
(3)　シ：順番（シーケンス）　ス：ブロック　セ：桁別
　　　ソ：表意（ニモニック）

▶▶▶Question

問題で学ぼう

問1　ユーザインタフェースのユーザビリティを評価するときの，利用者が参加する手法と専門家だけで実施する手法との適切な組みはどれか。

(R4 春-AP 問 24)

	利用者が参加する手法	専門家だけで実施する手法
ア	アンケート	回顧法
イ	回顧法	思考発話法
ウ	思考発話法	ヒューリスティック評価法
エ	認知的ウォークスルー法	ヒューリスティック評価法

解説

　利用者が参加する手法とは，利用者が実際に操作などを行い，そのときに感じたことを基に評価するもの，専門家だけで実施する手法とは，専門家が自身の経験や知識を基に評価するものでしょう。選択肢に挙げられている手法では，利用者に使ってもらって，アンケートに回答してもらう**アンケート法**，思い出しながら質問に答えてもらう**回顧法**，使いながら気が付いたことを発話してもらう**思考発話法**が，利用者が参加する手法です。一方，専門家が利用者のように操作して評価する**認知的ウォークスルー法**，専門家が自身の経験則やあらかじめ用意された指標，チェック項目などについて客観的に評価する**ヒューリスティック評価法**が専門家だけで実施する手法ということになります。したがって，（ウ）が正解です。

解答　ウ

第5章 ヒューマンインタフェースとマルチメディア

問2 ユーザビリティの説明として，最も適切なものはどれか。

(H25 秋-AP 問25)

ア　障害，年齢，性別，国籍などにかかわらず，誰もが使える設計をいう。
イ　障害者や高齢者がサービスを支障なく操作又は利用できる機能をいう。
ウ　障害者や高齢者に負担を与えない設計をいう。
エ　どれだけ利用者がストレスを感じずに，目標とする要求が達成できるかをいう。

解説

　ユーザビリティ，アクセシビリティ，ユニバーサルデザイン，バリアフリーなど，よく似た意味の言葉を耳にするようになっています。このうち，**ユーザビリティ**は，JIS Z 8530:2019 の中で，"あるシステム，製品又はサービスが，指定されたユーザーによって，指定された利用状況下で，指定された目標を達成するために用いられる場合の有効さ，効率及びユーザーの満足度の度合い"と定義されています。つまり，利用者にとっての使いやすさや満足度のことなので，（エ）が最も適切です。

　一方，**アクセシビリティ**とは，本来は，施設やサービスに対するアクセスの良さを意味する言葉ですが，コンピュータ関連分野では，Web アクセシビリティとして，障害者や高齢者などが情報を共有できる状態にあること，又は，その度合いという意味で使われます。したがって，（イ）や（ウ）は，アクセシビリティそのものではありませんが，アクセシビリティに配慮した機能や設計ということになります。

　そして，**ユニバーサルデザイン**とは，（ア）にあるように，障害，年齢，性別，国籍などにかかわらず，誰もが使えるように設計することです。これに対して，**バリアフリー**とは，弱者にとって障害（バリア）となるものを取り除くことなので，（イ）や（ウ）はバリアフリーと考えることもできます。

解答　エ

5.1 ヒューマンインタフェース

問3　Web ページの設計の例のうち，アクセシビリティを高める観点から最も
適切なものはどれか。

(H30 春-AP 問 24)

ア　音声を利用者に確実に聞かせるために，Web ページを表示すると同時
に音声を自動的に再生する。

イ　体裁の良いレイアウトにするために，表組みを用いる。

ウ　入力が必須な項目は，色で強調するだけでなく，項目名の隣に“（必
須）”などと明記する。

エ　ハイパリンク先の内容が推測できるように，ハイパリンク画像の alt
属性にリンク先の URL を付記する。

解説

　アクセシビリティとは，そもそも交通手段などアクセスの良さのことを意
味しますが，情報分野では，年齢や障害の有無に関係なく，誰もが必要な情
報にたどり着けることを意味します。そして，Web ページに関しては JIS X
8341-3（高齢者・障害者等配慮設計指針－情報通信における機器，ソフトウ
ェア及びサービス－第3部：ウェブコンテンツ）という規格にまとめられて
います。ただし，この規格の内容を知らなくても，様々な障害をもつ人がい
ることを念頭に考えれば正解は分かります。選択肢の内容を順に見ていきま
しょう。

ア：音声を聞き取れない人がいることにも配慮しなくてはいけません。また，
視覚に障害のある人は，Web ページの内容を自動的に読み上げるスクリー
ンリーダと呼ばれる仕組を利用しています。こうした人にとっても，音
声の自動再生は邪魔になります。音声を利用者の自由なタイミングで再生
できることが求められています。

イ：表組みについては，よく出題されるので覚えておきましょう。一般的な
人にとっては，体裁が良いレイアウトと思えますが，ページの自動読上げ
を行う際に，読上げ順序が変わってしまうので，避けるべきとされています。

ウ：色で強調するだけでは，視覚に障害のある人には分かりません。さらに
“（必須）”などと明記されていれば，色弱の人にも分かりますし，音声読
上げでも分かります。したがって，適切です。

エ：画像の alt 属性に付記された内容は，マウスで画像をポイントすると表
示され，スクリーンリーダの読上げ対象でもあります。しかし，URL を付
記しても画像の内容は分からないので意味がありません。

解答　ウ

第5章 ヒューマンインタフェースとマルチメディア

問4 コードの値からデータの対象物が連想できるものはどれか。

(H31春·AP 問24)

　ア　シーケンスコード　　　　　　　イ　デシマルコード
　ウ　ニモニックコード　　　　　　　エ　ブロックコード

解説

　ニモニック（mnemonic）は記憶を助けるという意味なので，（ウ）の「ニモニックコード」は覚えやすいということを主眼としたコードです。そして，そのための工夫として，対象物を連想できるようにすることが一般的なので，（ウ）が正解です。

　ニモニックコードとしては，機械語命令に割り振られたコードが代表的です。本来，機械語命令はビット列なので，16進数などを用いて記述する必要がありますが，覚えにくいので，転送（move）命令なら"MV"，加算（add）命令なら"AD"というようなニモニックコードを付加して，覚えやすくしました。そして，機械語にニモニックコードを付与して作った言語が，アセンブラ言語です。また，製品コードなどに利用するときには，24インチのテレビであればTV24xxxxx，エアコンであればAC28yyyyyなどと，製品の種別や大きさくらいまでが連想できるようになっていることが一般的なようです。

　なお，シーケンス（sequence）は連続や順序という意味なので，（ア）の「シーケンスコード」は出現順や登録順などに付与されるコード，デシマル（decimal）は10進数という意味なので，（イ）の**デシマルコード**は10進数を使ったコードです。また，（エ）の「ブロックコード」とは，コード全体を，ブロックと呼ばれる幾つかの範囲に分け，製品などの種類ごとにブロックを割り当て，そのブロック内からコードを付与する方式です。

解答　ウ

5.2 マルチメディア

5.2 マルチメディア

▶▶▶**Explanation**

ポイントの解説

　マルチメディアについては，ZIP や LZH などの圧縮ファイルの形式，データ形式の意味と特徴，マルチメディアの応用について CG 画像の作成手順と CG 処理の基本事項を理解しましょう。

(1)　マルチメディア関連の重要用語

①ハイパメディア

　文字，静止画，動画，音声，音楽などで表現された情報同士をリンクさせて，そのリンクをたどって次々と関連情報に到達できるようにしたものをハイパメディアといいます。この場合のリンクはハイパリンクといわれます。

　なお，文字情報でのリンクをいう場合は，単にハイパテキストということもあります。

②ストリーミング

　動画や音声データを，ネットワークを通じてやり取りするとき，受信側でデータを受け取りながら，データの再生も合わせて行う方式のことです。

③可逆圧縮方式，非可逆圧縮方式

　音声や画像などはデータが非常に大きいため，データ保存時の容量や送受信の際のネットワークの負荷を減らす目的で，データの圧縮・伸張が行われます。

・**可逆圧縮方式**

　　可逆圧縮方式は，圧縮されたデータを伸張すると元のデータを完全に復元できる方式で，プログラムやデータなどの圧縮に使用されますが，圧縮率はそれほど高くありません。失う情報がないのでロスレス圧縮（lossless）とも呼ばれます。

・**非可逆圧縮方式**

　　非可逆圧縮方式は，圧縮されたデータを伸張しても元のデータを完全には復元できない方式で，圧縮率が高いという特徴があります。ある程度の誤差が許容できる画像や音声などに使用されます。失われる情報があるので，ロッシー圧縮（lossy）とも呼ばれます。

第5章 ヒューマンインタフェースとマルチメディア

④圧縮・伸張ソフトウェア

　データを圧縮・伸張するソフトウェアは数多くありますが，日本ではフリーソフトのLHAやZIP形式対応のソフトウェアがよく利用されています。LHAで圧縮されたデータの拡張子はLZHで，それぞれ可逆圧縮方式です。

（2）　マルチメディアのデータ形式

　次の代表的なデータ形式の特徴を理解しておきましょう。

種類	データ形式	特徴
文書データ	テキスト形式	文字だけからなるデータ形式です。
	HTML形式	タグと呼ばれる記号で区切った形式で，Webページを記述するために使用されます。
	XML形式	HTMLをベースに，文書の構造を記述する言語で，文書の構造化の規則を作成者が自由に設定することが可能です。
	PDF形式	Adobe Systems社のAcrobat（アクロバット）という製品で読むことができる文書形式で，インターネット上で文書配布の標準形式です。
静止画データ	BMP形式	画像データをドットの集まりとして保存する形式です。
	GIF形式	線画画像などのデータを圧縮して保存するためのデータ形式です。256色を扱うことが可能で，インターネット上の画像形式としてよく利用されます。
	JPEG形式	写真画像などの画像データを圧縮して保存するための形式で，一般的に**非可逆圧縮**ですが，可逆圧縮方式もあります。フルカラー（1,677万色）を扱うことが可能です。
	TIFF形式	ビットマップ画像を圧縮して保存するためのデータ形式で，タグによる属性認識が可能です。
動画データ	MPEG形式	デジタル動画データや音声データを圧縮するデータ形式です。 ・MPEG-1　：カラー動画像と音声の標準的な圧縮伸張方式で，CD-ROMなどに利用されます。 ・MPEG-2　：MPEG-1の画質を高めた方式で，DVDビデオやデジタル衛星放送などに利用されています。 ・MPEG-4　：携帯電話やアナログ回線など，比較的低速な回線で利用される動画圧縮方式で，衛星などを利用した無線通信でも利用されています。
3次元画像	VRML形式	3次元画像を保存するためのデータ形式で，Web上で3Dを使ったバーチャルモール（仮想商店街）などを構築することが可能です。
音楽データ	MIDI	電子楽器を，パソコンから制御する標準インタフェースで，これらの電子楽器で作成された音楽データのこともMIDIと呼びます。
	PCM	音声をサンプリングし，量子化，デジタル符号化するデータ形式です。
	MP3	MPEG-1の音声を圧縮した形式で，音声データを少ない容量で高音質に保存可能です。音楽配信などに利用されます。

データ形式の特徴

5.2 マルチメディア

よく出題されるのは，静止画をフルカラーで圧縮する JPEG（Joint Photographic Experts Group）と動画データを圧縮する MPEG（Moving Picture Experts Group）です。

JPEG は，一般には非可逆圧縮ですが，可逆圧縮のロスレス JPEG もあります。また，MPEG については，表中の MPEG-1，MPEG-2，MPEG-4 のそれぞれが出題されますので，特徴を理解しておきましょう。

（3）　画像の表現

①色の表現

コンピュータで色を表現するとき，画面などでは光の 3 原色 RGB（R；Red，G；Green，B；Blue），カラープリンタでは色の 3 原色 CMY（C；Cyan，M；Magenta，Y；Yellow）を使って表現されます。なお，CMY では黒色がきれいに出ないため黒（K；blacK）を加えて CMYK とする場合が多いです。

②画像の品質

画面やプリンタの出力では，画像の最小単位をピクセル又はドット（画素）として，この集まりで表現します。画面の大きさもこれを単位として表現され，例えば，1,280×1,024 ピクセルの画面は 1 インチ当たり横が 1,280 ピクセル，縦が 1,024 ピクセルあることを示します。

現在は，この 1 ピクセルごとに色情報をもち画面の表示を行う方式が多いです。1 ピクセルに 8 ビットの色情報をもてば $2^8=256$ 通りの色表現が可能で，16 ビットの色情報をもてば，$2^{16}=65,536$ 通りの色表現が可能です。なお，1 ピクセルに 24 ビットの色情報をもてば $2^{24}=16,777,216$ 通り（約 1,677 万色）の色表現が可能で，これをフルカラーということがあります。

（4）　マルチメディア応用

コンピュータを使ったグラフィック処理（コンピュータグラフィック）では，物の形をデータ化して，回転させたり，引き伸ばしたり，縮めたりといったことが自由にできます。この特徴を生かしてマルチメディア技術を応用したものに，車のデザインや建物のデザインがあります。また，実際の画像とコンピュータで作った画像を重ねたり，現実の環境をコンピュータ上で再現したりするゲームなどのバーチャルリアリティも応用例です。次の基本的な用語の意味を理解しましょう。

①コンピュータグラフィックス（CG）

コンピュータを使った画像の描画処理をコンピュータグラフィックス（Computer Graphics；CG）といいます。

3次元の立体をディスプレイ画面（2次元平面）で表示する場合のCG画像作成は次の手順で行います。

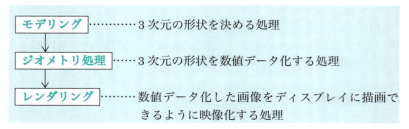

② 2次元CGの基本処理
- 平行移動，スケーリング（拡大・縮小），回転，反転，ペインティング（領域塗りつぶし）
- アフィン変換：拡大・縮小・反転などの線形変換と平行移動を同時に行うような変換です。
- **クリッピング**（clipping）：画像表示領域にウィンドウを定義し，ウィンドウ内の見える部分だけを取り出す処理です。3次元のCG処理でも使われます。
- **アンチエイリアシング**（anti-aliasing）：周辺の画素との平均化演算などを施し，ギザギザを目立たなくすることです。
- **モーフィング**（morphing）：ある物体の画像から別の画像に滑らかに変化させる方法で，例えば，人の顔をライオンの顔に気付かないうちに変化させることができます。

③ 3次元CGの基本処理
- **シェーディング**（shading）：立体感を生じさせるため，物体の表面に陰付けを行う処理です。
- **ラジオシティ**（radiosity）：表現する環境に含まれる各種の光源と，全ての反射光からの直接照明量を計算によって求めることです。
- **レイトレーシング**（ray tracing）：3次元物体をリアルに表現するために輝度，影付け，透明光，反射光など，最終的に視点に入る光源を全て追跡して計算することです。
- **メタボール**（metaball）：物体を球や楕円体の集合で疑似的にモデル化することです。
- **テクスチャマッピング**（texture mapping）：モデリングされた物体の表面に柄や模様などを貼り付ける処理のことです。

5.2 マルチメディア

④マルチメディアオーサリングツール

オーサリングツールはコンテンツを作成するソフトウェアのことです。その中でマルチメディアオーサリングツールは，映像，音声，文字などを組み合わせてコンテンツを作ることができます。様々な製品が出ています。

⑤バーチャルリアリティ（Virtual Reality；VR：仮想現実）

コンピュータによって処理された情報を，視覚や聴覚を中心とした人間の五感に訴えて，現実の世界のような感覚を作り出すことです。CG やセンサなどの技術を用いて，コンピュータで作った世界が，現実の世界であるかのように表現します。教育，訓練，医療，デザインなどに応用されています。

⑥オーギュメンテッドリアリティ（Augmented Reality；AR：拡張現実，強調現実）

実際には存在しない物をあたかもそこにあるかのように見せることです。CG 技術を用いて，現実の世界とコンピュータで作った世界を組み合わせます。アニメーション，ゲーム，デザインなどで応用されています。

第5章

▶▶▶Check

理解度チェック ▶ 5.2 マルチメディア

次の文中の ☐ に適切な用語を入れてください。

(1) 音声や画像などの ア は，IT 技術の重要な要素となっています。ア を IT 技術によってデジタルデータとして多くの人が利用できるようにするためには，データ形式の標準化が必要です。文書データについては，文字コードだけを記録した イ 形式，Adobe System 社が開発した ウ 形式などがあります。また，静止画像の記録形式には，Web ページでよく利用される エ 形式や，デジタルカメラなどの記録形式である オ 形式などがあります。また，動画の記録形式には カ 形式が利用され，利用目的によって幾つかのタイプがあります。なお，音声や画像などのデータは，データ量が膨大になるので，圧縮した形式で記録されます。圧縮されたデータを元の状態に戻すことを伸張と呼びますが，完全に元の内容が復元できる圧縮方式を キ 圧縮，完全には復元できない方式を ク 圧縮と呼びます。

251

第5章 ヒューマンインタフェースとマルチメディア

(2) コンピュータで画像を加工，作成する技術を ケ と呼びます。平面画像を扱う2次元 ケ の基本操作には，画像全体から表示部分だけを切り出す コ ，画像の輪郭部分を滑らかに見せる サ ，画像を滑らかに変化させる シ などがあります。また，立体画像を扱う3次元 ケ での画像生成は，画像の形状を決める ス ， ス の結果を数値データ化する セ ，そして，数値データを基に画像を平面上に映像化する ソ という手順によって行われます。

(3) 画像や音声などのマルチメディアデータを統合して一つのコンテンツにまとめるためのソフトウェアを，一般にマルチメディア タ ツールと呼びます。また，CG 技術などを活用して仮想的な現実世界を生成する技術が チ であり， チ の技術などを活用して，現実と仮想とを組み合わせる技術は ツ と呼ばれます。

解 答

(1) ア：マルチメディアデータ　イ：テキスト　ウ：PDF　エ：GIF　オ：JPEG
　　カ：MPEG　キ：可逆　ク：非可逆

(2) ケ：CG（コンピュータグラフィックス）　コ：クリッピング
　　サ：アンチエイリアシング　シ：モーフィング　ス：モデリング
　　セ：ジオメトリ処理　ソ：レンダリング

(3) タ：オーサリング　チ：VR（バーチャルリアリティ）　ツ：AR（拡張現実）

▶▶▶Question

問題で学ぼう

問1　W3C で仕様が定義され，矩形や円，直線，文字列などの図形オブジェクトを XML 形式で記述し，Web ページでの図形描画にも使うことができる画像フォーマットはどれか。

◎高度午前I　(R3 春-AP 問 27)

　ア　OpenGL　　　イ　PNG　　　ウ　SVG　　　エ　TIFF

解説

W3C（World Wide Web Consortium）で仕様が定義された XML 形式で図

5.2 マルチメディア

形オブジェクトを記述する画像フォーマットは SVG（Scalable Vector Graphics）なので，（ウ）が正解です。SVG は，名称に Vector が含まれることから分かるように，ベクトル（形状を表す式で表現）形式なので，画面の大きさに合わせた描画ができ，Web ページなどにも適しています。

（ア）の「OpenGL（Open Graphics Library）」は，CG 分野で利用されるグラフィックライブラリ（API），（イ）の「PNG（Portable Network Graphics）」と（エ）の「TIFF（Tagged Image File Format）」はいずれも画像のデータ形式で，PNG は Web 用，TIFF は高画質の画像用です。

なお，この問題と同じ W3C 関連としては，動画や音声などのマルチメディアコンテンツのレイアウトや再生タイミングを XML 形式で記述する SMIL（Synchronized Multimedia Integration Language）が出題されているので，覚えておきましょう。

解答　ウ

問2　H.264/MPEG-4 AVC の説明として，適切なものはどれか。

(R1 秋-AP 問 25)

ア　インターネットで動画や音声データのストリーミング配信を制御するための通信方式

イ　テレビ会議やテレビ電話で双方向のビデオ配信を制御するための通信方式

ウ　テレビの電子番組案内で使用される番組内容のメタデータを記述する方式

エ　ワンセグやインターネットで用いられる動画データの圧縮符号化方式

解説

代表的な動画のデータ形式は MPEG でした。そして，携帯電話などの比較的低速な回線で利用するためのものが MPEG-4 でしたから，ワンセグで用いられる（エ）が正解です。なお，併記されている H.264 は，MPEG グループと合同で規格化をした ITU-T（国際通信連合の電気通信標準化部門）の勧告の名称，AVC（Advanced Video Coding）は，元の MPEG-4 よりも効率化した符号化方式であることを示しています。

解答　エ

第5章

253

第5章 ヒューマンインタフェースとマルチメディア

問3 コンピュータグラフィックスの要素技術に関する記述のうち，適切なものはどれか。

(H28 春-AP 問 26)

ア　アンチエイリアシングは，周辺の画素との平均化演算などを施すことによって，斜め線や曲線のギザギザを目立たなくする。

イ　メタボールは，光の相互反射を利用して物体表面の光のエネルギーを算出することによって，表面の明るさを決定する。

ウ　ラジオシティは，光源からの光線の経路を計算することによって，光の反射や透過などを表現し，物体の形状を描画する。

エ　レイトレーシングは，物体を球や楕円体の集合として疑似的にモデル化する。

解説

アンチエイリアシングのエイリアシング（aliasing）とは，画像や音声の乱れの原因となる偽信号という意味があります。そして，それを取り除く手法が**アンチエイリアシング**です。コンピュータグラフィックスでは，画面表示や印刷は，画素と呼ばれる最小単位に色を付けることで行われます。通常，この画素は格子状に配置されているので，この配置と合わない斜めの線や図形などの境界線は，ギザギザになってしまいます。そして，それを取り除くために，周辺の画素との平均化演算などが行われるので，（ア）が適切です。

なお，（イ）は**ラジオシティ**，（ウ）は**レイトレーシング**，（エ）は**メタボール**に関する記述なので，それぞれ誤りです。

解答　ア

問4 3次元の物体を表すコンピュータグラフィックスの手法に関する記述のうち，サーフェスモデルの説明として，最も適切なものはどれか。

(H30 春-AP 問 25)

ア　物体を，頂点と頂点をつなぐ線で結び，針金で構成されているように表現する。

イ　物体を，中身の詰まった固形物として表現する。

ウ　物体を，ポリゴンや曲面パッチを用いて表現する。

エ　物体を，メタボールと呼ぶ構造を使い，球体を変形させることによって得られる曲面で表現する。

254

5.2 マルチメディア

解説

　サーフェスモデルの surface とは，表面という意味で，**サーフェスモデル**では，3 次元の物体を面によって表現します。物体の表面は，**ポリゴン**と呼ばれる多角形の面の組合せや，曲面パッチと呼ばれる小さな曲面の組合せによって表現されるので，（ウ）が正解です。

ア：**ワイヤフレームモデル**です。点と点をつなぐ線（稜線）で表現します。

イ：**ソリッドモデル**です。なお，ソリッド（solid）とは，個体のことです。

エ：この記述にある**メタボール**によるモデリングです。

解答　ウ

問5　バーチャルリアリティにおけるモデリングに関する記述のうち，レンダリングの説明はどれか。

◎高度午前Ⅰ　(H30 秋·AP 問 25)

　　ア　ウェアラブルカメラ，慣性センサなどを用いて非言語情報を認識する処理

　　イ　仮想世界の情報をディスプレイに描画可能な形式の画像に変換する処理

　　ウ　視覚的に現実世界と仮想世界を融合させるために，それぞれの世界の中に定義された 3 次元座標を一致させる処理

　　エ　時間経過とともに生じる物の移動などの変化について，モデル化したものを物理法則などに当てはめて変化させる処理

解説

　バーチャルリアリティ(VR)とは，コンピュータ上で創造された仮想世界を，視覚や聴覚などの感覚に訴えて，現実世界のように体験ができるようにすることや，その技術のことでした。VR でも，一般の CG と同様に，データから画像を作り出す処理が**レンダリング**なので，「仮想世界の情報をディスプレイに描画可能な形式の画像に変換する処理」とする（イ）が正解です。

　なお，（ア）はモーションキャプチャ，（ウ）はレジストレーション，（エ）はシミュレーションの説明です。

解答　イ

第6章 データベース

第6章 データベース

part 2

▶▶▶ **Point**

学習のポイント

　データベースを理解するためのキーワードは，データの共有化です。情報システムが出現してしばらくは，特定の業務だけを支援するために，部門ごとに導入されてきました。そして，データもそれぞれの業務，さらには，プログラム，利用者ごとに必要な内容だけを集めたファイルという形で管理されてきました。しかし，組織内の多くの部門に情報システムの導入が進むと，同じ内容であるはずなのに，部門やファイルによって内容（値）が違うということが，問題になりました。これを防ぐためには，データを一元管理するしかありません。そのための仕組みとして，導入されたのがデータベースです。

　データベース出現前には，データが部門や個人によって管理され，必要な内容だけが扱われていましたから，その内容は担当者レベルで把握可能な範囲でした。しかし，一元管理となると組織全体としての整理が必要です。このためには，「データモデル」や「正規化」といった考え方が必要になります。また，利用者が多くなり障害の影響なども大きくなったため，同時実行制御や回復処理などの DBMS による制御も必要になります。この分野からの出題は，こうしたデータの共有化のために必要な考え方や機能に，現在のデータベースの事実上の標準である関係データベースを扱うための SQL を加えた内容がほとんどです。この章では，これらの出題内容を「データモデル」，「正規化」，「SQL」，「DBMS の制御」の四つに分けて学習していきます。データベースのキーワードである「データの共有化」ということを念頭に置いて学習していきましょう。

(1) データモデル

データ共有によって，データの種類が多く複雑になります。こうした複雑な内容は，図などを使ってモデル化すると分かりやすくなります。そのためのモデルに，概念データモデルと論理データモデルがあります。まず，その違いは何かを理解しましょう。また，概念データモデルの表現には，E-R図（E-Rモデル）が使われます。このE-R図の基になるエンティティやリレーションシップの概念についての理解も必要です。そして，論理データモデルに分類される三つのモデルについても特徴を理解しておきましょう。

また，一つのデータベースで扱うデータの範囲が，会社全体などの広範囲なものになると，様々な立場の人がデータベースに関わるようになります。一般に，データベースの作成には，スキーマと呼ばれる定義体を用います。ANSI/SPARCの3層スキーマモデルとは，この定義体をデータベースに関わる人の立場に応じて，外部スキーマ，概念スキーマ，内部スキーマの三つの段階に分けたもので，この考え方について正しく理解しておく必要があります。

(2) 正規化

正規化理論などと呼ばれるので，難しく考えがちですが，一般的に利用される第3正規形までの内容は，それほど難しいものではありません。データベースによってデータを共有化するためには，利用者全てにとって，好ましい形式でデータを整理する必要があります。つまり，データ構造の標準化が必要になります。このために，データ構造を整理していきますが，この整理を誰でも無理なく行えるように，ルールに基づいて段階を踏みながら行う作業が正規化です。このことを念頭に，第1正規化から第3正規化まで，正しく理解しておきましょう。必要以上に難しいものと考えないことが大切です。

(3) SQL

午前問題としてのSQL対策は，各キーワードのスペルなど細かなことにこだわらずに，SQLに慣れるということを念頭に置きましょう。SELECT文が中心で，副問合せ，相関副問合せまで出題されますが，正解を導くということだけならそれほど難しくはありません。まず，正解を導けることを目標に学習してください。

第6章

第6章 データベース

(4) DBMSの制御

　データベースの回復処理の基本となる概念が，トランザクションのACID特性です。ACIDの4文字の意味を答えられるようにしておきましょう。これを実現するために DBMS が提供する制御や機能が，排他制御，コミットメント制御と障害回復処理です。それぞれの機能の目的が何であるかを意識して学習しましょう。

　回復処理については，実際に経験することは少ないので取っ付きにくいかもしれません。しかし，DBMS は魔法使いではありません。回復処理に必要な情報をきちんと記録し，その内容によって回復処理を行います。想定される障害の種類とそれぞれの障害によって発生する問題点，そして，そうした問題点を解消するために必要な情報に着目して学習してください。また，回復処理はシンプルでなくてはいけません。回復処理の原則についても正しく理解してください。

　データベースに対するアクセスを効率的に行うためには，インデックスの利用や，アクセス順序の工夫などが必要になります。その詳細な仕組みまで知っている必要はありませんが，こうしたアクセス効率化のための機能の存在と，その効果については知っておく必要があります。

6.1 データモデル

6.1 データモデル

▶▶▶ Explanation
ポイントの解説

（1） データモデル

データベース中には，多くの種類のデータが格納され，データ間で関係をもつものも多く存在します。こうしたデータの種類やデータ間の関係について，図式化して整理したものをデータモデルと呼び，概念データモデル，論理データモデルの2種類に分類されます。

データベースは，DBMSを利用して実装されますが，代表的なDBMS製品は，階層型データベース，ネットワーク型データベース，関係型データベースの3種類に分類することができます。このDBMSの型を意識して，データの関係を表現したものが論理データモデルです。しかし，同じ型（データ構造）のDBMSであっても，実際に磁気ディスク装置などに格納される物理的な形式や構造は，製品によって異なります。こうした物理的な違いは無視して，親子関係などの論理的な構造だけに着目したモデルなので，論理データモデルと呼ばれます。一方，概念データモデルでは，階層型，ネットワーク型，関係型といった，データベースの論理構造にも依存せずに，データの内容を表現します。概念データモデルの代表がE-Rモデルですが，内容の表記に用いるE-R図では，データのまとまりであるエンティティ（Entity）と，エンティティ間の関連であるリレーションシップ（Relationship）によって，データの全体像を表現します。

> 概念データモデル：DBMSに依存しない → E-Rモデル
> 論理データモデル：DBMSのタイプ（型）に依存する
> 　階層型データベース　　　　　　→　階層モデル
> 　ネットワーク型データベース　→　ネットワークモデル
> 　関係型データベース　　　　　　→　関係モデル

（2） 概念データモデル

エンティティ（Entity；実体）と，エンティティ間のリレーションシップ（Relationship；関連）によって，データとその構造を表現するモデルが，E-R

モデルで，概念データモデルに分類されます。エンティティというと難しそうですが，簡単に考えると属性（データ項目）のまとまりのことです。例えば，社員番号，氏名，商品番号，商品名という四つの属性があった場合に，社員番号と氏名は社員に関する情報，商品番号，商品名を商品に関する情報としてまとめることができたとします。このときの社員，商品というのが，エンティティです。さらに，この社員と商品の間に，その商品を開発した社員という関係があったとすれば，「開発する」というのがリレーションシップになります。また，その社員が商品を販売するというような関係があれば，「販売する」というのがリレーションシップということになります。このように，エンティティやリレーションシップは，属性の内容だけでは決まらず，対象業務の内容にも関わってきます。なお，エンティティは実体と訳されますが，実際には属性（名）をまとめたものです。そして，それぞれの属性に値をもたせた個々の情報は，インスタンスと呼ばれます。例えば，（社員番号，社員）というのが社員エンティティであり，具体的な値をもった（1011，山田太郎），（2012，田中花子）などが，社員エンティティのインスタンスです。

エンティティ：属性のまとまり　→　実際のデータが**インスタンス**
リレーションシップ：エンティティ間の関係を表現

(3)　E-R図

　E-Rモデルの内容を表記したものが，E-R図です。当初は，エンティティを矩形（長方形），リレーションシップをひし形で表現していましたが，最近は，ひし形の変わりに，直線や矢印などを用いたバックマン線図や，UML（Unified Modeling Language）クラス図が使われています。また，エンティティ間の関連であるリレーションシップを記述するときに，数的な対応関係である**カーディナリティ**（多重度）に注目することがあります。この多重度は，1対多のリレーションシップ，多対多のリレーションシップのように表現されます。

　例えば，学校のクラス（学級）を示すクラスエンティティと生徒エンティティの間の「所属する」という関連について考えると，通常，クラスには複数の生徒が所属し，生徒は一つのクラスに所属するので，多重度は1対多になります。また，教員とクラスの間の「担任する」という関連については，クラスの担任が1人だけであれば，多重度は1対1，副担任など，一つのクラスに複数の担任がいれば，多重度は多対1です。さらに，学年担任制などのように，1人の教員が複数のクラスを担任し，かつ，一つのクラスに担任が複数いるような場合，多重度は多対多になります。

この多重度について，前述のバックマン線図では，「1」に対応する部分は，通常の直線，「多」に対応する部分を矢印にして表現します。また，リレーションシップ自体は直線で示し，その直線に「1」や「多」，に多を意味する「*」を付して表現する方法もあります。また，UMLのクラス図では，多の表現が少し厳密で，最小値と最大値がある場合には，それを明記します。例えば，最小の場合には0，最大でも3というような場合には「0..3」，最小が2で上限がないような場合には「2..*」というように記述します。

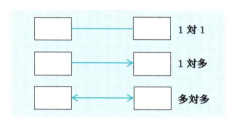

バックマン線図における多重度

(4) 論理データモデル

E-R図でエンティティとして表現された内容は，階層型やネットワーク型のデータベースではレコードというまとまりとして実装されます。階層型データベースでは，リレーションシップに対応するレコード間の関係を親子（階層）関係によって表現し，この階層構造を表現した論理データモデルを階層モデルと呼びます。そして，ネットワーク型データベースは，階層型データベースの制限を緩めたものです。階層型データベースでは，子（下層）のレコードは，親（上層）を一つしかもてませんが，この制限を取り払い，複数の親をもてるようにしました。その結果，レコード間の関係が階層というよりも，網（ネットワーク）のような形になったため，ネットワーク型と呼ばれます。つまり，子が一つの親しかもてないのが階層型，複数の親をもてるのがネットワーク型です。ネットワーク型の関係によって表現されたデータモデルは，ネットワークモデルと呼ばれます。なお，階層型データベースで，二つの親をもつようなレコードを記録したい場合，それぞれの親に別の子として，同じ内容のレコードを記録しなくてはなりません。

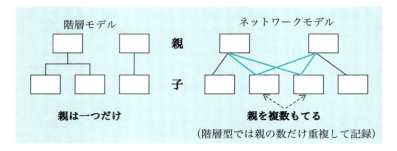

　関係型データベースの関係とは，属性名を列挙した見出しと，それぞれの属性の値の組である，タプル（行，組）の組合せのことです。このイメージはまさに（2次元）表なので，関係モデルは表の形で表現されます。つまり，表の見出しがエンティティに相当します。そして，具体的な値を記述した各行がインスタンスに相当し，本体と呼ばれます。また，関係においては，列（属性名）や行の順番には意味がないので，タプルの値が同じであれば，列や行の順番が違っていても同じ関係とみなされます。

属性A	属性B	……	属性X
11111	xxxx		1234
22222	yyyy		5678
99999	zzzz		2345

関係モデル — 見出し／行（タプル）／本体
関係では，列や行の順番は意味をもたないので，**順番が違っても同じ関係**

(5) 3層スキーマ

　スキーマは，本来，設計図というような意味です。データベースを作成するためには，そのデータベースで扱うデータ項目や属性，そして，どの項目を表やレコードとしてまとめるか，また，ディスク装置上にはどのような形式で記録するかなど，様々な内容についての設計図を書かなくてはなりません。データベースでは，こうした内容を記述したものをスキーマと呼びます。データベースの規模が大きくなると，スキーマの内容も複雑になります。このために，スキーマを，データベースを扱う立場によって3種類に分けたものが，ANSI/SPARC（ANSI Standard Planning And Requirements Committee）の最終報告書で提唱された3層スキーマです。

この3層スキーマでは，データベースに格納するデータを情報資源として管理する**データ管理者**（DA；Data Administrator），性能などを考慮しデータベース実装する**データベース管理者**（DBA；DataBase Administrator），そして，個々の利用者の三つの立場に分け，それぞれの立場からの見方を，概念スキーマ，内部スキーマ，外部スキーマという3種類のスキーマに分けました。そして，それぞれのスキーマの独立性を高めることで，データベースの変更に対する影響が最小限になるように工夫しています。

①概念スキーマ

概念スキーマは，データベースが対象とするデータの概念的な意味とデータ間の関係について定義したものとされています。しかし，実際にはデータベースに格納する属性や，属性のまとまり（表やレコード）について，データベースの全体像を定義したもので，関係データベースでは表の定義などが対応しています。こうした全体像はデータ管理者（DA）の管理対象であり，その内容を個々の利用者がどう扱うか，また，コンピュータ内部でどのように扱うかということから独立しています。

②内部スキーマ

概念スキーマによって定義されたデータベースの内容を，ディスク上にどのような形式で配置するか，つまり，実装方法について記述するもので，データベース管理者（DBA）が作成します。データベースは，単にディスク上にデータを並べただけではありません。効率良く検索するために索引を付けたり，アクセス負荷が分散するようにデータを配置したりする工夫が必要です。内部スキーマにはこうした内容を記述します。概念スキーマと内部スキーマを分離することによって，データの格納構造など内部スキーマの記述内容を，概念スキーマに影響を与えることなく変更することができます。このことをデータベースの物理的データ独立性と呼びます。

③外部スキーマ

個々の利用者やプログラムは，データベース中の限られた属性だけしか扱いません。この内容だけを定義して，あたかもデータベースがその人，そのプログラムだけのもののように見せるのが外部スキーマです。例えば，実際のデータベースでは，別の表（テーブル）として分けられている属性を一つの表の中にあるように見せたり，不要な属性は見えないようにしたりします。また，データベースに属性追加などがあった場合でも，その外部スキーマに関係のない内容であれば外部スキーマには影響を与えません。このように，個々の利用者やプログラムから，データベース全体の内容を独立させることを論理的データ独立性と呼びます。

なお，関係データベースでは，ビューがこの外部スキーマに対応し，複数の表に対して選択，射影，結合などの関係演算を動的に行って得られた結果の表（仮想の表）を提供します。

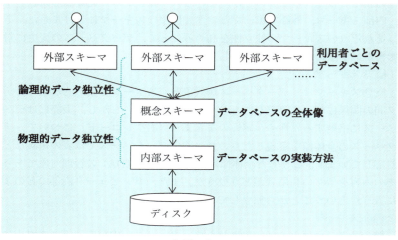

3層スキーマ

▶▶▶ Check

理解度チェック ▶ 6.1 データモデル

次の文中の ☐ に適切な用語を入れてください。

(1) データベース技術を理解するときに大切なキーワードは，データの ア 化です。データベースは，組織内のデータを イ 管理し，組織内でそのデータを ア します。その結果，データベース内には，多種多様なデータが格納されることになりますが，こうした内容を図式化して整理したものが ウ です。実装するときに利用するDBMSのタイプに依存した エ と，依存しない オ に分けられます。

(2) データ項目のまとまりである カ と，カ の間の関係を示す キ に着目して図式化するのがE-Rモデルで，概念データモデルの表記に利用されます。なお，E-Rモデルでは，キ における数的な対応関係である ク に着目して，その内容を記述することもあります。

6.1 データモデル

(3)　一般的な DBMS のタイプは，　ケ 　，　コ 　，　サ 　に分けられます。このうち，親子関係を元にレコード間の関係を表現するタイプには，子を一つの親としか関係付けることができない　ケ 　と，その制限を緩めて，子が複数の親をもつことができる　コ 　があります。また，　サ 　は，2次元表の形式で表現され，列名に当たる見出しと，具体的な値の組である　シ 　から構成されます。

(4)　データベースの設計図に当たる定義体のことを　ス 　と呼びます。データベースで扱うデータの範囲が広くなると，1人で　ス 　を全て記述することが困難になりました。そうしたことから，　ス 　をデータベースへの関わり方から三つに分けたのが　セ 　です。　セ 　は，データベース全体について定義する　ソ 　スキーマ，データベースの実装に関する定義を行う　タ 　スキーマ，そして，個々の利用者やプログラムからの見え方を定義する　チ 　スキーマから構成されます。なお，データベースに関わる人材のうち，組織内のデータを管理する人材を　ツ 　，データベースの性能などを管理する人材を　テ 　と呼び，通常の場合，　ソ 　スキーマは　ツ 　が，　タ 　スキーマは　テ 　が作成します。

解　答

(1)　ア：共有　イ：一元　ウ：データモデル　エ：論理データモデル
　　　オ：概念データモデル
(2)　カ：エンティティ　キ：リレーションシップ
　　　ク：カーディナリティ（多重度）
(3)　ケ：階層型　　コ：ネットワーク型　サ：関係型　シ：タプル
(4)　ス：スキーマ　セ：3層スキーマ　ソ：概念　タ：内部　チ：外部
　　　ツ：データ管理者（DA）　テ：データベース管理者（DBA）

第6章

265

第6章 データベース

▶▶▶ Question
問題で学ぼう

> 問1 顧客は一般に複数の銀行に預金するものとして，顧客と銀行の関連を，E-R図で次のように表現する。このモデルを関係データベース上に"銀行"表，"口座"表，"顧客"表として実装する場合の記述として，適切なものはどれか。
>
> (H24 秋-AP 問 27)
>
>
>
> ア　"銀行"表から"口座"表への対応関係は多対1である。
> イ　"銀行"表中に参照制約を課した外部キーがある。
> ウ　"口座"表から"顧客"表への対応関係は1対多である。
> エ　"口座"表には二つ以上の外部キーがある。

解説

　問題の E-R 図には，"m"や"n"という**カーディナリティ**（多重度）が記述されていますが，これは，"銀行"と"顧客"の間に多（m）対多（n）の関連があることを示すものです。通常の場合，E-R 図の**エンティティ**が表として実装されますが，エンティティ間に多対多の関連がある場合には，そのままでは関係データベースに実装できないので，多対多の関連部分も連関エンティティと呼ばれるエンティティとみなして，表として実装します。その結果，"銀行"，"顧客"という二つのエンティティに加えて，関連である"口座"についても，表として実装されることになります。

　連関エンティティは，多対多の関連を分解するためのもので，そもそものエンティティ（"銀行"，"顧客"）からの対応関係は，1対多になります。つまり，"銀行"から"口座"への対応関係，"顧客"から"口座"への対応関係は，いずれも1対多です。（ウ）については，記述の仕方が紛らわしいのですが，（ア）と（ウ）ともに，これとは逆の対応関係となっているので，誤った記述です。

6.1 データモデル

　前述のように**連関エンティティ**は，関係データベースの表として実装するために，多対多の関連を分解して表にしたものです。つまり，元の二つのエンティティがどのように関連（対応）するのかを示すためのものですから，元の二つのエンティティの主キーを属性としてもちます。当然，対応する表は，その関連が結ぶエンティティの主キーを属性としてもつことになります。そして，その値によって，元のエンティティに対応する表を参照するのですから，これらの属性は，元のエンティティに対応する表に対する外部キーになります。

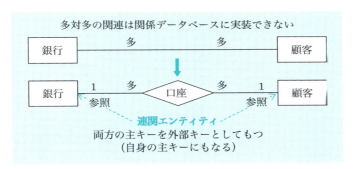

　したがって，"口座"表には，"銀行"表に対する外部キーと，"顧客"表に対する外部キーをもつことになりますが，それぞれ単独項目とは限らないので，「二つ以上の外部キーがある」という表現が適切です。つまり，（エ）が正解です。なお，（イ）については，この E-R 図を見る限り，"銀行"表中ではなく，"口座"表中に外部キーがあることになります。

解答　エ

問2 データモデルを解釈してオブジェクト図を作成した。解釈の誤りを適切に指摘した記述はどれか。ここで,モデルの表記には UML を用い,オブジェクト図の一部の属性の表示は省略した。

(H29 春-AP 問 26)

データモデル

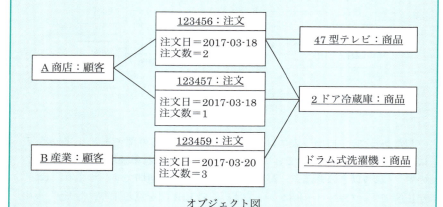

オブジェクト図

ア "123456:注文" が複数の商品にリンクしているのは,誤りである。
イ "2 ドア冷蔵庫:商品" が複数の注文にリンクしているのは,誤りである。
ウ "A 商店:顧客" が複数の注文にリンクしているのは,誤りである。
エ "ドラム式洗濯機:商品" がどの注文にもリンクしていないのは,誤りである。

6.1 データモデル

解説

　UML のクラス図では，クラスのインスタンス間の多重度を，"最小値..最大値" の形式で記述します。また，0 以上のときには，単に "*****" で表記します。必ず1件だけ存在する場合は，単に "1" と表記します。

　問題のデータモデルでは，"顧客" と "注文" の多重度が，"顧客" 側は "1" となっており，"注文" 側は "*****" となっています。これは，"注文" に関連する "顧客" は，必ず 1 件だけ存在しており，"顧客" に関連する "注文" は 0 件以上あることを表しています。

　同じように "注文" と "商品" の関係を考えると，"注文" に関連する "商品" は必ず 1 件だけ存在しており，"商品" に関連する "注文" は 0 件以上あることが分かります。これらの関係を考慮して，**オブジェクト図**を検証してみましょう。なお，オブジェクト図とは**クラス図**などで表現されたクラス構成や相互関係に対して，それを具体化（インスタンス化）したレベルで表現された図のことです。

ア："注文" から見た "商品" の多重度は 1 なので，一つの "注文" には必ず一つの "商品" だけが関連付けられます。そのため，"123456：注文" が "47 型テレビ：商品" と "2 ドア冷蔵庫：商品" に関連付くことは，データモデルに矛盾するので，解釈の誤りを適切に指摘している記述です。したがって，正解は（ア）です。

イ："商品" から見た "注文" の多重度は 0 以上なので，一つの "商品" が複数の "注文" にリンクしていても問題はありません。

ウ："顧客" から見た "注文" の多重度は 0 以上なので，1 人の "顧客" が複数の "注文" にリンクしていても問題はありません。

エ："商品" から見た "注文" の多重度は 0 以上なので，どの "注文" ともリンクしていない "商品" が存在していても問題ありません。

解答　ア

第6章

第6章 データベース

問3　データベースの3層スキーマ構造に関する記述のうち，適切なものはどれか。

(H28 秋-AP 問 26)

ア　概念スキーマは，データの物理的関係を表現する。
イ　外部スキーマは，データの利用者からの見方を表現する。
ウ　内部スキーマは，データの論理的関係を表現する。
エ　物理スキーマは，データの物理的関係を表現する。

解説

　データベースの 3 層スキーマは，ANSI/SPARC によって提唱され，データベースのスキーマを，概念スキーマ・内部スキーマ・外部スキーマの3種類に分けたものです。概念スキーマは，論理的にデータベース化する対象全体を定義したもので，関係データベースでは表構成やレコードなどの定義に対応します。内部スキーマは，データの物理的な格納面から記録媒体，索引，データの格納形式などを定義したものです。外部スキーマは，利用者やプログラムの目的別に必要なデータを定義するもので，関係データベースではビューに対応し，「プログラムや利用者からの見方を表現」します。したがって，（イ）が適切です。

　3 層スキーマに分ける目的には，次の二つがあります。

・物理的データ独立性（内部スキーマ⇔概念スキーマ）：データベースの物理的な変更（内部スキーマの変更）が概念スキーマに影響を与えない。

・論理的データ独立性（外部スキーマ⇔概念スキーマ）：現実世界が変化し，概念スキーマに変更が発生しても利用する外部スキーマに関係のない場合は影響を与えない。

ア：データの物理的関係を表現するのは，内部スキーマです。

ウ：データの論理的関係を表現するのは，概念スキーマです。

エ：3層スキーマ構造では，物理スキーマという定義（表現）はありません。

解答　イ

6.2 正規化

6.2 正規化

▶▶▶ Explanation
ポイントの解説

（1） 正規化とキー項目

　データベースのキーワードは，"共有"でしたね。多くの利用者がデータを共有するので，特定の利用目的だけに合った形式ではなく，標準的な形式でデータを格納します。そして，この標準的な形式に整理する作業が正規化です。第1正規化，第2正規化，第3正規化と順を追ってデータの形式を整理していくことで，データの重複を排除した標準的な形式にすることができ，重複更新などによる矛盾更新異常の発生を防ぐことができるようになります。

　正規化では，表（レコード）の主キーに注目して，形式を整理していきます。したがって，正規化を理解するためには，まず，主キーについて理解する必要があります。また，主キーの他にも外部キー，候補キー，代替キーというキーという名の付く項目もありますから，これらの項目について整理しておきましょう。

　まず，主キーに直接関連するものとして，候補キーと代替キーがあります。主キーというのは，表中の各行を一意に識別できる属性（項目）のことです。一意に識別できるというのは，その属性の値が決まれば行が1行だけに絞り込める，つまり，その属性の値が同じ行は，他には存在しないということです。そして，一つの表の中にこのような属性が複数ある場合もあります。少し強引ですが，社員番号と氏名を含む表で同姓同名がいないという条件があれば，社員番号でも氏名でも行を一意に識別できるので，いずれも主キーの候補になります。このようなとき，社員番号と氏名は候補キーと呼ばれます。そして，この候補キーから主キーを一つ選びますが，残りの属性は主キーの代わりができるので，代替キーと呼ばれます。つまり，次のような関係があります。

　なお，候補キーに求められる表中で値の重複がないという条件は，**ユニーク制約**と呼ばれます。そして，主キーとして設定すると，このユニーク制約に加えて，NULL値をもつことができないという非NULL制約と呼ばれる制約も加わります。

$$
候補キー \begin{cases} \text{主キー（一つ選択）：ユニーク制約＋非NULL制約} \\ \text{代替キー（その他）：ユニーク制約} \end{cases}
$$

271

第6章 データベース

　また，候補キーは単独の属性だけとは限りません。単独の属性だけでは行を一意に識別できないような場合には，複数の属性を組み合わせたものが候補キーになります。このような候補キーを**複合キー**と呼ぶことがあります。ただし，候補キーには極小であるという性質が求められます。**極小**というのは，耳慣れないかもしれませんが，簡単にいえば必要最低限ということです。先ほどの社員番号と氏名の例では，どちらの属性も候補キーですから，当然，この二つの項目属性を組み合わせたものでも行を一意に識別できます。しかし，どちらか一方の属性だけでも行の識別は可能ですから，二つの属性を組み合わせたものは，余分な属性を含んでいる，つまり，極小ではないことになります。したがって，社員番号と氏名といった二つの属性を組み合わせたものは，候補キーではありません。当然，主キーや代替キーでもありません。

> **候補キー（主キー，代替キー）：**
> 　表中の各行を一意に識別できる**必要最低限（極小）の属性の組合せ**

　主キーの値によって表中の行は一意に識別できます。このことによって，その行の主キー以外の属性の値も一意に決まります。例えば，社員番号を主キーとする表に，性別や生年月日などの属性があるとすれば，社員番号の値によって一意に識別された行の性別や生年月日の値は，それぞれ一つに決まるということです。このように，属性 A の値が決まると，属性 B の値が一つに決まることを，属性 B は属性 A に**関数従属**するといいます。したがって，表中の主キー以外の属性は，主キーに関数従属するということになります。

> **属性 B は属性 A に関数従属する（属性 A → 属性 B）：**
> 　属性 A の値が決まると属性 B の値も決まる（主キー以外の属性は，主キーに関数従属する）

　最後に外部キーについてですが，**外部キー**というのは，その値によって他の表を参照する（できる）属性のことで，参照するとは，その値によって参照先の表の行を一意に識別できるということです。したがって，通常は，参照先の表の主キーと同じ値をもった属性になります。しかし，参照先の表の行を一意に識別できればいいのですから，主キーだけでなく代替キーを加えた，候補キーと一致する属性ということになります。ただし，試験では，代替キーをもつような表は，ほとんど出題されないので，あまり心配しないでください。

> **外部キー**：外部の表を参照する値をもった属性 → 参照先の表の候補（主）キー

6.2 正規化

　表に複数の候補キーが存在するときには，その中から一つの属性を選んで，表の定義（スキーマ）で主キーに指定します。外部キーも，必要に応じて表の定義で指定します。そして，外部キーとして指定されると，参照先の表との間で**参照制約**と呼ばれる制約が発生します。この制約は，外部キーの値によって，参照先の該当する行を必ず参照できるようにすることを目的としたものです。指定の仕方によって少し違いはありますが，基本的には，外部キーの値によって参照されている行を参照先の表から削除できないようにするというものです。また，参照元（外部キー側）の表に，参照先の表の行を参照できないような値をもつ行を追加できないようにするというものでもあります。

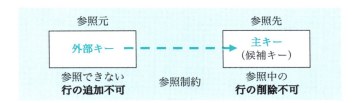

(2) 第1正規化

　関係データベースでは，一つの属性が複数の値をもつような表を扱うことはできません。しかし，正規化を行う前の時点では，データが次のような形式になっていることもあります。例えば，資格という属性があったとします（表1参照）。1人で複数の資格を取得していれば，{英検2級, ITパスポート}というように複数の値をもつことになりますが，こういう属性を**繰返し属性**と呼びます。表2のように値ごとに行を分け，表から繰返し属性をなくす操作を**第1正規化**といいます。そして，第1正規化の結果，繰返し属性をもたなくなった形式を**第1正規形**と呼びます。したがって，関係データベースの表は，少なくとも第1正規形であるということになります。ただし，正規化を行う前の表が全て繰返し属性をもった形式であるとは限りません。正規化を行う前から第1正規形の条件を満たしている表も多く存在します。これに対し，第1正規形の条件を満たしていない形式を，非正規形と呼ぶことがあります。

> **第1正規形**：全ての属性が一つの値しかもたない形式
> 　← 複数の値をもつ（繰返し）ときには，値ごとに行を分ける（第1正規形）

（表1）

社員番号	氏名	部署番号	部署名	所在地	資格
90001	小川花子	100	開発一課	東京	英検2級, ITパスポート
99010	山田太郎	100	開発一課	東京	基本情報
92003	鈴木一郎	200	開発二課	横浜	簿記1級, 英検1級
92001	川上恵子	400	営業課	本社	ITパスポート
79004	渡辺良子	500	総務課	本社	

第1正規化

（表2）

社員番号	氏名	部署番号	部署名	所在地	資格
90001	小川花子	100	開発一課	東京	英検2級
90001	小川花子	100	開発一課	東京	ITパスポート
99010	山田太郎	100	開発一課	東京	基本情報
92003	鈴木一郎	200	開発二課	横浜	簿記1級
92003	鈴木一郎	200	開発二課	横浜	英検1級
92001	川上恵子	400	営業課	本社	ITパスポート
79004	渡辺良子	500	総務課	本社	

(3) 第2正規化

　第2正規化では，第1正規形の表に対して，主キーに部分関数従属する属性を別の表に分けるという操作を行います。部分関数従属とは，主キーを構成する属性のうちの一部の属性だけに関数従属することで，主キーが複合キーのときだけに発生します。表2には繰返し属性はありませんから，この表は第1正規形です。そして，主キーは，社員番号と資格の二つの属性からなる複合キーです。このような複数の属性を主キーとする表に対し，主キー以外の属性が，主キー全体に関数従属するかという観点でチェックしていきます。

　表2の場合，氏名の値は，社員番号の値が決まれば一意に決まります。つまり，氏名は，社員番号が同じであれば，資格が何であろうと同じであるということです。したがって，表2の氏名は，主キー全体に従属しているのではなく，社員番号だけに関数従属していることになります。同様に，その社員が所属する部署番号や，部署名，所在地も，主キー全体ではなく，社員番号だけに関数従属しますから，主キーに対しては部分関数従属することになります。

6.2 正規化

(表2 再掲)

社員番号	氏名	部署番号	部署名	所在地	資格
90001	小川花子	100	開発一課	東京	英検2級
90001	小川花子	100	開発一課	東京	ITパスポート
99010	山田太郎	100	開発一課	東京	基本情報
⋮				⋮	

第2正規化

(表3)

社員番号	氏名	部署番号	部署名	所在地
90001	小川花子	100	開発一課	東京
99010	山田太郎	100	開発一課	東京
⋮				⋮

(表4)

社員番号	資格
90001	英検2級
90001	ITパスポート
99010	基本情報
⋮	⋮

　表3，4のように社員番号だけに関数従属する属性を，従属先である社員番号とともに別の表に分ける操作が第2正規化です。また，第2正規化の結果の主キーに部分関数従属する属性を含まない形式を第2正規形といいます。

第2正規形：主キーに部分関数従属する属性を含まない形式
　←　第1正規形の表から，部分関数従属する属性を別の表に分ける
　　（※ 主キーが単独属性であれば，部分関数従属することはない）

　なお，表2の例ではありませんでしたが，主キーの一部である資格だけに関数従属する属性があれば，その属性は，資格を主キーとする別の表に分けられます。また，表2に資格取得年月日のような属性を含んでいた場合，この属性の値は社員番号の値だけでも資格の値だけでも決まりませんから，主キーに対して部分関数従属ではありません。このような関数従属は，完全関数従属と呼ばれ，元の表に残されます。

(4) 第3正規化

　第2正規化の操作で分割された二つの表のうち，左側の表3は主キーが社員番号だけですから，主キーに対して部分関数従属することはないので第2正規形です。また，右側の表4は主キーが複合キーですが，主キー以外に属性がないので，こちらも第2正規形です。ただし，表3には，冗長な部分があります。通常の場合，同じ部署には複数の社員が所属し，所属する部署が同じであれば，部署名や所在地も同じですから，表3では，この部分が冗長になっています。

第3正規化では，主キー以外の属性間の従属関係に着目して，このような冗長性を取り除きます。表3の主キー以外の属性間には，所属する部署（部署番号）の値が決まれば，部署名と所在地も決まるので，部署名と所在地は部署番号に関数従属しています。そして，この二つの属性の値は，主キーである社員番号が違っていても，部署番号が同じであれば同じになります。つまり，部署名と所在地の値は，主キーである社員番号によって決まるのではなく，社員番号によって部署番号が決まり，その部署番号によって決まるということです。つまり，社員番号 → 部署番号 → 部署名（所在地）というように，推移的に決まるので，このような従属性は，**推移的関数従属**と呼ばれます。

第3正規化では，主キーに対して推移的関数従属する属性を別の表に分けることによって，冗長性を取り除きます。そして，第2正規形の形式から，推移的関数従属性を取り除いた形式が**第3正規形**です（表5，表6参照）。

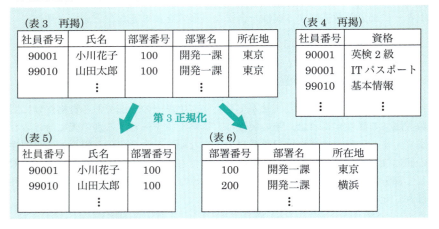

なお，第3正規化の操作を知ると，第2正規化の時点で，推移的関数従属する属性にも目が行ってしまいます。しかし，正規化では，手順を追って整理していくことが大切です。

第3正規形：推移的関数従属する属性を含まない形式
　← 第2正規形の表から，推移的関数従属する属性を別の表に分ける

6.2 正規化

▶▶▶ **Check**

理解度チェック ▶ 6.2 正規化

次の文中の ☐ に適切な用語を入れてください。

(1) データベースのデータは組織内で共有されるので，特定の利用者だけ
に都合のよい形式ではなく，標準的な形式に整理する必要があります。
このためにデータを整理していく作業が ア で，通常は イ から
ウ まで順を追って整理していきます。結果としてデータの エ
がなくなり，データの矛盾を防ぐことができるようになります。

(2) 表（テーブル）中で，各行（レコード）を一意に識別できる属性，又は,
極小な属性の組合せのことを オ キーと呼びます。そして，この
オ キーのうちの一つを選び，表の カ キーとして設定します
が，選ばれなかった他の属性は キ キーと呼ばれます。 オ キー
になる属性は，各行を一意に識別できることから，表中で値が重複する
ことがありませんが，NULL 値をとることは許されます。一方， カ
キーとして指定した属性には，表中で値が重複しない ク 制約に加
えて，NULL 値が許されない ケ 制約が生じます。

(3) 他の表の行を参照するための値をもつ属性を コ キーとして指定
すると，参照する側の表の行と，参照される側の表の行に， サ 制
約が生じます。この サ 制約によって，参照する側の表に対しては
シ が制限され，参照される側の表に対しては ス が制限されま
す。

(4) 関係データベースに実装できる表は，少なくとも，繰返し属性を含ま
ない セ である必要があります。これに対して，正規化が全く行われ
ておらず，関係データベースの表の要件を満たしていない形式を ソ
と呼ぶことがあります。 セ の条件を満たす表の主キーが複合キーで,
主キーを構成する属性の一部と，非キー属性の間に タ が存在すると
き，こうした属性を別の表に分ける操作をして整理した形式が チ で
す。なお，主キーを構成する属性の一部に従属することを ツ と呼
びます。さらに チ の条件を満たす表に対して，非キー属性間に
タ があるとき，これらの属性を別の表に分けるという操作を行った
結果の形式が テ です。なお，非キー属性間の タ は， ト
と呼ばれます。

第6章

277

第6章 データベース

解 答

(1) ア：正規化　イ：第1正規化　ウ：第3正規化　エ：重複

(2) オ：候補　カ：主　キ：代替　ク：ユニーク　ケ：非NULL

(3) コ：外部　サ：参照　シ：行の追加　ス：行の削除

(4) セ：第1正規形　ソ：非正規形　タ：関数従属性　チ：第2正規形
　　ツ：部分関数従属　テ：第3正規形　ト：推移的関数従属

▶▶▶ Question

問題で学ぼう

問1　関係 R（A，B，C，D，E，F）において，関数従属 A→B，C→D，C→E，{A，C}→F が成立するとき，関係 R の候補キーはどれか。

◎高度午前I　（H26秋-AP 問26）

　ア　A　　　　　　イ　C　　　　　　ウ　{A，C}　　　　エ　{A，C，E}

解説

　候補キーというのは，関係の中のタプル（行）を一意に識別することができる極小（必要最低限）の属性の組のことでした。問題の**関数従属性**について整理すると，BはAに，DとEはCに，そして，Fは {A，C} に関数従属しています。したがって，AだけではC，D，E，Fが一意に決まりませんし，CだけではA，B，Fが一意に決まりません。しかし，{A，C} が決まれば，B〜F の全てが一意に決まり，タプルが一意に識別できるので，{A，C} が候補キーであり，（ウ）が正解です。なお，（エ）の {A，C，E} によっても，タプルは一意に識別できますが，E という冗長な属性を含み，極小の組ではないので候補キーではありません。

　ついでに，{A，C} を主キーとしたときの関数従属性について，整理しておきましょう。Fは主キーに完全関数従属しますが，BはAだけに，DとEはCだけに関数従属するので，主キーに対しては，**部分関数従属**です。したがって，関係 R は第2正規形の条件を満たしません。第2正規形にするためには，Aだけに関数従属する属性，Cだけに関数従属する属性，そして，主キーである {A，C} に完全関数従属する属性の三つのグループを，それぞれ表（関係）として分割します。ちなみに，関係 S，T，U は，それぞれ第三正規形でもあります。

278

6.2 正規化

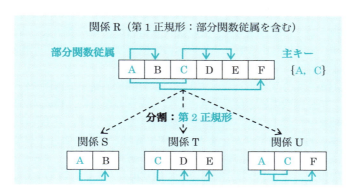

解答 ウ

問2 関係を第2正規形から第3正規形に変換する手順はどれか。

◎高度午前Ⅰ （H25秋-AP 問29）

ア　候補キー以外の属性から，候補キーの一部の属性に対して関数従属性がある場合，その関係を分解する。

イ　候補キー以外の属性間に関数従属性がある場合，その関係を分解する。

ウ　候補キーの一部の属性から，候補キー以外の属性への関数従属性がある場合，その関係を分解する。

エ　一つの属性に複数の値が入っている場合，単一の値になるように分解する。

解説

　正規化は，データの共有を目的とするデータベースにおいて更新矛盾などを防ぐために，重複を排除し標準的な形式に整えることです。非正規形，第1正規形，第2正規形，第3正規形と順を追って考えます。正規化を考えるには候補キー，関数従属性，部分関数従属，推移的関数従属について確認しておく必要があります。候補キーは，その値が決まると1行を特定できる属性のことです。二つ以上の属性の組合せが候補キーとなることもあります。このような候補キーを複合キーと呼びます。一つの関係に候補キーが複数ある場合は，その中の主たる1個を主キーと決めます。関数従属性とは，関係の属性Aと属性Bにおいて，属性Aの値が決まると属性Bの値が一つに決まることで，「属性Bは属性Aに関数従属する」といいます。

第6章 データベース

一つの属性に複数の値をもつデータを含むとき非正規形といい，関係データベースで扱うことはできません。次の表Aは科目に情報や英語など複数の値をもちます。非正規形から第1正規形への変換では，表Bのように複数の値に分解します。

第1正規形から第2正規形へは，主キーに部分関数従属する属性を別の表に分けます。部分関数従属とは，主キーが複合キーの場合に，構成する属性の一部に候補キーに含まれない属性が関数従属することです。表B′は表Bの主キーをまとめたものですが，主キーは学生番号と科目の複合キーです。学生番号が決まれば氏名，学部番号，学部名は一意に決まり，主キーに対して部分関数従属します。この部分を別の表に取り出し，表Cと表Dに分けます。表Dも候補キーだけで構成されているので，部分関数従属は含みません。

第2正規形から第3正規形へは，推移的関数従属を含まないように表を分けることで，候補キーに含まれない属性間に関数従属がないようにします。表Cは学生番号が決まれば氏名，学部番号，学部名が決まりますが，主キー（候補キー）以外の属性の中に学部番号が決まれば学部名が一意に決まる関数従属があります。このような学生番号→学部番号→学部名のように順に推移していく関係を推移的関数従属といいます。表Cから学部番号と学部名を別の表に分けると表Eと表Fになります。表Dには推移的関数従属はありません。

したがって，関係を第2正規形から第3正規形に変換する手続は（イ）になります。

第1正規形
(1) 非正規形から第1正規形
表A

学生番号	氏名	学部番号	学部名	科目
1001	山田太郎	20	経済	情報，英語…

表B（第1正規形）　主キー（候補キー）は学生番号と科目

学生番号	氏名	学部番号	学部名	科目
1001	山田太郎	20	経済	情報
1001	山田太郎	20	経済	英語

(2) 第1正規形から第2正規形へ
表B′

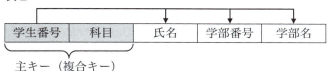

(3) 第2正規形から第3正規形へ（表Cを表E，表Fへ）

ア：候補キー以外の属性から候補キーの一部の属性に関数従属があるときは，その候補キー以外の属性も候補キーに含まれることとなります。
ウ：部分関数従属の関係を分離することなので，第1正規形から第2正規形への変換の手順です。
エ：第1正規形への変換手順です。

解答　イ

問3　SQLにおいて，A表の主キーがB表の外部キーによって参照されている場合，各表の行を追加・削除する操作の参照制約に関する制限について，正しく整理した図はどれか。ここで，△印は操作が拒否される場合があることを表し，○印は制限なしに操作ができることを表す。

(H30春·AP 問28)

ア	追加	削除
A表	○	△
B表	△	○

イ	追加	削除
A表	○	△
B表	○	△

ウ	追加	削除
A表	△	○
B表	○	△

エ	追加	削除
A表	△	○
B表	△	○

第6章 データベース

解説

　参照制約は，外部キーの値によって参照先の該当する行を必ず参照できることを保証する（表間での不整合が発生しないようにする）制約です。外部キーには，参照先の対応する属性に存在する値か NULL（空）しか設定できません。問題の A 表，B 表に具体的な属性，データを入れて考えてみましょう。四つのケースをそれぞれ次の 2 行ずつの表に対する操作で考えます。なお，属性の下の直線は主キーを，点線は外部キーを示しています。

A表

部署番号	部署名
100	開発一課
200	開発二課

B表

社員番号	氏名	部署番号
90001	小川花子	100
99010	山田太郎	100

	追加	削除
A表	ケース1	ケース2
B表	ケース3	ケース4

ケース1：A 表に部署番号：400，部署名：営業課を追加する場合，他の表から参照されない行があっても参照制約には反しません。したがって，○制限なしに操作できます。

ケース2：A 表から部署番号：100，部署名：開発一課を削除する場合，B表から部署番号：100 は参照されているため参照制約が成立しなくなり拒否されます。しかし，部署番号：200，部署名：開発二課を削除する場合は，B 表から参照されていないため，拒否されません。したがって，△拒否される場合があります。

　　拒否される行を削除するには，B 表の部署番号：100 を参照する全ての行を削除するか，又は存在する部署番号に変更し参照制約に反しない状態にしてから行う必要があります。

ケース3：B 表に社員番号：79004，氏名：渡辺良子，部署番号：500 を追加する場合，A 表に部署番号：500 は存在しないため参照制約が成立しなくなり拒否されます。しかし，社員番号：92003，氏名：鈴木一郎，部署番号：200 を追加する場合は，部署番号：200 は A表に存在するため拒否されません。したがって，△拒否される場合があります。また，配属先が決まっていない場合などは，部署番号：NULL として追加は可能です。

282

ケース 4：B 表から社員番号：90001，氏名：小川花子，部署番号：100
を削除する場合は，参照元の削除なので拒否されません。したが
って，〇制限なしに操作ができます。
以上から，（ア）が正解となります。

解答　ア

第6章 データベース

6.3 SQL

▶▶▶ Explanation
ポイントの解説

(1) テーブル定義

　関係データベースでは，表の定義に，**CREATE TABLE 文**を使用します。例えば，"部署"表の定義は次のようになります。

```
CREATE  TABLE  部署
(部署番号   INT  PRIMARY KEY,
 部署名     CHAR(20)  NOT NULL,
 所在地     CHAR(20)  NOT NULL)
```

　上の例では，部署番号を主キー（**PRIMARY KEY**）としています。また，**NOT NULL** というのは，挿入や更新時に，その属性の値として NULL 値を認めないという意味で，非 NULL 制約と呼ばれます。部署番号には NOT NULL を指定していませんが，主キーの指定をしているので，NULL 値は認められません。さらに，主キーには値の重複を認めないという UNIQUE 制約も設定されます。つまり，主キーに指定すると，非 NULL 制約と UNIQUE 制約が設定されます。

　次に，"社員"表の定義を見てみます。この表は，上の"部署"表と違い，他の表（"部署"表）を参照する属性（**外部キー**；FOREIGN KEY）が存在します。この外部キーを指定することで，参照先の表との間に参照制約が生じます。

```
CREATE  TABLE  社員
(社員番号   CHAR(10)  NOT NULL,
 氏名       CHAR(20)  NOT NULL,
 生年月日   DATE,
 部署番号   INT  NOT NULL,
 性別       CHAR(4),
 上長       CHAR(10),
 PRIMARY KEY(社員番号),
 FOREIGN KEY(部署番号)  REFERENCES  部署 (部署番号),
 FOREIGN KEY(上長)  REFERENCES  社員 (社員番号))
```

284

外部キーの参照先は**REFERENCES**句の後に「参照先の表(参照先の属性)」の形式で指定します。参照先の属性は，参照先の表の候補キーになりますが，それが主キーであるときには，属性名の部分は省略できます。また，行を挿入するときには，外部キーの値は，参照先の属性に存在する値と一致するか，NULL値でなくてはいけません。なお，主キーの指定方法が，部署テーブルのときと違いますが，このような指定方法もあります。

社員

社員番号	氏名	生年月日	部署番号	性別	上長
90001	小川花子	1968-06-08	100	F	91002
99010	山田太郎	1977-12-25	100	M	91002
91002	山口幸男	1969-07-07	100	M	91002
92003	鈴木一郎	1970-05-05	200	M	82003
82003	太田講治	1960-09-25	200	M	82003
77008	吉田信二	1955-10-10	400	M	77008
92001	川上恵子	1972-11-15	400	F	77008
79004	渡辺良子	1959-08-10	500	F	79004

※部署の長は上長に自身の社員番号を設定する

部署

部署番号	部署名	所在地
100	開発一課	東京
200	開発二課	横浜
400	営業課	本社
500	総務課	本社

"社員"表と"部署"表

(2) データの検索

SQL 文での問合せとは，表から指定した行や列だけを取り出す操作（演算）で，SELECT 文を使います。SELECT 文の FROM 句で指定した表から，WHERE 句の探索条件を満たす行を取り出すことを**選択**（selection）といいます。また，FROM 句で指定した表から，SELECT 句で記述した列名の列だけを取り出すことを**射影**（projection）といいます。そして，問合せの結果の表を**導出表**といいます。導出表とは実在する表ではなく，SELECT 文による検索結果として一時的に作り出される表のことです。また，取り出された行の全ての列の値が重複しているデータを除外するには**DISTINCT**をSELECT句に指定します。

第6章 データベース

①単純問合せ

WHERE句の探索条件は，「列名　比較演算子　値」という形式で指定します。さらに，この指定形式をAND又はORでつなげて，複数の条件を指定することもできます。

例えば，(1)で挙げた"社員"表から生年月日が1960年以前の女性社員の氏名を探索したい場合，次のようにSELECT文を指定します。

```
SELECT  氏名  FROM  社員
WHERE   生年月日 <= '1960-12-31'  AND  性別 = 'F'
```

検索結果は次のようになります。

氏名
渡辺良子

②グループ化と集合関数

"社員"表の性別ごとの数を知るには，次のような**GROUP BY句**を指定したSELECT文を使います。

```
SELECT  性別,COUNT(*) AS  人数  FROM  社員
GROUP BY  性別
```

検索結果は次のようになります。

性別	人数
M	5
F	3

GROUP BY句を使った場合，SELECT句で指定できるのはグループを代表する値，つまり，グループ内で一つの値となるものという制限が付きます。集合関数の結果は，そのグループ内の値を集計したものですから，グループ内で一つの値になります。また，そのグループ内の全ての行が同じ値となるような属性も代表値といえるのですが，実際には入力時の値の誤りなどを考慮して，GROUP BY句で指定した列名に含まれる属性か集合関数だけが代表値になります。上の例では，GROUP BY句に性別だけしか指定していませんから，SELECT句にはこの性別と集合関数しか書くことはできません。性別の同じ値の行をグループとしてまとめますので，グループ内で値が異なることはありません。万が一，性別に誤った値（例えば空白）が入力された行がある場合，その行は別のグループとして扱われます。なお，代表的な集

286

合関数には，SUM（合計），COUNT（行数），AVG（平均），MAX（最大値），MIN（最小値）などがあります。

また，**HAVING 句**によるグループ選択の条件を付けることができます。例えば，"社員"表から 3 人以上の社員がいる部署の人数を知るためには，次のような GROUP BY 句と HAVING 句を用います。なお，HAVING 句で指定できる項目にも，SELECT 句と同じ制限が付きます。

SELECT 文と検索結果は次のようになります。

```
SELECT  部署番号,COUNT(*) AS  人数  FROM  社員
GROUP BY  部署番号
HAVING  COUNT(*) >= 3
```

部署番号	人数
1C0	3

③並べ替え，ソート（ORDER BY）

導出表の行に順序付け（整列）するためには **ORDER BY 句**を指定します。例えば，"社員"表から 2 人以上の社員がいる部署ごとに，社員の人数を知ると同時に人数の多い順に上から並べたい場合には，次の ORDER BY 句を指定します。SELECT 文と検索結果は次のようになります。

```
SELECT  部署番号,COUNT(*) AS  人数  FROM  社員
GROUP BY  部署番号
HAVING  COUNT(*) >= 2
ORDER BY  2 DESC
```

部署番号	人数
100	3
200	2
400	2

この SELECT 文の ORDER BY 句に指定されている "2" は，SELECT 句で指定した 2 番目の列名であることを意味するものです。ただし，この例では "COUNT(*) AS 人数"，というように COUNT(*)に "人数" という一時名を付けていますから，この一時名による指定も可能です。なお，DESC（descending order）は，降順の指定です。昇順は，ASC（ascending order）ですが，既定値なので省略可能です。

④副問合せ

SELECT 文による問合せの条件に，別の SELECT 文による問合せ結果を利用することを，副問合せといいます。例えば，"部署"表と"社員"表から開発二課に所属する社員番号と氏名を知りたい場合にはまず，"部署"表から開発二課の部署番号を知る必要があります。

第6章 データベース

```
SELECT   部署番号   FROM   部署
WHERE   部署名 = '開発二課'
```

　この問合せから得られる結果は，部署番号が200です。そして，この200を使えば，次のSELECT文による検索ができます。

```
SELECT   社員番号,氏名   FROM   社員
WHERE   部署番号 = 200
```

　この結果は次のようになります。

社員番号	氏名
92003	鈴木一郎
82003	太田講治

　この二つのSELECT文を一つにまとめたものが，副問合せです。入れ子になる副問合せは何重になってもかまいません。

```
SELECT   社員番号,氏名   FROM   社員
WHERE   部署番号 = (SELECT   部署番号   FROM   部署
                    WHERE   部署名 = '開発二課')
```

　この副問合せでは，入れ子部分の検索結果の値が200だけなので"="を指定していますが，結果の値が複数になる可能性がある場合には，比較演算子として **IN述語** を指定します。IN述語は，入れ子の問合せの結果として複数の値が返ってきた場合に，そのどれかと一致すればよい（含まれる）という意味になります。なお，いずれの値とも一致しない（含まれない）という条件にしたい場合には，"NOT IN"という指定になります。

⑤相関副問合せ

　前記の副問合せは，**副問合せ**（内側の問合せ）が **主問合せ**（外側の問合せ）とは独立に実行されるものですが，主問合せの問合せ結果の行を1行ずつ受け取りながら，副問合せを実行するものを相関副問合せといいます。主問合せの結果の行を受け取るためには，副問合せ部分の検索条件に主問合せだけに指定の表の属性を記述します。

　副問合せの例として示した開発二課に所属する社員の社員番号と氏名を表示するSELECT文を，相関副問合せを用いて記述すると，次のようになります。

```
SELECT 社員番号, 氏名  FROM 社員
WHERE  EXISTS  (SELECT *  FROM 部署
              WHERE 部署.部署番号 = 社員.部署番号
              AND 部署.部署名 = '開発二課')
```

　副問合せ側の WHERE 句に指定されている「部署.部署番号 ＝ 社員.部署番号」には，副問合せ側の FROM 句に指定されていない "社員" が指定されていることに注意してください。"社員" は主問合せ側にだけ指定されている表なので，この部分が相関副問合せであることを示します。なお，主問合せ側の WHERE 句には "EXISTS"（存在する）という条件が指定されていますが，これは副問合せの検索結果が 1 件以上存在するという意味です。また，副問合せ側の SELECT 句に一般的に "＊" が指定されているのは，副問合せによって値を求めるのではなく，検索結果が存在するかどうかを調べるためのものだからです。

　この SELECT 文では，社員表から 1 行ずつ行が取り出されます。部署コードの値によって，部署表と結合できた行に部署名が開発二課の行があれば，検索結果が 1 行（以上）になるので，主問合せ側の行が出力対象になります。そうでなければ，検索結果が存在しないので，主問合せ側の行も出力対象にはなりません。なお，副問合せ側の検索結果が存在しないときに，主問合せ側の行を出力対象とするときには，"EXISTS" ではなく，"NOT EXISTS" を指定します。

⑥結合

　正規化によって列分割した表を一つのイメージにすることを結合（join）といいます。結合の基本的な指定は，SELECT 文の WHERE 句で結合条件を指定します。

```
SELECT  氏名,部署名
FROM  部署  X, 社員  Y
WHERE  X.部署番号 = Y.部署番号
```

結合条件は JOIN 句を使って指定する方法もあります。

```
SELECT  氏名,部署名
FROM  部署  X INNER JOIN 社員  Y
      ON  X.部署番号 = Y.部署番号
```

前の例では，X と Y はこの SELECT 文の中だけで有効となる相関名です。WHERE 句の中で使用すると簡潔になります。

第6章　データベース

　一つの同じ表を，結合の対象とすることもできます。"社員"表で，上長よりも年齢が高い社員名と上長の名前を知りたいときには，次のように"社員"表同士を結合した検索を行います。なお，X が社員側，Y が上長側を指し，年齢が高いほど，生年月日が小さくなることに注意しましょう，

```
SELECT  X.氏名, Y.氏名
FROM  社員  X, 社員  Y
WHERE  X.上長 = Y.社員番号  AND  X.生年月日  <  Y.生年月日
```

（3）　その他の SQL 文

　問合せを行う SELECT 文の他に，更新処理を行う INSERT 文（挿入），UPDATE 文（更新），DELETE 文（削除）や，トランザクション制御（後述）と関連する COMMIT 文と ROLLBACK 文，そして，利用者の操作権限につながる GRANT 文が出題されます。

　①INSERT 文（行の挿入）

　例えば，"社員"表に新しい社員を登録するための INSERT 文は次のようになります。

```
INSERT
INTO  社員(社員番号, 氏名, 生年月日, 部署番号, 性別,上長)
VALUES('00001', '益田孝子', '1978-10-30', 100, 'F', '91002')
```

　②UPDATE 文（行の更新）

　例えば，"社員"表のある社員（社員番号 99010）の部署番号が変わった（100→200）場合の更新は，次のような UPDATE 文になります。

```
UPDATE  社員
SET  部署番号 = 200
WHERE  社員番号 = '99010'
```

　UPDATE 文の SET 句の後ろには，列名を複数指定できます。

　③DELETE 文（行の削除）

　例えば，ある社員（社員番号 90001）が退職したために，該当の行を削除するには，次のような DELETE 文を使います。

```
DELETE
FROM  社員
WHERE  社員番号 = '90001'
```

6.3 SQL

④COMMIT 文（更新の反映）

　更新処理の SQL 文で更新した内容を，確定するための指示を出すのが
COMMIT 文です。

　（一連の更新処理 SQL 文）
　COMMIT　WORK

⑤ROLLBACK 文（更新の取消し）

　更新処理の SQL 文で更新した内容を，元に戻す場合に使用します。

　（一連の更新処理 SQL 文）
　ROLLBACK　WORK

　なお，ROLLBACK 文で取消しできる一連の更新処理の SQL 文は，直前
の COMMIT 文や ROLLBACK 文以降の確定していない更新内容です。

⑥GRANT 文（操作権限の定義）

　利用者に対して，表に対する操作権限を与えるために使用します。USER1
という利用者に対して，社員表に対する更新（UPDATE）権限を与えるとき
には，次のように指定します。

　GRANT UPDATE ON 社員 TO USER1

　操作の部分には UPDATE の他に，SELECT，INSERT，DELETE などの
操作が指定でき，コンマで区切って複数指定することもできます。そして，
全ての操作を認めるときには，ALL PRIVILEGES を指定します。なお，操
作権限を取り消すためには，REVOKE 文を使いますが，記述形式は，GRANT
文と同じです（TO を FROM に変更）。

（4）VIEW（ビュー）

　VIEW（ビュー）とは，SELECT 文による検索結果である導出表を，仮想の
表として，通常の表と同じように利用するためのもので，CREATE VIEW 文
によって定義します。例えば，社員表から女性社員の社員番号と生年月日だけ
を抜き出したビュー，つまり，女性社員の誕生日は次のように定義します。

　CREATE　VIEW　女性社員の誕生日（社員番号，生年月日）
　　AS SELECT 社員番号，生年月日 FROM　社員
　　　　WHERE 性別 = 'F'

第6章

291

第6章 データベース

導出表を仮想の表として定義したものですから，中心は AS 以降に記述する SELECT 文です。そして，SELECT 句に指定した属性が，VIEW の後ろに指定する属性名で扱われるので，数や順番などが対応している必要があります。

CREATE VIEW 文によって定義された表は**仮想表**と呼ばれ，通常の表（**実表**）と区別されます。ほとんどの場合，実表と同じように扱うことができますが，一部の更新処理で制限があります。仮想表である VIEW 表に対する更新は，元になっている実表の値を更新することで，データベースに反映されます。したがって，実際の表の行と対応しないような属性を含む VIEW 表に対する更新はできません。具体的には，SUM や AVG などの集合関数の結果を属性とした VIEW や，DISTINCT 句によって重複行を 1 行にまとめた VIEW などがそれに当たります。

(5)　ストアドプロシージャ

ストアドプロシージャとは，クライアントサーバシステムにおいてデータベースに関する一連の操作手続（プロシージャ）をまとめたもので，サーバ側に配置されます。クライアントからは，プロシージャ名を指定して呼び出すだけで，一連の手続が実行されて結果が返されます。ストアドプロシージャを利用する利点は，複数の SQL 文から成る手続を 1 回の呼出しだけで実行でき，最終的な結果だけが返されるためクライアントサーバ間の通信量を削減できます。また，ストアドプロシージャは既にコンパイルが終了し実行可能な状態で保存されるため，SQL が送信されるたびにサーバでチェックしコンパイルする処理に比べ，サーバの負荷が少なくなります。システム共通の処理をプロシージャとして登録しておくことによって，処理の標準化が図れます。さらに，機密性の高いデータに対する処理をプロシージャとすることや，プロシージャの登録時に管理者の許可が必要な場合が多いことから，セキュリティの向上にもなります。

> **ストアドプロシージャ**：SQL 文によるまとまった操作をサーバ側に保管
> ・クライアントサーバ間の通信量（回数）削減
> ・DB 操作の標準化
> ・セキュリティ向上
> ・サーバ処理負荷の軽減

6.3 SQL

►►►**Check**

理解度チェック ▶ 6.3 SQL

次の文中の 〔　　　〕に適切な用語を入れてください。

(1) 関係データベースの表の定義には 〔　ア　〕文を用いて，表の名称や属性の名称などを指定します。また，主キーの指定は，〔　イ　〕句，外部キーの指定は 〔　ウ　〕句によって行います。

(2) 関係データベースに対する問合せは 〔　エ　〕文を使って行います。表から取り出す列名は 〔　エ　〕句に指定しますが，この指定によって，表から一部の列の値だけを取り出す操作を 〔　オ　〕と呼びます。なお，問合せに使用する表は 〔　カ　〕句に指定します。また，〔　キ　〕句に指定した条件に合う行だけを取り出す操作は 〔　ク　〕と呼ばれます。

(3) 指定した条件によって問合せ結果を集計するためには，〔　ケ　〕句を使います。集計に用いる主な集合関数には，合計を求める 〔　コ　〕，平均を求める 〔　サ　〕，行数を求める 〔　シ　〕，最大値を求める 〔　ス　〕，最小値を求める 〔　セ　〕などがあります。また，選択条件に集計値を指定するためには 〔　ソ　〕句に条件を指定し，問合せ結果の並び変えには，〔　タ　〕句に条件を指定します。

(4) 表に対する問合せ以外には，行を追加する 〔　チ　〕文，行を削除する 〔　ツ　〕文，行の値を更新する 〔　テ　〕文があります。また，一連の更新処理内容の確定を指示する 〔　ト　〕文，更新内容を取り消す 〔　ナ　〕文，そして，利用者に対する表の操作権限を指定する 〔　ニ　〕文なども押さえておきましょう。

(5) CREATE TABLE 文を使って作成され，実際にデータベースに格納される表を 〔　ヌ　〕と呼びます。これに対して CREATE 〔　ネ　〕文によって定義された 〔　ノ　〕を 〔　ネ　〕と呼びます。〔　ネ　〕は通常の表と同じように扱うことができますが，SUM や AVG などの 〔　ハ　〕を属性とする場合や，〔　ヒ　〕句によって，複数の行を一行にまとめている場合には，〔　フ　〕することができません。

第6章

293

第6章 データベース

解 答

(1)　ア：CREATE TABLE　イ：PRIMARY KEY　ウ：FOREIGN KEY
(2)　エ：SELECT　オ：射影　カ：FROM　キ：WHERE　ク：選択
(3)　ケ：GROUP BY　コ：SUM　サ：AVG　シ：COUNT　ス：MAX
　　　セ：MIN　ソ：HAVING　タ：ORDER BY
(4)　チ：INSERT　ツ：DELETE　テ：UPDATE　ト：COMMIT
　　　ナ：ROLLBACK　ニ：GRANT
(5)　ヌ：実表　ネ：VIEW　ノ：仮想表　ハ：集合関数　ヒ：DISTINCT
　　　フ：更新

▶▶▶Question

問題で学ぼう

問1　表に対する SQL の GRANT 文の説明として，適切なものはどれか。

(R2-AP 問 26)

ア　パスワードを設定してデータベースへの接続を制限する。
イ　ビューを作成して，ビューの基となる表のアクセスできる行や列を制限
　　する。
ウ　表のデータを暗号化して，第三者がアクセスしてもデータの内容が分か
　　らないようにする。
エ　表の利用者に対し，表への問合せ，更新，追加，削除などの操作権限を
　　付与する。

解説

　GRANT 文は利用者に対して表に対する操作権限を付与します。操作権限
は，問合せ（SELECT），更新（UPDATE），追加（INSERT），削除（DELETE）
などを指定することができ，次の形式で指定します。
　　　GRANT　操作権限　ON　表名　TO　利用者
全ての操作権限を付与するときは ALL　PRIVILEGES を指定します。また，
与えた権限を取り消すときは，GRANT 文と書き方が同一（TO を FROM に
変更）の REVOKE 文を使います。したがって，（エ）が適切な説明です。
ア：パスワードは表に対してではなく利用者に対し設定し，データベースへ
　　のアクセスを制限します。

294

6.3 SQL

イ：ビューを作成するには CREATE VIEW 文を使います。

ウ：暗号化は DBMS によって指定方法が異なり，関数を利用する方法など
もありますが，GRANT 文では暗号化は行えません。

解答　エ

問2　過去 3 年分の記録を保存している"試験結果"表から，2018 年度の平
均点数が 600 点以上となったクラスのクラス名と平均点数の一覧を取得する
SQL 文はどれか。ここで，実線の下線は主キーを表す。

(H31 春-AP 問 28)

試験結果（<u>学生番号</u>，<u>受験年月日</u>，点数，クラス名）

ア　SELECT クラス名, AVG(点数) FROM 試験結果
　　　GROUP BY クラス名 HAVING AVG(点数) >= 600

イ　SELECT クラス名, AVG(点数) FROM 試験結果
　　　WHERE 受験年月日 BETWEEN '2018-04-01' AND '2019-03-31'
　　　GROUP BY クラス名 HAVING AVG(点数) >= 600

ウ　SELECT クラス名, AVG(点数) FROM 試験結果
　　　WHERE 受験年月日 BETWEEN '2018-04-01' AND '2019-03-31'
　　　GROUP BY クラス名 HAVING 点数 >= 600

エ　SELECT クラス名, AVG(点数) FROM 試験結果
　　　WHERE 点数 >= 600
　　　GROUP BY クラス名
　　　HAVING (MAX(受験年月日)
　　　　BETWEEN '2018-04-01' AND '2019-03-31')

解説

　複雑な条件の SQL 文を考える場合は，取得するデータや抽出条件，集計
の条件を一つずつ順番に考えていくと分かりやすいです。

　まずは取得するデータについて考えてみましょう。取得するデータはクラ
スのクラス名と平均点数の一覧になります。平均を求めるには集合関数 AVG
を使います。また，集計する単位は GROUP BY 句で指定します。ここまで

第6章

295

第6章 データベース

のデータを取得する SQL 文は，

```
SELECT クラス名, AVG(点数) FROM 試験結果
    GROUP BY クラス名
```

となります。次に抽出条件について考えてみましょう。抽出条件となっているのは，「2018 年度」のデータであることと，「平均点数が 600 点以上」となっていることの二つです。このうち，「2018 年度」のデータは WHERE 句で受験年月日の期間が「2018 年度」，つまり，「2018-04-01」から「2019-03-31」までのデータを抽出すればよさそうです。特定の期間のデータを抽出するには比較演算子（>, >=, =, <=, <）を用いる方法でも実現できますが，問題文では BETWEEN 述語を使用しています。BETWEEN 述語の使い方は，

BETWEEN x AND y

と記述し，値が x 以上 y 以下の範囲にあれば TRUE，x 未満又は y を超える場合 FALSE と判断します。

もう一つの抽出条件の「平均点数が 600 点以上」についてですが，平均点数は前述のとおり，集合関数の AVG を用いて計算した結果に対する抽出条件となるので，WHERE 句には記述することはできません。代わりに HAVING 句に記述します。

これらの抽出条件を SQL 文に加味すると次のようになります。

```
SELECT クラス名, AVG(点数) FROM 試験結果
    WHERE 受験年月日 BETWEEN '2018-04-01' AND '2019-03-31'
    GROUP BY クラス名 HAVING AVG(点数) >= 600
```

したがって，（イ）が正解です。

解答　イ

6.3 SQL

問3　関係 R (ID, A, B, C) の A, C への射影の結果と SQL 文で求めた結果が同じになるように，a に入れるべき字句はどれか。ここで，関係 R を表 T で実現し，表 T に各行を格納したものを次に示す。

◎高度午前 I　(H29 秋·AP 問 28)

T

ID	A	B	C
001	a1	b1	c1
002	a1	b1	c2
003	a1	b2	c1
004	a2	b1	c2
005	a2	b2	c2

〔SQL 文〕
SELECT ［　　a　　］ A, C FROM T

ア　ALL　　　　　　　　イ　DISTINCT
ウ　ORDER BY　　　　　エ　REFERENCES

解説

　関係代数における射影は重複する行を取り除きます。関係 R の A, C への射影の結果を表で実現すると，以下の表 S のようになります。一方，問題の表 T について下記の〔SQL 文1〕のように何も指定しない，又は〔SQL 文2〕のように（ア）の ALL を指定すると重複行もそのまま取り出します（指定がない場合は，規定値として ALL が指定されたものになる）。**重複行を除去するには，DISTINCT を指定**します。

　〔SQL 文1〕　SELECT A,C FROM T
　〔SQL 文2〕　SELECT ALL A,C FROM T
　〔SQL 文3〕　SELECT DISTINCT A,C FROM T

したがって，（イ）が正解です。

ウ：ORDER BY 句は，SELECT 文で取り出された導出表をソートします。ソートする列は SELECT 句の並びに現れた列か列の何番目かを示す定数を指定します。

エ：REFERENCES 句は CREATE TABLE 文で表定義を行うときに，外部キーの参照先の表を指定します。

第6章

297

第 6 章 データベース

S	
A	C
a1	c1
a1	c2
a2	c2

SQL 文 1，2 実行

A	C	
a1	c1	← 重複
a1	c2	
a1	c1	←
a2	c2	← 重複
a2	c2	←

SQL 文 3 実行

A	C
a1	c1
a1	c2
a2	c2

解答　イ

問4　ストアドプロシージャの利点はどれか。

(H29 秋-AP 問 26)

ア　アプリケーションプログラムからネットワークを介して DBMS にアクセスする場合，両者間の通信量を減少させる。

イ　アプリケーションプログラムからの一連の要求を一括して処理することによって，DBMS 内の実行計画の数を減少させる。

ウ　アプリケーションプログラムからの一連の要求を一括して処理することによって，DBMS 内の必要バッファ数を減少させる。

エ　データが格納されているディスク装置への I/O 回数を減少させる。

解説

　ストアドプロシージャは，クライアントサーバシステムにおいて表やビューに対する複数のまとまった処理を，あらかじめ実行可能なモジュールとしてサーバに側に置いてあるもののことです。クライアントからはストアドプロシージャを呼び出すだけでサーバに処理を依頼することができます。**ストアドプロシージャを利用することで，サーバへの複数回の依頼を1回のストアドプロシージャ呼出しで行えるため，**ネットワークを介して DBMS にアクセスする場合，**両者間の通信量を減少させることができます。**したがって，ストアドプロシージャの利点は（ア）となります。

　その他の利点としては，プロシージャに登録する処理が共通処理ならば標準化をすることができ，機密性の高い処理ならば利用者の操作を限定できるのでセキュリティを向上させることができます。

イ：DBMS の実行計画は，要求された SQL を，表のレコード数やデータ分

布状態，インデックスなどの情報をもつ統計情報を参照し最適な手順に記述し直したものです。ストアドプロシージャを利用しても実行する SQL は変わりませんし，統計情報も最新のものを利用できるとは限らないので，実行計画の数を減少させるために利用するものではありません。

ウ：DBMS 内のバッファには，データのためのバッファ，ログのためのバッファ，SQL 文のためのバッファがあります。データをハードディスクなどの外部補助記憶装置からメモリ上のバッファに記憶し，データのアクセス時間を短縮するための領域なので，同じ SQL 文の要求があった場合には処理効率が上がりますが，ストアドプロシージャを利用しても必要バッファ数は減少しません。

エ：実行する SQL は変わらないので，ストアドプロシージャを利用してもデータが格納されているディスク装置への I/O 回数は減少しません。ディスクへの I/O 回数を減少させるには，インデックスの利用や検索順序の最適化を行う実行計画が関係してきます。

解答　ア

問5　図のような関係データベースの"注文"表と"注文明細"表がある。"注文"表の行を削除すると，対応する"注文明細"表の行が，自動的に削除されるようにしたい。SQL 文の ON DELETE 句に指定する語句はどれか。ここで，図中の実線の下線は主キーを，破線の下線は外部キーを表す。

(R1 秋-AP 問 27)

注文

注文番号	注文日	顧客番号

注文明細

注文番号	明細番号	商品番号	数量

ア　CASCADE　　イ　INTERSECT　　ウ　RESTRICT　　エ　UNIQUE

解説

"注文明細"表の注文番号のように，別の表（"注文"表）の項目を参照するキーを外部キーと呼びます。外部キーを設定すると参照制約が発生します。この制約は外部キーの参照先の値が必ず存在することを維持するための

第6章 データベース

制約になります。問題では，"注文"表の行を削除したときに，削除した行の注文番号を参照している"注文明細"表（参照表）の行を自動的に削除するために SQL 文の ON DELETE 句にどのような指定をすればよいのかが問われています。

ON DELETE 句に指定できるオプションには以下のようなものがあります。

CASCADE：参照表の対応する行（外部キーの値が同じ）を削除する。

NO ACTION：参照表に対応する行があるときにエラーにする。

RESTRICT：NO ACTION と同じ

SET NULL：参照表の対応する行の外部キーの値を NULL にする。

SET DEFAULT：参照表の対応する行の外部キーの値をあらかじめ指定されているデフォルト値にする。

この中で，参照表の行を削除するオプションは CASCADE なので，（ア）が正解です。

イ：INTERSECT は複数の SELECT 文で得られた結果の共通部分（積）を求めるのに使う演算子です。複数の SELECT 文で使用できる演算子はこの他に UNION（和）を求める演算子，EXCEPT（差）を求める演算子があります。

ウ：RESTRICT は，参照表に対応する行があるときにエラーとするオプションです。

エ：UNIQUE は UNIQUE 指定した列に重複を許さないときに表の列に指定する制約です。なお，NULL 値による重複は許容されます。

解答　ア

6.4 DBMS の制御

▶▶▶**Explanation**

ポイントの解説

（1） ACID 特性

　トランザクションとは，本来，取引というような意味ですが，データベース処理では，1 件の入力データに対する一連の処理や，その範囲のことを指します。つまり，トランザクションとは，分けることのできない一連の処理単位のことで，次の四つの特性を備えていることが必要とされます。なお，この四つの特性をまとめて，それぞれの英語の頭文字を取り ACID 特性といいます。

> ①Atomicity（原子性）
> 　トランザクションは，全ての処理が完了するか，何も行われないかのどちらかの状態で終了することで，All or Nothing の原則と呼ばれます。
> ②Consistency（一貫性）
> 　処理の状態に関わらず，データベースの内容に矛盾がないことです。
> ③Isolation（独立性）
> 　トランザクションの処理結果は，他のトランザクション処理の影響を受けないことです。結果として，複数のトランザクションを同時実行させた場合と，順番に一つずつ実行した場合とで，処理結果が一致することになります。なお，処理結果が一致するとは，二つのトランザクション X，Y を実行した場合，実行順番が違う X→Y と Y→X のどちらかに一致するという意味です。また，トランザクション実行中には，更新したデータ内容を，他のトランザクションや利用者から見えないようにします。
> ④Durability（耐久性）
> 　トランザクションの実行が終了すれば，更新内容などの処理結果が，ソフトウェアやハードウェアのエラーによって損なわれることがないことです。

（2） トランザクション制御

　ACID 特性のうち，耐久性については，トランザクション処理が終了してから発生する障害が原因となりますから，後述の回復処理で実現されます。他の三つ，つまり，原子性，一貫性，独立性については，トランザクション処理の実行中に行われる排他制御とコミットメント制御によって実現されます。そし

第6章　データベース

て，この排他制御とコミットメント制御を合わせて，**トランザクション制御**と呼ぶことがあります。

　排他制御とは，共用資源に**ロック**を掛けて排他的に使用することです。データベースの場合，共有モード（読み取りモード）と占有モード（更新モード）の二つがあり，対象資源の用途によって使い分けます。共用モード同士のロックの場合には，その資源を同時に利用できますが，その他の組合せの場合には，先行しているロックが解除されるまで，待たされることになります。

		後続	
		共有モード	専有モード
先行	**共有モード**	○	×
	専有モード	×	×

　独立性については，この排他制御によって，使用中の資源を他のトランザクション処理から使えなくすることで独立させます。また，**一貫性**もこの排他制御によって実現します。一貫性の"処理の状態に関わらず"という中には，トランザクション処理中が含まれます。トランザクション処理の中で，複数のデータを更新するような場合，全く同時には更新できませんから，更新済みのものと未更新のものが混在するタイミングが存在し，このタイミングではデータベースの内容に矛盾が生じています。排他制御によってこのタイミングの値を，他のトランザクションから見えないようにして，独立性を実現します。

　コミットメント制御とは，トランザクション処理中に行われるデータベースの更新をその都度確定せずに，トランザクション処理の終了時点などにまとめて行うことです。つまり，複数のレコードを一括して更新します。このときの更新確定の指示が，**COMMIT**（コミット）です。また，コミットを行う前であれば，トランザクション処理の中で行った更新を取り消すこともできます。この取消しのための指示が，**ROLLBACK**（ロールバック）です。トランザクション処理中に，データ値の異常など予期せぬことが発生した場合には，このROLLBACKによって，その時点までの更新内容を取り消してから，そのトランザクション処理を中断します。**原子性**は，このコミットメント制御によって実現することができます。

　コミットメント制御：更新内容の一括確定（COMMIT）　→　**原子性**

（3）　障害の種類

　データベースの障害には大きく分けて，次の三つがあります。

①トランザクション障害
　プログラムのバグやデータ値の異常などによって，トランザクションが異常終了することです。これは，アプリケーションプログラム単位の障害です。
②システム障害
　システム障害とは，コンピュータの電源故障やオペレーティングシステムの障害などでシステムが停止することです。システム障害では，その時点で実行中のトランザクションが全て異常終了し，メモリの内容も失われます。
③媒体障害
　データベースを格納しているディスク装置の障害によって，記録内容が失われた状態です。ディスク装置を修理・交換した後，バックアップしたデータの内容で，データベースを復元します。

(4) 障害回復の準備
障害からの回復に備え，次のようなことが行われます。
①データベースのバックアップ
　媒体障害に備えて，一定期間ごとにデータベースの**バックアップ**を磁気テープなどの別媒体に取得します。
②ログファイル
　DBMS は，トランザクションの実行状況の記録であるログを取ります。このログを格納する特別のファイルを**ログファイル**（又は**ジャーナルファイル**）といいます。ログファイルには，トランザクションの開始や終了などの記録の他，データベースの更新に関して，更新前のレコードの値（更新前ログ）や，更新後のレコードの値（更新後ログ）などが書き込まれます。
③チェックポイント
　アプリケーションプログラム（AP）によるデータベースアクセスは，DBMS を経由します。したがって，データベースの更新も全て DBMS 経由になりますが，この更新内容を DBMS

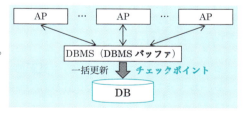

バッファと呼ばれるメモリ上の領域にいったん記録しておき，一定周期ごとに一括してディスク装置に書き出すことで，更新処理の効率化を図っています。この一括更新のタイミングのことを**チェックポイント**と呼びます。そして，チェックポイント時点の書出しによって，ログファイルの内容と，ディスク中のデータベースの内容が一致します。

第6章 データベース

　逆に考えると，チェックポイント以外の時点では，直前のチェックポイント以降の更新内容は，メモリの DBMS バッファ上だけにあり，ディスクには書き出されていないことになります。したがって，システム障害が発生してメモリの内容が失われてしまうと，更新した内容をディスクに書き込むことができなくなってしまいます。このような障害に対しては，次の回復処理によって対応しますが，このチェックポイントの間隔を適切にすることで，性能向上と回復処理時間の短縮が図れます。

> **チェックポイント**：一定周期の**一括更新**タイミング（**ログと DB が一致**）

(5)　回復処理

　データベースの回復処理には，ロールバック処理とロールフォワード処理があります。**ロールバック処理**とは，更新前ログを使ってデータベースの値を更新前の値に戻す処理で，**ロールフォワード処理**とは，バッファ上で失われてしまった更新内容を，更新後ログを使ってデータベースに反映する処理です。回復処理では，障害時点で終了している（COMMIT 済み）トランザクションについては，更新内容をきちんとデータベースに反映し，処理途中であったトランザクションについては，データベースの内容を実行前の状態に戻すということを原則に行われます。つまり，終了しているトランザクションにはロールフォワード処理，処理途中であったトランザクションにはロールバック処理が行われることになります。

　システム障害やディスク障害の場合，ログファイルに記録されているトランザクションの実行状況を基に，それぞれのトランザクションに応じた回復処理が行われ，トランザクション障害の場合には，異常終了したトランザクションに対するロールバック処理が行われます。なお，ディスク障害の場合には，回復処理に先立って，ディスクの修理や交換をした後，最新のバックアップによる内容の復元が必要になります。

> **ロールバック処理**（後退復帰）：**更新前ログ**によって開始前の状態に戻す
> **ロールフォワード処理**（前進復帰）：**更新後ログ**によって更新内容の反映

(6)　２相コミットメント制御

　２相コミットメント制御は，分散データベースを用いるトランザクション処理で，原子性を保証するための仕組みです。

　例えば，システム a で実行されているトランザクションが，サーバ A，B，C

に置かれているデータベースを更新する処理について考えます。サーバA，Bのデータベース更新が成功し，次にサーバCのデータベースを更新しようとしたところ，システム障害などによって更新できないこともあります。こうした場合，原子性という観点からは，既に更新したサーバA，Bのデータベースの内容を元に戻さなければなりませんが，そのためにはかなり複雑な処理が必要となります。このため，分散データベースのコミットメント制御では，**データベースの更新に，診断，実行という二つのフェーズ（相）を設けます**。データベースの更新が必要となった場合，まず，その**更新の可否**を該当のシステムに問い合わせます。そして，関係する全てのシステムから更新が可能であるという応答をもらった後，再度，各システムに対し**実際の更新を指示**するのです。当然，一つのシステムからでも，拒否の通知（無通知を含む）を受けた場合には，他のシステムに対し更新の取消しを指示します。一方，問合せを受けたシステムは，即座にデータベースを更新することはせず，更新も取消しも可能な状態（**セキュア状態**）で，要求元からの指示を待つことになります。文書だけではイメージしにくいので，次の例題を使って整理しましょう。

例題 図は，2相コミットメントプロトコルにおける正常処理の流れを示している。①〜④の組合せとして適切なものはどれか。

(H9春-1K 問49)

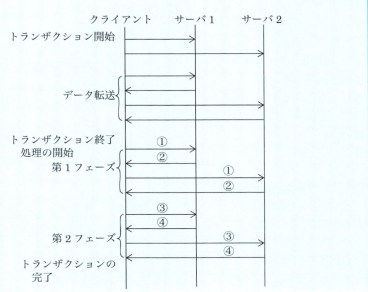

	①	②	③	④
ア	コミット可否問合せ	コミット可応答	コミット実行指示	コミット実行応答
イ	コミット実行指示	コミット実行応答	データベース更新指示	データベース更新応答
ウ	ジャーナル取得指示	ジャーナル取得応答	コミット実行指示	コミット実行応答
エ	データベース更新指示	データベース更新応答	メッセージ送信指示	メッセージ送信応答

　第1フェーズは診断（問合せ）のためのフェーズですから，**①**は**コミット可否の問合せ**，**②**がその**応答**です。そして，**第2フェーズ**が更新指示のフェーズですから，**③**は**コミット実行指示**，**④**がその**応答**です。したがって，（ア）が正解です。この図では，サーバ1，2ともにコミット可を応答しているので，③はコミット実行指示となりますが，いずれかがコミット不可の応答であった場合，③はロールバック指示となります。また，第1フェーズでコミット可の応答をしたシステムは，コミット指示，ロールバック指示のどちらでも受け付けられるような状態で指示を待ちます。この状態が**セキュア状態**です。

　分散データベースにおけるアクセス効率化の仕組みに，レプリケーションがあります。**レプリケーション**とは複製のことで，他のサイトに格納されているデータベースの参照頻度が多い場合に，その複製を自サイトに保有して，アクセス効率を高めます。ただし，他サイトにある本来のデータベースが更新されると，複製との間で値が異なってしまうので，値を一致させる必要があります。更新されたときに同時に複製の値も更新する，同期レプリケーションと呼ばれるものもありますが，負荷が高くなるため，一定周期ごとなどに更新内容を受け取って値を一致させる非同期レプリケーションもあります。ただし，更新頻度の高いデータベースにレプリケーションを採用するのは，現実的ではありません。

(7)　アクセス効率の向上

　データベースに効率的にアクセスする仕組みが，**インデックス**（索引）です。本の索引が，キーワードとその記載ページを対にしたものであるように，データベースのインデックスは，アクセスに利用されるキー項目の値と，該当する行の格納位置（アドレスなど）を対にしたデータです。インデックスを利用したアクセスでは，インデックスによって指定されたキー値をもつ行の格納位置を調べて，その行に直接アクセスすることで，効率的なアクセスを実現します。

6.4 DBMSの制御

　ただし，行の追加・更新・削除を行う場合には，インデックスの内容も更新しなくてはならないので，逆に，効率が悪くなります。インデックスは，行の追加や更新頻度など，表の特性を考慮して設定するかどうかを決める必要があります。なお，最近のデータベースでは，インデックス自体の検索効率を向上させるために，単純な表形式ではなく，B木などのデータ構造を利用したインデックスが採用されています。

> **インデックス**：値と行の格納位置を対にした情報
> 　　　　　　　　検索効率は上がるが，追加・更新・削除は効率悪化

　多くの表を利用する検索では，表の結合順序やインデックス利用の有無などの違いによって，複数の処理（アクセス）手順が存在します。そして，これらのアクセス手順は，それぞれ実行計画（アクセスプラン）と呼ばれます。こうした複数の実行計画の中から最適な計画を選択して実行する機能が，**オプティマイザ機能**（optimize；最適化する）で，クエリ最適化機能とも呼ばれます。オプティマイザ機能には，主に**コストベース**と**ルールベース**の二つの方式があります。コストベース方式は，コストと呼ばれる処理効率の評価値を基に，最適な実行計画を選択する方式で，DBMSが収集した統計情報を基に実行計画を比較して，アクセスパスを選択する方式です。一方のルールベース方式は，インデックスを必ず利用するなどの，あらかじめ定められているルールに基づいて，アクセスパスを選択する方式です。

> **オプティマイザ機能**：SQL文の最適に実行する機能
> 　**コストベース**：統計情報によって最小のコストのアクセスパスを選択
> 　**ルールベース**：設定されているルールによってアクセスパスを選択

(8)　ビッグデータ

　ビッグデータは，ソーシャルメディアデータやGPSなどのデータ，カスタマーセンタなどに寄せられるお問合せデータなど，ICTの進展によって生成・収集・蓄積などが可能・容易になった，多種多量のデータのことです。

　関係データベースのように，各項目のデータ形式が明確に定義されたものではなく，様々な種類・形式が含まれる非構造化データ・非定型的データであり，日々膨大に生成・記録される時系列性・リアルタイム性のあるようなものを指すことが多いです。ビッグデータを活用して，異変の察知や近未来の予測をすることによって，利用者個々のニーズに即したサービスの提供や業務運営の効

第6章 データベース

率化が可能となります。

（9） ビッグデータの分類

　構造化の観点からデータを分類すると，構造化データ，半構造化データ，非構造化データに分けられます。

①構造化データ

　構造化データは，関係データベースで扱えるような行と列で管理され，データ形式なども事前に規定されたデータ構造を指します。POSデータや，顧客データなどの企業内データのように決まった形式に整えられて保存されるデータのことです。

②半構造化データ

　半構造化データは，あらかじめデータ構造を規定せず保存するときにデータに応じて構造を定義できる構造のデータで，具体的にはXMLやJSONで記述されたデータを指します。ドキュメント指向データベースは半構造化データを扱うためのデータベースといえます。

③非構造化データ

　非構造化データは，データの構造が明確に定まっていないデータで，音声，映像，動画，SNSのつぶやき，ブログなどのWebページ上のデータ，電子書籍，GPSデータ，IoTで利用される各種センサデータ，各種ログデータなどがあります。

④ストリーミングデータ

　ストリーミングデータは，多数のデータソースから絶えず発生し続け，時間の経過でデータの形式や性質が変化するデータです。SNSにユーザが発信するデータや，交通状況などセンサからのデータ，各種取引データがあり，リアルタイム性が重視されるためストリーミングデータに対応した処理が求められます。データが到着するたびに処理を行い，あらかじめ登録してある分析シナリオによる問合せを行い，集計分析などのデータ処理を行います。高速性を追求するため，データをディスクに保存するのではなく，全てをメインメモリに保存するインメモリデータベースと組み合わせて行われることもあります。メインメモリに記録されているため，電源を切ると失われるなどのリスクがあり，定期的にメモリをストレージに記録したり，別のデータベースに複製したりするなどの永続性を保つ仕組みが組み込まれています。

⑤データレイク

　データレイクは，構造化データ，非構造化データなどあらゆる形式のデータをそのままの状態で保存します。後から利用目的に合わせて，必要なデータを

取り出したり，分析に用いたりします。

⑥**データマイニング**

　ビッグデータのような大量に蓄積されたデータから人間では発見が困難な隠れた規則や相関関係を見つけ出すことをデータマイニングと呼びます。

(10)　分散処理フレームワーク

①**Apache Hadoop**

　ビッグデータを扱う処理は分散並列処理を行うものが大半です。それを実現するシステム技術である Apache Hadoop は，Apache Software Foundation がオープンソースソフトウェアとして公開している複数のソフトウェアを含むフレームワークです。Apache Hadoop は，バッチ処理向けに高いスループットを実現する分散ファイルシステムである HDFS（Hadoop Distributed File System）と，複数のサーバを用いて多量のデータを並列分散処理するプログラミングのためのソフトウェアである Hadoop MapReduce を中心に構成されています。HDFS は，ファイルのブロックを格納しクライアントとの受渡しを行うデータノードと，メタデータやデータノードを管理するネームノードからなります。障害に備えて，データノードは複数の複製を作成し，ネームノードはバックアップノードをもちます。Hadoop MapReduce は，Map 処理と Reduce 処理の 2 段階に分けて行います。Map 処理は，データを小さな単位に分けて相当数のサーバに割り振り，中間結果を出力します。Reduce 処理では，出力された中間結果を集約し，一塊のデータとして出力します。Hadoop MapReduce 以外の，リアルタイム処理向けの Apache Spark，ストリーム処理向けの Apache Storm など他の並列処理フレームワークも利用できます。

②**Apache Spark**

　Apache Spark は，リアルタイム処理向けのフレームワークです。インメモリでデータを処理するため，MapReduce に比べて高速処理ができ，Java や Python などの言語に，多種類の API や目的別のライブラリーを提供してアプリケーションの開発を支援しています。

③Apache Storm

　Apache Storm は，無制限のストリーミングデータを処理するストリーミング処理のフレームワークです。リアルタイム解析，連続問合せ処理，オンライン機械学習などに利用できます。

(11)　CAP 定理

　2000 年に Eric Brewer が発表した，「分散システムにおいて C：整合性

第6章 データベース

(Consistency)，A：可用性（Availability），P:分断耐性（Partition Tolerance）の3つのうち最大2つしか満たすことができない」という定理を **CAP 定理** といいます。

・整合性：あるデータに対して更新処理がされた後，そのデータに対する全ての読出しが最新のデータを読み出すことができる→更新後の値が全ての複製をもつコンピュータに瞬時に反映される
・可用性：障害などによって一部のコンピュータの機能が失われたときにも，処理が実行できる→すぐに複製をもつコンピュータと通信し実行をする
・分断耐性：通信障害などで複数のグループに分断されても正しく動作する

　CP 型（整合性と分断耐性）分散データベースは，ネットワークが分断されたときにどれか一つのグループだけで処理を受け付け，他のグループでは更新も参照も受け付けず，可用性を犠牲にして整合性を保ちます。AP 型（可用性と分断耐性）分散データベースは，ネットワークが分断されても全てのグループで処理を受け付け，整合性を犠牲にしても可用性を保ちます。Eric Brewer はさらに，「システムに整合性 (C) と分断耐性 (P) が求められる場合には ACID 特性をもつべきで，可用性 (A) と分断耐性 (P) が求められる場合には BASE 特性をもつべきである」とも主張しています。BASE 特性とは，どんなときでも動作し（Basically Available），更新結果は複製をもつ全てのコンピュータに徐々に反映し（Soft-state），最終的に整合性が取れた状態になる（Eventual Consistency）ことです。なお，BASE の整合性を結果整合性といいます。

(12)　NoSQL

　多種多様で多量に絶え間なく発生するデータを，制限を設けることなく蓄積しつつ迅速に処理することを求められるビッグデータの処理に対応するために，SQL で操作する関係データベース以外のデータベースが考え出されました。これらの総称を **NoSQL**（Not Only SQL）と呼びます。

　NoSQL に求められる主な機能は以下のとおりです。

・高速に多量のデータを処理するために処理を並列化して分散データベースで実現し，能力の増強は多数のコンピュータを水平に追加するスケールアウトを行う
・データ構造の変化に柔軟に対応するために事前に決まったスキーマをもたない（スキーマレス）
・高可用性，高信頼性を保つため，データ集合を分割して分散管理（シャーディング）し，個々の処理効率を上げ多数の処理を可能にする。また，データを複製して複数のコンピュータに保持（レプリケーション）させて障害時の

データ消失やシステム停止を避ける仕組みを作る
・欠損データを多く含む疎なデータも効率よく管理・検索できる

関係データベースと比較すると，以下の点が挙げられます。
・関係データベースはスキーマ構造を事前に定義し，高度な条件での検索ができるが，NoSQL は複雑な参照には不向きなものが多い
・関係データベースは ACID 特性をもち不整合が起こらない仕組みをもつが，NoSQL では分散データベースの特性上，更新直後はコンピュータ間で不整合があっても時間の経過とともに結果的に整合性が取れればよいという結果整合性（Eventual Consistency）を取り入れている
・関係データベースは，整合性のとれたトランザクション処理を行うため複雑な処理が可能だが，処理速度はそれほど速くない。それに対し NoSQL は追加や参照の処理速度は優れているが，データの特性上更新や削除には不向きである場合が多い
・NoSQL は関係データベースよりスケーラビリティーに優れている

NoSQL の種類は主に次の四つに分類されます。
①ドキュメント指向データベース
　「ドキュメント」を単位にデータを管理します。ドキュメントはテキストファイルではなく，WEB 上でデータのやり取りをする場合のデータフォーマットであるタグでデータを囲む XML や，JavaScript のオブジェクトの形式で記述する JSON などのデータ形式のファイルを指します。階層的に定義された構造をもち，事前にデータ構造に制約を課さないスキーマレスなデータベースで，データ項目の追加や新しいデータ構造にも対応できます。代表的なドキュメント指向型データベースとしては，MongoDB 社によって開発されたオープンソースの MongoDB や Apache Software Foundation によるトップレベル・オープンソース・プロジェクトの CouchDB などがあります。
②列指向データベース
　Google のクローラが収集してきた Web ページを効率よく格納・検索するために開発された Bigtable の構造を基にしています。列指向データベースは複数の行と列ファミリーで識別される 2 次元の表形式をもちますが，関係データベースの行・列とは大きく異なります。列ファミリーは列 ID で識別される複数の列項目を含むことができ，後から自由に追加できます。また，タイムスタンプをつけることで時間の経過に伴う変化を複数のバージョンとして管理することもできます。列指向データベースとしては，もともと Facebook 社が開発し

た Cassandra があり，現在は Apache Software Foundation によるトップレベル・オープンソース・プロジェクト Apache Cassandra となっています。

③グラフ指向データベース

SNS のユーザ同士の関係などのように，ノード（人）とノードをつなぐ枝（関係）で表すグラフ構造を効率的に管理できるデータベースです。ノードと関係は属性をもち，どのようなものかを表します。SNS の友達関係を例にすると，ある人の「友達の友達」などの検索が容易にできます。他のデータベースで扱いにくい関係性を効率的に扱えますが，集約的ではないので，クラスタ構成には不向きです。グラフ指向データベースには，Neo Technology 社が開発しオープンソースプロジェクトとしている Neo4j があります。

④KVS（Key Value Store；キーバリュー型データベース）

Amazon が大規模な e コマース事業を処理する高い可用性とスケーラビリティーを求めて開発した Dynamo を原型とするデータベースです。KVS はキー項目とそれに対応する値だけをもちます。値には写真や動画など任意の形式のバイナリデータを BLOB（Binary Large Object）として格納できます。キーの値だけでアクセスできる処理を対象とし，複雑な問合せには対応していません。大量のデータに対する単純な処理に限定し，並列分散して実行することで高速性を実現しています。

このように NoSQL には多くの種類があり，扱うデータや利用する目的に応じて関係データベースとの併用も合わせて選ぶ必要があります。

(13) ブロックチェーンにおけるデータベース関連技術

①ブロックチェーン

仮想通貨ビットコインに代表されるブロックチェーンは，全ての取引が記録された，「台帳」と呼ばれるデータを管理する機能を備える基盤技術です。なりすましがなく，改ざんしにくい上に，参加者間で直接取引ができる他，複数の参加者とデータの共有ができ，データ消失した場合の回復性が高く，過去のデータを追跡できるなどの特性をもちます。また，順序付けしたデータをブロックという単位にまとめて，ブロックを順番に記録した台帳を参加者全員が同じ内容をもつことができます。インターネット上で構築されたネットワークを利用するパブリック型ブロックチェーンと，独自のネットワークを構築して取引を行うコンソーシアム／プライベート型ブロックチェーンがあります。

②コンセンサスアルゴリズム

参加者はブロックを受け取ったとき，そのブロックが正しいか正しくないか

6.4 DBMSの制御

をネットワーク全体で定めたアルゴリズムに従って判断します。ブロックの正当性をネットワーク全体で合意するという意味からコンセンサスアルゴリズムといいます。

・PoW

PoW（Proof of Work）は，パブリック型のコンセンサスアルゴリズムで，CPUのリソースと消費電力を使い，高負荷な計算処理を行った仕事量によって正しいブロックの証明をします。一つのブロックに同時に複数のブロックの追加が行われたときは分岐が発生しますが，長く伸びるブロックチェーンが正しいものと判断されます。短いブロックチェーンは無効になり，取引が破棄される可能性があり，取引確定の判断がつかないことをファイナリティのない決済といいます。ファイナリティとは，決済が最終的に完了することです。

・PBFT

コンソーシアム／プライベート型のように閉じたネットワークで，参加者が決まっており，悪意をもった参加者が入りにくいことが前提の場合のコンセンサスアルゴリズムの一つに，分散データベースでレプリケーションプロトコルとして提案されてきたPBFT (Practical Byzantine Fault Tolerance)があります。コンセンサスに参加するノードは，リーダとあらかじめ決められた検証するノードだけで，リーダから検証ノードへ提案し，正しいかどうか判断した検証ノードは投票します。投票結果によって正しいと認められればリーダが新しいブロックを追加します。PBFTにはブロックの分岐は発生せず，追加された時点で取引は確定するので，ファイナリティがあるといわれます。

第6章 データベース

▶▶▶**Check**

理解度チェック ▶ 6.4 DBMS の制御

次の文中の □ に適切な用語を入れてください。

(1)　同時に更新しなくてはならない表に対する更新など，分けることのできない処理のまとまりのことを ア といいます。また，このような性格をもった ア 処理に対しては，処理が全て正常に行われるか，全く行われないかのいずれかの状態であるという イ ，処理の状態に関わらずデータベースの内容に矛盾がないという ウ ， ア の処理結果は，他のトランザクション処理の影響を受けないという エ ，終了した ア 処理の結果が，障害などによって損なわれることがないという オ という四つの特性が求められ，それぞれの頭文字を並べて カ 特性と呼ばれます。なお，この カ 特性のうち， ウ と エ については，参照や更新に先立って表や行を キ する ク によって実現され， イ については，複数の更新内容を一括してデータベースに反映する ケ によって実現されます。

(2)　一般的な DBMS では，障害の発生に備えてデータベースの更新情報を コ として記録します。そして，トランザクション障害が発生して，該当のトランザクションを実行前の状態に戻すためには サ を用いた シ 処理が実行され，システム障害が発生してデータベースの更新内容が失われたときには， ス を用いた セ 処理によって更新内容を復元します。また，ディスク障害によってディスクの記録内容が失われたときには，定期的に取得されている ソ によって，ディスクの内容を復元した後， ス を用いた セ 処理によって，その後の更新内容をデータベースに反映します。

(3)　データベースに対する更新処理を効率的に行うために，プログラムから更新された内容は，いったん DBMS バッファに蓄えられ，あらかじめ定められたタイミングで一括してデータベースに書き出されますが，このタイミングのことを タ と呼びます。 タ による一括更新によってデータベース更新の効率化が図れるだけでなく，障害復旧の範囲を限定することができます。直近の タ の時点までの更新内容は， チ に反映されているので，回復処理の対象を，それ以降に取得された ツ だけに限定することができます。

6.4 DBMSの制御

(4)　分散データベースで異なるサイトにあるデータベースを更新する場合，実際の更新指示の前に テ フェーズを設けた ト 制御が用いられます。 テ フェーズでは，更新対象のデータベースを保有する各サイトに対して，更新の可否を問い合わせ，全てのサイトから OK の回答が得られると ナ を行い，NG の回答や無回答のサイトがある場合には， ニ を行います。また，他のサイトが保有するデータベースを頻繁に参照するような場合，その複製である ヌ を保有することもあります。

(5)　データベースに対する検索を効率的に行うために，属性の値とその値をもつ行の格納位置を対にした ネ を設定することがあります。ただし， ネ を設定すると， ノ を効率的に行えるようになりますが，行の追加や更新，削除などの他の処理の効率は ハ することに注意が必要です。また，複雑なアクセスを効率的に行うためにアクセス手順を最適化する ヒ 機能があり，統計情報などに基づく評価値によって最適化する フ と，あらかじめ定めたルールに基づいて最適化する ヘ があります。

(6)　ソーシャルメディアデータや GPS などのデータ，カスタマーセンタなどに寄せられるお問合せデータなど ICT の進展によって生成・収集・蓄積などが可能・容易になる多種多量のデータのことを ホ といいます。 ホ を活用することによって，異変の察知や近未来の予測などを通じ，利用者個々のニーズに即したサービスの提供や業務運営の効率化が可能となります。また，ビッグデータのような大量に蓄積されたデータの中から隠れた規則や相関関係を見つけ出すことを マ といいます。

(7)　分散処理フレームワークには，バッチ処理に適した ミ や，リアルタイム処理に適した ム があります。

(8)　NoSQL には，キーと値の組合せで構成される メ ，行に対して付けられた行キーが複数の列をもつ構造の モ ，ドキュメントの単位で構成される ヤ ，データとデータの関係を管理できる ユ があります。

第6章

第6章 データベース

解 答

(1) ア：トランザクション　イ：原子性　ウ：一貫性　エ：独立性
オ：耐久性　カ：ACID　キ：ロック　ク：排他制御
ケ：コミットメント制御

(2) コ：ログ（ジャーナル）　サ：更新前ログ　シ：ROLLBACK（ロールバック）
ス：更新後ログ　セ：ロールフォワード　ソ：バックアップ

(3) タ：チェックポイント　チ：データベース　ツ：ログ

(4) テ：診断　ト：2相コミットメント　ナ：コミット指示
ニ：ロールバック指示　ヌ：レプリケーション

(5) ネ：インデックス（索引）　ノ：検索　ハ：悪化　ヒ：オプティマイザ
フ：コストベース　ヘ：ルールベース

(6) ホ：ビッグデータ　マ：データマイニング

(7) ミ：Apache Hadoop　ム：Apache Spark

(8) メ：KVS（Key Value Store）　モ：列指向データベース
ヤ：ドキュメント指向データベース　ユ：グラフ指向データベース

316

6.4 DBMSの制御

▶▶▶ **Question**

問題で学ぼう

問1　DBMS に実装すべき原子性（atomicity）を説明したものはどれか。

◎高度午前Ⅰ　(H27 春·AP 問 30)

　ア　同一データベースに対する同一処理は，何度実行しても結果は同じである。

　イ　トランザクション完了後にハードウェア障害が発生しても，更新されたデータベースの内容は保証される。

　ウ　トランザクション内の処理は，全てが実行されるか，全てが取り消されるかのいずれかである。

　エ　一つのトランザクションの処理結果は，他のトランザクション処理の影響を受けない。

解説

　トランザクションの原子性（atomicity）とは，トランザクション処理に求められる ACID 特性の一つで，トランザクションが完了したときには，全ての処理が正しく行われたか，何も行われていないかのいずれか，つまり，All or Nothing という性質でした。したがって，（ウ）が正解です。

　ついでに他の CID についても復習しておきましょう。C（Consistency）は一貫性で，（ア）が該当しますが，トランザクションの処理状態に関わらず，データベースの表の間で矛盾がないということです。トランザクション処理の途中では，表 A は更新済み，表 B は未更新という表間で矛盾する状態が生じますが，行をロックするなどによって処理途中の内容を外部に見せないようにします。I（Isolation）は独立性で，（エ）の記述にあるように，複数のトランザクションを同時に処理した場合でも，個々の処理結果は正しいという性質です。そして，D（Durability）は耐久性で，（イ）の記述にあるように，完了したトランザクションの処理（更新）結果が，障害などによって失われることがないという性質で，バックアップのリストアやリカバリによって実現されます。

解答　ウ

第6章

第6章 データベース

問2 DBMSをシステム障害発生後に再立上げするとき，ロールフォワードすべきトランザクションとロールバックすべきトランザクションの組合せとして，適切なものはどれか。ここで，トランザクションの中で実行される処理内容は次のとおりとする。

◎高度午前Ⅰ （H28秋·AP 問30）

トランザクション	データベースに対するRead回数とWrite回数
T1，T2	Read 10，Write 20
T3，T4	Read 100
T5，T6	Read 20，Write 10

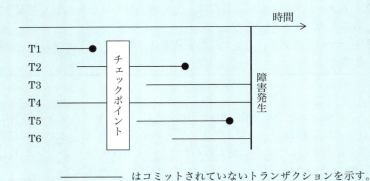

──── はコミットされていないトランザクションを示す。
●──── はコミットされたトランザクションを示す。

	ロールフォワード	ロールバック
ア	T2，T5	T6
イ	T2，T5	T3，T6
ウ	T1，T2，T5	T6
エ	T1，T2，T5	T3，T6

解説
　システム障害が発生すると，チェックポイントより後にコミットされたトランザクションがハードディスクに反映されていないため，**更新後ログ**を使用して**障害発生直前の状態**まで**ロールフォワード**を行います。また障害発生時にコミットされていないトランザクションは，**更新前ログ**を使用して**ロールバック**を行い，トランザクションを**開始前の状態**に戻します。

6.4 DBMSの制御

　この問題では，ロールフォワード処理対象はT2，T5となり，ロールバック対象はT3，T4，T6となります。ここで，各トランザクションのデータベースに対するRead回数とWrite回数を確認すると，ロールバック対象となっている，T3，T4はReadだけであることが分かります。つまり，データベースへの書込みが発生しておらず，参照だけであるため，T3，T4の処理をデータベースに反映する必要はありません。よって，ロールフォワード処理対象はT2，T5となり，ロールバック対象はT6となります。したがって，（ア）が正解です。

	対象トランザクション	使用するログ	適用後の状態
ロールバック	障害発生時にコミットされていないトランザクション	更新前ログ	トランザクション開始前
ロールフォワード	チェックポイントより後にコミットされたトランザクション	更新後ログ	障害発生直前

解答　ア

問3　トランザクションの同時実行制御に用いられるロックの動作に関する記述のうち，適切なものはどれか。

(H25春·AP 問31)

　ア　共有ロック獲得済の資源に対して，別のトランザクションからの新たな共有ロックの獲得を認める。
　イ　共有ロック獲得済の資源に対して，別のトランザクションからの新たな専有ロックの獲得を認める。
　ウ　専有ロック獲得済の資源に対して，別のトランザクションからの新たな共有ロックの獲得を認める。
　エ　専有ロック獲得済の資源に対して，別のトランザクションからの新たな専有ロックの獲得を認める。

解説

　共通の資源に複数のトランザクションから同時に処理を行う場合に，資源に**ロック**をかけて，データの不整合が起こらないように同時実行制御（排他制御）を行います。**共有ロック**は読取り処理の場合に掛けるロックで，別のトランザクションからは読取りを許可する共有ロックだけを掛けることが

第6章 データベース

できます。**専有ロック**は更新処理の場合に掛けるロックで，共有，専有ロックのいずれも掛けることが許可されず，先に掛けられたロックが解除されるまで全ての処理が待たされます。したがって，（ア）が適切な記述となります。

イ：共有ロック獲得済みの資源に対して，別のトランザクションからの新たな専有ロックの獲得は認められません。

ウ，エ：専有ロック獲得済みの資源に対して，別のトランザクションからの新たな専有ロックも共有ロックも獲得は認められません。

解答　ア

問4　NoSQL の一種である，グラフ指向 DB の特徴として，適切なものはどれか。

(R3 春-AP 問28)

ア　データ項目の値として階層構造のデータをドキュメントとしてもつことができる。また，ドキュメントに対しインデックスを作成することもできる。

イ　ノード，リレーション，プロパティで構成され，ノード間をリレーションでつないで構造化する。ノード及びリレーションはプロパティをもつことができる。

ウ　一つのキーに対して一つの値をとる形をしている。値の型は定義されていないので，様々な型の値を格納することができる。

エ　一つのキーに対して複数の列をとる形をしている。関係データベースとは異なり，列の型は固定されていない。

解説

　グラフ指向 DB は，グラフ構造をもつデータベースです。一般的に NoSQL の一種に分類されます。グラフ指向 DB では，データエンティティをノードに格納し，ノード間の関連をエッジ（方向と関連のタイプなどのリレーションをもつもの）として表し，ノードやエッジの属性情報（プロパティ）を Key-Value 形式で保持します。ソーシャルネットワーキングサービス(SNS)のフォロー／フォロワ関係などを表すのに適したデータベースになります。

6.4 DBMSの制御

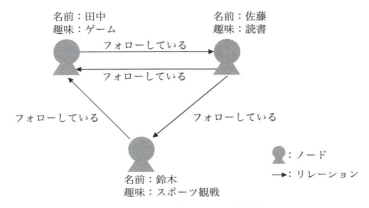

図　グラフ指向DBの利用例

したがって，(イ) が正解です。

ア：MongoDBなどに代表されるドキュメント指向DBの特徴です。
ウ：Amazon Web Serviceが提供するDynamoDBなどのKVS（Key Value Store）の特徴です。
エ：GoogleのBigtableやApache Cassandraなどの列指向DBの特徴です。

解答　イ

問5 データレイクの特徴はどれか。

◎高度午前Ⅰ　(R3春-AP 問31)

ア　大量のデータを分析し，単なる検索だけでは分からない隠れた規則や相関関係を見つけ出す。
イ　データウェアハウスに格納されたデータから特定の用途に必要なデータだけを取り出し，構築する。
ウ　データウェアハウスやデータマートからデータを取り出し，多次元分析を行う。
エ　必要に応じて加工するために，データを発生したままの形で格納する。

解説

データレイクとは，データの発生源（IoTデバイスからのセンサ情報やソーシャルメディアで作られた投稿データなど）の生データをそのままの形で蓄積したもので，蓄積データは機械学習やデータ分析に利用されます。生デ

第6章 データベース

ータを蓄積しているので，分析に必要なデータが不足するという問題がなくなります。湖（レイク）に流れ込む支流（データの発生源）の水（生データ）をそのまま貯めておき，必要に応じて採水（データを利用）できることからデータレイクと呼ばれています。したがって，（エ）が正解です。

　データレイクを含めその他の選択肢はいずれもビッグデータに関連する用語の特徴となっています。

ア：データマイニングの特徴です。購買データを分析したバスケット分析（一緒に購入する商品の関係性を導き出す）などで利用されています。

イ：データマートの特徴です。利用者のニーズに合わせて加工したデータになっているので，データウェアハウスに比べて効率的にデータアクセスができるようになっています。

ウ：BI（Business Intelligence）ツールの特徴です。多次元分析は，キューブ（立方体）と呼ばれる形でデータを格納しておき，ドリルダウン／ドリルアップというデータの階層を上げたり下げたりする操作，スライシングという，立方体の断面を切り取り二次元の表にする操作，ダイシングという分析軸を切り替える操作（立方体を転がすイメージ）などを行い分析します。

解答　エ

問6　コストベースのオプティマイザが SQL の実行計画を作成する際に必要なものはどれか。

(R3 春-AP 問30)

　　ア　ディメンジョンテーブル　　　イ　統計情報
　　ウ　待ちグラフ　　　　　　　　　エ　ログファイル

解説

　オプティマイザとは，SQL を実行する際の処理時間（処理コスト）が最小となるアクセスパスを判断する仕組みを指す用語です。例えば，レコード数が少ない表からあるレコードを取り出す際に，インデックスを使用してから表のデータを取り出した方がよいか，インデックスを使わずに表を全て走査して取り出した方がよいかを判断し，そのアクセスパスに沿ってデータを取り出します。オプティマイザには大きく「ルールベース」と「コストベース」の2種類があります。「ルールベース」は事前に決められたルール（「インデックスが使える場合はインデックスを利用する」など）どおりにアクセスパ

スを決定するオプティマイザで,「コストベース」は表に格納されたデータの散らばり具合を統計情報として収集しておき,この統計情報を利用してアクセスパスを柔軟に決定します。したがって,(イ)が正解です。

ア:BIツールで用いられるスタースキーマを構成する要素の一つです。次の図のように,ファクトテーブルの周囲にある,データの切り口を格納したテーブルをディメンションテーブルと呼びます。

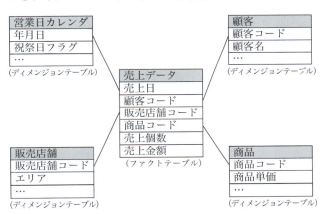

ウ:待ちグラフは,トランザクションの待ち状態を表現した有向グラフです。次の図のようにトランザクション間の待ち状態を矢印で表し,デッドロックの発生を検出するのに利用します。この図ではトランザクションB,C,D,Fがデッドロック状態になっています。

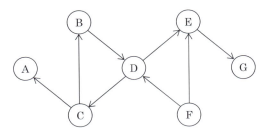

エ:ログファイルは,データベースに行った全ての変更情報を記録したファイルで,ロールバック処理や,データベースで障害が発生した場合の復旧に利用されるファイルです。

解答 イ

第6章 データベース

問7　分散データベースにおける"複製に対する透過性"の説明として，適切なものはどれか。

(R3 秋-AP 問 30)

ア　それぞれのサーバの DBMS が異種であっても，プログラムは DBMS の相違を意識する必要がない。

イ　一つの表が複数のサーバに分割されて配置されていても，プログラムは分割された配置を意識する必要がない。

ウ　表が別のサーバに移動されても，プログラムは表が配置されたサーバを意識する必要がない。

エ　複数のサーバに一つの表が重複して存在しても，プログラムは表の重複を意識する必要がない。

解説

分散データベースにおける透過性とは，データベースが複数のサーバに分散されていることをデータベースの利用者が意識することなく使える性質のことです。

分散データベースの透過性には

- **"アクセスに対する透過性"**：プログラムはデータベースサーバが分散していることを意識することなく，同じ方法でアクセスできる性質
- **"位置に対する透過性"**：データの物理的な格納位置を，プログラムが意識することなく利用できる性質
- **"移動に対する透過性"**：データの格納場所が変更されても，プログラムが意識することなく利用できる性質
- **"規模に対する透過性"**：データベースサーバのマシンスペック（スケールアップ／ダウン）が変更されても，プログラムが意識することなく利用できる性質
- **"障害に対する透過性"**：データベースサーバに障害が発生しても他のデータベースサーバによって代替可能であれば，プログラムが障害を意識することなく利用できる性質
- **"データモデルに対する透過性"**：分散データベースサーバの DBMS の種類（ネットワーク DB, リレーショナル DB など）が異なっていても，プログラムが DBMS の種類の違いを意識することなく利用できる性質
- **"複製に対する透過性"**：データが複数のデータベースサーバに重複して存在しても，プログラムがデータの重複を意識することなく利用できる性質

6.4 DBMSの制御

・"分割に対する透過性"：データが分割されて配置されていても，プログラムが分割されていることを意識することなく利用できる性質
などがあります。
したがって，（エ）が正解です。
ア："データモデルに対する透過性"の説明です。
イ："分割に対する透過性"の説明です。
ウ："移動に対する透過性"の説明です。

解答　エ

問8　CAP定理におけるAとPの特性をもつ分散システムの説明として，適切なものはどれか。

(R4春-AP 問26)

ア　可用性と整合性と分断耐性の全てを満たすことができる。
イ　可用性と整合性を満たすが分断耐性を満たさない。
ウ　可用性と分断耐性を満たすが整合性を満たさない。
エ　整合性と分断耐性を満たすが可用性を満たさない。

解説

　CAP定理とは，分散システムにおいて整合性（Consistency），可用性（Availability），分断耐性（Partition Tolerance）の三つのうち最大二つしか満たすことができないという定理のことです。
　整合性：データの更新処理後に全てのデータ読込みにおいて常に更新処理後のデータを読み込めること
　可用性：障害が発生しても複製された別のサーバで処理が継続できること
　分断耐性：通信障害で分散システム間の通信が分断されても，問題なく処理が継続できること
　A：可用性と　P：分断耐性の特性をもつ分散システムの説明なので，（ウ）が正解です。
　A（Availability）P（Partition Tolerance）型のデータベースとしては，Apache CassandraやAWSのDynamoDBがこれに該当します。
ア：CAP定理の性質上，三つの特性を満たすことはできないとされていますが，GCP（Google Cloud Platform）のSpannerが三つの特性を満たすデータベースとされています。

第6章 データベース

イ：いわゆる C（Consistency）A（Availability）型のデータベースのこと
　　です。一般的な RDBMS（Oracle, MySQL, PostgreSQL など）がこれに
　　該当します。
エ：C（Consistency）P（Partition Tolerance）型のデータベースのことで
　　す。Apache HBase や MongoDB がこれに該当します。

解答　ウ

問9　ビッグデータの利用におけるデータマイニングを説明したものはどれか。

◎高度午前Ⅰ　(R4春-AP 問30)

　　ア　蓄積されたデータを分析し，単なる検索だけでは分からない隠れた規
　　　　則や相関関係を見つけ出すこと
　　イ　データウェアハウスに格納されたデータの一部を，特定の用途や部門
　　　　用に切り出して，データベースに格納すること
　　ウ　データ処理の対象となる情報を基に規定した，データの構造，意味及
　　　　び操作の枠組みのこと
　　エ　データを複数のサーバに複製し，性能と可用性を向上させること

解説

　データマイニング（マイニング，Mining；採掘）とは，ビッグデータのよ
うな大量に蓄積されたデータから，人手による分析や経験則などでは発見で
きない隠れた規則や相関関係をニューラルネットワーク（神経細胞（ニュー
ロン）の構造をモデル化しコンピュータ上で表現したもの）や統計解析など
の手法を使って見つけ出すことです。したがって，（ア）が正解です。
イ：データウェアハウスから特定用途や部門用にデータベースを切り出した
　　ものをデータマートと呼びます。データマートはデータウェアハウスの部
　　分集合と考えることもできます。
ウ：データモデル（データの構造）やデータスキーマ（意味及び操作の枠組
　　み）の説明です。
エ：クラスタシステムやクラウドでよく利用されるスケールアウト（同じ機
　　能の仮想サーバを増やすことで性能や可用性を上げる技術）の説明です。

解答　ア

第7章 ネットワーク

第**7**章 part 2

▶▶▶ Point

学習のポイント

この分野から出題される内容としては，TCP/IP と関連プロトコル，LAN の
アクセス制御方式と，接続装置，回線速度や伝送時間などの計算問題です。こ
うした内容について，単に用語や名称を暗記するだけでなく，基本的な内容を
正しく理解する必要があります。この章では，これらの内容を「OSI 基本参照
モデルと TCP/IP」，「LAN」，「通信サービスと性能計算」の三つに分けて，学
習していきます。まず，ポイントの解説を通して，おおまかな理解をするよう
にしてください。そして，問題とその解説を学習することで，理解を深めてい
きましょう。ポイントの解説を読んでいる段階で，用語などに戸惑うようであ
れば，基礎テキストや基本情報技術者試験レベルの問題に取り組んで，用語に
慣れることから始めるとよいでしょう。

（1） OSI 基本参照モデルと TCP/IP

OSI 基本参照モデルは，階層が七つと多いので難しく感じられるかもしれま
せん。しかし，詳細な内容が問われることはありませんし，TCP/IP や LAN と
関連する下位層に関する出題がほとんどです。ただし，概要を理解することに
よって，通信ネットワークに関する理解が深まるので，OSI の 7 階層を軸とし
て学習しておきましょう。OSI 基本参照モデルと TCP/IP についての概要が理
解できたら，TCP/IP については少し詳しく見ていきます。具体的には，IP ア
ドレスの構成やサブネット，そして，アドレス変換といった内容です。順を踏
んで学習していけば，それほど難しい内容ではありません。仕組みなどの必然
性を意識しながら学習するようにしましょう。

第7章 ネットワーク

(2) LAN

LAN（Local Area Network）を利用したことのない人は，ほとんどいないでしょう。しかし，その仕組みを理解して使っている人は，それほど多くはないかもしれません。試験には，LANについての仕組みが出題されますが，その内容は基本的なものが中心です。LANについては詳細な部分まで踏み込んでしまうと，かなり難解な内容を含んでいますが，基本的な考え方や仕組みなど，それほど理解が難しい内容ではありませんので，そうした仕組みや機器が，なぜ必要かという点を意識しながら学習するようにしましょう。

(3)　通信サービスと性能計算

現在のネットワークの中心的な役割を果たしているのはLANですが，LANだけではインターネットのような広域なネットワークを実現することができません。日本では基本的に，公道をまたがった通信は，通信事業者の提供する通信サービスを利用します。家庭などで光サービスなどを利用している人は多いと思いますが，企業などが利用している通信サービスに直接関わっている人は，多くはないでしょう。以前は，この分野からの出題も多かったのですが，最近はあまり多くありません。しかし，ネットワークを理解するためには必須の内容です。回線交換，蓄積交換の違い，パケット交換，フレームリレー，セルリレーなどが，どのような背景を基に出現し，それぞれどのような部分が特徴なのかを理解してください。また，合わせて，ネットワーク分野の性能計算についても扱います。

7.1 OSI基本参照モデルとTCP/IP

7.1 OSI基本参照モデルとTCP/IP

▶▶▶ **Explanation**

ポイントの解説

(1) OSI基本参照モデル

通信とは情報を伝達することですが，情報を正しく効率的に伝達するためには，ルールが必要です。例えば，会話のきっかけになる「もしもし」という言葉や，相手が話しているときには黙って聞くことなどは，電話で話す（情報を伝達する）ときのルールです。そして，コンピュータ間の通信では，こうしたルールのことをプロトコルと呼び，通信を行うために必要なプロトコルや仕組みを体系的にまとめたものを，**ネットワークアーキテクチャ**と呼びます。以前は，コンピュータ製造メーカによる幾つかのネットワークアーキテクチャが中心で，製造メーカの異なるコンピュータ間の通信は困難でした。こうした状況を打開し，コンピュータ製造メーカの枠を越えたオープンなネットワークを目指して策定されたのが，OSI（Open Systems Interconnection；開放型システム間相互接続）基本参照モデルです。OSI基本参照モデルは，ネットワークを介した通信，そして，その通信を利用したアプリケーションプログラムに必要となる機能を7階層に分け，それぞれの階層が提供すべき機能をモデル化したもので，実際のプロトコルではありません。アプリケーションプログラムに依存する機能など，多くの機能を標準化することを目指したのですが，残念ながら全ての階層が実装されることはありませんでした。しかし，ネットワークを利用したアプリケーションに必要な機能を階層化して実装すること，また，幾つものネットワークを経由しながら通信を行うことなど，今日のネットワーク技術の基礎となる考え方の多くを含んでいます。したがって，OSI基本参照モデルの概要を理解することは，ネットワークを理解する上で重要です。OSI基本参照モデルの各層の機能概要を次ページに整理しておきます。前述のように実際に対応するプロトコルが見当たらず，その機能が理解しづらい層もありますが，階層分けの観点を中心に理解してください。

7階層のうち，**下位3層**によって提供されるのが**エンドシステム間の通信機能**で，この機能を利用して**上位3層**が提供する電子メールやWWWといった**アプリケーション機能**という分類ができます。この場合，その中間に位置するトランスポート層は，どちらの分類にも属さず，**上下の調整**が役割になります。また，**下位3層**が**コンピュータ（システム）間通信**で，**上位4層**は**プロセス間**

通信という分類もできます。

	OSI 基本参照モデル	役　割	機能の分類	通信形態
第7層	アプリケーション層	ファイル転送，WWW の閲覧など具体的なアプリケーション機能を提供します。	アプリケーション機能	プロセス間通信
第6層	プレゼンテーション層	アプリケーション層が扱うデータ表現やフォーマット（抽象構文）を，標準的な形式（標準構文）に変換する機能を提供します。		
第5層	セション層	アプリケーション間の会話（セション）の制御や，ファイル転送における同期点制御などの機能を提供します。		
第4層	トランスポート層	上位3層の要求するサービス水準と，下位3層が提供する水準のギャップを埋めるための機能を提供します。	上下の調整	コンピュータ（システム）間通信
第3層	ネットワーク層	エンドシステム間でデータ転送を行うため，通信経路の選択や中継機能を提供します。	通信機能	
第2層	データリンク層	物理層が提供するビット列の伝送機能を用いて，隣接システム間で確実なデータ転送を行うための機能を提供します。		
第1層	物理層	伝送媒体や信号レベルなど物理的な規定によって，ビットレベルでのデータ転送機能を提供します。		

OSI 基本参照モデルの階層と機能

　一般に，各層のプロトコルによる処理単位（パケット，フレームなど）は，データと宛先情報などの制御情報（ヘッダ，トレーラ）から構成され，データをヘッダとトレーラの制御情報で挟む形式になっています。そして，上位層の処理単位が下位層ではデータとして扱われ，その層の制御情報が付加した形式で処理されます。そしてまた，宛先の上位層には，制御情報を取り除いた元の形式が渡されます。プロトコル階層を理解するためには，この処理イメージをしっかり把握することが大切です。

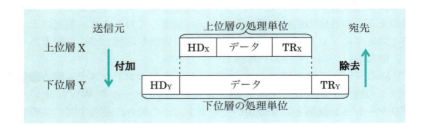

7.1 OSI基本参照モデルとTCP/IP

(2)　TCP/IP

　現在のネットワークで事実上の標準アーキテクチャとなっているのが，TCP/IP（Transmission Control Protocol/Internet Protocol）です。そもそもは UNIX のネットワーク機能として実装されていたものですが，インターネットのプロトコルとして採用されたことから，パソコンから汎用コンピュータまで広く利用される標準プロトコルとなりました。TCP/IP は，TCP と IP という二つのプロトコルのことだけでなく，この二つのプロトコルに関連する多くのプロトコルを含んだ総称として用いられることの方が多いようです。TCP/IP では，OSI 基本参照モデルのアプリケーション層〜セション層の上位 3 層を合わせたものを，アプリケーション層という一つの層にまとめています。

(3)　IP とネットワーク層

　IP（Internet Protocol）は，OSI 基本参照モデルのネットワーク層に対応するプロトコルで，データ（IP パケット）を，**送信元から宛先に届ける**役割を果たします。このときの送信元とは，そのデータを送り始めたノード（通信機器），そして宛先とは，最終的にそのデータを受け取るノードのことです。当たり前のようですが，これがとても重要です。IP による通信は，実際には幾つかのネットワークを経由して実現されています。このとき，経由するネットワーク，つまり，データの中継だけを担当するシステムを**中継システム**（IS；Intermediate System），そして，実際にデータをやり取りする送信元と宛先を**エンドシステム**（ES；End System）と呼びます。IP による通信は，エンドシステム間通信に相当しますが，通信回線によって直接接続されているシステム間は，データリンク層の機能によって送受信されます。つまり IP は，経由するネットワーク（間）のデータリンク層の機能を利用しながら，エンドシステム間の通信を実現するためのプロトコルということができます。一方，データリンク層のプロトコルは，同じ LAN の中など直接通信回線で接続された範囲（隣接ノード間）の通信しか行うことができません。したがって，インターネットのような，幾つかのネットワークを経由するような通信は，データリンク層の機能だけでは実現できません。つまり，データリンク層の機能とネットワーク層の機能の両方がないとエンドシステム間の通信はできないということになります。

第7章 ネットワーク

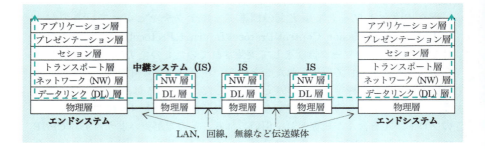

(4) IPアドレス

　IP（Internet Protocol）のInternetとは，幾つかのネットワークを接続したという意味です。IP通信は，ネットワーク間通信とネットワーク内通信という分け方ができます。**ネットワーク間通信**の役割は，宛先のノードまでではなく，**宛先ノードが存在するネットワークの入口（主にルータ）まで届ける**ことです。そして，その**入口から宛先のノードまで届ける**役割が，**ネットワーク内通信**です。

　IPで送信元や宛先を識別するために利用するアドレスが**IPアドレス**ですが，このIPアドレスは，前述の二つの通信を反映するような形式になっています。IPアドレスは，全体で32ビットからなるビット列ですが，上位がネットワークアドレス部，下位がホストアドレス部という二つの部分に分けられています。上位の**ネットワークアドレス部**の値がネットワークを識別し，下位の**ホストアドレス部**の値がそのネットワーク内部の通信機器（ノード）を識別するために使われます。つまり，**ネットワーク間通信**は，**ネットワークアドレス部の値**だけで行われ，宛先のネットワークの入口まで届けられます。そして，入口から宛先のノードまでの**ネットワーク内通信**は，**ホストアドレス部の値**によって行われます。

　IPアドレスには，合計で32ビットという制限があります。ネットワークアドレス部の部分を長くすれば，多くのネットワークを識別できるようになりますが，その分ホストアドレス部の部分が短くなりますから，一つのネットワーク内に設置できるノードの数に制限が出てきます。

7.1 OSI基本参照モデルとTCP/IP

　逆に，ネットワークアドレス部を短くすると，インターネットに接続できるネットワークの数に制限が出てしまいます。このため，ネットワークの規模（ノード数）によって，A，B，Cの三つのクラス分けを行い，クラス別にネットワークアドレス部の長さを変えることで，IPアドレスの有効利用が行われるようになりました。しかしそれでも，IPアドレスの枯渇問題が表面化し，IPアドレスを32ビットから128ビットにしたIPv6（IP version6）が開発されました。ただし，現状では，まだ前バージョンのIPv4（IP version4）の方が主流なので，後述のプライベートIPアドレスやNATの機能を利用して，アドレスの枯渇問題を何とかしのいでいます。

　また，IPアドレスの32ビットのビット列の値は覚えにくいので，URLやメールアドレスには，アルファベットなどで表記するドメイン名が利用されます。この**ドメイン名とIPアドレスの変換を行う**のが，**ドメインネームシステム**（DNS）で，ドメイン名とIPアドレスの対応表をもつサーバをDNSサーバといいます。例えば，電子メールアドレスの@の右側がドメイン名です。通常，ドメインごとにDNSサーバを設置しますが，インターネット全体のDNSサーバは階層構造で管理されていて，自身のDNS対応表にないドメイン名は，さらに上位の階層のDNSサーバに問い合わせます。

(5) サブネット

　大企業などでは，支社や工場などの拠点ごとにネットワークが存在します。しかし，インターネットでは一つの組織を一つのネットワークとして扱うことが原則なので，内部に複数のネットワークがあるような大規模ネットワークであっても，まとめて一つのネットワークとして扱われます。こうしたときに用いられるのが，サブネットという考え方です。サブネットというのは，**インターネット上で一つとして扱われるネットワークを，内部的に複数のネットワークに分割したもの**です。つまり，内部的にはそれぞれ独立したネットワークになります。IPアドレスは，ネットワークアドレス部とホストアドレス部から構成されますが，ホストアドレス部は，組織が自由に使えます。このホストアドレス部の部分にIPアドレスの考え方，つまり，ネットワークアドレス部＋ホストアドレス部という構成を適用したのが，**サブネットアドレス**です。つまり，**ホストアドレス部の上位を，サブネットを識別するためのサブネットアドレス部として利用**し，残りを純粋なホストアドレス部として利用します。インターネット上では純粋なネットワークアドレス部の値だけによる中継が行われますが，組織内部ではネットワークアドレス部＋サブネットアドレス部の値によって中継が行われることになります。

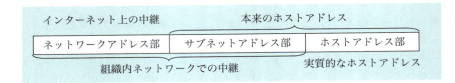

　サブネットを利用すると，サブネットワークアドレス部のビット数が，組織によって異なることになります。このために，コンピュータやルータなどの通信機器に対して，サブネットアドレス部分の長さを示す手段がサブネットマスクです。**サブネットマスク**とは，ネットワークアドレス部＋サブネットアドレス部に対応する部分を「1」，ホストアドレス部に対応する部分を「0」とした32ビットのビット列です。例えば，ネットワークアドレス部の長さが16ビットであるクラスBのIPアドレスで，サブネットの識別のためにホストアドレスの先頭4ビットを用いる場合，サブネットアドレスの長さは20ビットになるので，サブネットマスクの値は11111111 11111111 11110000 00000000（8ビット区切り）になりますが，通常は，8ビットごとに10進数に変換して，255.255.240.0というように表記されます。また，IPアドレスと一緒にサブネットアドレスの長さを示すことができる**CIDR表記**では，172.30.195.67/20のような形式で，"/"の後ろに，サブネットアドレスの長さを記述します。

IPアドレス	10101100 00011110 11000011 01000011	＝172.30.195.67/20
サブネットマスク	11111111 11111111 11110000 00000000	＝255.255.240.0
サブネットアドレス	10101100 00011110 11000000 00000000	＝172.30.192.0

(6)　プライベートIPアドレス

　プライベートIPアドレスは，LANなどの組織内ネットワークだけで利用できるIPアドレスです。これに対し，インターネット中で利用できるIPアドレスのことを**グローバルIPアドレス**と呼びます。通信で用いるアドレスは，通信範囲の中で重複することはできません。一方で，インターネットで利用できるIPアドレスの数は不足しているので，ネットワーク内部の各ノードにプライベートIPアドレスを割り当て，内部の通信にはそのアドレスを使い，インターネット上で通信する必要があるときだけグローバルIPアドレスを利用するという方式が主流となっています。プライベートIPアドレスの値は，本来は自由ですが，クラスA，B，Cごとに決まっている次のアドレスを使うことが一般的です。

クラス A	10.0.0.0～10.255.255.255
クラス B	172.16.0.0～172.31.255.255
クラス C	192.168.0.0～192.168.255.255

プライベート IP アドレス

クラス A，B，C は，先頭のビットパターンによって識別されます。具体的にはクラス A は先頭ビットが「0」，クラス B は先頭 2 ビットが「10」，クラス C は先頭 3 ビットが「110」，クラス D は先頭 4 ビットが「1110」です。クラス A から順に，識別に必要となるビット数が 1 ビットずつ増えていることに注意してください。例えば，IP アドレス 192.168.10.10 の先頭 8 ビット（10 進数で 192）は，"11000000" というビットパターンですから，クラス C ということになります。

クラス A　0　　　　　192.168.10.10
クラス B　10　　　　11000000（2 進数表記）
クラス C　110

なお，クラス D は，IP マルチキャスト用の特殊なアドレスで，一般には利用されません。また，クラス A～C のアドレス構成は，それぞれ次のようになります。

	ネットワークアドレス部	ホストアドレス部
クラス A	8 ビット	24 ビット
クラス B	16 ビット	16 ビット
クラス C	24 ビット	8 ビット

インターネットにアクセスするために，プライベート IP アドレスからグローバル IP アドレスへの変換，また，その逆を行うのが NAT（Network Address Translation）と呼ばれる機能です。この NAT 機能は，ルータなどのネットワークの出入り口に位置する機器に内蔵されていますが，プライベート IP アドレスとグローバル IP アドレスを 1 対 1 に対応させるので，機器内部に設定されているグローバルアドレスの数以上は同時に変換できません。これに対して，NAPT（Network Address Port Translation）というアドレス変換法があります。NAPT は TCP のポート番号を利用することで，複数のプライベートアドレスを一つのグローバルアドレスに変換するので，一つのグローバルアドレスを共有して，同時にインターネットにアクセスすることができます。また，

第7章 ネットワーク

NAPT は **IP マスカレード**（IP masquerade）とも呼ばれます。なお，最近では NAPT によるアドレス変換が主流なので，NAPT を単に NAT と呼ぶこともあります。

> NAT　：プライベート IP アドレスとグローバル IP アドレスが 1 対 1
> NAPT：複数のプライベート IP アドレスを一つのグローバル IP アドレスに

(7) TCP と UDP

　TCP/IP は何らかのアプリケーション機能を実現するために必要な通信機能として利用されます。ネットワーク層では，IP による通信を行いますが，メールや WWW へのアクセスなどのように，目的のアプリケーション機能が，データ抜けなどに対する信頼性を求めるような場合には，上位のトランスポート層のプロトコルとして受信確認やフロー制御の機能をもつ TCP（Transmission Control Protocol）を利用します。一方，動画の配信など信頼性よりも即時性（性能）を求めるような場合には，受信確認やフロー制御の機能のない UDP（User Datagram Protocol）を利用します。また，TCP は信頼性を確保するために，送受信に先立ちコネクションと呼ばれる論理的な結合を行うので，**コネクション型**のプロトコルと呼ばれます。一方，UDP は**コネクションレス型**のプロトコルと呼ばれています。

(8) 代表的なアプリケーションプロトコル

- HTTP（HyperText Transfer Protocol）：Web ページの閲覧のために，Web ブラウザと Web サーバの間で，HTML 文書を転送するためのプロトコルです。
- FTP（File Transfer Protocol）：インターネットに接続されたコンピュータ間でファイル転送を行うためのプロトコルです。
- TFTP（Trivial File Transfer Protocol）：FTP と同様に，インターネットに接続されたコンピュータ間でファイル転送を行うためのプロトコルです。FTP は TCP 上で動作しますが，TFTP は UDP 上で動作します。そのため転送効率は良いですが，信頼性は重視されていません。
- TELNET：ネットワークを介して遠隔地のコンピュータにログインして，ログインしたコンピュータの端末として遠隔操作するためのプロトコルです。
- SMTP（Simple Mail Transfer Protocol）は，クライアントからメールサーバへのメール送信，メールサーバ間のメール送受信を行うプロトコルです。

　　なお，クライアントからメールサーバ上のメールの読出しには，クライアント上で受信メールを管理する POP3（Post Office Protocol version3）

7.1 OSI基本参照モデルとTCP/IP

や，メールサーバ上で管理する IMAP4（Internet Message Access Protocol version4）を用います。

(9) ARP

ARP（Address Resolution Protocol）は，IP アドレスからイーサネットの物理アドレスである MAC（Media Access Control）アドレスを得るプロトコルです。IP パケットは，IP アドレスに基づいて送受信されますが，実際の通信を行うデータリンク層レベルでは MAC アドレスが必要です。ARP では，宛先の IP アドレスを設定した ARP リクエストをネットワーク内部にブロードキャストします。そして，その IP アドレスに該当するホスト（通信機器）は，自身の MAC アドレスを含む情報を ARP レスポンスとして返します。そして，この MAC アドレスを宛先としたデータリンク層レベルの通信が行われます。なお，ARP とは逆に MAC アドレスによって IP アドレスを得る RARP（Reverse ARP）というプロトコルもあります。

(10) DHCP

IP による通信を行うためには，個々のホストに対して，IP アドレスやサブネットマスクなどの値を設定する必要がありますが，こうした値を自動で設定するための機能を提供するのが，DHCP（Dynamic Host Configuration Protocol）です。各ホストに設定する値は，DHCP サーバによって割り当てられるので，ネットワーク上の IP アドレスが集中管理されることになり，ノードの増設やサブネットをまたがった移動などにも容易に対応可能です。

第7章

第7章 ネットワーク

▶▶▶ **Check**

理解度チェック ▶ **7.1 OSI 基本参照モデルと TCP/IP**

次の文中の ☐ に適切な用語や数値を入れてください。

(1) ネットワークによる通信を行うアプリケーションプログラムに必要と
なる機能を, ☐ ア 階層に分割し, それぞれの階層の機能を示したモデ
ルが ☐ イ です。 ☐ イ の各層を機能の役割によって分類すると, 下
位 3 層の物理層, ☐ ウ , ネットワーク層が ☐ エ 機能, 上位 3 層
のセション層, プレゼンテーション層, アプリケーション層が ☐ オ 機
能, そして, 中間に位置する ☐ カ が, 上位 3 層と下位 3 層の調整機
能というようにとらえることができます。また, 通信形態によって分類す
ると, 上位の ☐ キ 層がプロセス間通信, 下位の ☐ ク 層がシステ
ム間通信というように分けられます。

(2) インターネットの標準アーキテクチャである ☐ ケ は, OSI 基本参
照モデルのトランスポート層に相当する ☐ コ , ネットワーク層に相
当する ☐ サ の二つのプロトコルを意味するだけなく, ☐ ケ を中心
とした一連のプロトコル体系という意味でも使われます。

(3) ネットワーク層に相当する IP は, ☐ シ 間の通信を実現するための
プロトコルです。インターネットにおける ☐ シ 間の通信は, 幾つか
のネットワーク間の中継によって実現されますが, この中継のための直接
接続されたシステム間の通信は, それぞれのシステム間の ☐ ス 層の
機能によって行われます。

(4) IPv4 の IP アドレスは, 全体で ☐ セ ビット長のアドレスで, インタ
ーネット内で ☐ ソ を識別する ☐ ソ アドレス部と, ☐ ソ 内部で
目的の通信機器（ノード）を識別する ☐ タ アドレス部から構成され
ます。また, 一つのネットワークが幾つかのサブネットワークに分割され
ているときには, ☐ タ アドレス部の前の部分をサブネットワークの識
別のための ☐ チ アドレスとして利用します。また, この ☐ チ ア
ドレスの長さを示すために ☐ ソ アドレス部と ☐ チ アドレスに対
応する部分を 1, ☐ タ アドレスに対応する部分を 0 としたビット列で
ある ☐ ツ を用います。

(5) グローバル IP アドレスは不足しているので, ネットワーク内部の通信
には, 内部だけで通用する ☐ テ IP アドレスを利用します。しかし,

7.1 OSI基本参照モデルとTCP/IP

このアドレスはインターネットでは使えないので，インターネットへの
アクセスが必要なときには，　[　ト　]　IP アドレスを用いる必要がありま
す。そして，そのために，ネットワークの出入り口に当たるルータが，
[　テ　]　IP アドレスと　[　ト　]　IP アドレスの変換を行いますが，一般に，
このアドレス変換は　[　ナ　]　と呼ばれます。通常の　[　ナ　]　では，同時
に複数のホストが一つの　[　ト　]　IP アドレスを共用することはできませ
ん。しかし，TCP ヘッダ中の　[　ニ　]　を利用することで，一つの　[　ト　]　IP
アドレスを同時に複数のホストが共用できる　[　ヌ　]　というアドレス変
換方式もあります。

(6)　IP の上位層に当たるトランスポート層のプロトコルには，信頼性を重視
した　[　ネ　]　型の　[　ノ　]　と，即時性（性能）を重視した　[　ハ　]　型の
[　ヒ　]　があります。また，アプリケーションプロトコルとしては，Web
ページ閲覧に用いる　[　フ　]，メールの送信やメールサーバ間の送受信
に用いる　[　ヘ　]，ファイル転送のための　[　ホ　]（TCP 上で動作）や
[　マ　]（UDP 上で動作）などがあります。

(7)　LAN の内部では，IP パケットは　[　ミ　]　層に対応する LAN のプロトコ
ルによって転送されます。この通信では，IP アドレスに対応する LAN レベ
ルのアドレスが必要になりますが，このアドレスを知るためのプロトコル
が　[　ム　]　です。また，IP 通信を行うためには，IP アドレスやサブネット
マスク，デフォルトゲートウェイアドレスなどが必要になりますが，こう
した値を各ホストに対して割り当てるためのプロトコルが　[　メ　]　です。

解 答

(1)　ア：7　イ：OSI 基本参照モデル　ウ：データリンク層　エ：通信
　　オ：アプリケーション　カ：トランスポート層　キ：4　ク：3
(2)　ケ：TCP/IP　コ：TCP　サ：IP
(3)　シ：エンドシステム　ス：データリンク
(4)　セ：32　ソ：ネットワーク　タ：ホスト　チ：サブネット
　　ツ：サブネットマスク
(5)　テ：プライベート　ト：グローバル　ナ：NAT　ニ：ポート番号
　　ヌ：NAPT
(6)　ネ：コネクション　ノ：TCP　ハ：コネクションレス　ヒ：UDP
　　フ：HTTP　ヘ：SMTP　ホ：FTP　マ：TFTP
(7)　ミ：データリンク　ム：ARP　メ：DHCP

第7章 ネットワーク

▶▶▶ **Question**

問題で学ぼう

問1 OSI 基本参照モデルにおけるネットワーク層の説明として，適切なものはどれか。

(H17 春-SW 問 55)

ア エンドシステム間のデータ伝送を実現するために，ルーティングや中継などを行う。

イ 各層のうち，最も利用者に近い部分であり，ファイル転送や電子メールなどの機能が実現されている。

ウ 物理的な通信媒体の特性の差を吸収し，上位の層に透過的な伝送路を提供する。

エ 隣接ノード間の伝送制御手順（誤り検出，再送制御など）を提供する。

解説

OSI の**ネットワーク層**は，（ア）にあるようにエンドシステム間のデータ伝送を実現するための機能を提供します。また，OSI で想定しているネットワークの形態は，インターネットのように，実際にデータの送受信を行う両端のネットワーク（エンドシステム）の間に，中継だけを行う中継システムが存在していることも思い出しておきましょう。インターネットの場合，中継システムに求められる機能は，主にルータによって実現されています。

LAN ケーブルや通信回線で直接接続された通信機器同士のことを，**隣接ノード**と呼びます。この隣接ノード間の通信を行うための機能を提供するのが，**データリンク層**でしたね。そして，ネットワーク層によるエンドシステム間の通信は，経由するネットワークのデータリンク層が提供する隣接ノード間通信機能（サービス）を利用することによって，実現されているということも思い出しておいてください。

イ：最も利用者に近い層ですから，最上位層のアプリケーション層についての記述です。**アプリケーション層**には，利用者が実際に利用するファイル転送や電子メールなど，利用目的に合わせたプロトコルが対応します。

ウ：ケーブルなどの物理的な通信媒体に関する規格などを規定するのが**物理層**ですが，物理的な特性の差はこの規格だけでは吸収できません。この場合の透過的というのは，利用者（上位プロトコル）がこうした物理的な特

性を意識する必要がないというような意味です。通常，データリンク層の
プロトコルは，こうした物理的な特性を意識して設計，実装され，ネット
ワーク層以上の上位層に，透過的な伝送路を提供すると考えるのが一般的
です。いずれにしろ，ネットワーク層の説明ではありません。
エ：隣接ノード間ですから，データリンク層についての記述です。

解答　ア

問2　ルータがルーティングテーブルに①〜④のエントリをもつとき，
10.1.1.250 宛てのパケットをルーティングする場合に選択するエントリはど
れか。ここで，ルータは最長一致検索及び可変長サブネットマスクをサポー
トしているものとする。

(H27 秋·AP 問32)

エントリ	宛先	サブネットマスク	ネクストホップ
①	10.0.0.0	255.0.0.0	192.168.2.1
②	10.1.1.0	255.255.255.0	192.168.3.1
③	10.1.1.128	255.255.255.128	192.168.4.1
④	0.0.0.0	0.0.0.0	192.168.1.1

ア　①　　　　イ　②　　　　ウ　③　　　　エ　④

解説

　最長一致というのは，文字列検索などで，マッチするものが複数あるとき
に，最も長い文字数のものを選択することです。ルータの**最長一致検索**では，
サブネットマスクによって抽出したサブネットアドレスが複数のエントリ
と一致したときに，最も長いもの（エントリ）を選択します。

　図のルーティングテーブルには，三つのサブネットマスクがありますが，
最も長いものは③の "255.255.255.128" なので，まず，③について考えま
す。三つある "255" 部分は，該当する 8 ビットがそのまま取り出されます。
したがって，宛先 IP アドレス "10.1.1.250" のうち先頭 24 ビットはそのま
ま取り出され "10.1.1" になります。そして，続く "128" の 2 進表示は
"10000000" なので，該当 8 ビットの先頭 1 ビットだけが取り出されます。
一方，宛先 IP アドレスの該当部分 "250" の 2 進表示は "11111010" です
から，サブネットアドレスは "10000000" になるので，サブネットアドレス
の値は "10.1.1.128" となり，これは③の宛先と一致します。したがって，(ウ)

341

が正解です。

なお，①，②についても，サブネットアドレス部分が宛先と一致しますが，最長一致検索なので，③が優先です。また，④の"0.0.0.0"については，宛先IPアドレスがどんな値であっても，論理積（AND）が"0.0.0.0"

になり必ず一致します。したがって，①～③に一致しないとき，つまり，「その他」という意味になります。

解答　ウ

問3　次のIPアドレスとサブネットマスクをもつPCがある。このPCのネットワークアドレスとして，適切なものはどれか。

(H31春-AP 問34)

　　IPアドレス：　　　　10.170.70.19
　　サブネットマスク：255.255.255.240

　ア　10.170.70.0　　　　　　イ　10.170.70.16
　ウ　10.170.70.31　　　　　　エ　10.170.70.255

解説

　IPv4のIPアドレスは，ネットワークアドレスとホストアドレスから成り立っています。ネットワークアドレスはIPアドレスをもつ機器が所属するネットワークを表し，ネットワークアドレスが同じであれば，直接対象の機器と通信ができますが，ネットワークアドレスが異なるIPアドレスとの通信はゲートウェイ（ルータ）を介して行います。サブネットマスクとは，IPアドレスからネットワークアドレスを取得するためのマスク値であり，2進数で表すと先頭ビットから連続する1（1の数はネットワークに収容できる機器の台数で伸縮する）で表されます。IPアドレスとサブネットマスクからネットワークアドレスを求める場合，IPアドレスとサブネットマスクの論理積（AND演算）をすることで求めることができます。では，実際にネットワークアドレスを求めてみましょう。論理積を計算するには10進数で表現されたIPアドレス（10.170.70.19）とサブネットマスク（255.255.255.240）を左から順に2進数に変換して計算します。

IPアドレス	00001010	10101010	01000110	00010011
サブネットマスク	11111111	11111111	11111111	11110000
ネットワークアドレス	00001010	10101010	01000110	00010000

以上のように計算でき，2進数を8ビットずつ10進数に変換すると，10.170.70.16となります。したがって，正解は（イ）です。

なお，ホストアドレスのビットが全て1のアドレスはブロードキャストアドレスと呼ばれ，ネットワークアドレスに接続されている全ての機器にデータを送る際に使用する特別なIPアドレスとなります。本問では（ウ）がブロードキャストアドレスに該当します。

解答　イ

問4　WANを介して二つのノードをダイヤルアップ接続するときに使用されるプロトコルであり，リンク制御やエラー処理機能をもつものはどれか。

〔H29春·AP 問33〕

ア　FTP　　　イ　PPP　　　ウ　SLIP　　　エ　UDP

解説

PPP（Point to Point Protocol）は，2点間接続のためのデータリンク層のプロトコルで，以前は電話回線によってプロバイダに接続するためのダイヤルアップPPPとして利用されていました。また，最近は光回線などによる常時接続サービスで，イーサネットを利用したPPP over Ethernetとして利用されています。したがって，（イ）が正解です。

その他のプロトコルについても確認していきましょう。

ア：FTP（File Transfer Protocol）は，インターネットに接続されたコンピュータ間でファイル転送を行うためのプロトコルです。

ウ：SLIP（Serial Line Internet Protocol）は，PPPと同じくダイヤルアップ接続で使用されるプロトコルですが，エラー処理機能やリンク制御機能をもっていないプロトコルです。

エ：UDP（User Datagram Protocol）は，TCP（Transmission Control Protocol）とともにトランスポート層の代表的なプロトコルです。**TCPがコネクション型**，**UDPがコネクションレス型**になります。

なお，**コネクション**とは，通信に先立って行われるプロセス間の論理的な結合のことで，コネクション要求を送り，応答を受け取ります。この要求と

応答のやり取りは双方が行いますが，一方のプロセスは，相手からのコネクション要求に対する応答に，要求の役割を付加して送るので，実際には図のような三つのデータグラムのやり取りによって実現され，**3ウェイハンドシェイク方式**と呼ばれています。TCPはこのコネクション設定によって，信頼性を高めるための確認応答や順序制御などの機能をもちます。一方のUDPはコネクションを設定しないので，このような機能はありませんが，その代わりとして効率的な通信を行うことができます。つまり，信頼性と即時性（性能）のどちらを優先するかによって，TCPとUDPを選択することになります。

3ウェイハンドシェイク

解答　イ

問5　IPv4のマルチキャストに関する記述のうち，適切なものはどれか。

(H30秋-NW 午前Ⅱ問11)

ア　全てのマルチキャストアドレスは，アドレスごとにあらかじめ用途が固定的に決められている。
イ　マルチキャストアドレスには，クラスDのアドレスが使用される。
ウ　マルチキャストパケットは，TTL値に関係なくIPマルチキャスト対応ルータによって中継される。
エ　マルチキャストパケットは，ネットワーク上の全てのホストによって受信され，IPよりも上位の層で，必要なデータか否かが判断される。

解説

　IPv4のマルチキャスト通信に用いられるIPアドレスのアドレスクラスはクラスDの224.0.0.0〜239.255.255.255の範囲内のものが使用されます。したがって（イ）が正解です。

ア：クラスDのIPアドレスの範囲は広く，クラスDのアドレスをさらに細分化し用途を定めているブロックがあります。しかし，全てのアドレスブロックの用途が定められているわけではなく，アドホックブロックとして用途を定めないアプリケーション用のアドレスブロックもあるので誤った記述です。

ウ：マルチキャストパケットであってもルータを通過するごとにTTL値を1減算しTTL値が0になったらパケットを破棄するので誤った記述です。

7.1 OSI基本参照モデルとTCP/IP

エ：IPv4 のブロードキャストの説明です。マルチキャストでは宛先 IP アド
　　レスに指定されているマルチキャストアドレスが自ホストで受け取るか
　　どうかを IP の層で判断し，上位の層に渡す仕組みのため，マルチキャス
　　トの説明ではありません。

解答　イ

問6　IPv6 アドレスの表記として，適切なものはどれか。

(R4 春·AP 問 31)

　ア　2001:db8::3ab::ff01　　　　　　イ　2001:db8::3ab:ff01
　ウ　2001:db8.3ab:ff01　　　　　　　エ　2001.db8.3ab.ff01

解説

　IPv4 の IP アドレス枯渇を背景として IPv6 の仕様が検討され普及が進ん
できています。IPv4 では IP アドレスを 32 ビットで表していましたが，IPv6
では 128 ビットで表すため，天文学的な数の IP アドレスを割り当てること
ができるようになっています。IPv4 では 8 ビットずつ 10 進数に変換し，“.”
（ドット）で区切って IP アドレスを表記していましたが，IPv6 ではビット
長が 4 倍になったこともあり，4 ビット単位の 16 進数で表記し，16 進数で
表記したものを 4 桁ごと（16 ビットごと）に “:”（コロン）で区切って表記
するようになっています。この表記法では 0（ゼロ）を次のルールで省略す
ることができるようになっています。

　・4 桁連続の“0000”は“0”と表記する。
　・先頭の“0”は省略する（例：“0db8”→“db8”）
　・連続する“0”は省略する（例：“2001:0:0:0:ff01”→“2001::ff01”）

　ただし，連続する“0”が複数箇所ある場合は，連続する“0”が長い方だけを
省略します。同じ長さの場合は，先頭の方を省略します。

　（例：“2001:0db8:0000:0000:0000:03ab:0000:ff01”→“2001:db8::3ab:0:ff01”,
“2001:0db8:0000:0000:03ab:0000:0000:ff01”→“2001:db8::3ab:0:0:ff01”）

　また，IPv6 アドレスの機器と IPv4 の機器が共存するネットワークにおい
ては，IPv4 アドレスを IPv6 アドレスに埋め込む表記も許容されています。
例えば，IPv6 アドレスの先頭 96 ビットが“2001:db8:1:2::ffff”，IPv4 アドレ
スが“122.220.194.180”の場合，IPv4 アドレスを埋め込んで生成された IPv6
アドレスは “2001:db8:1:2::ffff:122.220.194.180” と表記できます。ちなみ
に，IPv4 アドレス部分も 16 進数で表記すると，“2001:db8:1:2::ffff:7adc:c2b4”

第7章

345

第7章 ネットワーク

となります。

　各選択肢がこれらのルールに沿っているかを確認すると，

ア：“::”となっている箇所が2か所あり，連続する“0”が複数箇所ある場合は，連続する“0”が長い方だけ省略するというルールに沿っていないので適切ではありません。

イ：全てのルールに沿っており，IPv6のアドレス表記として適切です。

ウ，エ：どちらも“.”の表記がありますが，16進数で表記するので適切ではありません。

　したがって，（イ）が正解です。

解答　イ

問7　PCが，NAPT（IPマスカレード）機能を有効にしているルータを経由してインターネットに接続されているとき，PCからインターネットに送出されるパケットのTCPとIPのヘッダのうち，ルータを経由する際に書き換えられるものはどれか。

(R3秋·AP 問33)

　ア　宛先のIPアドレスと宛先のポート番号
　イ　宛先のIPアドレスと送信元のIPアドレス
　ウ　送信元のポート番号と宛先のポート番号
　エ　送信元のポート番号と送信元のIPアドレス

解説

　NAPT（Network Address Port Translation）はIPマスカレードとも呼ばれ，一つのグローバルIPアドレスを複数のホストで共有するためにIPアドレスとポート番号の組合せで変換を行う仕組みであり，ルータなどのネットワークの境界の装置で動作します。

　例えば，プライベートIPアドレスが割り振られたホスト(x.x.x.x)からインターネット上のWebサーバ(y.y.y.y)にアクセスする際の動作は以下のようになります。

7.1 OSI基本参照モデルとTCP/IP

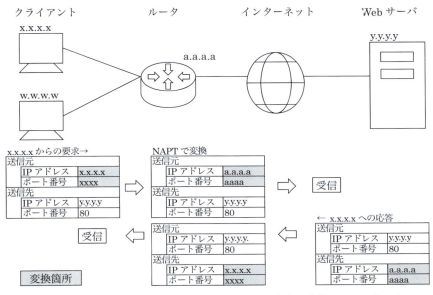

　ルータで送信元 IP アドレスと送信元ポート番号が変換され，プライベート IP アドレスのホストからインターネット上の Web サーバへのアクセスを実現しています。また，Web サーバからの応答についても，ルータ宛に届いたものを逆の変換をすることによって，もともと要求していたホストに送信し双方向の通信を行っています。したがって（エ）が正解となります。

解答　エ

問8　TCP，UDP のポート番号を識別し，プライベート IP アドレスとグローバル IP アドレスとの対応関係を管理することによって，プライベート IP アドレスを使用する LAN 上の複数の端末が，一つのグローバル IP アドレスを共有してインターネットにアクセスする仕組みはどれか。

(H28 秋-AP 問 34)

　ア　IP スプーフィング　　　　　イ　IP マルチキャスト
　ウ　NAPT　　　　　　　　　　エ　NTP

解説
　TCP，UDP のポート番号を識別し，プライベート IP アドレスとグローバル IP アドレスとの対応関係を管理することによって，プライベート IP アドレスを使用する LAN 上の複数の端末が，一つのグローバル IP アドレスを共

第7章 ネットワーク

有してインターネットにアクセスする仕組みは NAPT（Network Address Port Translation）なので，（ウ）が正解です。

　NAPT（IP マスカレード）は，組織ネットワーク（LAN など）内部に接続された PC などの機器に割り当てられたプライベート IP アドレスを，インターネット上で利用できるグローバル IP アドレスに変換する NAT（ネットワークアドレス変換）手法の一つで，送信元 IP ポート番号を利用することで，一つのグローバル IP アドレスを複数の機器で共用できるようにするものです。通常の場合，組織ネットワークとインターネットの境界には，ルータが設置されているので，NAPT などのアドレス変換機能は，このルータによって行われることが一般的です。そして，このときの変換は，**組織ネットワーク内部の IP アドレスやポート番号**に対して行われます。つまり，組織ネットワークからインターネットへの中継時には，組織ネットワーク側は送信元になるので，送信元のアドレスを変換します。逆に，インターネットからの中継時には，送信先が内部になるので，送信先のアドレスが変換されます。

　その他の用語の意味は，次のとおりです。

ア：IP スプーフィングとは，自分自身がもつ IP アドレスとは別の IP アドレスを使うことです。攻撃者が DoS 攻撃などを行う際に，身元を隠すために使用する手段です。

イ：IP マルチキャストとは，IP パケットを特定のグループだけに配送することです。IPv4 でマルチキャスト通信を行うためには，"224.0.0.0〜239.255.255.255" の範囲にある IP アドレスが使用されます。

エ：NTP（Network Time Protocol）とは，ネットワークに接続されたコンピュータが NTP サーバから時刻情報を取得するために使用するプロトコルです。

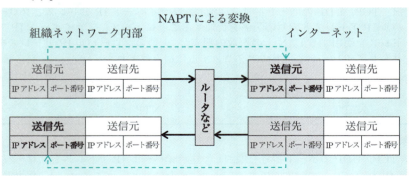

解答　ウ

348

7.1 OSI基本参照モデルとTCP/IP

> **問9** IPv4 ネットワークにおいて，あるホストが属するサブネットのブロードキャストアドレスを，そのホストの IP アドレスとサブネットマスクから計算する方法として，適切なものはどれか。ここで，論理和，論理積はビットごとの演算とする。
>
> ◎**高度午前Ⅰ** （R3 秋-AP 問 35）
>
> ア　IP アドレスの各ビットを反転したものとサブネットマスクとの論理積を取る。
>
> イ　IP アドレスの各ビットを反転したものとサブネットマスクとの論理和を取る。
>
> ウ　サブネットマスクの各ビットを反転したものと IP アドレスとの論理積を取る。
>
> エ　サブネットマスクの各ビットを反転したものと IP アドレスとの論理和を取る。

解説

ブロードキャストアドレスとは同一ネットワーク内の全ての機器に一斉配信するための特別なアドレスのことです。

同一ネットワークとは IP アドレスのネットワークアドレスが同一の範囲を指し，ブロードキャストアドレスはホスト部のビットを全て 1 にしたものとなります。

例えば，ホストの IP アドレスを 10.16.32.117/26 というように CIDR 表記（"/26" というサブネットマスクの表記方法）にした場合，サブネットマスクは 255.255.255.192（2 進数表記で 11111111.11111111.11111111.11000000 となり，1 が 26 個）と表せます。

IP アドレスとサブネットマスクの論理積を取ると

```
00001010. 00010000. 00100000. 01 110101
11111111. 11111111. 11111111. 11 000000
```
───────────────────────────────
```
00001010. 00010000. 00100000. 01 000000
```
　　　　ネットワークアドレス←|→ホスト部（ホストアドレス）

となり，10.16.32.64 これがネットワークアドレスとなります。

ブロードキャストアドレスはネットワークアドレスのホスト部が全て 1 のものつまり

00001010. 00010000. 00100000. 01111111 （10.16.32.127 ※10 進数表記）

となります。

第7章 ネットワーク

（ア）～（エ）をそれぞれ計算すると

（ア）
11110101. 11101111. 11011111. 10001010
11111111. 11111111. 11111111. 11000000
―――――――――――――――――――――（論理積）
11110101. 11101111. 11011111. 10000000（245.239.223.128 ※10進数表記）
（イ）
11110101. 11101111. 11011111. 10001010
11111111. 11111111. 11111111. 11000000
―――――――――――――――――――――（論理和）
11111111. 11111111. 11111111. 11001010（255.255.255.202 ※10進数表記）
（ウ）
00001010. 00010000. 00100000. 01110101
00000000. 00000000. 00000000. 00111111
―――――――――――――――――――――（論理積）
00000000. 00000000. 00000000. 00110101 （0.0.0.53 ※10進数表記）
（エ）
00001010. 00010000. 00100000. 01110101
00000000. 00000000. 00000000. 00111111
―――――――――――――――――――――（論理和）
00001010. 00010000. 00100000. 01111111 （10.16.32.127 ※10進数表記）
となり，（エ）が正解です。

　ネットワークアドレスはホストの IP アドレスとサブネットマスクの論理積，ブロードキャストアドレスはホストの IP アドレスとサブネットマスクを反転したものの論理和と覚えておくとよいでしょう。

解答　エ

7.2 LAN

▶▶▶ Explanation
ポイントの解説

（1） LAN のトポロジ

LAN のトポロジとは，LAN を構成する通信機器の接続形態のことで，代表的なトポロジには，次の 3 種類があります。

①バス型

バスと呼ばれる 1 本の通信路から分岐させる形で，通信機器を接続した形態で，バスの両端には信号の反射（折返し）を防ぐターミネータを接続します。代表的なバス型 LAN には，太い同軸ケーブル（イエローケーブル）を使用した 10BASE5，細いケーブルを使用した 10BASE2，そして，より対線を使用した 10BASE-T があります。なお，10BASE5 の "10" は 10M ビット／秒の伝送速度，"BASE" はベースバンド伝送方式，"5" は 1 セグメント最大 500m まで可能という意味を表しています。なお，10BASE-T の "T" は，Twisted Pair Cable の T ですが，この場合のハブからの最大ケーブル長は 100m です。

②スター型

サーバなどの伝送制御を行う中心機器に，他の通信機器をそれぞれ接続する形態です。各通信機器を別々に接続しますから，構成の変更が容易ですが，中心となる機器が故障した場合にはその影響が全体に及びます。また，ハブのような集線装置に各通信機器を接続する形態をこのスター型に分類することもあります。

③リング型

リング，つまり，環状に通信機器を接続する形態です。通信機器やその間のケーブルが LAN の伝送路を構成する形態なので，一部の通信機器が故障すると，LAN 全体に影響を及ぼすことになります。リング型の LAN は，バックボーンなど，基幹 LAN に利用されることが多いので，障害装置のバイパスを設けたり，伝送路を二重化したりというような障害対策がとられます。

第7章 ネットワーク

（2） LAN のアクセス制御方式

LAN 上での通信が正しく行えるようにするためのプロトコルのことを，アクセス制御方式と呼び，CSMA/CD とトークンパッシングの二つが代表的です。通信で問題とされることの一つに，通信路（LAN）上でのデータの衝突があります。通信路上でのデータは電気信号などの形で送られるのですが，この信号が衝突して混じってしまうと，元の内容が分からなくなってしまいます。つまり，通信路上で衝突が発生すると，データが正しく送受信できません。LAN にはたくさんの通信機器（ノード）が接続されていますから，それぞれのノードが勝手にデータを送ると通信路上での衝突が発生することは目に見えています。したがって，何らかの交通整理が必要になります。この仕組みがそれぞれのプロトコルの特徴として出題されるので，この辺りを中心に理解しておきましょう。

①CSMA/CD 方式

CSMA/CD（Carrier Sense Multiple Access with Collision Detection）方式では，伝送路上を流れる信号の状態を調べることによって，伝送路の使用状況をチェックします。具体的には，データの送信に先だって伝送路の信号状態をチェックします（Carrier Sense；搬送波感知）。既に他のデータが流れている（使用中）の場合には，データを送信しても衝突することは明らかですから，しばらく（ノードごとに異なるランダムな時間）待って伝送路が空いてからデータを（再）送信することで，衝突の発生を防ぎます。しかし，これだけでは十分ではありません。例えば，2 台のノードが同時にデータを送ろうとして通信路の状態をチェックした場合，双方とも空いていると判断して，同時にデータを送ってしまうことになります。こうした事態に対しては，データ送信後も伝送路の状態を監視することでデータの衝突を検知します（Collision Detection；衝突検知）。そして，衝突を検知した場合には，送信を中断してしばらく待ってから再送します。ある程度の衝突が前提のアクセス制御方式ですが，衝突が多くなると性能が急激に悪化するので，LAN の使用率をあまり高くすることができません。

送信前チェック：Carrier Sense　　　；搬送波感知
送信中チェック：Collision Detection；衝突検知

②トークンパッシング方式

トークンパッシング方式では，LAN 上にトークンと呼ばれる特殊なメッセージを巡回させます。このトークンは送信権に相当するもので，トークンを得たノードだけが LAN 上にデータを送信できるというルールによって衝突

7.2 LAN

を防ぎます。トークンは LAN 内部に一つだけなので，トークンを得ることができるノードも LAN 内部で一つだけです。そして，そのノードだけがデータを送信できるので，複数のデータが LAN 上に同時に送信されることはなくデータの衝突は起きません。

なお，トークンパッシング方式は，主にリング型の LAN で使われ，この場合トークンリングと呼ばれます。また，バス型の LAN で使用されるトークンバスというのもあります。制御のための負荷は高くなりますが，衝突が発生しないので，ある程度までは LAN の使用率が高くなっても，性能は悪化しません。

（3） LAN 間接続装置

LAN には，信号が正しく伝わる距離の制限や，LAN 上のデータ量（トラフィック）の増加による性能悪化などの問題があり，単純にケーブルを延長したり，接続機器の数を増やしたりすることはできません。このために，セグメントなどと呼ばれる，複数の LAN に分割します。そして，こうした LAN の間を接続するために使用されるのが，**LAN 間接続機器**と呼ばれる装置です。代表的なものに，リピータ，ブリッジ，ルータ，ゲートウェイがあります。

①リピータ

電気信号の伝送距離が長くなると，減衰と呼ばれる現象によって信号が弱くなります。また，伝送路上で雑音が入ることで信号が歪んでしまうこともあり，電気信号の伝送距離には限界があります。こうした場合には，ある程度の距離ごとに LAN の**セグメント**を分けます。そして，信号を増幅したり形を整えたりすることで伝送距離を延長する装置で，セグメント間を接続します。リピータは，入力となる**信号の増幅**と**整形**をしてそのまま出力する信号レベルの処理しか行わないため，OSI の**物理層**に対応した装置に分類されます。

②ブリッジ

リピータによって伝送距離による制限が緩和され，より多くの通信機器を接続することができるようになります。しかし，接続台数が増え LAN 上のトラフィックが増加すると，データ量や衝突が増え LAN の性能が悪化してしまいます。ブリッジは，単に LAN セグメントを接続するために全てのデータを中継するのではなく，不要なデータは中継しない**フィルタリング**という機能をもっています。LAN には，特定のグループ内通信が多く，グループ外部宛てのものは少ないという特徴があります。

第7章 ネットワーク

　こうした特徴に着目してグループごとに LAN セグメントを分け，その間をブリッジで接続することによって，接続台数の増加に伴うデータ量の増加（LAN の性能悪化）を抑えることができます。このフィルタリング機能には，OSI のデータリンク層レベルの MAC アドレスが利用されるので，ブリッジは**データリンク層**に対応する機器に分類されます。

　最近は，ハブと呼ばれる接続装置が用いられることがほとんどですが，リピータと同等の増幅機能しかもたないハブをリピータハブと呼びます。また，リピータハブの機能に加えて，宛先の通信機器が接続されているポートにだけデータを送るスイッチング機能（ブリッジのフィルタリングに相当）をもつハブを**スイッチングハブ**と呼びます。つまり，物理層に対応する機能しかもたないハブがリピータハブ，データリンク層に対応する機能までもつハブがスイッチングハブです。

ブリッジ／スイッチングハブ：MAC アドレスによる**フィルタリング（スイッチ）**
リピータ／リピータハブ　　：信号の増幅整形による**伝送距離の延長**

③ルータ

　IP アドレスによって，IP パケットの**経路選択**や**中継**を行う装置です。ルータを挟むと（サブ）ネットワークが別になるので，LAN 間接続装置という位置付けには若干疑問がありますが，試験問題では，リピータやブリッジとともに出題されます。なお，ルータは OSI の**ネットワーク層**に対応した装置に分類されます。

④ゲートウェイ

　プロトコル体系などが異なるネットワーク同士を接続するためのコンピュータや，そのコンピュータ上で動作するソフトウェアのことです。例えば，従来のメインフレームのネットワークをインターネットに接続するときなどに利用してきました。コンピュータとソフトウェアの組合せですから，ソフトウェアを開発すれば様々なことができるので，その機能は一律ではありません。OSI のネットワーク層以下には，ルータ，ブリッジ，リピータという標準機器がありますから，こうした標準機器でできないような，**プロトコル変換などを含んだ中継**を行うのが，ゲートウェイであると理解するのが妥当でしょう。また，試験では**トランスポート層以上**に対応する機器という位置付けで出題されています。

（4）無線 LAN 規格

無線 LAN の規格として IEEE 802.11 があります。IEEE 802.11 には複数の規格があり，使用する周波数帯や最大通信速度が異なります。

IEEE 802.11 の規格の後ろにつくアルファベットで規格を識別することが難しいため，世代名を使った表記も行われるようになっています。現時点では 1〜3 は欠番，7 以降も未定義です。4,5,6 の順に高速通信が可能となっています。

規格	周波数帯	最大通信速度	世代名
IEEE 802.11a	5GHz	54Mbps	
IEEE 802.11b	2.4GHz	11Mbps	
IEEE 802.11g	2.4GHz	54Mbps	
IEEE 802.11n	2.4GHz/5GHz	600Mbps	Wi-Fi 4
IEEE 802.11ac	5GHz	6.9Gbps	Wi-Fi 5
IEEE 802.11ax	2.4GHz/5GHz	9.6Gbps	Wi-Fi 6

無線 LAN の規格で使用される代表的な周波数帯として 2.4GHz 帯と 5GHz 帯があります。2.4GHz 帯は障害物の影響を受けづらく遠くまで届きやすいという特徴がありますが，電化製品で使用される周波数でもあるため，電波干渉を受けやすいという点に注意が必要です。5GHz 帯は 2.4GHz 帯に比べて障害物の影響を受けやすく遠くまで届きにくいですが，電波干渉を受けにくいという特徴があります。

（5）その他の技術

ネットワークの負荷分散や帯域の増強，耐障害性を高める技術としてネットワークインタフェースカード（NIC；Network Interface Card）の**チーミング**という技術があります。これは複数の NIC を束ねて一つの NIC として動作させることで実現しています。

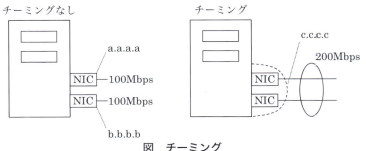

図　チーミング

第7章 ネットワーク

　図は二つの NIC を搭載したホストの例になります。チーミングをしない場合は NIC にそれぞれ異なる IP アドレスが振られ，それぞれが LAN の帯域を上限としたネットワーク性能となりますが，チーミングをした場合二つの NIC を一つの NIC として動作させることで倍の帯域を上限としたネットワーク性能を実現できます。この他，片方の NIC が故障しても通信を維持できるなど耐障害性を高めることもできます。

▶▶▶Check

理解度チェック ▶ 7.2 LAN

次の文中の □□□ に適切な用語を入れてください。

(1)　代表的な LAN の接続形態（トポロジー）には，バスと呼ばれる通信路に通信機器を接続する ア ，伝送制御を行う機器に対して通信機器を接続する イ ，環状に通信機器を接続する ウ があります。

(2)　アクセス制御方式とも呼ばれる LAN 上での伝送制御を行うプロトコルは，LAN 上でのデータの衝突をどのように防ぐかという点で特徴付けられますが，ある程度の衝突を前提として，送信前の搬送波のチェックと送信中の衝突の検出を行う エ 方式と，LAN 上で オ と呼ばれる送信権を巡回させ，オ を取得した通信機器だけがデータを送信できるようにする カ 方式が代表的です。なお，エ 方式は，カ 方式に比べて，アクセス制御のための負荷が低く，LAN の使用率が キ ときの性能は良いのですが，使用率が ク なると ケ するという特徴があります。一方，カ 方式は，LAN の使用率が，性能に与える影響は，エ 方式ほど大きくありません。

(3)　電気信号を増幅することで，LAN の伝送距離を長くするための接続機器が コ です。また，この増幅に加えて，データリンク層レベルのアドレスによって，中継要否を判断し，不要なデータを接続先に中継しない サ 機能をもった接続機器が シ です。そして，ネットワーク層レベルのアドレスによって，中継先の経路を選択する機能をもった接続装置が ス です。なお，複数の LAN ケーブルを接続する接続装置を セ と呼びますが，コ と同じ増幅機能だけをもつ セ を ソ ，データリンク層のアドレスによって，該当するポート（ケーブル）だけにデータを送る機能をもつ セ を タ と呼びます。また，こうした既製品の接続機器に対して，サーバとアプリケーションプロ

7.2 LAN

グラムによって，プロトコル変換などの処理を行う接続機器は チ と呼ばれます。
(4) IEEE 802.11 の無線 LAN 規格で 2.4GHz 帯と 5GHz 帯の両方の周波数帯を利用でき，最大通信速度 600Mbps の通信規格は ツ と呼びます。また，電化製品の電波干渉を受けにくい 5GHz 帯を利用し最大通信速度 6.9Gbps の通信規格は テ と呼びます。
(5) 複数のネットワークインタフェースカード(NIC)を束ねて帯域の増強や障害性を高める技術を ト と呼びます。

解 答

(1) ア：バス型　イ：スター型　ウ：リング型
(2) エ：CSMA/CD　オ：トークン　カ：トークンパッシング　キ：低い
    ク：高く　ケ：急激に性能が悪化
(3) コ：リピータ　サ：フィルタリング　シ：ブリッジ　ス：ルータ
    セ：ハブ　ソ：リピータハブ　タ：スイッチングハブ
    チ：ゲートウェイ
(4) ツ：IEEE 802.11n　テ：IEEE 802.11ac
(5) ト：チーミング

第7章

▶▶▶ Question

問題で学ぼう

問1 CSMA/CD 方式に関する記述のうち，適切なものはどれか。

◎高度午前I (H27 春-AP 問 33)

ア 衝突発生時の再送動作によって，衝突の頻度が増すとスループットが下がる。
イ 送信要求の発生したステーションは，共通伝送路の搬送波を検出してからデータを送信するので，データ送出後の衝突は発生しない。
ウ ハブによって複数のステーションが分岐接続されている構成では，衝突の検出ができないので，この方式は使用できない。
エ フレームとしては任意長のビットが直列に送出されるので，フレーム長がオクテットの整数倍である必要はない。

解説

　CSMA/CD では，伝送路上でのデータの衝突を検出すると再送を行うのでしたね。そして，この再送分のデータは衝突さえなければ必要のない余分なデータです。このために，CSMA/CD では，衝突が発生すると再送によるデータが増え，さらに衝突が増えるという悪循環になります。（ア）の記述は，このことによってスループットが下がることを表現しているので，（ア）が適切です。なお，CSMA/CD 方式の LAN では，LAN の使用率が一定以上になると，急激にスループットが下がることが知られていますが，それはこの悪循環によるものです。

イ：まず，共通伝送路の搬送波を検出したということは，他の端末が通信しているということなので，データは送信しません。また，搬送波がないことを確認してから送信しても，タイミングによっては，伝送路上で衝突が発生することがあります。

ウ：(リピータ) ハブで接続する UTP を使った LAN では，ステーション（端末）ごとにケーブルが異なるので，ケーブル上での信号の衝突は発しませんが，ハブ上での衝突を検知したときに，ハブがジャム信号と呼ばれる信号を発生させ，擬似的に衝突した状態を作り出すことで，CSMA/CD 方式を利用できるようにしています。

エ：CSMA/CD 方式で使用される MAC フレームの長さは，オクテットの整数倍です。

解答　ア

問2　無線 LAN で用いられる SSID の説明として，適切なものはどれか。

(H29 秋-AP 問 31)

ア　48 ビットのネットワーク識別子であり，アクセスポイントの MAC アドレスと一致する。

イ　48 ビットのホスト識別子であり，有線 LAN の MAC アドレスと同様の働きをする。

ウ　最長 32 オクテットのネットワーク識別子であり，接続するアクセスポイントの選択に用いられる。

エ　最長 32 オクテットのホスト識別子であり，ネットワーク上で一意である。

解説

　SSID（Service Set Identifier）は，IEEE 802.11 で定められている無線 LAN のアクセスポイントを区別するためのネットワーク識別子であり，同一空間に複数のアクセスポイントがあった場合に，それぞれのアクセスポイントを区別し選択するために任意（最長 32 オクテットの半角英数字）の名前を付けることができます。したがって，（ウ）が適切です。この SSID は，アクセスポイントと無線 LAN 端末の双方に設定し，無線 LAN 端末は，同じ SSID の値をもつアクセスポイントに接続できます（次図）。

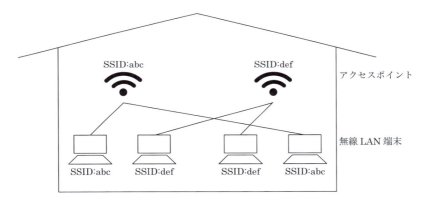

　なお，SSID は，ESSID（Extended Service Set Identifier）とも呼ばれます。その他の記述には，次のような誤りなどがあります。
ア：アクセスポイントがもつ BSSID（Basic Service Set Identifier）の説明です。BSSID には，通常，アクセスポイントがもつ NIC の MAC アドレスの値が使用され，無線 LAN 端末が無線 LAN フレームを送信する際に，どのアクセスポイントを経由させるかを指定するために使用されます。
イ：SSID はネットワーク識別子であり，ホスト識別子ではありません。(ア)でも述べたように，48 ビットのホスト識別子は，MAC アドレスが該当します。
エ：(イ) と同様に，SSID はホスト識別子ではありません。

解答　ウ

第7章 ネットワーク

問3 ルータの機能に関する記述のうち，適切なものはどれか。

(H28 秋·AP 問31)

ア　MAC アドレステーブルの登録情報によって，データフレームをあるポートだけに中継するか，全てのポートに中継するかを判断する。

イ　OSI 基本参照モデルのデータリンク層において，ネットワーク同士を接続する。

ウ　OSI 基本参照モデルのトランスポート層からアプリケーション層までの階層で，プロトコル変換を行う。

エ　伝送媒体やアクセス制御方式が異なるネットワークの接続が可能であり，送信データの IP アドレスを識別し，データの転送経路を決定する。

解説

　ルータとは，IP アドレスによって，IP パケットの経路選択や中継を行う装置です。IP パケットを中継する際には，IP パケットの中に書き込まれた宛先 IP アドレスによって IP パケットの転送経路を決めています。また，ルータは OSI 基本参照モデルのネットワーク層に位置付けられる装置であり，伝送媒体やアクセス制御方式の異なるネットワークの接続も可能とします。したがって，（エ）が適切です。

　その他については，（ア），（イ）は**ブリッジ**や**スイッチングハブ**，（ウ）は**ゲートウェイ**に関する記述です。

　代表的な LAN 間接続装置についてまとめておきますので，理解しておきましょう。

機器名称	機能など	OSI の対応階層
ゲートウェイ	プロトコル変換，フォーマット変換など	トランスポート層以上
ルータ（L3 スイッチ）	IP アドレスによる中継（ルーティング）	ネットワーク層
ブリッジ（スイッチングハブ）	MAC アドレスによる中継（フィルタリング）	データリンク層
リピータ（リピータハブ）	信号の整形・増幅（伝送距離の延長）	物理層

解答　エ

7.2 LAN

問4　インターネット接続において，複数の ISP の回線を使用した冗長化構成
　を表す用語はどれか。

(H31 春-AP 問 32)

　　ア　IP-VPN　　　　　　　　　イ　インターネット VPN
　　ウ　広域イーサネット　　　　　エ　マルチホーミング

解説

　インターネットと接続する回線の冗長化を目的として，複数の ISP
（Internet Service Provider；インターネット接続事業者）と契約すること
で，契約している回線の一つが障害を起こしてインターネットに接続できな
くなっても，残りの回線でインターネットに接続することで事業を継続する
ことができるようになります。このように，インターネット接続の回線を複
数もち，冗長化構成にすることをマルチホーミングといいます。マルチホー
ミングは一つの宛先に対して複数経路で接続できることを表す用語です。マ
ルチホーミングを使うと，負荷分散も可能になります。したがって，（エ）
が正解です。

ア：IP-VPN（Internet Protocol-Virtual Private Network）は，電気通信事
　　業者（通信回線を提供する事業者）が提供する IP ネットワークに，利用
　　者個別の VPN（Virtual Private Network）を構成した，仮想的な閉域ネ
　　ットワークのことです。OSI 参照モデルのレイヤ 3（ネットワーク層）で
　　実現します。

イ：インターネット VPN は，インターネット上の通信を IPSec などの暗号
　　プロトコルを利用することで，VPN を構成した，仮想的な閉域ネットワ
　　ークのことです。

ウ：広域イーサネットは，電気通信事業者が提供するイーサネット網に，利
　　用者個別の VPN を構成した，仮想的な閉域ネットワークのことです。OSI
　　参照モデルのレイヤ 2（データリンク層）で実現します。

解答　エ

第7章

第7章 ネットワーク

問5 図に示すIPネットワークにおいて，端末aから端末bへの送信パケットをモニタツールで採取した。パケットのヘッダ情報に含まれるアドレスの組合せとして，適切なものはどれか。

(H25 秋·AP 問36)

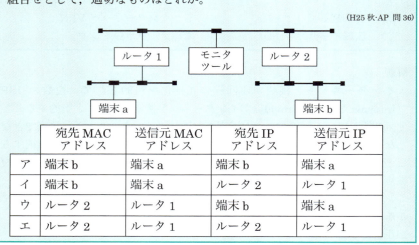

	宛先MAC アドレス	送信元MAC アドレス	宛先IP アドレス	送信元IP アドレス
ア	端末b	端末a	端末b	端末a
イ	端末b	端末a	ルータ2	ルータ1
ウ	ルータ2	ルータ1	端末b	端末a
エ	ルータ2	ルータ1	ルータ2	ルータ1

解説

　IPはネットワーク層のプロトコルですから，エンドシステム間の通信を実現します。そして，CSMA/CD などのような LAN のプロトコルは，データリンク層のプロトコルですから，**隣接ノード間の通信**を実現します。

　IPによる**エンドシステム間の通信**は，IPの機能だけで実現されているわけではありません。エンドシステム間に存在する LAN などの通信は，データリンク層，つまり，隣接ノード間の通信によって実現されます。そして，IPによる通信は，エンドシステム間に存在するネットワークセグメント内の**隣接ノード間の通信をリレー**しながら実現されているのです。

　問題の IP ネットワークでは，IP通信のエンドシステムである端末aと端末bの間に三つのネットワークセグメント（LAN）が存在します。端末aから送信されたパケットは，この三つの LAN 内通信を順番に中継されて，端末bに届けられます。まず，端末aが接続されている①の LAN では，LAN の出口に当たる**ルータ1**にパケットを送ります。次に，ルータ1は②の LAN に接続されている**ルータ2**にパケットを送ります。そして，ルータ2は

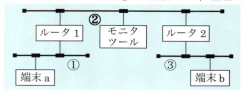

③のLANに接続されている端末bにパケットを送ります。このようにして，①のLANに接続されている端末aから，③のLANに接続されている端末bにパケットが届くということになります。

さて，問われているパケットのヘッダ情報に含まれるアドレスですが，エンドシステム間通信のIPアドレスは，宛先にエンドシステムである端末bが，送信元にはパケットを送信した端末aが設定されます。次に，LAN内の通信に使うMACアドレスですが，モニタリングされたパケットは②のLAN内のものなので，宛先が**ルータ2**，送信元が**ルータ1**ということになります。したがって，（ウ）が適切です。

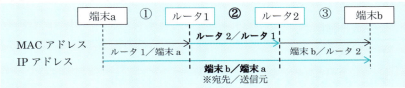

問題の図では，①のLANには端末aとルータ1しか接続されていませんが，実際のLANであれば，他にもたくさんの端末などが接続されています。そうした状況の中で，なぜ，端末aは端末b宛てのパケットを，LANの出口に当たるルータ1に宛てて送ることができるのでしょうか。その仕組みが，端末bのネットワーク設定値であるサブネットマスクとデフォルトゲートウェイの値です。端末aは，最終的な宛先である端末bのIPアドレスを宛先IPアドレスとして設定したパケットを，①のLANに対して送信することになりますが，このとき，宛先IPアドレスとサブネットマスクを使って，宛先IPアドレスである端末bがLAN内部に接続されているか，LANの外部なのかを判断します。宛先IPアドレスのサブネットマスクに対応する部分が自分のIPアドレスと同じであれば内部，そうでなければ外部です。

内部であれば，その機器のMACアドレスを設定して直接送ります。一方，外部のときには，デフォルトゲートウェイとして設定されているIPアドレスに対応する機器のMACアドレスを宛先に設定してデフォルトゲートウェイ宛てに送ります。このようにすることで，迷わずに出口に当たるルータに送信できるのです。

サブネットマスク　　　：宛先IPアドレスが内部か外部かを判断
デフォルトゲートウェイ：外部宛ての出入り口

解答　ウ

第7章 ネットワーク

問6 ブロードキャストストームの説明として，適切なものはどれか。

(H29 春-AP 問 35)

ア　1台のブロードバンドルータに接続する PC の数が多過ぎることによって，インターネットへのアクセスが遅くなること
イ　IP アドレスを重複して割り当ててしまうことによって，通信パケットが正しい相手に到達せずに，再送が頻繁に発生すること
ウ　イーサネットフレームの宛先 MAC アドレスが FF-FF-FF-FF-FF-FF で送信され，LAN に接続した全ての PC が受信してしまうこと
エ　ネットワークスイッチ間にループとなる経路ができることによって，特定のイーサネットフレームが大量に複製されて，通信が極端に遅くなったり通信できなくなったりすること

解説

ブロードキャストストームとは，ループ状に接続されているネットワークにおいて，同一のブロードキャストフレームが増幅しながら永遠にネットワーク内を回り続ける現象のことです。

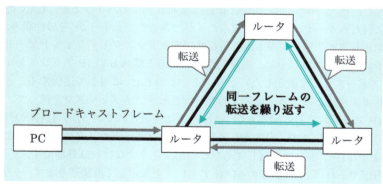

同じネットワークの全ての端末に一斉配信される**ブロードキャストフレーム**を，ルータが受け取ると，そのフレームをコピーし，受信ポート以外の全てのポートから送出します。もし，ネットワーク内にループ状の構成が含まれていると，ルータ自身が送信したフレームを自分で受信し，再び全てのポートに送信してしまうことになります。このように増幅したブロードキャストフレームは，ネットワーク帯域を圧迫しネットワーク障害をもたらしてしまいます。したがって，(エ) が適切です。

ア：**輻輳**の説明です。輻輳とは，数多くのユーザによって同時に通信が行われたり，大量のデータを送信したりして，ネットワークに大量のトラフィ

| | 7.2 LAN |

ックが発生し，通常の送受信が困難な状態になることです。

イ：IP アドレスの重複は，IP アドレスの設定時に自動でチェックされ，IP
アドレスの競合としてエラー画面が表示されます。もしあえて同じ IP ア
ドレスを設定したとしても，通信パケットは重複しているいずれかのノー
ドに到達するため，誤った記述です。

ウ：ブロードキャストフレームの説明です。ブロードキャストフレームでは，
宛先の MAC アドレスに全てのビットが 1 である特殊なアドレス
（FF-FF-FF-FF-FF-FF）が用いられます。通常は自分のアドレスをネッ
トワークの他の端末に知らせるために送信されます。

解答　エ

問7　無線 LAN の隠れ端末問題の説明として，適切なものはどれか。

(H31春-SC 午前Ⅱ問18)

　ア　アクセスポイントが SSID ステルス機能を用いてビーコン信号を止め
　　ることによって，端末から利用可能な SSID が分からなくなる問題
　イ　端末がアクセスポイントとは通信できるが，他の端末のキャリアを検
　　出できない状況にあり，送信フレームが衝突を起こしやすくなる問題
　ウ　端末が別のアクセスポイントとアソシエーションを確立することに
　　よって，その端末が元のアクセスポイントからは見えなくなる問題
　エ　複数の端末が同時にフレームを送信したとき，送信した端末が送信フ
　　レームの衝突を検出できない問題

解説

　一般的に有線 LAN のアクセス制御には，CSMA/CD（Carrier Sense
Multiple Access with Collision Detection；搬送路感知多重アクセス/衝突検
出）方式が用いられますが，無線 LAN では CSMA/CA（Carrier Sense
Multiple Access with Collision Avoidance；搬送路感知多重アクセス/衝突回
避）方式が用いられます。ここで CSMA とは，通信を行うネットワーク（搬
送路）が使用されていないかを確認し，複数の端末で同じネットワークを使
用する方式を指していて，CD は衝突を検出して再送する方式，CA は他の端
末の送信完了を待って送信することで衝突を回避する方式となります。次の
図のように，端末 A と端末 B はアクセスポイントとの通信はできるが，例え
ば距離が離れていたり障害物が存在したりするなどの理由で端末 A と端末 B
の間で通信ができない状態とします。無線 LAN における隠れ端末問題とは

第7章

365

このような場合に，ネットワークが使用されていることが分からないため，衝突を回避することができずに通信に失敗したり，再送処理を繰り返したりし，それによって通信遅延が発生する問題をいいます。

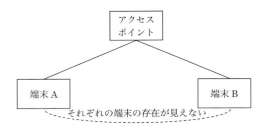

よって，（イ）が正解です。
ア：アクセスポイントは自身のSSIDを知らせるために定期的にビーコン信号を送っていますが，そのビーコン信号を停止することで，端末から利用可能なSSIDを隠す機能が **SSIDステルス機能** になります。SSIDステルス機能は不正にアクセスポイントを使用しにくくするための機能になります。
ウ：端末は一つのアクセスポイントとアソシエーションを確立して通信していますが，別のアクセスポイントとアソシエーションを確立することで，元のアクセスポイントとの接続は解除され，新しいアクセスポイントと通信を行うようになります。元のアクセスポイントとの接続が解除されても，端末が通信していることは検出できるので元のアクセスポイントから端末が見えなくなるということはありません。
エ：複数の端末が同時にフレームを送信し送信フレームが衝突した場合，送信した端末は応答がないことで衝突を検出できるため，選択肢に記載されている内容自体に誤りがあります。

解答　イ

7.2 LAN

問8　IEEE 802.1Q の VLAN 機能を有したスイッチにおいて，複数の VLAN に所属しているポートを何と呼ぶか。

(H30 春·SC 午前Ⅱ問 19)

ア　アクセスポート　　　　　　イ　代表ポート
ウ　トランクポート　　　　　　エ　ルートポート

解説

　IEEE 802.1Q は VLAN（Virtual LAN；仮想 LAN）を構築するための規格です。VLAN とは物理的な配線とは独立して，仮想的なネットワークを作る技術で，同じスイッチ（スイッチングハブ）に接続している機器でも異なる VLAN に所属している場合は直接通信できません。IEEE 802.1Q ではイーサネットフレーム内に VLAN-ID（VLAN を識別する番号）を挿入することで VLAN を構築できる仕組みです。このような VLAN の制御の仕組みをタグ VLAN と呼びます。

ア：アクセスポートは，VLAN 機能を有したスイッチにおいて，一つの VLAN にだけ所属しているポートで，通常アクセスポートにはコンピュータなど一つのネットワークに所属する機器が接続されます。

イ：代表ポートは，スパニングツリープロトコル（STP；Spanning Tree Protocol）において，各スイッチ間のリンクが接続されるポートのうち，ルートブリッジまで最も低コストとなるポートのことです。スパニングツリープロトコルは，冗長構成などを目的としたループ状のネットワークにおいて，データがループ内を永久に流れること（ブロードキャストストーム）を防止するために使用するプロトコルです。ループ状のネットワークの中心となるスイッチをルートブリッジと呼び，ルートブリッジへの接続コストが大きいポートを閉塞することでループしないように構成します。

ウ：トランクポートは，VLAN 機能を有したスイッチにおいて，複数の VLAN に所属しているポートで，主にスイッチ同士を接続するためのポートとして使用します。よって，（ウ）が正解です。

エ：ルートポートは，スパニングツリープロトコルにおいて，各スイッチがもつポートのうち，ルートブリッジまでの接続コストが最小となるポートのことです。

解答　ウ

第7章 ネットワーク

7.3 通信サービスと性能計算

▶▶▶ Explanation

ポイントの解説

（1） 通信サービス

　同じ建物や敷地内など公道をまたがない範囲であれば，自由にケーブルを敷設して LAN による通信が可能です。家の中であれば，インターフォンや子機間通話などで話ができますが，それ以外の相手とは外線電話をかけて話をするのと同様に，遠隔地の相手と通信する場合には，通信事業者が提供する**通信サービス**を利用することになります。身近な通信サービスには固定電話がありますが，データ通信用のサービスを含めると通信サービスは，専用線サービスと交換サービスに分けられます。

　専用線サービスとは，その名のとおり，専用通信回線の提供を受けるサービスです。月単位などの期間契約で，料金は期間に対する固定料金です。常時，同じ相手と通信する場合に向いています。また，通信相手が固定されるので，セキュリティ面でも優れています。

　交換サービスというのは，専用線ではなく，多くの利用者が共用する通信網（公衆網）を利用するサービスです。共用の通信網を使って，目的の相手とだけ通信できるようにする必要がありますが，目的の相手に音声やデータなどを正しく届ける機能を交換と呼ぶので，交換サービスと呼ばれています。交換サービスの代表には固定電話があり，このサービスは利用するときにダイヤルした電話番号によって通信相手を選択し，その相手と一時的な通信回線（経路）を設定します。そして，電話を切るまでその経路を占有するので，回線交換方式と呼ばれます。回線交換方式の利用料は通話時間，つまり，回線をつなげている時間によって決まる従量制です。回線交換の他に蓄積交換と呼ばれる方式があります。この方式はデータ通信に利用されるもので，パケットなどと呼ばれるデータの伝送単位ごとに宛先情報を付けて送り，この宛先情報を基に目的の相手にデータを届ける方式です。送信したデータがいったん交換機内部に蓄積された後に，それぞれの宛先情報に従って送られるため蓄積交換方式と呼ばれます。蓄積交換方式の利用料金は，パケット数などデータ量に応じた従量制です。

7.3 通信サービスと性能計算

（2） パケット交換

　パケット交換は，かつての蓄積交換方式の代表で，伝送するデータをパケットと呼ばれる伝送単位に分割し，パケットごとに宛先情報を設定して送る方式です。蓄積交換の場合，専用線や回線交換のように伝送路を占有しないので，通信路を共有でき有効利用ができるというメリットがあり，通信コストを抑えることが可能です。パケット交換サービスが開始された当時は，蓄積交換と呼ばれるサービスも一般的なものではなく，通信回線などの性能も現在に比べて劣っていたので，伝送誤りによる再送や輻輳などによるフロー制御がパケット交換サービスの一環として行われるなど，通信網の負荷が高いサービスが提供されていました。また，こうしたサービスを実現するためには，交換機内部に蓄積される時間も長くなり，データを送ってから相手に届くまでに遅延が発生するという問題があります。

（3） フレームリレー

　パケット交換で行われていた再送やフロー制御などのサービスを省略することで，通信網の負荷を低減し，データ通信の高速化とコストの削減を実現したサービスが**フレームリレー**です。パケット交換の伝送単位はパケットという名称でしたが，フレームリレーの伝送単位はフレームという名称であるため，フレームリレーと呼ばれます。

（4） セルリレー

　データを 48 バイトの固定長に分割し，宛先情報などを含む 5 バイトの制御情報を付加した 53 バイトのセルと呼ばれる固定長の伝送単位で送受信するのが**セルリレー**です。伝送単位を完全な固定長にすることによって，ハードウェアだけで交換可能なので，交換のための処理が高速に行えます。また，セルという 53 バイト（データ長は 48 バイト）の短い伝送単位を採用することで，優先度に応じて容易にセルを割り込ませることができ，柔軟な優先度制御を実現できます。このことによって，音声や動画といった即時性の求められるデータと，多少の遅延が認められるデータなど，種々のデータを同時に扱うことを可能としています。

　セルリレーは，そもそも ATM（Asynchronous Transfer Mode；非同期転送モード）と呼ばれる交換方式のことで，次世代の ISDN とされていた B-ISDN（Broadband ISDN；広帯域 ISDN）の基盤技術として研究されてきた技術で，それまでの通信技術である STM（Synchronous Transfer Mode；同期転送モード）に対して名付けられた名称です。

(5) VPN

VPN（Virtual Private Network）とは，仮想的な専用ネットワークというような意味です。専用ネットワークというのは，外部からアクセスできないネットワークで，従来は専用線によって構築する必要がありました。しかし，最近では認証や暗号化の技術を利用することで，公衆ネットワークを使って，組織外からはアクセスできないネットワークを構築することが可能になり，VPN が普及してきました。従来は，VPN を構築するためには，通信事業者が提供するサービスを利用するしかありませんでしたが，最近では，インターネットを利用して構築することも可能になっています。

(6) SDN

SDN（Software-Defined Networking）とは，単一のソフトウェアによってネットワーク機器を集中的に制御して，ネットワーク構成や設定などを柔軟に動的に変更することができる技術全般を意味します。SDN では管理ツールで事前に設定するだけで，ネットワーク構成，性能，機能を動的に変更することができます。

従来の物理的なネットワークは，サーバやネットワーク機器の追加やネットワーク構成を変更する際に，ケーブルの抜き差しなどの物理的な作業やルータなどを一つ一つ設定変更する必要がありました。SDN では，機器の「制御機能」と「データ転送機能」を分離して，SDN コントローラと呼ばれるソフトウェアで一括管理することで，物理的な変更をすることなく，柔軟にネットワークを構築することができます。

SDN のアーキテクチャは次図のように，三つの層から構成されています。

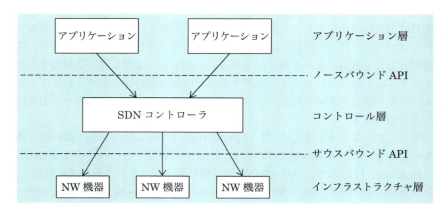

- アプリケーション層：ノースバウンド API を利用して，ネットワーク機器の制御を SDN コントローラに指示するレイヤです。
- コントロール層：サウスバウンドの API やプロトコルを利用してネットワーク機器を制御するレイヤであり，インフラストラクチャ層の制御機能をアプリケーション層にノースバウンド API として提供します。
- インフラストラクチャ層：データ転送を実際に行うネットワーク機器のレイヤで，OpenFlow などのプロトコルや機器ごとの API を使ってスイッチやルータなどのネットワーク機器を制御します。

（7） OpenFlow

OpenFlow とは，従来のネットワーク機器がもつ経路制御機能（コントロールプレーン）とパケット転送機能（データプレーン）を分離し，コントロールプレーンの機能を「OpenFlow コントローラ」に集中制御させます。OpenFlow に対応したスイッチである「OpenFlow スイッチ」はパケット転送機能だけ行う集中制御型のアーキテクチャのことであり，制御部をネットワーク管理者が自ら設計・実装することで，ネットワーク機器ベンダの設定範囲を超えた柔軟な制御機能を実現することができます。

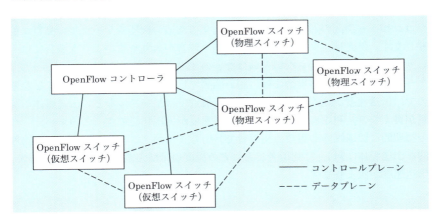

（8） LPWA

LPWA は Low Power Wide Area の略で，低消費電力かつ遠距離通信を実現する技術の総称です。IoT 機器の通信に利用されることが多く，複数の通信方式が実現されています。
- BLE（Bluetooth Low Energy）：Bluetooth4.0 で追加された Bluetooth 規格

の一部で，1Mbps で数十 m の通信が可能な通信方式です。

・**Wi-SUN**：スマートメータ（電気やガスの使用量の自動検針に使うメータ）などに利用される無線通信規格で，920MHz の周波数帯を使用し，メッシュ型のネットワークを構築することができ最大 4 ホップ（1 ホップの最大通信距離は 500m）で 500m を超える通信も可能です。

・**ZigBee**：日本国内では 2.4GHz の周波数帯を使った無線通信が可能で，250kbps の最大通信速度で 10〜100m の通信が可能です。

（9）　性能計算

　ネットワークの性能計算は，回線速度，伝送時間，伝送データ量という三つの要素から成り立ちます。そして，この三つの要素には次の関係があります。

$$伝送データ量 ＝ 回線速度 × 伝送時間$$

　試験問題では，要件を満たすために必要な回線速度，伝送に必要な時間，伝送可能なデータ量などが問われることになりますが，いずれも上の関係式を用いれば，求めることができます。小学校のときに苦しんだ（？）速さ，時間，距離と同じです。なお，**回線速度**の単位は**ビット／秒**，**データ量**の単位は**バイト**と単位が異なるので，**単位を合わせる必要がある**ことに注意しましょう。

　コンピュータ間の通信の場合，送受信するための機器やケーブルの品質に依存します。例えば，ケーブルの品質が悪く雑音が入りやすいような場合には，ビットの間隔を長くとらないといけないので，伝送速度は遅くなります。一方，ケーブルの品質が良い場合には，短い間隔でビットを送っても誤りなく伝わるので，伝送速度が速くなります。なお，最近ではケーブルなどの伝送媒体の品質が良くなり，利用者の要求以上の伝送速度が実現可能です。このため，一つの物理的な伝送媒体を複数の利用者で共用しますが，こうした場合には，物理的な伝送媒体に対して，利用者ごとにどの程度の帯域を割り当てるかによって，伝送速度が決まります。

7.3 通信サービスと性能計算

▶▶▶Check

理解度チェック ▶ 7.3 通信サービスと性能計算

次の文中の ☐ に適切な用語を入れてください。

通信サービスは，専用線サービスと ア に分けられます。そして，
ア には，要求に応じて指定された接続先との間に一時的な通信回線を
設定する イ と，送信されたデータを網内部に蓄積し，伝送単位ごと
に分割して宛先に送る ウ があります。なお，ウ は，エ で
行われていた再送やフロー制御などのサービスを省略した オ という
サービスが提供されました。また，その後，伝送単位の長さを固定長にした
カ と呼ばれるサービスも提供されるようになりました。

主に IoT 機器に利用される低消費電力で，遠距離通信を実現する技術の総
称を キ と呼びます。

解 答

ア：交換サービス　イ：回線交換方式　ウ：蓄積交換方式　エ：パケット交換
オ：フレームリレー　カ：ATM（セルリレー）　キ：LPWA

第7章

第7章 ネットワーク

▶▶▶ **Question**

問題で学ぼう

問1　パケット交換方式とフレームリレー方式を比較した記述のうち，適切なものはどれか。

(H18 秋-SW 問 56)

ア　ともに蓄積交換によるデータ伝送方式であるが，網内のトラフィックが急増した場合，フレームリレー方式の方がフレームの廃棄が生じにくい。

イ　パケット交換方式では，相手先を固定にすることも接続時に選択することもできるが，フレームリレー方式では，相手先固定に限定される。

ウ　パケット交換方式では，送信側から受信側へのパケットの伝送順序が保証されるが，フレームリレー方式では，高速化を実現するためにデータの順序は保証されない。

エ　フレームリレー方式は，パケット交換方式に比べて誤り制御処理を簡略化することで，網内遅延を少なくし高速化を図っている。

解説

パケット交換方式とは，伝送データを一定の大きさ（以下）の伝送単位（パケット）に分割して伝送することによって，回線網の利用効率を高め，通信コストを低減させて，安価なデータ伝送サービスを提供することを目指した方式です。その後，通信網の物理的な性能向上（光ファイバ化など）によって通信路の信頼性が高まったため，パケット交換で行われていた伝送誤り制御などを省略することによって，さらに高速で低コストを目指した方式としてフレームリレー方式が登場しました。よって，フレームリレー方式はパケット交換方式の一種で伝送誤り制御などを簡略化したものになります。よって，（エ）が正解です。

ア：パケット交換方式は蓄積交換によるデータ伝送方式であるため，フレームリレー方式も蓄積交換によるデータ伝送方式となります。網内のトラフィックが急増した場合，フレームリレー方式では再送制御を行わないため，フレームの廃棄が生じやすくなります。

イ：フレームリレー方式にも相手先固定接続（PVC；Permanent Virtual Circuit）と相手先選択接続（SVC；Switched Virtual Circuit）の二つの

374

7.3 通信サービスと性能計算

方式があります。

ウ：どちらの方式も蓄積交換によるデータ伝送方式であり，パケットの到着
順は保証されていません。

解答　エ

問2　ETSI（欧州電気通信標準化機構）によって提案された NFV（Network Functions Virtualisation）に関する記述として，適切なものはどれか。

◎高度午前Ⅰ　《H30春-AP 問32》

ア　インターネット上で地理情報システムと拡張現実の技術を利用することによって，現実空間と仮想空間をスムーズに融合させた様々なサービスを提供する。

イ　仮想化技術を利用し，ネットワーク機器を汎用サーバ上にソフトウェアとして実現したコンポーネントを用いることによって，柔軟なネットワーク基盤を構築する。

ウ　様々な入力情報に対する処理結果をニューラルネットワークに学習させることによって，画像認識や音声認識，自然言語処理などの問題に対する解を見いだす。

エ　プレースとトランジションと呼ばれる2種類のノードをもつ有向グラフであり，システムの並列性や競合性の分析などに利用される。

解説

NFV（Network Functions Virtualisation；ネットワーク機能仮想化）とは，ルータやスイッチ，ファイアウォールなどのネットワーク機器の機能をソフトウェアで実現するアーキテクチャです。複数のネットワーク機器を一つの物理サーバに集約することが可能となります。したがって，（イ）が適切です。

その他の選択肢はそれぞれ次の用語の説明です。

ア：GIS（Geographic Information System；地理情報システム）と AR（Augmented Reality；拡張現実）を組み合わせたサービスに関する記述です。GPS の情報と拡張現実の情報を組み合わせたスマートフォン向けのゲームなどがサービス提供されています。

ウ：ディープラーニング（深層学習）に関する記述です。学習によって重みやバイアスを調整し，対象の認識率を向上させています。

第7章

エ：ペトリネットに関する記述です。条件を表すプレース（○）と事象を表すトランジション（｜）で構成されています。トークン（●）を規則に従って移動させることで並列的な振る舞いを表現します。

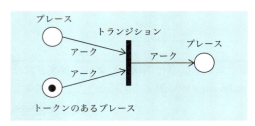

解答　イ

問3 2台の端末と2台のレイヤ3スイッチが図のようにLANで接続されているとき，端末Aがフレームを送信し始めてから，端末Bがそのフレームを受信し終わるまでの時間は，およそ何ミリ秒か。

(H30秋・AP 問31)

〔条件〕
フレーム長：1,000バイト
LANの伝送速度：100Mビット／秒
レイヤ3スイッチにおける1フレームの処理時間：0.2ミリ秒
レイヤ3スイッチは，1フレームの受信を完了してから送信を開始する。

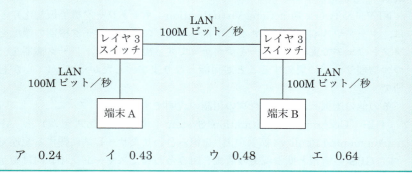

　ア　0.24　　　　イ　0.43　　　　ウ　0.48　　　　エ　0.64

解説
　フレームの送信にかかる時間を計算する問題です。この問題でポイントとなるのは，レイヤ3スイッチの挙動の部分になります。レイヤ3スイッチは

2台ありますが，どちらのレイヤ3スイッチも1フレームの受信を完了してから送信を行います。また，レイヤ3スイッチでは1フレーム処理するごとに0.2ミリ秒かかることも考慮する必要があります。

整理すると
①端末Aからレイヤ3スイッチ（左側）の伝送にかかる時間
②レイヤ3スイッチ（左側）の処理時間
③レイヤ3スイッチ（左側）からレイヤ3スイッチ（右側）の伝送にかかる時間
④レイヤ3スイッチ（右側）の処理時間
⑤レイヤ3スイッチ（右側）から端末Bの伝送にかかる時間
の①〜⑤の総和が求める時間になります。

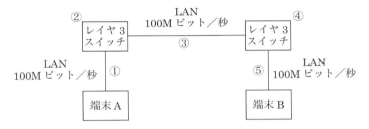

①，③，⑤はいずれも100Mビット／秒のLAN上を1フレーム（1,000バイト）伝送するのにかかる時間なので
1,000（バイト）×8（ビット）÷（100×10^6）（ビット／秒）
＝80×10^{-6}＝0.08（ミリ秒）
②と④はそれぞれ0.2（ミリ秒）なので
①＋②＋③＋④＋⑤＝0.08＋0.2＋0.08＋0.2＋0.08＝0.64（ミリ秒）
となります。

よって，（エ）が正解です。

解答　エ

問4　伝送速度30Mビット／秒の回線を使ってデータを連続送信したとき，平均して100秒に1回の1ビット誤りが発生した。この回線のビット誤り率は幾らか。

◎高度午前Ⅰ　（H30春-AP 問33）

ア　$4.17×10^{-11}$　イ　$3.33×10^{-10}$　ウ　$4.17×10^{-5}$　エ　$3.33×10^{-4}$

第7章 ネットワーク

解説

　ビット誤り率は伝送したデータ量に対する誤りが発生する割合のことです。伝送速度 30M ビット／秒の回線を使ってデータを連続送信したとあるため，伝送速度の 100％を使用したと考える必要があります。「平均して 100 秒に 1 回の 1 ビット誤りが発生した」とあるので，

　　1（ビット）÷（30×10⁶（ビット／秒）×100（秒））がビット誤り率の計算式となります。

　これを計算すると

　0.333…×10⁻⁹となりますが 3 桁の有効数字と指数で表すと

　3.33×10⁻¹⁰となります。

　よって，（イ）が正解です。

解答　イ

> **問5**　VoIP 通信において 8k ビット／秒の音声符号化を行い，パケット生成周期が 10 ミリ秒のとき，1 パケットに含まれる音声ペイロードは何バイトか。
>
> (R1 秋-AP 問31)
>
> 　ア　8　　　　　　イ　10　　　　　ウ　80　　　　　エ　100

解説

　VoIP（Voice over Internet Protocol；IP ネットワーク上で音声通話を実現する技術）通信における 8k ビット／秒の音声符号化とは，1 秒間分の音声を 8k ビット，つまり，8,000 ビットの符号（データ）に変換するということです。また，**音声ペイロード**のペイロード（payload）とは，本来はトラックなどの最大積載量のことで，パケット中のヘッダなどを除いた，純粋な音声データを意味します。つまり，この問題は，1 秒分の 8,000 ビットのデータを，10 ミリ秒ごとにパケット化して送るとき，1 パケット中に含まれる音声データの量は何ビットかという問題です。ここで 10 ミリ秒とは 1／100 秒ですから，1 秒分の 8,000 ビットの音声データは，10 ミリ秒ごとに生成される 100 個＝1÷(1／100)のパケットに分解されるので，8,000÷100＝80 ビットになりますが，何バイトかが問われているので，8 で割った（イ）の「10」が正解です。

解答　イ

7.3 通信サービスと性能計算

問6 ブラウザでインターネット上の Web ページの URL を http //www.jitec. ipa.go.jp/のように指定すると，ページが表示されずにエラーが表示された。ところが，同じページの URL を http://118.151.146.137/ のように IP アドレスを使って指定すると，ページは正しく表示された。このような現象が発生する原因の一つとして考えられるものはどれか。ここで，インターネットへの接続はプロキシサーバを経由しているものとする。

〔H27 春-AP 問31〕

ア DHCP サーバが動作していない。
イ DNS サーバが動作していない。
ウ デフォルトゲートウェイが動作していない。
エ プロキシサーバが動作していない。

解説

"http://www.jitec.ipa.go.jp/"という形式の URL を指定してアクセスは失敗したが，"http://118.151.146.137/"という IP アドレスを使った URL 形式でのアクセスでは，ページが正しく表示されたというもので，その原因が問われています。

つまり，FQDN（Fully Qualified Domain Name；完全修飾ドメイン名）形式の URL によるアクセスでエラーになる理由です。

Web ページの表示エラーの原因としては，まず，URL の誤りが考えられますが，解答群には該当するものがありません。次は，LAN やインターネット上での通信エラーが考えられますが，IP アドレスを使った URL 形式ではページが表示できるので，これでもありません。

FQDN 形式で指定した形式の URL は，そのままインターネット上のサーバにアクセスできません。DNS サーバにアクセスして，ドメイン名に対応する IP アドレスを取得して，その IP アドレスによってアクセスします。つまり，原因となっているのは，ドメイン名に対応する IP アドレスが取得できないことなので，（イ）の「DNS サーバが動作していない」というのが正解です。

その他のサーバ類は，それぞれ次のような役割をもち，いずれもインターネットへのアクセスに必要です。ただし，これらのサーバが動作していないときには，Web ページへのアクセスができなくなるので，IP アドレスを指定した形式でも，ページは表示されません。

DHCP サーバ	IP アドレスなどを割り当てる
デフォルトゲートウェイ	内部ネットワークとインターネットの出入り口
プロキシサーバ	クライアントのインターネットアクセスを代行（中継）

解答 イ

第7章 ネットワーク

問7 2.4GHz帯の無線LANのアクセスポイントを，広いオフィスや店舗などをカバーできるように分散して複数設置したい。2.4GHz帯の無線LANの特性を考慮した運用をするために，各アクセスポイントが使用する周波数チャネル番号の割当て方として，適切なものはどれか。

(R3 春-AP 問36)

ア　PCを移動しても，PCの設定を変えずに近くのアクセスポイントに接続できるように，全てのアクセスポイントが使用する周波数チャネル番号は同じ番号に揃えておくのがよい。

イ　アクセスポイント相互の電波の干渉を避けるために，隣り合うアクセスポイントには，例えば周波数チャネル番号1と6，6と11のように離れた番号を割り当てるのがよい。

ウ　異なるSSIDの通信が相互に影響することはないので，アクセスポイントごとにSSIDを変えて，かつ，周波数チャネル番号の割当ては機器の出荷時設定のままがよい。

エ　障害時に周波数チャネル番号から対象のアクセスポイントを特定するために，設置エリアの端から1，2，3と順番に使用する周波数チャネル番号を割り当てるのがよい。

解説

2.4GHz帯の無線LANで使用できる周波数チャネルは13（IEEE802.11g）又は14（IEEE802.11b）がありますが，中心周波数から前後11MHzの幅の周波数を使って通信を行い，各チャネルは5MHzずつ離れた周波数帯となっているため，隣り合うチャネルを使用すると次の図のように電波干渉が発生してしまいます。

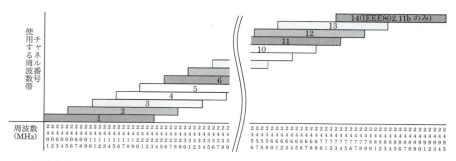

干渉をさけるため，チャネル（1，6，11，(14)）や（2，7，12）などのようにチャネル番号を5チャネルずつずらして割り当てるのが一般的です。

7.3 通信サービスと性能計算

　なお，5GHz 帯の無線 LAN のチャネルは周波数帯が重ならないようになっているため，電波干渉が発生することはありません。したがって，（イ）が正解です。

ア：全てのアクセスポイントの周波数チャネルを同じ番号に揃えると電波干渉が発生するため適切ではありません。

ウ：異なる SSID を設定すると意図しないアクセスポイントへの接続は避けられますが，SSID の管理が煩雑になります。また，端末側で使用する可能性があるアクセスポイントを全て設定しておかないと，端末を移動した際に無線 LAN 接続ができなくなる可能性があります。周波数チャネル番号が出荷時設定のままであれば，同じ周波数チャネル番号が設定されているケースが多いので，電波干渉が発生する可能性もあります。

エ：周波数チャネル番号は 22MHz の幅で 5MHz ずつずれているため，隣り合うチャネル番号を使用すると，電波干渉が発生する可能性があります。

解答　イ

問8　IoT で用いられる無線通信技術であり，近距離の IT 機器同士が通信する無線 PAN（Personal Area Network）と呼ばれるネットワークに利用されるものはどれか。

(R3 春-AP 問 32)

　　ア　BLE（Bluetooth Low Energy）
　　イ　LTE（Long Term Evolution）
　　ウ　PLC（Power Line Communication）
　　エ　PPP（Point-to-Point Protocol）

第7章

解説

　IoT（Internet of Things；モノのインターネット）は，パソコンやスマートフォンなど従来接続されていた機器だけでなく，家電製品やセンサなどのいろいろなモノをインターネットに接続して利用しようという考え方です。IoT 機器には小型で多くの電力が利用できないものがあるため，近距離の通信や低消費電力のものに特化した通信技術が求められています。選択肢の各無線通信の規格について確認していきましょう。

ア：BLE（Bluetooth Low Energy）は，Bluetooth4.0 で追加された Bluetooth 規格の一部です。Bluetooth4.0 では 1Mbps の通信が可能であり数十 m の通信が可能です。Low Energy とあるように低消費電力に特化した通信技

第7章 ネットワーク

術であり，IoT に適した無線通信技術です。したがって（ア）が正解です。

イ：LTE（Long Term Evolution）は 3G（第 3 世代移動通信システム）を拡張した通信規格であり，下り 100Mbps 以上，上り 50Mbps 以上の家庭用ブロードバンド回線並みの高速通信が可能な無線通信技術です。携帯電話やスマートフォンで用いられています。LTE＝4G と呼ばれることが多いですが，厳密には 3.9G とされています。2020 年には 5G（第 5 世代移動通信システム）のサービスが開始されており，5G では下り数 Gbps という超高速通信が可能になっています。IoT 機器で利用されることもありますが，長距離通信に利用される技術のため不正解です。

ウ：PLC（Power Line Communication）は，電力線を通信回線として利用する技術です。家庭用のコンセントに直接 PLC の機器を差し込み，パソコンと接続するだけで通信することができます。通信データと，電気を異なる周波数帯域を用いて合成した信号を電力線で送ることで，電力の供給とデータ通信の両立ができる仕組みとなっています。有線の通信になりますので不正解です。

エ：PPP（Point-to-Point Protocol）は，Point to Point とあるように 1 対 1 の機器同士の通信を行うための通信プロトコルで，OSI 参照モデルの第 2 層（データリンク層）のプロトコルになっています。ルータ同士の接続やモデムを使ってインターネットに接続するのに用いられます。複数の IT 機器同士が通信するような用途では利用できないので不正解です。

解答　ア

7.3 通信サービスと性能計算

問9 TCP/IP ネットワークのフォワードプロキシに関する説明のうち，最も適切なものはどれか。

◎高度午前Ⅰ (R1 秋-AP 問 35)

ア　Web サーバと同一の組織内（例えば企業内）にあって，Web ブラウザからのリクエストに対して Web サーバの代理として応答する。
イ　Web ブラウザと同一の組織内（例えば企業内）になければならない。
ウ　Web ブラウザの代理として，Web サーバに対するリクエストを送信する。
エ　電子メールをインターネット上の複数サーバを経由して転送する。

解説

　プロキシ（proxy；代理，代理人）とは，その名のとおり通信を代行（中継）する機能のことで，クライアント（Web ブラウザ）とサーバ（Web サーバ）間の通信の中継を行います。プロキシには，大きくフォワードプロキシとリバースプロキシの 2 種類があり，それぞれ対極の機能を提供します。

フォワードプロキシ：Web ブラウザの代理として，Web サーバへのリクエストを送信し，Web サーバからの応答を Web ブラウザに返します。フォワードプロキシは，インターネットとの通信を一元管理し，有害なサイトへのアクセスを遮断したり，よく参照される Web サーバのコンテンツをキャッシュすることで応答時間を短縮したりする目的で利用されます。

リバースプロキシ：Web サーバの代理として，クライアント（Web ブラウザ）からのリクエストを受け取り，リバースプロキシの後方にある Web サーバへリクエストの内容を中継します。リバースプロキシは，Web サーバの負荷分散の目的で利用されます。

　プロキシサーバの配置を図示すると次のようになります。

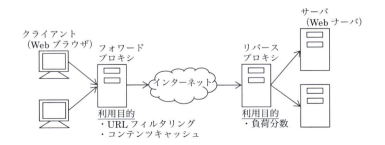

第 7 章 ネットワーク

ア：リバースプロキシの説明なので，不正解です。

イ：フォワードプロキシは Web ブラウザと同一の組織内になければならな
  いという制約はありませんので，誤った記述です。

ウ：フォワードプロキシの説明です。したがって（ウ）が正解です。

エ：インターネット上で電子メールを転送するプロトコルの SMTP（Simple
  Mail Transfer Protocol）の説明のため，不正解です。

解答　ウ

問 10　OpenFlow を使った SDN（Software-Defined Networking）に関する
記述として，適切なものはどれか。

◎高度午前 I　（R4 春-AP 問 35）

　ア　インターネットのドメイン名を管理する世界規模の分散データベー
　　　スを用いて，IP アドレスの代わりに名前を指定して通信できるようにす
　　　る仕組み

　イ　携帯電話網において，回線交換方式ではなく，パケット交換方式で音
　　　声通話を実現する方式

　ウ　ストレージ装置とサーバを接続し，WWN（World Wide Name）によ
　　　ってノードやポートを識別するストレージ用ネットワーク

　エ　データ転送機能とネットワーク制御機能を論理的に分離し，ネットワ
　　　ーク制御を集中的に行うことを可能にしたアーキテクチャ

解説

　OpenFlow は SDN（Software-Defined Networking）の代表的なプロトコ
ルです。その名のとおりソフトウェアで設計されたネットワークであり，物
理的な配線やケーブルの抜き差しをすることなく，ソフトウェアによってネ
ットワークの制御を行うアーキテクチャです。

　OpenFlow では，OpenFlow コントローラが OpenFlow スイッチをネット
ワーク制御機能（コントロールプレーン）で制御し，OpenFlow スイッチ間
や OpenFlow スイッチとネットワークに接続された機器間をデータ転送機能
（データプレーン）でデータのやり取りを行うように役割を分離して制御す
ることで，ネットワークを柔軟に変更できるようになっています。

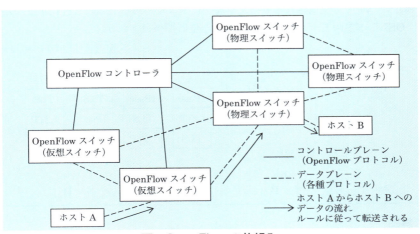

図　OpenFlow の仕組み

- ア：DNS（Domain Name System）の説明です。DNS を使うことで，例えば www.example.co.jp という名前を DNS サーバに問い合わせ IP アドレス（vvv.xxx.yyy.zzz）を取得し，利用者は IP アドレスを意識することなく通信できるようになっています。
- イ：音声通話をパケット交換方式で実現する技術としては，VoIP（Voice over IP）や VoLTE（Voice over LTE）があり，どちらも回線交換方式ではなく音声をパケット化して携帯電話網で送受信する方式です。
- ウ：光ファイバケーブル（Fibre Channel）を使用したストレージ専用のネットワークで SAN（Storage Area Network）と呼びます。WWN は 64 ビットの機器の識別番号となっています。

解答　エ

第7章 ネットワーク

問11　VPNで使用されるセキュアなプロトコルであるIPsec, L2TP, TLSの, OSI基本参照モデルにおける相対的な位置関係はどれか。

◎高度午前Ⅰ　(H31春·AP 問42)

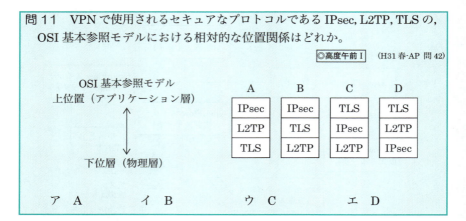

ア A　　　イ B　　　ウ C　　　エ D

解説

ワーケーションやテレワークなどニューノーマルな働き方でオフィスにある端末に安全に接続する手段としてVPN（Virtual Private Network；仮想専用通信網）が利用されることが多くなってきています。

VPNで利用されるプロトコルにはいくつか種類があります。

まず，OSI基本参照モデルは第1層から物理層，データリンク層，ネットワーク層，トランスポート層，セション層，プレゼンテーション層，アプリケーション層の7階層に分類されています。

IPsecは第3層のネットワーク層のセキュアなプロトコルです。IP通信をセキュアに行うために必要となるIPパケットの暗号化，相互認証，メッセージ認証などの機能が提供されています。

L2TPは（Layer 2 Tunneling Protocol）の略で，その名のとおり第2層のデータリンク層に接続された機器同士の間を仮想的なトンネルで接続するプロトコルですが，L2TP自体には暗号化の機能がないため，IPsecと組み合わせて利用されることが多いです。

TLSはHTTPやFTPなどの第7層のアプリケーション層のプロトコルをセキュアに行うための暗号化，相互認証，メッセージ認証の機能を提供するプロトコルで，第4層のトランスポート層以上の層で動作するプロトコルです。

7.3　通信サービスと性能計算

よって，

↑第7層　アプリケーション層

TLS	第4層　トランスポート層以上
IPsec	第3層　ネットワーク層
L2TP	第2層　データリンク層

↓第1層　物理層

という関係となります。したがって，（ウ）が正解です。

解答　ウ

第8章 セキュリティ

第**8**章 セキュリティ

part 2

▶▶▶ Point
学習のポイント

　情報システムに対するセキュリティの重要性は極めて高くなっており，情報処理技術者試験でも，最も出題数の多い分野です。また，技術動向の変化が激しい分野ですので，基本的な事項の理解とともに，最新動向にも注目しておく必要があるでしょう。

　出題される問題としては，暗号化，認証，各種攻撃の名称や対策，リスク管理，セキュリティ管理などに関するものが多くなっています。暗号化や認証の技術的な仕組みや，代表的な攻撃とその対策についてしっかり理解し，セキュリティ管理についてはリスク分析，ISMS などを理解しておきましょう。

（1）　暗号化技術
　①暗号化鍵と復号鍵

　　なぜ暗号化する必要があるのか，そもそもの前提や背景を理解しておきましょう。暗号化と復号におけるそれぞれの"鍵"の種類と特徴を確実に理解してください。

　②暗号化の種類と仕組み

　　共通鍵暗号方式（DES，AES など）と公開鍵暗号方式（RSA など）があります。特に公開鍵暗号方式がよく出題されます。公開鍵暗号方式は，認証技術の基本でもあるのでしっかり理解してください。

（2）　認証技術
　①認証

　　利用者確認，メッセージ認証，ユーザ認証などの意味を理解しましょう。

　②デジタル署名，認証局

　　デジタル署名におけるハッシュ関数や鍵の使われ方と仕組みを理解してください。また，認証局（CA；Certificate Authority）の役割も重要です。

(3) セキュリティ管理・評価・対策

①リスクの種類とリスク管理

　情報管理は極めて重要な問題で，万一，情報の改ざんや情報の漏えいなどが起きた場合には，企業の信用失墜や損失は非常に大きなものになります。

　そこで，これらの危険性（リスク）に対する基礎知識として，リスクの種類やリスク管理について理解しておきましょう。

②アクセス管理

　アクセス権の設定方法について，基本事項を理解しておきましょう。

③ネットワークセキュリティ

　ファイアウォールの機能については，比較的よく出題されるので，理解しておきましょう。また，セキュリティプロトコルについては，SSL/TLS について理解しておきましょう。

④セキュリティ管理（セキュリティマネジメント）

　セキュリティの重要性と意識の高まりの中，企業としてのセキュリティに対する取組みをまとめた基本方針や具体策を文書化し，ルールを守ることを全社に徹底する必要があります。

　情報セキュリティポリシは，企業などの組織が保有する情報を保護するために，セキュリティ対策に関する考え方や具体的に遵守する項目を定めたものです。このポリシは各企業・団体の取組みについて独自に策定し，社内（組織）全体に周知徹底する必要があります。

　企業（組織）がセキュリティ管理を行うに当たって，利用できる国際基準が ISO 27000（JIS Q 27000）シリーズです。そして，この基準に基づいて行われていることを第三者が評価・認定する制度が ISMS 適合性評価制度です。

　この他，次の事項も出題されることがありますので，用語の意味などを理解しておいてください。

・コンピュータ犯罪の手口

　　サラミ法，スキャベンジング，盗聴，トロイの木馬など代表的な犯罪の手口を理解しておきましょう。

・主なセキュリティ攻撃とその対策

　　SQL インジェクション，クロスサイトスクリプティング，DoS 攻撃など，主な攻撃の手口とその対策について理解しておきましょう。

第8章 セキュリティ

8.1 暗号化技術

▶▶▶ **Explanation**

ポイントの解説

　暗号化は，セキュリティ分野の中で非常によく出題されるテーマの一つです。中でもよく出題されるのは公開鍵暗号方式で，暗号化鍵と復号鍵のどちらを公開し，どちらを秘密にするかを理解することがポイントです。共通鍵暗号方式と対比させながら学習しましょう。

　なお，暗号化の次に説明する認証技術におけるデジタル署名との仕組み（鍵の使い方）の違いも理解する必要があります。

(1) 暗号

　情報の意味が当事者にしか分からないようにする方法及び技法を暗号といい，情報を意味の分からないデータに変換することを**暗号化**，暗号化されたデータを元の情報に復元することを**復号**といいます。

　暗号化や復号に用いるアルゴリズムの種類は多くありません。しかし，暗号化に鍵と呼ばれる値を用いることで，アルゴリズムが分かっても，この鍵の値が分からないと復号ができないようにしています。なお，暗号化する前の元のデータのことを**平文**，暗号化されたデータのことを**暗号文**と呼びます。

　なお，日本では，CRYPTREC（Cryptography Research and Evaluation Committees；電子政府推奨暗号の安全性を評価・監視する機関）暗号リストで，安全性が確認された暗号技術が公開されています。

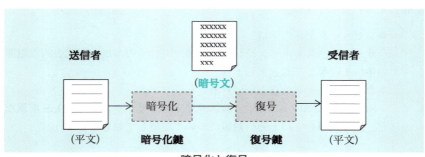

暗号化と復号

（2） 共通鍵暗号方式

　共通鍵暗号方式は，暗号化鍵と復号鍵が同じ（又は一方から他方が簡単に計算できる）暗号方式で，鍵を知られると暗号文の復号ができてしまうので，鍵そのものを秘密にしておく必要があり，秘密鍵暗号方式とも呼ばれます。

①代表的な共通鍵暗号方式の DES と AES

　共通鍵暗号方式の代表的なものには，DES（Data Encryption Standard）と，その後継とされる AES（Advanced Encryption Standard）があります。なお，それぞれの暗号化アルゴリズムは公開されていますが，鍵を秘密にすることで機密性が保てます。

②鍵の配送が必要

　共通鍵暗号方式では，情報を送る側と受け取る側が同じ鍵を使用するので，複数の相手がいる場合，それぞれ異なる秘密鍵が必要になります。また，鍵を秘密に相手に配送し，受け取った相手も秘密に管理しなくてはいけません。

③暗号化（復号）が速い

　次に説明する公開鍵暗号方式に比べて，共通鍵暗号方式は暗号化（復号）速度が速いという特徴があります。

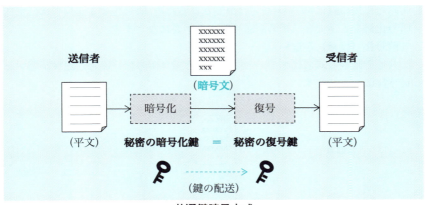

共通鍵暗号方式

（3） 公開鍵暗号方式

公開鍵暗号方式は，値の異なる一対（二つ）の鍵を用います。この二つの鍵には，一方の鍵で暗号化した内容は，他方の鍵でしか復号できないという性質と，一方の鍵からもう一方の鍵を導くことは事実上不可能であるという性質があります。そして，この二つの鍵のうち一方を暗号化鍵として公開し，もう一方を復号鍵として自分だけの秘密にします。こうすることで，誰でも暗号化ができ，暗号化された内容は鍵を公開した本人にしか復号できないようにすることが可能となります。なお，誰でも暗号化できるというところが少し気になるかもしれませんが，暗号化の目的は，第三者に復号されて内容が漏れないようにすることなので，第三者が暗号化できたとしても，暗号化の目的に反することはありません。

①代表的な公開鍵暗号方式のRSA

公開鍵暗号方式の代表的なものが RSA（考案者である Rivest，Shamir，Adleman という 3 人の科学者の頭文字）です。RSA は，大きな数の素因数分解を行うのに非常に長い時間がかかることを利用して二つの鍵を生成します。

②鍵の配送が不要

暗号化用の鍵は Web 上などに公開されるため，暗号化する送信者は自由に暗号化鍵を入手でき，鍵の配送や管理も不要になります。

③暗号化（復号）が遅い

共通鍵暗号方式に比べて，公開鍵暗号方式は暗号化（復号）速度が遅いという特徴があります。

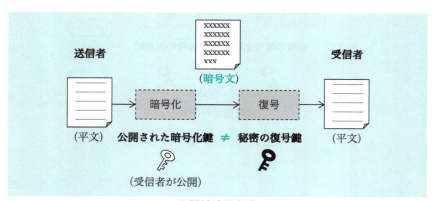

公開鍵暗号方式

8.1 暗号化技術

▶▶▶**Check**

理解度チェック ▶ 8.1 暗号化技術

次の文中の ☐ に適切な用語を入れてください。

(1) 代表的な暗号方式には，暗号化と復号とで ア 鍵を使う共通鍵暗号方式と，異なる鍵を使う イ 方式があります。共通鍵暗号方式では，鍵の値を知られてしまうと暗号文が復号されてしまうので，鍵を秘密にしておく必要があるため， ウ 方式とも呼ばれます。なお，共通鍵暗号方式としては DES（Data Encryption Standard）や エ が， イ 方式としては オ が代表的です。

(2) 共通鍵暗号方式では，鍵の値を送受信者間だけの秘密にする必要があります。このため，通信相手ごとに異なる鍵が必要になります。こうしたことから，鍵の受渡しや カ が煩雑になります。一方，公開鍵暗号方式の場合は，暗号化に用いた鍵の値を知られても，その値によって暗号文を キ することはできません。この性質を利用して，一方の鍵を ク 用に公開し，もう一方の鍵を キ 用に秘密に管理します。こうすることで，鍵の受渡しや カ の煩雑さは解決されます。

(3) 日本では ケ 暗号リストで安全性が確認された暗号技術が公開されています。

解答

(1) ア：同じ イ：公開鍵暗号 ウ：秘密鍵暗号
　　エ：AES（Advanced Encryption Standard）
　　オ：RSA（Rivest Shamir Adleman）
(2) カ：管理 キ：復号 ク：暗号化
(3) ケ：CRYPTREC

第8章 セキュリティ

▶▶▶ **Question**

問題で学ぼう

問1　暗号方式に関する説明のうち，適切なものはどれか。

◎高度午前Ⅰ　(H29 春-AP 問 38)

ア　共通鍵暗号方式で相手ごとに秘密の通信をする場合，通信相手が多くなるに従って，鍵管理の手間が増える。

イ　共通鍵暗号方式を用いて通信を暗号化するときには，送信者と受信者で異なる鍵を用いるが，通信相手にその鍵を知らせる必要はない。

ウ　公開鍵暗号方式で通信文を暗号化して内容を秘密にした通信をするときには，復号鍵を公開することによって，鍵管理の手間を減らす。

エ　公開鍵暗号方式では，署名に用いる鍵を公開しておく必要がある。

解説

　共通鍵暗号方式は，暗号化と復号に共通の一つの鍵を使う方式で，公開鍵暗号方式は，暗号化と復号とで異なる一対の鍵を使う方式です。また，暗号化通信の目的は，特定の人以外には，内容が分からないようにすることです。つまり，特定の人以外には暗号文を復号できないようにする必要がありますが，そのために，復号用の鍵を知られないようにします。

	暗号化		復号
共通鍵暗号方式	**共通鍵**	=	**共通鍵**
公開鍵暗号方式	**公開鍵**	≠	**秘密鍵**

　共通鍵暗号方式の場合，暗号化と復号で共通の鍵を使うので，二者間で秘密の通信をしたいときには，二者間だけの秘密の鍵が必要になります。例えば，AがB，Cとそれぞれ二者間の暗号化通信を行う場合には，B用とC用とでは異なった鍵が必要になります。つまり，通信相手ごとに異なる鍵が必要になるので，通信相手の数が増えると秘密に管理する必要がある鍵の数も増え，鍵管理の手間も増えることになります。したがって，（ア）が正解です。

　共通鍵暗号方式では送信者と受信者とで同じ鍵を用い，通常は，送受信者のどちらかが鍵を生成して，その鍵を相手に知らせますから（イ）は誤りです。また，公開鍵暗号方式は，暗号化通信と本人認証のための署名の2種類の利用方法があります。暗号化通信に用いるときには，第三者によって復号

394

8.1 暗号化技術

されることがないように復号用の鍵を秘密にしますし，本人認証に用いるときには，本人にしか署名できないように署名用の鍵を秘密にします。したがって，（ウ）と（エ）も誤りです。

　公開鍵暗号方式による暗号化通信では，暗号化に公開鍵，復号に秘密鍵を用いますが，本人認証では，鍵の使い方が逆になります。詳しくは，次節で学習しますが，公開鍵暗号方式では，どちらの鍵が暗号用という考え方ではなく，一方の鍵で暗号化した内容が他方の鍵で復号できるという性質があり，本人しかできないようにする必要があることは何かということに着目して鍵を使い分ける，というように理解しておくとよいでしょう。

公開鍵暗号方式：	一方の鍵 A（公開）で暗号化した内容を他方の鍵 B（秘密）で復号できる
暗号化通信	本人だけが復号できる　→　**復号用の鍵を秘密にする**（暗号化鍵は公開）
本人認証	本人だけが署名できる　→　**署名（暗号化）用の鍵を秘密にする**（復号鍵は公開）

解答　ア

問2　暗号方式に関する記述のうち，適切なものはどれか。

◎高度午前I　(R2-AP 問 42 改)

　ア　AES は公開鍵暗号方式，RSA は共通鍵暗号方式の一種である。
　イ　共通鍵暗号方式では，暗号化及び復号に同一の鍵を使用する。
　ウ　公開鍵暗号方式を通信内容の秘匿に使用する場合は，暗号化に使用する鍵を秘密にして，復号に使用する鍵を公開する。
　エ　デジタル署名に公開鍵暗号方式が使用されることはなく，共通鍵暗号方式が使用される。

解説

　暗号方式には大きく共通鍵暗号方式と公開鍵暗号方式がありますが，それぞれの暗号方式で代表的に利用されるアルゴリズムとして，以下のものがあります。

共通鍵暗号方式：昨今の主流は AES（Advanced Encryption Standard）になっています。DES（Data Encryption Standard）の後継とされるアルゴリズムです。

公開鍵暗号方式：RSA（Rivest, Shamir, Adleman）は，大きな数の素因

第8章 セキュリティ

　　数分解を行うのに非常に長い時間が掛かることを利用したアルゴリズ
　　ムです。
　その他に次のようなアルゴリズムがあります。

> 公開鍵暗号方式：ElGamal暗号（離散対数問題），楕円曲線暗号
> 共通鍵暗号方式：KCipher-2

　問1の解説にもあるように，共通鍵暗号方式では暗号化と復号で共通の鍵
を使用します。また，公開鍵暗号方式で通信の内容を秘匿する場合は，暗号
化に公開鍵，復号に秘密鍵を使用します。デジタル署名は，公開鍵暗号方式
を利用して，署名者本人が持っている秘密鍵でデジタル署名し，公開鍵でデ
ジタル署名を確認することで署名者本人が署名したことを確認することで
実現します。したがって，（イ）が正解です。
ア：暗号アルゴリズムと暗号方式が逆になっており，誤った記述です。
ウ：暗号化と復号に使用する鍵が逆になっており，誤った記述です。
エ：デジタル署名は公開鍵暗号方式を応用した技術のため，誤った記述です。

解答　イ

問3　無線LAN環境におけるWPA2-PSKの機能はどれか。

(R1秋-AP 問39)

　ア　アクセスポイントに設定されているSSIDを共通鍵とし，通信を暗号
　　化する。
　イ　アクセスポイントに設定されているのと同じSSIDとパスワード
　　（Pre-Shared Key）が設定されている端末だけに接続を許可する。
　ウ　アクセスポイントは，IEEE 802.11acに準拠している端末だけに接続
　　を許可する。
　エ　アクセスポイントは，利用者ごとに付与されたSSIDを確認し，無線
　　LANへのアクセス権限を識別する。

解説

　WPA2-PSKについても学習しておきましょう。まず，選択肢中に記述さ
れているSSID（Service Set Identifier）とは，アクセスポイントの識別名
のことです。また，このSSIDを拡張して，複数のアクセスポイントを含ん
だネットワークの識別名として利用できるようにしたものがESSID

8.1 暗号化技術

（Extended SSID）ですが，現在では ESSID のことを単に SSID と呼ぶよ
うです。したがって，SSID は共通鍵ではありませんし（ア），利用者ごとに
付与されるものではありません（エ）。そして，PSK とは（イ）の記述にあ
るパスワード（Pre-Shared Key）のことで，アクセスポイントと同じ SSID
と PSK が設定されている端末だけが接続可能です。したがって，（イ）が正
解です。なお，PSK は事前共通鍵と訳されますが，接続時にだけ利用され，
実際の暗号化は一定時間ごとに共通鍵を替えながら行われていきます。

　（ウ）の IEEE 802.11ac は無線 LAN の伝送規格で，WPA2 のようなセキ
ュリティ規格ではありません。なお，IEEE 802.11 から始まる名称の規格は，
WLAN（Wireless LAN）に関係する規格で，セキュリティ関連の規格は IEEE
802.11i です。一方，周波数帯や伝送方式，伝送速度などを規定した伝送規
格には IEEE 802.11，IEEE 802.11a，IEEE 802.11b，IEEE 802.11g，IEEE
802.11n，IEEE 802.11ac，IEEE 802.11ad などがあり，IEEE 802.11 の伝
送速度は 2M ビット／秒でしたが，その後，11M ビット／秒，54M ビット
／秒と高速になり，IEEE 802.11n では，最高で 600M ビット／秒，さらに，
IEEE 802.11ac，IEEE 802.11ad では，最高でおよそ 7G ビット／秒になっ
ています。

解答　イ

問4　TPM（Trusted Platform Module）に該当するものはどれか。

(R2-AP 問 44)

ア　PC などの機器に搭載され，鍵生成，ハッシュ演算及び暗号処理を行
　　うセキュリティチップ
イ　受信した電子メールが正当な送信者から送信されたものであること
　　を保証する，送信ドメイン認証技術
ウ　ファイアウォール，侵入検知，マルウェア対策など，複数のセキュリ
　　ティ機能を統合したネットワーク監視装置
エ　ログデータを一元的に管理し，セキュリティイベントの監視者への通知
　　及び相関分析を行うシステム

解説

　TPM（Trusted Platform Module）は，マザーボードなどに直接組み込ま
れた耐タンパ性をもつセキュリティチップのことです。暗号化や復号，ハッ
シュ演算，デジタル署名の生成や検証などの機能をもちます。したがって，
（ア）が正解です。

第8章 セキュリティ

イ：SPF（Sender Policy Framework）の説明です。電子メールの送信に用いられる SMTP（Send）は差出人のメールアドレスを自由に変更できるため，差出人のメールアドレスを詐称することで迷惑メールが送られてくることが多く，SPF では差出人のドメインを認証することで差出人のメールアドレスのドメインのなりすましを検知する仕組みを提供します。

ウ：UTM（Unified Threat Management；統合脅威管理）の説明です。複数のセキュリティ機能を一つのハードウェアに統合することで，セキュリティ機能の導入や管理の負荷を低減することができる仕組みです。

エ：SIEM（Security Information and Event Management；セキュリティ情報イベント管理）は，セキュリティに関するログ情報を一元管理して，攻撃や不正な動作を検知するセキュリティ対策の仕組みです。

解答　ア

問5　パスワードに使用できる文字の種類の数を M，パスワードの文字数を n とするとき，設定できるパスワードの理論的な総数を求める数式はどれか。

(H29 秋·AP 問 39)

ア　M^n

イ　$\dfrac{M!}{(M-n)!}$

ウ　$\dfrac{M!}{n!\,(M-n)!}$

エ　$\dfrac{(M+n-1)!}{n!\,(M-1)!}$

解説

　パスワードに使用できる文字の種類の数が M なので，パスワードの文字数が1文字の場合設定できるパスワードの総数は M，パスワードの文字数が2文字の場合は1文字目で M 通り，2文字目で M 通りからパスワードが設定できるので $M \times M = M^2$ がパスワードの総数となります。以下，パスワードの文字数が 3，4，5，…と増えるにつれ，M^3，M^4，M^5…となり，パスワードの文字数が n 文字の場合のパスワードの総数は M^n となります。したがって（ア）が正解です。

解答　ア

8.2 認証技術

▶▶▶Explanation
ポイントの解説

インターネットのようなオープンなネットワークでは，通信の秘密に対して非常に脆弱なので，情報が相手に届くまでの間に盗聴，なりすまし，改ざん，窃取など，様々なリスク（脅威）にさらされます。

ここでは，最も基本的な，本人確認とリスク対策に必要な認証に関するデジタル署名について，目的と仕組みを学習します。

（1） 利用者確認

利用者本人であることを確認する最も基本的な方法は，利用者 ID とパスワードを入力することです。パスワードは，容易に推測されないように，英字，数字，特殊文字などを混ぜ，ある程度の長さにして，定期的に変更するようにします。パスワードによる認証は，自分しかもち得ない（知り得ない）ものを示すということが根拠になっています。ID カードなども同様の根拠によるものです。その究極としては，生体的な特徴に基づく，バイオメトリクス認証があります。

（2） 認証

不正なアクセスに対しては，認証という方法で対策を行います。正当性を確認するための手段は，対象によって次のように分かれます。

①メッセージ認証

メッセージ（情報）の正当性，つまりメッセージが改ざんされていないことを確認することです。

②ユーザ認証

不正なユーザが勝手にネットワークに入ったりコンピュータを使用したりできないように，正当なユーザであることを確認することです。

③デジタル署名

紙の書類に捺印やサインをすることと同じ機能を電子的に行う方式で，その情報の生成者が本人であることを確認する方法です。また，通常，メッセージ認証とユーザ認証を合わせて行うことができます。

第8章 セキュリティ

④リスクベース認証
　普段と異なる場所や機器からのアクセスがあった場合など，不正アクセスのリスクがあると判断した場合に追加の認証を行うことで不正アクセスを防止する認証方式です。

（3）　デジタル署名の仕組み
　デジタル署名では，送信側で平文のメッセージからハッシュ関数を使ってメッセージダイジェストを作り，メッセージとともに送信します。受信側では受け取ったメッセージに対して同様の処理を行い，二つのメッセージダイジェストが一致すれば，送信したメッセージと受け取ったメッセージが同じ，つまり，メッセージが改ざんされていないことを確認（認証）できます。また，メッセージダイジェストを公開鍵暗号方式の"本人の秘密鍵"で暗号化（デジタル署名）して送り，受信側で"本人（送信者）の公開鍵"で復号します。公開鍵暗号方式では，一方の鍵で復号できるのは，対となるもう一方の鍵で暗号化した内容だけなので，本人の公開鍵で復号できれば，送信者が本人であることが認証できます。なお，ハッシュ関数とは，入力データから，一定のルールでその要約（ダイジェスト）を出力する関数で，異なる入力データに対し同じ出力データとなることがほとんどないこと，出力データから入力データを再現できないことが特徴です。また，ハッシュ関数によって作成したメッセージの要約がメッセージダイジェストです。図は，メッセージ本文を共通鍵暗号方式で送り，デジタル署名を公開鍵暗号方式で暗号化して送る場合の例です。

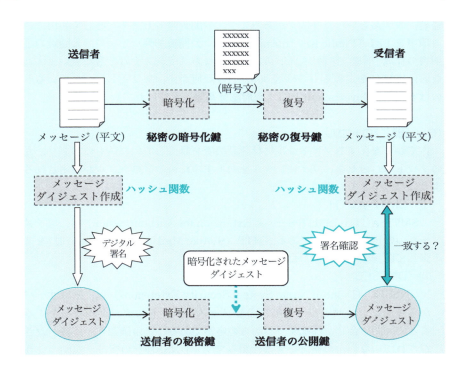

(4) 認証局

本人認証の方法として，デジタル署名が多く利用されますが，署名に用いる鍵の対が正当なものでないと，この認証方式は根本的に意味を失います。このため，**認証局**（CA；Certificate Authority）という機関から，公開している鍵が本人のものであることを証明する，**デジタル証明書**の発行を受け，デジタル証明書付きで公開鍵の配布を行います。

デジタル証明書には，シリアル番号，認証局の名前，有効期限，所有者名，所有者の公開鍵，認証局の秘密鍵による電子署名など，通信相手が本人であることを証明する情報が含まれています。また，公開鍵の紛失などによって有効期間中に失効したデジタル証明書の一覧が，**証明書失効リスト**（CRL）として認証局から公開されているので，デジタル証明書の有効性とともに，このリストに含まれないことも確認する必要があります。

(5) 公開鍵基盤と政府認証基盤

企業の取引情報などを公開鍵で暗号化してやり取りするとき，なりすまし，

盗聴，改ざんといったリスクがあります。公開鍵暗号方式を安心して利用できる環境を PKI（Public Key Infrastructure；公開鍵基盤）といい，公開鍵の証明書の作成，管理，格納，配布，破棄に必要な方式やシステムを含んでいます。なお，ITU-T が定めるものは X.509，日本政府がインフラとして進めているものは GPKI（Government PKI；政府認証基盤）と呼ばれています。

(6) 認証プロトコル

古くから存在するプロトコルには認証機能を具備していないものがあり，元のプロトコルのセキュリティレベルを向上するためのプロトコルが使用されるようになってきています。

① SMTP-AUTH

SMTP-AUTH（SMTP Service Extension for Authentication）は，電子メールの転送プロトコルである SMTP（Simple Mail Transfer Protocol）を拡張して認証機能を追加したものです。

② DNSSEC

DNSSEC（Domain Name System Security Extensions）は，権威サーバからキャッシュサーバへの応答のリソースレコードにデジタル署名をすることで，問い合せた権威サーバからの応答であることの確認と，応答が改ざんされていないかの検証をする仕組みです。DNSSEC の検証は次図のような手順で行われます。

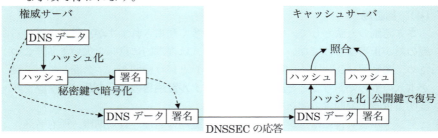

DNSSEC の検証手順

(7) 多要素認証・多段階認証

各種インターネットサービスにおける不正ログイン対策として，複数の要素（記憶，所持，生体情報）を用いた認証方式を多要素認証と呼びます。また，同じ要素の認証を多段階で実施する認証方式を多段階認証と呼びます。例えば，ID とパスワードを入力（記憶／段階①）し，その後確認コードを本人が所持す

8.2 認証技術

る端末に SMS（Short Message Servive；ショートメッセージサービス）で送り確認コードを入力することでログインを完了する（所持／段階②）方式が採用されることがあります。Apple，Google，Microsoft の各プラットフォームで指紋認証や顔認証などを利用した **FIDO 認証** と呼ばれるパスワードレスの安全な認証技術が利用可能になる予定です。

（8）　バイオメトリクス認証（生体認証）

　利用者本人であることを確認する方法として，本人だけがもつ生体の特徴を利用した認証が**バイオメトリクス認証**（生体認証）です。

①指紋認証

　あらかじめ読み取っていた指紋のパターンと小型光学式センサなどから入力した画像を特徴点抽出方式やパターンマッチングによって照合します。

②虹彩認証

　虹彩は眼球の瞳孔を収縮させる筋肉ですが，成長すると一生の間変化しないため，認証に利用されます。眼球に光を照射して測定します。

③声紋認証

　音声を周波数分析したデータを利用した認証です。

④網膜認証

　人の眼球の奥にある網膜の血管パターンを利用した認証です。

第8章

第8章 セキュリティ

►►►**Check**

理解度チェック ▶ 8.2 認証技術

次の文中の ☐ に適切な用語を入れてください。

(1) 正当性を確認する行為のことを ☐ア☐ と呼び，利用者が正当であることを確認することを ☐イ☐ ，受け取ったメッセージ（データ）が正当であることを確認することを ☐ウ☐ と呼びます。

(2) 一般的に，利用者の正当性は，本人しか知り得ないことや，もっていないものによって確認します。例えばパスワードは，本人しか ☐エ☐ によって，ID カードなどは本人しか ☐オ☐ によって正当性を確認します。

(3) メッセージに対しては，送信者とメッセージ自体の正当性を確認します。メッセージ自体の正当性とは，受け取ったメッセージの内容が送信したものと同じであり，途中で ☐カ☐ されていないということです。メッセージに ☐キ☐ を付加して送ることで，この二つの正当性を確認することができます。☐キ☐ とは，送信するメッセージから作成した ☐ク☐ を，送信者の ☐ケ☐ で暗号化したもので，☐ク☐ の作成には，☐コ☐ 関数が使われます。受信者は，受け取ったメッセージから，送信者と同じ ☐コ☐ 関数によって ☐ク☐ を作成し，受け取った ☐キ☐ を送信者の ☐サ☐ で復号した内容と一致しているかを確認します。この手法では，☐ク☐ の一致によって，メッセージが ☐カ☐ されていないことが確認できます。また，送信者の ☐サ☐ で正しく復号できたことで，送信者の正当性が確認できます。

(4) 公開鍵暗号方式は，☐シ☐ の正当性に基づいた方式です。☐シ☐ が，本人以外の第三者によって提供されたものであった場合には，暗号化や認証の効果が全くありません。こうした問題を解決するために，☐シ☐ の正当性を認証する仕組みが ☐ス☐ です。☐ス☐ は正当な手続で登録された ☐シ☐ に対して，☐ス☐ 自身の ☐セ☐ によるデジタル署名を付けた ☐ソ☐ を発行します。

(5) 認証プロトコルのうち，SMTP の機能を拡張し認証機能を追加したものを ☐タ☐ と呼び，DNS の応答が権威サーバからのものであることと，応答内容が改ざんされていないことを確認するプロトコルを ☐チ☐ と呼びます。

(6) 複数の要素（記憶，所持，生体認証）を用いた認証方式を ☐ツ☐ と呼びます。

8.2 認証技術

解答

(1) ア：認証　イ：ユーザ認証　ウ：メッセージ認証
(2) エ：知り得ないこと　オ：もっていないもの
(3) カ：改ざん　キ：デジタル署名　ク：メッセージダイジェスト
　　ケ：秘密鍵　コ：ハッシュ　サ：公開鍵
(4) シ：公開鍵　ス：認証局（CA）　セ：秘密鍵　ソ：デジタル証明書
(5) タ：SMTP-AUTH　チ：DNSSEC
(6) ツ：多要素認証

▶▶▶Question

問題で学ぼう

問1　送信者Aからの文書ファイルと，その文書ファイルのデジタル署名を受信者Bが受信したとき，受信者Bができることはどれか。ここで，受信者Bは送信者Aの署名検証鍵Xを保有しており，受信者Bと第三者は送信者Aの署名生成鍵Yを知らないものとする。

◎高度午前I　（R2-AP 問40 改）

　ア　デジタル署名，文書ファイル及び署名検証鍵Xを比較することによって，文書ファイルに改ざんがあった場合，その部分を判別できる。
　イ　文書ファイルが改ざんされていないこと，及びデジタル署名が署名生成鍵Yによって生成されたことを確認できる。
　ウ　文書ファイルがマルウェアに感染していないことを認証局に問い合わせて確認できる。
　エ　文書ファイルとデジタル署名のどちらかが改ざんされた場合，どちらが改ざんされたかを判別できる。

解説

　デジタル署名とは，公開鍵暗号の技術を応用して電子データの発信者の正当性を保証する仕組みです。
　デジタル署名では，公開鍵暗号方式の一方の鍵で暗号化した内容は，もう一方の鍵で復号できるという性質が利用されています。この性質を別の観点から見ると，一方の鍵で正しく復号できたということは，暗号化に用いた鍵が正しい鍵（もう一方の鍵）であるということになります。

第8章

第8章 セキュリティ

| 平文──秘密鍵による暗号化──➡暗号文 ── 公開鍵による復号 ──➡平文 |
| 平文◀─秘密鍵による復号 ───── 暗号文◀─公開鍵による暗号化─平文 |

　デジタル署名における暗号化の目的は，内容を秘密にすることではなく本人認証です。一般的な本人認証は，身分証明書など，本人しかもっていないものを示すことで行われます。デジタル署名でも基本は同じで，本人しかもっていない秘密鍵で暗号化したことを示すことで認証を行います。そして，その確認（認証）は，暗号化に用いた本人の秘密鍵に対応した公開鍵で復号することによって行われます。基本的に，公開鍵は誰でも入手できるので，関係者は誰でも確認ができ，とても便利な認証方式です。

公開鍵暗号方式の鍵の使い方

目的	暗号化	復号	
暗号化通信	公開鍵	秘密鍵	誰でも暗号化でき本人だけが復号できる
デジタル署名	秘密鍵	公開鍵	本人だけが暗号化でき誰でも復号できる

　デジタル署名では，「発信者が本人であるか」と「改ざんされていないか」の2点を確認することができますが，「改ざんされた部分の特定」まではできません。

　本問では，デジタル署名の生成に送信者Aの秘密鍵である「署名生成鍵Y」を使用し，受信者Bの検証には送信者Aの公開鍵である「署名検証鍵X」を使用します。したがって，（イ）が正解です。

ア：文書ファイルに改ざんがあった場合，改ざんの有無は判別できますが，改ざんされた部分の判別まではできないので誤った記述です。

ウ：デジタル署名では，マルウェアに感染しているかどうかを確認することはできないので誤った記述です。

エ：文書ファイルとデジタル署名のどちらかが改ざんされていた場合，デジタル署名の検証に失敗しますが，どちらが改ざんされているのかまで判別することはできないので誤った記述です。

解答　イ

3.2 認証技術

問2 A社のWebサーバは，サーバ証明書を使ってTLS通信を行っている。PCからA社のWebサーバへのTLSを用いたアクセスにおいて，当該PCがサーバ証明書を入手した後に，認証局の公開鍵を利用して行う動作はどれか。

◎高度午前 I　H29春·AP 問37

ア　暗号化通信に利用する共通鍵を生成し，認証局の公開鍵を使って暗号化する。

イ　暗号化通信に利用する共通鍵を，認証局の公開鍵を使って復号する。

ウ　サーバ証明書の正当性を，認証局の公開鍵を使って検証する。

エ　利用者が入力して送付する秘匿データを，認証局の公開鍵を使って暗号化する。

解説

　サーバ証明書（デジタル証明書）は，個人や企業が使用する公開鍵に対する電子式の証明書で，認証局（CA）と呼ばれる第三者機関によって発行されたものです。デジタル証明書には，認証を受けた公開鍵が含まれていて，信頼性を保証するための認証局のデジタル署名が付加されています。

　デジタル証明書を利用した通信の手順は，次のとおりです。

①クライアントからサーバに接続要求を実施する。

②サーバは，認証局のデジタル署名が付加されたデジタル証明書を送信する。

③クライアントは，認証局の公開鍵を使用し，デジタル証明書の正当性を確認する。

④クライアントは，デジタル証明書からサーバの公開鍵を取り出す。

⑤クライアントは，共通鍵生成用のデータを生成する。

⑥共通鍵生成用データを，サーバの公開鍵で暗号化して，サーバに送信する。

⑦サーバは，自身の秘密鍵でデータを復号し，共通鍵生成データを共有する。

⑧共有したデータから暗号化通信のための共通鍵を生成し，それ以降は，共通鍵を用いて暗号化通信を行う。

　したがって，（ウ）が正解です。

解答　ウ

第8章 セキュリティ

問3 IC カードの耐タンパ性を高める対策はどれか。

(R3 春·AP 問 46)

ア　IC カードと IC カードリーダとが非接触の状態で利用者を認証して，利用者の利便性を高めるようにする。

イ　故障に備えてあらかじめ作成した予備の IC カードを保管し，故障時に直ちに予備カードに交換して利用者が IC カードを使い続けられるようにする。

ウ　信号の読出し用プローブの取付けを検出すると IC チップ内の保存情報を消去する回路を設けて，IC チップ内の情報を容易に解析できないようにする。

エ　利用者認証に IC カードを利用している業務システムにおいて，退職者の IC カードは業務システム側で利用を停止して，他の利用者が使用できないようにする。

解説

　タンパとは変更する，改ざんするという意味であり，**耐タンパ性**（tamper proof 又は tamper resistant）とは，不正に手を加えられないようにするという意味です。

　ハードウェアに対する耐タンパ技術の例としては，

・暗号処理回路とメモリ回路などを 1 チップ化し，インタフェース回路や配線部分に流れる信号の解析を困難にする。

・回路パターンを判別できないようにしたり，剥がすと回路パターンまで壊れてしまうようなモジュール表面のコーティングを施したりする。

・クロック周波数や電圧の異常を検出する。

・バスを流れる信号のスクランブルやダミー信号を流すことによって，解析を困難にする。

などがあり，ソフトウェアに対する耐タンパ技術の例としては，

・実行コードの暗号化や難読化

・改ざんやデバッガの検出コードの挿入

などがあります。

　解答群の中では，「信号の読出し用プローブの取付けを検出すると IC チップ内の保存情報を消去する回路を設けて，IC チップ内の情報を容易に解析できないようにする」という記述が該当するので，（ウ）が正解です。

ア：非接触型 IC カードによる利用者認証に関する対策です。

イ：IC カードが故障した際の運用に関する対策です。

エ：IC カードの不正防止に関する対策です。

解答　ウ

8.2 認証技術

問4 リスクベース認証の特徴はどれか。

(R3 春-AP 問 39)

ア　いかなる利用条件でのアクセスの要求においても，ハードウェアトークンとパスワードを併用するなど，常に二つの認証方式を併用することによって，不正アクセスに対する安全性を高める。

イ　いかなる利用条件でのアクセスの要求においても認証方法を変更せずに，同一の手順によって普段どおりにシステムにアクセスできるようにし，可用性を高める。

ウ　普段と異なる利用条件でのアクセスと判断した場合には，追加の本人認証をすることによって，不正アクセスに対する安全性を高める。

エ　利用者が認証情報を忘れ，かつ，Web ブラウザに保存しているパスワード情報も使用できないリスクを想定して，緊急と判断した場合には，認証情報を入力せずに，利用者は普段どおりにシステムを利用できるようにし，可用性を高める。

解説

　リスクベース認証とは，普段と異なる場所（IP アドレスや GPS 情報）や機器（OS や Web ブラウザの種類）からのアクセスがあった場合など，不正アクセスのリスクがあると判断した場合に追加の認証を行うことで不正アクセスを防止する認証方式です。普段使用する場所や機器からのアクセスの場合は，追加の認証は行われないため利便性も一定程度維持できます。したがって，（ウ）が正解です。

ア：2 要素認証の説明です。パスワード（知識情報）に加えて，ハードウェアトークン（一定時間ごとに使い捨てのパスワードを生成する装置）を所持していることを確認することで，不正アクセスに対する安全性を高める認証方式です。

イ：事前に定められた認証方法でアクセスすれば，常にシステムの利用ができるように可用性を高める施策を説明しているだけであり，リスクベース認証の説明ではありません。

エ：災害発生などで，使用している PC やスマートフォンを紛失したり水没したりした場合に，システム利用に必要な認証情報の入力が困難となる場合があります。そのような緊急時に用いる利用方法の説明ですが，リスクベース認証の説明ではありません。

解答　ウ

第8章 セキュリティ

8.3 セキュリティ管理・評価・対策

▶▶▶Explanation

ポイントの解説

　情報システムのセキュリティは社会的にも重要度が高く，情報処理技術者試験でもこの分野の出題数が増えています。ここでは，暗号化，デジタル署名の他に，情報セキュリティの管理，セキュリティ技術評価，セキュリティ対策に関連する出題ポイントをまとめます。

　セキュリティ関連技術も日々変わっていきます。新聞，雑誌なども含め，関連記事を読むようにして，新しい情報を吸収するように心掛けましょう。

（1）　情報セキュリティ

　JIS Q 27000:2019 で，情報セキュリティは「情報の機密性，完全性及び可用性を維持すること。さらに，真正性，責任追跡性，否認防止，信頼性などの特性を維持することを含めることもある」と定義されています。各特性の定義を次にまとめますので，確認してください。

①機密性（Confidentiality）：認可されていない者に情報を使用不可又は非公開にする特性（代表的脅威：不正アクセス，盗聴，情報漏えい）
②完全性（Integrity）：資産の正確さ及び完全さを維持する特性（代表的脅威：改ざん，ソフトウェアの誤動作）
③可用性（Availability）：認可された者が要求したときに，アクセス及び使用が可能である特性（代表的脅威：DoS 攻撃，システムダウン，破壊）
④真正性（Authenticity）：対象となるものが主張どおりであることを示す特性（対象には，ユーザ，プロセス，システム，情報などが含まれる）
⑤責任追跡性（Accountability）：ある対象物の動作が一意に追跡できることを保証する特性
⑥信頼性（Reliability）：矛盾のない計画どおりの動作及び結果を確保する特性

　なお，否認防止（Non-repudiation）とは，メールの送信内容などを否認できないようにすることです。

8.3　セキュリティ管理・評価・対策

(2)　リスク

ISO/IEC 13335（GMITS）では，リスクを「ある脅威が，資産又は資産グループの脆弱性を利用して，資産への損失，又は損害を与える可能性」と定義しています。また，脅威，脆弱性の意味は，次のとおりです。

- **脅威**：組織に危害を与える，好ましくない偶発事故の潜在的な原因
- **脆弱性**：脅威によって影響を受け得る資産又は資産グループの弱さ

(3)　リスクマネジメント（リスク管理）

リスクマネジメントは，リスクコントロールとリスクファイナンスに大きく分けられます。

①リスクコントロール

リスクそのものを少なくしていくことを目指すことです。

- **リスク回避**：発生原因そのものを回避します。
- **リスク分離**：損失を受ける資産を分散させ，影響度を軽減させます。
- **リスク結合**：損失を受ける資産を集中し，管理や対策を効率化します。

②リスクファイナンス

リスクコントロールを行っても残るリスクに対して，資金面での手当てを行うことです。

- **リスク保有**：リスク発生時に備え組織内で財務的な準備をしておきます。
- **リスク移転**：保険などによって第三者にリスクを移転させます。

(4)　アクセス管理

機密性の高い重要な情報資産を適切に管理するためには，権限に応じて読取りや書込み，削除など，データに対する操作を制限する必要があります。そのために利用者ごとに設定するアクセス権限について理解しておきましょう。

(5)　ネットワークセキュリティ

インターネットの利用が非常に広まった現在，ネットワーク関連のセキュリティの知識，技術が重要になっており，試験でも出題が予想されます。用語の意味をしっかり理解してください。

①ファイアウォール（firewall）

防火壁を意味し，広く使用されているセキュリティ対策技術です。ネットワークとネットワークの間に設置し，あらかじめ設定したルールに基づいてパケットの中継を許可／拒否し，意図しないパケットの侵入を防ぎます。

第8章

・パケットのチェック内容

発信元アドレス，発信元ポート番号，送信先アドレス，送信先ポート番号，プロトコル，パケットの方向など

・ファイアウォールの方式

パケットフィルタリング方式：ヘッダ中の IP アドレス，ポート番号によってパケットをフィルタリングします。

アプリケーションゲートウェイ方式：アプリケーション層レベル，つまり，ヘッダだけでなくデータの内容までをチェックしてパケットのフィルタリングを行います。最近は，Web アプリケーションを利用した不正アクセスが増えていることから，Web アプリケーションに特化した WAF（Web Application Firewall）の導入例も増えています。

②侵入検知システム

侵入検知システムは IDS（Intrusion Detection System）とも呼ばれ，ネットワークなどを経由して不正侵入したデータ（操作指示などを含む）を検知するための機器（システム）です。ルータのフィルタリング機能や，ファイアウォールを通過してしまった不正なパケット，そうしたパケットによる不正な操作を検知します。検知する方法によって，次の二つに分けられます。

・ネットワーク型（**NIDS**）：ネットワーク上を流れるデータを監視することで，DDoS 攻撃，各種コマンド発行，特定ポートへの接続などの事象を検知後，メールで通知したりアラート表示をしたりします。

・ホスト型（HIDS）：コンピュータにインストールして使用し，ログインやアクセス，設定の変更など，ホスト（コンピュータ）の挙動を監視して，不正アクセスを検知します。

なお，IDS は検知だけですが，侵入防止までを行う機器は IPS（Intrusion Prevention System；侵入防止システム）と呼ばれます。

③セキュリティプロトコル

・S/MIME（Secure/Multipurpose Internet Mail Extensions）：メールプロトコル MIME の拡張仕様で，メール内容の機密性を高めるため，電子メールを暗号化して送受信します。

・TLS（Transport Layer Security）：HTTP 通信を安全に行うためのセキュリティプロトコルで，暗号化によるデータの秘匿と，デジタル証明による本人認証，改ざん防止が実現できます。当初は SSL

（Secure Sockets Layer）という名称で，代表的な Web ブラウザ
に実装されてきましたが，その後，TLS という名称で標準化され
たことから，SSL/TLS とも呼ばれています。

・HTTPS（HyperText Transfer Protocol Security）：HTTP 通信の安全性
（セキュリティ）を向上させる目的で幅広く利用されているプロト
コルです。具体的には，HTTP over SSL や，HTTP over TLS が使
われます。このプロトコルを利用すると，サーバに接続する際，URL
中のドメイン名（FQDN，完全修飾ドメイン名）がサーバ証明書中
の情報と一致すること（すなわちサーバの認証）が確認できます。

・SET（Secure Electronic Transaction）：インターネットでクレジットカ
ードによる支払いを安全に行うためのプロトコルです。

・SSH（Secure Shell）：複数の暗号方式や認証方式を選択し利用すること
で，ネットワーク上で安全にリモートコンピュータと通信を行う
ためのプロトコルです。

④インターネット VPN

インターネット VPN（Virtual Private Network）は，インターネットに
よる通信を，専用線通信のように利用する技術です。VPN では，専用線と同
等なセキュリティを確保するために，トンネリング技術，暗号化とファイア
ウォールを組み合わせます。このとき利用されるネットワーク層（IP 層）の
セキュリティプロトコルが IPsec（IP Security Architecture）です。

⑤無線 LAN

IEEE 802.11b は最大 11M ビット／秒の転送速度をもつ無線 LAN の規格で
すが，セキュリティ対策としては，通常，ESS-ID（SS-ID ともいう）による
認証，暗号化，MAC アドレスフィルタリングという三つの方法があります。
なお，暗号化の方式には，WEP，TKIP，AES があり，また，暗号化と認証を
組み合わせた WPA2 というセキュリティ規格があります。

⑥DMZ

ネットワークの非武装セグメント（DMZ；DeMilitarized Zone）は，ネッ
トワークの構成の中で，外部（インターネット）から直接アクセスを認める
公開サーバなどを設置するセグメントのことです。DMZ が不正侵入を受け
た場合でも，内部セグメントのセキュリティを確保する目的があります。

第8章 セキュリティ

（6） マルウェア対策

①マルウェア

　マルウェア（malware）とは，悪意のあるソフトウェアやコードの総称です。以前は，悪意のあるソフトウェアといえば，コンピュータウイルスのことでした。しかし，コンピュータウイルス同様に，自己増殖する不正なソフトウェアで，他のソフトウェアに感染せずに単独で存在するワームと呼ばれるものなどが出現しました。また，伝染機能をもたないトロイの木馬やスパイウェアなども，コンピュータウイルスとは区別されて扱われています。このように，悪意のあるソフトウェアの形態が多様になったため，それらのソフトウェアを総称して，マルウェアと呼ぶようになりました。

②代表的なマルウェアの種類

- **コンピュータウイルス**：コンピュータウイルス対策基準（経済産業省）によれば，自らの機能で他のプログラムに自らをコピーすることで伝染する**自己伝染機能**，感染後の一定期間は不正な動作をしない**潜伏機能**，ファイルの破壊などの不正な動作を行う**発病機能**の三つのうち，一つ以上の機能を有するものと定義されています。そもそもは，実行形式（プログラム）に感染するものでしたが，表計算ソフトやワープロなどに使われているマクロ言語に記述されていて，データファイルに感染するマクロウイルスも流行しました。

- **ワーム**：他のプログラムに感染しない単独のプログラムですが，不正動作を行うことはコンピュータウイルスと変わりません。また，多くのワームは，ネットワークを介して自己増殖することで拡散していきます。

- **トロイの木馬**：インターネット上で配布されるゲームやツールなどの中に仕込まれていて，本体を実行することによって不正な動作を行います。自己伝染機能がない点で，コンピュータウイルスとは区別されます。

- **スパイウェア**：利用者の情報を，ネットワークを通じて開発者などに送信するソフトウェアです。増殖しないことからコンピュータウイルスやワームとは区別され，その動作の特徴からトロイの木馬とも別に扱われています。

- **rootkit**（**ルートキット**）：コンピュータへの不正侵入，不正操作やその痕跡を隠ぺいするためのログ改ざんツールといった一連のソフトウェアをセットにしたマルウェアです。

- **ボット**（Bot）：第三者が遠隔操作によって，そのコンピュータに不正な

動作をさせる機能をもったマルウェアのことです。大量のスパムメールの送信の踏み台などとして利用されます。なお，**踏み台**とは，意図せずに，第三者の不正行為を代行させられるコンピュータのことです。

③マルウェア対策

ワクチンと呼ばれるソフトによって，マルウェアを検出し，除去する方法が基本となっています。**ワクチンソフト**は，**パターンファイル**に登録されているマルウェアの特徴を基に，コンピュータ内部のファイルをスキャンすることで，マルウェアの検出を行います。新種のマルウェアにも対応できるように，パターンファイルを常に最新に保つことが大切です。なお，既存の**コンピュータウイルス対策ソフト**の機能拡張によるものがほとんどなので，コンピュータウイルス対策ソフトという名称は，そのまま使われています。

④コンピュータ犯罪

- **サラミ法**：数多くの資源から，わずかずつ資産を窃取する手口です。例えば，預金の利息計算の端数を全て自分の口座に振り込ませることなどがあります。

- **スキャベンジング**：コンピュータ処理の実行後にシステムや周辺に残されている使用済みの情報を窃取する手口です。例えば，ゴミ箱に捨てられたプリント出力用紙を拾うなどがあります。

- **なりすまし**：本来の対象でない第三者が，認証手続をくぐり抜けて正当な当事者になりすまして不正を働く犯罪行為です。

- **ソーシャルエンジニアリング**：ネットワークの管理者や利用者などから，巧みな話術で聞き出したり，盗み聞き・盗み見などの手段によって，パスワードなどのセキュリティ上重要な情報を入手したりすることです。肩越しから盗み見る**ショルダーサーフィン**もソーシャルエンジニアリングの一つです。

- **クリプトジャッキング**：サイト利用者の意図しないところで，利用者のコンピュータ資源を使って仮想通貨の採掘などを行い，不正に報酬を得る行為です。

- **BEC (ビジネスメール詐欺)**：BEC (Business E-Mail Compromise) は，海外の取引先や経営者になりすまし，電子メールを偽ってお金を振り込ませようとする詐欺の手法です。

⑤サーバに関連する主な攻撃

- **SQL インジェクション**：インジェクションとは注入という意味です。Web 画面の入力欄に，不正な SQL 文を入力（注入）して，サー

バでその SQL 文を実行させ，情報の取得などを行う攻撃です。不正な SQL 文の入力には，特殊文字が使われるので，サーバでこの特殊文字を他の文字に置き換えて無効にする，**サニタイジング**という対策がとられます。

- **DoS 攻撃**：Denial of Service attack の略で，サーバに対して大量のパケットを送り付けることで，サービス停止に陥らせるなどの妨害を行う攻撃です。なお，複数のコンピュータが協調して行う DoS 攻撃を**DDoS**（Distributed DoS；協調分散型 DoS）**攻撃**と呼びます。攻撃に参加するコンピュータのほとんどは，不正侵入によって内部に踏み台を設置され，知らないうちに攻撃に参加させられてしまいます。

- **ディレクトリトラバーサル攻撃**：トラバーサルとは，横断という意味です。Web 画面の入力欄に，意図しないディレクトリ操作コマンドを入力することで，公開されていないディレクトリにあるファイルなどに対する操作を行い，不正な情報取得や，ファイルの削除などを行う攻撃です。

- **セッションハイジャック**：Web ページなどで，サーバとの間で行われる一連のやり取りをセッションと呼び，その維持のためにセッションキーと呼ばれるデータが使われます。このセッションキーを，類推や盗聴などの手段で偽造し，他人になりすまして不正行為を行います。

- **ブルートフォース攻撃**：ブルートフォースとは，力ずくとか強引にという意味です。可能性のある値全てを試行することで，パスワードや暗号解読を行う攻撃で，総当たり攻撃とも呼ばれます。

- **パスワードリスト攻撃**：利用者が複数のサイトで同じ ID とパスワードを使い回すことが多いことに着目して，あるサイトから不正に取得したパスワードリスト（ID とパスワードのデータ）を利用して，別のサイトへの不正アクセスを行う攻撃です。同じ ID とパスワードを使い回さないことが対策になります。

- **バッファオーバフロー攻撃**：サーバの誤動作やダウンをねらって，OS などのバッファサイズを超える大きなデータを送る攻撃です。

- **クロスサイトスクリプティング**：掲示板など，利用者の入力内容に基づき動的に HTML を生成するようなサイトに対し，悪意のあるスクリプトを埋め込むことで，閲覧者のブラウザ上で悪意のあるスクリプトを実行させ，不正な動作を行わせる攻撃です。複数のサイトをまたがって実行されるため，クロスサイトと呼ばれます。

8.3 セキュリティ管理・評価・対策

- **クロスサイトリクエストフォージェリ**：攻撃対象のサイトにログインされていることを前提に不正な操作を行う攻撃です。利用者はサイト利用後にログオフする対策，サイト設置者はリクエスト元 URL やセッション情報のチェックをすることが対策となります。
- **標的型攻撃**：特定の企業や組織をねらった攻撃です。攻撃内容による分類ではありませんが，不正なメールを送り付けウイルスに感染されたり，情報の不正取得を試みたりという攻撃が多いようです。
- APT：標的型攻撃に分類され，標的となる組織や企業に対し複数の攻撃手法を組み合わせ，情報の窃取などを目的にして相手に気付かれないように執拗に攻撃を繰り返すものを APT と呼びます。APT（Advanced Persistent Threat）は，先進的で（Advanced），執拗な（Persistent），脅威（Threat）の頭文字 3 文字を取ったものです。
- **水飲み場型攻撃**：攻撃対象のユーザがよく利用する Web サイトを不正に改ざんすることで，ウイルスに感染させようとする攻撃です。この"水飲み場"という名称は，肉食獣が水飲み場に集まる獲物をねらうことから来ており，従来からある標的型攻撃よりも感知することが難しく，今後，深刻な被害が広がるのではないかと懸念されています。
- **ドライブバイダウンロード**：Web サイトを閲覧した際に，閲覧者の意図に関わらずウイルスなどの不正なプログラムをパソコンにダウンロードさせる攻撃手法で，主にパソコンの OS やアプリケーションなどの脆弱性が利用されます。正規の Web サイト自体が改ざんされ悪意のある Web サイトに誘導されたりバナー広告などの Web サイトを構成する部品が改ざんされたりすることで，悪意のある Web サイトに誘導されウイルスをダウンロードさせられる事例があります。
- DNS キャッシュポイズニング：DNS サーバのキャッシュ情報に不正な情報をキャッシュさせることで，正規のサイトではない別のサイトに誘導する攻撃手法です。DNSSEC を使い正しい DNS サーバからの情報だけをキャッシュする仕組みの導入で対策することができます。
- SEO ポイズニング：SEO（Search Engine Optimization；検索エンジン最適化，検索エンジンの表示順位を変動させるテクニック）の手法を悪用し，悪意のある Web サイトへのリンクを検索結果の上

第8章 セキュリティ

位に紛れ込ませる手法です。インターネットを利用する際に「まず検索する」という行動を利用し，検索結果のリンク先をクリックさせ上述したドライブバイダウンロードの攻撃と組み合わせてウイルスに感染させる傾向が高まると考えられています。

・**エクスプロイトコード**：脆弱性を悪用して攻撃するための簡易なスクリプトやプログラムの総称です。もともとは，脆弱性の検証のためのコードを指していましたが，悪意をもって作成されたものを指すことが多くなってきています。

・**レインボー攻撃**：パスワード解読手法の一種で，レインボーテーブルと呼ばれる平文のパスワードとハッシュ値をチェーンで管理するテーブルを事前に準備しておき，不正に入手したハッシュ値からパスワードを解読する手法です。

(7) セキュリティ実装技術・調査技術

ブロックチェーン

昨今ブロックチェーンの技術を利用した仮想通貨がインターネット上で取引されています。仮想通貨は電子データでその価値を保管する性質上，ハッキングによる盗難が後を絶ちません。ブロックチェーン自体は，取引内容を分散して管理する技術で，取引を「ブロック」という単位で，数珠つなぎ（チェーン）にして管理しています。ブロックチェーンの正当性はハッシュ関数の技術に基づいており，ハッシュ値を遡って計算することで取引の正当性を確認することができるようになっています。

ファジング

システムやサービスの脆弱性を検出する検査手法の一つです。「ファズ（fuzz）」と呼ばれる問題を引き起こしそうな多様なデータを入力し，その挙動や応答を監視することで脆弱性を検出します。

デジタルフォレンジックス

不正アクセスや情報漏えいが発生した場合に，デジタルデバイスに残っているデータの保全や調査・分析を行う技術のことです。サイバー犯罪の捜査にも利用されます。ハードディスク上で消されたデータの復元などもデジタルフォレンジックスの技術の一つです。

(8) セキュリティ関連標準

①ISO/IEC 15408（情報技術セキュリティ評価基準）

OS や DBMS，IC カード，ファイアウォールや暗号化システムなど情報技

術に関連した製品やシステムが，情報セキュリティの観点から適切に設計され，その設計が正しく実装されているかどうかを評価するための国際基準です。日本では JIS X 5070 として JIS 化されました。

②ISO/IEC 27001 （JIS Q 27001）
「情報セキュリティマネジメントシステム－要求事項」

ISMS 適合性評価基準における認証基準として用いられる規格です。ISMS認証基準は，経営陣及び要員が効果的な ISMS（情報セキュリティマネジメントシステム）を構築・運用管理するためのモデルを提供することを目的に作成されたもので，組織が認証基準の要求事項を満足しているかどうかを評価します。日本では，これまで BS 7799 を基にした ISMS 認証基準 Ver2.0 が用いられてきましたが，ISO 規格の発行に伴い，国内規格 JIS Q 27001 に移行しました。

③ISO/IEC 27002 （JIS Q 27002）
「情報セキュリティマネジメント実践のための規範」

情報セキュリティマネジメントを企業が実践するための規範を示した国際規格です。この規格では情報セキュリティを機密性，完全性，可用性を維持することと定義し，推奨すべき管理策が記述されています。この規格は，英国規格 BS 7799 を基にした国際規格 ISO/IEC 17799 の規格番号が変更されたものです。日本では 2002 年に JIS X 5080 となり，2006 年に JIS Q 27002 に変更されました。

④RFC （Request For Comments）
インターネットの各種技術の標準化を進めている任意団体 IETF（Internet Engineering Task Force）が発行している技術仕様書です。

（9）　セキュリティ関連制度

①ISMS （Information Security Management System ；
情報セキュリティマネジメントシステム）

ISMS 適合性評価制度は，組織における ISMS のレベルを外部機関が審査し評価認定するものです。日本では財団法人日本情報処理開発協会（JIPDEC）又は JIPDEC が認定した認証機関が，JIS Q 27001 に基づいて評価します。
　・情報セキュリティマネジメントシステム（ISMS）の構築ステップ

1) 組織の ISMS ポリシを定義する。
2) ISMS のスコープを定義する（スコープは対象範囲と目標のこと）。
3) リスクのアセスメント（分析と評価）
4) リスクのマネジメント（リスクを識別しその対応策を考える）
5) 組み込むべきコントロールを選定し，それらのコントロールの対象を詳細化する（コントロールとは，統制の方式や手段を指す）。
6) 適用宣言書を作成する。

・ISMS プロセスの PDCA サイクル

　　ISMS は，PLAN（計画）→DO（実行）→CHECK（点検）→ACT（処置）のサイクルを繰り返すことで，セキュリティレベルを継続的に維持・向上させていきます。

・PLAN フェーズ：ISMS 基本方針，目的，プロセス及び手順を確立
・DO フェーズ：運用状況の管理（ISMS の導入／運用）
・CHECK フェーズ：実施状況のレビュー（ISMS の監視／レビュー）
・ACT フェーズ：改善策の実施（ISMS の維持／改善）

②プライバシーマーク制度

　JIS Q 15001 規格に適合したコンプライアンスプログラム（遵守すべきプログラム）を整備し，個人情報の取扱いを適切に行っている事業者を，第三者機関である JIPDEC 及びその指定機関が評価・認定する制度です。認定事業者は，「プライバシーマーク」というロゴの使用が許されます。

③J-CRAT

　サイバーレスキュー隊（J-CRAT：Cyber Rescue and Advice Team against targeted attack of Japan）とは，標的型サイバー攻撃の連鎖の元となっている組織に対して，その攻撃の把握，被害の分析，対策の早期着手を支援する組織です。IPA では 2008 年に標的型攻撃メールの届出の受付を開始しました。その後 2011 年 9 月に重工業企業に対する標的型サイバー攻撃事件の発生を契機として 2011 年 10 月以降に「標的型サイバー攻撃特別相談窓口」を設置し，相談を受け付け，次のようなことが分かってきました。

1) 攻撃を検知してもその深刻さに理解が及ばず，対策に適時に踏み出せない組織が多い。
2) 被害が顕在化した時点で，かなり以前から組織に潜入されている事案が散見される。
3) 標的型攻撃メールを分析すると，公的機関を含む関連組織への攻撃の連鎖が追跡できる。

8.3 セキュリティ管理・評価・対策

そのため，1)〜3)への対策を支援するために J-CRAT を立ち上げました。

④J-CSIP

　サイバー情報共有イニシアティブ（J-CSIP：Initiative for Cyber Security Information sharing Partnership of Japan）とは，標的型サイバー攻撃を受けた参加組織が IPA に情報を提供し，その検体情報を分析・加工して，類似攻撃の検知や攻撃の抑止に役立つ情報を参加組織間で共有する取組みです。

(10) サイバーセキュリティ経営ガイドライン

　経済産業省が，「独立行政法人情報処理推進機構（IPA）とともに，大企業及び中小企業のうち，IT に関するシステムやサービス等を供給する企業及び経営戦略上 IT の利活用が不可欠である企業の経営者を対象に，経営者のリーダーシップの下で，サイバーセキュリティ対策を推進するため」に策定したものです。

　サイバー攻撃から企業を守る観点で，経営者が認識する必要のある「3 原則」，及び経営者が情報セキュリティ対策を実施する上での責任者となる担当幹部（最高情報セキュリティ責任者；CISO（Chief Information Security Officer）など）に指示すべき「重要 10 項目」をまとめています。

▶▶▶ Check

理解度チェック ▶ 8.3 セキュリティ管理・評価・対策

　次の文中の 　　　 に適切な用語を入れてください。

(1)　情報セキュリティの目的は，情報に対する ア ， イ ， ウ を維持することです。 ア とは，許可されていない第三者に内容を知られないようにすること， イ とは，情報の内容が正しいこと，そして， ウ とは，必要なときにいつでも使えることです。

(2)　リスクに対する対策は，リスクそのものを少なくする エ と，リスクの発生に対して資金面での手当てをしておく オ があります。

(3)　組織ネットワークの入口部分に設置して不正なアクセスを防止する カ には，IP や TCP のヘッダ部分の値によって通過可否を判定する キ 方式と，ヘッダだけでなくデータ部分の値までチェックする ク 方式があり， ク 方式では，Web アプリケーションに対する攻撃防止に特化した ケ の導入が増えています。また，組織ネットワーク内に設定され，不正なパケットを検出して通知するのが コ

第8章 セキュリティ

です。 コ には，ネットワーク上を流れるデータを監視する サ と，サーバ上での不正な挙動を監視する シ があります。また，不正パケットを検知して通知するだけでなく，遮断する機能をもつ機器を ス と呼びます。

(4) セ とは悪意をもったソフトウェアの総称です。その代表は自己伝染機能，潜伏機能，発病機能をもつ ソ ですが，他のソフトウェア中に隠れることなく単体で存在する タ ，他のソフトウェア中に埋め込まれて配布され自己伝染機能をもたない チ なども含まれます。また，ネットワークを通じて，個人情報などを外部に送信する ツ ，遠隔操作などの窓口として埋め込まれる テ などがあります。

(5) 情報システムに対する攻撃には次のようなものがあります。
- ト ：Web ページへの不正な入力によって，サーバ上で不正な SQL 文を実行させる攻撃
- ナ ：大量のアクセスを発生させ，サーバをサービス停止に追い込む攻撃
- ニ ：Web ページへの不正な入力によって，公開されていないディレクトリ中のファイルを操作する攻撃
- ヌ ：セッションキーを不正に取得して，他人になりすまして不正なアクセスを行う攻撃
- ネ ：パスワード候補の全試行など，力ずくによる不正アクセスを行う攻撃
- ノ ：不正に取得したパスワードリストを利用して，別のサイトへの不正アクセスを行う攻撃
- ハ ：大きなサイズのデータを送り付け，バッファをオーバフローさせることで，サーバに不正な動作をさせる攻撃
- ヒ ：Web ページからの応答に不正なスクリプトを埋め込み，他のサイト上で実行させる攻撃
- フ ：サイトにログインしたままの状態で不正な URL をクリックし，ログインした状態でなければできない操作を不正に実行させる攻撃
- ヘ ：特定の組織や個人を対象とした攻撃
- ホ ：攻撃対象となるユーザがよく利用する Web サイトに，罠を仕掛け，ウイルスに感染させようとする攻撃
- マ ：Web サイトを閲覧した際に，閲覧者の意図に関わらずウイルスなどの不正なプログラムをダウンロードさせる攻撃
- ミ ：DNS サーバのキャッシュを操作して，不正なサイトに誘導する攻撃
- ム ：検索エンジンの表示順位を変動させるテクニックを悪用し，悪

8.3　セキュリティ管理・評価・対策

　　意のあるWebサイトへのリンクを検索結果の上位に紛れ込ませる攻撃
・　メ　：平文のパスワードとハッシュ値をチェーンで管理するテーブル
　を事前に準備しておき，不正に入手したパスワードのハッシュ値からパ
　スワードを解読する攻撃

解答

(1)　ア：機密性　イ：完全性　ウ：可用性
(2)　エ：リスクコントロール　オ：リスクファイナンス
(3)　カ：ファイアウォール　キ：パケットフィルタリング
　　　ク：アプリケーションゲートウェイ　ケ：WAF
　　　コ：侵入検知システム（IDS）　サ：ネットワーク型（NIDS）
　　　シ：ホスト型（HIDS）　ス：IPS
(4)　セ：マルウェア　ソ：コンピュータウイルス　タ：ワーム
　　　チ：トロイの木馬　ツ：スパイウェア　テ：ボット
(5)　ト：SQLインジェクション　ナ：DoS攻撃
　　　ニ：ディレクトリトラバーサル攻撃　ヌ：セッションハイジャック
　　　ネ：ブルートフォース攻撃　ノ：パスワードリスト攻撃
　　　ハ：バッファオーバフロー攻撃　ヒ：クロスサイトスクリプティング
　　　フ：クロスサイトリクエストフォージェリ　ヘ：標的型攻撃
　　　ホ：水飲み場型攻撃　マ：ドライブバイダウンロード
　　　ミ：DNSキャッシュポイズニング　ム：SEOポイズニング
　　　メ：レインボー攻撃

▶▶▶Question

問題で学ぼう

問1　JIS Q 27000:2019（情報セキュリティマネジメントシステム－用語）にお
いて定義されている情報セキュリティの特性に関する説明のうち，否認防止の
特性に関するものはどれか。

◎高度午前Ⅰ　(R3秋-AP 問39)

　ア　ある利用者があるシステムを利用したという事実が証明可能である。
　イ　認可された利用者が要求したときにアクセスが可能である。
　ウ　認可された利用者に対してだけ，情報を使用させる又は開示する。
　エ　利用者の行動と意図した結果とが一貫性をもつ。

解説
　　情報セキュリティは，JIS Q 27000:2019 "情報技術－セキュリティ技術－

第8章

423

第8章 セキュリティ

情報セキュリティーマネジメントシステム－用語"で「情報の**機密性**，**完全性**及び**可用性**を維持すること。さらに，真正性，責任追跡性，否認防止，信頼性などの特性を維持することを含めることもある」と定義されています。

JIS Q 27000 には，**否認防止**について「主張された事象又は処置の発生，及びそれらを引き起こしたエンティティを証明する能力」と定義されています。「ある利用者がシステムを利用したという事実を証明可能にする」ことは，この否認防止に該当するので，（ア）が正解です。

否認防止の実現手段としては，デジタル署名が代表的です。システム利用時に当該利用者のデジタル署名を含む記録を残しておくことによって，システムを利用した事実を証明可能にすることができます。

情報セキュリティにおいて，維持すべき三つの特性について復習をすると，**完全性**とは，情報の正確さや完全さ（あるべき状態であること）を保護することです。**機密性**とは，認可されていない利用者などに対して情報を秘密にすること，つまり（ウ）の説明が該当します。そして，**可用性**とは，認可された利用者が，必要なときにいつでも情報を利用できる状態のことで，（イ）の説明が該当します。

なお，（エ）の記述は，矛盾のない計画どおりの動作及び結果を確保する特性である**信頼性**の説明です。

解答 ア

問2 攻撃に HTTP over TLS（HTTPS）が使われた場合に起こり得ることはどれか。

(H29 春·AP 問 44)

ア HTTPS を使った SQL インジェクション攻撃を受けると，Web アプリケーションでデータベースへの不正な入力をチェックできないので，悪意のある SQL が実行されてしまう。

イ HTTPS を使ったクロスサイトスクリプティング攻撃を受けると，Web ブラウザでプログラムやスクリプトを実行しない設定にしても実行を禁止できなくなるので，悪意のある Web サイトからダウンロードされたプログラムやスクリプトが実行されてしまう。

ウ HTTPS を使ったブルートフォース攻撃を受けると，ログイン試行のチェックができないので，Web アプリケーションでアカウントロックなどの対策が実行できなくなってしまう。

エ 攻撃者が社内ネットワークに仕掛けたマルウェアによって，HTTPS が使われると，通信内容がチェックできないので，秘密情報が社外に送信されてしまう。

8.3 セキュリティ管理・評価・対策

解説

HTTPS とは，Web サーバと Web クライアント間の通信を SSL（Secure Sockets Layer）や TLS（Transport Layer Security）を利用して，通信を暗号化し，安全に Web 情報のやり取りを行うことができる通信です。もし，万が一通信経路から情報を抜き取られたとしても，暗号化されているので内容を判別することは困難です。

なお，SSL や TLS の大きな特徴は，「通信対象の真正性の確認」，「通信内容の暗号化」，「改ざん検知機能」の 3 点になります。

この問題の選択肢には，代表的な攻撃の名称が記述されています。適切なものは一つですが，誤った記述についても，用語の意味などを考えることは学習効果があるので，選択肢を一つずつ見ていきましょう。

ア：**SQL インジェクション攻撃**とは，不正な SQL 文を実行させる攻撃です。Web ページなどからの入力内容を，Web アプリケーションが，そのまま SQL 文の一部としてしまうことが原因です。

　　Web サーバと Web クライアント間の通信が暗号化されていても，Web サーバで処理される際の HTTP リクエストは平文の状態であるため，SQL の実行前にクライアントからの入力データをチェックし，不正な SQL 文を無害化することができます。そのため，（ア）の記述は誤りです。

イ：**クロスサイトスクリプティング攻撃**とは，不正なスクリプトが埋め込まれた Web ページにアクセスしてしまうことで，偽のサイトに誘導され個人情報を盗まれてしまったり，ブラウザの Cookie を盗まれたり，埋め込まれたりといった攻撃です。そして，その対策としては，サーバ側で Web ページ中に不正なスクリプトが埋め込まれることのないように，入力値などのチェックを十分に行うことが推奨されています。

　　不正なスクリプトについては，クライアント側で JavaScript を無効にしていれば，JavaScript のコードが実行されることはないため，（イ）の記述も誤りです。

ウ：**ブルートフォース攻撃**とは，可能性のある値全てを試すことで，パスワードや暗号解読を行う攻撃のことで，総当たり攻撃とも呼ばれています。Web サーバで処理される際の HTTP リクエストは平文の状態であるため，Web サーバ側で攻撃対象の ID やリクエストの主の情報を把握し，アカウントロックなどの措置を取ることは可能です。したがって，（ウ）の記述も誤りです。

エ：正しい記述です。

　　HTTPS では，クライアントとサーバ間の通信が暗号化されてしまうた

め，通信内容のチェックができなくなります。

解答　エ

問3　ドライブバイダウンロード攻撃の説明はどれか。

◎高度午前Ⅰ　(H29秋-AP 問40)

ア　PCにUSBメモリが接続されたとき，USBメモリに保存されているプログラムを自動的に実行する機能を用いてマルウェアを実行し，PCをマルウェアに感染させる。
イ　PCに格納されているファイルを勝手に暗号化して，復号することと引換えに金銭を要求する。
ウ　不正にアクセスする目的で，建物の外部に漏れた無線LANの電波を傍受して，セキュリティの設定が脆弱な無線LANのアクセスポイントを見つけ出す。
エ　利用者がWebサイトを閲覧したとき，利用者に気付かれないように，利用者のPCに不正プログラムを転送させる。

解説

次図のように①Webサイトを閲覧したときに，OSやアプリケーションの脆弱性を悪用して利用者が気付かないように②マルウェアをダウンロードし，③マルウェアに感染させる攻撃が**ドライブバイダウンロード**（Drive by Download）攻撃となりますので，（エ）が正解です。

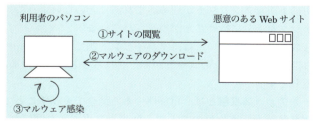

具体的には，スクリプトを使って自動的にマルウェアのダウンロードとインストールを行います。正規のWebサイトが改ざんされ悪意のあるWebサイトに誘導される事例や，広告配信サイトを改ざんしバナー広告から悪意のあるWebサイトに誘導される事例などがあります。

ア：USB Autorun攻撃，あるいはUSB Autoplay攻撃と呼ばれる攻撃の説明です。OSのもつ外付け記憶装置接続時のプログラム自動実行機能を悪

8.3　セキュリティ管理・評価・対策

用した攻撃です。自動実行機能を無効化することが対策となります。

イ：**ランサムウェア**の説明である。ランサム（ransom）は「身代金」を指します。

ウ：車などで移動しながら不正にアクセスできそうな無線 LAN アクセスポイントを探す**ウォードライビング**と呼ばれる攻撃の説明です。

解答　エ

問4　水飲み場型攻撃（Watering Hole Attack）の手口はどれか。

(H29 春·AP 問 40)

ア　アイコンを文書ファイルのものに偽装した上で，短いスクリプトを埋め込んだショートカットファイル（LNK ファイル）を電子メールに添付して標的組織の従業員に送信する。

イ　事務連絡などのやり取りを何度か行うことによって，標的組織の従業員の気を緩めさせ，信用させた後，攻撃コードを含む実行ファイルを電子メールに添付して送信する。

ウ　標的組織の従業員が頻繁にアクセスする Web サイトに攻撃コードを埋め込み，標的組織の従業員がアクセスしたときだけ攻撃が行われるようにする。

エ　ミニブログのメッセージにおいて，ドメイン名を短縮してリンク先の URL を分かりにくくすることによって，攻撃コードを埋め込んだ Web サイトに標的組織の従業員を誘導する。

解説

　水飲み場型攻撃とは，特定の組織や人にねらいを定める標的型攻撃の一つで，標的ユーザがよく利用する Web サイトに不正なコードを仕込み，アクセスした標的ユーザにマルウェアやウイルスなどを感染させる攻撃です。

　一般的には標的対象だけに感染するマルウェアが用いられ，標的以外の第三者がアクセスしても何も起こらないため，脅威の存在や Web サイトの改ざんなどが発覚しにくくなっています。したがって，（ウ）が正解です。その他の選択肢も**標的型攻撃**の手法ではありますが，水飲み場型攻撃の記述としては不適切です。

解答　ウ

第8章

427

第8章 セキュリティ

問5　SEO ポイズニングの説明はどれか。

(R2-AP 問39)

ア　Web 検索サイトの順位付けアルゴリズムを悪用して，検索結果の上位に，悪意のある Web サイトを意図的に表示させる。

イ　車などで移動しながら，無線 LAN のアクセスポイントを探し出して，ネットワークに侵入する。

ウ　ネットワークを流れるパケットから，侵入のパターンに合致するものを検出して，管理者への通知や，検出した内容の記録を行う。

エ　マルウェア対策ソフトのセキュリティ上の脆弱性を悪用して，システム権限で不正な処理を実行させる。

解説

　SEO（Search Engine Optimization；検索エンジン最適化）とは，検索サイトにおいて自身の Web サイトを検索結果の上位に表示されるよう，検索エンジンの順位付けアルゴリズムを考慮して自身の Web サイトに工夫（キーワードを埋め込んだり，被リンクを増やしたりなど）を施す一連の取組みのことを指します。一般的に検索結果の上位の Web サイトからアクセスすることが多いので，検索結果の上位に表示されることで自身の Web サイトのアクセス数を増やすことができます。一方，ポイズニング（poisoning）の "poison" とは毒のことであり，セキュリティ分野では，悪意のあるサイトへ誘導するような偽の情報を埋め込む攻撃のことを指します。したがって，SEO ポイズニングの説明としては，「Web 検索サイトの順位付けアルゴリズムを悪用して，検索結果の上位に，悪意のあるサイトを意図的に表示させる」という，（ア）が正解です。最近では一見しただけでは悪意のあるサイトであると気付かないようになってきており，手口が巧妙化してきています。

　その他の記述が示すものは，次のとおりです。

イ：**ウォードライビング**（war driving）の説明です。自動車などで移動しながら，接続可能な無線 LAN のアクセスポイントを探す行為のことです。

ウ：シグネチャマッチング方式によるネットワーク型侵入検知システム（NIDS；Network Intrusion Detection System）の説明です。

エ：ウイルス検索ソフトの脆弱性を突く，権限昇格攻撃の説明です。

解答　ア

428

8.3 セキュリティ管理・評価・対策

問6 受信した電子メールの送信元ドメインが詐称されていないことを検証する仕組みであるSPF（Sender Policy Framework）の特徴はどれか。

(H28秋-AP 問43)

ア 受信側のメールサーバが，受信メールの送信元 IP アドレスから送信元ドメインを検索して DNSBL に照会する。
イ 受信側のメールサーバが，受信メールの送信元 IP アドレスと，送信元ドメインの DNS に登録されているメールサーバの IP アドレスとを照合する。
ウ 受信側のメールサーバが，受信メールの送信元ドメインから送信元メールサーバの IP アドレスを検索して DNSBL に照会する。
エ メール受信者の PC が，送信元ドメインから算出したハッシュ値と受信メールに添付されているハッシュ値とを照合する。

解説

　SPF（Sender Policy Framework）は，受信側のメールサーバが，受信メールの送信元 IP アドレスと，送信元ドメインの DNS に登録されているメールサーバの IP アドレスを照合することによって，受信した電子メールの送信元ドメインが詐称されていないことを検証する仕組みです。したがって，（イ）が正解です。

　SPF では次の手順で送信元 IP アドレスの検証を行います。

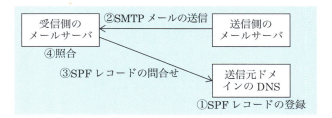

① 送信側は，送信元ドメインの DNS サーバの SPF レコードに正当なメールサーバの IP アドレスやホスト名を登録し，公開します。
② 送信側から受信側へ，SMTP メールが送信されます。
③ 受信側メールサーバは，送信者のメールアドレスのドメインを管理する DNS サーバに問い合わせ，SPF 情報を取得します。
④ SPF 情報との照合で SMTP 接続してきたメールサーバの IP アドレスの確認に成功すれば，正当なドメインから送信されたと判断します。

429

その他の記述には，次のような誤りがあります。

（ア），（ウ）については，SPF では，DNSBL（DNS BlackList）とは照会しません。DNSBL は，スパムメールなどの迷惑メール送信元の IP アドレスを公表したリストで，受信側のメールサーバが DNS プロトコルを使って照会します。もし，DNSBL に送信側のメールサーバの IP アドレスがあれば，受信側のメールサーバは，送信側のメールサーバに対して，メール受信を拒絶します。（エ）については，SPF では，ハッシュ値を照合しません。

解答　イ

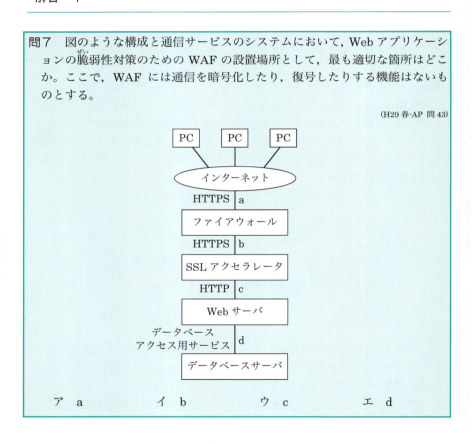

8.3 セキュリティ管理・評価・対策

解説

　問題文の最後にある「WAF には通信を暗号化したり，復号したりする機能はないものとする」という部分がヒントになっています。つまり，設置する WAF では復号ができないので，WAF を設置する位置では通信内容が復号済みでなくてはいけないということです。また，Web アプリケーションが動作するのは Web サーバ上なので，Web サーバよりも手前（インターネット側）に設置する必要があります。そして，図の機器名を見てみると，通信内容の復号を行うのは SSL アクセラレータ（TLS アクセラレータ）ですから，この装置よりも後ろでなくてはいけません。したがって，（ウ）の「c」が正解です。なお，a〜d の箇所の横には，"HTTPS"，"HTTP" といったプロトコル名が付記されています。そして，"HTTPS"は暗号文による通信，"HTTP"は復号済みの平文による通信を行うので，この部分もヒントになっています。

　セキュリティ機器としては，ファイアウォールと WAF の他に，侵入検知する IDS（Intrusion Detection System；侵入検知システム）と，防止までを行う IPS（Intrusion Prevention System；侵入防止システム）も覚えておきましょう。なお，IDS と IPS には，ネットワーク上を流れるデータを監視するネットワーク型（NIDS，NIPS）と，サーバなどの挙動を監視するホスト型（HIDS，HIPS）があります。

解答　ウ

問8　内部ネットワークの PC からインターネット上の Web サイトを参照するときに，DMZ に設置した VDI（Virtual Desktop Infrastructure）サーバ上の Web ブラウザを利用すると，未知のマルウェアが PC にダウンロードされるのを防ぐというセキュリティ上の効果が期待できる。この効果を生み出す VDI サーバの動作の特徴はどれか。

◎高度午前I　(R4 春-AP 問 44)

ア　Web サイトからの受信データを受信処理した後，IPsec でカプセル化し，PC に送信する。

イ　Web サイトからの受信データを受信処理した後，実行ファイルを削除し，その他のデータを PC に送信する。

ウ　Web サイトからの受信データを受信処理した後，生成したデスクトップ画面の画像データだけを PC に送信する。

エ　Web サイトからの受信データを受信処理した後，不正なコード列が検知されない場合だけ PC に送信する。

第8章

第8章 セキュリティ

解説

VDI（Virtual Desktop Infrastructure；仮想デスクトップ基盤）は，サーバ上に複数の仮想マシンを作成し，仮想デスクトップ環境を提供する技術です。利用者はPCからVDIサーバにリモート接続し，VDIサーバ上の仮想マシンを操作し，操作の結果としてデスクトップ画面の画像データだけ転送します。

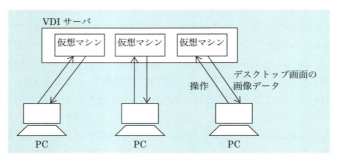

PCは直接インターネット上のWebサイトにはアクセスしないため，未知のマルウェアがPCにダウンロードされ，マルウェアに感染することを防ぐことができます。したがって，（ウ）が正解です。

その他の説明はいずれもVDIの説明ではありません。

解答　ウ

問9　SIEM（Security Information and Event Management）の特徴はどれか。

(H29 秋-AP 問 38)

ア　DMZを通過する全ての通信データを監視し，不正な通信を遮断する。

イ　サーバやネットワーク機器のMIB（Management Information Base）情報を分析し，中間者攻撃を遮断する。

ウ　ネットワーク機器のIPFIX（IP Flow Information Export）情報を監視し，攻撃者が他者のPCを不正に利用したときの通信を検知する。

エ　複数のサーバやネットワーク機器のログを収集分析し，不審なアクセスを検知する。

解説

SIEM（Security Information and Event Management；セキュリティ情

8.3 セキュリティ管理・評価・対策

報イベント管理，「シーム」と読む）は，セキュリティに関するデータ（ログ）を記録・管理する機能である SIM（Security Information Management）と，セキュリティに関するログをリアルタイムに分析することでセキュリティ対策を行う SEM（Security Event Management）の二つの概念を組み合わせたものです。セキュリティに関するログ情報を一元管理して，攻撃や不正な動作を検知するセキュリティ対策の考え方です。「複数のサーバやネットワーク機器のログを収集分析し，不審なアクセスを検知する」ことは SIEM の特徴なので，（エ）が正解です。

その他の解答群は，次のようなセキュリティ対策のための装置や機能の特徴となります。

ア：IPS（Intrusion Prevention System；侵入防止システム）の特徴です。類似機器として IDS（Intrusion Detect System；侵入検知システム）があります。IPS は通信を解析して必要に応じて通信の遮断し防御を行い，IDS は通信を解析し不正を検知して通知する点が異なります。

イ：SNMP（Simple Network Management Protocol）を用いて，サーバやネットワーク機器の MIB（Management Information Base，「ミブ」と読む）から，例えば ARP テーブルの情報を定期的に取得して分析することによって，ARP テーブルの不正な書換えを伴う中間者攻撃を遮断する機能の特徴です。

ウ：ネットワーク機器の IP フロー情報を伝達する IPFIX（IP Flow Information Export）プロトコルを用いて，不正な通信を検知するネットワークフロー監視製品の特徴です。

解答　エ

第8章 セキュリティ

問10　経済産業省と IPA が策定した "サイバーセキュリティ経営ガイドライン (Ver 2.0)" の説明はどれか。

◎高度午前I (R3 春-AP 問 41)

ア　企業が IT 活用を推進していく中で，サイバー攻撃から企業を守る観点で経営者が認識すべき 3 原則と，サイバーセキュリティ対策を実施する上での責任者となる担当幹部に，経営者が指示すべき重要 10 項目をまとめたもの

イ　経営者がサイバーセキュリティについて方針を示し，マネジメントシステムの要求事項を満たすルールを定め，組織が保有する情報資産を CIA の観点から維持管理し，それらを継続的に見直すためのプロセス及び管理策を体系的に規定したもの

ウ　事業体の IT に関する経営者の活動を，大きく IT ガバナンス（統制）と IT マネジメント（管理）に分割し，具体的な目標と工程として 40 のプロセスを定義したもの

エ　世界的規模で生じているサイバーセキュリティ上の脅威の深刻化に関して，企業の経営者を支援する施策を総合的かつ効果的に推進するための国の責務を定めたもの

解説

　　サイバーセキュリティ経営ガイドラインでは，近年増えつつあるサイバー攻撃から企業を守る観点で，経営者が認識する必要のある「3 原則」，及び経営者が情報セキュリティ対策を実施する上での責任者となる担当幹部に指示すべき「重要 10 項目」をまとめています。したがって，（ア）が正解です。

イ：情報セキュリティ管理基準の説明です。

ウ：COBIT の説明です。COBIT とは，アメリカの情報システムコントロール協会（ISACA）と IT ガバナンス協会（ITGI）が提唱している IT ガバナンスの成熟度を測るフレームワークです。IT 投資の評価，リスクとコントロールの判断，システム監査の基準などに使われます。

エ：サイバーセキュリティ基本法の説明です。サイバーセキュリティに関する施策を総合的かつ効率的に推進するため，基本理念を定め，国の責務などを明らかにし，サイバーセキュリティ戦略の策定，その他当該施策の基本となる事項などを規定している法律です。

解答　ア

8.3 セキュリティ管理・評価・対策

問 11 JPCERT コーディネーションセンターの説明はどれか。

◎高度午前Ⅰ (R3 春·AP 問 42)

　ア　産業標準化法に基づいて経済産業省に設置されている審議会であり，産業標準化全般に関する調査・審議を行っている。

　イ　電子政府推奨暗号の安全性を評価・監視し，暗号技術の適切な実装法・運用法を調査・検討するプロジェクトであり，総務省及び経済産業省が共同で運営する暗号技術検討会などで構成される。

　ウ　特定の政府機関や企業から独立した組織であり，国内のコンピュータセキュリティインシデントに関する報告の受付，対応の支援，発生状況の把握，手口の分析，再発防止策の検討や助言を行っている。

　エ　内閣官房に設置され，我が国をサイバー攻撃から防衛するための司令塔機能を担う組織である。

解説

　JPCERT コーディネーションセンター（JPCERT/CC）は，「インターネットを介して発生する侵入やサービス妨害等のコンピュータセキュリティインシデント（以下，インシデント）について，日本国内に関するインシデント等の報告の受け付け，対応の支援，発生状況の把握，手口の分析，再発防止のための対策の検討や助言などを，技術的な立場から行なって」いる組織です（公式 HP より）。したがって，（ウ）が正解です。

　その他の解答群は，次の組織の役割です。

ア：日本産業標準調査会（JISC；Japanese Industrial Standards Committee）の説明です。JISC では，産業標準（JIS）について調査・審議を行っています。

イ：CRYPTREC（Cryptography Research and Evaluation Committees）の説明です。電子政府推奨暗号の安全性を評価・監視する機関で，安全性が確認された暗号技術（CRYPTREC 暗号リスト）が公開されています。

エ：内閣サイバーセキュリティセンター（NISC；National center of Incident readiness and Strategy for Cybersecurity）の説明です。平成 26 年 11 月にサイバーセキュリティ基本法が成立し，同法に基づき，平成 27 年 1 月，内閣に「サイバーセキュリティ戦略本部」が設置されたのと同時に内閣官房に設置された組織です。

解答　ウ

第8章 セキュリティ

問12　ブロックチェーンに関する記述のうち，適切なものはどれか。

(H30 秋-SC 午前Ⅱ問3)

ア　RADIUS が必須の技術であり，参加者の利用者認証を一元管理するために利用する。

イ　SPF が必須の技術であり，参加者間で電子メールを送受信するときに送信元の正当性を確認するために利用する。

ウ　楕円曲線暗号が必須の技術であり，参加者間の P2P（Peer to Peer）ネットワークを暗号化するために利用する。

エ　ハッシュ関数が必須の技術であり，参加者がデータの改ざんを検出するために利用する。

解説

　ブロックチェーンとは，取引内容を集中的に管理するのではなく，分散して管理する技術です。仮想通貨はブロックチェーン技術を使った事例の一つになります。ブロックチェーンでは取引を「ブロック」という単位で，数珠つなぎ（チェーン）にして管理していきます。ブロックチェーンの正当性はハッシュ関数の技術に基づいており，ハッシュ値を遡って計算することで取引の正当性を確認することができるようになっています。したがって（エ）が正解です。

ア：RADIUS は利用者情報の管理と認証を一元管理する仕組みです。ブロックチェーンでは分散管理を行うためブロックチェーンに関する説明ではありません。

イ：SPF（Sender Policy Framework）は電子メールの送信元の正当性を確認する仕組みです。SMTP（Simple Mail Transfer Protocol）ではメールの送信元を自由に設定することができてしまい，正当性を確認することができないため，SPF の技術を利用します。ブロックチェーンとは無関係の説明です。

ウ：**楕円曲線暗号**とは，楕円曲線上の離散対数問題の困難性を拠り所とする暗号であり，公開鍵暗号方式の公開鍵・秘密鍵の生成で利用されています。仮想通貨を利用する際の公開鍵暗号方式の暗号アルゴリズムとして楕円曲線暗号が用いられることもありますが，暗号アルゴリズムはその他のものも利用可能で必須の技術ではありません。

解答　エ

436

8.3 セキュリティ管理・評価・対策

問13　DNSSECについての記述のうち，適切なものはどれか。

(E31春·AP 問40改)

ア　DNS サーバへの問合せ時の送信元ポート番号をランダムに選択することによって，DNS 問合せへの不正な応答を防止する。

イ　DNS の再帰的な問合せの送信元として許可するクライアントを制限することによって，DNS を悪用した DoS 攻撃を防止する。

ウ　共通鍵暗号方式によるメッセージ認証を用いることによって，正当な DNS サーバからの応答であることをクライアントが検証できる。

エ　公開鍵暗号方式によるデジタル署名を用いることによって，正当な DNS サーバからの応答であることをクライアントが検証できる。

解説

DNSSEC（Domain Name System Security Extensions）とは，権威サーバからキャッシュサーバへの応答のリソースレコードにデジタル署名をすることで，問い合せた権威サーバからの応答であることの確認と，応答が改ざんされていないかの検証をする仕組みであり，DNS キャッシュポイズニング対策に有効な技術です。したがって（エ）が DNSSEC の機能の説明です。

ア：DNS サーバへの問合せ時の送信元ポート番号をランダムに選択することは，DNS キャッシュポイズニング攻撃の対策ではありますが，DNSSEC の説明ではありません。

イ：DNS リフレクション攻撃への対策の説明です。DNS キャッシュサーバには再帰的に名前解決の問合せを受け付ける機能がありますが，DNS リフレクション攻撃の踏み台にされてしまうおそれがあります。一般的にこのような設定は行わず，問合せを受ける範囲を自ネットワークに限定するなど制限します。DNSSEC の説明ではありません。

ウ：DNS における秘密鍵のトランザクション認証（TSIG）の説明であり，DNSSEC の機能の説明ではありません。

解答　エ

問14　UDP の性質を悪用した DDoS 攻撃に該当するものはどれか。

(H30秋·SC 午前Ⅱ問7)

ア　DNS リフレクタ攻撃　　　　イ　SQL インジェクション攻撃
ウ　ディレクトリトラバーサル攻撃　エ　パスワードリスト攻撃

第8章

437

第8章 セキュリティ

解説

解答群の中でDDoS攻撃（Distributed Denial of Service attack；分散型サービス妨害攻撃）に該当するものは（ア）だけです。また，DNSはUDPのプロトコルであることからも（ア）が正解です。

DNSリフレクタ攻撃（DNS amp攻撃ともいう）とは，送信元IPアドレスを攻撃対象のIPアドレスと詐称してDNSサーバに要求を送ることでDNSサーバから送信元IPアドレスである攻撃対象のIPアドレス宛に応答を返すようになり，攻撃対象のIPアドレスのサービスを妨害する攻撃です。

イ：**SQLインジェクション攻撃**とは，データベースを利用したアプリケーションの不備を利用し，不正なSQLを実行させることによって，認証を回避したり不正にデータを入手したりすることを目的とした攻撃です。

ウ：**ディレクトリトラバーサル攻撃**とは，入力ファイル名の検証が不十分であるアプリケーションに対して，"../"のような親ディレクトリを示す文字列がそのまま利用されてしまうことを悪用して，意図しないファイルを使用させる攻撃です。

エ：**パスワードリスト攻撃**とは，あるWebサイトから流出したIDとパスワードの組合せを使って，他のWebサイトに対してログインを試行する攻撃です。

解答　ア

問 15　パスワードクラック手法の一種である，レインボー攻撃に該当するものはどれか。

(R4春-AP 問42)

ア　何らかの方法で事前に利用者IDと平文のパスワードのリストを入手しておき，複数のシステム間で使い回されている利用者IDとパスワードの組みを狙って，ログインを試行する。

イ　パスワードに成り得る文字列の全てを用いて，総当たりでログインを試行する。

ウ　平文のパスワードとハッシュ値をチェーンによって管理するテーブルを準備しておき，それを用いて，不正に入手したハッシュ値からパスワードを解読する。

エ　利用者の誕生日や電話番号などの個人情報を言葉巧みに聞き出して，パスワードを類推する。

解説

レインボー攻撃とは，レインボーテーブルと呼ばれる，平文のパスワードとハッシュ値のチェーンとして管理しているテーブルで，パスワードのハッシュ値を入手し，このレインボーテーブルを利用することによって，後述するブルートフォース攻撃に比べて少ない計算量でパスワードを解読することができる手法です。したがって，（ウ）が正解です。

ハッシュ関数：平文パスワードからハッシュ値を求める関数，h（平文パスワード）→ハッシュ値
還元関数：ハッシュ値から平文パスワードに変換する関数，r（ハッシュ値）→平文パスワード（※ここの平文パスワードはパスワードの要件を満たす平文パスワードであり元の平文パスワードではありません。）

事前に以下のようにハッシュ関数と還元関数を使って，平文パスワードとハッシュ値のチェーンをできるだけたくさん計算しておきます。

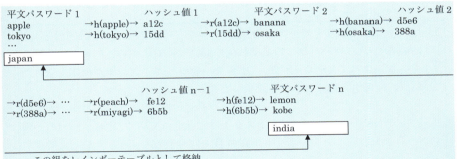

※平文パスワード1と平文パスワードnがあれば，ハッシュ関数と還元関数を利用して，ハッシュ値1〜ハッシュ値n-1のチェーンは復元できる。

（攻撃の手順）
① 不正に入手したパスワードのハッシュ値（例：d1a4）に還元関数を適用し平文パスワードを得る
② ①で得られた平文パスワードがレインボーテーブル（平文パスワードn）に存在しないか確認する。
③ 存在しない場合は①で得られた平文パスワードにハッシュ関数と還元関数を適用し新たに平文パスワードを得る
④ これをレインボーテーブルに該当が見つかるまで繰り返す
　　例えば，r(h(…r(h(r(d1a4)))…))→india であれば
　　japan→…→india のチェーンの中に対象のパスワードがあることが分かる
※該当がなければ攻撃は失敗

第8章 セキュリティ

⑤japan からハッシュ関数と還元関数を複数回適用し不正に入手したパスワードのハッシュ値が見つかるまで繰り返す
⑥見つかったらそのひとつ前の平文パスワードが得たい平文パスワードである。

　Web サイトの利用者は同じ ID やパスワードを使い回すことがあり，一つの Web サイトから ID やパスワードが流出するとパスワードリスト攻撃が成功してしまうので，ID やパスワードの使い回しをしないことが重要です。

ア：**パスワードリスト攻撃**の説明です。不正アクセスなどで流出した ID とパスワードを入手してログインを試行する攻撃手法です。

イ：**ブルートフォース攻撃**（総当たり攻撃）の説明です。計算機の資源を力任せに使い，可能性のある値全てを試すことで，パスワードや暗号解読を行う攻撃のことです。

エ：**ソーシャルエンジニアリング**と呼ばれるパスワード類推の手法の説明です。

解答　ウ

問16　企業の DMZ 上で 1 台の DNS サーバを，インターネット公開用と，社内の PC 及びサーバからの名前解決の問合せに対応する社内用とで共用している。この DNS サーバが，DNS キャッシュポイズニング攻撃を受けた結果，直接引き起こされ得る現象はどれか。

(H30 春-AP 問36)

ア　DNS サーバのハードディスク上に定義されている DNS サーバ名が書き換わり，インターネットからの DNS 参照者が，DNS サーバに接続できなくなる。

イ　DNS サーバのメモリ上にワームが常駐し，DNS 参照元に対して不正プログラムを送り込む。

ウ　社内の利用者間の電子メールについて，宛先メールアドレスが書き換えられ，送信ができなくなる。

エ　社内の利用者が，インターネット上の特定の Web サーバにアクセスしようとすると，本来とは異なる Web サーバに誘導される。

解説

　DNS サーバは，ドメイン名と IP アドレスの組合せを管理し，クライアントからのドメイン名の問合せに対して IP アドレスを返す機能を提供してい

ます。DNS キャッシュポイズニング攻撃は DNS サーバが保持するドメイン名に対する IP アドレスの情報を不正に書き換えることで，本来の宛先とは異なる宛先に誘導する攻撃です（次図）。

1. クライアントが①に aaa.com を問い合わせる。
2. ①に aaa.com の IP アドレスがキャッシュされていない場合他の DNS サーバに問い合わせる。
3. ②よりも先に③が誤った IP アドレスを返す。
4. ①に誤ったドメイン名と IP アドレスがキャッシュされる。
5. クライアントに誤った IP アドレスを応答する。

図　DNS キャッシュポイズニング攻撃

よって，（エ）が正解です。

ア：DNS サーバ名が書き換わることで DNS サーバに接続できなくする攻撃ではないため誤った記述です。

イ：DNS サーバ上にワームを常駐させ，DNS 参照元（クライアント）に不正なプログラムを送り込む攻撃ではないため誤った記述です。

ウ：宛先のメールアドレスを書き換えるような攻撃ではないため誤った記述です。

解答　エ

問 17　取引履歴などのデータとハッシュ値の組みを順次つなげて記録した分散型台帳を，ネットワーク上の多数のコンピュータで同期して保有し，管理することによって，一部の台帳で取引データが改ざんされても，取引データの完全性と可用性が確保されることを特徴とする技術はどれか。

(H30 秋-AP 問 44)

ア　MAC（Message Authentication Code）
イ　XML 署名
ウ　ニューラルネットワーク
エ　ブロックチェーン

第8章 セキュリティ

解説
　問題に記載された説明はブロックチェーンの説明です。**ブロックチェーン**は，仮想通貨でも使用される技術であり，複数のデータをまとめた単位をブロックと呼び，ブロックを順次つなげて記録した構造をもちます。ブロックは一つ前のブロックのハッシュ値をもつことで，一連のデータの正当性を保証する仕組みとなっています。取引データが改ざんされた場合ハッシュ値が変わるため，記録されたデータを改ざんすることが難しいとされています（次図）。よって，（エ）が正解です。

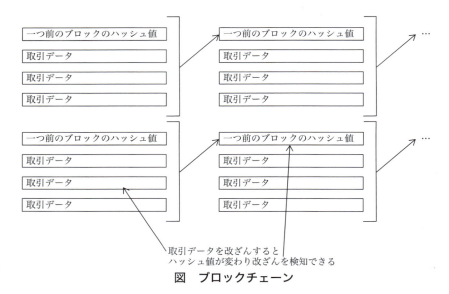

図　ブロックチェーン

ア：MAC（Message Authentication Code；メッセージ認証符号）は，メッセージの改ざん検知に用いられるもので，共通鍵とメッセージからMACを生成し送信先にMACを送り，受信者は受け取ったメッセージからMACを算出し，受け取ったMACと比較することでメッセージの改ざんを検知することができるようになっています。
イ：XML署名は，XML文書にデジタル署名を付与するための規格です。
ウ：ニューラルネットワークは人間の脳の神経回路であるニューロンを模した数理モデルです。機械学習で用いられる数理モデルの一つです。

解答　エ

8.3 セキュリティ管理・評価・対策

問18 情報セキュリティにおけるエクスプロイトコードの説明にどれか。

〔H31春-AP 問36〕

ア 同じセキュリティ機能をもつ製品に乗り換える場合に，CSV 形式など他の製品に取り込むことができる形式でファイルを出力するプログラム

イ コンピュータに接続されたハードディスクなどの外部記憶装置や，その中に保存されている暗号化されたファイルなどを閲覧，管理するソフトウェア

ウ セキュリティ製品を設計する際の早い段階から実際に動作する試作品を作成し，それに対する利用者の反応を見ながら徐々に完成に近づける開発手法

エ ソフトウェアやハードウェアの脆弱性を検査するために作成されたプログラム

解説

　エクスプロイトコードとは，ソフトウェアやハードウェアの脆弱性を利用したプログラムであり，脆弱性を突いた攻撃を再現することができるものです。攻撃手法に関する知識がない人でもエクスプロイトコードを利用することで簡単に攻撃ができてしまう問題もありますが，脆弱性の対策が有効に機能しているのかを確認するために使用されることもあります。よって（エ）が正解です。

ア：セキュリティ製品に限りませんが，違う製品に乗り換える際に設定情報やデータを出力するプログラムをエクスポートツールと呼びます。CSV 形式など一般的なファイル形式であれば容易に設定情報やデータを移動することができます。

イ：Windows OS であればエクスプローラ，Mac OS であれば Finder などのファイル管理ツールの説明です。

ウ：システムの運用を開始してからセキュリティ対策を行うのは難しいとされています。設計段階からセキュリティ対策を考慮して設計する手法として，セキュリティバイデザインという開発手法があります。

解答　エ

第8章 セキュリティ

問19 クリプトジャッキングに該当するものはどれか。

(R2-AP 問41)

ア PC にマルウェアを感染させ,その PC の CPU などが有する処理能力を不正に利用して,暗号資産の取引承認に必要となる計算を行い,報酬を得る。

イ 暗号資産の取引所から利用者のアカウント情報を盗み出し,利用者になりすまして,取引所から暗号資産を不正に盗みとる。

ウ カード加盟店に正規に設置されている,カードの磁気ストライプの情報を読み取る機器から,カード情報を窃取する。

エ 利用者の PC を利用できなくし,再び利用できるようにするのと引換えに金銭を要求する。

解説

　クリプトジャッキングとは,サイト利用者の意図しないところで,不正にサイト利用者のコンピュータ資源を使って仮想通貨の採掘をする行為(仮想通貨の取引記録の正当性の検証作業をすることで報酬を得ること)です。国内では Coinhive と呼ばれる採掘ソフトをサイトに設置したことで検挙された事例があります。よって,(ア)が正解です。

イ:暗号資産を管理している取引所に不正アクセスして,アカウント情報を盗み暗号資産を別のアカウントに送金することで暗号資産を盗みとることはいわゆるハッキングのたぐいであり,クリプトジャッキングには該当しません。

ウ:スキミングの説明です。日本では IC チップを搭載したクレジットカードの発行が進んでおり,現在ではほとんどのカード加盟店で IC チップ+暗証番号による決済になっているので,スキミングのリスクは減ってきています。

エ:ランサム(身代金)ウェアの説明です。警告文に記載された支払先にお金を支払っても暗号化の解除ができるとは限らないため,支払に応じないことが重要です。

解答 ア

444

8.3 セキュリティ管理・評価・対策

問 20 クロスサイトリクエストフォージェリ攻撃の対策として，**効果がない**ものはどれか。

(H31 春·SC 午前Ⅱ問 10)

ア Web サイトでの決済などの重要な操作の都度，利用者のパスワードを入力させる。

イ Web サイトへのログイン後，毎回異なる値を HTTP レスポンスに含め，Web ブラウザからのリクエストごとに送付されるその値を，Web サーバ側で照合する。

ウ Web ブラウザからのリクエスト中の Referer によって正しいリンク元からの遷移であることを確認する。

エ Web ブラウザからのリクエストを Web サーバで受け付けた際に，リクエストに含まれる "<" や ">" などの特殊文字を，タグとして認識されない "<" や ">" などの文字列に置き換える。

解説

クロスサイトリクエストフォージェリとは，攻撃対象のサイトにログオンされていることを前提に不正な操作を行う攻撃手法です。悪意のある攻撃者が設置した URL をクリックすると，意図せずに "ログオンされた状態でなければできない操作" をさせることができます。日本国内では，SNS に投稿者が意図しない書込みをさせた事象や，自治体のサイトに意図せず殺人予告をした事件が発生しています。クロスサイトリクエストフォージェリのサイト設置者側の対策としては，リクエスト元の URL やセッション情報のチェック，重要な操作の都度認証を行うことなどがあります。サイト利用者側は，サイトの利用が終わったらログオフをすることが対策として重要です。

ア：重要な操作の前にパスワードによる認証を行うことで，不正な操作を防止することができるので，クロスサイトリクエストフォージェリ攻撃の対策として有効です。

イ：毎回異なる値をやり取りし，その情報を照合することで不正なリクエストを検知することが可能となるので，クロスサイトリクエストフォージェリ攻撃の対策として有効です。

ウ：Referer をチェックすることで，不正な URL からのリクエストであることをチェックすることができるので，クロスサイトリクエストフォージェリ攻撃の対策として有効です。

エ：リクエストに含まれるスクリプトを無害化する対応であり，クロスサイトスクリプティングの対策としては有効な対策ですが，クロスサイトリクエス

第8章 セキュリティ

トフォージェリ攻撃の対策としては**効果がありません。**よって，正解です。

解答　エ

問21　BEC（Business E-mail Compromise）に該当するものはどれか。

(R1秋-SG 問1)

ア　巧妙なだましの手口を駆使し，取引先になりすまして偽の電子メールを送り，金銭をだまし取る。

イ　送信元を攻撃対象の組織のメールアドレスに詐称し，多数の実在しないメールアドレスに一度に大量の電子メールを送り，攻撃対象の組織のメールアドレスを故意にブラックリストに登録させて，利用を阻害する。

ウ　第三者からの電子メールが中継できるように設定されたメールサーバを，スパムメールの中継に悪用する。

エ　誹謗中傷メールの送信元を攻撃対象の組織のメールアドレスに詐称し，組織の社会的な信用を大きく損なわせる。

解説

　BEC（Business E-mail Compromise；ビジネスメール詐欺）は，海外の取引先や経営者になりすまし，電子メールを使って言葉巧みにお金を送金させるなどの方法で金銭をだまし取る詐欺の手法です。よって，（ア）が正解です。

イ：攻撃対象の組織のメールアドレスを詐称し，実在しないメールアドレス宛に電子メールを送ることで，攻撃対象の組織がスパムメールを送信したと誤認させることができます。誤認させることで攻撃対象の組織からのメールをスパムメールに分類させ電子メールの利用を阻害する行為を説明していますが，BEC には該当しません。

ウ：メール不正中継による行為の説明です。主にスパムメールの送信に利用されますが，不正中継に利用されることで，不正中継に利用された組織の信用が低下するので注意が必要です。これも BEC には該当しません。

エ：メール送信元の詐称による行為の説明です。SPF（Sender Policy Framework）を利用することで，詐称を検知することはできますが，送信元が SPF 未導入の場合は詐称を検知することができないため，注意が必要です。

解答　ア

8.3 セキュリティ管理・評価・対策

問 22 デジタルフォレンジックスの手順を収集，検査，分析，報告に分けたとき，そのいずれかに該当するものはどれか。

◎高度午前Ⅰ （H31 春-AP 問 39 改）

ア サーバとネットワーク機器のログをログ管理サーバに集約し，リアルタイムに相関分析することによって，不正アクセスを検出する。

イ ディスクを解析し，削除されたログファイルを復元することによって，不正アクセスの痕跡を発見する。

ウ 電子メールを外部に送る際に，本文及び添付ファイルを暗号化することによって，情報漏えいを防ぐ。

エ プログラムを実行する際に，プログラムファイルのハッシュ値と脅威情報を突き合わせることによって，マルウェアを発見する。

解説

デジタルフォレンジックスとは，不正アクセスや情報漏えいが発生した場合に，デジタルデバイスに残っているデータの保全や調査・分析を行う技術を指し，次の基本フェーズで構成されます。

・収集：データの完全性を保護する手続に従いながら，関連するデータを識別・ラベル付け・記録し，必要な情報を取得する。

・検査：データの完全性を保護しながら，収集したデータを処理することで，特に注目すべきデータを見定めて抽出する。

・分析：法的に正当と認められる方法で検査結果を分析することで，セキュリティインシデントの解決に役立つ情報を導き出す。

・報告：分析結果を報告する。使用した方法の説明やセキュリティ対策の特定なども必要に応じて提示することがある。

ここで，データの完全性の保護とは，データの改ざんなどがされずマルウェアなどによって完全消去されないような保護を行うことを指します。デジタルフォレンジックスでは物理的なハードディスクから論理的に削除されたデータを復元することも行います。

したがって，（イ）が正解です。（イ）は，デジタルフォレンジックスの収集のフェーズで実施される手順です。

デジタルフォレンジックスは不正アクセスや情報漏えいが発生した事後的な保全や調査を対象とするため，（ア），（ウ），（エ）についてはデジタルフォレンジックスには該当しない記述です。

ア：いわゆるログ分析の説明です。

ウ：PGP（Pretty Good Privacy）や S/MIME（Secure Multipurpose Internet

第8章 セキュリティ

Mail Extensions）を使った電子メールの暗号化の説明です。
エ：マルウェア対策ソフトで実行するマルウェアを検出する方法の説明です。

解答　イ

問23　JIS Q 27000:2019（情報セキュリティマネジメントシステム－用語）
では，情報セキュリティは主に三つの特性を維持することとされている。
それらのうちの二つは機密性と完全性である。残りの一つはどれか。

(R1 秋-AP 問 40)

　　ア　可用性　　　イ　効率性　　　　ウ　保守性　　　　エ　有効性

解説

　　JIS Q 27000:2019（情報セキュリティマネジメントシステム－用語）の情報セキュリティには，「情報の機密性，完全性及び可用性を維持すること」と定義されています。

　　この三つが主な特性であるため，正解は（ア）です。

　　それぞれの特性は以下のように定義されています。

　　機密性（Confidentiality）とは「認可されていない個人，エンティティ又はプロセスに対して，情報を使用させず，また，開示しない特性（3.10）」です。

→許可されたユーザだけが情報にアクセスできること

　　完全性（Integrity）とは「正確さ及び完全さの特性（3.36）」です。

→情報が完全で改ざんされていないこと

　　可用性（Availability）とは「認可されたエンティティが要求したときに，アクセス及び使用が可能である特性（3.7）」です。

→システムが必要なときに利用できること

　　これらの頭文字を取って情報セキュリティの CIA と呼ぶこともあります。

　　その他の選択肢は情報セキュリティの三つの特性には該当しません。

解答　ア

8.3 セキュリティ管理・評価・対策

問 24
クレジットカードの対面決済時の不正利用に対して，カード加盟店が実施する対策のうち，最も有効なものはどれか。

(R3 春·AP 問 43)

ア ICチップを搭載したクレジットカードによる決済時の本人確認のために，サインではなくオフラインPINを照合する。

イ クレジットカードのカード番号を加盟店で保持する。

ウ クレジットカードの決済ではICチップではなく磁気ストライプの利用を利用者に促す。

エ 利用者の取引履歴からクレジットカードの不正利用を検知するオーソリモニタリングを実施する。

解説

クレジットカードビジネスにおけるカード加盟店とは，クレジットカード会社と契約している小売店のことです。

クレジットカードの利用者が小売店でクレジットカードの対面決済（店舗でクレジットカードを提示して決済すること）時に不正利用対策として有効なものを選択する問題です。

ここ最近発行されるクレジットカードにはICチップが搭載されています。ICチップは従来の磁気ストライプに比べ格納できる情報量も多く，暗号化して記録できるのでより安全にクレジットカード決済ができるようになっています。

ICチップを読み取ってクレジットカード決済する場合には，同一性を確認しづらいサインではなくオフラインPINを専用端末に入力し決済します。

したがって，（ア）が正解です。

イ：クレジットカードのカード番号を加盟店で保持することはカード番号の流出などのおそれがあり非常にリスクが高い行為となるためカード番号を保持しないことが求められています。

ウ：磁気ストライプはスキミングと呼ばれる磁気ストライプの情報を盗み出す行為によって偽造されやすく，ICチップに比べてセキュアではありません。

エ：オーソリモニタリングとは，クレジットカード会社で実施しているクレジットカードによる決済の可否を検証する業務であり，カード加盟店における対策ではありません。

なお，クレジットカードのオンライン決済時の本人確認では3Dセキュアと呼ばれる，クレジットカード番号と有効期限に加えて，クレジットカード

第8章 セキュリティ

会社のサイトで ID やパスワードを別途入力することで決済する仕組みを導入するサイトが増えてきています。

解答　ア

問25　IoT 推進コンソーシアム，総務省，経済産業省が策定した "IoT セキュリティガイドライン（Ver1.0）" における "要点 17. 出荷・リリース後も安全安心な状態を維持する" に対策例として挙げられているものはどれか。

◎高度午前Ⅰ　（R3 秋-AP 問 37）

ア　IoT 機器及び IoT システムが収集するセンサデータ，個人情報などの情報の洗い出し，並びに保護すべきデータの特定

イ　IoT 機器のアップデート方法の検討，アップデートなどの機能の搭載，アップデートの実施

ウ　IoT 機器メーカ，IoT システムやサービスの提供者，利用者の役割の整理

エ　PDCA サイクルの実施，組織として IoT システムやサービスのリスクの認識，対策を行う体制の構築

解説

　"IoT セキュリティガイドライン（Ver1.0）" とは，IoT 機器の急速な普及に伴い IoT 機器やこれを組み合わせた IoT システムの特性（IoT 機器のライフサイクルが長い，IoT 機器の監視が行き届きにくい，IoT 機器のリソースが限られていることなど）を鑑み，IoT 特有のセキュリティ対策の必要性が高まったことを受けて策定されたもので，IoT 機器の製造者，IoT システムの提供者，IoT 機器や IoT システムを利用したサービスの提供者，IoT 機器や IoT システムの利用者を対象読者として取りまとめられたものです。

　"IoT セキュリティガイドライン（Ver1.0）" では IoT セキュリティ対策として五つの指針とその指針ごとの具体的な要点が挙げられています。

8.3　セキュリティ管理・評価・対策

大項目	指針	要点
方針	指針 1 IoT の性質を考慮した基本方針を定める	要点 1. 経営者が IoT セキュリティにコミットする
		要点 2. 内部不正やミスに備える
分析	指針 2 IoT のリスクを認識する	要点 3. 守るべきものを特定する
		要点 4. つながることによるリスクを想定する
		要点 5. つながりで波及するリスクを想定する
		要点 6. 物理的なリスクを認識する
		要点 7. 過去の事例に学ぶ
設計	指針 3 守るべきものを守る設計を考える	要点 8. 個々でも全体でも守れる設計をする
		要点 9. つながる相手に迷惑をかけない設計をする
		要点 10. 安全安心を実現する設計の整合性をとる
		要点 11. 不特定の相手とつなげられても安全安心を確保できる設計をする
		要点 12. 安全安心を実現する設計の検証・評価を行う
構築・接続	指針 4 ネットワーク上での対策を考える	要点 13. 機器等がどのような状態かを把握し，記録する機能を設ける
		要点 14. 機能及び用途に応じて適切にネットワーク接続する
		要点 15. 初期設定に留意する
		要点 16. 認証機能を導入する
運用・保守	指針 5 安全安心な状態を維持し，情報発信・共有を行う	要点 17. 出荷・リリース後も安全安心な状態を維持する
		要点 18. 出荷・リリース後も IoT リスクを把握し，関係者に守ってもらいたいことを伝える
		要点 19. つながることによるリスクを一般利用者に知ってもらう
		要点 20. IoT システム・サービスにおける関係者の役割を認識する
		要点 21. 脆弱な機器を把握し，適切に注意喚起を行う

　"要点 17. 出荷・リリース後も安全安心な状態を維持する"は，IoT 機器の出荷・リリース後に取るべき対策となるので，IoT 機器のアップデートについての記載がある（イ）が正解です。

ア："要点 3. 守るべきものを特定する"の対策例です。

ウ："要点 20. IoT システム・サービスにおける関係者の役割を認識する"の対策例です。

エ："要点 1. 経営者が IoT セキュリティにコミットする"の対策例です。

解答　イ

第8章 セキュリティ

問 26 サイバーキルチェーンの偵察段階に関する記述として，適切なものは
どれか。

(R4 春-AP 問 37)

ア 攻撃対象企業の公開 Web サイトの脆弱性を悪用してネットワークに
侵入を試みる。

イ 攻撃対象企業の社員に標的型攻撃メールを送って PC をマルウェアに
感染させ，PC 内の個人情報を入手する。

ウ 攻撃対象企業の社員の SNS 上の経歴，肩書などを足がかりに，関連
する組織や人物の情報を洗い出す。

エ サイバーキルチェーンの 2 番目の段階をいい，攻撃対象に特化した
PDF やドキュメントファイルにマルウェアを仕込む。

解説

「キルチェーン」は軍事用語ですが，昨今では情報セキュリティ分野の用
語として「**サイバーキルチェーン**」という用語が登場し，サイバー攻撃の一
連の流れを七つの段階に区分しています。

①偵察

インターネット上の情報を用いて組織や人物を調査し，攻撃対象の組織や
人物に関する情報を取得する。

②武器化

攻撃対象の組織や人物に特化したエクスプロイトコード（脆弱性を悪用す
るソフトウェアのコード，攻撃コードとも呼ばれる）やマルウェアを作成す
る。

③配送

マルウェア設置サイトにアクセスさせるためになりすましの電子メール
を送付し，本文中の URL をクリックするように攻撃対象者を誘導する。又
は，なりすましの電子メールにマルウェアを添付して送付する。

④攻撃実行

攻撃対象者をマルウェア設置サイトにアクセスさせ，エクスプロイトコー
ドを実行させる（この段階ではまだ攻撃対象者の PC はマルウェアに感染し
ていない）。又は，攻撃対象者にマルウェアを実行させる。

⑤インストール

攻撃実行の結果，攻撃対象者の端末がマルウェアに感染する。

⑥遠隔操作

マルウェアと C&C サーバ（Command & Control サーバ；マルウェアに

452

8.3 セキュリティ管理・評価・対策

感染した端末を制御，操作するためのサーバ）を通信させて，遠隔操作する。新たなマルウェアやツールのダウンロードなどによって，感染拡大や内部情報の探索を試みる。

⑦目的達成

探し出した内部情報に圧縮や暗号化などの処理を行った後，持ち出す。

したがって，偵察段階に関する記述は（ウ）です。

ア：攻撃実行段階に関する記述です。

イ：配送～目的達成段階に関する記述です。

エ：武器化段階に関する記述です。

解答　ウ

問27　ファジングに該当するものはどれか。

◎高度午前 I　(R4 春·AP 問 45)

ア　サーバに FIN パケットを送信し，サーバからの応答を観測して，稼働しているサービスを見つけ出す。

イ　サーバの OS やアプリケーションソフトウェアが生成したログやコマンド履歴などを解析して，ファイルサーバに保存されているファイルの改ざんを検知する。

ウ　ソフトウェアに，問題を引き起こしそうな多様なデータを入力し，挙動を監視して，脆弱性を見つけ出す。

エ　ネットワーク上を流れるパケットを収集し，そのプロトコルヘッダやペイロードを解析して，あらかじめ登録された攻撃パターンと一致するものを検出する。

解説

ファジングとは，検査の対象となるシステムやサービスに「ファズ（fuzz）」と呼ばれる問題を引き起こしそうな多様なデータを大量に入力（送信）し，その挙動や応答を監視して脆弱性を検出する検査手法のことです。

したがって，（ウ）が正解です。

ファズは検査対象のシステムやサービスに合わせたものを用意する必要があります。画像処理ソフトウェアであればファイル，Web サーバであれば HTTP リクエスト，CUI プログラムであればコマンドライン引数や環境変数といったものがファズの形式となります。ファジングにはファジングを行う

第8章 セキュリティ

ための専用ツールであるファジングツールを用いることが多く，ファジングツールでは主に「ファズの生成・加工」，「ファズの送信・入力」，「挙動・死活監視」の三つの機能があります。

ア：ポート番号を変えながら FIN パケットを送信し，サーバ上で稼働しているサービスを見つけるのは，ポートスキャンの説明です。

イ：ログ解析によるファイルの改ざん検知の説明です。

エ：シグネチャ型の IDS（Intrusion Detection System；侵入検知システム）で実装されている不正アクセスの検知の説明です。不正アクセスを検知した場合に防御まで行う IPS（Intrusion Prevention System；侵入防止システム）の製品もあります。シグネチャ型の不正検知では未知の攻撃手法には対応が難しいため，アノマリ型の機能をもった IDS，IPS も製品化されています。アノマリ型では，不審な挙動（いつもと異なる挙動）を検知する仕組みとなっています。

解答　ウ

第9章 開発技術 part 2

▶▶▶Point
学習のポイント

　ここでは，システム開発技術とソフトウェア開発管理技術について学習します。この分野から出題される問題は，システム開発の進め方，手法，技術などの知識を問うものがほとんどですが，正しい用語や名称を選択する問題の他，記述内容の正誤などを問う問題もよく出題されます。テーマとなる手法や技術について，名称だけでなく基本的な考え方や原則も理解しておきましょう。

（1）　開発プロセス・手法

　ソフトウェア開発モデルは，システム開発をどのように進めていくかという基本的な考え方です。ソフトウェア開発の効率化や品質向上のために用いられるソフトウェア開発モデルの考え方，必要性，特徴を理解しましょう。モデルは細かな違いを取り去った標準的な内容のはずですが，開発プロセスには明確な標準がありません。その代わり，ソフトウェアライフサイクルがSLCP-JCF（共通フレーム）として定義されています。試験問題も特に断りがない場合，共通フレームを前提としているので，共通フレームの概要についても理解しておきましょう。

　開発手法では，アジャイル，XP，マッシュアップやリバースエンジニアリングなどの特徴を理解してください。

（2）　要件定義・設計

　システム要件定義・ソフトウェア要件定義を行うための要求分析や妥当性評価，要件定義や設計方針に基づく仕様検討の取組み，これらの内容を文書化するための設計技法や共同レビューの実施について出題されます。そのため，第3章「システム構成要素」，第5章「ヒューマンインタフェースとマルチメディア」，第11章「ITストラテジ」の内容を絡めた問題も出題されるので，これらの分野も合わせて学習してください。

第9章 開発技術

　システム設計では，ハードウェア，ソフトウェア，手作業の境界を定め，ハードウェアの構成を決定する流れが出題されます。それぞれの作業内容や成果物を理解してください。また，これにより，システム処理方式やデータベース方式も決定します。

　ソフトウェア設計では，構造化分析・設計やデータ中心設計，オブジェクト指向，プログラム詳細設計をするためのモジュール分割基準などが出題されます。これらを文書化して表現する手法である DFD, E-R 図, UML, SysML で使われる用語と特徴についても理解しておきましょう。

(3)　実装・統合・導入・保守

　実装・統合・導入の各プロセスで行う，品質を検証するテストについて，テスト手順及びテストデータの作成方法を理解しましょう。

　ソフトウェアユニットの実装では，ブラックボックス法，ホワイトボックス法の内容とテストデータの作成方法が学習のポイントです。テストが完了したソフトウェアユニットは，統合され，ソフトウェア統合テストを実施します。トップダウンテスト，ボトムアップテスト，ドライバ，スタブが学習のポイントです。最後に行うシステム統合テストでは，回帰テスト（リグレッションテスト）が学習のポイントです。導入では，妥当性確認テストを実施します。

　保守については，保守の考え方，形態，手順，留意事項について理解しましょう。破棄の考え方と手順についても確認しておきましょう。なお，保守の具体的な内容は，第 10.2 章「サービスマネジメント」で学習します。

(4)　ソフトウェア開発管理技術

　成果物であるソフトウェアと，それを開発する過程で必要となる開発環境やツール，そのライセンスなどの管理について出題されます。具体的には，開発環境構築，ツール管理，ライセンス管理と，ソフトウェアのバージョンに関連して変更管理，構成管理，リリース管理などが出題されます。選択肢の内容が妥当であるかどうかを答える問題がほとんどですが，成果物であるソフトウェアに発生する著作権，開発に使用するツールや外部のサービスプログラムが保持する著作権，特許権など知的財産権に関連する内容も出題されます。第 11 章「IT ストラテジ」と合わせて学習しましょう。

9.1 開発プロセス・手法

9.1 開発プロセス・手法

▶▶▶ **Explanation**

ポイントの解説

　開発技術分野で出題される内容はモデル化されたものなので，実際の開発現場での具体的な方法とは異なる場合があります。例えば，開発工程の名称では外部設計を概要設計や論理設計と呼んでいたり，普段，あまり意識せずに設計していたテストケースに，テストケース設計技法として名前があったりします。試験問題の表現と実務で使っている表現の違いに戸惑うかもしれませんが，あまり細かいことにはこだわらずに，ご自分が普段行っている作業と対応させてこの試験での標準を理解してください。

(1) ソフトウェア開発モデル

　ソフトウェア開発モデルは，開発の対象となるシステムの要求分析から始まり，利用者に開発したソフトウェアを提供するまでの一連の作業（プロセス）をモデル化したものです。プロセスモデルともいいます。

①ウォータフォールモデル

　ウォータフォールは，滝です。滝の水が上から下に流れるように，上流工程から下流工程へ作業結果を引き継いで順番に作業を進めます。原則として，工程の逆戻りは認められないので，各工程の誤りを取り除いておかないと，その影響が次々と後の工程に引き継がれて，修正にかかるコストが拡大してしまいます。そのため，上流工程ではレビューを十分に行い，設計の誤りを取り除いておきます。また，下流工程では，対応する設計工程の設計内容が実現されているかテストを行います。各工程の対応関係を示すと図のようにV字型になるので，V字モデルとも呼ばれます。

　大規模なシステム開発プロジェクトでは，開発要員や資源について急に変更することは難しいので，当初の計画に従い作業を進めるこのモデルが利用されています。

第9章

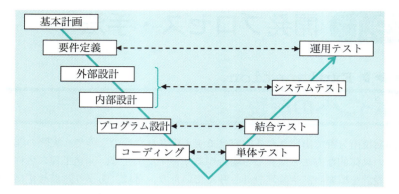

②スパイラルモデル

スパイラルは，螺旋です。対象システム全体を一度に開発するのではなく，サブシステムなどの独立性の高い幾つかの部分に分け，小さい単位で図のように開発プロセス（設計，製造，テスト）を繰り返します。部分的な開発を繰り返し，開発上のリスクを取り除こうという手法なので，開発ノウハウがない場合には，特に有効とされています。

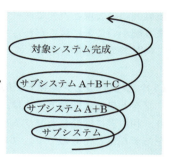

開発プロセスの繰返しごとに，システムの範囲や機能が増えるので，**段階的モデル**（Incremental Model；**インクリメント型**）に分類されます。

③成長型モデル

ウォータフォールモデルの，途中での仕様変更が難しいという問題点を改善するために考え出されたモデルです。仕様変更を前提として，提供→使用（試用）→仕様変更（改良）を繰り返しながら，システムを完成させます。スパイラルモデルのように，システムの範囲や機能を増やすのではなく，機能を改良することを繰り返してシステムを成長させるので，**進展的モデル**（Evolutionary Model；**エボリューション型**）に分類されます。

④DevOps（デブオプス）

情報システムの開発部門（Development）と運用部門（Operations）が協力して作業し，短期間に開発を行う手法です。場合によっては，普段は独立している開発部門と運用部門が一体化して，効率よく仕様の確認や開発を行い，リリースします。

⑤**プロタイピングモデル**（プロトタイプモデル）

部分的に動作するソフトウェアを使って，画面レイアウトだけでなく，ユーザインタフェースやマウスクリック時の動作を含む仕様を検討・決定する開発モデルです。プロトタイプ（prototype）とは試作品という意味です。

・モックアップ
画面遷移を紙芝居のように見せて画面レイアウトを利用者に確認してもらうものです。画面遷移は一方的なものであり，画面に表示されるボタンを押しても反応しないタイプが一般的です。

(2) アジャイルソフトウェア開発

アジャイルソフトウェア開発宣言（以下の四つの基本指針）に基づく開発手法です。この宣言に基づき，**イテレーション**（iteration；反復）と呼ばれる，短期間での開発を繰り返します。スパイラルモデルやプロトタイプモデルを踏襲し，機敏にソフトウェアを開発することを目指したものです。

- プロセスやツールよりも，個人の対話を重視
- 包括的なドキュメントよりも，動くソフトウェアを重視
- 契約交渉よりも，顧客との協調を重視
- 計画に従うことよりも，変化への対応を重視

①**ふりかえり**（**レトロスペクティブ**；retrospective）
チームで一連の作業を振り返り，次のイテレーションで挑戦する改善策を検討する作業です。継続すべきうまくいった行動と，うまくいっていないと考える問題点を洗い出し，ブレーンストーミングなどを行って改善策を検討します。

②**バーンダウンチャート**
時間の経過とともに残作業量が減っていく様子を可視化するチャートです。イテレーションごとに作成します。

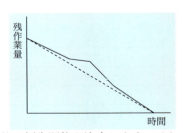

残作業を顧客視点で簡潔に表現したものが**ユーザストーリ**で，そのイテレーションでの成果物目標です。具体的なユーザを**ペルソナ**として定義し，ストーリとなる要件や優先順位を決定します。そして，メンバはこれに向け情熱を燃やし，完全燃焼（burn down）します。また，残作業量は，メンバ全員が意見を出し合う**プランニングポーカ**という手法で見積もります。

③継続的デリバリ（CD；Continuous Delivery）

継続して，機能を提供（デリバリ）し続けるための取組みです。システム完成後も，開発中と同じように，顧客のニーズに合わせ仕様変更や機能追加に迅速に対応します。その一つがリリースの自動化です。

④リーンソフトウェア開発（lean software development）

ムダをなくす，品質を作り込む，知識を作り出す，決定を遅らせる，早く提供する，人を尊重する，全体を最適化する，という七つの原則を用いてアジャイル開発を実践する手法です。"lean"は痩せているという意味なので，今，必要なことだけ行い，不要な脂肪（不要な作業）がつかないようにします。

⑤スクラム

チームのコミュニケーションを重視して，アジャイル開発を実践する手法です。ラグビーのスクラムに由来しており，プロダクトオーナ，スクラムマスタ，開発チームから成るスクラムチームで稼働します。作業の進め方を，スクラムマスタではなく，開発チームで話し合って決めることが特徴です。

- **スクラムマスタ**：チームを支援する奉仕型のリーダ
- **プロダクトオーナ**：ROI（開発投資効果）に責任をもち，プロダクトバックログ（製品に必要な機能一覧）を管理する。

スクラムでは，イテレーションの単位を**スプリント**と呼びます。スプリントは，1〜4週間の時間枠（タイムボックス）とされており，スプリントバックログ（スプリントの成果物となる機能）について，テスト駆動，リファクタリング，継続的インテグレーションの技法を使って作業を進めます。技法については，⑥XPを参照してください。

用語	説明
スプリントプランニング	スプリント開始時に行うミーティング
デイリースクラム	毎日，決まった時間に行う短時間のミーティング
スプリントレビュー	スプリント終了時に行うデモンストレーション
スプリントレトロスペクティブ	スプリントレビュー後に行う振返り
インクリメント	リリース判断可能なスプリントの成果や成果物
ベロシティ	完了した作業のポイント合計

⑥XP（eXtreme Programming；エクストリームプログラミング）

　五つの価値（コミュニケーション，シンプル，フィードバック，勇気，尊重）に基づきアジャイル開発を実践する手法です。開発者，管理者，顧客，共同の四つのカテゴリから成る，プラクティスと呼ばれる作業指針があります。顧客もメンバの一員と考え，顧客を巻き込んで活動することが特徴です。開発者の作業指針である，開発のプラクティスは次の六つです。よく出題されるので覚えておきましょう。

- **テスト駆動開発**（テストファースト）
  　まず，テスト設計し，そのテストをクリアできるように，プログラムを作成します。なお，テストは，テストツールによって自動実行が可能な形式で記述します。
- **ペアプログラミング**
  　ペア（2人1組）で，プログラミングを行います。1人がプログラムを作成し，もう1人がその内容を見ながらアドバイスや質問などの形でレビューを行い，高品質なプログラムを作成します。
- **リファクタリング**
  　プログラムの振る舞い（実行結果）を変えないように，理解性や保守性などの観点からソースコードを改定します。
- **ソースコードの共同所有**
  　ソースコードに対する責任を全員が担います。ソースコードの修正やリファクタリングは，開発チーム全員が行います。
- **継続的インテグレーション**（CI；Continuous Integration）
  　単体テストが終了後，すぐに結合テストを行い，動作を確認します。継続的デリバリ（CD）につながる作業であり，結合テストの自動化です。
- **YAGNI**（You Aren't Going to Need It）
  　「今，必要なことだけを行う」という意味で，先々必要になると思われても，現状で必要でないものについては作業も考慮もしません。必要最低限のシンプルな設計を目指します。

⑦**エンタープライズアジャイル**

　アジャイルは，数名のチームで行う小規模開発向けの手法とされてきましたが，これを大規模開発に適用したものです。アジャイルソフトウェア開発宣言の理念を組織として実現します。

第9章 開発技術

（3） その他の開発手法

①外部サービスの利用

　インターネット上には，外部から利用できる様々なサービスが存在し，これらのサービスはシステムの機能としても利用できます。代表的なものにRPC（Remote Procedure Call，リモートプロシージャコール）やCORBA（Common Object Request Broker Architecture）があります。

　SOA（Service-Oriented Architecture）は，サービスを利用して情報システムを構築する考え方です。SOAでは，機能を組み合わせて情報システムを構築し，基本的にはプログラムを作成しません。

> RPC：他のサーバ上にある手続（procedure）を利用する
> CORBA：分散システム上のオブジェクトを利用するための標準仕様
> SOA：ネットワーク上の公開サービスを利用してシステムを構築する

②APIの利用

　直接そのサービスを利用するのではなく，API（Application Programming Interface）と呼ばれるインタフェースを介して，利用します。利用者は，APIに情報を渡したり，受け取ったりするプログラムを作成します。

- ・マッシュアップ（mashup）

　　インターネット上に公開されている外部のサービスを利用して，ソフトウェアを作成する手法です。例えば，自社のホームページに地図を表示させたいときに利用します。APIに位置情報を渡すだけなので，地図サービス側で処理内容に変更があっても影響を受けずに済みます。

- ・Ajax（Asynchronous JavaScript + XML）

　　ブラウザとサーバ間の非同期通信です。Webページ上の地図などは，ポインタの動きに合わせて表示内容が変わりますが，このようにページ全体の再読込みをせずに表示内容を変化させたいときに利用します。

③部品化・再利用

　既存のソフトウェアを部品として再利用することで，情報システムの開発効率を高めます。部品となるソフトウェアは，独立性が高く，品質が確保されたものでなければなりません。オブジェクト指向言語では，こうした部品をソフトウェアコンポーネント，Java言語では，JavaBeansと呼びます。

- ・リバースエンジニアリング：ソースコードから設計情報を得ること
- ・フォワードエンジニアリング：設計情報からプログラミングをすること

（4） SLCP-JCF（共通フレーム）

ソフトウェアには，工業製品の製造工程と同じように，設計や製造，運用，保守などの段階（フェーズ）があり，これを**ソフトウェアライフサイクルプロセス**（**SLCP**；Software Life Cycle Processes）といいます。
- ・JIS X 0160（ISO/IEC 12207）：ソフトウェアライフサイクルプロセス
- ・JIS X 0170（ISO/IEC 15288）：システムライフサイクルプロセス

SLCP-JCF（Software Life Cycle Processes-Japan Common Frame；**共通フレーム**）は，JIS X 0160 を基に，日本独自の修正を加えたフレームワークです。ソフトウェアライフサイクルプロセスを構成するシステムの企画，開発，運用，保守などの諸活動と，その標準的な作業内容を示す共通の物差しとして定義されました。その後，取引の明確化や要件と要求を分離する改定が行われ，最新版である共通フレーム 2013 には，JIS X 0170 も加味されました。そして，その位置付けは，IT システム開発の作業規定になりました。

共通フレーム 2013 は，八つのプロセスに分類されていて，それぞれの内容をプロセス，アクティビティ，タスク，注記の 4 階層で定義しています。また，システムを「ソフトウェアとハードウェアが組み合わさったもの」と定義しています。

試験に出題される問題は，テクニカルプロセスが中心となります。企画プロセスと要件定義プロセスで行う内容の違いや，開発プロセスと実装プロセスの分け方など，共通フレーム 2013 での定義を確認しておきましょう。

第9章 開発技術

共通フレーム プロセス名	プロセス	作業内容	一般的な 工程名称
システム 開発プロセス	プロセス開始の準備		
	システム要件定義	システム要件定義（機能，能力，業務・組織及び利用者の要件，設計条件，適格性要件他），システム要件の評価 など	基本計画
	システム方式設計	システムの最上位レベルでの方式確立（ハードウェア・ソフトウェア・手作業の機能分割，ハードウェア方式，ソフトウェア方式，アプリケーション方式，データベース方式他），システム方式の評価 など	外部設計
ソフトウェア 実装プロセス	ソフトウェア要件定義	ソフトウェア要件の確立（機能，能力，インタフェース他），ソフトウェア要件の評価，ヒアリング	内部設計
	ソフトウェア方式設計	ソフトウェア構造とコンポーネントの設計，インタフェース設計，ソフトウェアユニットのテストの設計，ソフトウェア結合テストの設計，レビュー，ソフトウェア設計評価	プログラム設計
	ソフトウェア詳細設計		
	ソフトウェア構築	ソフトウェアコード作成，コーディング基準，コードレビュー，デバッグ，テスト手法，テスト準備（テスト環境，テストデータ他），テストの実施，テスト結果の評価 など	プログラミング
	ソフトウェア結合	テスト計画，テスト準備（テスト環境，テストデータ他），テストの実施，テスト結果の評価 など	テスト
	ソフトウェア 　適格性確認テスト		
システム 開発プロセス	システム結合	テスト計画，テスト準備（テスト環境，テストデータ他），テストの実施，テスト結果の評価，チューニング など	
	システム適格性確認テスト		
	ソフトウェア導入	ソフトウェア導入計画の作成，ソフトウェア導入の実施 など	
	ソフトウェア受入れ支援	受入れレビューと受入れテスト，ソフトウェア製品の納入と受入れ，教育訓練 など	
運用 プロセス	（システムの運用）	運用テスト，業務及びシステムの移行，システム運用，利用者教育，業務運用と利用者支援，システム運用の評価，業務運用の評価，投資効果及び業務効果の評価	運用
保守 プロセス	（ソフトウェア保守）	問題把握及び修正分析，修正の実施，保守レビュー及び受入れ，移行，システム又はソフトウェア廃棄	保守

9.1 開発プロセス・手法

▶▶▶ **Check**

理解度チェック ▶ 9.1 開発プロセス・手法

次の文中の ☐ に適切な用語を入れてください。

(1) ☐ア☐ は，試作品を用いて仕様を検討・決定する開発モデルです。

(2) ☐イ☐ は，上流工程から下流工程へと順番に進める開発モデルです。

(3) ☐ウ☐ は，対象システムを独立性の高い幾つかの部分に分け，小さい単位での開発を繰り返す方法です。

(4) ☐エ☐ は，イテレーションと呼ばれる，短期間での開発を繰り返します。 ☐オ☐ は，継続して，機能を提供し続けるための取組みです。具体的な開発手法である ☐カ☐ には，テスト駆動開発，ペアプログラミング，リファクタリングなどの指針があります。 ☐キ☐ は，スプリントと呼ばれる単位で開発を繰り返します。

(5) ☐ク☐ は，☐ケ☐ と呼ばれるインタフェースを使用して，外部のサービスを利用する開発手法です。

(6) ☐コ☐ は，ソースコードから設計情報を得る手法です。これに対し，設計情報からプログラミングすることを ☐サ☐ といいます。

(7) 共通フレームは，☐シ☐ を構成するシステムの企画，開発，運用，保守などの諸活動と，その標準的な作業内容を示す ☐ス☐ として定義されました。その後，取引の明確化や要求と要件を分離する改定が行われ，最新版である共通フレーム 2013 の位置づけは，☐セ☐ です。

解 答

(1) ア：プロトタイプモデル

(2) イ：ウォータフォールモデル

(3) ウ：スパイラルモデル

(4) エ：アジャイルソフトウェア開発　　オ：継続的デリバリ（CD）
　　カ：XP（eXtreme Programming）　キ：スクラム

(5) ク：マッシュアップ　　　　　　　　ケ：API

(6) コ：リバースエンジニアリング　　　サ：フォワードエンジニアリング

(7) シ：ソフトウェアライフサイクルプロセス
　　ス：共通の物差し　　　　　　　　　セ：IT システム開発の作業規定

第9章

第9章 開発技術

▶▶▶**Question**

問題で学ぼう

問1　ソフトウェアライフサイクルプロセスにおいてソフトウェア実装プロセスを構成するプロセスのうち，次のタスクを実施するものはどれか。

〔タスク〕
- ソフトウェア品目の外部インタフェース，及びソフトウェアコンポーネント間のインタフェースについて最上位レベルの設計を行う。
- データベースについて最上位レベルの設計を行う。
- ソフトウェア結合のために暫定的なテスト要求事項及びスケジュールを定義する。

◎高度午前Ⅰ　(H30春-AP 問46)

ア　ソフトウェア結合プロセス　　　イ　ソフトウェア構築プロセス
ウ　ソフトウェア詳細設計プロセス　エ　ソフトウェア方式設計プロセス

解説

　国際規格 ISO/IEC 12207 の日本語版である JIS X 0160（ソフトウェアライフサイクルプロセス）は，ソフトウェアを作ろうという企画に始まり，もう実態に合わなくなったから使うのをやめようという廃棄までの一連のライフサイクルです。**ソフトウェア実装プロセスは，その中で，実際にソフトウェアを作成する工程**です。問題文の〔タスク〕は作業内容のことなので，まずは，ポイントの解説の共通フレームの表を確認しましょう。

　問題文の〔タスク〕には，「…最上位レベルの設計を行う」と記述されています。これが回答のヒントです。選択肢の中で，設計に該当するのは（ウ）と（エ）ですが，**詳細設計は，方式設計をプログラム作成レベルまで落としこんだ設計ですから，方式設計が完了しないと作業できません。**ということは，より上位レベルの設計を行うプロセスは，ソフトウェア方式設計プロセスになります。したがって，（エ）が正解です。

　〔タスク〕の三つ目の「ソフトウェア結合のために…」という記述から，（ア）のソフトウェア結合プロセスを選ばないように注意しましょう。

解答　エ

9.1 開発プロセス・手法

問2　ソフトウェアライフサイクルプロセスのうちの，システム要求事項分析プロセスにおける要求事項評価の基準はどれか。

(H31 春·AP 問 50)

　ア　システム要求事項のテスト網羅性
　イ　システム要求事項への追跡可能性
　ウ　取得ニーズとの一貫性
　エ　使用されたテスト方法及び作業標準の適切性

解説

　ソフトウェアライフサイクル（JIS X 0160）のシステム要求事項分析プロセスは，共通フレーム 2013 のシステム要件定義に該当します。利害関係者が必要と思っている事項のうち，システム化が確定した事項について，これから開発するシステム（これから取得するシステム）への要求（ニーズ）としてまとめます。問題文では，これを「取得ニーズ」と表記しています。

　こうして，まとめられた要求を元に，次のシステム方式設計プロセスではどのようなシステムにするか，方式や非機能要件を検討しますが，不適切な要求を検討しても意味がありません。そのため，システム要求分析プロセスでは，要求の妥当性を評価します。最も重要なのは，システムを開発するに至った根本のニーズに要求が合致しているか，各要求に一貫性があるか，です。したがって，（ウ）が正解です。

　このほか，テスト可能性，システム方式設計の実現可能性，運用及び保守の実現可能性など，実際に作業できるかどうかを基準に評価します。

ア，エ：システム結合プロセスの評価基準です。システム要求事項分析プロセス（システム要件定義プロセス）で確定した要求は，全て実装されていなければなりません。また，それを確認するテストは網羅性だけでなく，テスト方法やテスト実施基準の適切性も求められます。

イ：システム方式設計プロセスの評価基準です。実装方式を検討する機能要件，非機能要件は，全て，システム要求事項分析プロセス（システム要件定義プロセス）で確定した要求に紐づくものでなければなりません。過不足なく紐づくことを，問題文では，「システム要求事項への追跡可能性」と表記しています。

解答　ウ

第9章

第9章 開発技術

問3 (1)〜(7)に示した七つの原則を適用して，アジャイル開発プラクティスを
実践する考え方はどれか。

(R1 秋·AP 問 49)

(1) ムダをなくす　　　　　　　　　(2) 品質を作り込む
(3) 知識を作り出す　　　　　　　　(4) 決定を遅らせる
(5) 早く提供する　　　　　　　　　(6) 人を尊重する
(7) 全体を最適化する

ア　エクストリームプログラミング　　イ　スクラム
ウ　フィーチャ駆動型開発　　　　　　エ　リーンソフトウェア開発

解説

　問題文の「アジャイル開発プラクティスを実践する考え方はどれか」を，
「アジャイル開発手法はどれか」と読み替えると解きやすくなります。

　リーンソフトウェア開発は，トヨタ自動車などで展開されているリーン生
産方式の考え方をソフトウェア開発に適用した手法です。ムダな作業はなく
すが，品質に関する作業は減らさない，その代わり，効率よく作業するため
の新たな方法（知識）を作り出す。今，結論が出ないことは先送りして作業
を進め，遅れることなく提供する。これを実践するにはメンバの行動が不可
欠なので人を尊重し，人（の配置や担当）を含め，全体を最適化する。そし
て，その成果として，短期間に求める品質のソフトウェアを作成します。し
たがって，（エ）が正解です。

　選択肢の内容は，いずれもアジャイル開発手法です。特徴や関連する用語
について，ポイントの解説を復習しておきましょう。

ア：エクストリームプログラミングの開発のプラクティスは6種類です。
イ：スクラムでは，スプリントの成果物となるスプリントバックログを，エ
　　クストリームプログラミングのプラクティスを用いて作成します。
ウ：フィーチャ駆動型開発は，ユーザ機能駆動開発とも呼ばれ，ユーザにと
　　っての機能価値（feature）ごとにイテレーションを行います。

解答　エ

468

9.1 開発プロセス・手法

問4 アジャイル開発で"イテレーション"を行う目的のうち，適切なものはどれか。

◎高度午前Ⅰ （H30 秋-AP 問50）

ア　ソフトウェアに存在する顧客の要求との不一致を短いサイクルで解消したり，要求の変化に柔軟に対応したりする。

イ　タスクの実施状況を可視化して，いつでも確認できるようにする。

ウ　ペアプログラミングのドライバとナビゲータを固定化させない。

エ　毎日決めた時刻にチームメンバが集まって開発の状況を共有し，問題が拡大したり，状況が悪化したりするのを避ける。

解説

　アジャイル開発におけるイテレーションは，要求→分析・設計→プログラミング（単体テストを含む）→結合テストを繰り返すことでした。

　作業の流れだけを見ると，ウォータフォールモデルと何も変わりません。両者の違いは，この一連の作業にかける期間にあります。分析・設計に時間をかけ，要求に対して完璧に一致するソフトウェアを完成させたとしても，その時点で**経営方針や経営環境が開発を始めた頃と異なっていたら，使い物になりません**。また，全部完成してから，**そもそもの要求分析に間違いがあったと分かったとしたら，最初からやり直さなければなりません**。そこで，イテレーションを行うことで，ソフトウェアに存在する顧客の要求との不一致を素早く解消し，要求の変化に柔軟に対応します。

　なお，イテレーションの期間は短いので，**1回のイテレーションの作業範囲はシステム全体ではなく，限定されたソフトウェア部分**になります。そして，これを繰り返すことで最終的にシステム全体を完成させます。したがって，（ア）が適切です。

イ：管理者のプラクティス，ミラーの目的です。

ウ：ペアプログラミングに関する留意点です。プログラミングを行うドライバと，それを横から見てレビューを行うナビゲータは，慣れによる思い込みなどを避けるため交代しながら開発することが推奨されています。

エ：どの開発手法でも行う日次ミーティングの目的です。アジャイル開発では全員が立った状態で行うため，スタンドアップミーティングといいます。

解答　ア

第9章

第9章 開発技術

問5 アジャイル開発のプラクティスのうち，回帰テストを行うことを前提とするものはどれか。

(H29 秋·AP 問 48)

ア　日次ミーティング　　　　　イ　ふりかえり
ウ　ペアプログラミング　　　　エ　リファクタリング

解説

　アジャイル開発は，要件の変化に柔軟に対応するために，短いサイクルで機能単位の開発をイテレーション（反復）する開発手法でしたね。一方，回帰テストは，プログラムの修正を行った場合に，修正対象外の部分への影響（退化）がないことを確認するためのテストで，退化テストやリグレッションテストとも呼ばれています。また，**リファクタリングは，開発の繰返しによって複雑化したプログラムのソースコードを，理解性や保守性を向上させるために，機能（振る舞い）を変えずに内部構造を見直して書き直す作業**です。ということは，**書き直す前にできていたことは当然できなければいけませんし，書き直したことが他に影響していても困ります**。そこで，リファクタリングをした場合は，回帰テストを行います。これは，アジャイル開発でも同様です。

　アジャイル開発のリファクタリングでは，書き直しによる機能への影響がないことを確認するために，作業の前後に同じテストデータによるテストを行うことを前提としています。なお，アジャイル開発には，"自動化された回帰テスト"というプラクティスがあり，リファクタリングに限らず，プログラムの修正の都度，回帰テストを行うことを推奨しています。したがって，（エ）が正解です。他の選択肢も，いずれもアジャイル開発のプラクティスです。

ア：日次ミーティングでは，状況認識と問題対処を迅速に行うために，メンバが毎日 15 分程度顔を合わせて，チームの状況や情報を共有します。

イ：ふりかえりでは，次のイテレーションに向けての具体的な改善策を考えるために，イテレーションの最後にチームの活動を振り返ります。

ウ：ペアプログラミングでは，開発の効率・品質向上や，メンバのスキルアップを図るために，ソースコードを 2 人 1 組のペアで作成します。

解答　エ

9.1 開発プロセス・手法

問6　組込み機器のソフトウェア開発にプラットフォーム開発を適用する利点として，適切なものはどれか。

(H29春-AP 問46)

ア　機器ごとにソフトウェアを新規に設計するので，最小のコードサイズで最大の性能を実現できる。
イ　機器ごとのハードウェアとソフトウェアの結合テストを不要にできる。
ウ　ソフトウェアを複数の異なる機器に共通して利用することが可能になるので，ソフトウェア開発効率を向上できる。
エ　複数の機器に共通のバグが発生したとき，ソフトウェアのプラットフォーム部分をバグの原因から除外できる。

解説
　プラットフォームは，ソフトウェアを動作させる基盤や環境，OS です。異なる機器に対して，通信，セキュリティ，ユーザインタフェース，画像・音声処理，日本語処理など共通に必要となる機能を提供します。
　一般的な組込み機器のソフトウェア開発では，下記の左図のように，機器ごとに基盤部分を含めてソフトウェアを開発します。これに対してプラットフォーム開発を適用する場合は，右図のように，**プラットフォームがもつ機能を利用し，必要な機能だけを新規に開発します**。そのため，新規に開発する量が減り，開発効率を向上できます。したがって，(ウ)が正解です。

一般的なソフトウェア開発（左）

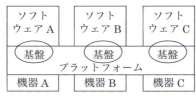
プラットフォーム開発（右）

ア：新規に全てを設計するのではなく，必要最低限の機能を設計します。
イ：**インタフェースは機器ごとに異なる**ので，結合テストは必要です。
エ：プラットフォームを完成品と考えると，ソフトウェアのプラットフォーム部分にバグの原因があると想定されるので，除外することはできません。

解答　ウ

第9章 開発技術

9.2 要件定義・設計

▶▶▶**Explanation**

ポイントの解説

　ここでは，分析と設計に用いられる代表的な技法について学習します。技法について深く学習するとかなりの時間を要するので，出題の中心であるそれぞれの特徴となる考え方を理解してください。

(1) 構造化分析・設計

　機能を中心とした分析・設計技法です。システム全体を段階的に詳細化しながら，機能を洗い出します。これを，段階的詳細化といいます。また，機能を「入力データに対して何らかの加工（変換）を施して，出力データを作り出すもの」ととらえます。

①DFD（Data Flow Diagram；データフローダイアグラム）

　データの流れ（data flow）に着目して，入力データから出力データを作り出す機能を洗い出し，プロセスという記号で表します。そして，この DFD 上に現れる機能をさらに詳細な DFD に分解し，名称や意味，属性など入出力データの構成を明らかにします。この作業の繰返しが段階的詳細化です。その結果，下位になるほど機能が処理に分解され，最下層の DFD には具体的な処理内容が記述されます。DFD には，次の四つの記号があります。

□	：	データの源泉／吸収 （外部システムなど）	⟶	：	データフロー（データの流れ）
○	：	プロセス（処理）	▭	：	データストア（データの蓄積）

・コンテキストダイアグラム

　　データの源泉となる利用者や，データの吸収先となる外部システムなど外部との関係を示した最上位の DFD です。

・データディクショナリ

　　入出力データの構成を記述したものです。

・ミニスペック（ミニ仕様書）

　　最下層の DFD の処理内容を記述したものです。フローチャートやデシジョンテーブルなど，任意の形式で作成します。

②決定表（デシジョンテーブル）

　条件に対応する処理や動作を記述した表です。表を四つに分け，上部に条件の組合せ，下部に実行する動作を定義します。条件同士の関連や発生し得る条件の組合せを定義するために用います。そのままテストケースとして活用することもできます。

条	条件1	Y	Y	Y	N
件	条件2	Y	Y	N	—
部	条件3	Y	N	—	—
動	動作1	—	—	—	X
作	動作2	—	X	—	—
部	動作3	X	—	X	—

条件の組合せが
　条件1が"Y"且つ
　条件2が"Y"且つ
　条件3が"N"の場合
動作2を実行する

③MVCモデル

　仕様の追加や変更による影響範囲を限定できるようにするための，**ソフトウェアアーキテクチャパターン**です。対話型システムの機能を業務ロジック（Model），画面出力（View），それらの制御（Controller）という三つの構造に分解します。

（2）　データ中心分析・設計

　機能を中心とした分析・設計と対をなす考え方で，**データ中心アプローチ**（**DOA**；Data Oriented Approach）と呼ばれます。データは，機能に比べて変更が少なく安定しているので，まず，データ構造を分析し，データベースの設計を行います。そして，その内容を基に，機能を分析・設計する考え方です。データの分析やデータ構造の整理には，**E-R図**（Entity-Relationship Diagram）を用います。E-R図については，第6章「データベース」の「6.1 データモデル」を参照してください。

　データは，自然に発生するものではなく，プログラム処理を通して作成されるものです。そして，利用され，不要となった段階で削除されます。この作成→参照・更新→削除・消滅という過程を，**データのライフサイクル**と呼びます。データ中心アプローチでは，各データに対して，このライフサイクル全般の機能と，制約条件のチェック機能をもったモジュールを用意します。なお，このモジュールを使ってデータ処理を行うという考え方は，オブジェクト指向におけるオブジェクトの基になっています。

(3) オブジェクト指向設計

①オブジェクトとクラス

オブジェクトは、データとそのデータに対する操作（**メソッド**）をまとめたもので、これを**カプセル化**と呼びます。オブジェクト指向では、データはファイルやデータベース、操作はプログラムというように分けて扱うのではなく、オブジェクトを単位として、システム開発を行います。

クラスは、オブジェクトのテンプレート（ひな形）で、このクラスに値を設定して、オブジェクトを生成（作成）します。例えば、社員クラスであれば、社員番号や氏名、所属などのテンプレートに値を設定して、社員のオブジェクトを生成します。こうして生成された値をもつオブジェクトを**インスタンス**と呼びます。また、外部からメソッドを起動してデータに対する操作を行うことを、「オブジェクトに対してメッセージを送る」といいます。

> **クラス**：オブジェクト（インスタンス）のテンプレート（ひな形）
> 　　　↑ ── 同種のオブジェクトの集合
> **メソッド**：オブジェクトの機能（操作）← メッセージを送って起動

②クラス間の関係

親子関係は、**汎化**（親）－**特化**（子）とも呼ばれる is-a の関係です。クラス間で共通する部分を**スーパクラス**（親）、異なる部分を**サブクラス**（子）として定義します。例えば、乗用車とトラックはどちらも自動車なので、何かを載せて走るといった自動車として共通する性質を親クラス、人を乗せる、荷物を載せるなどそれぞれに固有の性質を子クラスとして定義します。

集約－分解（part-of）は、全体－部分（has-a）の関係です。自動車に対する、ハンドルやエンジンの関係です。自動車はエンジンをもっている、エンジンは自動車を構成する要素であることを表します。

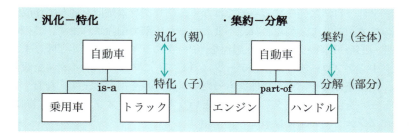

③継承と多相性

継承（インヘリタンス）は，サブクラスがスーパクラスの内容を引き継ぐことです。サブクラスでは，スーパクラスと違う部分だけを記述すればよいので，プログラムの作成や保守の効率化につながります。これを，**差分コーディング**と呼びます。

また，**オーバライド**（再定義）は，サブクラスが継承した内容を書き換えることです。これを使うと，オブジェクトに異なる動作をさせることができます。例えば，動物クラスを継承した犬クラスのオブジェクトに"鳴け"とメッセージを送ると「ワン」，猫クラスのオブジェクトは「ニャー」と鳴きます。このように，オブジェクトがサブクラス独自の動作をする性質を**多相性**（ポリモーフィズム）と呼びます。**抽象クラス**は，多相性を活用するために，具体的な処理内容を記述しないメソッドを定義したスーパクラスです。

（4） モデリング言語

モデリング言語は，設計内容などを図で表現するための技法です。

①**UML**（Unified Modeling Language）

オブジェクト指向設計以外の分野でも，データ分析や業務分析などの結果を記述するために利用されているモデリング言語です。そのため，データベースやストラテジの分野でも出題されます。

UML の各チャートは，システムの静的な構造を記述する構造図，システムの振る舞いを記述する振る舞い図，オブジェクト間の相互作用を記述する相互作用図に分類されますが，次に示すチャートは覚えておきましょう。

チャート名	記述する内容
ユースケース図	システムの機能（ユースケース）と利用者（アクタ）の関係
クラス図	親子関係などのクラス間の静的な関係
アクティビティ図	処理の流れ（フローチャートに相当）
ステートマシン図	オブジェクトの状態遷移（状態遷移図に相当）
シーケンス図	オブジェクト間の時系列なメッセージの流れ

②**SysML**（Systems Modeling Language）

UML の一部を流用して機能拡張した図を用いて，システムの設計や検証を行うためのモデリング言語です。文章による曖昧さを避け，全体を可視化することを目的に，航空，鉄道，自動車など，複雑で高品質を求められる製品やサービスに適用される MBSE（モデルベースシステムズエンジニアリング）で使用されます。

第9章 開発技術

（5） モジュール分割技法とモジュールの独立性

モジュールは，コンパイルして実行することができる最小単位のプログラムです。モジュール分割技法は，プログラムをモジュールに分割する技法です。そして，その結果を，モジュール強度とモジュール結合度という尺度で評価します。保守性の観点からモジュール強度が強く，モジュール結合度が弱いものが独立性の高い良いモジュールとされています。仕様変更が発生した場合に，対象となるモジュールを限定し，影響範囲を狭められるからです。

モジュール強度は，モジュールの機能に関する尺度です。他の機能の影響を受けないモジュールほど強度が強いので，機能的強度もしくは情報的強度が推奨されています。論理的強度は，呼び出しただけでは処理を実行することができず，上位モジュールから受け取る引数に依存するため，強度は弱くなります。これに対し，機能ごとに名前を付けて，その名前で呼び出せるようにしたものが情報的強度で，カプセル化を意味します。

	強度	モジュール中に含まれる機能
強 ↑	**機能的強度**	単機能
	情報的強度	同一データを扱う複数の機能（カプセル化）
	連絡的強度	手順的でかつ同一データを扱う複数の機能
	手順的強度	仕様上の一つの処理を実現する複数の機能
	時間的強度	同時に実行する複数の機能（初期処理など）
↓ 弱	論理的強度	引数によって実行を選択する複数の機能
	暗合的強度	意味なく暗にまとめただけの複数の機能

モジュール結合度は，モジュール間インタフェースに関する尺度です。受渡しの制約が少ないほどモジュールの結合度が弱いので，データ結合もしくはスタンプ結合が推奨されています。引数を共通領域で受け渡すと，他のモジュールに書き換えられる心配がありますが，専用領域を使えばその心配はありません。また，データを引数として受け渡す場合，配列やリストなどの構造体を使うと構造上の制約を受けますが，値や変数を使えば構造上の制約はありません。

	結合度	引数の受渡し方	
弱 ↑	**データ結合**	専用領域の項目ごと	モジュール間の専用領域
	スタンプ結合	専用領域の構造体	
	制御結合	機能を選択するパラメタをもつ	
	外部結合	共通領域の項目ごと	複数モジュールの共通領域
↓ 強	共通結合	共通領域の構造体	
	内部結合	他モジュールの内部	

476

①データの流れに着目して分割する技法

データの流れは，DFD で分析したデータフローです。主にオンラインプログラムに適用されます。

- **TR 分割**（Transaction 分割）

  トランザクションの種類ごとにプログラムを分割します。STS 分割の前段階として行う作業です。

- **STS 分割**（Source/Transform/Sink 分割）

  プログラムを，源泉（Source；入力），変換（Transform），吸収（Sink；出力）を単位とする三つのモジュールに分割します。

②データの構造に着目して分割する技法

データの構造は，レコードを構成する項目ではなく，入出力で扱うひとまとまりのデータを指します。プログラムが扱う入力データの順番や，出力又は帳票に印字する順番に着目します。主にバッチプログラムに適用されます。

- **ジャクソン法**：入出力の対応関係をモジュール構造に反映します。
- **ワーニエ法**：入力データの構造を中心にモジュール構造を決定します。

(6) システム設計

システム要件をハードウェア，ソフトウェア，手作業に振り分け，それらを実現するために必要なハードウェア構成品目，ソフトウェア構成品目，利用者作業範囲を決定します。そして，信頼性や性能要件などの非機能要件に基づいて，冗長化やフォールトトレラント設計，サーバの機能配分，信頼性配分などを検討し，ハードウェア構成を決定します。また，Web システムにするか，クライアントサーバシステムにするかなど，システムの処理方式を検討して決定します。このとき，データベースの種類や冗長化も合わせて検討し，データベース方式も決定します。

ソフトウェアについては，自社開発するか，パッケージを利用するかなどの方針を決め，使用するミドルウェアの選択などを検討し，ソフトウェア構成を決定します。

この他，システム要求仕様を実現できるか，リスクを考慮した選択肢の提案は可能か，効率的な運用及び保守ができるかなどを検討し，システム設計の評価と共同レビューを実施します。最後に，システム要件定義を基に，システム統合テストのテスト仕様書も作成します。

第9章 開発技術

▶▶▶**Check**

理解度チェック ▶ 9.2 要件定義・設計

次の文中の ☐ に適切な用語を入れてください。

(1) DFD は，☐ア☐ に着目して機能を洗い出しプロセスとして表します。

(2) ☐イ☐ は，機能を業務ロジック，画面出力，それらの制御の三つの構造に分解したソフトウェアアーキテクチャパターンです。

(3) ☐ウ☐ は，データ中心アプローチで，データの分析やデータ構造の整理に使われます。

(4) ☐エ☐ は，データとそのデータに対する操作をまとめたもので，これを ☐オ☐ と呼びます。☐カ☐ は，☐エ☐ を生成するひな形です。

(5) クラス間の関係には，汎化（親）－特化（子）の関係に当たる ☐キ☐ 関係と，集約－分解の関係に当たる ☐ク☐ 関係があります。そして，サブクラスがスーパクラスの内容を引き継ぐことを ☐ケ☐ ，サブクラスにスーパクラスと違う部分だけを記述することを ☐コ☐ と呼びます。

(6) サブクラスが継承した内容を書き換え，オブジェクトがサブクラス独自の動作をする性質を ☐サ☐ と呼びます。

(7) UML の一部を流用して機能拡張したモデリング言語は，☐シ☐ です。

(8) モジュールの機能の結び付き方に関する尺度である ☐ス☐ が強く，モジュール間インタフェースに関する尺度である ☐セ☐ が弱いものが，独立性の高い良いモジュールとされています。

(9) システム設計では，システム要件から ☐ソ☐ 構成，☐タ☐ の処理方式，☐チ☐ 方式を決定し，評価と ☐ツ☐ を実施します。

解答

(1) ア：データの流れ (2) イ：MVC モデル (3) ウ：E-R 図

(4) エ：オブジェクト   オ：カプセル化   カ：クラス

(5) キ：is-a   ク：part-of   ケ：継承（インヘリタンス）
    コ：差分コーディング

(6) サ：多相性（ポリモーフィズム）   (7) シ：SysML

(8) ス：モジュール強度   セ：モジュール結合度

(9) ソ：ハードウェア   タ：システム   チ：データベース
    ツ：共同レビュー

9.2 要件定義・設計

▶▶▶ **Question**

問題で学ぼう

問1　ソフトウェアの分析・設計技法の特徴のうち，データ中心分析・設計技法の特徴として，最も適切なものはどれか。

(H31 春·AP 問 46)

ア　機能の詳細化する過程で，モジュールの独立性が高くなるようにプログラムを分割していく。

イ　システムの開発後の仕様変更は，データ構造や手続の局所的な変更で対応可能なので，比較的容易に実現できる。

ウ　対象業務領域のモデル化に当たって，情報資源であるデータの構造に着目する。

エ　プログラムが最も効率よくアクセスできるようにデータ構造を設計する。

解説

　データは，業務内容が大きく変わらない限り，変化することはありません。一方で，**機能は，業務手順が変わっただけでも影響を受け，プログラムを変更することになります。**そこで，機能に比べて安定性が高いデータに着目して分析・設計する手法が，データ中心分析・設計技法です。まず，対象業務領域で扱っているデータを分析して，データベース設計を行います。そして，**そのデータを，作成，参照・更新，削除する機能にはどのようなものがあるか分析**して，機能設計を行います。

　したがって，（ウ）が最も適切です。

ア：モジュール分割設計の特徴です。機能設計が終わったあとに，モジュール分割を行います。

イ：データを中心に分析するため，システム完成後に，データ構造の変更や追加を伴う仕様変更が発生すると広範囲に影響が及ぶため対応に時間がかかり，容易には実現できません。

エ：参照の局所性を踏まえたデータベース設計手法です。データベース設計では，データの整合性だけでなく，プログラムからの扱いやすさやアクセス効率なども検討します。

解答　ウ

第9章

| 第9章 開発技術

問2 ソフトウェアアーキテクチャパターンのうち，仕様の追加や変更による影響が及ぶ範囲を限定できるようにするために，機能を業務ロジック，画面出力，それらの制御という，三つのコンポーネントに分けるものはどれか。

(H30 秋·AP 問 47)

ア Broker イ Layers ウ MVC エ Pipes and Filters

解説

ソフトウェアアーキテクチャパターンは，目的や処理内容に応じたソフトウェア構造（アーキテクチャ）のお手本（パターン）です。POSA（Patterns Oriented Software Architecture）や PoEAA（Patterns of Enterprise Application Architecture）などのパターン集がありますが，選択肢はいずれも，POSA のパターンです。

このうち，業務ロジック，画面出力，それらの制御という三つのコンポーネントに分けるパターンは，MVC（Model View Controller；モデル・ビュー・コントローラ）です。したがって，（ウ）が正解です。

MVC は，対話型システムに適したソフトウェアアーキテクチャパターンです。 ビューが，ユーザインタフェースへの出力を担当し，操作画面を表示します。利用者が操作画面から入力した情報は，ユーザインタフェースからの入力を担当するコントローラが受け取ります。そして，業務ロジックなどの処理とデータベースアクセスを担当するモデルに処理を依頼します。すると，モデルは処理を実行し，処理結果をコントローラに回答します。コントローラはこれを受け取り，ビューに処理結果を表示するよう指示します。このように，**それぞれの役割が分かれているので，仕様の追加や変更による影響が及ぶ範囲を限定できます。**

ア：Broker は，クライアント，サーバ，ブローカ，ブリッジ，クライアントサイドプロキシ，サーバサイドプロキシの六つのコンポーネントに分けるアーキテクチャパターンで，分散ソフトウェアシステムに適しています。

イ：Layers は，システムの機能をレイヤ（階層）に分割するアーキテクチャパターンです。3 層クライアントサーバシステムがその一例です。上位のレイヤが下位のレイヤを利用します。

エ：Pipes and Filters は，データストリームに適したアーキテクチャパターンです。処理を行うフィルタコンポーネントと，それらをつなげるパイプコンポーネントに分かれています。

解答 ウ

問3 汎化の適切な例はどれか。

◎高度午前Ⅰ (H29 春・AP 問47)

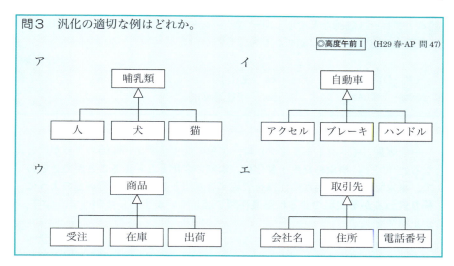

解説

オブジェクト指向における汎化は，属性や振る舞いの共通部分を抽出して，さらに上位のスーパクラスを定義することです。クラス図では，白抜きの三角（△）を使った実線矢印で表現し，三角の付いているクラスが上位のクラスとなります。例えば，**哺乳類は人，犬，猫に共通する特徴を表現したものなので汎化**，逆に，**哺乳類を特徴に応じて細かく分類したものが人，犬，猫なので特化**です。したがって，（ア）が正解です。

汎化－特化関係は is-a 関係とも呼ばれ，共通の特性で階層化する関係を表します。（ア）の例は「人間 is a 哺乳類」人間は哺乳類である，と汎化－特化関係を表現することもできます。

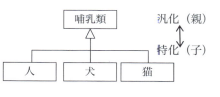

イ：自動車を構成する部品がアクセル，ブレーキ，ハンドルなので，part-of 関係（has-a 関係）であり，集約と分解の関係を示しています。
ウ：商品に対する処理を示しており，汎化ではありません。
エ：取引先の属性（アトリビュート）を示しており，汎化ではありません。

解答　ア

第9章 開発技術

問4 プロセス制御などの事象駆動（イベントドリブン）による処理の仕様を表現する方法として，適切なものはどれか。

(H28 春-AP 問 48)

　ア　DFD　　　　　　　　イ　E-R 図
　ウ　クラス図　　　　　　エ　状態遷移図

解説

　事象駆動（イベントドリブン）は，事象の発生・変化が開始のきっかけとなる処理です。**事象の発生・変化は，状態の変化ととらえることができる**ので，事象駆動による処理の仕様を表現する方法としては，**状態がどのように移り変わるかを表現できる状態遷移図**が適しています。したがって，（エ）が正解です。

　ちなみに，UML では，外部からのトリガに応じて，オブジェクトの状態がどのように遷移するかを表現するステートマシン図が，状態遷移図と同じような内容を記述できます。

ア：DFD（Data Flow Diagram）は，データの流れに着目して業務を表現する方法です。

　　オブジェクト指向では，データの流れではなく，オブジェクト間のメッセージの流れに着目します。そして，それを時系列に記述したものがシーケンス図，オブジェクトそのものに着目したのがコミュニケーション図です。**システムの動的な構造を表現します。**

イ：E-R 図（Entity-Relationship Diagram）は，データの単位である表を実体（Entity）とし，実体と実体の関連（Relationship）を表現する方法です。

ウ：クラス図は，オブジェクト指向での開発単位であるクラスと，クラス間の関連を表現する方法です。**システムの静的な構造を表現します。**

解答　エ

482

問5 図は"顧客が商品を注文する"を表現したUMLのクラス図である。"顧客が複数の商品をまとめて注文する"を表現したクラス図はどれか。ここで,"注文明細"は一つの注文に含まれる1種類の商品に対応し,"注文"は複数の"注文明細"を束ねた一つの注文に対応する。

◎高度午前Ⅰ （H25春-AP 問45）

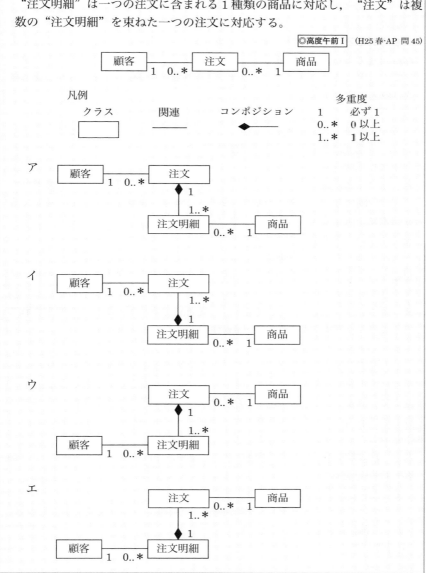

第9章 開発技術

解説

　UML のクラス図では，**多重度を「最小値..最大値」の形式で記述**します。
例えば，3 以上 8 以下であれば 3..8 と記述します。また，最大値の具体的な
値が分からないときは＊を使います。**最小値が 0 の場合は，関連が発生しな
い場合がある**ことを意味します。**コンポジション◆**は，片方がもう片方を束
ねる関連である集約◇の特殊パターンで，ライフサイクルが同じことを意味
します。束ねる側に◆がつき，**束ねる側が削除されると，束ねられる側も削
除される（存在できない）関連**です。

　まず，問題文の"顧客が商品を注文する"クラス図の多重度を確認しまし
ょう。**多重度は必ず双方向から確認します**。注文が発生したとき，必ずそれ
を注文した顧客がいるので，"注文"から"顧客"を見た関連は 1 になり，"顧
客"側に 1 と記述されています。一方，"顧客"から"注文"を見た関連は，
**"注文"側に 0..＊と記述されています。これは，顧客からすると，注文でき
る回数に上限はなく，1 回も注文しない人がいる**ことを意味します（1 回も
注文しない人を顧客と呼ぶのかは疑問ですが）。

　次に，"注文"から"商品"を見た関連を確認すると，"商品"側には 1 と
記述されているので，注文できる商品は 1 種類だけ，同時に複数の商品は注
文できないことが分かります。一方，"商品"から"注文"を見た関連は，**"注
文"側に 0..＊と記述されています。人気商品であれば，たくさん注文される
でしょうし，売れない商品は 1 回も注文されない**ことが分かります。

　これを踏まえ，複数の商品をまとめて注文できるクラス図を考えます。注
文と注文明細の関連はレシートをイメージしてください。**1 枚のレシートが
注文で，商品ごとの各行が注文明細**です。1 回の注文で複数の商品を注文で
きるので，"注文明細"は複数発生します。これに対し，"注文"は，1 件発
生し（レシートも 1 枚），複数の注文明細を束ねます。また，**顧客や注文日
など，注文明細に共通する情報を保持します。これによって，"注文"と"顧
客"は関連をもちます**。ということは，"注文明細"が"顧客"と関連して
いる（ウ），（エ）は誤りですね。

　そして，この問題の場合，**"注文明細"を束ねている"注文"がなければ，
"注文明細"は存在しないので◆は"注文"側につきます**。したがって，（ア）
が正解です。

解答　ア

9.2 要件定義・設計

問6 モジュール設計に関する記述のうち，モジュール強度（結束性）が最も強いものはどれか。

◎高度午前Ⅰ （H29秋·AP 問46）

ア ある木構造データを扱う機能をこのデータとともに一つにまとめ，木構造データをモジュールの外から見えないようにした。

イ 複数の機能のそれぞれに必要な初期設定の操作が，ある時点で一括して実行できるので，一つのモジュールにまとめた。

ウ 二つの機能 A，B のコードは重複する部分が多いので，A，B を一つのモジュールにまとめ，A，B の機能を使い分けるための引数を設けた。

エ 二つの機能 A，B は必ず A，B の順番に実行され，しかも A で計算した結果を B で使うことがあるので，一つのモジュールにまとめた。

解説

　モジュール強度は強いほど良く，単機能（機能的強度）か，同じデータに関する操作をカプセル化したもの（情報的強度）が望ましいのでしたね。これさえ知っていれば，情報的強度に当たる（ア）が正解であることが分かります。その他に五つの強度がありますが，強度の名称はあまり出題されませんから，望ましい強度の二つをしっかり理解しておきましょう。

　参考までに，他の五つを紹介しておきます（弱い順）。

・**暗合的強度**：複数の全く関係のない機能を含むもの。暗号ではなく"暗合"です。

・**論理的強度**：関連した複数の機能を含み，そのうちの一つが呼出しモジュールによって選択的に実行されるもの。制御パラメタの内容によって選択的に実行されるのがポイントです。

・**時間的強度**："初期設定"とか"終了処理"といったモジュールで，時間的に同時に行われる逐次的機能をまとめたもの

・**手順的強度**：複数の逐次的機能を実行するモジュールで，各機能の関連性は，仕様によって意味付けられるもの

・**連絡的強度**：手順的強度に加え，各機能間にデータの関連性が存在するもの

　この基準によれば，（ア）は情報的強度，（イ）は時間的強度，（ウ）は論理的強度，（エ）は連絡的強度となります。

解答　ア

第9章 開発技術

9.3 実装・統合・導入・保守

▶▶▶ **Explanation**

ポイントの解説

　ソフトウェアの品質を維持・向上させることは，とても重要な作業です。そのため，情報処理技術者試験でも出題頻度が高く，テスト技法やテストの種類，品質特性が繰り返し出題されています。用語や内容を確実に理解してください。

（1） テストの種類

　テストは，誤りを見つけることを目的として，プログラムを実行することです。どんなに品質良く開発されたプログラムにも一定の誤りは含まれている，という前提で考えます。そのため，テストには必ず目的があり，検出する誤りや検証する内容が異なります。

テストの種類	テストの内容
ソフトウェアユニットテスト	コーディングミスや設計の誤りを検出
ソフトウェア統合テスト	モジュール間インタフェースの誤りを検出
ソフトウェア検証テスト	ソフトウェア要件定義が実現されているかを検証
システム統合テスト	システム設計で定義したシステム要件の検証
システム検証テスト	システム要件定義が実現されているかを検証

ソフトウェア検証テスト，システム検証テストで実施するテスト

テストの種類	テストの内容
機能テスト	要件定義で定義した機能の検証
非機能要件テスト	非機能要件に関する機能の検証
性能テスト	理論値どおりの性能がでるか検証
負荷テスト	最大負荷をかけたときの動作を検証
セキュリティテスト	セキュリティに関する機能の検証
回帰テスト （リグレッションテスト）	プログラムの修正が，他の部分に影響していないことの検証

（2） ソフトウェアユニットテスト
①ホワイトボックステスト
　設計書の内容が正確にコーディングされているかを確認するテストです。ソースコードや流れ図などを基にテストケースを設計し，プログラムの内部ロジックを検証します。そのため，実行していないロジックがないよう，テストケース設計の基準として，テストの充足性を評価する網羅率があります。網羅率は，ロジック全体に対して，実行したロジックの割合を示す基準です。
- **命令網羅**：プログラム中の全ての命令を実行する
- **判定条件網羅**（**分岐網羅**）：条件分岐の全ての分岐を実行する
- **条件網羅**：条件式に含まれる各項の真偽の組合せを網羅する
- **複合条件網羅**：条件式に含まれる各項の真偽の組合せを全て網羅する
- **判定条件／条件網羅**：分岐網羅を満たし，且つ，条件網羅を満たす

②ブラックボックステスト
　要求分析や外部設計などに示された機能が正しくプログラムに反映されていることを確認するテストです。仕様書などを基にテストケースを設計し，システムの機能要件を満たしているか検証します。

- **同値分割**
　　同じ処理結果となる入力値の範囲に着目し，それぞれの範囲の代表値をテストデータに選びます。処理結果が正常となるグループを**有効同値クラス**，エラーとなるグループを**無効同値クラス**と呼びます。
- **限界値分析**（境界値分析）
　　同値クラスの限界値（境界値）をテストデータに選びます。プログラムの条件式には限界値が記述されるので，値や「＞」と「≧」の記述ミスについてテストするためです。

例）1～5の範囲を正常，それ以外をエラーとする場合のテストデータ
　　同値分割：－3，3，8
　　限界値分析：0，1，5，6

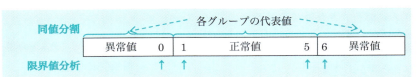

(3) 統合テスト

システム開発は，モジュールやサブシステムを単位として行います。統合テストでは，モジュールやサブシステムが連携し，正しく機能しているかを確認します。

ソフトウェア統合テストでは，モジュールを順番に統合して，モジュール間インタフェースを検証します。こうすることで，テストに失敗した場合，新たに統合したモジュールに問題があることが分かります。

- **トップダウンテスト**
　　下位モジュールの代わりにパラメタの受取りや処理結果の返却を行う**スタブ**を使い，上位モジュールから検証します。
- **ボトムアップテスト**
　　上位モジュールの代わりにテスト対象モジュールを呼び出す**ドライバ**を使い，下位モジュールから検証します。

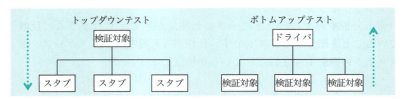

(4) テスト結果の評価と信頼度成長曲線

テスト実施後は，必ずテスト結果を評価します。**信頼度成長曲線**は，テスト開始からの経過時間と累積バグ数との関連を表した図です。バグが検出されることでソフトウェアの信頼性が向上し，やがて収束する様子を示しています。

システムの難易度，開発要員の能力など，品質を左右する要因は複数存在しますが，バグの検出状況が収束していることがテスト終了の判断基準になります。

試験問題では，予測値と実績値に差がある場合の評価について出題されます。バグ数が多すぎたり少なすぎたりする場合は，テストケースの質やテスト方法，テスト結果検証の正確性などを疑ってみる必要があります。

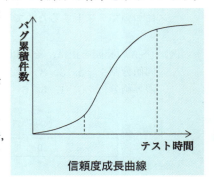
信頼度成長曲線

9.3　実装・統合・導入・保守

(5)　レビュー

　ソフトウェアの仕様に関する誤りを取り除くことを目的に行われる，第三者による目視確認が**レビュー**（review）です。システム開発で行われるレビューには，担当者が主体となって行う**ウォークスルー**と，**モデレータ**と呼ばれるレビュー責任者が主催して行う**インスペクション**があります。どちらも，4，5人の参加者で，効率が落ちないように2時間程度の短時間で実施します。

方式	ウォークスルー	インスペクション
主催者	成果物の担当者（作成者）	モデレータ（レビュー責任者）
レビュー結果	担当者がまとめる	モデレータがまとめる
指摘の修正	担当者の責任で行う	修正内容をモデレータが確認

- **ラウンドロビンレビュー**：参加者が順番に進行役を務めるレビュー
- **パスアラウンド**：掲示板やメールを利用したレビュー

　レビューは目視確認なので，設計書に限らず，ソースコードやテスト報告書などのドキュメントも対象になります。

- **ソースコードレビュー**
　ソフトウェアユニットテストを始める前に行う，ソースコードの目視確認です。字下げやネストの深さ，命名規則，使用禁止命令など，コーディング標準を守っていないコードや，誤りのあるロジックを検出します。
- **共同レビュー**
　システムの発注者（利用者）も参加して行うレビューです。要件定義，システム設計，システム検証テストの結果について，要求を満たしていることを確認します。なお，ドキュメントの作成者とプロジェクトメンバが共同で行うウォークスルーやインスペクションを指す場合もあります。

(6)　ソフトウェアの品質特性

　JIS X 25010:2013（システム及びソフトウェア製品の品質要求及び評価）はシステム及びソフトウェア品質モデルの規格で，ISO/IEC 25010:2013，通称**SQuaRE**（Systems and software Quality Requirements and Evaluation；スクウェア）の日本語版です。

- **製品品質モデル**
　ソフトウェアの品質に関する八つの特性と副特性の定義
- **利用時の品質特性**
　システムとの対話による成果を評価する五つの特性と副特性の定義

第9章 開発技術

特性	特性の内容（副特性）
機能適合性	求められる機能が実装されている度合い （機能完全性，機能正確性，機能適切性）
性能効率性	性能に対して使用する資源の度合い （時間効率性，資源効率性，容量満足性）
互換性	他のシステムや構成要素と情報交換できる度合い （相互運用性，共存性）
使用性	理解しやすさ，使いやすさの度合い （適切度認識性，習得性，運用操作性，ユーザエラー防止性，ユーザインタフェース快美性，アクセシビリティ）
信頼性	機能が正常に提供されている度合い （成熟性，可用性，障害許容性（耐故障性），回復性）
セキュリティ	権限に応じたアクセスを保てるよう情報を保護する度合い （機密性，完全性，否認防止性，責任追跡性，真正性）
保守性	保守のしやすさの度合い （モジュール性，再利用性，解析性，修正性，試験性）
移植性	他の環境へ移植のしやすさの度合い （適応性，設置性，置換性）

ISO/IEC 25010 （JIS X 25010）の品質特性（製品品質モデル）

特性	特性の内容（副特性）
有効性	明示された目標を利用者が達成する上での正確さ及び完全さの度合い
効率性	利用者が特定の目標を達成するための正確さ及び完全さに関連して，使用した資源の度合い
満足性	製品又はシステムが明示された利用状況において使用されるとき，利用者ニーズが満足される度合い （実用性，信用性，快感性，快適性）
リスク回避性	製品又はシステムが，経済状況，人間の生活又は環境に対する潜在的なリスクを緩和する度合い （経済リスク緩和性，健康・安全リスク緩和性，環境リスク緩和性）
利用状況網羅性	明示された利用状況及び当初明確に識別されていた状況を超越した状況の両方の状況において，有効性，効率性，リスク回避性及び満足性を伴って製品又はシステムが使用できる度合い （利用状況完全性，柔軟性）

ISO/IEC 25010 （JIS X 25010）の品質特性（利用時の品質特性）

9.3 実装・統合・導入・保守

(7) プロセス成熟度

組織のプロセス管理レベルを示すものが**プロセス成熟度**です。開発の生産性やソフトウェアの品質を向上させるには，組織として開発プロセスがきちんと整備されていることが重要です。

CMMI（Capability Maturity Model Integration；能力成熟度モデル統合）は，システム開発組織とプロセス成熟度をモデル化したもので，開発と保守のプロセスの評価基準です。五つのレベルが定義されており，外部機関によるレベルの認証制度もあるので，組織のシステム開発能力を示す指標としても利用されています。

レベル	レベルの名称	レベルの要件
5	**最適化された**	管理基準の定量的な目標が，プロセスの変動要因に対して継続的に見直されている。
4	**定量的に管理された**	品質及びプロセス実績の定量的目標が確立され，管理の基準とされている。
3	**定義された**	組織全体としての標準的プロセスの集合が確立されている。
2	**管理された**	プロジェクトの方針に従い計画され，計画的に実施されている。
1	**初期**	場当たり的で無秩序

CMMI の五つの成熟度レベル

(8) 保守・廃棄

保守の目的やサービスレベルなど保守を受ける側の要求と，保守を提供する側の保守実現可能性及び費用を考慮して，保守要件を決定します。そして，開発プロセスから必要な成果物を引き継ぎ，保守計画を作成し，問題管理手続を決め，保守のための文書を用意します。保守開始後は，システムの安全性を維持しつつ,問題の改善や機能拡張要求への対応を行い,修正作業を管理します。

- **是正保守**：不具合の修正を行います。
- **適応保守**：税金計算方式変更など，外部環境の変化に対処します。
- **完全化保守**：操作性向上や機能変更，拡張に対処します。
- **予防保守**：表面化する前の潜在的な不具合に対処します。

廃棄では，まず，運用や保守の支援を終了し，影響を受けるシステムやソフトウェアを，当該システムを廃棄しても運用に支障のない状態にします。そして，当該システムを起動不能にして取り除き，廃棄関連データの保持とアクセス可能性を確保します。

第9章 開発技術

▶▶▶ **Check**

理解度チェック ▶ 9.3 実装・統合・導入・保守

次の文中の ▢ に適切な用語を入れてください。

(1) ｜ ア ｜ は，コーディングミスや設計の誤りを検出，｜ イ ｜ は，モジュール間インタフェースの誤りを検出，｜ ウ ｜ は，プログラムの修正が他に影響していないことを検証するテストです。

(2) ｜ エ ｜ は，プログラムの内部ロジックを検証します。網羅率には全ての命令を実行する ｜ オ ｜，全ての分岐を実行する ｜ カ ｜ があります。

(3) ｜ キ ｜ は，機能要件を満たしているかを検証します。テストデータに代表値を選ぶ ｜ ク ｜ や境界値を選ぶ ｜ ケ ｜ があります。

(4) 統合テストには，｜ コ ｜ と ｜ サ ｜ があり，統合するモジュールの代わりとして ｜ コ ｜ ではスタブ，｜ サ ｜ ではドライバを使用します。

(5) テスト結果の評価に用いる，テスト開始からの経過時間と累積バグ数の関連を表したグラフを，｜ シ ｜ と呼びます。

(6) レビューには，｜ ス ｜ と ｜ セ ｜ があり，｜ セ ｜ はモデレータが主催します。｜ ソ ｜ は，システムの発注者も参加して行うレビューです。

(7) JIS X 25010 が示す製品品質モデルのうち，｜ タ ｜ は機能の実装度合い，｜ チ ｜ は機能が正常に提供されている度合いです。

(8) 組織のプロセス管理レベルの評価基準は ｜ ツ ｜ です。

(9) 保守タイプには，｜ テ ｜，｜ ト ｜，｜ ナ ｜，｜ ニ ｜ があります。

解 答

(1) ア：ソフトウェアユニットテスト　イ：ソフトウェア統合テスト
　　ウ：回帰テスト（リグレッションテスト）

(2) エ：ホワイトボックステスト　オ：命令網羅　カ：判定条件網羅（分岐網羅）

(3) キ：ブラックボックステスト　ク：同値分割　ケ：限界値分析

(4) コ：トップダウンテスト　　　サ：ボトムアップテスト

(5) シ：信頼度成長曲線

(6) ス：ウォークスルー　セ：インスペクション　ソ：共同レビュー

(7) タ：機能適合性　チ：信頼性

(8) ツ：CMMI（プロセス成熟度モデル統合）

(9) テ〜ニ：是正保守，適応保守，完全化保守，予防保守（順不同）

▶▶▶ Question
問題で学ぼう

問1　流れ図において，分岐網羅を満たし，かつ，条件網羅を満たすテストデータの組みはどれか。

(H29 春-AP 問 48)

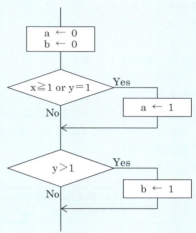

	テストデータ	
	x	y
ア	2	2
	1	2
イ	1	2
	0	0
ウ	1	2
	1	1
	0	1
エ	1	2
	0	1
	0	2

第9章 開発技術

解説

　分岐網羅は，全ての判定条件の結果が真（Yes）と偽（No）になる両方をテストすることでした。また，条件網羅は，判定条件を構成する条件の全てについて，真と偽になる両方のケースをテストする方式でしたね。ちょっと**面倒ですが，問題の流れ図について選択肢のテストデータを使った場合の，判定条件と条件の真偽を選択肢の横に書き出してみましょう**。ポイントは，次の二つです。

①分岐網羅を満たさなかったら，それ以上検討する必要はない

　まずは，判定条件の結果，分岐網羅を満たす選択肢に絞ります。ここで，（ア）と（ウ）が除外されます。

②y＝1 と y＞1 は，別物として考える

　「y」という変数に目がいきがちですが，y の真・偽はそれぞれの条件式で異なります。流れ図は上から下に向かって実行されるので，まずは，一つ目の判定条件の条件式 y＝1 について条件網羅を確認します。満たさなかったら，やはり，それ以上検討する必要はありません。そのため，ここで（イ）が除外され，残る選択肢は（エ）だけですから，（エ）が正解です。念のため，確認してみると，（エ）は条件網羅も満たしていることが分かります。

	入力（テストデータ）		判定条件の結果		条件		
	X	Y	x≧1 or y＝1	y＞1	x≧1	y＝1	y＞1
ア	2	2	Yes	検討除外	検討除外		
	1	2	Yes				
イ	1	2	Yes	Yes	Yes	No	検討除外
	0	0	No	No	No	No	
ウ	1	2	Yes	検討除外	検討除外		
	1	1	Yes				
	0	1	Yes				
エ	1	2	Yes	Yes	Yes	No	Yes
	0	1	Yes	No	No	Yes	No
	0	2	No	Yes	No	No	Yes

解答　エ

9.3 実装・統合・導入・保守

問2 あるプログラムについて,流れ図で示される部分に関するテストを,命令網羅で実施する場合,最小のテストケース数は幾つか。ここで,各判定条件は流れ図に示された部分の先行する命令の結果から影響を受けないものとする。

◎高度午前Ⅰ (R3春-AP 問48)

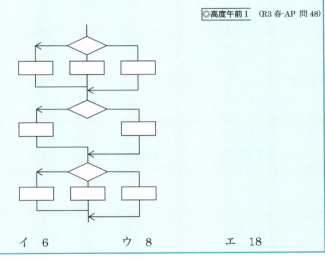

ア 3　　イ 6　　ウ 8　　エ 18

解説

　命令網羅は,全ての命令を実行することでしたね。問題文の「各判定条件は流れ図に示された部分の先行する命令の結果から影響を受けない」は,後の判定がその前の判定の影響を受けないことを意味します。各判定条件の結果を自由に組み合わせて実行経路を考えましょう。**いちばん多い分岐の数は3なので,この全てを通るためには,最低3通りのテストケースが必要**です。例えば,

　　命令1→命令4→命令6
　　命令2→命令5→命令7
　　命令3→命令5→命令8

　という経路で実行するテストケースで,全ての命令を網羅することができます。したがって,(ア)が正解です。

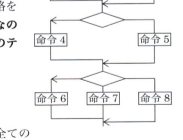

解答　ア

第9章 開発技術

問3　プログラムの誤りの一つに，繰返し処理の終了条件として A≧a とすべきところを A＞a とコーディングしたことに起因するものがある。このような誤りを見つけ出すために有効なテストケース設計技法はどれか。ここで，A は変数，a は定数とする。

(H30 秋·AP 問 49)

　　ア　限界値分析　　　　　　　　イ　条件網羅
　　ウ　同値分割　　　　　　　　　エ　分岐網羅

解説

　繰返しを終了する条件の判定だから分岐を確認する（エ）分岐網羅，と答えたくなりますが，分岐網羅はホワイトボックステストの手法であることを思い出してください。**ホワイトボックステストは，ソースコードを見ながらその全行を実行するように，網羅率を考えながらテスト設計を行うのでした**ね。そのため，ソースコードに「A＞a」とコーディングしていれば，①A が a より大きいとき繰返し終了，②A が a より小さいか等しいとき繰返し継続，というテストケースを設計します。そして，②のテストで A＝a のとき繰返しを継続すればテスト OK とします。なので，コーディングミスを発見できません。

　一方，**ブラックボックステストの手法では，ソースコードではなく，設計書を見ながらテストケースを設計します。**設計書に，「繰返し処理の終了条件は A≧a」と記述があれば，まず，入力値を，繰返しを終了する A のグループ（有効同値）と，繰返しを継続する A のグループ（無効同値）に場合分けします。そして，それぞれのグループの代表値をテストデータとして，テストケースを設計します。これが同値分割です（ウ）。

　ただ，同値分割の代表値は，グループの中の代表値です。**繰返しを終了する有効同値グループに 1，2，3，4，5 があれば，3 を使うので，この問題のように，「A≧a」を「A＞a」とコーディングミスしたものを見つけることはできません。そこで，1 や 5 など有効同値と無効同値の境目の値を使います。**これが限界値分析（ア）です。したがって，（ア）が正解です。

イ：条件網羅は，判定条件を構成する複数要素の，全ての真偽の組合せをテストケースとするホワイトボックステストの手法です。

解答　ア

9.3　実装・統合・導入・保守

> **問4**　エラー埋込み法による残存エラーの予測において，テストが十分に進ん
> でいると仮定する。当初の埋込みエラーは 48 個である。テスト期間中に発
> 見されたエラーの内訳は，埋込みエラーが 36 個，真のエラーが 42 個である。
> このとき，残存する真のエラーは何個と推定されるか。
>
> (H25 春·AP 問 47)
>
> 　　ア　6　　　　　　　イ　14　　　　　　　ウ　54　　　　　　　エ　56

解説

　**エラー埋込み法は，あらかじめ意図的なエラーを埋め込んでおいて，その
検出状況からテストの進捗状況を判断する方法**です。あらかじめ，意図的に
100 のエラーを埋め込んでおいた場合，そのうち 50 のエラーが発見されて
いれば，テストの進捗も 50％と判断します。そして，その時点までに発見さ
れた意図的なエラー以外の真のエラーも，この進捗度に比例して，50％が検
出されていると考えます。

エラー埋込み法　意図的に埋め込んだバグの検出率によって，残存バグ数を推定

　当初の埋込みエラーが 48 個で，そのうち 36 個が発見されているので，テ
ストの進捗は 36÷48＝3÷4＝0.75（75％）です。真のバグも 75％発見され
たことになります。真のエラーは 42 個発見されているので，**42 という数字
は真のエラーの総数の 75％に相当します。このことから，真のエラーの総数
は，42÷0.75＝56 個と推定できます。**

　ですが，問われているのは総数ではなく，残存する数です。**総数の 56 個
から既に発見されている 42 個を引き算しましょう。**56－42＝14 個が残存し
ていると推定できます。したがって，（イ）が正解です。

　なお，真のエラーの総数は，比例を使って解くこともできます。

　埋込みエラーの総数と発見数の比は 48：36 です。また，真のエラーの総
数を x とすると，真のエラーの総数と発見数の比は x：42 です。この二つは
等しいので，48：36＝x：42 になります。この関係から，真のエラーの総数
である x を求めます。

$$48：36＝x：42 \Rightarrow 36x＝48×42 \Rightarrow x＝\frac{48×42}{36}＝\frac{4×42}{3}＝4×14＝56$$

解答　イ

第9章 開発技術

問5 ソフトウェア開発に利用されるピアレビューの説明として，適切なものはどれか。

(H27 秋-AP 問 47)

ア 同じ職場内の様々なスキルや知識をもつレビューアによって，成果物を検証する。

イ 成果物の内容を審査して，次の開発工程に進むための関門（審査・承認）として実施する。

ウ 早期に成果物から欠陥を取り除くことが目的なので，管理職のメンバの参加が必要である。

エ プロトタイピングで試作したソフトウェアの動作を，発注元の会社と検証する。

解説

　ピア（peer）は「同僚」や「仲間」という意味で，**ピアレビューは，専門的な知識をもつ同僚や仲間と行うレビュー**を指します。自分の作った成果物について技術的観点から，忌憚なく意見を言ってもらうことが目的です。したがって，（ア）が正解です。

　ちなみに，**ピアレビューとペアレビューは別物**なので，注意してください。ペアレビューは，誰かとペアを組んでレビューを行うことですが，日本では，OJT の上長に成果物を確認してもらうことを指す場合もあります。ペアを組む相手は，自分以外の誰かですから，専門的な知識をもっているとは限りません。

イ：承認レビューやマイルストーンレビューの説明です。

ウ：早期に成果物から欠陥を取り除くことが目的ではありますが，専門的な知識をもった同僚と行います。管理職のメンバがいたら，評価を気にして忌憚ない意見は言えませんよね。

エ：プロトタイプを利用した，共同レビューの説明です。動作や使い勝手を確認するために，発注者や利用者とレビューを行います。

解答 ア

9.3 実装・統合・導入・保守

問6 JIS X 25010:2013（システム及びソフトウェア製品の品質要求及び評価（SQuaRE）－システム及びソフトウェア品質モデル）で規定されたシステム及びソフトウェア製品の品質特性の一つである "機能適合性" の説明はどれか。

(R1 秋·AP 問 47)

ア 同じハードウェア環境又はソフトウェア環境を共有する間，製品，システム又は構成要素が他の製品，システム又は構成要素の情報を交換することができる度合い，及び／又はその要求された機能を実行することができる度合い

イ 人間又は他の製品若しくはシステムが，認められた権限の種類及び水準に応じたデータアクセスの度合いをもてるように，製品又はシステムが情報及びデータを保護する度合い

ウ 明示された時間帯で，明示された条件下に，システム，製品又は構成要素が明示された機能を実行する度合い

エ 明示された状況下で使用するとき，明示的ニーズ及び暗黙のニーズを満足させる機能を，製品又はシステムが提供する度合い

解説

　JIS X 25010:2013（SQuaRE）は，規格名に「品質要求及び評価」と含まれていることからも分かるように，**品質として要求される事柄とその達成度合いを評価するための指標**で，八つの特性があります。**その特性で何を評価するか，ということを意識して覚えておきましょう。**このうち，セキュリティと互換性は，旧来の JIS X 0129 では，副特性として規定されていた内容です。また，機能性は機能適合性，効率性は性能効率性，と名称が変更になりました。品質の六特性で覚えている方は，八特性で覚え直しましょう。

　機能適合性は，ソフトウェアに実装されている機能が，要件（ニーズ）に適合している度合いです。**いくら機能が優れていても，要件に合致していなければ，品質が良いとはいえません。**したがって，（エ）が正解です。

ア：互換性の説明です。

イ：セキュリティの説明です。

ウ：信頼性の説明です。

解答　エ

第9章 開発技術

問7　ソフトウェア保守で修正依頼を保守のタイプに分けるとき，次の a～d に該当する保守のタイプの，適切な組合せはどれか。

(R2-AP 問 48)

〔保守のタイプ〕

保守を行う時期	修正依頼の分類	
	訂正	改良
潜在的な障害が顕在化する前	a	b
問題が発見されたとき	c	—
環境の変化に合わせるとき	—	d

	a	b	c	d
ア	完全化保守	予防保守	是正保守	適応保守
イ	完全化保守	予防保守	適応保守	是正保守
ウ	是正保守	完全化保守	予防保守	適応保守
エ	予防保守	完全化保守	是正保守	適応保守

解説

　選択肢の保守のタイプは，いずれも，JIS X 0161:2008（ソフトウェア技術－ソフトウェアライフサイクルプロセス－保守）に定義されている用語です。

　分かりやすいところから取り組みましょう。

　(c) **問題が発見されたときに訂正するのは，是正保守**です。

　(d) **環境の変化に合わせ，改良するのは，適応保守**です。

　これで，選択肢は（ア）と（エ）に絞り込めます。予防保守と完全化保守の違いに悩みますが，潜在的な障害が顕在化する前なので，エラーは発生していないけれどバグを見つけたと思ってください。そして，**訂正はバグを修正することで，改良はバグとなる箇所の仕様を変更すること**です。この違いがヒントです。

　バグが発生する前に修正すれば，バグは発生しません。発生を予防したことになるので，(a) 訂正が予防保守です。一方で，**バグの有無にかかわらず，より良いものに改良するのは，システムの完成度を上げることなので**，(b) 改良が完全化保守です。したがって，（エ）が適切な組合せです。

解答　エ

9.4 ソフトウェア開発管理技術

9.4 ソフトウェア開発管理技術

▶▶▶**Explanation**

ポイントの解説

　ソフトウェアはハードウェアと違って形がなく，ファイルという形式で供給されるため，複数のコンピュータにコピーして使用することも可能です。しかし，ソフトウェアを無条件にコピーし，使用されると利益を得ることはできません。こうした権利侵害の問題が発生していることを受け，開発したソフトウェアの権利を守ること，他者が開発したソフトウェアの権利を侵害しないことに重点を置き，ソフトウェア開発管理技術の内容が出題されます。何が権利の侵害になるかを理解してください。

　また，権利の侵害を主張するには，そのソフトウェアは欠陥のない，正規の成果物（製品）でなければなりません。ソフトウェアの品質に関連して，開発環境管理，構成管理，変更管理とは何をすることかも理解しておきましょう。

（1）　知的財産適用管理

　ソフトウェア開発では，主に著作権と特許権の適用管理を行います。適用管理は，**先使用権**や権利発生日時を証明する**タイムスタンプ**などの書類を適切に保管し，確実にその権利を使用することです。これらの書類は企業の財産ですから，保管管理は情報セキュリティ管理の一部でもあります。また，権利の使用では，権利侵害を防止するために技術的保護を施して製品を供給します。

・DRM（Digital Rights Management；デジタル著作権管理）

　　デジタル化されたコンテンツの著作権を保護する技術の総称です。

・コピーガード（コピープロテクト）

　　違法コピーからコンテンツを保護し，複製や使用に制限を加える方法です。

・アクティベーション

　　機能をアクティブ（利用可能）にするという意味で，ユーザ登録を行い，ライセンスと紐付けて利用を許可する方法です。ライセンスと紐付かないログインや使用限度を超えるログインを不正利用とみなし，ソフトウェアの機能を停止もしくは制限します。

　知的財産権については，第 11 章「IT ストラテジ」の「11.5 関連法規・ガイドライン」を参照してください。

第9章

第9章 開発技術

(2) 開発環境管理

　ソフトウェアを開発する過程で必要となる開発環境やツール，そのライセンスなどを管理します。単に，開発環境やツールのバージョン管理を行うだけでなく，それらの稼働状況も確認し，適切に利用されているか，不正にインストールされたソフトウェアはないかなども管理します。また，開発環境には設計データも含まれており，これについてもバージョン管理などを行います。

(3) 構成管理・変更管理

　サービスマネジメントで行う内容と思われがちですが，ソフトウェア開発においても作成中（開発中，製造中）の成果物の一貫性を維持し，関係者が間違いなく利用できるようにすることは必要です。管理する内容や方法はサービスマネジメントと同じなので，詳細は，第10章「ITマネジメント」の「10.2 サービスマネジメント」を参照してください。ただし，構成管理体系やプロジェクトの構成品目を決定し，管理するのはプロジェクトマネジメントの役割です。

▶▶▶ Check

理解度チェック ▶ 9.4 ソフトウェア開発管理技術

　次の文中の 　　　 に適切な用語を入れてください。
　知的財産権の適用管理とは， ア や権利発生日時を証明する イ を適切に保管し，確実にその権利を使用することです。 ウ は，デジタル化されたコンテンツの エ を保護する技術の総称です。
　開発環境管理では，開発環境やツール，その オ を管理し， カ を確認します。
　構成管理・変更管理は， キ の成果物の一貫性を維持し，関係者が間違いなく利用できるようにする活動です。

解 答

ア：先使用権　イ：タイムスタンプ　ウ：DRM（デジタル著作権管理）
エ：著作権　オ：ライセンス　カ：稼働状況　キ：作成中（開発中，製造中）

9.4 ソフトウェア開発管理技術

►►►**Question**

問題で学ぼう

問1　自社開発したソフトウェアの他社への使用許諾に関する説明として，適切なものはどれか。

◎**高度午前Ⅰ**　(R1 秋-AP 問50)

ア　既に自社の製品に搭載して販売していると，ソフトウェア単体では使用許諾できない。

イ　既にハードウェアと組み合わせて特許を取得していると，ソフトウェア単体では使用許諾できない。

ウ　ソースコードを無償で使用許諾すると，無条件でオープンソースソフトウェアになる。

エ　特許で保護された技術を使っていないソフトウェアであっても，使用許諾することは可能である。

解説

　ソフトウェアの使用許諾は，ソフトウェアの著作権者が，他者（他社）にその使用を許諾（許可）することです。自社開発したソフトウェアなので，著作権は自社にあります。また，**ソフトウェアの保護は，著作権によって行われており，特許の取得とは関係がありません**。そのため，特許で保護された技術を使っていないソフトウェアであっても，著作権の所有者が使用許諾することは可能です。したがって，（エ）が正解です。

　なお，ソフトウェアの使用許諾に当たっては，利用者との間で，ソフトウェアの使用・保管・再販・バックアップ（コピーの利用）など，**利用者が有する権利を明記した使用許諾契約書を取り交わすことが一般的です**。

ア：自社の製品に既に搭載して販売しているソフトウェアがあっても，ソフトウェアごとに，単体で使用許諾の対象にすることができます。

イ：特許と使用許諾は別物です。ソフトウェアの特許は，ハードウェアと組み合わせて取得されることが多いですが，**ソフトウェア単体に対する著作権は存在する**ので，単体でも使用許諾の対象にできます。

ウ：無償で使用許諾しただけではオープンソースソフトウェアになりません。ソースコードの公開など，様々な要件を満たす必要があります。

解答　エ

第9章 開発技術

問2　日本において特許Ａを取得した特許権者から，実施許諾を受けることが必要になるのはどれか。

(R2-AP 問50)

ア　出願日から25年を超えた特許Ａと同じ技術を新たに事業化する場合
イ　特許Ａの出願日よりも前から特許Ａと同じ技術を独自に開発して，特許Ａの出願日に日本国内でその技術を用いた製品を製造し，市場で販売していたことが証明できる場合
ウ　特許Ａを家庭内で個人的に利用するだけの場合
エ　日本国内で製造し，米国に輸出する製品に特許Ａを利用する場合

解説

　特許における実施許諾は，特許となっている発明を使って製品を製造したり，販売したりする権利を第三者に公式に許可することです。製造したものを輸出する場合にも実施許諾は必要です。したがって，（エ）が正解です。

ア：特許権の存続期間は特許出願の日から20年なので，これを超えている場合は実施許諾を受ける必要はありません（特許法第67条：存続期間）。

イ：特許Ａの出願日よりも前から特許Ａと同じ技術を使って日本国内で製品を製造し，市場で販売していたことが証明できる場合は，そのまま製造し販売できる通常実施権を有するため，実施許諾を受ける必要はありません。ただし，その存在を公式なタイプスタンプなどで証明する必要があります（特許法第79条：先使用による通常実施権）。

ウ：特許権は，業として特許発明の実施をする権利なので，営利を目的としない個人的な利用は権利の侵害にはなりません。そのため，実施許諾を受ける必要もありません（特許法第68条：特許権の効力）。

解答　エ

第10章 part 2 ITマネジメント

▶▶▶ **Point**

学習のポイント

　マネジメント系の分野には，プロジェクトマネジメント，サービスマネジメント，システム監査の三つの内容が含まれます。それぞれの分野を対象とした高度系の情報処理技術者試験がありますが，応用情報技術者試験の午前と高度試験の午前Ⅰ（共通知識）では，それぞれの意義と目的，考え方を理解してください。トラブル時の対応など簡単な状況判断ができるように，用語の意味も覚えておきましょう。実際にこれらに関連する業務を経験していないと難しい内容もありますが，IT関連の知識の一つとして取り組んでください。

　なお，プロジェクトマネージャ試験，ITサービスマネージャ試験，システム監査技術者試験を受験する方は，さらに高度な内容まで理解する必要がありますので，本書でレベル3の内容を確認した後，各試験対応の対策書又は専門書の学習に進んでください。

(1)　プロジェクトマネジメント

　時間とお金をかけて多くの人が作業を行うシステム開発プロジェクトは，適切な計画を立て，しっかり管理された状態で進めないとうまくいきません。プロジェクトマネジメントの目的，考え方，プロセス群を修得してください。シラバスでは，これらを業務に適用できることが目標になっています。また，プロジェクトの体制や特徴，役割，責任分担について理解し，試験問題に登場する人物に応用できるようにしておきましょう。

　午前問題には，PMBOK®に関する出題もありますが，情報処理技術者試験は日本の国家資格なので，JIS Q 21500の定義が出題の基本です。JIS Q 21500を一読しておくと解きやすくなります。進捗管理，コスト管理，品質管理に関する部分が重要です。アローダイアグラム，ガントチャート，見積り技法の使い方も理解しておきましょう。

第10章 ITマネジメント

(2) サービスマネジメント

　情報システムは開発したら終わりではありません。安定的に効率良くシステムを運用するか，システム利用者に対してサービスの品質を維持・向上させるかも重要で，そのための活動がITサービスマネジメントです。

　情報処理技術者試験では，ITIL[®1)]やJIS Q 20000（ISO/IEC 20000）から用語やシステム運用管理における対応などが出題されます。プロジェクトマネジメント同様，JIS Q 20000の規格群が出題の基本です。JIS Q 20000を一読しておくと解きやすくなります。基本用語とインシデントに関する一連のプロセスが重要です。障害管理，性能管理，設備管理（ファシリティマネジメント）なども出題されますが，読解問題，計算問題として取り組みましょう。

　なお，サービスレベルやキャパシティに関する計算や信頼性設計に関する用語については，第2章コンピュータ構成要素の「2.2 メモリアーキテクチャ」，第3章システム構成要素を参照してください。データの復旧については，第6章データベースの「6.4 DBMSの制御」を参照してください。

1)　ITIL は，AXELOS Limited の登録商標です。

(3) システム監査

　システム監査自体は非常に専門的な内容を含んでいますが，応用情報技術者の午前試験と高度の午前I試験で出題される内容は，システム監査に関する用語やシステム監査の手続が中心となります。システム監査の目的，監査計画，監査の実施，監査報告とフォローアップ，監査の体制整備について，用語を含めて理解しましょう。

　また，システム監査基準の役割，システム管理基準の概要，情報セキュリティ監査基準など，監査で参照される基準や法規の使い方や，テーマ別のシステム監査内容，内部統制やITガバナンスについても理解しておきましょう。

10.1 プロジェクトマネジメント

▶▶▶ Explanation
ポイントの解説

（1） プロジェクトとプロジェクトマネジメント

プロジェクトは，独自の目的をもった有期性のある業務のことで，日々繰り返される通常の業務と区別されます。独自の目的は，新たな製品，サービスの創造など，そのプロジェクトだけに求められる目的です。なお，有期性は，開始時点と終了時点が明確になっている期間を指します。

また，プロジェクトは，相互に関連をもった幾つかの作業（工程）から構成され，全体として大きなライフサイクルを形成します。そして，プロジェクトの遂行のために必要な人員や予算が割り当てられます。プロジェクトマネジメントは，これらを使ってプロジェクトを成功させることなので，要求された品質に適合する成果物を，定められた期限と予算内に完成させる活動と言えます。組織内には，こうしたプロジェクトが複数あるので，これらを総括して支援する専門部署を**プロジェクトマネジメントオフィス**（**PMO**；Project Management Office）と呼びます。

①**JIS Q 21500:2018**「プロジェクトマネジメントの手引き」

プロジェクトマネジメントの概念やプロセスを提供する ISO/IEC21500 を元に策定されました。プロセスに関する包括的な手引きとして，五つのプロセスと 10 の対象群を定義しています。なお，結果をもたらす一連の活動をプロセスといいます。

- ・五つのプロセス群：立ち上げ，計画，実行，管理，終結
- ・10 の対象群：統合，ステークホルダ，スコープ，資源，時間，コスト，
 リスク，品質，調達，コミュニケーション

②**PMBOK®**（Project Management Body Of Knowledge）

米国プロジェクトマネジメント協会（PMI）で標準化されたプロジェクトマネジメント知識体系です。プロジェクトマネジメントに関するガイドラインとして，実質的なデファクトスタンダードになっています。

(2) プロジェクトの統合

プロジェクトに関連する様々な活動とプロセスを特定して定義し，組み合わせ，一体化し，調整し，管理し，終結するための活動です。**プロジェクト憲章**の作成，プロジェクト全体計画の作成，プロジェクト作業の指揮と管理，変更の管理を行います。変更に関しては，問題点管理表を作成し，CCB（Change Control Board；変更管理委員会）が管理します。

また，プロジェクトフェーズ及びプロジェクトの終結では，完了報告書や終結報告書を作成し，プロジェクトで得た教訓をまとめた教訓文書も作成します。

(3) プロジェクトのステークホルダ

ステークホルダ（**利害関係者**）は，プロジェクトに関わる当事者やプロジェクトから利害などの影響を受ける人や組織です。プロジェクトの成果や進捗に大きな影響を与えるので，適切な管理が必要です。プロジェクトスポンサ（発注者）だけでなく，顧客やユーザ，株主，プロジェクトマネージャやメンバも含め，ステークホルダを特定して，要件定義で作成した，利害関係者要件を踏まえて管理します。

(4) プロジェクトのスコープ

スコープは，プロジェクトの範囲です。プロジェクトの目的達成のために必要な成果物を成果物スコープ，作業をプロジェクトスコープと呼び管理します。

①**WBS**（Work Breakdown Structure；作業分割構造）

目標達成のために必要となる作業や機能を，トップダウンで分割して詳細化する手法です。作業成果物に着目して詳細化します。最下層に位置する成果物がスコープの最小単位になり，**ワークパッケージ**と呼びます。

②**アクティビティ**

プロジェクトで実施する作業です。各アクティビティに対して，必要な期間，予算，要求事項などを決めて管理します。

(5) プロジェクトの資源

人員，施設，機器，材料，インフラストラクチャ，ツールなどのプロジェクト資源を特定し，取得する活動です。プロジェクトチームを編成し，プロジェクト組織を定義して，RAM（Responsibility Assignment matrix；**責任分担マトリックス**）を作成します。そして，プロジェクトメンバ間で衝突や争いが発生しないよう，**コンフリクトマネジメント**を行います。

また，資源の取得に必要な費用を見積り，取得した資源を管理します。

（6） プロジェクトの時間

プロジェクト活動のスケジュールを立て、進捗状況を監視して、スケジュールを管理する活動です。

①アローダイアグラム（arrow diagram）

作業の関係を、先行後続に着目して記述した図です。日程管理手法の PERT（Program Evaluation and Review Technique）で用いられることから、PERT 図とも呼ばれます。

アローは矢印のことで、プロジェクトを構成するそれぞれのアクティビティを矢印で示します。点線はダミー作業で、作業の前後関係を表します。実際の作業があるわけではありません。また、アクティビティのつながり部分を結合点（節）と呼び、円（丸印）で示します。

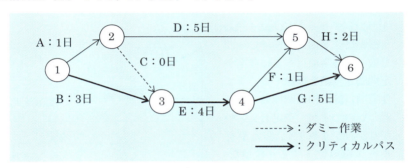

アローダイアグラム

- **最早開始時刻**：その作業を最も早く始められる時刻です。
- **最遅開始時刻**：遅延せずに、最も遅く作業を始められる時刻です。
- **余裕時間**：最遅開始時刻－最早開始時刻で表される余裕です。

最早開始時刻と最遅開始時刻が同じ結合点は、日程に余裕がないことを意味します。これらの結合点をつないだ経路が**クリティカルパス**で、全体の遅延に直結する余裕のない作業経路になります。上図の例では B→E→G が該当します。遅延が発生しないよう、この経路は特に重点的に管理します。

また、作業に遅れが発生した場合や、そもそもの全体の作業日数を短縮する方法には、以下の二つがあります。

- **ファストトラッキング**：並行作業を行って日数を短縮する方法です。
- **クラッシング**：要員やコストを追加して日数を短縮する方法です。

②マイルストーンチャート（milestone chart）

第10章 ITマネジメント

作業工程の進捗管理手法です。プロジェクトの節目となる重要な作業を，**マイルストーン**として作業工程上に設定します。そして，計画した日時ごとに工期・予算などをチェックして，実作業がマイルストーンに達しているかどうかを確認します。

		1月	2月	現在 3月	4月	5月	6月	7月
イベント								
要件定義レビュー完了			△ ▼					
外部設計契約締結				△				
外部設計レビュー完了						△		
内部設計レビュー完了								△

△：計画　▼：実績

③ガントチャート（Gantt chart）

縦軸に作業項目，横軸に期間を取り，作業項目ごとに作業予定期間と実績を横線で表します。作業項目間の相互関係の把握は難しいのですが，予定と実績のずれが分かりやすく，個人やグループを単位とする小規模な作業の進捗管理に有効です。

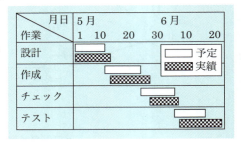

(7) プロジェクトのコスト

予算を作成し，進捗状況を監視して，コストを管理する活動です。

①COCOMO

過去の実績を基に見積もる手法です。類似システムの開発実績からおよそのプログラムの行数を見積もり，これに，開発特性と，難易度やシステム特性などのコスト要因を加味して開発コストを算出します。

②ファンクションポイント法

開発する機能（ファンクション）の数から，開発規模を見積もる手法です。まず，機能を，**外部入力**，**外部出力**，**内部論理ファイル**，**外部インタフェースファイル**，**外部照会**の五つに分け，該当する要素の数を求めます。そして，複雑さを考慮した重みを掛けて求めた値を合計して規模を見積もります。

③ EVM（Earned Value Management；アーンドバリューマネジメント）
EV（アーンドバリュー；出来高），PV（Planned Value；計画価値），AC（Actual Cost；実コスト）を比較して，コストとスケジュールを管理する手法です。

項目	項目の内容	
EV	実際に完成している成果物を金額に換算した値	予定の生産性を基に算出
PV	完成する予定の成果物を金額に換算した値	
AC	EV の成果物の作成にかかった実コスト	

予定どおりに完成していればEVとPVは一致しますが，作業が遅れた場合，PVには未完成分を含むため，両者は一致せず，その差が成果物の量の差に相当します。また，EVがPVよりも大きければ，予定よりも作業が進んでいる，逆に小さければ，予定よりも遅れていることを示します。
一方，EVとACとでは成果物の量が同じですから，EVがACよりも大きければ生産性は高く，小さければ生産性が低いことを示します。

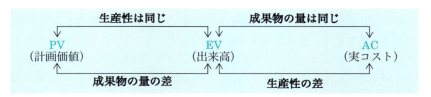

なお，EVMで用いられる評価値には，次のものがあります。

・CV（コスト差異）＝EV－AC

・SV（スケジュール差異）＝EV－PV

・CPI（コスト効率指標）＝ $\dfrac{EV}{AC}$

・SPI（スケジュール効率指標）＝ $\dfrac{EV}{PV}$

第10章 ITマネジメント

(8) プロジェクトのリスク

脅威及び機会を特定し，管理する活動です。

リスクは，目標と現実の差異で，プロジェクトには様々なリスクが存在します。リスクを差として捉えた場合，予想外の悪い結果をもたらす**マイナスのリスク**（脅威）だけでなく，予想外の良い結果をもたらす**プラスのリスク**（好機）も考えられます。そこで，リスクアセスメントを行い，プロジェクトに存在するリスクを洗い出し，その発生確率と影響度を分析します。そして，それぞれのリスクに対して対策費用などを勘案し，適切なリスク対策を講じます。

脅威	回避	リスク要因を完全に取り除き，リスクの発生を回避する
	軽減	リスク対策を行い発生確率や発生時の影響（損失）を軽減する
	転嫁	保険などによってリスク発生時の損害を第三者に転嫁する
共通	受容	何もせず，リスクをそのまま受け入れる
好機	活用	リスク発生を阻害する要因を排除し，リスクを確実に発生させる
	強化	リスクの発生確率や発生時の影響（利益）を大きくする
	共有	他者と協力して確実にリスクを発生させ，利益を共有する

(9) プロジェクトの品質

品質の保証及び管理を計画し，確定する作業です。第9章「開発技術」では，ソフトウェアの品質を確認するためにレビューとテストを行いましたが，プロジェクトマネジメントでは，その結果である品質管理測定値を分析して，妥当性を評価します。そして，検査報告書を作成し，問題がある場合には，是正処置や予防処置を行います。そのため，あらかじめ品質要求事項を決め，品質計画を策定し，レビューやテストの実施基準や合格基準なども設けます。

品質管理に時間をかけすぎないよう，品質コスト（COQ）も管理します。

(10) プロジェクトの調達

プロジェクトに必要な製品やサービスの入手を計画し，供給者との関係をマネジメントする活動です。調達を計画し，供給者を選定して，調達の運営管理を行います。

(11) プロジェクトのコミュニケーション

情報の配布や共有を管理する活動です。コミュニケーションチャネル（伝達経路）を考慮し，進捗会議の他，電子メール，テレビ会議なども活用します。

10.1 プロジェクトマネジメント

▶▶▶ Check

理解度チェック ▶ 10.1 プロジェクトマネジメント

次の文中の 　　 に適切な用語を入れてください。

(1) プロジェクトマネジメントは，要求された　 ア 　に適合する成果物を，定められた　 イ 　と　 ウ 　内に完成させる活動です。

(2) 　 エ 　は，五つのプロセスと 10 の対象群を定義した，プロジェクトマネジメントの手引きです。

(3) 　 オ 　は，プロジェクトから影響を受ける人や組織です。

(4) 　 カ 　は，プロジェクトの範囲です。作業や機能を分割して詳細化する手法が　 キ 　で，最下層の成果物がスコープの最小単位になります。

(5) 作業の関係を先行後続に着目して記述した図は　 ク 　で，作業日数を短縮する方法には，　 ケ 　と　 コ 　があります。

(6) 開発規模を，開発する機能の数から見積もる手法は　 サ 　です。

(7) EVM は，計画価値　 シ 　，出来高　 ス 　の差から　 セ 　を，実コスト　 ソ 　と　 ス 　の差から　 タ 　を評価します。

(8) リスクには，脅威となる　 チ 　と好機となる　 ツ 　があります。　 チ 　の対応には回避，軽減，　 テ 　があり，　 ツ 　の対応には活用，　 ト 　，共有があります。　 ナ 　は共通の対応です。

(9) プロジェクトの品質は，　 ニ 　を分析して　 ヌ 　を評価します。そのために　 ネ 　を決め，レビューやテストの基準を設けます。

解 答

(1) ア：品質　イ：期限　ウ：予算　　(2) エ：JIS Q 21500

(3) オ：ステークホルダ　　　　　　　(4) カ：スコープ　キ：WBS

(5) ク：アローダイアグラム
　　ケ，コ：ファストトラッキング，クラッシング（順不同）

(6) サ：ファンクションポイント法

(7) シ：PV　ス：EV　セ：スケジュール　ソ：AC　タ：コスト

(8) チ：マイナスのリスク　ツ：プラスのリスク　テ：転嫁　ト：強化
　　ナ：受容

(9) ニ：品質管理測定値　ヌ：妥当性　ネ：品質要求事項

第10章

第10章 ITマネジメント

▶▶▶ Question

問題で学ぼう

問1　あるプロジェクトのステークホルダとして，プロジェクトスポンサ，プロジェクトマネージャ，プロジェクトマネジメントオフィス及びプロジェクトマネジメントチームが存在する。ISO 21500 によれば，組織としての標準化，プロジェクトマネジメントの教育訓練，プロジェクトの監視などの役割を主として担うのはどれか。

(H28 春·AP 問 51)

　　ア　プロジェクトスポンサ
　　イ　プロジェクトマネージャ
　　ウ　プロジェクトマネジメントオフィス
　　エ　プロジェクトマネジメントチーム

解説

　この問題を使って，用語の整理しておきましょう。ステークホルダは，プロジェクトの成功可否に大きく影響を与える人や部門を指します。**成功すれば利益を受けますが，失敗すれば不利益が出たり，責任を問われたりします。**

　プロジェクトマネジメントオフィス（PMO；Project Management Office）は，組織内の様々なプロジェクトの支援を行う専門部署です。**部署名ではなく，部署の役割の名称と思ってください。**例えば，プロジェクトマネジメント推進課といった名称でPMOを設置している企業もあります。PMOの機能が滞り，ドキュメントや作業プロセスの標準化が遅れていたり，プロジェクトメンバに必要な教育が実施されなかったりすると，作業の進捗や品質，作業効率に悪影響を及ぼします。したがって，（ウ）が正解です。

　ISO 21500（Guidance on project management；プロジェクトマネジメントの手引）では，組織としての標準化，プロジェクトマネジメントの教育訓練，プロジェクトの監視を行うのは，PMO の役割と表記しています。

ア：プロジェクトスポンサの役割は，資金やハードウェアなどのリソースを提供することです。プロジェクトが成功すればシステムが生み出す利益を得ることができますが，失敗すれば資金の持出しとなります。

イ：プロジェクトマネージャの役割は，プロジェクトの遂行に責任をもつことです。適切なマネジメントはプロジェクトを成功に導きますが，不適切なマネジメントは，さらなる遅れなどを発生させます。

エ：プロジェクトマネジメントチームの役割は，プロジェクトマネジメントの活動に直接的に関わり，プロジェクトを牽引することです。プロジェクトマネージャとプロジェクトメンバをつなぐ架け橋であり，うまく機能しないと，開発現場のトラブルがプロジェクトマネージャに伝わらないなど，情報共有に悪影響を及ぼします。

解答　ウ

問2　プロジェクトマネジメントにおけるスコープコントロールの活動はどれか。

◎高度午前Ⅰ 《H30 春·AP 問 51》

　ア　開発ツールの新機能の教育が不十分と分かったので，開発ツールの教育期間を 2 日間延長した。

　イ　要件定義完了時に再見積りをしたところ，当初見積もった開発コストを超過することが判明したので，追加予算を確保した。

　ウ　連携する計画であった外部システムのリリースが延期になったので，この外部システムとの連携に関わる作業は別プロジェクトで実施することにした。

　エ　割り当てたテスト担当者が期待した成果を出せなかったので，経験豊富なテスト担当者と交代した。

解説

　スコープは，プロジェクトの目的達成のために必要となる成果物や作業範囲でしたね。スコープコントロールは，それをコントロールする活動，と考えましょう。**作業範囲をコントロールする→作業範囲の変更を管理する，と考える**と，該当するのは（ウ）です。「外部システムとの連携に関わる作業は別プロジェクトで実施することにした」というのは，作業範囲を削減しているので，スコープの変更に該当します。したがって，（ウ）が正解です。

ア：教育期間を 2 日間延長するのは，スケジュールの変更です。

イ：追加予算を確保するのは，コストの変更です。

エ：担当者と交代するのは，人的資源の変更です。

解答　ウ

第10章 ITマネジメント

問3 JIS Q 21500:2018（プロジェクトマネジメントの手引）によれば，プロジェクトマネジメントの"実行のプロセス群"の説明はどれか。

(H31 春-AP 問 51)

ア　プロジェクトの計画に照らしてプロジェクトパフォーマンスを監視し，測定し，管理するために使用する。

イ　プロジェクトフェーズ又はプロジェクトが完了したことを正式に確定するために使用し，必要に応じて考慮し，実行するように得た教訓を提供するために使用する。

ウ　プロジェクトフェーズ又はプロジェクトを開始するために使用し，プロジェクトフェーズ又はプロジェクトの目標を定義し，プロジェクトマネージャがプロジェクト作業を進める許可を得るために使用する。

エ　プロジェクトマネジメントの活動を遂行し，プロジェクトの全体計画に従ってプロジェクトの成果物の提示を支援するために使用する。

解説

　JIS Q 21500:2018 は，ISO 21500:2012 に準拠した，日本のプロジェクトマネジメントの規格です。五つのプロセス群と 10 の対象群からなり，**プロジェクトマネジメントに必要な作業とその目的が定義されています**。そのため，選択肢の文末は，いずれも，「○○するために使用する」と表記されています。そして，選択肢は，いずれも JIS Q 21500:2018 の抜粋です。

　"実行のプロセス群"なので，プロジェクトをマネジメントするときに日常的に行うことをイメージしましょう。マネージャ経験がない方は，プロジェクトの中で日常的に行っていることをイメージしてください。プロジェクトメンバは，成果物を作成するために全体計画に従って日々作業を続け，マネージャは，その活動を支援します。したがって（エ）が正解です。

　PMBOK®とは，プロセス群の名称が異なるので注意してください。

ア：管理のプロセス群の定義です。実行のプロセスを行う中で，プロジェクトの進捗（パフォーマンス）を測定し，必要に応じて対策をとります。

イ：終結のプロセス群の定義です。実行のプロセス，管理のプロセスで得た教訓を，リスクマネジメントとして次のプロジェクトに活用できるようにまとめます。

ウ：立ち上げのプロセス群の定義です。

解答　エ

10.1 プロジェクトマネジメント

問4 システム開発における工数の見積りに関する記述のうち，適切なものはどれか。

◎高度午前Ⅰ 〔H28 春·AP 問 54〕

ア COCOMO の使用には，自社における生産性に関する，蓄積されたデータが必要である。

イ 開発要員の技量は異なるので工数は参考にならないが，過去に開発したプログラムの規模は見積りの参考になる。

ウ 工数の見積りは，作業の進捗管理に有効であるが，ソフトウェアの品質管理には関係しない。

エ ファンクションポイント法による見積りでは，プログラムステップ数を把握する必要がある。

解説

COCOMO（Constructive Cost Model）は，1981 年にベームが提案した見積り方法です。過去の実績から算出した開発規模（プログラムステップ数）に，開発特性から求めた調整係数（努力係数）を加味して，工数や期間を見積もります。開発特性には開発の対象領域や複雑性，ハードウェアによる制約，開発要員のスキル，使用するツールなどがあり，それぞれに対して調整係数の値を決めます。この値も過去の実績を参考にして決めるので，**過去の開発実績データがないと使えない見積り方法**です。そのため，過去の開発実績データの蓄積が必須で，中でも**生産性に関するデータの蓄積は必須**です。

したがって，（ア）が適切です。

イ：開発要員の技量は生産性に大きな影響を及ぼします。そのため，COCOMO では，特に開発要員のスキルや経験を重視します。

ウ：工数の見積りと実績は，ソフトウェアの品質にも左右されます。設計不備やプログラムの不具合など手戻りが発生すると実績は増加します。

エ：ファンクションポイント法**は，ユーザ側から見た機能（ファンクション）に基づいて見積もる方法なので，機能の数を把握する必要があります。**

解答 ア

第10章 ITマネジメント

問5 プロジェクトのスケジュールを短縮したい。当初の計画は図1のとおりである。作業Eを作業E1，E2，E3に分けて，図2のとおりに計画を変更すると，スケジュールは全体で何日短縮できるか。

◎高度午前Ⅰ （R3春-AP 問53）

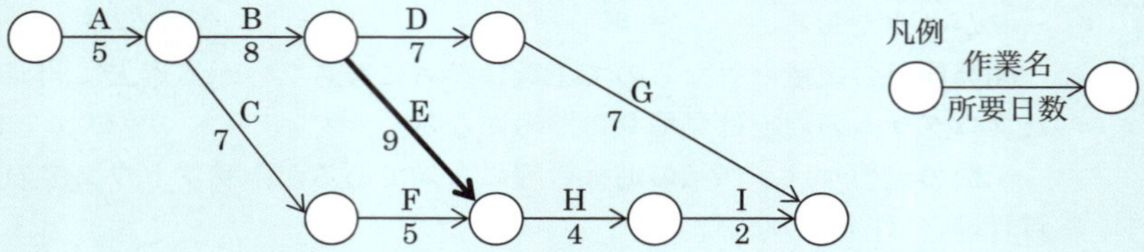

図1 当初の計画

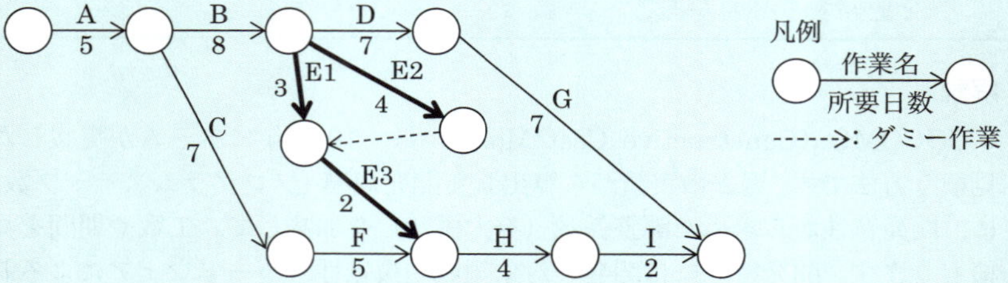

図2 変更後の計画

ア 1　　イ 2　　ウ 3　　エ 4

解説

まず，問題の図1によれば，プロジェクトの開始から終了までの作業には，日数27日のA→B→D→G（①）と，日数28日のA→B→E

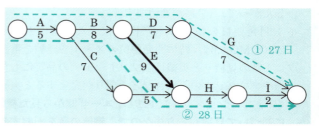

→H→I（②）の二つのパスがあり，クリティカルパスは日数28日の②です。そして，**計画を変更する作業Eは②のクリティカルパス上にあるので，問われているのは，計画変更によって短縮できる日数**です。図2のように，作業EをE1～E3の三つに分けて行うので，この部分だけに注目すると，クリティカルパスはE2→E3の6日となり，この変更によって作業Eの日数が9日から6日に3日短縮できます。これによって，②のクリティカルパスは，A→B→E2→E3→H→Iとなり，3日短縮されて25日になります。

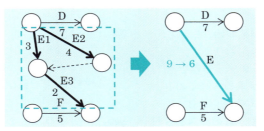

ここまでで，(ウ) 3日短縮される，と答えてしまいそうになりますが，**新たなクリティカルパスが発生していないか，確認しましょう**。①のクリティカルパスは計画変更の影響を受けないので，A→B→D→G の作業日数は 27 日のままです。なので，こちらが新たなクリティカルパスになり，短縮できるのは 28 日から 27 日への 1 日です。したがって，(ア) が正解です。

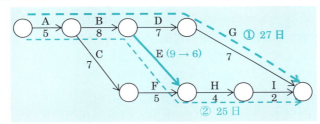

解答 ア

問6 表は，あるプロジェクトの日程管理表であり，図は，各作業の工程と標準日数を表している。このプロジェクトの完了日程を 3 日間短縮するためには，追加費用は最低何万円必要か。

(H23 秋-AP 問51)

作業	標準日数 (日)	短縮可能な 日数 (日)	1日短縮するのに必要 な追加費用 (万円)
A	5	2	2
B	10	4	3
C	6	2	4
D	3	1	5
E	5	2	6

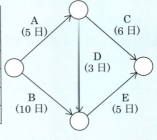

ア 9 イ 11 ウ 12 エ 14

第10章 ITマネジメント

解説

左側の○が作業開始，右側の○が作業終了を示し，その間の経路には図中の①～③の三つがあります。

プロジェクトの完了日程を3日短縮することが求められており，クリティカルパスは③のB→Eの15日です。でも，**このパスを3日短縮して12日にしても，②A→D→Eの13日があるので，全体を3日短縮することはできません**。③の2日短縮に加えて，②も1日短縮する必要があります。

まず，③を2日短縮することを考えます。B，Eともに短縮可能で

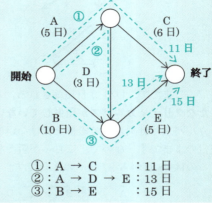

① : A → C   : 11日
② : A → D → E   : 13日
③ : B → E   : 15日

すが，追加費用が少ないBを2日短縮します。そして，このための追加費用は3×2日で6（万円）です。続いて，③と②をそれぞれ1日ずつ短縮する方法を考えます。その方法には次の三つがあります。

    共通するEを1日短縮 → 追加費用　6（万円）
    AとBを1日ずつ短縮 → 追加費用　2+3=5（万円）
    DとBを1日ずつ短縮 → 追加費用　5+3=8（万円）

これより，②，③を1日短縮するための最低費用は，AとBをそれぞれ1日短縮した場合の5万円です。したがって，全体を3日短縮するための追加費用は6万円+5万円=11万円なので，（イ）が正解です。

解答　イ

問7 あるソフトウェア開発部門では，開発工数 E（人月）と開発規模 L（キロ行）との関係を，$E=5.2L^{0.98}$ としている。L=10 としたときの生産性（キロ行／人月）は，およそ幾らか。

(H30 春-AP 問54)

ア　0.2　　　　　イ　0.5　　　　　ウ　1.9　　　　　エ　5.2

10.1 プロジェクトマネジメント

解説

0.98乗？と面食らってしまいますが、落ち着きましょう。問われているのは生産性です。しかも問題文には、「キロ行／人月」と計算式が記述されています。キロ行／人月は生産性の計算結果の単位では？と思うかもしれませんが、**単位がそうなるということは、計算式もキロ行を人月で除算するはず**です。そして、問題文には、キロ行は開発規模Lの単位、人月は開発工数Eの単位とも記述があります。

生産性は単位時間当たりの作業量ですから、開発規模÷開発工数＝生産性（キロ行／人月）、妥当な計算式です。あとは、値を当てはめ計算しましょう。

生産性＝開発規模L／開発工数E＝$10/(5.2L^{0.98})$
　　　　　　　　　　　　　　　≒$10/(5.2×10)=1/5.2≒0.2$

最も近い値が問われているので、0.98を1と考え、「$L^{0.98}$」をLとして計算します。したがって、(ア) が正解です。

解答　ア

問8　図は、実施する三つのアクティビティについて、プレシデンスダイアグラム法を用いて、依存関係及び必要な作業日数を示したものである。全ての作業を完了するのに必要な日数は最少で何日か。

(R2-AP 問53)

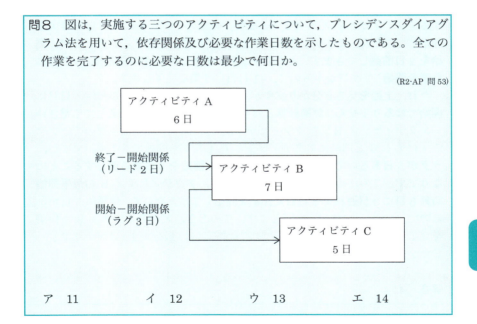

ア　11　　　　イ　12　　　　ウ　13　　　　エ　14

第10章 ITマネジメント

解説

プレシデンスダイアグラム法（Precedence Diagramming Method）は，アクティビティの依存関係に注目し，順序関係を表した図です。四角形のノードが作業であるアクティビティ，その作業順序や依存関係を矢印で表現します。このとき，前後の作業の終了と開始がどう影響するかを，終了―開始 FS（Finish to Start），開始―開始 SS（Start to Start），終了―終了 FF（Finish to Finish），開始―終了 SF（Start to Finish）の4タイプで表記します。

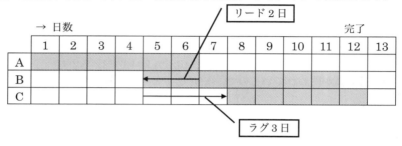

アクティビティ A とアクティビティ B は，終了―開始関係なので，先行するアクティビティ A が完了するまで，後続のアクティビティ B は作業を開始できません。ですが，**リードが2日あるので，アクティビティ B は，開始を2日前倒しできます**。その結果，**アクティビティ A の開始後，5日目に作業を開始**し，7日かかるので，11日目に作業を完了します。

なお，**上図を見ると分かりますが，○日目の計算なので，6－2＝4日目に開始ではありません。算術計算どおりにはならないことに注意してください**。

アクティビティ B とアクティビティ C は，開始―開始関係なので，アクティビティ B と同時にアクティビティ C も作業を開始できます。ですが，**ラグが3日あるので，アクティビティ C は，開始を3日後ろ倒しすることになります**。このため，アクティビティ C は，**アクティビティ B の最早開始時刻5日に3日遅れて8日目に作業を開始**します。そして，作業に5日かかるので，12日目に作業を完了します。このとき，アクティビティ B も作業を完了しているので，全ての作業を完了するには，最少で12日かかります。したがって，（イ）が正解です。

解答　イ

10.1 プロジェクトマネジメント

問9 プログラム x, y, z の開発を 2 か月以内に完了したい。外部から調達可能な要員は A, B, C の 3 名であり，開発生産性と単価が異なる。このプログラム群を開発する最小のコストは，何千円か。ここで，各プログラムの開発は，それぞれ 1 名が担当し，要員は開発生産性どおりの効率で開発できるものとする。また，それぞれの要員は，担当したプログラムの開発が完了する時点までの契約とする。

(R1 秋·AP 問 54)

〔プログラムの規模〕

プログラム	規模 （キロステップ）
x	4
y	2
z	2

〔要員の開発生産性と単価〕

要員	開発生産性 （キロステップ／月）	単価 （千円／月）
A	2	1,000
B	2	900
C	1	400

ア　3,200　　　イ　3,400　　　ウ　3,600　　　エ　3,700

解説

　開発する最小コストを求めるので，同じ開発生産性であれば，単価が安い要員から優先して担当を割り振りましょう。まず，規模がいちばん大きいプログラム x の担当を考えます。4 キロステップを 2 か月以内で開発できるのは，要員 A か B なので，単価が安い要員 B を割り振ります。コストは，

　　（4 キロステップ÷2 キロステップ／月）×900 千円／月＝1,800 千円。

　残るプログラム y, z は，どちらも 2 キロステップなので，要員 A ならば 1 か月，要員 C でも 2 か月で開発できます。しかし，**契約期間は，担当したプログラムの開発が完了する時点までなので，要員 C が続けて二つのプログラムを担当することはできません**。期間も 2 か月を超えてしまいます。どちらか一つしか担当できないので，プログラム y を要員 C，プログラム z を要員 A に割り振ります（逆でもコストは同じになります）。コストは，

　　（2 キロステップ÷1 キロステップ／月）×400 千円／月＝800 千円

　　（2 キロステップ÷2 キロステップ／月）×1,000 千円／月＝1,000 千円。

　合計すると，1,800＋800＋1,000＝3,600 千円になります。したがって，（ウ）が正解です。

解答　ウ

第10章 ITマネジメント

問10　ソフトウェア開発プロジェクトで行う構成管理の対象項目はどれか。

(H29秋-AP 問51)

ア　開発作業の進捗状況
イ　成果物に対するレビューの実施結果
ウ　プログラムのバージョン
エ　プロジェクト組織の編成

解説

　ソフトウェア開発プロジェクトにおける構成管理の目的は，プロジェクト
の**成果物の一貫性を確立して維持し，関係者が利用できるようにすること**で
す。そのために，ソフトウェアの構造や，使用しているコンポーネント（部
品），バージョンなどを識別できるようにしておく必要があります。したが
って，（ウ）が正解です。
ア：開発作業の進捗状況は，進捗管理の対象項目です。
イ：成果物に対するレビューの実施結果は，品質管理の対象項目です。
エ：プロジェクト組織の編成は，人的資源管理の対象項目です。

解答　ウ

問11　プロジェクトメンバが16人のとき，1対1の総当たりでプロジェクト
　　　メンバ相互の顔合わせ会を行うためには，延べ何時間の顔合わせ会が必要か。
　　　ここで，顔合わせ会1回の所要時間は0.5時間とする。

◎高度午前Ⅰ　(R3春-AP 問55)

ア　8　　　　　　イ　16　　　　　ウ　30　　　　　エ　60

解説

　16人全員が自分以外の15人と顔合わせを行いますが，**AさんがBさんと
顔合わせするのと，BさんがAさんと顔合わせするのは同じことなので，1
回と数えます**。そうすると，顔合わせ会の回数は，16人×15回÷2＝120回
になります。1回の所要時間は0.5時間なので，顔合わせ会の延べ時間は
120回×0.5時間＝60時間必要です。したがって，（エ）が正解です。
　このように，コミュニケーションを確保するには時間がかかります。

解答　エ

10.1 プロジェクトマネジメント

問12　PMBOKによれば，脅威となるマイナスのリスクと，好機となるプラスのリスクの，どちらのリスクに対しても採用される戦略はどれか。

(H28 秋-AP 問54)

ア　回避　　　イ　共有　　　ウ　受容　　　エ　転嫁

解説

リスクは，脅威と同じ意味で捉えられることが多いですが，**プロジェクトマネジメントでは，予想と結果の差という意味でも使われます**。そして，差として捉えた場合には，予想外の悪い結果をもたらす脅威の他に，予想外の好ましい結果をもたらす好機もあります。

脅威は，マイナスのリスクなので，その作業を中止するなど，できれば避けたいものです（ア：回避）。避けられないのであれば，万が一の対応費用は保険などを第三者に肩代わりをしてもらえれば，助かります（エ：転嫁）。しかし，保険にしても何らかの対策をするにしても，費用がかかります。費用対効果を考えた場合，**そのリスクの発生確率と影響が小さければ，何もしない，という手もあります（ウ：受容）。**

一方，好機はプラスのリスクなので，何とかしてそのリスクを実現させ，利益を得たいと考えます。自力での実現が難しいのであれば，他者と協力して実現させるという手があります（イ：共有）。また，何か対策をすることが裏目に出て好機を逃すのであれば，**何もせず，好機の発生を待つしかありません（ウ：受容）。**

脅威，好機のいずれにも採用できる戦略は，受容です。したがって，（ウ）が正解です。

なお，リスク受容とは，何も対策をせずにそのまま受け入れることなので，リスク保有と呼ばれることもあります。

※マイナスのリスク，プラスのリスクという考え方は，プロジェクトマネジメントでの考え方です。セキュリティ分野でのリスク対応とは異なることに注意してください。

解答　ウ

第10章

第10章 ITマネジメント

問13 システム開発のプロジェクトにおいて，EVM を活用したパフォーマンス管理をしている。開発途中のある時点で CV（コスト差異）の値が正，SV（スケジュール差異）の値が負であるとき，プロジェクトはどのような状況か。

◎高度午前Ⅰ （H26 春-AP 問52）

　ア　開発コストが超過し，さらに進捗も遅れているので，双方について改善するための対策が必要である。
　イ　開発コストと進捗がともに良好なので，今のパフォーマンスを維持すればよい。
　ウ　開発コストは問題ないが，進捗に遅れが出ているので，遅れを改善するための対策が必要である。
　エ　進捗は問題ないが，開発コストが超過しているので，コスト効率を改善するための対策が必要である。

解説

　EVM（Earned Value Management；アーンドバリューマネジメント）は，作業の出来高を基に，現時点での計画と実績を比較し，進捗状況を把握するだけでなく，将来の予測も行うプロジェクトマネジメント手法です。CV（コスト差異）と SV（スケジュール差異）の計算式は覚えていますか？いずれも出来高を基準に計算するのでしたね。

　CV（＝EV－AC）の値が正であるときは，EV（出来高）＞AC（実コスト）なので，現在のコストが計画したコスト内にあることを表しています。また，SV（＝EV－PV）の値が負であるときは，EV（出来高）＜PV（計画価値）なので，作業の進捗が計画より遅れていることを表しています。例えば，**予定では 60 万円相当の作業が完了しているはずなのに，50 万円相当の作業しか完了していない**ことになります。でも，EV＞AC でしたから，**50 万円相当の作業をしたのに，実コストは 50 万円かかっていません。**コスト面では問題ありませんが進捗は遅れているので，遅れを挽回する対策が必要です。

　したがって，（ウ）が正解です。
ア：CV，SV ともに負の場合の記述です。
イ：CV，SV ともに正の場合の記述です。
エ：SV が正で，CV が負の場合の記述です。

解答　ウ

10.1 プロジェクトマネジメント

> 問 14 品質の定量的評価の指標のうち，ソフトウェアの保守性の評価指標になるものはどれか。
>
> ◎高度午前Ⅰ （H29 秋-AP 問 54）
>
> ア （最終成果物に含まれる誤りの件数）÷（最終成果物の量）
> イ （修正時間の合計）÷（修正件数）
> ウ （変更が必要となるソースコードの行数）÷（移植するソースコードの行数）
> エ （利用者からの改良要求件数）÷（出荷後の経過月数）

解説

JIS X 25010:2013（システム及びソフトウェア製品の品質モデル）では，製品の品質を八つの特性に分類していましたね。第 9 章「開発技術」の「9.3 実装・統合・導入・保守」を確認してください。

このうち，**保守性は，保守のしやすさの度合い**でした。また，保守性には，モジュール性，再利用性，解析性，修正性，試験性という五つの副特性があり，修正性は，欠陥の取込みも既存の製品品質の低下もなく，有効的に，かつ，効率的に製品又はシステムを修正することができる度合いです。プログラムが複雑で内容を理解するのに時間がかかったり，修正箇所以外への影響を検討しなければいけなかったりすると，修正には時間がかかってしまいます。逆に，**プログラムが構造化されていて，他への影響を考慮することなく修正できる場合は，短時間で修正することができます**。このため，1 件の修正にかかった時間の平均である，（修正時間の合計）÷（修正件数）の値は，保守性の評価指標になります。したがって，（イ）が正解です。

ア：信頼性の評価指標です。信頼性の副特性である成熟性は，プログラムの成熟度を表す特性で，**最終成果物に含まれる誤り（不具合）が少ないほど，成熟している**としています。

ウ：移植性の評価指標です。

エ：機能適合性の評価指標です。**求める機能が全て実装されていれば，出荷直後に利用者から改善要求は出ない，出たとしてもわずかな件数のはず**です。また，出荷直後は問題なかったとしても，**月日の経過によって業務プロセスが変化し，これに伴い改善要求が発生します**。出荷後の経過月数で割り算しているのは，そのためです。

解答　イ

第
10
章

第10章 ITマネジメント

10.2 サービスマネジメント

▶▶▶ **Explanation**

ポイントの解説

(1) サービスマネジメントの基礎知識

サービスマネジメントは，IT運用の効率化を図り，適切なコストでサービスの品質を高めるための運用管理方法です。障害の発生を未然に防止し，万一発生した場合は迅速に復旧させ被害を最少化することによって，情報システムの運用環境を維持します。また，運用の継続的な改善や品質管理を行って，安全性と信頼性の高いサービスを提供します。そのために，安定運用を推進する体制や運用ルールを確立します。

なお，運用の位置づけと役割は，ITサービスマネージャを受験する方に必要な視点です。
①運用の位置付け
　情報システムのライフサイクルにおいて，運用の期間は最も長く，運用部門がその作業を担当します。そして，情報システムが，その使命を終えて廃棄されるまでの運用で得られた実績・評価を，新たな情報システムの企画・設計にフィードバックします。
②運用の役割
　いつでも安心して情報システムを利用できることが理想ですが，このような利便性に対しては，技術面やコスト面などからの制約が存在します。情報システムに問題がある場合，全てについての対策をとるよりも，システムの現状と弱点を常に点検・把握して，緊急性の高いものから対策を充実させることが重要です。運用の観点から，その切分けを行います。

③　**JIS Q 20000**（ISO/IEC 20000）
　ITサービスマネジメントの国際規格であるISO/IEC 20000を，日本国内向けに翻訳した規格です。JIS Q 20000-1:2020サービスマネジメントシステム要求事項は，サービスの要求事項を満たし，顧客・サービス提供者双方に価値を提供するためのサービスの設計，移行，提供，改善を定義しています。

10.2 サービスマネジメント

④ITIL®（Information Technology Infrastructure Library）

　英国の政府機関が策定した IT サービス管理，IT 運用管理に関するベストプラクティス集（ガイドブック）です。IT サービスマネジメントライフサイクルに沿って，PDCA アプローチでサービスを改善することを目的に，サービス運用のプロセスを戦略・計画，設計，移行・構築，運用，継続的改善という観点で構成しており，実質的な世界標準として世界各国で採用されています。

　現在は ITIL®4 が最新となります。

⑤SLA（Service Level Agreement；サービスレベル合意書）

　IT サービスの提供者（受託者）と利用者（委託者）の間で取り交わす，提供するサービスの範囲と品質に関する合意文書です。サービス評価項目ごとに具体的な数値目標を設定し，提供者と利用者の責任範囲を明確にします。達成できなかった場合のペナルティなども盛り込み，両者はこの合意内容を文書化して契約を締結します。

　なお，サービス評価項目の具体例としては，稼働率，障害復旧時間，サービスデスクの即答率，セキュリティ侵害検知時間などがあります。

（2）　サービスマネジメントシステム
①構成管理

　サービスを構成するハードウェア，ソフトウェア，ドキュメントなどを構成品目（CI；Configuration Item）として定義し，構成情報を正確に維持するための活動です。CMDB（構成管理データベース）を管理します。

②サービスレベル管理（SLM；Service Level Management）

　受託者と委託者間でサービスレベルを定義，合意し，サービス品質向上を図る一連の活動です。合意したサービスレベルを維持・向上するためにモニタリングや改善，報告などを行います。

③供給者管理

　運用に必要なサービスを提供する提供者との契約や，パフォーマンスを監視する活動です。供給者には，アウトソーシングやクラウドサービスを提供する外部提供者，運用部門と同一組織内にあるものの，直接的な管理下にないデータセンタやセキュリティ専門チームなどの内部提供者があります。

④サービスの予算業務及び会計業務

　サービス提供費用の予算を計画・管理する予算業務と，間接費の配賦や直接費の割当てなどと行う会計業務を通して，財務状況を効率的に管理する活動です。TCO（Total Cost of Ownership；総所有費用）は，システムの導入（開発），保守，運用，ユーザ教育など全てを含めた費用です。

⑤容量・能力管理

　CPU 使用率やネットワーク使用率など IT システムのリソースを管理し，適正な費用で，合意された容量や能力を提供します。

⑥インシデント管理

　インシデントは，サービスに対する計画外の中断やサービス品質の低下，利用者へのサービスにまだ影響していない障害の予兆です。放置するとシステム障害が発生するため，あらかじめ，システムの各種異常値の監視や，異常値発生時の警報発生の仕組みなどを整備し，対処手順を決めておきます。
　・手順1：インシデントを記録し，分類する
　・手順2：影響度や緊急度を考慮して，優先順位付けをする
　・手順3：必要であれば，**エスカレーション**（上位者へ報告）する。
　・手順4：暫定処置を施します。

⑦サービス要求管理

　システムや運用への要望や提案などのサービス要求は，定められた手順に従って実施します。必ず記録し，緊急度を判断して優先順位を決めます。

⑧問題管理

　インシデントの**根本原因**を究明し，恒久的な再発防止策を検討します。解決策は，変更管理で変更要求として処理されます。また，過去に発生したインシデントは，**既知の誤り**として記録します。

⑨変更管理

　変更諮問委員会（CAB：Change Advisory Board）が，RFC（Request For Change：変更要求）を評価し，変更可否を決定します。そして，変更が決定した要求について変更を行い，変更に失敗した場合に元に戻す**切り戻し**についても計画します。なお，変更は，変更管理の活動として行う場合と，サービスの設計及び移行として行う場合があります。

10.2 サービスマネジメント

⑩サービスの設計及び移行

サービス要求のうち，新規サービスやサービス変更は，変更管理ではなく，新たなサービス計画として対応します。そのため，サービスの要求事項を満たすように情報システムの機能や導入後のサービスについて，機能要件だけでなく性能など非機能要件も含めて設計し直します。ギャップ分析，CSF，KPIなど「第11章 11.1 システム戦略」も学習しておきましょう。

完成した情報システムは，サービス受入れ基準に基づいて受入れテストや総合テストを行い検証します。そして，移行計画を立て，**移行リハーサル**を行って移行手順を確認した後，稼働環境へ展開（インストール）します。

方式	移行の単位	特徴
一括移行	全ての機能と拠点	作業が最も単純であるが，失敗の影響が大きい
部分移行	サブシステム（機能のまとまり）	失敗の影響を一部機能に限定できる
パイロット移行	拠点（支店・部門など）	全ての機能の確認ができ，不具合を修正後に他の拠点に移行できる
並列運用移行	新・旧システムの並列運用	旧システムが利用できるため，失敗の影響は少ないが，運用コストが大きい

⑪リリース管理及び展開管理

変更管理で実施した変更を，本番環境にリリース，展開（デプロイ）する活動です。展開に失敗した場合は**切り戻し**を行います。

⑫サービス可用性管理

サービス可用性は，必要なときにITサービスを使用できる能力のことで，これを維持するためにリソース（資源）を管理します。災害やシステム障害時だけでなく，平常時も含め，業務への影響をSLAの範囲内に収めます。

⑬サービス継続管理

緊急時に備え，**事業継続計画**（BCP）やサービス継続計画を作成し，目標復旧時間（RTO；復旧にかかる時間）や目標復旧時点（RPO；復旧するデータの時系列範囲）を決め，復旧手順を整備します。

⑭情報セキュリティ管理

情報資産の機密性，完全性，アクセス性を保ち，情報セキュリティ基本方針を満たすために，リスク管理，リスク対策などを行います。

（3）　サービスの運用

　サービスマネジメントシステムで策定した計画や方針を実行します。

①サービスデスク（ヘルプデスク，コールセンタ）

　利用者からの問合せや変更要求などに対応する単一の窓口です。受け付けた内容に応じて適切な部署へ対応を引き継ぎ，以降は対応結果の記録と進捗状況の管理を行います。必要に応じて，結論や対応状況を利用者に報告します。なお，バーチャルサービスデスクは，スタッフを複数の地域に分散させ，通信技術を利用して実現する仮想的な単一窓口です。

②バックアップ

　障害の発生に備えて，データのバックアップは欠かせない作業です。フルバックアップが基本ですが，処理時間がかかるので，追加・更新された変更データだけをバックアップ対象とする差分バックアップや増分バックアップと併用します。それぞれのバックアップ方式の特徴は次のとおりです。

方式	バックアップ対象	リストア（復旧作業）
フルバックアップ	全てのデータ	フルバックアップだけ
差分バックアップ	直近のフルバックアップ以降の変更データ（累積）	フルバックアップ ＋ **最後**の差分バックアップ
増分バックアップ	直近のバックアップ以降に変更されたデータ	フルバックアップ ＋ **全て**の増分バックアップ

（4）　ファシリティマネジメント

　サービスマネジメントの分野におけるファシリティマネジメントは，情報システムを最善の状態で継続して利用するために，コンピュータやネットワークなどのシステム環境や建物などの施設，電源や空調などの設備を管理し，維持する活動です。建物設備の入退室といったセキュリティ対策も含まれます。

- **UPS**（Uninterruptible Power Supply）：商用電源用の無停電電源装置です。バッテリを内蔵しており，停電，瞬停と同時に電源を供給しますが，供給できる時間は短時間なので，システムの運転継続ではなく，正常な状態で終了させるために用います。
- **MDF/IDF**：ビルなど大型の建物の通信回線は，MDF（Main Distribution Frame；主配電盤）から，IDF（Intermediate Distribution Frame；中間配電盤）を経由して各居室に接続されます。

10.2 サービスマネジメント

▶▶▶ Check

理解度チェック ▶ 10.2 サービスマネジメント

次の文中の ☐ に適切な用語を入れてください。

(1) サービスマネジメントは，IT 運用の ☐ ア ☐ を図り，適切なコストでサービスの ☐ イ ☐ を高めるための運用管理方法です。☐ ウ ☐ はそのためのベストプラクティス集です。サービスの提供に当たっては，サービス評価項目ごとに具体的な数値目標を設定し，提供者と利用者の責任範囲を明確にした ☐ エ ☐ を利用者との間で取り交わします。

(2) サービスマネジメントシステムの代表的な管理プロセスです。
・☐ オ ☐：SLA を合意し，サービスレベルを維持する
・☐ カ ☐：インシデントを記録し，暫定処置を施す
・☐ キ ☐：インシデントの根本原因を究明し，再発防止策を検討する
・☐ ク ☐：RFC を評価し，要求について変更を行う

(3) 構成品目（CI）を管理するデータベースは ☐ ケ ☐ です。

(4) 直近のフルバックアップ以降に変更されたデータを対象にするバックアップは ☐ コ ☐ です。

(5) 事業継続計画において復旧にかかる時間は ☐ サ ☐ ，復旧するデータの時系列範囲は ☐ シ ☐ です。

(6) システムの導入（開発），保守，運用，ユーザ教育など全てを含めた費用は ☐ ス ☐ です。

(7) 特定の拠点だけを先行して移行する方式は ☐ セ ☐ ，新・旧の情報システムを同時に稼働させる方式は ☐ ソ ☐ です。

解 答

(1) ア：効率化　イ：品質　ウ：ITIL®　エ：SLA（サービスレベル合意書）
(2) オ：サービスレベル管理　カ：インシデント管理　キ：問題管理
　　ク：変更管理
(3) ケ：CMDB（構成管理データベース）　　(4) コ：差分バックアップ
(5) サ：RTO（目標復旧時間）　　シ：RPO（目標復旧時点）
(6) ス：TCO（総所有費用）
(7) セ：パイロット移行方式　ソ：並列運用移行方式

第10章

第10章 ITマネジメント

▶▶▶Question

問題で学ぼう

問1 図は，ITIL 2011 edition のサービスライフサイクルの各段階の説明と流れである。a～d の段階名の適切な組合せはどれか。

| a | ITサービス及びITサービスマネジメントに対する全体的な戦略を確立する。 |

| b | 事業要件を取り入れ，事業が求める品質，信頼性及び柔軟性に応えるサービスと，それを支えるプラクティス及び管理ツールを作り出す。 |

| c | サービス及びサービス変更を運用に利用できるようにするために，前の段階の成果を受け取り，事業のニーズを満たすかどうかをテストし，本番環境に展開する。 |

| d | 顧客とサービス提供者にとっての価値を確保できるように，ITサービスを効果的かつ効率的に提供しサポートする。 |

| 継続的サービス改善 | ITサービスマネジメントプロセスとITサービスに対する改善の管理を責務とし，効率性，有効性及び費用対効果を向上させるために，サービス提供者のパフォーマンスを継続的に測定して，プロセス，ITサービス，インフラストラクチャに改善を加える。 |

◎高度午前Ⅰ （H30 秋·AP 問 55）

	a	b	c	d
ア	サービスストラテジ	サービスオペレーション	サービストランジション	サービスデザイン
イ	サービスストラテジ	サービスデザイン	サービストランジション	サービスオペレーション
ウ	サービスデザイン	サービスストラテジ	サービストランジション	サービスオペレーション
エ	サービスデザイン	サービストランジション	サービスストラテジ	サービスオペレーション

解説

この問題では，サービスライフサイクルを通して PDCA アプローチでサービスを改善する，ITIL®の構成について用語と内容を確認してください。正解は，（イ）です。

534

10.2 サービスマネジメント

a：**サービスストラテジ**（Service Strategy；戦略立案）… Plan
　サービスをどのように提供して利益を得るか，戦略を立てます。
b：**サービスデザイン**（Service Design；設計）… Plan
　SLAなどで具体的に決定したサービス内容を実現するために，システム構成や運用ルール，監視体制などを設計します。
c：**サービストランジション**（Service Transition；移行）… Do
　サービス設計の内容を本番環境に展開し，運用できる状態にします。
d：**サービスオペレーション**（Service Operation；運用）… Do
　日々のITサービスを提供する活動です。
e：**継続的サービス改善**（Continual Service Improvement）… Check, Act
　運用状況を日々測定し，設計の妥当性確認とサービスの改善を行います。

解答　イ

問2　ITIL 2011 editionによれば，7ステップの改善プロセスにおけるa，b及びcの適切な組合せはどれか

〔7ステップの改善プロセス〕

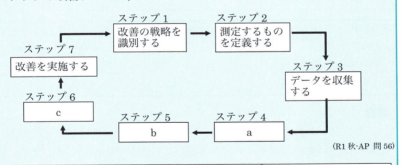

(R1秋-AP 問56)

	a	b	c
ア	情報とデータを分析する	情報を提示して利用する	データを処理する
イ	情報とデータを分析する	データを処理する	情報を提示して利用する
ウ	データを処理する	情報とデータを分析する	情報を提示して利用する
エ	データを処理する	情報を提示して利用する	情報とデータを分析する

535

第10章 ITマネジメント

解説

　この問題では，継続的サービス改善に限らず，データを利用する手順を理解してください。正解は，（ウ）です。**収集したデータはそのままでは使えない**ので，検索したり集計したりできるように処理してから分析します。

順序	概要	実施事項
ステップ1	改善の戦略を識別する	戦略を定め，改善によって達成すべき目標を決定する。
ステップ2	測定するものを定義する	目標の達成状況を評価するために，何を測定するのか，測定項目を決定する。
ステップ3	データを収集する	測定手段を確立し，測定項目についてデータを収集する。
ステップ4	データを処理する	収集したデータを，分析可能な形式に処理し，情報として加工する。
ステップ5	情報とデータを分析する	データと情報を基に，目標と実績のかい離や，達成できなかった場合の要因を分析する。
ステップ6	情報を提示して利用する	関係者への報告を行う。
ステップ7	改善を実施する	分析結果を基に，改善を行う。

解答　ウ

問3　IT サービスマネジメントにおける問題管理プロセスの活動はどれか。

◎高度午前Ⅰ　(H29春-AP 問57)

　ア　根本原因の特定　　　　　　　　イ　サービス要求の優先度付け
　ウ　変更要求の記録　　　　　　　　エ　リリースの試験

解説

　インシデント管理は停止したサービスを迅速に復旧させることに努め，原因究明は行いません。それをしたら復旧に時間がかかってしまいます。**実際の原因究明は，問題管理プロセスが引き継いでじっくり行います。**そして，**再発防止策を策定し，変更要求（RFC）として変更管理に引き継ぎます。**したがって，（ア）が正解です。

イ，ウ：変更管理の活動です。サービス要求は，サービス内容を変更してほしいという要求（RFC）なので，対応有無と優先順位を決め，記録します。

エ：**変更内容のリリースは，リリース管理プロセスが行います。**そのために，リリース手順を確認するリリースの試験を行います。

解答　ア

10.2 サービスマネジメント

問4　サービスマネジメントの容量・能力管理における，オンラインシステムの容量・能力の利用の監視についての注意事項のうち，適切なものはどれか。

(R2-AP 問57)

ア　SLA の目標値を監視しきい値に設定し，しきい値を超過した場合には対策を講ずる。

イ　応答時間や CPU 使用率などの複数の測定項目を定常的に監視する。

ウ　オンライン時間帯に性能を測定することはサービスレベルの低下につながるので，測定はオフライン時間帯に行う。

エ　容量・能力及びパフォーマンスに関するインシデントを記録する。

解説

　サービスマネジメントの容量・能力管理は，ユーザと締結した SLA（サービスレベル合意書）を提供するために，システムのパフォーマンスやサービス提供体制を管理する活動です。サービスレベルを下回らないよう，システムの**パフォーマンスに影響するハードウェアの能力として，応答時間や CPU 使用率などを常時測定して監視**します。また，人が不足して対応が遅れることがないよう，**保守要員の配置やサービスサポートの体制もサービスマネジメントの能力として管理**します。そして，不測の兆候を見つけたら，不足する前に補強します。したがって，（イ）が適切です。

ア：**SLA の目標値を監視しきい値に設定するのは適切**ですが，しきい値を超過してから対応したのでは間に合いません。急な上昇や異常値を含めて，総合的に判断します。

ウ：**性能は，利用者が実際にサービスを利用しているオンライン時間帯に測定します**。利用者が使用していないオフライン時間帯を測定しても，監視したことにはなりません。

エ：インシデントの記録は，インシデント管理で行います。

解答　イ

第10章 ITマネジメント

問5 ITIL 2011 edition によれば，サービス・パッケージの説明として，適切なものはどれか。

(R1 秋-AP 問 55)

ア コアサービス，実現サービス及び強化サービスの組合せで構成された，特定の種類の顧客ニーズへのソリューションを提供する複数のサービスの集まりである。

イ サービス・パイプライン，サービス・カタログ及び廃止済みサービスで構成された，サービス・プロバイダによって管理されている全てのサービスである。

ウ 成果物，価格，連絡先などが内容として含まれた，稼働中の全ての IT サービスに関する情報を格納するデータベース又は構造化された文書である。

エ ハードウェア，ソフトウェア，ライセンス，文書などで構成された，稼働中の IT サービスに対して承認された変更を実施するためのコンポーネントの集合である。

解説

　サービス・パッケージは，顧客のニーズを満たすサービスの集合体です。**コアサービスは，問題文に「特定の種類の顧客ニーズ」とあるように，特定の顧客に共通するサービスをまとめた基本プラン**です。実現サービスは，コアサービスの提供に必要なサービスです。コアサービスを機能要件に例えるなら，非機能要件に該当します。**強化サービスは，名前のとおり，基本プランであるコアサービスを補完するオプションサービスです。コアサービスにないサービスをオプションとして提供**します。したがって，（ア）が正解です。

イ：サービス・ポートフォリオの説明です。サービスライフサイクルとして管理する全てのサービスを指します。

ウ：サービス・カタログの説明です。サービス・ポートフォリオの中の稼働中のサービスで，今，サービスとして提供できるもののカタログです。なお，サービス・ポートフォリオには，この他に，検討中・開発中を指すサービス・パイプライン，廃止済みを指す廃止済みサービスがあります。

エ：リリース・ユニットの説明です。変更内容を本番環境にリリース，展開するときに使用します。

解答　ア

538

10.2 サービスマネジメント

問6 サービス提供時間帯が毎日 6〜20 時のシステムにおいて，ある月の停止時間，修復時間及びシステムメンテナンス時間は次のとおりであった。この月の可用性は何%か。ここで，1 か月の稼働日数は 30 日，可用性（%）は小数第 2 位を四捨五入するものとする。

〔停止時間，修復時間及びシステムメンテナンス時間〕
・システム障害によるサービス提供時間内の停止時間：7 時間
・システム障害に対処するサービス提供時間外の修復時間：3 時間
・サービス提供時間外のシステムメンテナンス時間：8 時間

◎高度午前Ⅰ （H29 秋-AP 問 55）

　ア　95.7　　　　イ　97.6　　　　　ウ　98.3　　　　　エ　99.0

解説

　可用性は，システムを利用したいとき，どの程度の比率で利用することができるかを示す指標なので，**具体的には稼働率を意味します。**そして，サービス提供時間外にサービスを提供することはないので，**サービス提供時間外でのメンテナンスや障害によるシステム停止は，稼働率には影響しません。**これより，稼働率に影響するサービス停止時間は，「システム障害によるサービス提供時間内の停止時間：7 時間」だけです。これを，稼働率を計算する計算式に当てはめて計算しましょう。計算式の内容が心配な人は，第 3 章「システム構成要素」の「3.1 システムの信頼性」を復習してください。

$$可用性(\%) = \frac{サービス提供時間 - 提供時間内の停止時間}{サービス提供時間} \times 100$$

　・1 日のサービス提供時間　　：14 時間（6〜20 時）
　・1 か月のサービス提供時間：14 時間×30 日＝ 420 時間
　・1 か月の停止時間　　　　　：7 時間

可用性＝（(420 時間－7 時間)÷420 時間）×100 ≒ 98.33%
小数第 2 位で四捨五入すると 98.3 となるので，（ウ）が正解です。

解答　ウ

第10章

第10章 ITマネジメント

問7 IT サービスマネジメントのプロセスの一つである構成管理を導入することによって得られるメリットはどれか。

◎高度午前I （H28 春·AP 問57）

ア IT リソースに対する,現在の需要の把握と将来の需要の予測ができる。

イ 緊急事態においても最低限の IT サービス基盤を提供することによって,事業の継続が可能になる。

ウ 構成品目の情報を正確に把握することによって,他のプロセスの確実な実施を支援できる。

エ 適正な費用で常に一定した品質での IT サービスが提供されるようになる。

解説

　IT サービスマネジメントの構成管理は,構成情報を正確に維持するための活動です。管理する情報としてハードウェア,ソフトウェア,ドキュメントなどの構成品目（CI）を定義し,構成管理データベース（CMDB）を使って一元管理します。**CMDB は,システム開発で使用するリポジトリのようなバージョン管理ツールではないので,注意してください**。CI の一部としてバージョン情報も管理しますが,どこに何がインストールされているか,どこに何が何台あるかなどの情報を管理します。また,**CI のドキュメントには,サービス運用に関する様々な情報が含まれます**。

　そして,CMDB への入力や更新は,該当する作業を行った管理プロセスが行いますが,**内容はどの管理プロセスからも参照可能**です。例えば,ある機器に故障が発生した際に,インシデント管理では,CMDB を参照して影響するシステムや業務,影響の大きさや緊急度を判断します。このとき,CMDB の情報に不備や不足があると,インシデント管理では影響度を正しく判断することができません。そのため,**何を CI として登録するか,その情報が最新かどうかを管理することが構成管理の役割**であり,これをもって他の管理プロセスを支援しています。したがって,（ウ）が正解です。

ア：キャパシティ管理の導入メリットです。

イ：サービス継続管理の導入メリットです。

エ：サービスレベル管理の導入メリットです。

解答　ウ

10.2 サービスマネジメント

> 問8　ITIL 2011 edition の可用性管理プロセスにおいて，IT サービスの可用性と信頼性の管理に関わる KPI として用いるものはどれか。
>
> ◎高度午前Ⅰ　《H29 春·AP 問 55》
>
> ア　サービスの中断回数及びそのインパクトの削減率
> イ　災害を想定した復旧テストの回数
> ウ　処理能力不足に起因するインシデント数の削減率
> エ　目標を達成できなかった SLA の項目数

解説

　可用性管理の**可用性は「いつでも使える」，信頼性は「中断なしに機能を提供できる」という意味**です。品質特性では，信頼性の副特性として可用性が定義されていましたが，意味としては同じです。一方，KPI（Key Performance Indicator；重要業績評価指標）は，第 11 章「IT ストラテジ」にも出てきますが，目標の達成度合いを評価する指標です。IT サービスが使えず業務が滞ってしまったら業績は低下します。可用性を損なう要因は，障害などによるサービスの中断なので，**サービスの中断回数や中断時間などが評価指標になります**。また，1 回しか中断しなかったとしても，**中断時間が長ければ長いほど業務に影響する**ため，1 回の中断が業務に与えたインパクトもあわせて評価指標となります。したがって，（ア）が正解です。

イ：復旧テストの訓練を行うことは，復旧時間の短縮に貢献します。でも，**災害を想定した訓練なので，IT サービス継続性管理の KPI です。災害時と，平時では，復旧の手順や内容が異なる部分があります。**（ア）と（イ）の選択肢で迷った方は，災害＝BCP（事業継続計画）をイメージするようにしましょう。

ウ：性能不足なのでキャパシティ管理の KPI です。

エ：SLA（サービスレベル合意書）なのでサービスレベル管理の KPI です。

解答　ア

第10章 ITマネジメント

> **問9** 目標復旧時点（RPO）を 24 時間に定めているのはどれか。
> ◎高度午前Ⅰ （H26 秋-AP 問 56）
>
> ア　業務アプリケーションをリリースするための中断時間は，24 時間以内とする。
> イ　業務データの復旧は，障害発生時点から 24 時間以内に完了させる。
> ウ　障害発生時点の 24 時間前の業務データの復旧を保証する。
> エ　中断した IT サービスを 24 時間以内に復旧させる。

解説

　目標復旧時点（RPO；Recovery Point Objective）は，大規模な障害や災害の際，情報システムの状態を，障害発生時点からさかのぼって，いつの状態に復旧するかという目標値です。**過去にさかのぼり，何月何日何時何分までのデータであれば確実に復元できる，という日付や時刻を時間で示します。** したがって，（ウ）が正解です。

　障害が発生した，その瞬間の状態に戻せれば一番よいのですが，それには，それなりのバックアップ体制が必要で，準備と費用がかかります。そのため，業務に影響がでない範囲を検討し，バックアップ体制を整えます。

ア，イ，エ：いずれも目標復旧時間（RTO；Recovery Time Objective）です。復旧に要する目標時間のことで，この時間内に復旧完了を目指します。RPO や RTO は，大規模災害などに備える事業継続計画（BCP；Business Continuity Plan）や，コンティンジェンシープラン（緊急時対応計画；Contingency Plan）において設定される目標値です。

解答　ウ

10.2 サービスマネジメント

問10 フルバックアップ方式と差分バックアップ方式を用いた運用に関する記述のうち，適切なものはどれか。

(R3 春·AP 問 57)

ア 障害からの復旧時に差分バックアップのデータだけ処理すればよいので，フルバックアップ方式に比べ，差分バックアップ方式は復旧時間が短い。

イ フルバックアップのデータで復元した後に，差分バックアップのデータを反映させて復旧する。

ウ フルバックアップ方式と差分バックアップ方式を併用して運用することはできない。

エ フルバックアップ方式に比べ，差分バックアップ方式はバックアップに要する時間が長い。

解説

　フルバックアップ方式はデータベース全体を，差分バックアップ方式は，フルバックアップ以降に変更になった内容だけを取得する方式でしたね。**差分バックアップのデータには，変更分しか入っていません。変更分を反映する土台となるデータベースが必要です。そこで，まず，フルバックアップのデータをディスクに復元（リストア）して土台を作ります。**そして，そこに，差分バックアップのデータを反映させます。

　したがって，（イ）が正解です。

ア：フルバックアップ方式の復旧は，フルバックアップの復元だけでよく，差分の処理は不要です。そもそも，差分のデータがありません。一方，差分バックアップ方式は，フルバックアップの復元に加えて差分による復旧処理も行うので，**復旧時間はフルバックアップ方式より長くなります。**

ウ：土台となるデータベースが必要なので，フルバックアップの取得が必須です。例えば，**週末はフルバックアップ方式でバックアップを行い，平日は差分バックアップを取得するなど，併用して運用します。**

エ：**フルバックアップ方式はデータ全体がバックアップ対象**ですが，**差分バック方式は差分しかバックアップしない**ので，バックアップに要する時間は，差分バックアップ方式の方が短くなります。

解答　イ

第10章

第10章 ITマネジメント

問11 システムの移行方式のうち，パイロット移行方式について説明したものはどれか。

◎高度午前Ⅰ （H21秋-AP 問56）

ア 機能的に閉じたサブシステム単位に，短期間で順次移行していくので，運用部門の負荷が少なく，問題が発生しても当該サブシステム内に抑えることができる。

イ 限定した部門で新システムを導入・観察した後にほかの全部門を移行するので，移行に関する問題が発生しても影響範囲を局所化できる。

ウ 新・旧両システム分のリソースを用意し，並行稼働させるので，新システムで問題が発生しても業務への影響を最小にできる。

エ ほかの移行方式に比べると移行期間は短くできるが，事前に全部門との間で詳細な計画を立てるとともに，新システムに高い信頼性が要求される。

解説

　この問題では，移行方式の内容と特徴を整理して覚えましょう。

　パイロットは水先案内人という意味で，物事を先導する役割をもちます。なので，**パイロット移行方式は，全部署が足並み揃えて移行を行うのではなく，どこかの部署が先導して移行を行う**方式です。先導する部署がお試し移行を試みて，問題がなければ全部署で移行を行います。**先導する部署は，限定された一部の部門を指します。**したがって，（イ）が正解です。

　一部の部門に限定するのは，選択肢にもあるように，問題の影響範囲を局所化するためです。その部門では，**全ての機能を新システムに切り替えて業務のお試しをします。**

ア：サブシステム単位の移行は，部分移行方式です。**「部分」は新システムの一部の機能を指します。**例えば，受発注システムの受注機能だけを移行し，問題がなければ発注機能を移行する方式です。

ウ：新旧両システムを稼働させる移行は，並行運用移行方式です。**両システムを同時に運用するので，利用部門の負担と運用コストが大きくなります。**

エ：一括（一斉）移行方式の説明です。一度に全部を移行するので，移行期間は短くなりますが，複数部署が同時に移行を行うので事前に詳細な計画が必要です。また，**問題が発生した場合は，全部署に影響するので，新システムには高い信頼性が要求されます。**

解答　イ

| 10.2 サービスマネジメント

問 12 新システムの開発を計画している。提案された 4 案の中で，TCO（総所有費用）が最小のものはどれか。ここで，このシステムは開発後，3 年間使用されるものとする。

(H29 春·AP 問 56)

単位　百万円

	A案	B案	C案	D案
ハードウェア導入費用	30	30	40	40
システム開発費用	30	50	30	40
導入教育費用	5	5	5	5
ネットワーク通信費用／年	20	20	15	15
保守費用／年	6	5	5	5
システム運用費用／年	6	4	6	4

ア　A案　　　　イ　B案　　　　ウ　C案　　　　エ　D案

解説

　TCO（Total Cost of Ownership；総所有費用）は，情報システムを保持するためにかかる全ての費用の合計です。開発にかかる費用だけでなく，**導入費用や，導入後の運用・保守に必要な費用も加算します**。この合計値に対し利益が見込めなければ，新システムを構築しても赤字になるだけなので，計画は中止や変更となります。そのため，TCO の試算はとても重要です。

　この問題では「3 年間使用される」という条件になっているので，**ネットワーク通信費用，保守費用，システム運用費用は 3 年分必要**であることに注意して計算した結果が，次の表です。したがって，（ウ）が正解です。

単位　百万円

	A案	B案	C案	D案
ハードウェア導入費用	30	30	40	40
システム開発費用	30	50	30	40
導入教育費用	5	5	5	5
ネットワーク通信費用／年×3	60	60	45	45
保守費用／年×3	18	15	15	15
システム運用費用／年×3	18	12	18	12
合計	161	172	153	157

解答　ウ

第10章 ITマネジメント

10.3 システム監査

▶▶▶ **Explanation**

ポイントの解説

（1） システム監査の目的と手順

システム監査基準では，システム監査を次のように定義しています。

> **システム監査の定義**
>
> 専門性と客観性を備えたシステム監査人が，一定の基準に基づいて情報システムを総合的に点検・評価・検証をして，監査報告の利用者に情報システムのガバナンス，マネジメント，コントロールの適切性等に対する保証を与える，又は改善のための助言を行う監査の一類型である。

> **システム監査の目的**
>
> 情報システムにまつわるリスクに適切に対処しているかどうかを，独立かつ専門的な立場のシステム監査人が点検・評価・検証することを通じて，組織体の経営活動と業務活動の効果的かつ効率的な遂行，さらにはそれらの変革を支援し，組織体の目標達成に寄与すること，又は利害関係者に対する説明責任を果たすことを目的とする。

組織体の経営活動は，IT ガバナンスを指します。システム監査人は，IT ガバナンスの一環として，監査依頼者からの要求に基づき，情報システムの安全性，信頼性，準拠性，戦略性，効率性，有効性などを点検・評価します。このため，システム監査人には，独立性と適格性が求められます。また，監査計画の策定，監査の実施，監査報告とフォローアップという流れでシステム監査を行います。

> **①独立性**
> ・外観上の独立：被監査側に組織的にも身分的にも従属していないこと
> ・精神上の独立：第三者として常に公正かつ客観的に判断すること
>
> **②適格性**
> 専門能力と職業倫理・コミュニケーション能力など，組織体の状況や IT 環境の変化などに対応して，効果的なシステム監査を行うために必要な知識や能力のこと

10.3 システム監査

（2）　システム監査の対象業務

　情報システムに関連するあらゆる業務，人，組織，基準，書類（ドキュメント）が監査対象です。ネットワークや接続先のシステム，使われている情報技術の仕組みなども監査対象となります。システムライフサイクル全般が対象なので，企画，開発，運用，利用，保守の各フェーズに合わせた着眼点で監査を行います。例えば，企画の妥当性，開発の信頼性・準拠性，保守の信頼性・効率性などです。そのため，システム監査を実施する目的や対象範囲は，監査規程やシステム監査委託契約書によって，明確に文書化して定めます。

　また，これらの前提となる IT ガバナンスも監査の対象です（第 11 章「IT ストラテジ」の「システム戦略・経営戦略」を参照してください）。

（3）　システム監査計画の策定

　システム監査には，評価結果の報告先となる監査依頼人がいます。システム監査人は，依頼内容に対し，有効な監査を効率よく行うために，監査の目的・テーマ，監査対象範囲，監査手続，実施時期，実施体制，実施スケジュールなどを決めた監査計画を作成します。そして，これを基に監査個別計画書を作成し，システム監査を実施します。

　なお，社内のシステム監査部門が監査を行う場合は，経営戦略に基づき，中長期計画や年度計画を策定します。また，リスク評価に基づく監査計画の策定を，リスクアプローチと呼びます。

　・監査手続：監査項目について，十分かつ適切な証拠を入手する手順

（4）　システム監査の実施

　システム監査は，次の流れで実施します。

> ・予備調査：対象業務の実態を把握します。
> ・本調査：予備調査を基に，評価に必要な監査証拠を収集します。
> ・評価・結論：監査証拠から監査調書を作成し，評価します。

　システム監査人が，監査証拠を円滑に入手できるように，情報システムが構築，整備されていることを可監査性といいます。システム監査の実施が可能であることを示す性質で，情報システムの信頼性・安全性・効率性が確保されていることを継続的に検証できます。

　また，予備調査，本調査には被監査部門の協力が必須です。監査対応のためだけのドキュメント作成を求めるような負荷をかけないよう配慮します。

第10章 ITマネジメント

①監査証拠

監査結果を裏付けるために必要な事実です。システム監査の実施は，監査証拠を収集する行為であり，システム監査人は，どのような監査証拠を収集すべきかを監査対象のシステムや業務内容に合わせて検討します。

②監査証跡

監査対象システムの入力から出力に至る過程を時系列で追跡できる一連の仕組みや記録で，各種のログなどが相当します。

③監査調書

予備調査と本調査を通じて，システム監査人が適用した手続，収集した資料，発見した事実を記録した資料類の総称です。

（5）　システム監査の報告とフォローアップ

監査調書を基に監査報告書を作成し，監査結果を監査依頼者に報告します。そして，必要な措置が講じられるよう，**フォローアップ**（**改善指導**）を行います。フォローアップは，被監査部門が改善を行うための助言や指導で，監査報告書に改善提案を記載した場合は，必ず実施し，改善状況を確認することがシステム監査基準で義務付けられています。

・監査報告書

実施した監査の対象や概要の他，**指摘事項**や助言などを記載します。指摘事項は，監査調書から判明した不適切な箇所や，それに関するシステム監査人の監査意見です。また，指摘事項のうち，重大なリスクを伴う指摘や緊急度の高い指摘には**改善提案**を行います。

（6）　システム監査技法

①基本的なシステム監査技法

監査技法	監査方法
チェックリスト法	チェックリストを配布し，回答を得る
ドキュメントレビュー法	関連する資料や文書類を入手して，内容を点検する
インタビュー法	関係者に直接口頭で問い合わせ，回答を得る
ウォークスルー法	データの処理プロセスやシステムに組み込まれているコントロールを書面上で追跡する
突合・照合法	関連するデータや入力と出力を参照し突き合わせる
現地調査法	被監査部門に出向き，作業状況や環境を点検する

10.3 システム監査

②コンピュータ支援監査技法（CAAT）

多くはプログラムテストで利用されている方法を応用したものです。

監査技法	監査方法
テストデータ法	テストデータを監査対象プログラムに入力し，出力結果からプログラムの正確性を確認します。
ITF法 （ミニカンパニー法）	監査人用の口座を作り，実稼働中にテストデータを入力し，各種の操作をして処理の正確性を検証する方法です。
スナップショット法	特定のデータ・条件などでメモリ内容を出力し，処理の正確性を検証する方法です。
監査モジュール法	抽出条件に合致したデータを記録し，レポート出力するモジュールを組み込む方法です。
ペネトレーションテスト法	ユーザ権限又は無権限でテスト対象システムへ侵入を試みる方法です。情報セキュリティ監査で用います。

(7) 情報システムに関係する監査関連法規

①システム監査基準

システム監査業務の品質を確保し，有効かつ効率的に監査を実施することを目的とした監査人の行為規範です。監査人の独立性，客観性，慎重な姿勢の他，システム監査の手順についても規定しています。【基準8】監査証拠の入手と評価の＜解釈指針＞には，アジャイル開発プロジェクトが監査対象の場合の留意点も記述されていて，アジャイル開発プロジェクトもシステム監査の対象であることを明示しています。

また，情報セキュリティ監査については，前文で「システム管理基準とともに，情報セキュリティ管理基準を参照することが望ましい」としています。これは，ITガバナンスの信頼性，正確性，安全性が，情報システムと情報セキュリティで重複しているためです。

②システム管理基準

監査人が，システム監査上の判断尺度として用いる基準です。システムライフサイクルの各フェーズで編纂されており，システム開発に関する作業が具体的に定義されています。ITガバナンスとアジャイル開発に関する定義もあります。そのため，前文には，「本基準は，どのような組織体においても情報システムの管理において共通して留意すべき基本的事項を体系化・一般化したもの」とあります。

第10章

549

第10章 ITマネジメント

③情報セキュリティ監査

監査人の行動規範として**情報セキュリティ監査基準**を，情報セキュリティ監査上の判断尺度として情報システム管理基準，**情報セキュリティ管理基準**を用います。その他，刑法や不正アクセス行為の禁止等に関する法律，コンピュータウイルス対策基準，コンピュータ不正アクセス対策基準なども使用します。

（8） 内部統制

①内部統制

健全かつ効率的な組織運営のための体制を構築し，運用する仕組みです。業務の有効性と効率性の向上，リスクマネジメントや法令遵守，資産の保全，財務報告の信頼性確保などを目的に実施します。そのために，業務プロセスを明確にし，**職務分掌**，実施ルールの設定，チェック体制を確立します。

また，統制環境，リスクの対応と評価，統制活動，情報と伝達，モニタリング，**IT への対応**を，**内部統制の六つの基本要素**と呼びます。IT への対応は，内部統制を達成するために，組織の内外の IT（情報技術）に適切に対応することです。そして，そこに含まれる **IT の統制**は，IT 全般統制と IT 業務処理統制から成ります。

- **職務分掌**：1 人が複数の権限をもたないように権限や責任を分けること
- **IT 全般統制**：情報システムの開発，保守，運用に関する統制
- **IT 業務処理統制**：情報システムの個々の処理内容に関する統制

②IT ガバナンス （JIS Q 38500）

企業が競争力を高めることを目的に，情報システム戦略を策定し，戦略実行を統制する仕組みを確立する取組です。ガバナンス（governance）は，支配や統治を意味する言葉なので，企業の経営戦略に基づいた IT 資産や IT 情報管理を行い，企業の競争優位性を高めることともいえます。システム監査やソフトウェア資産管理なども IT ガバナンスの一環として実施します。

IT ガバナンスの標準化規格である JIS Q 38500 では，全ての組織で効果的及び，受容可能な IT 利用に関する原則について定義し，EDM モデルを推奨しています。

- **EDM モデル**
  Evaluate（評価），Direct（指示），Monitor（モニタ）
- システム管理基準が定義する IT ガバナンスの六つの原則
  責任，戦略，取得，パフォーマンス，適合，人間行動

10.3 システム監査

▶▶▶ Check

理解度チェック ▶ 10.3 システム監査

次の文中の ☐ に適切な用語を入れてください。

(1) システム監査は，☐ ア ☐ と客観性を備えたシステム監査人が情報システムを総合的に点検・☐ イ ☐・検証をし，監査報告の利用者に保証を与える，又は改善のための ☐ ウ ☐ を行うことです。

(2) システム監査人の独立性には ☐ エ ☐ の独立と ☐ オ ☐ の独立が，☐ カ ☐ には専門能力と ☐ キ ☐，コミュニケーション能力があります。

(3) 監査項目について，証拠を入手する手順を ☐ ク ☐ といいます。

(4) 監査結果を裏付けるために必要な事実は ☐ ケ ☐，各種ログのように，対象システムの処理を時系列で追跡できる記録は ☐ コ ☐ です。

(5) システム監査の流れは，☐ サ ☐，☐ シ ☐，評価・結論です。

(6) ☐ ス ☐ を基に，☐ セ ☐ を作成し報告します。☐ セ ☐ に ☐ ソ ☐ を記載した場合は，☐ タ ☐ を行います。

(7) システム監査人の行動規範は ☐ チ ☐，システム監査上の判断尺度として用いる基準は ☐ ツ ☐ です。

(8) 健全かつ効率的な組織運営のための体制を構築し，運用する仕組みは ☐ テ ☐ です。☐ ト ☐ は，権限や責任を分けることです。

(9) 情報システム戦略を策定し，戦略実行を統制する取組は ☐ ナ ☐ です。評価，指示，モニタを実施する ☐ ニ ☐ が推奨されています。

解 答

(1) ア：専門性　イ：評価　ウ：助言
(2) エ，オ：外観上，精神上（順不同）カ：適格性　キ：職業倫理
(3) ク：監査手続
(4) ケ：監査証拠　コ：監査証跡
(5) サ：予備調査　シ：本調査
(6) ス：監査調書　セ：監査報告書
　　ソ：改善提案　タ：フォローアップ（改善指導）
(7) チ：システム監査基準　ツ：システム管理基準
(8) テ：内部統制　ト：職務分掌
(9) ナ：IT ガバナンス　ニ：EDM モデル

第10章

551

第10章 ITマネジメント

▶▶▶ Question
問題で学ぼう

問1 情報システムの可監査性を説明したものはどれか。

◎高度午前Ⅰ （H30秋-AP 問60）

ア　コントロールの有効性を監査できるように，情報システムが設計・運用されていること
イ　システム監査人が，監査の目的に合致した有効な手続を行える能力をもっていること
ウ　情報システムから入手した監査証拠の十分性と監査報告書の完成度が保たれていること
エ　情報システム部門の積極的な協力が得られること

解説

　可監査性（auditability）は，監査を実施できることを意味する情報システムの性質です。例えば，運用に関する契約書の中に，監査人の入室を許可する条項がなければ，監査人は入室して監査を行うことができません。アクセス管理が適切かどうかを確認するためにログは記録しているけれど，1日分しか保持していないとしたら，その適切性を監査することはできません。そのため，情報システムが有効に機能しているかどうかを監査するのであれば，監査に必要な情報を取得する仕組みや運用ルールを検討して，情報システムを構築します。したがって，（ア）が正解です。

　監査に必要な情報とは，監査証拠や監査証跡となる情報です。また，コントロールは業務ルールのことなので，「**コントロールの有効性**」は，**業務ルールどおりに情報システムの処理や運用が行われていることを意味します。**
イ，ウ，エ：**可監査性を監査前に必要な条件とすれば，監査人の能力や十分な監査証拠，情報システム部門の積極的な証拠は，監査中に必要な条件**です。これをクリアすることで，システム監査人は，経営者にコントロールの有効性の現状を説明できる，意味のある完成度をもった監査報告書を作成することができます。

解答　ア

552

10.3 システム監査

> **問2** 企業において整備したシステム監査規程の最終的な承認者として，最も適切な者は誰か。
>
> ◎高度午前Ⅰ （H30春·AP 問59）
>
> ア　監査対象システムの利用部門の長
> イ　経営者
> ウ　情報システム部門の長
> エ　被監査部門の長

解説

　選択肢の内容に迷ってしまった人は，監査の登場人物で考えましょう。監査の登場人物は，監査人，被監査部門（監査を受ける部門），監査報告を受ける人（経営者）に分けられます。そして，**システム監査規程は，システム監査を実施するための社内ルール**です。ということは，**監査を受ける人が承認したら，自分たちに都合の良いルールとなってしまいます。監査人は，監査を行う外部の人ですから，社内ルールを作れませんし，承認もできません。**残る登場人物は経営者しかいません。したがって，（イ）が正解です。

　システム監査基準の前文には，「システム監査とは，（中略）監査報告の利用者に情報システムのガバナンス，マネジメント，コントロールの適切性等に対する保証を与える，又は改善のための助言を行う監査の一類型」とあります。なので，**システム監査は，企業のガバナンスの責任者である経営者が，自社の改善を行うために，監査人に依頼して実施します。**嘘偽りない現状を知るために，監査を行うルールも経営者が最終的に承認して決定します。

　また，システム監査規程は，監査目的，監査対象，実施基準，評価基準，実施計画，報告，フォローアップなどに関する事項を定めたものです。

ア，エ：「監査対象システムの利用部門」は被監査部門ですから，（ア）は，被監査部門の長と言い換えられます。両者は同義です。

ウ：情報システム部門も監査を受ける側です。

解答　イ

第10章 ITマネジメント

問3　システム監査人が，予備調査において実施する作業として，"システム監査基準"に照らして適切なものはどれか。

◎高度午前Ⅰ　(H27秋-AP 問58)

ア　監査テーマに基づいて，監査項目を設定し，監査手続を策定し，個別監査計画書に記載する。

イ　経営トップにヒアリングを行い，経営戦略・方針，現在抱えている問題についての認識を確認し，監査テーマを設定する。

ウ　個別監査計画を策定するために，監査スケジュールについて被監査部門と調整を図る。

エ　被監査部門から事前に入手した資料を閲覧し，監査対象の実態を明確に把握する。

解説

　システム監査基準では，【基準8】監査証拠の入手と評価に，予備調査の具体的な作業内容を記述しています。また，「個別監査計画に基づいて，監査手続を実施することによって，監査証拠を入手する」，「監査手続は，監査対象の実態を把握するための予備調査（事前調査ともいう），及び予備調査で得た情報を踏まえて，十分かつ適切な監査証拠を入手するための本調査に分けて実施される」と規定しています。これは，**計画を立て，準備をし，証拠を集め，それを基に評価しなさい，**ということです。

　そして，**システム監査人は，監査対象である被監査部門とは独立した立場なので，被監査部門の実態を知りません。**そこで，**予備調査を行い，本調査の準備として，どのような監査証拠を集めればよいか，監査対象である被監査部門の実態を確認します。**そのために，被監査部門から事前に入手した資料を閲覧し，疑問点などをヒアリング等で確認して，業務の実態を把握します。したがって，（エ）が正解です。

ア，ウ：個別監査計画書を作成するための作業ですから，計画です。

イ：経営トップにヒアリングをしているものの，それを基に監査テーマを設定しています。（ア）には，「監査テーマに基づいて」とあったので，（イ）は，それよりもさらに前に行う作業であることが分かります。**システム監査は，監査テーマに基づき行うものなので，ここから監査がスタートします。**

解答　エ

10.3 システム監査

問4　システム監査のフォローアップにおいて，監査対象部門による改善が計画よりも遅れていることが判明した際に，システム監査人が採るべき行動はどれか。

(R2-AP 問 59)

ア　遅れの原因に応じた具体的な対策の実施を，監査対象部門の責任者に指示する。

イ　遅れの原因を確かめるために，監査対象部門に対策の内容や実施状況を確認する。

ウ　遅れを取り戻すために，監査対象部門の改善活動に参加する。

エ　遅れを取り戻すための監査対象部門への要員の追加を，人事部長に要求する。

解説

　システム監査のフォローアップ（改善指導）は，監査報告書に記載した改善提案の実現に向けて，被監査部門を支援する活動です。システム監査人は，**改善提案で指摘したリスクに対して，被監査部門が適切な対策を講じることができるよう助言を行う立場**にあります。そのため，改善作業の追跡調査を行って，改善の方向性と進捗状況を確認します。このとき，方向性を間違えていたり，進捗が遅れていたりしたとしても，**改善活動に参加したり，指示したりすることはありません。また，その権限もありません。**あくまで助言を行うという立場で監査依頼者と被監査部門に関わります。したがって（イ）が正解です。

ア：具体的な対策の実施について指示はできません。

ウ：被監査部門から独立した立場なので改善活動に参加できません。

エ：助言という形で要員の追加を提案することはできますが，要求することはできません。

解答　イ

第
10
章

第10章 ITマネジメント

問5 システム監査における "監査手続" として，最も適切なものはどれか。

(H31春-AP 問58)

　ア　監査計画の立案や監査業務の進捗管理を行うための手順
　イ　監査結果を受けて，監査報告書に監査人の結論や指摘事項を記述する手順
　ウ　監査項目について，十分かつ適切な証拠を入手するための手順
　エ　監査テーマに合わせて，監査チームを編成する手順

解説

　"監査手続" ってあんまりピンとこない，という方も多いですが，住所変更の手続きや入院の手続き，と言ったらどうですか。住所変更や入院をするために，相手に申請して書類をもらい，記入して，提出して，処理してもらい，目的を達成する，という作業の流れ（手順）をイメージできます。

　"監査手続" も同じで，監査をする流れ，手順です。監査という目的を達成するために，被監査部門に申請して書類を見たりヒアリングしたり，そして，それを評価して監査調書を作成します。監査調書は，監査意見の裏付けとなる証拠なので，"監査手続" は，監査証拠を入手する手順といえます。

　したがって，（ウ）が正解です。

　監査手続の具体的な方法には，ドキュメントレビュー，インタビュー，チェックリストなど様々なものがあり，監査計画立案時にそれぞれの監査項目に合った適切な方法を選択します。

ア：監査計画の立案や監査の進捗管理は，監査計画書を利用して行います。

イ：指摘事項は，監査報告書に記述します。**監査調書は，監査証拠をまとめたものなので，監査意見は記述しません。**

エ：監査計画で行う作業です。

解答　ウ

10.3 システム監査

問6　外部委託管理の監査に関する記述のうち，最も適切なものはどれか。

(H28 春·AP 問 60)

ア　請負契約においては，委託側の事務所で作業を行っている受託側要員のシステムへのアクセス管理が妥当かどうかを，委託側が監査できるように定める。

イ　請負契約の場合は，受託側要員に対する委託側責任者の指揮命令が適切に行われているかどうかを，委託側で監査する。

ウ　外部委託で開発した業務システムの品質管理状況は，委託側で監査する必要はなく，受託側で監査すべきである。

エ　機密度が高い業務システムの開発を外部に委託している場合は，自社開発に切り替えるよう改善勧告する。

解説

　契約では，指揮命令権は受託側（委託先）にあり，委託側は作業指示そのものに立ち入ることはできません。しかし，作業結果のチェックや，契約に基づいて管理体制の整備を求めることはできます。ただし，**契約書にこれに関する条項がない場合は，整備を求めることはできません。**そのため，請負契約などの外部委託管理に関する委託側の監査では，**契約内容に必要な条項が盛り込まれているかを確認**します。本問では，受託側の要員が委託側の事務所で作業し，委託側のシステムを利用するわけですから，アクセス管理など情報セキュリティに関する事項は委託側の管理下に置く，監査対象とするなどの条項が含まれているかを確認し，含まれていない場合は，指摘事項としてそれを指摘します。したがって，（ア）が最も適切です。

イ：委託側責任者の指揮命令は禁止されているので誤りです。

ウ：品質管理状況は，委託側でも監査すべき内容です。

エ：自社開発が可能であるとは限らないので，外部委託に関する機密保護対策や機密情報の漏えい防止対策などの強化を助言します。

解答　ア

第10章

第10章 ITマネジメント

問7 情報セキュリティ管理基準（平成 28 年）を基に，情報システム環境におけるマルウェア対策の実施状況について監査を実施した。判明したシステム運用担当者の対応状況のうち，監査人が，指摘事項として監査報告書に記載すべきものはどれか。

(R3 春·AP 問 58)

ア Web ページに対して，マルウェア検出のためのスキャンを行っている。

イ マルウェア感染によって被害を受けた事態を想定して，事業継続計画を策定している。

ウ マルウェア検出のためのスキャンを実施した上で，組織として認可していないソフトウェアを使用している。

エ マルウェアに付け込まれる可能性のある脆弱性について情報収集を行い，必要に応じて修正コードを適用し，脆弱性の低減を図っている。

解説

　情報セキュリティ管理基準（平成 28 年）は，情報セキュリティマネジメントに関わる国際規格に準拠し，経済産業省が策定したものです。マルウェア対策として，次の内容を定義しています。

　　・認可されていないソフトウェアの使用を禁止する正式な方針を確立する。

　　・認可されていないソフトウェアの使用を防止又は検出するための管理策を実施する。例えば，アプリケーションのホワイトリストを利用する。

　これを踏まえ，選択肢の内容を評価しましょう。各選択肢は，判明した対応状況なので，どれも監査証拠です。マルウェア検出のためにスキャンしてから使用していても，組織として許可されていないソフトウェアの使用はルール違反です。**組織が許可していないのには，情報セキュリティ上の何らかの理由があります。それを使用することは，リスクの発生につながる**ので，指摘事項として報告書に記載すべき事項です。

　したがって，（ウ）が正解です。

ア，イ，エ：いずれも適切な運用です。

解答　ウ

10.3 システム監査

問8 販売管理システムにおいて，起票された受注伝票の入力が，漏れなく，かつ，重複することなく実施されていることを確かめる監査手続として，適切なものはどれか。

(R1 秋·AP 問 60)

ア　受注データから値引取引データなどの例外取引データを抽出し，承認の記録を確かめる。

イ　受注伝票の入力時に論理チェック及びフォーマットチェックが行われているか，テストデータ法で確かめる。

ウ　販売管理システムから出力したプルーフリストと受注伝票との照合が行われているか，プルーフリストと受注伝票上の照合印を確かめる。

エ　並行シミュレーション法を用いて，受注伝票を処理するプログラムの論理の正確性を確かめる。

解説

　受注伝票の入力データは，最終的には会計データになり，財務諸表の元になります。漏れなく，重複なく，正しく入力されているか確認することは，とても重要です。

　プルーフリスト（proof list）のプルーフは，証拠という意味で，何を入力したか，入力データを加工せず，そのまま表示したリストです。入力者とは別の人が，プルーフリストと受注伝票を突合せチェックして，漏れや重複を確認します。**この作業を行っていれば，プルーフリストが存在し，そこには突合せチェックを行ったレ点などの照合印があるはず**です。したがって，（ウ）が正解です。

　プルーフリストが存在しない場合，何をもって入力データの妥当性を担保しているのか，確認する必要があります。代替処理がない場合は，指摘事項となります。

ア：例外取引の妥当性を確認する監査手続です。その値引きは正しい処理なのか，営業担当者の不正行為なのかを確認します。

イ，エ：テストデータ法と並行シミュレーション法は，システムの機能の適切性を確認するシステム監査技法です。伝票を正しく入力しても，プログラムに不具合があったり，意図的に処理が変更されていたりしたら，正しい処理結果は得られません。プログラム処理が正しいことを確認します。

解答　ウ

第10章 ITマネジメント

問9　クラウドサービスの導入検討プロセスに対するシステム監査において，クラウドサービス上に保存されている情報の消失の予防に関するチェックポイントとして，最も適切なものはどれか。

◎高度午前Ⅰ　(R1秋-AP 問58)

ア　既存の社内情報システムとのIDの一元管理の可否が検討されているか。

イ　クラウドサービスの障害時における最大許容停止時間が検討されているか。

ウ　クラウドサービスを提供する事業者に信頼が置け，かつ，事業やサービスが継続して提供されるかどうかが検討されているか。

エ　クラウドサービスを提供する事業者の施設内のネットワークに，暗号化通信が採用されているかどうかが検討されているか。

解説

　社内でサーバやストレージを保有して運用するコストの削減や，BCP（Business Continuity Plan；事業継続計画）によるバックアップを目的に，クラウドサービス上に情報を保存する企業が増えています。その一方で，クラウドサービス上にしか保存していない情報が消失したという事故も発生しています。

　クラウドサービスに情報を預けるからには，情報の消失やセキュリティなどを評価・検討した上でクラウドサービス事業者を選定しているはずです。システム監査では，その評価・検討がなされているかを確認します。その際の**チェックポイントは，企業がクラウドサービスを評価・検討したチェックポイントと同じ**です。したがって，（ウ）が正解です。

　なお，情報の消失の予防では，次のようなチェックポイントがあります。

①情報が多拠点でバックアップされていて，1か所で障害が発生してもサービスを継続できるようになっているか

②第三者機関による監査を受け，高い評価を受けるなど信頼が置ける事業者であるか

ア，イ：クラウドサービスの利用全般に関するチェックポイントです。

エ：セキュリティに関するチェックポイントです。

解答　ウ

560

10.3 システム監査

問10　システム監査基準（平成 30 年）における監査手続の実施に際して利用する技法に関する記述のうち，適切なものはどれか。

◎高度午前 I　（R1 秋-AP 問 59）

ア　インタビュー法とは，システム監査人が，直接，関係者に口頭で問い合わせ，回答を入手する技法をいう。

イ　現地調査法は，システム監査人が監査対象部門に直接赴いて，自ら観察・調査するものなので，当該部門の業務時間外に実施しなければならない。

ウ　コンピュータ支援監査技法は，システム監査上使用頻度の高い機能に特化した，しかも非常に簡単な操作で利用できる専用ソフトウェアによらなければならない。

エ　チェックリスト法とは，監査対象部門がチェックリストを作成及び利用して，監査対象部門の見解を取りまとめた結果をシステム監査人が点検する技法をいう。

解説

　システム監査基準は，システム監査人の行為規範でしたね。監査手続と利用する技法についても定義しています。**インタビュー法は，ニュース番組や雑誌の取材で使われるインタビューと同じ**です。相手と直接会話をして，回答を聞き出します。直接会話には，対面だけでなく，オンライン会議ツールを使ったカメラ越しの会話も含みます。**なお，ただインタビューすればよいわけではなく，事前に調査事項として，インタビューする内容を決めておきます。**したがって，（ア）が正解です。

イ：現地調査法は，システム監査人が，監査対象部門に直接赴き，対象業務の状況を，自ら観察・調査する技法です。業務の状況を調査するので，業務時間外でなく，業務時間内に行います。

ウ：コンピュータ支援は，OS の機能や，ソフトウェアを使用して作業を行うことです。監査技法では，スナップショット法や，監査モジュール法などがあります。専用のソフトウェアに限定されているわけでにありません。

エ：チェックリスト法とは，質問形式のチェックリストをシステム監査人が作成し，監査対象部門に配布して，回答してもらう方式です。監査対象部門は，チェックリストを作成しません。

解答　ア

第10章 ITマネジメント

問11　金融庁の“財務報告に係る内部統制の評価及び監査に関する実施基準”における“ITへの対応”に関する記述のうち，適切なものはどれか。

◎高度午前Ⅰ　(H28秋-AP 問60)

ア　IT環境とは，企業内部に限られた範囲でのITの利用状況である。

イ　ITの統制は，ITに係る全般統制及びITに係る業務処理統制から成る。

ウ　ITの利用によって統制活動を自動化している場合，当該統制活動は有効であると評価される。

エ　ITを利用せず手作業だけで内部統制を運用している場合，直ちに内部統制の不備となる。

解説

　米国のSOX法に対し，日本では，金融商品取引法によって，上場企業に対して内部統制報告書の提出と，内部統制に対する監査が義務付けられました（J-SOX）。金融庁の“財務報告に係る内部統制の評価及び監査に関する実施基準”は，これを監査する基準で，内部統制構築・運用のガイドラインです。

　このガイドラインでは，“ITへの対応”として，**業務を実施する上で組織内外のITを対象に「IT環境への対応」と「ITの利用及び統制」を定義しています**。そして，ITの統制には全般統制と業務処理統制の二つがあり，両者が一体となって機能することが重要としています。これは，**財務に関する個々の業務だけでなく，そこで発生したデータの受渡しを含め，システム全体で正確に処理することが重要**という意味です。したがって，（イ）が正解です。

全般統制	：業務処理統制の土台となるもので，システム開発・保守・運用管理などを指します。
業務処理統制	：入力情報の完全性，正確性，正当性などを確保する統制や，例外処理（エラー）の修正と再処理などを指します。

ア：IT環境には，**インターネット経由の接続など，組織外部も含まれます**。

ウ：入力チェックなどをプログラム（ITの利用）だけ行う統制では，プログラムの改ざんや不正使用など，内部不正のリスクを伴います。

エ：手作業による誤謬などの防止は必要ですが，それが**内部統制の不備となるわけではありません**。

解答　イ

10.3 システム監査

問12 営業債権管理業務に関する内部統制のうち，適切なものはどれか。

(H27 秋·AP 問60)

ア 売掛金回収条件の設定は，営業部門ではなく，審査部門が行っている。

イ 売掛金の消込み入力と承認処理は，販売を担当した営業部門が行っている。

ウ 顧客ごとの与信限度の決定は，審査部門ではなく，営業部門の責任者が行っている。

エ 値引き又は割戻しの処理は，取引先の実態を熟知している営業部門の担当者が行っている。

解説

　内部統制は，組織内の活動が適切かつ効率的に遂行できるようにするための，組織内部の運用体制やコントロールの仕組みです。また，**営業債権管理業務は，取引先に対して債権である売掛金を管理する業務**です。そして，この営業債権管理業務が適切に行われないと，売掛金の回収ができなかったり，横領などの原因となったりします。こうした事態を防ぐには**職務分掌を行い，当事者ではない，第三者によるチェックや実行という内部統制が必要**です。

　営業債権に関して，組織内部の当事者は営業部門です。営業部門で売掛金回収条件を設定できる場合，発注してもらうために相手企業に合わせて不適切な回収条件を設定したり，不正目的に回収条件を変更したりできてしまいます。そのため，必ず，営業部門以外の第三者部門のチェックが必要です。**職務分掌という意味では，営業部門ではなく，第三者部門が設定すべき**です。したがって，（ア）が正解です。

イ，ウ，エ：いずれも，**営業債権に関する処理を当事者である営業部門が行っている**ので，内部統制機能が働きません。

解答　ア

第11章 ITストラテジ

第11章 ITストラテジ
part 2

▶▶▶ Point
学習のポイント

　ストラテジ（strategy；戦略）とは目的を達成するための方針というような意味で，もともとは軍事用語ですが，経営などの分野にも取り入れられています。また，企業の経営戦略の実現にも，IT技術の活用が欠かせないものとなっており，IT技術者にとっても経営戦略に関する基礎知識は必須です。

　この分野の出題範囲は広いものの，過去に出題された問題の再利用が多い分野です。専門的な知識がなくても，問題文の説明や常識的な解釈で解ける簡単な問題も多いので，しっかりと問題文を読みましょう。

　特に，利益や原価計算，損益分岐点分析などの会計・財務，線形計画法や在庫管理・日程管理（PERT）などのオペレーションズリサーチ（OR），著作権や労働者派遣法などの関連法規などは繰返し出題されています。

（1）　システム戦略

　組織全体の業務や情報システムをモデル化する，エンタープライズアーキテクチャについて理解してください。そして，このモデルを基に，システム化構想が練られ，システム化計画が策定され，要件定義，調達を経てシステム開発の契約が締結される流れを理解しましょう。このほか，業務プロセスやそれを改善する考え方，システム関連の資源を提供するソリューションビジネスについて学習します。

（2）　経営戦略

　代表的な経営戦略の考え方，戦略を立案するための分析技法，代表的な戦略について，基本的な概念や用語を理解してください。また，経営戦略に基づいて行われる，マーケティングや情報システム，情報技術の活用についても基本的な概念や用語を理解してください。この分野は，用語を覚えることが一番の対策となります。

(3) オペレーションズリサーチ(OR)とインダストリアルエンジニアリング(IE)

オペレーションズリサーチとは，経営管理上の意思決定に利用される科学的な手法で，最適な生産量の計算（線形計画法）やゲーム理論の手法決定，在庫管理・日程管理などが含まれます。また，インダストリアルエンジニアリングとは，経営工学の一分野で，OR と同様に，科学的な手法を使って，工場などでの作業の改善や品質管理などを行うもので，QC 七つ道具などもこの分野に含まれます。これらの分野から出題される問題はある程度テーマが限られており，過去問題で出題された内容を理解していれば，初めて見る問題でも解けることが多いので，ここに収録した典型的な問題の解説を理解しておきましょう。

(4) 企業活動

企業会計の知識といっても幅広い内容を含んでいますが，簡単な例で売上や原価の計算をさせたり，利益を計算させたりする問題の他，経営指標に関する問題がよく出題されています。企業会計の知識がなくても，例えば「利益は売上から費用を引いた金額」，「費用と売上が等しくなる金額が損益分岐点」といった用語の意味が分かっていれば解けるので，用語の意味をしっかりと理解し，落ち着いて問題を読んで考えるようにしましょう。

経営戦略を効果的に実行するための組織形態や，人材育成手法などについては，用語を覚えておきましょう。

(5) 関連法規・ガイドライン

出題内容としては，ソフトウェアに関する知的財産権，システム開発作業の契約形態に関する労働者派遣法，最近のネットワーク社会の現実を反映して，セキュリティに関する法律や個人情報保護法などがあります。知的財産権は開発技術，契約形態はプロジェクトマネジメント，セキュリティ関連の法制度はセキュリティ，といったストラテジ以外の分野でも関連して出題される基礎知識です。単に法律やガイドラインの内容を理解するだけでなく，具体的な業務や事例と照らし合わせて適切かどうか判断できるようになりましょう。

(6) 標準化

情報システムに関連するハードウェア，ソフトウェアには，多くの標準や規格が存在します。ISO（国際標準化機構）や JIS（日本産業規格）など，標準や規格を制定する代表的な組織の名称や役割，また，こうした組織が制定した代表的な規格の種類や名称，文字コードやファイル形式などについて覚えておきましょう。

第11章 ITストラテジ

11.1 システム戦略

▶▶▶ Explanation
ポイントの解説

　ここでは，システム戦略について学習します。システム戦略とは何をすることか，その概念と基本的な用語を理解しましょう。

（1）情報システム戦略

　経営戦略は，環境の変化に対して，企業が自らの組織を維持・発展させるための長期的，総合的な基本方針です。そして，この経営戦略に基づき，情報システム活用の方針や目標をまとめたものが情報システム戦略です。情報システム戦略は，組織全体がその効果を得られるよう，組織全体の情報システムのあるべき姿を明確にして，中長期的な全体最適化計画として策定されます。このとき，情報システムのあるべき姿の根拠となる業務モデルも合わせて作成します。

　また，情報システムの開発や維持・管理には，コストが発生します。これらのコストは，組織にとっては投資に当たるため，経営戦略との整合性を考慮して情報化投資計画を立案します。ROI は，投資対効果の評価指標です。

$$・ROI （Return On Investment）＝\frac{利益額}{投資額}×100$$

①システム管理基準

　情報システム戦略については，標準と呼べるものが存在しないので，システム管理基準をよりどころとした問題が出題されています。中でも，Ⅰ.IT ガバナンスに記載されている情報戦略の全体最適化に関する出題が最も多く，次のような内容を明確にすべきとしています。

・情報戦略の方針及び目標設定（IT ガバナンスの方針と最適化目標）
・情報戦略遂行のための組織体制（組織及び業務の変更）
・情報システム部門の役割と体制
・情報戦略策定及び投資，情報システムの資源管理，コンプライアンス，情報セキュリティ，リスクマネジメントの評価・指示・モニタリング
（システム管理基準については 10.3 システム監査を参照ください）

②**エンタープライズアーキテクチャ**（EA；Enterprise Architecture）

　組織の業務や情報システムの全体像について，現状と目標を階層的に整理することで，業務や情報システムの最適化を図る手法です。既存の業務と情報システムの全体像及び将来の目標を明示することによって，IT ガバナンスを強化し，経営の視点から IT 投資効果を高めます。経済産業省の「EA 策定ガイドライン」では，全体像を，次の四つの体系で整理しています。

- **政策・業務体系**（Business Architecture；BA）ビジネスアーキテクチャ
- **データ体系**（Data Architecture；DA）データアーキテクチャ
- **適用処理体系**（Application Architecture；AA）アプリケーションアーキテクチャ
- **技術体系**（Technology Architecture；TA）テクノロジアーキテクチャ

　この体系は，次図のように階層構造で表現されます。これを基に，**現状**（As-Is）**モデル**，**理想**（To-Be）**モデル**を作成して，この二つのモデルを比較しながら，現実的な**次期**（Can-Be）**モデル**を作成します。

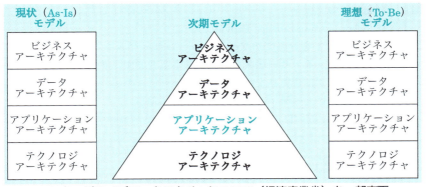

エンタープライズアーキテクチャについて（経済産業省）を一部変更

（2） 業務プロセスと業務改善

　業務プロセスとは，仕事の進め方です。業務の効率化や品質を向上させるには，業務プロセス自体を改善する必要があります。まず，現状を正しく把握して分析を行い，課題や問題点を明らかにします。そして，これを解決します。現状把握や分析には，視覚的に見やすく表現するモデリングを行いますが，その表記には，E-R 図や DFD，UML，フローチャートなどが用いられます。また，業務プロセスの改善に関するキーワードには次のものがあります。

第11章 ITストラテジ

- **ビジネスプロセスリエンジニアリング**（**BPR**；Business Process Re-engineering）
  業務プロセスを見直し，企業の体質や構造を抜本的に変革することです。
- **ビジネスプロセスマネジメント**（**BPM**；Business Process Management）
  業務改善を PDCA サイクルで継続して行う活動です。
- **ビジネスプロセスアウトソーシング**（**BPO**；Business Process Outsourcing）
  コールセンタ業務や運用業務，経理などの業務を外部に委託することです。
- **セールスフォースオートメーション**（**SFA**；Sales Force Automation）
  営業活動に IT を活用して営業効率や提案内容などの質を高め，売上の増加や顧客満足度の向上を目指す方法です。
- **RPA**（Robotic Process Automation）
  経理部門や販売部門の電子化された情報に対して行う定型的な作業を，ソフトウェアで行うことで，業務の効率化を目指す方法です。人工知能（AI）と連携したり，機械学習をしたりして，予測や判断をするものもあります。

（3）　ソリューションビジネス

ソリューションビジネスとは，顧客が抱えている問題点を調べて解決策を提案し，問題解決の支援を行うサービス（ビジネス）の総称です。

①ASP（Application Service Provider）

インターネットを介してアプリケーションサービスを課金方式によって提供することや，そのサービスを提供する事業者です。最近は，クラウドコンピューティングに含まれますが，一連のサービスの起源です。

②クラウドコンピューティング（cloud computing）

"The Network Is The Computer" という言葉が象徴するように，PC などの端末をネットワークに接続すれば，必要なコンピュータ機能を利用できるサービスです。様々な種類のサービスを包含した広い概念です。

	SaaS	PaaS	IaaS
アプリケーション	○		
OS・ミドルウェア	○	○	
ハードウェア	○	○	○

- SaaS（Software as a Service）：アプリケーションの機能を提供します。利用者は，PC のブラウザを使って必要なときに必要なアプリケーションの機能だけを利用できます。
- PaaS（Platform as a Service）：アプリケーションの実行基盤を提供します。利用者は，必要なアプリケーションをインストールして利用します。
- IaaS（Infrastructure as a Service）：ネットワーク回線やサーバなどのハードウェア環境，仮想サーバを動作させる OS を提供します。

③SOA（Service Oriented Architecture）
　9.1 開発プロセスと開発手法を参照してください。

（4）　システム活用促進・評価

　情報システムには，様々な情報が蓄積されています。それらを分析して，今後の事業戦略に活用することが重要です。より有用な情報を収集するために，情報システムの利用実態を評価，検証して改善することや，蓄積されたデータを分析するデータサイエンスを使った手法について理解しておきましょう。

　データサイエンスは，データの具体的な内容ではなく，データに共通する性質などを研究する分野です。数学，統計学，データマイニング，機械学習などの手法を使って，データの性質を分析します。データサイエンティストは，そうして得たデータの性質を元に，データ分析を行う専門家です。分析結果を事業戦略に展開するために，IT 知識だけでなく，事業戦略や経営戦略などストラテジストの知識も求められます。

　分析結果や分析状況を，経営者がリアルタイムに経営判断に利用できるようにまとめたものが経営ダッシュボードです。経営者が必要とする様々な情報を視覚的に確認できるよう，一つの画面内に，複数のグラフで表示します。

①ビッグデータの分類
- ・オープンデータ：政府や地方公共団体などが保有する公共情報です。
- ・企業データ：農業，漁業などを含む産業や企業が保有する情報です。企業内の様々な場所に格納されている企業データを検索する機能（検索エンジン）を，エンタープライズサーチといいます。
- ・パーソナルデータ：個人の属性情報です。移動・購買履歴などの個人情報，個人情報保護のために特定の個人を識別できないように加工された人流（人の流れ・動き）情報，商品情報なども含まれます。

②分析手法
- ・データマイニング：ある種のパターンを見つけ出し，そのパターンからルールを導き出す手法です。ビールと紙おむつの関係が有名です。
- ・テキストマイニング：文字列を対象としたデータマイニングです。SNS やアンケート文などのデータを単語や文節で区切り，出現頻度，出現傾向，時系列などを解析することで有用な情報を取り出します。
- ・アドホック分析：臨機応変にその都度，条件を変えて分析することです。分析結果や仮説を検証する場面でよく使われます。

第11章 ITストラテジ

(5) システム企画

　情報システム戦略を実現するために具体的な実施計画を立案する手順と，内容を理解してください。

①システム化構想とシステム化計画

　システム化構想の目的は，システム化の内容について経営者から承認（合意）を得ることです。経営者が経営的観点からシステム化を評価できるよう，情報システム戦略を基に，システム化の目的や範囲，システム構成，採用する技術を明確にして，業務の新全体像を作成します。その上で，投資目標（投資効果）も立案します。

　システム化計画では，業務の新全体像を基に，具体的な機能とシステム方式（アーキテクチャ）を要求として明確にし，プロジェクト目標（品質・コスト・納期）と開発スケジュールを作成します。そして，これをシステム化計画とプロジェクト計画として文書化し，承認を受けます。また，組織の中にシステム化の推進体制を確立します。

- SoR（System of Record）：顧客管理や受注処理など，情報を記録するシステムです。社内で利用する従来型の情報システムを指します。
- SoE（System of Engagement）：Web システムや IoT システムなど，社外からアクセスされることを前提としたシステムです。
- SoI（System of Insight）：SoR や SoE によって収集した情報を蓄積して利用する仕組みです。ビッグデータ構築や AI 分析などを指します。

②要件定義

　システム化計画で明らかになった要求を検討し，システム化で実現する機能と要件を決定します。その際，利害関係者（ステークホルダ）のそれぞれのニーズや要求も調整して，それぞれから合意を得ます。

　また，性能や品質など，機能以外の要件である**非機能要件**を定義します。

③調達計画・実施

　システムに求める機能と要件，調達条件などを**提案依頼書**（RFP；Request For Proposal）にまとめ，開発企業（ベンダ）に配付し，システム化の提案を依頼します。そして，ベンダから送られてきた提案書と開発費用の見積書を基に，調達先を決定します。なお，**情報提供依頼書**（RFI；Request For Information）は事前に，技術動向などの情報提供を求める依頼書です。

　その後，選定したベンダと契約について交渉を行い，納入システム，費用，納入時期，役割分担などを確認して，契約を締結します。

11.1 システム戦略

- ソフトウェア開発委託基本モデル契約書：情報サービス産業協会（JISA）が策定したソフトウェア開発を委託する際の契約書のモデルです。
- **情報システム・モデル取引・契約書**：経済産業省が策定した，ユーザとベンダが取り交わす契約書のモデルです。
- **レベニューシェア**：具体的な金額ではなく，利益の配分率で契約する形態です。運用開始後に得た収益を契約した配分率で分配します。

▶▶▶ Check

理解度チェック ▶ 11.1 システム戦略

次の文中の ☐ に適切な用語を入れてください。

(1) 企業が立案する長期的，総合的な基本方針は ア です。ア に沿って情報システムの活用方針や目標をまとめたものが イ です。

(2) 情報システムの ウ とは，組織全体の業務と情報システムのあるべき姿を明確にした中長期的な計画です。

(3) エ は，組織の業務や情報システムの全体像を整理するための手法です。現状モデルと オ を比較し，次期モデルを作成します。

(4) 業務の流れである カ を見直すことを キ ，業務を外部に委託することを ク といいます。IaaS, PaaS, ケ も活用します。

(5) コ は，経理部門や販売部門などの，電子化された情報に対する定型的な作業を，ソフトウェアで行うことです。

(6) 経営者が経営判断に利用できるよう，分析結果を一画面にまとめたものが サ です。シ は臨機応変に条件を変えて分析することです。

(7) ス は，SoR や セ で収集した情報を利用する仕組みです。

(8) ベンダに配付し，システム化の提案を依頼する書類は ソ です。

解答

(1) ア：経営戦略　　　イ：情報システム戦略　　(2) ウ：全体最適化計画

(3) エ：EA（エンタープライズアーキテクチャ）　　　オ：理想モデル

(4) カ：業務プロセス　キ：BPR（ビジネスプロセスリエンジニアリング）
　　　ク：BPO（ビジネスプロセスアウトソーシング）　ケ：SaaS

(5) コ：RPA　　　(6) サ：経営ダッシュボード　シ：アドホック分析

(7) ス：SoI　セ：SoE　(8) ソ：RFP（提案依頼書）

第11章

第11章 ITストラテジ

▶▶▶Question

問題で学ぼう

問1　"システム管理基準"によれば，情報戦略における情報システム全体の最適化目標を設定する際の留意事項はどれか。

◎高度午前Ⅰ　(H27 秋-AP 問63)

ア　開発，運用及び保守の費用の算出基礎を明確にすること
イ　開発の規模，システム特性などを考慮して開発手順を決めておくこと
ウ　経営戦略との整合性を考慮すること
エ　必要な要員，予算，設備，期間などを確保すること

解説

システム管理基準（平成30年4月20日改定）の前文には，闇雲に情報システムを開発するのではなく，**経営戦略を立て，それに従いシステム化を行わないと投資効果も評価できないし，リスクもコントロールできない**という主旨の説明があります。経営戦略を立て，それに従うということは，経営戦略に基づいて作業を行うことなので，**経営戦略と違う方向に進まないよう整合性に留意し，考慮することを指します**。したがって，（ウ）が正解です。

システム管理基準のⅠ.1.情報システム戦略の方針及び目標設定（ITガバナンス）には，その着眼点（留意事項）として「組織及び業務の変革の方針は，経営戦略に適合することを確認していること」と定義しています。

ちなみに，システム管理基準の前文には続きがあって，「本基準は，どのような組織体においても情報システムの管理において共通して留意すべき基本的事項を体系化・一般化したもの」としています。試験対策としては，ストラテジ，開発技術，マネジメントを通して，情報システム開発の根底にあるフレームワークとして理解しておきましょう。

ア：Ⅱ.1.プロジェクト計画の管理（企画フェーズ）の留意点です。
イ：Ⅲ.1.開発ルールの管理（開発フェーズ）の留意点です。なお，開発形態や開発方法は企画フェーズで決定します。
エ：Ⅱ.3.調達の管理（企画フェーズ）の留意点です。

解答　ウ

11.1 システム戦略

問2 ある企業が，AI などの情報技術を利用した自動応答システムを導入して，コールセンタにおける顧客対応を無人化しようとしている。この企業が，システム化構想の立案プロセスで行うべきことはどれか。

◎高度午前Ⅰ （H30 秋·AP 問 65）

ア　AI などの情報技術の動向を調査し，顧客対応における省力化と品質向上など，競争優位を生み出すための情報技術の利用方法について分析する。

イ　AI などを利用した自動応答システムを構築する上でのソフトウェア製品又はシステムの信頼性，効率性など品質に関する要件を定義する。

ウ　自動応答に必要なシステム機能及び能力などのシステム要件を定義し，システム要件を，AI などを利用した製品又はサービスなどのシステム要素に割り当てる。

エ　自動応答を実現するソフトウェア製品又はシステムの要件定義を行い，AI などを利用した実現方式やインタフェース設計を行う。

解説

　問題文上 2 行の AI 云々に目が行きますが，**システム化構想を立案することに注目しましょう**。まだ，構想段階です。こういうことをやりたい，という以外，**具体的なことは何も決まっていません**。具体的に計画して立案するには，まず，それを実現する手段には何があるか，どんな技術が使えるか，どう使えばよいのか，などを調査して分析します。共通フレームでは，これを「適用情報技術の調査」と定義しています。

　したがって，（ア）が正解です。

イ：品質に関する要件は，システム化構想がシステム化計画として具体的に立案された後，**非機能要件として品質管理プロセス**で検討します。

ウ：**システム要件は，システム要件定義プロセス**で定義します。

エ：**ソフトウェアに関するインタフェース設計は，ソフトウェア方式設計プロセス**で行います。

解答　ア

第11章 ITストラテジ

問3 IT投資評価を，個別プロジェクトの計画，実施，完了に応じて，事前評価，中間評価，事後評価として実施する。事前評価について説明したものはどれか。

◎高度午前I （H28春-AP 問61）

ア 事前に設定した効果目標の達成状況を評価し，必要に応じて目標を達成するための改善策を検討する。

イ 実施計画と実績との差異及び原因を詳細に分析し，投資額や効果目標の変更が必要かどうかを判断する。

ウ 投資効果の実現時期と評価に必要なデータ収集方法を事前に計画し，その時期に合わせて評価を行う。

エ 投資目的に基づいた効果目標を設定し，実施可否判断に必要な情報を上位マネジメントに提供する。

解説

「個別プロジェクトの計画，実施，完了に応じて，事前評価，中間評価，事後評価として実施する」ので，まず，**計画（事前評価），実施（中間評価），完了（事後評価）と対応することをイメージしましょう**。そして，**計画段階で行う評価に関する作業は何か？と考えます**。

ア，イ：計画と実施の差異を分析したり，目標の達成状況を評価したりできるので，プロジェクトには着手しています。実施中か完了かは，「変更が必要かどうか判断する」，「改善策を検討する」から判断しましょう。**プロジェクトが完了したら，変更も改善もできません**。中間評価の説明です。

ウ：「事前に計画し」に惑わされないでください。**「その時期に合わせて評価」は，投資効果の実現時期に合わせて評価することです**。投資効果はプロジェクト完了後，実際に運用することで発生するため，事後評価の説明です。

エ：実施可否判断に必要な情報を提供しているので，プロジェクトは計画段階です。ということは，事前評価です。**無駄な投資にならないよう，計画段階で投資効果を評価します**。

したがって，（エ）が正解です。

解答 エ

11.1 システム戦略

問4 情報化投資計画において，投資効果の評価指標である ROI を説明したものはどれか。

(H27 秋-AP 問 62)

ア 売上増やコスト削減などによって創出された利益額を投資額で割ったもの

イ 売上高投資金額比，従業員当たりの投資金額などを他社と比較したもの

ウ 現金流入の現在価値から，現金流出の現在価値を差し引いたもの

エ プロジェクトを実施しない場合の，市場での競争力を表したもの

解説

　投資に対する効果は利益なので，それを評価するには，**投資額と利益を比較する**のが一番です。「投資」，「利益」の二つの用語が含まれる選択肢を選びましょう。したがって，（ア）が正解です。

　ROI（Return On Investment；投資利益率）は，投資額に対する利益の割合です。**投資額は数年かけて回収するので，最終的に利益が投資額を上回らなければ，利益が出たとは言えません**。そのため，期や年度など，決められたタイミングで ROI を評価します。なお，売上増やコストを削減するために，システム化する，機材を導入するなどしているので，これにかかった金額が投資額です。

イ：ベンチマークの説明です。他社と比較して自社の投資状況を評価します。

ウ：NPV（Net Present Value；正味現在価値）の説明です。将来的に得ることのできる金額（投資回収額）の現在価値から，投資額の現在価値を引いて計算します。**投資回収額－投資額の現在価値**と思ってください。**利息がついて貯金が増えるように，年数とともに価値は変わります**。投資をせず貯金しておけば利息がついたはずですから，それを踏まえて投資効果の価値を評価します。あらかじめ，投資回収年数分の NPV を計算し，投資するかどうかの判断に利用します。

エ：投資をしなかった場合の機会損失の評価です。この評価値をゲーム理論（11.3 オペレーションズリサーチ（OR）とインダストリアルエンジニアリング（IE）を参照してください）などに用いて，とるべき戦略を決定します。

解答　ア

第11章 ITストラテジ

問5 業務要件定義において，業務フローを記述する際に，処理の分岐や並行処理，処理の同期などを表現できる図はどれか。

◎高度午前Ⅰ （H29 春-AP 問 64）

ア　アクティビティ図　　　　　イ　クラス図
ウ　状態遷移図　　　　　　　　エ　ユースケース図

解説

　業務フロー（業務の流れ）を記述するのに使われる図には，データフロー図（DFD）とアクティビティ図があります。**両者の違いは，処理の分岐や並行処理，処理の同期などを表現できるかどうか**です。DFD では，これらを記述できません。そのため，**DFD を拡張してこれらを表現できるようにした図がアクティビティ図**です。一つ一つの業務処理であるアクティビティに着目し，そのアクティビティを構成する個々の動作（アクション）の実行順序や条件などの振る舞いを示した図で，処理手順を表していますから，フローチャート（流れ図）の一つともいえます。また，UML（Unified Modeling Language）の中で定義されている図なので，オブジェクト指向の開発設計にだけ使用するものと思われがちですが，（ウ）の状態遷移図や（エ）のユースケース図とともにデータ分析や要件定義の際にも利用されています。

　したがって，（ア）が正解です。

イ：クラス図は，UML の図の一つで，システムにおけるクラスの内部構造とクラス間の関係を表現するための図です。

ウ：状態遷移図は，状態を変化させる動作や処理，それによって次はどの状態に遷移するかを表現するための図で，UML ではステートマシン図が該当します。

エ：ユースケース図は，UML の図の一つで，ユーザや外部システムが使用する処理範囲や作業内容を表現するための図です。

解答　ア

11.1 システム戦略

問6　共通フレーム 2013 によれば，要件定義プロセスで行うことはどれか。

(R1 秋-AP 問 65)

ア　システム化計画の立案　　イ　システム方式設計
ウ　ソフトウェア詳細設計　　エ　利害関係者の識別

解説

　取引の明確化を計るために「共通の物差し」として策定された共通フレームは，2013 年に「IT システム開発の作業規定」として改定され，共通フレーム 2013 (SLCP-JCF 2013；Software Life Cycle Process - Japan Common Frame 2013) になりました。忘れてしまった方は，第 9 章「開発技術」の「9.1 開発プロセス・手法」を確認しましょう。

　要件定義というと，システム開発プロセスで行う作業のように思えますが，**システム開発プロセスで行う要件定義は，開発に必要なシステム要件とソフトウェア要件を具体的に定義する作業**です。**要件定義プロセスは，要件そのものを定義するプロセスで，システム開発プロセスの前に行う作業**です。企画プロセスと合わせて超上流工程とも呼ばれています。

　要件定義の作業が二つのプロセスにあるのは，それぞれの目的が異なるためです。要件定義プロセスでは，システム戦略，経営戦略に基づいて策定したシステム企画に対し，システム全体に関わる要件を定義します。ユーザがシステムに求める要件を抽出し，制約条件を定義して，機能要件と非機能要件に分け，利害関係者を特定します。したがって，(エ) が正解です。

ア：システム化計画の立案は，企画プロセスで行います。
イ：システム方式設計は，システム開発プロセスで行います。
ウ：ソフトウェア詳細設計は，ソフトウェア実装プロセスで行います。

解答　エ

第11章 ITストラテジ

問7　クラウドサービスの利用手順を，"利用計画の策定"，"クラウド事業者の選定"，"クラウド事業者との契約締結"，"クラウド事業者の管理"，"サービスの利用終了"としたときに，"利用計画の策定"において，利用者が実施すべき事項はどれか。

◎高度午前Ⅰ　(R2-AP 問 64)

ア　クラウドサービスの利用目的，利用範囲，利用による期待効果を検討し，クラウドサービスに求める要件やクラウド事業者に求めるコントロール水準を定める。

イ　クラウド事業者が SLA などを適切に遵守しているかモニタリングし，また，自社で構築しているコントロールの有効性を確認し，改善の必要性を検討する。

ウ　クラウド事業者との間で調整不可となる諸事項については，自社による代替策を用意した上で，クラウド事業者との間でコントロール水準を SLA などで合意する。

エ　複数あるクラウド事業者のサービス内容を比較検討し，自社が求める要件及びコントロール水準が充足できるかどうかを判定する。

解説

　この問題を使って，クラウドサービスを利用する際の手順と特徴を整理しましょう。クラウドサービスは，利用計画の策定→クラウド事業者の選定→クラウド事業者との契約締結→クラウド事業者の管理→サービスの利用終了の流れで利用します。流れ自体は，情報システムのサービス運用を外部に委託する場合と同じです。したがって，（ア）が正解です。

　利用計画の策定では，**利用目的，利用範囲，利用による期待効果を検討して，SaaS，PaaS，IaaS など，利用形態を決めます**。そして，その利用形態に合わせ，クラウドサービスに求めるセキュリティ要件や性能要件を検討します。**情報システムを開発する際に，非機能要件として検討する事柄を，クラウドサービスに対して検討します。コントロール水準は，セキュリティ要件であればアクセス制御などが該当します。**

イ："クラウド事業者の管理"で実施します。

ウ："クラウド事業者との契約締結"で実施します。

エ："クラウド事業者の選定"で実施します。

解答　ア

11.1 システム戦略

問8 "情報システム・モデル取引・契約書"によれば，情報システムの開発において，多段階契約の考え方を採用する目的はどれか。ここで，多段階契約とは，工程ごとに個別契約を締結することである。

◎高度午前Ⅰ (H29秋-AP 問65)

ア 開発段階において，前工程の遂行の結果，後工程の見積前提条件に変更が生じた場合に，各工程の開始のタイミングで，再度見積りを可能とするため

イ サービスレベルの達成・未達の結果に対する対応措置（協議手続，解約権，ペナルティ・インセンティブなど）及びベンダの報告条件などを定めるため

ウ 正式な契約を締結する前に，情報システム構築を開始せざるを得ない場合の措置として，仮発注合意書（Letter of Intent：LOI）を交わすため

エ ユーザ及びベンダのそれぞれの役割分担を，システムライフサイクルプロセスに応じて，あらかじめ詳細に決定しておくため

解説

　"情報システム・モデル取引・契約書"は，ユーザとベンダが取り交わす契約書のモデルでしたね。取引の際，トラブルを防ぐために，契約書に記載すべき項目や内容とフォーマットを例示しています。開発モデルは，ウォータフォールモデルを想定し，共通フレームを基に発生する作業や取引内容を定義しています。

　多段階契約は，問題文にもあるように，工程ごとに個別契約を締結することで，このモデルが推奨する契約方式です。**要件定義の段階では全ての開発要件が確定しない場合がある**ことや，**確定した場合でも設計段階で仕様変更や追加が発生する**ことなどを受け，**工程ごとに確定した作業内容から見積りを行うことを推奨**しています。多段階契約を採用しておけば，工程ごとに再見積りを行うことができます。したがって，（ア）が正解です。

イ：サービスレベル契約（SLA）を行う目的です。

ウ：仮発注合意書の説明です。最終合意には達しておらず，契約締結手続など形式的手続に時間を要する場合に用いられますが，推奨されていません。

エ：システム導入計画や移行計画を策定する目的です。

解答　ア

第11章

第11章 ITストラテジ

問9 システムを委託する側のユーザ企業と，受託する側の SI 事業者との間で締結される契約形態のうち，レベニューシェア型契約はどれか。

(R2-AP 問 66)

ア　SI 事業者が，ユーザ企業に対して，クラウドサービスを活用したシステム開発と運用に関わる SE サービスを月額固定料金で課金する。

イ　SI 事業者が，ユーザ企業に対して，ネットワーク経由でアプリケーションサービスを提供する際に，サービスの利用時間に応じて加算された料金を課金する。

ウ　開発したシステムによって将来，ユーザ企業が獲得する売上や利益をSI 事業者にも分配することを条件に，開発初期の SI 事業者への委託金額を抑える。

エ　システム開発に必要な工数と人員の単価を掛け合わせた費用を SI 事業者が見積もり，システム構築費用としてシステム完成時にユーザ企業に請求する。

解説

　レベニューシェア型契約は，レベニュー（revenue；収益）をシェア（share；分配）する成功報酬型の契約形態です。運用開始後にユーザ企業が獲得する売上や利益を，開発を委託した SI 事業者に分配します。

　SI 事業者は，自分たちが良いシステムを作れば，継続的に分配の恩恵を受けられますが，**開発を委託するユーザ企業は，開発費用の他に，収益まで分配したら自分たちの利益が減ってしまいます。**そこで，開発費用である委託金額を低く，もしくはなしで SI 事業者と契約します。**SI 事業者は，良いシステムを作らなければ利益の分配を受けられず，開発費用の持出しになってしまうので，創意工夫して開発作業に取り組みます。**また，こうすることで，**ユーザ企業は，高額な開発費用を支払ったものの，使えないシステムを作られてしまうというリスクを回避します。**したがって，（ウ）が正解です。

ア：SES（システムエンジニアリングサービス）契約の説明です。SI 事業者の SE の技術と労働力の提供を目的とする準委任契約で，成果物には責任をもちません。

イ：従量課金契約の説明です。

エ：請負契約の説明です。

解答　ウ

11.1 システム戦略

問10　クラウドサービスの導入事例のうち，データから新たな知見を抽出し，付加価値として提供しているものはどれか。

(H29 秋·AP 問63)

ア　顧客データ管理システムのサーバリソースとして，クラウドサービスを活用することによって，新しいサーバの構築期間を，クラウドサービス導入前の約2か月間から1日に短縮した。

イ　個々の自動車から得た位置情報とブレーキ作動情報をクラウドサービスを用いて蓄積し，急ブレーキが頻繁に踏まれる危険地点を分析し，その結果を運転者などに配信することによって，事故を未然に防止した。

ウ　自社運用のメールサーバのアプリケーションとデータを，クラウドサービスに移行することによって，5年間のTCOを約半分に削減した。

エ　自社環境で動く情報システムに格納されたデータとソフトウェアを，クラウドサービスを用いてバックアップすることによって，事業継続性を担保した。

解説

　クラウドサービスは，サーバやアプリケーションなどを，ネットワークを経由して提供するサービスです。大量のデータ（ビッグデータ）をクラウド上の資源を使って蓄積し，分析するのはその一例です。

　データとデータの関係性から新たな知見（知識や見解）を抽出する技術は，データマイニングでしたね。クラウドサービスの利用以前からある技術ですが，クラウドサービスの登場によって手軽に利用できるようになりました。選択肢のうち，データマイニングを使って新たな知見を抽出しているのは，（イ）です。自動車から得た位置情報とブレーキ作動情報の関係性から，**急ブレーキが頻繁に踏まれる地点を新たな知見として抽出**しています。そして，**その結果を運転者などに配信することで事故を未然に防止する，という付加価値を提供**しています。したがって，（イ）が正解です。

ア：サーバの構築期間の短縮による時間効率化の事例です。

ウ：TCO（Total Cost of Ownership；総所有費用）の削減による費用効率化の事例です。

エ：事業継続計画の事例です。

解答　イ

第11章 ITストラテジ

11.2 経営戦略

▶▶▶Explanation
ポイントの解説

　ここでは,経営戦略やマーケティングの手法,技術戦略について学習します。何を目的としてその戦略や手法を採用するのか,理解してください。

(1) 経営戦略手法・全社戦略
　具体的な経営戦略は企業によって異なりますが,企業理念や経営方針に基づき,経営課題を解決するために立案します(企業理念については 11.4 企業活動を参照してください)。近年では,DX や SDGs への取り組みも,解決すべき重要な経営課題の一つです。
- DX(**デジタルトランスフォーメーション**):デジタル技術を用いて企業のビジネスを変革し,勝ち残れるよう自社の競争力を高めることです。
- SDGs(Sustainable Development Goals;持続可能な開発目標):国連サミットで採択された,誰一人取り残さない,持続可能で多様性と包摂性のある社会の実現を目指す施策を取り入れることです。

①コアコンピタンス(core competence)
　他社にはまねできない独自のノウハウ・技術です。自社の強みのよりどころであり,その強みを活かした経営を,コアコンピタンス経営と呼びます。

②競争の基本戦略
　マイケル・ポーターが提唱した競争優位性を創出する三つの戦略です。
- **コストリーダシップ戦略**:コストや価格を下げます。
- **差別化戦略**:他社とは違う商品やサービスを提供します。
- **集中戦略**:特定の市場や製品などに資源を集中させます。

③競争地位戦略
　フィリップ・コトラーが提唱した,業界(市場)内における自社の地位別に,それぞれの地位の企業が取るべき戦略です。
- **フルライン戦略**:業界のトップであるリーダが取るべき戦略で,市場における全ての製品を提供し,市場自体の拡大を目指します。

·**差別化戦略**：トップを狙える地位にあるチャレンジャが取るべき戦略で，リーダとは違った製品の提供など差別化することでリーダを目指します。

·**ニッチ戦略**：ニッチ（niche）とは"すきま"などの意味で，特定分野に強みをもつニッチャが取るべき戦略で，得意分野に資源を集中させます。

·**模倣戦略**：その他の地位にある企業が取るべき戦略で，他社の模倣をすることで，開発コストなどを削減し，経営資源を効率的に利用します。

④**M&A**（Mergers and Acquisitions；合併と買収）
 ·垂直統合：作業の上流と下流を合併・買収する縦方向の統合です。
 ·水平統合：同業企業を合併買収して販売品目を増やすことです。
 ·集成的多角化（コングロマリット型）：異業種企業間の合併買収です。

⑤**アライアンス**（業務提携）
 他社の能力を利用して自社の弱みを補う戦略です。生産提携では，製造部門をもたず企画や設計だけを行う**ファブレス企業**に対し，製造を受託する企業を **EMS**（Electronics Manufacturing Service）と呼びます。また，OEM契約は，他社の知名度を利用し，自社製品を他社名で製造販売することです。
 ·技術提携：ライセンス契約を結び，他社の技術を利用します。
 ·販売提携：販売契約を結び，他社の販売網を利用します。

⑥**プロダクトポートフォリオマネジメント**
 （**PPM**；Product Portfolio Management）
 ボストン・コンサルティング・グループが開発した経営戦略手法です。**市場成長率**と**市場占有率**の図のようなマトリックスに自社の製品を位置付け，企業全体として最も資金効率の高い投資を行うことを目指します。

	（問題児）	（花形）
市場成長率 　高↑	成長市場にも関わらず売れていない。大きな投資を行えば花形製品になる可能性がある。	成長市場なので，常に新しい投資が必要となり，利益は出るがそれ以上に資金が必要となる。
	（負け犬）	（金のなる木）
↓低	市場成長率が低いので，投資しても大きな効果が期待できない。シェアも低く，撤退するべきである。	市場成長率が低いので，大きな投資を必要とせず，シェアを維持することができ，資金源になる。

低 ← 　　市場占有率　　 → 高

第11章 ITストラテジ

（2） 事業戦略

　全社戦略が決まったところで，自社や環境をさらに詳しく分析して，事業戦略を立案します。主な手法や用語として次のものを理解しておきましょう。

①SWOT 分析

　SWOTは，自社の**強み**（Strengths），**弱み**（Weaknesses），**機会**（Opportunities），**脅威**（Threats）の頭文字を取った略語で，この四つの要素を経営の外部環境と内部環境から分析して，自社の強みを維持し，弱みを克服する手法です。

	好影響	悪影響
内部	**強み**（Strengths）	**弱み**（Weaknesses）
外部	**機会**（Opportunities）	**脅威**（Threats）

②ファイブフォース分析

　市場（業界）における競争環境を形成する要因となる，次の五つの力についての状況を分析します。

要因となる力	分析内容
競合者間の敵対関係	同業他社との関係
新規参入の脅威	市場への新規参入企業の可能性
代替品の脅威	既存の製品に代わる全く新しい製品
買い手の交渉力	顧客と自社との力関係
供給者の支配力	仕入先と自社との力関係

③バリューチェーン（価値連鎖）分析

　企業における事業を，顧客に対する付加価値を創造する活動ととらえ，企業の各活動が，それぞれどのように付加価値の創造に貢献しているかを分析して，企業活動の再構成などを行います。なお，一般に企業の活動は，次のような**五つの主活動**と，**四つの支援活動**に分類されます。

活動	支持内容
主活動	購買物流，製造，出荷物流，販売（マーケティング），サービス
支援活動	全般管理，人事・労務管理，技術開発，調達活動

1.2 経営戦略

④成長マトリクス

イゴール・アンゾフが提唱した企業の成長戦略です。市場と製品を，新規・既存の組合せで四つの象限に分類して，それぞれに戦略を割り当てています。

なお，多角化は，既存の事業とは別に，新たな市場に新製品を投入し，新たな事業を開始することを意味します。

	製品	
	新規	既存
市場 新規	多角化	市場開拓
市場 既存	製品開発	市場浸透

（3）マーケティング

商品を売るための分析や戦略に関する活動には，様々な観点があります。

①マーケティング理論

- **3C 分析**

  市場（Customer），競合（Competitor），自社（Company）の観点です。

- **PEST 分析**

  政治（Politics），経済（Economy），社会（Society），技術（Technology）の観点です。政治は法制度，社会は人口動向や流行などに関する観点です。

- **RFM 分析**

  顧客を Recency（最新購買日），Frequency（累計購買回数），Monetary（累計購買金額）でグループ化し，グループごとに戦略を検討します。

- **マーケティングミックス**

  販売者の視点として 4P と呼ばれる四つの要素を組み合わさます。この 4P は，顧客側の視点である 4C とそれぞれ対応します。

販売者（4P）	顧客（4C）
Product（製品）	Customer value（顧客価値）
Price（価格）	Customer cost（顧客コスト）
Place（流通）	Convenience（利便性）
Promotion（販売促進）	Communication（コミュニケーション）

②製品戦略

- **PLC**（Product Life Cycle；**製品ライフサイクル**）

  導入期，成長期，成熟期，衰退期があり，期ごとに戦略が異なります。

- **カニバリゼーション**（cannibalization；共食い）

  製品やサービスが競合して発生する，顧客や売上の奪い合いです。

- **シナジー効果**

  他の製品や戦略により得られる相乗効果です。

第11章 ITストラテジ

③価格戦略

- **スキミングプライス**：新商品に高めの価格を設定し，プロダクトライフサイクルの導入期に開発費用を回収する価格戦略です。多少高くても購入する，新しいものを欲する購買層をターゲットに価格を設定します。

戦略	価格設定の方法
コストプラス価格	製造原価に利益を上乗せ
マークアップ価格	仕入額に一定割合を乗じた価格
ペネトレーション価格	市場浸透を狙い，低めに設定
キャプティブ価格	消耗品から利益を得ることを前提に設定

- **サブスクリプションモデル**：商品そのものではなく，一定期間の利用権を契約する販売方法です。継続的に利益を得る戦略です。

④プロモーション戦略

- **AIDMA モデル**（**消費者行動モデル**）：消費者が商品を購入するまでの心理状態のモデルです。心理状態の変化に合わせてアプローチを変えます。

商品を知る →	興味をもつ →	欲しいと思う →	記憶する →	購入する
Attention	**Interest**	**Desire**	**Memory**	**Action**

⑤マーケティング手法

- **インバウンドマーケティング**：製品やコンテンツの紹介を Web 上で行い，顧客に見つけてもらう手法です。従来のように，DM やコマーシャルなどを送り付ける（アウトバウンド）のではなく，消費者の内（インバウンド）にある購買欲や興味から見つけてもらうことで顧客を獲得します。
- **グロースハック**：利用者から得た情報を分析して，傾向や不満を調べ，次の戦略を検討する手法です。

（4） ビジネス戦略と目標・評価

全社戦略を踏まえ，ビジネス環境を分析し，具体的な戦略と目標を決めます。

①ビジネスモデルキャンバス

ビジネスモデルを考えたり，分析したりするためのツールです。現状や課題を九つの要素（顧客セグメント，提供する価値，チャネル，顧客との関係，収入の流れ，主なリソース，主な活動，パートナー，コスト）に分類し，1ページに図式化して，視覚的に検討します。品質の良さや低価格だけで事業を継続的に成長させることは難しく，企業にとって収益を上げる仕組み（ビジネスモデル）はとても重要です。

②バランススコアカード（BSC；Balanced ScoreCard）

学習と成長，**業務プロセス**，**顧客**，**財務**という四つの視点で企業の状況を分析して，それぞれの視点の戦略を立案する手法です。それぞれの戦略に対して，目標とその評価値である**重要目標達成指標**（KGI；Key Goal Indicator）を定め，その達成に必要な手段などの**重要成功要因**（CSF；Critical Success Factor）を洗い出します。そして，CSFの実施状況を評価できる**重要業績評価指標**（KPI；Key Performance Indicator）を設定して，定期的に評価しながらKGIの達成を目指します。

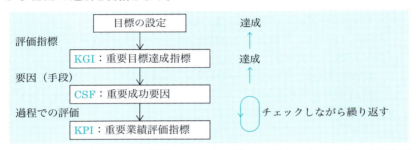

学習と成長の視点とは，従業員など人に関する視点であり，人の成長と業務プロセスの改善によって，顧客満足度を向上させて，企業の業績を向上させると考えると理解しやすいでしょう。

(5) 経営管理システム

経営戦略を実現するために，経営者の意思決定を支援するシステムや事業活動を統合して管理するシステムです。

①SCM（Supply Chain Management；サプライチェーンマネジメント）

原材料の仕入，生産，流通，在庫，販売といった一連の供給の流れを，企業間をまたがって情報共有することによって最適化する仕組みです。

②CRM（Customer Relationship Management；顧客関係管理）

顧客に合わせたサービスを提供することで顧客満足度を向上させ，**顧客ロイヤルティ**の獲得と収益力の増加を目指す仕組みです。顧客の購買やクレームの履歴，趣味や嗜好などの情報を集めたデータベースを全社で共有して，販売に活用し，LTV（Life Time Value；顧客生涯価値）の増加を狙います。

③ERP（Enterprise Resource Planning；企業資源計画）

企業がもつ経営資源（ヒト・モノ・金）をデータ化して一元管理する仕組みです。原材料や顧客情報といった一部の情報だけでなく，資材調達／生産／流通／販売など多岐にわたる基幹業務の情報を統合的に管理します。

（6） 技術戦略マネジメント

企業を持続的に発展させるには，新しい技術開発や情報活用が必要です。情報技術は，**イノベーション**（innovation；革新）に大きく貢献します。

①技術戦略マネジメント

オープンイノベーションは，異業種，異分野の知識や技術などを組み合わせ，ビジネスモデル構築や製品開発を行うことです。これに対し，安定して利益が出ている場合など，それを変えることに躊躇し，変革が進まないことを**イノベーションのジレンマ**といいます。

・**メイカームーブメント**（Maker Movement）
　個人（メイカー）による自由なモノ作りや企画開発です。

・**リーンスタートアップ**
　製品を最低限の機能で顧客に提供して反応を分析し，市場価値がなければ撤退，あれば機能を追加します。浪費を防ぎ，成功率を高める手法です。

・**APIエコノミー**（API経済圏）
　APIでつながったサービスやビジネスの仕組みです。APIを公開する側は，それを使ってもらうことで新たな顧客を獲得でき，APIを利用する側は，その機能を開発する手間を省けます。

②技術開発の価値創出

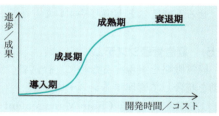

技術は，進歩が緩やかな導入期を経て，進歩が急激な成長期を迎えます。そして，進歩が停滞する成熟期に達し，次の技術によって淘汰される衰退期を迎え，陳腐化します。これをグラフ化すると，図のようなS字の曲線を描くため，**技術のSカーブ**と呼びます。

しかし，多くの技術が，基礎研究から製品化の段階で淘汰されます。市場ニーズがなく基礎研究から製品開発に進めない**魔の川**（Devil River），資金不足などで事業化に進めない**死の谷**（valley of death），これらを越えても市場を形成するまでには需要を獲得し，**ダーウィンの海**（Darwinian Sea）を越えねばなりません。

③技術開発戦略の立案と計画

研究開発は思うように進まないものですが，時間をかければよいというわけではなく，技術開発戦略に基づき，いつまでに，何をするかを，具体的に示す必要があります。**技術ロードマップ**は，研究開発の対象となる技術や機能などの進展の道筋を時間軸上にマイルストーンとして記載したものです。

・**デザイン思考**

　根本原因やニーズを探し，革新的な解決策を考えます。design には，狙いを実現するために創意工夫するという意味があります。

・**PoC**（Proof of Concept；**概念実証**）

　技術開発計画について，実行・実現可能かどうかを検証します。

・**PoV**（Proof of Value；**価値実証**）

　導入や事業化に当たり，ビジネスに価値があるかどうかを検討します。

・**バックキャスティング**

　目の前の状況を改善するのではなく，あるべき姿から振り返って，そこに向かうには何をすればよいかを検討します。

（7）　ビジネスインダストリ

各種ビジネス分野で用いられる情報システムの特徴と動向を理解しましょう。

①**IoT** の活用

　情報技術活用の代表例が IoT です。もたらす効果は 4 段階に分類されます。

・**監視**：モノから情報収集だけを行う段階

・**制御**：モノから得た情報を使って，モノに指示を出し動作させる段階

・**最適化**：制御の段階を進め，最適な状態を維持するよう制御する段階

・**自律**：モノ同士が情報を共有し監視，分析して動作する段階

②**ブロックチェーン**の活用

　管理者なしに信頼性の高い記録によって取引を成立させる仕組みです。データのハッシュ値を末尾に数珠繋ぎに追加して，改ざんがないことを保証し，トレーサビリティ（追跡可能性）を確保します。また，更新が発生すると同期をとるので，利用者全員でデータの共有・検証ができるので，仮想通貨の取引を中心に普及しています。

・**スマートコントラクト**

　ブロックチェーンプラットフォーム上で実行可能なプログラム機能です。取引の発生をトリガに，データ交換や契約を行います。送金されたらアイテムを送る，保険の契約締結を完了するなどの取引に利用されます。

第11章 ITストラテジ

③Society5.0（超スマート社会）

サイバー空間（仮想空間）とフィジカル空間（現実空間）を融合させた**サイバーフィジカルシステム**（CPS）によって実現する，データを収集・蓄積・解析・融合して進化させる社会です。5.0 は，狩猟社会，農耕社会，工業社会，情報社会に続く5番目の社会を意味します。

情報社会（Society4.0）では，クラウドサービスに人間がアクセスして情報を入手していましたが，Society5.0 では，サイバー空間に蓄積されたビッグデータを AI が解析し，一人一人のニーズに合わせた価値をもたらします。

④エンジニアリングシステム

製品の開発や設計，製造などに関わるシステムや方式の代表例です。

名称	機能など
CAE（Computer Aided Engineering）	解析・シミュレーション
CAD（Computer Aided Design）	設計図作成などの設計支援
CAM（Computer Aided Manufacturing）	機械制御などの製造支援
MRP（Materials Requirements Planning）	生産に必要な資材量の計算
CIM（Computer Integrated Manufacturing）	統合化製造関連システム

・JIT（Just In Time；**かんばん方式**）
　　部品在庫を最少にする製造方式です。後工程からの指示に基づき，不足する分だけ部品を製造します。

・セル生産方式
　　全工程を一人で行う製造方式です。大量生産はできません。

⑤e－ビジネス

インターネット上の取引形態は，法人間の B to B，法人と個人の B to C，公的機関と個人の G to C に分類されます。英字は個人（Consumer），法人（Business），公的機関（Government）の頭文字です。また，O to O（Online to Offline／Offline to Online）は，Web サイトから実店舗へ，又は実店舗から Web サイトへ誘導し，購入につなげる仕組みです。

・ロングテール
　　売上数の少ない商品を多品種用意し，全体の売上を向上させるインターネット販売特有の戦略です。用語名は，売上グラフの形状に由来します。

・SEO（Search Engine Optimization；検索エンジン最適化）
　　検索画面の上位に表示されるように Web ページを構成します。

・クラウドソーシング
　　インターネット上で受注者を公募し，仕事を発注する仕組みです。

11.2 経営戦略

⑥電子決済システム

　EC（Electronic Commerce；電子商取引）は，ネットワークを介して，契約や決済などの取引を電子的に行うことです。スマートフォンのキャリア決済やQRコード決済，非接触IC決済などがあります。

・**フィンテック**（FinTech）：金融機関が担ってきたサービスにITが融合した技術です。電子マネーやキャッシュレス決済にも使われている技術です。
・**暗号資産**（**仮想通貨**）：インターネット上でやり取りできる財産的価値です。銀行などの金融機関を介することなくやり取りできます。

⑦EDI（Electronic Data Interchange；電子データ変換)

　企業などの組織間でネットワークによる取引情報を交換する仕組みです。国際標準EDIFACT（JIS X 7011）は，次の四つの規約から構成されます。

> **基本取引規約**：取引の基本契約
> **業務運用規約**：運用時間や業務システムの運用
> **情報表現規約**：メッセージ形式などのデータ表現
> **情報伝達規約**：利用回線やプロトコルなど

　こうした取決めを行う代わりに，自社システムへの接続仕様であるAPIを公開して利用してもらう方式が**オープンAPI**です。

⑧産業機器

・SoS（System of Systems）
　　異なる複数のシステムが連携する統合型のシステムを指します。
・**スマートファクトリー**
　　作業者，機械，設備がIoTなどを活用して互いに通信して情報を共有し，作業を最適化します。
・**インダストリー4.0**（第4次産業革命）
　　スマートファクトリーを中心に，DXやIoTを用いて，製造業に変革をもたらす取組みです。生産プロセスの効率化を図ります。
・**コネクテッドカー**（connected car）
　　自動車がIoTデバイスとなり，車両や周囲の情報を収集して送信します。それを，インターネット上のサーバが分析し，経路選択などに利用します。
・**ダイナミックマップ**
　　工事や渋滞などの動的情報と，車線情報などの静的情報を組み合わせたデジタル地図です。

第11章 ITストラテジ

▶▶▶Check

理解度チェック ▶ 11.2 経営戦略

次の文中の ☐ に適切な用語を入れてください。

(1) ☐ア☐ は，デジタル技術を用いて企業のビジネスを変革し，勝ち残れるよう自社の競争力を高めることです。

(2) ☐イ☐ は，他社にまねのできない独自の技術です。ポーターが提唱した競争の基本戦略は，☐ウ☐ ，差別化戦略，集中戦略の三つです。

(3) 対象の製品やサービスの位置を，市場成長率と市場占有率の高低によって分けた四つの領域に割り当てる手法は ☐エ☐ です。

(4) 経営戦略を立案する際に利用できる分析手法のうち，自社の強み，弱み，外部環境の機会，☐オ☐ の四つの観点を分析する手法は ☐カ☐ です。

(5) アンゾフの ☐キ☐ では，四つの象限に，☐ク☐ ，市場開拓，市場浸透，製品開発という戦略を割り当てています。

(6) 顧客を最新購買日，累計購買回数，累計購買金額の 3 軸によってグループ化する手法は ☐ケ☐ です。

(7) ☐コ☐ ，業務プロセス，顧客，財務という四つの視点で，企業の状況を評価，分析する手法は ☐サ☐ です。

(8) 技術の導入，成長，成熟，衰退を表したグラフは ☐シ☐ です。

(9) ☐ス☐ は，技術開発計画について，実行・実現可能かどうかを検証することです。

(10) IoT の活用段階は，☐セ☐ ，制御，最適化，☐ソ☐ の四つです。

解 答

(1) ア：DX（デジタルトランスフォーメーション）

(2) イ：コアコンピタンス　　ウ：コストリーダシップ戦略

(3) エ：PPM（プロダクトポートフォリオマネジメント）

(4) オ：脅威　　　　　　　　カ：SWOT 分析

(5) キ：成長マトリックス　　ク：多角化　　(6) ケ：RFM 分析

(7) コ：学習と成長　　　　　サ：バランススコアカード（BSC）

(8) シ：技術の S カーブ　　(9) ス：PoC（概念実証）

(10) セ：監視　　　　　　　　ソ：自律

11.2 経営戦略

▶▶▶ Question
問題で学ぼう

問1　多角化戦略のうち，M&A による垂直統合に該当するものはどれか。

(H29 春-AP 問 66)

　　ア　銀行による保険会社の買収・合併
　　イ　自動車メーカによる軽自動車メーカの買収・合併
　　ウ　製鉄メーカによる鉄鋼石採掘会社の買収・合併
　　エ　電機メーカによる不動産会社の買収・合併

解説

　M&A は「Mergers（合併）and Acquisitions（買収）」の略で，垂直統合は，作業の上流と下流を合併・買収する縦方向の統合を意味しました。**企業における上流と下流は，仕入・製造・販売のバリューチェーン**なので，M&A による垂直統合は，上流又は下流に当たる企業を，合併・買収によって統合し，競争力を高める手法です。製鉄メーカは，鉄鉱石を仕入れ，鉄に加工して販売しますから，**バリューチェーンの上流は仕入先である鉄鉱石採掘会社**，下流は販売店です。**鉄鉱石を自社で採掘すれば，仕入コストを下げることができます。**したがって，（ウ）が正解です。

　M&A にはこの他に，同業企業を合併買収して販売品目を増やすことで競争力を高める水平統合，異業種企業を合併買収して多角的に経営を行うことで収益を増やす集成的多角化（コングロマリット型）などがありました。

ア：保険会社も大きくとらえると，銀行と同業種の金融業なので，水平統合に該当します。銀行は，保険を扱えるようになります。

イ：自動車メーカ同士の買収・合併なので，水平統合に該当します。自動車メーカは，軽自動車を販売できるようになります。

エ：電機メーカと不動産会社は，ほとんど関連のない企業なので，集成的多角化に該当します。電機メーカは，不動産事業の多角経営に乗り出せます。

解答　ウ

第11章 ITストラテジ

問2 企業の競争戦略におけるチャレンジャ戦略はどれか。

◎高度午前Ⅰ (H28春·AP 問67)

ア　上位企業の市場シェアを奪うことを目標に，製品，サービス，販売促進，流通チャネルなどのあらゆる面での差別化戦略をとる。

イ　潜在的な需要がありながら，大手企業が参入してこないような専門特化した市場に，限られた経営資源を集中する。

ウ　目標とする企業の戦略を観察し，迅速に模倣することで，開発や広告のコストを抑制し，市場での存続を図る。

エ　利潤，名声の維持・向上と最適市場シェアの確保を目標として，市場内の全ての顧客をターゲットにした全方位戦略をとる。

解説

　チャレンジャ戦略のチャレンジャは，挑戦者です。チャレンジャが挑戦する相手は，ナンバーワンの地位にあるリーダ企業です。ナンバーワンを狙える地位にあるのでリーダ企業との**実力は互角ですから，とにかく差をつけるしかありません**。そのシェアを奪うために，自社の優位性をうたって**あらゆる面から差別化戦略を仕掛けます**。したがって，（ア）が正解です。

　選択肢の各記述は，コトラーが提唱した，企業がとり得る四つの競争戦略（フルライン，差別化，模倣，ニッチ）です。この問題のように，それぞれの競争戦略に該当する企業地位の分類を戦略名とすることもあります。

イ：**専門特化した市場**に経営資源を投入しているので，ニッチャ戦略です。

ウ：**模倣**しているので，フォロワ戦略です。

エ：**全方位戦略**なので，リーダ戦略です。チャレンジャがあらゆる面（全方位）から差別化攻撃を仕掛けてくるので，それに対抗できなければ，シェアを奪われてしまいます。

　それぞれの戦略の内容は，ニッチ戦略，模倣戦略，フルライン戦略と一致しています。

リーダ戦略 　　（フルライン）	市場シェアの確保を目標に，全方位戦略をとる
チャレンジャ戦略 　　（差別化）	市場シェア奪取を目標に，あらゆる面での差別化戦略をとる
フォロワ戦略（模倣）	目標企業をまねして，市場での存続を図る
ニッチ戦略（ニッチ）	他が参入しない専門特化した市場に経営資源を集中する

解答　ア

11.2 経営戦略

問3 戦略を立案するために，SWOT分析を実施した。市場機会を獲得するために自社の強みを生かすことができる戦略はどれか。

◎高度午前I （H24春·AP 問66）

S	O
・高い技術力をもつ。 ・データセンタを多数所有している。	・クラウドコンピューティングが注目されている。 ・市場のグローバル化が進んでいく。
W	T
・営業力がない。 ・メーカの子会社であり意思決定が遅い。	・海外ベンダが日本市場に参入している。 ・市場の成長率が低い。

　ア　意思決定の遅さを克服して市場の平均成長率を超える。
　イ　営業力のなさを海外ベンダと提携して市場のグローバル化に対応する。
　ウ　高い技術力を応用して海外ベンダの日本市場参入に対抗する。
　エ　データセンタの資源を生かしてクラウドコンピューティングサービスを提供する。

解説

　SWOTは，自社の強み（Strengths），弱み（Weaknesses）という内部環境と，自社にとっての機会（Opportunities），脅威（Threats）という外部環境の英語の頭文字をとった略語でしたね。SWOT分析は，これらを分析することで，自社の強みを維持し，弱みを克服しようとする手法です。

　この問題では，「市場機会を獲得するために**自社の強みを生かすことができる戦略**」が問われているので，**機会を獲得する（O）と自社の強み（S）の両方を含む選択肢を探しましょう。**この観点で選択肢を確認します。

ア：意思決定の遅さはW（弱み）なので，弱みを克服する戦略です。

イ：営業力のなさはW（弱み），市場のグローバル化はO（機会）なので，弱みを克服して機会を生かす戦略です。

ウ：高い技術力はS（強み），海外ベンダの日本市場参入はT（脅威）なので，強みを生かして脅威に対抗する戦略です。

エ：**データセンタの資源はS（強み），クラウドコンピューティングサービスを提供することはO（機会）**なので，強みを生かして市場機会を獲得する戦略です。したがって，（エ）が正解です。

解答　エ

第11章 ITストラテジ

問4 事業戦略のうち,浸透価格戦略に該当するものはどれか。

◎高度午前Ⅰ (H29春-AP 問68)

ア　売上高をできるだけ維持しながら,製品や事業に掛けるコストを徐々に引き下げていくことによって,短期的なキャッシュフローの増大を図る。
イ　事業を分社化し,その会社を売却することによって,投下資金の回収を図る。
ウ　新規事業に進出することによって,企業を成長させ,利益の増大を図る。
エ　低価格戦略と積極的なプロモーションによって,新製品のマーケットシェアの増大を図る。

解説

　浸透価格（ペネトレーションプライス）戦略は,模倣可能性が高く,競合企業による市場参入が予測される場合に有効とされる価格戦略です。新製品**の導入初期段階から低価格を設定し,他社が参入する前に,市場全体へ自社製品を浸透させマーケットシェアを確保**します。新商品が安く発売されればそれを買う人は多く,それを買ってしまえば,似たような商品が発売されても「もう買ってしまったから」とすぐに購入することはあまりしません。そのため,シェアを確保できます。したがって,（エ）が正解です。

ア：模倣可能性が低く,競合企業による新規参入が難しい場合に行う上澄み価格（スキミングプライス）戦略の説明です。発売当初は高価格を設定し,売上が落ちてきたら利益を確保できる範囲で価格を下げます。一般的には製品ライフサイクルに合わせて価格を下げます。
イ：優良な事業を本体から分社化し,これを売却することでキャピタルゲイン（売買差益）を得て本体へ資金を調達する戦略の説明です。
ウ：多角化戦略の説明です。

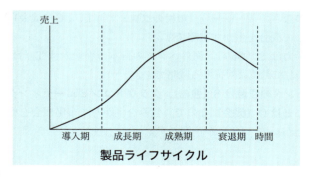

製品ライフサイクル

解答　エ

11.2 経営戦略

問5　アンゾフが提唱する成長マトリクスを説明したものはどれか。

◎高度午前Ⅰ　(H28秋-AP 問68)

ア　自社の強みと弱み，市場における機会と脅威を，分類ごとに列挙して，事業戦略における企業の環境分析を行う。

イ　製品と市場の視点から，事業拡大の方向性を市場浸透・製品開発・市場開拓・多角化に分けて，戦略を検討する。

ウ　製品の市場占有率と市場成長率から，企業がそれぞれの事業に対する経営資源の最適配分を意思決定する。

エ　製品の導入期・成長期・成熟期・衰退期の各段階に応じて，製品の改良，新品種の追加，製品廃棄などを計画する。

解説

アンゾフの成長マトリクスは，縦軸に市場，横軸に製品をとり，事業の拡大の方向性を検討するフレームワークです。**事業の拡大は企業が成長することですから，そのための戦略を決めるマトリクス，という意味**で成長マトリクスと呼ばれています。したがって，（イ）が正解です。

四つの戦略は次のとおりです。

		製品	
		新規	既存
市場	新規	多角化：新事業を立ち上げ，既存事業と関連しない**新しい分野に進出する**戦略	市場開拓：関東だけで販売していた製品を全国展開するなど，**新たな市場を開拓する**戦略
	既存	製品開発：**新製品を提供**して売上を拡大する戦略	市場浸透：価格を下げるなど，他社との競争に勝つことで**他社の顧客を奪い，製品のシェアを拡大する**戦略

ア：SWOT分析の説明です。

ウ：PPM（プロダクトポートフォリオマネジメント）の説明です。

エ：製品ライフサイクル（プロダクトライフサイクル）の説明です。

解答　イ

第11章

597

第11章 ITストラテジ

問6 ITベンダにおけるソリューションビジネスの推進で用いるバランスススコアカードの，学習と成長のKPIの目標例はどれか。ここで，ソリューションとは“顧客の経営課題の達成に向けて，情報技術と専門家によるプロフェッショナルサービスを通して支援すること”とする。

◎高度午前Ⅰ（H28秋·AP 問62）

ア　サービスを提供した顧客に対して満足度調査を行い，満足度の平均を5段階評価で3.5以上とする。

イ　再利用環境の整備によってソリューション事例の登録などを増やし，顧客提案数を前年度の1.5倍とする。

ウ　情報戦略のコンサルティングサービスに重点を置くために，社内要員30名をITのプロフェッショナルとして育成する。

エ　情報戦略立案やシステム企画立案に対するコンサルティングの受注金額を，全体の15%以上とする。

解説

バランススコアカード（BSC）は，業績評価や経営戦略の立案に用いられる手法です。財務指標だけに着目する従来の業績管理手法には限界があるという観点から，四つの視点によって企業活動を評価分析します。**学習と成長は，社員など人に関する視点**です。また，KPI（Key Performance Indicator；重要業績評価指標）は，KGI（Key Goal Indicator；重要目標達成指標）の実現に必要な行動と，その評価指標です。いずれもBSCで使用する用語で，評価しやすい定量的なものが用いられます。

問題文のソリューションを実現するには，情報戦略のコンサルティングサービスを行える要員が必要です。**その要員を育成することが経営戦略目標であり，育成できた人数が**KPIです。したがって，（ウ）が正解です。

ここで，**30名という数字はKGI**であることに注意してください。この30名にIT知識やコンサルティング能力が不足していたら，目標を達成したとはいえません。単に人数を達成すればよいわけではなく，そのための教育が必要であり，CSF（Critical Success Factor；重要成功要因）は教育によるスキルアップです。そして，**KPIが低ければ教育内容を変えるなどの対応をし，これを繰り返すことでKGIを達成させます**。なお，（ア）は顧客の視点，（イ）は業務プロセスの視点，（エ）は財務の視点のKPIです。

解答　ウ

11.2 経営戦略

問7 業務システムの構築に際し，オープン API を活用する構築手法の説明は
どれか。

(R3 春·AP 問 62)

ア 構築するシステムの概要や予算をインターネットなどにオープンに
告知し，アウトソース先の業者を公募する。
イ 構築テーマをインターネットなどでオープンに告知し，不特定多数か
ら資金調達を行い開発費の不足を補う。
ウ 接続仕様や仕組みが外部企業などに公開されている他社のアプリケ
ーションソフトウェアを呼び出して，適宜利用し，データ連携を行う。
エ 標準的な構成のハードウェアに仮想化を適用し，必要とする CPU 処
理能力，ストレージ容量，ネットワーク機能などをソフトウェアで構成
し，運用管理を行う。

解説

オープン API は，自社システムへの接続仕様を公開して利用してもらう方
式でしたね。**公開，提供することが前提の API（Application Programming
Interface）です。**金融機関などでデータの受渡しを行う場合，EDIFACT（JIS
X 7011）に基づいて，メッセージ形式などのデータ表現に関する情報表現規
約，利用回線やプロトコルに関する情報伝達規約を取り決めます。こうした
取決めを行う代わりに，**API として，メッセージ形式や通信プロトコルを公
開しておけば，基本取引契約を締結した後，すぐにデータ連携を行うことが
できます。**また，オープン API に合わせてシステムを開発すればよいので，
**経営戦略として，どの金融機関と連携するか悩んでいる企業から選択しても
らいやすくなります。**

したがって，（ウ）が正解です。

ア：クラウドソーシングの説明です。

イ：クラウドファンディングの説明です。

エ：SDN（Software Defined Network）の説明です。ネットワークの内容
ですが，ネットワークの構築に SDN を導入するかどうかは，経営戦略で
決定します。SDN については，「第7章ネットワーク」を参照してくださ
い。

解答 ウ

第11章 ITストラテジ

問8 フィンテックのサービスの一つであるアカウントアグリゲーションの特徴はどれか。

(R1秋-AP 問72)

ア　各金融機関のサービスに用いる，利用者のID・パスワードなどの情報をあらかじめ登録し，複数の金融機関の口座取引情報を一括表示できる。

イ　資金移動業者として登録された企業は，少額の取引に限り，国内・海外送金サービスを提供できる。

ウ　電子手形の受取り側が早期に債権回収することが容易になり，また，必要な分だけ債権の一部を分割して譲渡できる。

エ　ネットショップで商品を購入した者に与信チェックを行い，問題がなければ商品代金の立替払いをすることによって，購入者は早く商品を入手できる。

解説

　アカウントアグリゲーションと聞いて，ネットワーク用語のリングアグリゲーションを思い出した方もいるのではないでしょうか。**アカウントアグリゲーションは，アカウント（利用者のID情報）をアグリゲーション（集約）するサービス**です。**アカウントをあらかじめ登録しておくことを，アカウントを集約すると表現しています**。そして，アカウントに紐づく取引情報をまとめて，一覧形式で表示します。したがって，（ア）が正解です。

　複数の金融機関の入出金履歴が一目で分かるので，家計簿的に使ったり残高を確認したり便利な反面，この画面を見れば，複数の口座情報や取引情報が全て分かってしまうので，セキュリティ対策が重要です。

イ：資金移動サービスの説明です。資金移動業者とは，キャッシュレス決済を提供する企業です。

ウ：電手決済サービスの説明です。電子記録債権法により，紙の手形を電子化し，インターネットで取引できるようになりました。

エ：エスクロー（escrow；第三者預託）サービスの説明です。

解答　ア

600

11.2 経営戦略

問9 バリューチェーンによる分類はどれか。

(H30 秋-AP 問68)

ア 競争要因を，新規参入の脅威，サプライヤの交渉力，買い手の交渉力，代替商品の脅威，競合企業という五つのカテゴリに分類する。
イ 業務を，購買物流，製造，出荷物流，販売・マーケティング，サービスという五つの主活動と，人事・労務管理などの四つの支援活動に分類する。
ウ 事業の成長戦略を，製品（既存・新規）と市場（既存・新規）の2軸を用いて，市場浸透，市場開発，製品開発，多角化という4象限のマトリックスに分類する。
エ 製品を，市場の魅力度と自社の強みの2軸を用いて，花形，金のなる木，問題児，負け犬という4象限のマトリックスに分類する。

解説

バリューチェーンは，個々の活動が付加価値（バリュー）を生むという考えに基づいたフレームワークです。**個々の活動で生んだ付加価値とコストの差が利益（マージン）**となり，これを最大化すべく，業務改善を行います。したがって，（イ）が正解です。

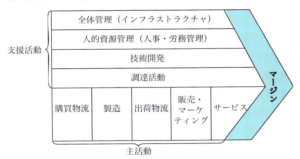

ア：ファイブフォース分析による分類です。

ウ：アンゾフの成長マトリックスによる分類です。
エ：PPM（Product Portfolio Management）による分類です。

解答 イ

第11章 ITストラテジ

問10 半導体ファブレス企業の説明として，適切なものはどれか。

◎高度午前I (H29秋-AP 問66)

ア　委託者の依頼を受けて，自社工場で半導体製造だけを行う。

イ　自社で設計し，自社工場で生産した製品を相手先ブランドで納入する。

ウ　自社内で回路設計から製造まで全ての設備をもち，自社ブランド製品を販売する。

エ　製品の企画，設計及び開発は行うが，半導体製造の工場は所有しない。

解説

　ファブレスは英語の fab（fabrication facility，製造施設）と less を組み合わせた造語です。ファブレス企業は，製品の企画や開発・設計，販売などは自社で行いますが，工場はもたず，製造を外部企業に委託するという事業形態を指します。特に半導体の製造には，莫大な費用がかかる半導体製造装置が必要です。**自社工場をもたなければ，この装置を用意する必要もありません**。製造設備という固定資産をもたないことによって，資産を効率的に活用し，スピード経営を実現できるというメリットがあるため，ファブレス企業の大半を半導体企業が占めています。したがって，（エ）が適切です。

ア：EMS（Electronics Manufacturing Services；電子機器受託製造サービス）企業の説明です。半導体や電子機器分野において，委託者の依頼を受けて，自社工場で製造を行う企業を指します。

イ：OEM（Original Equipment Manufacturer）企業の説明です。他社ブランドの製品を製造する企業を指します。

ウ：通常の半導体の開発・製造企業の説明です。

解答　エ

11.2 経営戦略

問 11 ある期間の生産計画において，表の部品表で表される製品 A の需要量が 10 個であるとき，部品 D の正味所要量は何個か。ここで，ユニット B の在庫残が 5 個，部品 D の在庫残が 25 個あり，他の在庫残，仕掛残，注文残，引当残などはないものとする。

レベル 0		レベル 1		レベル 2	
品名	数量（個）	品名	数量（個）	品名	数量（個）
製品 A	1	ユニット B	4	部品 D	3
				部品 E	1
		ユニット C	1	部品 D	1
				部品 F	2

◎高度午前 I （H30 秋-AP 問 73）

ア　80　　　　イ　90　　　　ウ　95　　　　エ　105

解説

　生産計画を立案するとき，製品に必要な部品の数量を把握するための計算が正味所要量計算です。これを計算し，いつまでに何個用意するか計画するのが，資材所要量計画（MRP；Material Requirements Planning）です。

　正味所要量は，その製品を構成する部品の数量ではなく，実際に手配が必要な数量であることに注意してください。正味所要量は，次の式で求めます。

　正味所要量 ＝ 総所要量 － （在庫量－出庫予定量＋入庫予定量）

　今回は，仕掛残，注文残，引当残がないので総所要量－在庫量で考えます。

　製品 A の需要量が 10 個なので，ユニット B は 10×4＝40（個），ユニット C は 10×1＝10（個）必要です。しかし，**ユニット B は在庫が 5 個ある**ので，新たに生産する必要のあるのは 40－5＝35（個）です。

　ユニット B を構成するレベル 2 の部品は，部品 D と部品 E なので，ユニット B を 35 個生産するには，35×3＝105（個）の部品 D が必要です。また，ユニット C を構成するレベル 2 の部品は，部品 D と部品 F なので，ユニット C を 10 個生産するには，10×1＝10（個）の部品 D が必要です。

　これより，部品 D は全部で 105＋10＝115（個）と必要と分かります。しかし，**部品 D の在庫が 25 個ある**ので，正味所要量は，115－25＝90（個）となります。したがって，（イ）が正解です。

解答　イ

第11章

603

第11章 ITストラテジ

問12 セル生産方式の特徴はどれか。

◎高度午前Ⅰ （H29春·AP 問70）

ア　作業指示と現場管理を見えるようにするために，かんばんを使用する。

イ　生産ライン上の作業場所を通過するに従い製品の加工が進む。

ウ　必要とする部品，仕様，数量が後工程から前工程へと順次伝わる。

エ　部品の組立てから完成検査まで，ほとんどの工程を1人又は数人で作業する。

解説

　セル生産方式は，全工程を一人で行う製造方式でしたね。作業員は，部品や工具が配置された**セルと呼ばれる作業台で，組立て，加工，検査などの工程を作業し，一つの製品を完成させます。**部品や工具を入れ替えるだけで生産品目を変えることができるので，オプションで仕上がりが異なる製品や，顧客の希望でカスタマイズする製品など，**多品種少量生産に適しています。**基本的には1人で作業するため，大量生産はできず，作業効率も作業員のやる気や熟練度に左右されます。したがって，（エ）が正解です。

ア，ウ：JIT，かんばん方式の特徴です。後工程は，前工程に，いつ，どの部品を，幾つ使うか，かんばんに記入して伝達し，部品を調達します。**前工程は，その日までにその数だけを生産します。**これによって，後工程は必要最低限の安全在庫をもつだけで済みます。かんばんの代わりに **MRP で所要量を計算し，CIM や ERP で情報を伝達する**のが一般的です。用語が心配な方は，本書末尾の索引を使って調べましょう。

イ：ライン生産方式の特徴です。複数の作業員が，ベルトコンベアなどで流れてくる生産物に対して，あらかじめ割り当てられた作業を行います。

解答　エ

11.2 経営戦略

問13　CPS（サイバーフィジカルシステム）を活用している事例はどれか。

◎高度午前Ⅰ　(R2-AP 問71)

ア　仮想化された標準的なシステム資源を用意しておき，業務内容に合わせてシステムの規模や構成をソフトウェアによって設定する。

イ　機器を販売するのではなく貸し出し，その機器に組み込まれたセンサで使用状況を検知し，その情報を元に利用者から利用料金を徴収する。

ウ　業務処理機能やデータ蓄積機能をサーバにもたせ，クライアント側はネットワーク接続と最小限の入出力機能だけをもたせてデスクトップの仮想化を行う。

エ　現実世界の都市の構造や活動状況のデータによって仮想世界を構築し，災害の発生や時間軸を自由に操作して，現実世界では実現できないシミュレーションを行う。

解説

CPS（サイバーフィジカルシステム）は，サイバー空間（コンピュータ上で再現した仮想空間）と，フィジカル空間（現実）を融合させたシステムです。融合できるのか？！と思ってしまいますが，例えば，**仮想空間上に，都市の構造データを基に，仮想都市を構築します。**仮想的に現実を再現している，とも言えます。**仮想的に再現するので，実際に存在するものや，これから建設するものも，データさえあれば構築できます。**この仕組みを使えば，仮想都市に災害を発生させ，時間軸を進めて被害状況がどう拡大するか，調査することも可能です。したがって，（エ）が正解です。

IoT の普及によって，現実世界で起こる様々な事象のデータを集めることができるようになり，そのデータを CPS 上で再現したり分析したりすることもできるようになりました。

ア：仮想化の利用です。

イ：IoT の活用事例です。

ウ：シンクライアントの説明です。

解答　エ

第11章

第11章 ITストラテジ

問14 IoT がもたらす効果を "監視"，"制御"，"最適化"，"自律化" の 4 段階に分類すると，IoT によって工場の機械の監視や制御などを行っているシステムにおいて，"自律化" の段階に達している例はどれか。

◎高度午前I （H30 秋-AP 問 71）

ア 機械に対して，保守員が遠隔地の保守センタからインターネットを経由して，機器の電源のオン・オフなどの操作命令を送信する。

イ 機械の温度や振動データをセンサで集めて，インターネットを経由してクラウドシステム上のサーバに蓄積する。

ウ クラウドサービスを介して，機械同士が互いの状態を常時監視・分析し，人手を介すことなく目標に合わせた協調動作を自動で行う。

エ クラウドシステム上に常時収集されている機械の稼働情報を基に，機械の故障検知時に，保守員が故障部位を分析して特定する。

解説

　IoT がもたらす効果は，監視→制御→最適化→自律化の順に高度化します。

①監視：センサ情報の**収集・蓄積だけを行う**（イ）

　　　　機械の温度や振動データを，保守に利用するために，**クラウドシステムのサーバに蓄積**します。

②制御：監視している情報を利用して機器に**指示・命令を出す**（ア）

　　　　収集した温度データから機械の温度が上昇していることに気づいた保守員が，機械が故障しないように，機器の電源を切る**操作命令を送信**します。

③最適化：最適な**状態を維持し続ける**ように制御する（エ）

　　　　機械は，決められた温度の範囲におさまるよう，自分で機器をオン・オフして状態を維持しますが，**維持できないようであれば，人の介在を促します**。異常情報をサーバに送信し，保守員はこれを受け，常時収集している機械の稼働情報から，故障部位を分析して対応します。

④自律化：収集した情報を利用して**人手を介すことなく制御する**（ウ）

　　　　機械同士が，サーバに収集される**お互いのリアルタイムな情報を分析**し，最適な状態を維持できるよう，**協調動作を自動で行います**。見通しの悪い交差点などで，車両同士が無線通信で情報交換し，安全運転を支援する車車間通信も，これに該当します。

　したがって，（ウ）が正解です。

解答　ウ

11.3 オペレーションズリサーチ（OR）とインダストリアルエンジニアリング（IE）

11.3 オペレーションズリサーチ（OR）と インダストリアルエンジニアリング（IE）

▶▶▶Explanation
ポイントの解説

　オペレーションズリサーチ（OR）とインダストリアルエンジニアリング（IE）は，いずれもビジネス分野で利用される科学的な手法です。オペレーションズリサーチは主に経営分野での問題解決に，また，インダストリアルエンジニアリングは生産管理の分野で利用されています。いずれも理論的にきちんと学習するとかなり難解な内容ですが，試験に出題されているのは，それぞれ次のような手法に関するもので，内容的には，手法の特徴や適用対象など，基本的な知識を問うものがほとんどです。

オペレーションズリサーチ（OR）
・線形計画法：制約条件を満たし最大利益をもたらす生産量の決定など
・在庫管理：最適な在庫量と発注方法の選択など
・ゲーム理論：ゲーム（ビジネス）における意思決定（戦略選択）
インダストリアルエンジニアリング（IE）
・作業（工程）分析：生産工程などの改善を行うための分析手法
・QC（新QC）手法：品質管理や問題を解決するための手法
・OC（検査特性）曲線：抜取り検査における品質推定の根拠

（1）　線形計画法
　線形計画法の例として，限られた資源をどう配分すれば利益が最大になるかを求めます。計算に必要な条件は制約条件と呼ばれ，一次式で与えられます。今，ある工場で二つの商品AとBを作っているとして，それぞれの商品を1個作るための材料費と工作費，及び1個当たりの利益が次の表のとおりだったとします。そして，材料費は合計で720万円以下，工作費は合計480万円以下にする必要があるものとします。

第11章

607

第11章 ITストラテジ

	商品A	商品B	単位　万円 制約
材料費	5	4	720 以下
工作費	2	8	480 以下
1個当たりの利益	0.4	0.6	

　商品Aをx個，商品Bをy個作るとすると，材料費と工作費に関して，次のような制約条件が成り立ちます。

$$\begin{cases} 5x+4y \leqq 720 \\ 2x+8y \leqq 480 \\ x \geqq 0, \ y \geqq 0 \end{cases}$$

　次に商品AとBを作って得られる利益をzとすると，zを表す式（目的関数といいます）は，次のようになります。

$$z = 0.4x + 0.6y$$

　制約条件で表される範囲を図で表すと次のようになります。

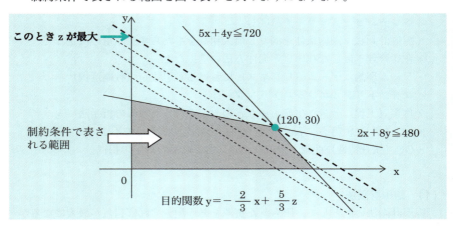

　目的関数 $z=0.4x+0.6y$ は，yの式に変形すると $y=-\frac{2}{3}x+\frac{5}{3}z$ になります。この関数は傾きが $-\frac{2}{3}$ の直線ですが，制約条件で示される範囲の点 (120, 30) を通るときに，y軸との交点（y切片）が最大になります。このとき，$z=0.4×120+0.6×30=48+18=66$（万円）となり，結果として，商品Aを120個，商品Bを30個作ったときに得られる利益66万円が最大となります。

（2） 在庫管理

在庫を保管するには倉庫代などの費用がかかるため，たくさんもち過ぎてもいけません。また，ぎりぎりの数しか在庫をもたないと，大口の注文に応えられず，販売機会を失ってしまいます。在庫の保管や発注作業にかかる費用が最小になるように，適正在庫量と発注量を管理します。

① 2ビン法（二棚法）

二つのビン（棚）を用意して，最初のビンの中が空になったら，ビンに入る分だけ注文し，もう一方のビンの中の在庫を使う方法です。単価が安く大量に使われる部品などの在庫管理に適しています。

② 定量発注方式（発注点方式）

在庫がある量（発注点）になったら，一定量を発注します。次式が最小になる発注量が最適発注量（経済的発注量）になります。

在庫管理の総費用＝年間保管費用＋年間発注費用

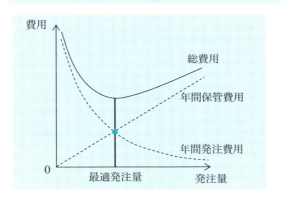

③ 定期発注方式

需要予測から発注量を決定し，定期的に発注します。ABC分析のAランクに該当する製品の在庫管理に適しています。

発注量＝（発注間隔＋調達期間）の需要量－在庫量－発注残＋安全在庫量

・調達期間（時間）：品物を注文してから納品されるまでにかかる時間です。
・発注残：注文はしたけれど，まだ納品されていない数量です。
・安全在庫量：欠品防止に備え，存在しないものとして扱う数量です。

| 第11章 ITストラテジ

(3)　ゲーム理論

　競争環境下において将来の状況を見据え，自社にとって最も有利になる戦略を選択する手法です。例えば，商品の販売では，天候や経済情勢，同業者の販売戦略によって売上が左右されます。企業が幾つかの商品を開発し，その中からどの商品を発売するかを決定する場合，ゲーム理論では，こうした外部要因を勘案した上で幾つかの将来状態を予測し，選ぶべき戦略を決定します。

　このときによく用いられるのが，利得表（ペイオフマトリックス）です。自社の戦略と，予測される将来の状態との組合せに応じた利得（利益又は損失）を表したものです。将来の状態が x，y，z のいずれかになると予測される場合に，A，B，C のうちどの戦略を選ぶかを決めます。

[利得表]

将来の状態 / 戦略	x	y	z	期待値	最小	最大
A	2	3	4	3	2	4
B	5	1	6	4	1	6
C	9	5	−5	3	−5	9
最小				3	−5	4
最大				4	2	9

①**ラプラス原理**　　　　：期待値が最大　　→ **戦略 B**
②**マクシミン原理**　　　：最小利得が最大　→ **戦略 A**
③**マクシマックス原理**：最大利得が最大　→ **戦略 C**

①ラプラス原理

　予測される将来の状態がそれぞれ同じ程度に起こり得ると考え，得られる利得の期待値が最大になる戦略を選択します。

②マクシミン原理

　利得表によって max（min）を考え，括弧内の最小の利得が最大となる戦略を選びます。最悪の場合を想定し，そのときの利得が最大となる戦略を選択するというもので，悲観的戦略の部類に入ります。

③マクシマックス原理

　利得表によって max（max）を考え，括弧内の最大の利得が最大となる戦略を選びます。最良の場合を想定し，そのときの利得が最大となる戦略を選択するというもので，楽観的戦略の部類に入ります。

11.3 オペレーションズリサーチ（OR）とインダストリアルエンジニアリング（IE）

（4） IE技法

IEは，経営工学の一分野で，生産工学と訳されます。工学に基づく科学的な手法や，社会科学的な行動理論を使って，作業改善による生産性の向上や，品質の向上を目指します。

①作業時間分析

業務にかかっている時間を一定期間分析して，作業の無駄などがないか分析し，改善につなげます。

②ワークサンプリング

時間を特定できない作業などについて，作業状況の定期的な観測を何回も行い，得られた観測記録から作業量を分析します。

③PTS法

作業の標準時間を設定する方法です。人間の手作業部分を幾つかの基本動作に分解して，その性質と条件に応じて，あらかじめ定められた標準作業時間を適用して全体の作業時間を見積もります。

④ABC分析

在庫管理などで，最適な管理方法を決めるために商品を3段階にランク分けし，重点的に管理する品目を決定する方法です。棒グラフと累計比率の折れ線グラフで構成されるパレート図を用います。

⑤品質管理・問題解決技法

製品の品質向上や問題解決を目的として，グラフ（OC曲線 他）や図解化，統計手法などを使う技法です。QC（Quality Control；品質管理）に使われる手法には，QC七つ道具と新QC七つ道具があります。

(5) QC技法

品質管理（QC）は，工場などで，安定した良い品質の製品を，継続的に製造できるように管理することです。数学の統計理論などに基づく，定量的なデータ分析手法が様々に工夫されてきました。試験ではこれらの技法の代表的なものについて，名称や特徴などを解答する問題が出題されます。

①QC七つ道具

パレート図，特性要因図，散布図，ヒストグラム，管理図，チェックシート，グラフの七つの手法をまとめてQC七つ道具といいます。

- **パレート図**：ABC分析で利用する図です。

- **特性要因図**：原因と結果の関連を魚の骨のような形態に整理して体系的にまとめ，結果に対してどのような原因が関連しているかを明確にします。フィッシュボーン図とも呼ばれます。

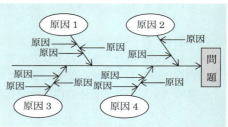

特性要因図

- **散布図**：二つ以上の変数で表されるデータを座標平面上に点で表します（プロットする）。変数の相互関係を表すのに役立ちます。散布図にプロットされたデータが，ある直線（回帰直線）に添うような形になるとき，二つのデータには相関関係があるといえます。直線が右上がりのときは**正の相関関係**があり，右下がりのときは**負の相関関係**があるといいます。

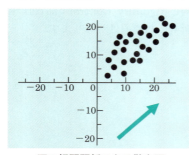

正の相関関係のある散布図

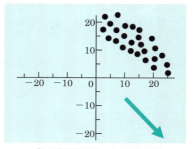

負の相関関係のある散布図

11.3 オペレーションズリサーチ (OR) とインダストリアルエンジニアリング (IE)

- **ヒストグラム**：収集したデータを幾つかの区間に分類し、各区間に属するデータの個数を棒グラフとして描き、品質のばらつきをとらえます。データ全体の分布の形やデータの平均値、データのばらつきを把握することができます。**度数分布図**ともいいます。

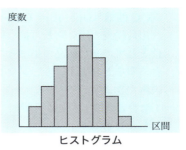

ヒストグラム

- **管理図**：時系列データのばらつきを折れ線グラフで表し、管理限界線を利用して客観的に管理します。

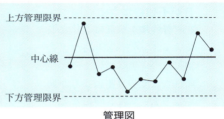

管理図

②新 QC 七つ道具

問題を解決するために、主に言葉で表されるデータを扱う手法です。QC 七つ道具が主に定量的な分析に用いられるのに対して、新 QC 七つ道具は定性的な分析に用いられます。

新 QC 七つ道具は、親和図、連関図、系統図、マトリックス図、マトリックスデータ解析法、アローダイアグラム、PDPC（Process Decision Program Chart）の七つですが、これら全ての特徴を覚えるのは大変です。親和図、連関図、アローダイアグラムといった代表的なものを理解しておきましょう。

- **親和図**：情報を記入した多数の個別のカードを素材として関係の深い（親和性の高い）ものをまとめていき、錯綜した問題点や、まとまっていない意見、アイディアなどを整理し、まとめていきます。
- **連関図**：分析する問題に数多くの要因が関係し、それらが相互に絡み合っているとき、原因と結果、目的と手段といった関係を矢印で関連付け追求することによって、因果関係を明らかにし、解決の糸口をつかみます。
- **アローダイアグラム**：「10.1 プロジェクトマネジメント」で解説したスケジュールの作成に用いる PERT 図です。関連する作業の順序や作業の余裕などを図式化して管理します。

③OC 曲線 (Operating Characteristic 曲線；検査特性曲線)

出荷検査に用いられる抜取検査などで使用されます。横軸に生産や出荷単位としての同じ商品の集まりであるロットの不良率，縦軸に不良率に対する合格率をとります。このグラフを使うと，消費者危険と生産者危険を明確に表現できます。

- **消費者危険**：本来は不合格にしなければいけないロットの製品が合格になり，消費者が不利益になる危険です。
- **生産者危険**：本来は合格にしてよいロットの製品が不合格になり，生産者にとって生産性が下がり（歩留まりが悪くなり），コスト増になる危険です。

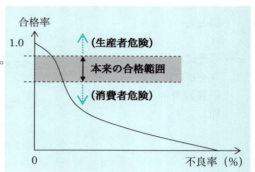

④ABC 分析

重点的に管理するものを決める手法です。一般的には，少数のヒット商品の売上が売上全体の大部分を占めることが多く，こうしたヒット商品を重点的に管理すると，売上や利益の増加につなげることができます。このとき，ヒット商品の分析に使うのが，**パレート図**です。まず，対象の値を大きい順から並べた棒グラフを作成します。次に，棒グラフの値を累積した折れ線グラフを作成して，棒グラフに重ねます。そして，累積比率順に A，B，C のランク付けを行います。

- A ランク
   70％を占める商品
- B ランク
   70〜90％程度の商品
- C ランク
   それ以外

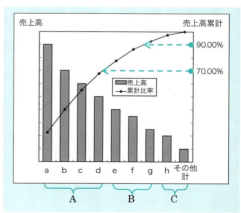

11.3 オペレーションズリサーチ（OR）とインダストリアルエンジニアリング（IE）

▶▶▶ Check

理解度チェック ▶ 11.3 オペレーションズリサーチ（OR）とインダストリアルエンジニアリング（IE）

次の文中の ☐ に適切な用語を入れてください。

(1) 資源の量などを変数とした 1 次式で表現される制約条件の下で，利益や効果に相当する ア と呼ばれる 1 次式の値を最大にするための条件を求める手法が イ です。

(2) 在庫管理における商品の発注法には， ウ ， エ ， オ があり，商品の特徴に応じて選択します。発注法を割り当てるために行うのが ABC 分析で， カ と呼ばれる棒グラフと折れ線グラフを組み合わせた図を基に，商品を A，B，C の三つのグループに分類します。

(3) キ は，競争環境下で，自社に有利になる戦略を選択する手法です。最悪の場合を想定し利得が最大となる戦略を選択する ク ，最良の場合を想定し利得が最大となる戦略を選択する ケ があります。

(4) 時間を特定できない作業について，作業状況の定期的な観測を行い，作業量を分析する手法を コ といいます。

(5) QC 七つ道具が主に サ 的な分析に用いられるのに対して，新 QC 七つ道具は シ 的な分析に用いられます。QC 七つ道具のうち，原因と結果の関係について整理するには ス ，相関関係について分析するのは セ ，時系列のばらつきを表すのは ソ です。

(6) 抜取検査の結果を評価するために利用されるのが タ です。このグラフによって，本来は合格にしてよいロットが，不合格になる チ 危険，本来は不合格となるロットが，合格してしまう ツ 危険を明確に表現することができます。

解 答

(1) ア：目的関数　イ：線形計画法
(2) ウ：2 ビン法（二棚法）　エ：定量発注方式　オ：定期発注方式
　　（ウ，エ，オは順不同）　カ：パレート図
(3) キ：ゲーム理論　ク：マクシミン原理　ケ：マクシマックス原理
(4) コ：ワークサンプリング
(5) サ：定量　シ：定性　ス：特性要因図　セ：散布図　ソ：管理図
(6) タ：OC 曲線　チ：生産者　ツ：消費者

第11章

第11章 ITストラテジ

▶▶▶ **Question**

問題で学ぼう

問1 表のような製品 A，B を製造，販売する場合，考えられる営業利益は最大で何円になるか。ここで，機械の年間使用可能時間は延べ 15,000 時間とし，年間の固定費は製品 A，B に関係なく 15,000,000 円とする。

(H27 秋-AP 問 77)

製品	販売単価	販売変動費/個	製造時間/個
A	30,000 円	18,000 円	8 時間
B	25,000 円	10,000 円	12 時間

ア　3,750,000　　イ　7,500,000　　ウ　16,250,000　　エ　18,750,000

解説

　年間使用可能時間という制約条件があるので，線形計画法のように思えますが，**それぞれ何個作るかとは問われていません**。また，どちらを作っても，年間固定費は同じなので，**どちらを作れば利益が大きいか計算しましょう**。**機械を使用する単位時間当たりの利益を比較**して，利益の多い製品を作れば，営業利益も大きくなります。

　製品 A は 1 個当たり 8 時間機械を使い 12,000 円の利益なので，機械使用 1 時間当たり 1,500 円の利益があります。同様に，製品 B は機械を 12 時間使い 15,000 円の利益なので，機械使用 1 時間当たり 1,250 円の利益があります。なので，製品 A を作った方が利益は大きくなります。

> **製品 A（30,000 円−18,000 円）／ 8 時間 ＝ 1,500 円／時間**
> 製品 B（25,000 円−10,000 円）／12 時間 ＝ 1,250 円／時間

　制限時間は 15,000 時間なので，製品 A は年間 1,875 個（＝15,000 時間÷8 時間）作れます。そして，1 個当たりの利益は 12,000 円なので，総利益は 22,500,000 円（＝1,875 個×12,000 円）になります。でも，選択肢を見ると該当するものがありません。それは，固定費を忘れていたからです。**総利益から固定費を引いて営業利益を求めましょう**。営業利益は，

　22,500,000 円−15,000,000 円＝7,500,000 円となります。

したがって，（イ）が正解です。

解答　イ

11.3 オペレーションズリサーチ（OR）とインダストリアルエンジニアリング（IE）

問2 図は，定量発注方式を運用する際の費用と発注量の関係を示したものである。図中の③を表しているものはどれか。ここで，1回当たりの発注量をQ，1回当たりの発注費用をC，1単位当たりの年間保管費用をH，年間需要量をRとする。また，選択肢ア～エのそれぞれの関係式は成り立っている。

(R2-AP 問75)

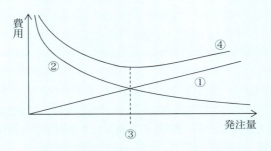

ア　経済的発注量 $= \sqrt{\dfrac{2RC}{H}}$ 　　　イ　総費用 $= \dfrac{Q}{2} \times H + \dfrac{R}{Q} \times C$

ウ　年間発注費用 $= \dfrac{R}{Q} \times C$ 　　　エ　平均年間保管費用 $= \dfrac{Q}{2} \times H$

解説

定量発注方式は，在庫量が事前に定めた水準を下回ったときに一定量を発注します。ある程度在庫を抱えても問題ないものの発注に利用されます。

選択肢を見て嫌な気持ちになりますが，答えなければならないのは，③が表しているものです。**③は点線なので，グラフではありません。発注量のある数字を示しています。定量発注方式で，値が固定に決まるものは発注量**です。したがって，（ア）が正解です。

経済的発注量は，年間の在庫管理総費用が最小になる発注量です。

イ：総費用は，年間発注費用と平均年間保管費用の合計なので，④です。

ウ：年間発注費用は，②です。発注回数で考えましょう。発注量が少ないと**発注回数が増えるので発注費用は高額に**，発注量が多いと発注回数は少なく発注費用は低額になるので，発注量に反比例します。

エ：平均年間保管費用は，①です。保管場所の広さで考えましょう。大量に発注すると，それを保管する広い場所が必要になります。**場所が広ければ広いほど，借用費用や維持費がかかる**ので，発注量に比例します。

解答　ア

第11章 ITストラテジ

問3　定量発注方式における経済的発注量を計算したところ，600個であった。発注から納入までの調達期間は5日であり，安全在庫量が30個である場合，この購買品目の発注点は何個か。ここで，1日の平均消費量は50個であるとする。

(H31春-AP 問75)

　　ア　220　　　　　イ　250　　　　　ウ　280　　　　　エ　300

解説

　定量発注方式は，在庫が減って発注点（あらかじめ決めておいた在庫量）に達したとき，毎回一定量を発注します。**発注点は，調達期間（発注してから品物が納入されるまでの期間）に予測される使用量から決定します。**また，経済的発注量（最適発注量）は，年間の総在庫費用を最小にする発注量です。**在庫を持つということは，在庫となる品物を購入することなので，費用が発生します。在庫をしまっておく場所の費用もかかります。**これを踏まえ，経済的発注量を求め，これを一回当たりの発注量とします。

　1日の平均消費量は50個，調達期間（リードタイム）が5日なので，この間に250個（＝50個×5日）が消費されます。また，不良品が発生したり，急に需要が増えたりするなど，何らかの不測の要因によって消費量が変動することを見越して確保しておく安全在庫量が30個あります。**使用する数と安全在庫を常に保持しておく必要がある**ので，これを加えた280個（＝250個＋30個）が定量発注方式におけるこの購買品目の発注点です。したがって，（ウ）が正解です。

　280個を下回ったら，6日目には在庫がなくなり，生産が止まってしまいます。そうならないように，280個になった時点で発注します。

解答　ウ

11.3 オペレーションズリサーチ (OR) とインダストリアルエンジニアリング (IE)

問4 ビッグデータ分析の手法の一つであるデシジョンツリーを活用してマーケティング施策の判断に必要な事象を整理し,発生確率の精度を向上させた上で二つのマーケティング施策 a, b の選択を行う。マーケティング施策を実行した場合の利益増加額(売上増加額-費用)の期待値が最大となる施策と,そのときの利益増加額の期待値の組合せはどれか。

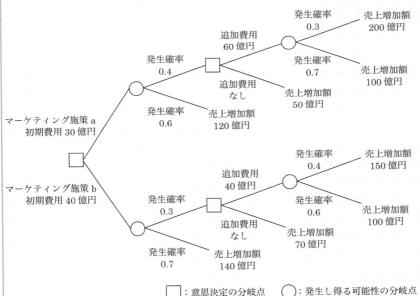

(R1 秋-AP 問 74)

	施策	利益増加額の期待値(億円)
ア	a	70
イ	a	160
ウ	b	82
エ	b	162

第11章 ITストラテジ

解説

デシジョンツリーとは，意思決定の分岐点や発生し得る可能性の分岐点をツリー状に洗い出し，それぞれの選択肢の期待値を比較検討する手法です。**期待値の計算は，結果ノード（図の右側）から**次のように計算します。

- ○の発生し得る可能性の分岐点では，それぞれの**発生確率と金額を掛け合わせ**，ノードの合計を○の期待値とします。
- **追加費用が発生する場合は，売上増加額の期待値から減算**します。
- □の意思決定の分岐点では，期待値が高い分岐（★）を選択します。

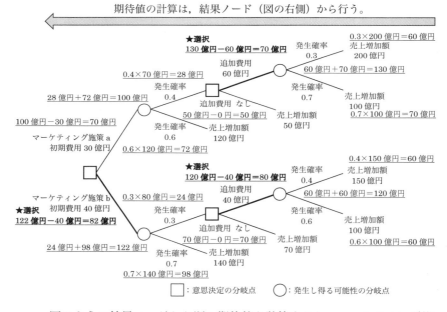

図のように結果ノードから順に期待値を計算すると，マーケティング施策 a の期待値が 70 億円，b の期待値が 82 億円となります。したがって，(ウ) が正解です。

解答　ウ

11.3 オペレーションズリサーチ（OR）とインダストリアルエンジニアリング（IE）

> **問5** 経営会議で来期の景気動向を議論したところ，景気は悪化する，横ばいである，好転するという三つの意見に完全に分かれてしまった。来期の投資計画について，積極的投資，継続的投資，消極的投資のいずれかに決定しなければならない。表の予想利益については意見が一致した。意思決定に関する記述のうち，適切なものはどれか。
>
> | 予想利益（万円） | | 景気動向 | | |
> |---|---|---|---|---|
> | | | 悪化 | 横ばい | 好転 |
> | 投資計画 | 積極的投資 | 50 | 150 | 500 |
> | | 継続的投資 | 100 | 200 | 300 |
> | | 消極的投資 | 400 | 250 | 200 |
>
> ◎高度午前Ⅰ （H27秋·AP 問75）
>
> ア　混合戦略に基づく最適意思決定は，積極的投資と消極的投資である。
> イ　純粋戦略に基づく最適意思決定は，積極的投資である。
> ウ　マクシマックス原理に基づく最適意思決定は，継続的投資である。
> エ　マクシミン原理に基づく最適意思決定は，消極的投資である。

解説

　マクシミン原理は，最悪の事態が起こった場合に最低確保できる利益（悲観値）を考え，悲観値が最大となるものを選びます。最も堅実な選択方法で，最悪の場合の損害を最小にする意思決定原理です。各計画の最小予想利益（悲観値）は，積極的投資で 50 万円，継続的投資で 100 万円，消極的投資で 200 万円なので，マクシミン原理によれば，最悪でも 200 万円の利益が確保できる消極的投資を選択します。したがって，（エ）が正解です。

予想利益（万円）		景気動向			評価値		
		悪化	横ばい	好転	平均値	楽観値	悲観値
投資計画	積極的投資	50	150	500	233	500	50
	継続的投資	100	200	300	200	300	100
	消極的投資	400	250	200	283	400	200

マクシマックス原理（楽観値が最大）
純粋戦略（平均値が最大）
マクシミン原理（悲観値が最大）

ア：混合戦略は，複数の戦略を確率的に選択して実行するものです。
イ：純粋戦略は，予想利益に発生確率を乗じた期待利益が最大の戦略を選びます。本問のように発生確率が不明の場合は，同じ発生確率 1／3 として期待利益を求めるので，消極的投資が選ばれます。

第11章 ITストラテジ

ウ：マクシマックス原理は，最も有利な場合が起こることだけを想定し，最
　大の利益を夢見る意思決定原理なので，積極的投資が選ばれます。

解答　エ

問6　A社とB社がそれぞれ2種類の戦略を採る場合の市場シェアが表のよう
　に予想されるとき，ナッシュ均衡，すなわち互いの戦略が相手の戦略に対し
　て最適になっている組合せはどれか。ここで，表の各欄において，左側の数
　値がA社のシェア，右側の数値がB社のシェアとする。

単位　%

		B社	
		戦略b1	戦略b2
A社	戦略a1	40，20	50，30
	戦略a2	30，10	25，25

(H24春-AP 問74)

　ア　A社が戦略a1，B社が戦略b1を採る組合せ
　イ　A社が戦略a1，B社が戦略b2を採る組合せ
　ウ　A社が戦略a2，B社が戦略b1を採る組合せ
　エ　A社が戦略a2，B社が戦略b2を採る組合せ

解説

　ナッシュ均衡は，複数の参加者がいる非協力型のゲームで，各参加者が他
の参加者の戦略に対し，最適な戦略を採ることで生じる安定した状態です。
　A社の戦略は，行方向に確認します。当然シェアを増やせる戦略を採るはずな
ので，40又は50が見込める戦略a1が最適な戦略です。**B社の戦略は，列方向
に確認**します。B社も同じ理由で，30又は25が見込める戦略b2が最適な戦略
です。したがって，（イ）が正解です。

　なお，この組合せは相手の戦略に対して最適というだけでなく，相手の戦略に
よらず最適です。このような組合せを，支配戦略均衡と呼びます。

解答　イ

622

11.3 オペレーションズリサーチ（OR）とインダストリアルエンジニアリング（IE）

問7 発生した故障について，発生要因ごとの件数の記録を基に，故障発生件数で上位を占める主な要因を明確に表現するのに適している図法はどれか。

◎高度午前Ⅰ （H31春·AP 問74）

ア　特性要因図　　　　　　　　イ　パレート図
ウ　マトリックス図　　　　　　エ　連関図

解説

パレート図は，重点的に管理する商品を決める ABC 分析に利用されますが，もともとは，QC 七つ道具の一つです。**QC は品質管理ですから，故障の原因や不具合の発生原因などの分析にも用いられます**。売上同様，故障や不具合も，累計の 70％を占める原因を対処すると全体的な品質が改善されます。

したがって，（イ）が正解です。

下図は，故障の発生要因で作成したパレート図の例です。

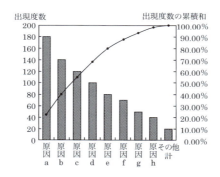

ア：特性要因図（フィッシュボーン図）は，なぜそうなったのか，結果に対する要因を分析する図法です。
ウ：マトリックス図は，行と列の交点の関係に着目して問題の全体を分析する図法です。
エ：連関図は，原因と結果，目的と手段などが複雑に絡み合う問題の全体を分析する図表です。

解答　イ

第11章 ITストラテジ

問8 予測手法の一つであるデルファイ法の説明はどれか。

◎高度午前Ⅰ （H29秋-AP 問74）

ア 現状の指標の中に将来の動向を示す指標があることに着目して予測する。

イ 将来予測のためのモデル化した連立方程式を解いて予測する。

ウ 同時点における複数の観測データの統計比較分析によって将来を予測する。

エ 複数の専門家へのアンケートの繰返しによる回答の収束によって将来を予測する。

解説

デルファイ法は，専門家に判断を仰ぐ手法です。**一人の見解では心配なので複数の専門家の意見を聞き，客観的に判断するために，匿名でアンケートを実施**します。でも，アンケートの文章だけでやり取りをしているため，趣旨を取り違えて回答しているかもしれません。また，状況が変わって意見が変わることもあるかもしれません。そこで，**この回答を集計し，再度アンケートを実施**します。これを繰り返す中で意見を収束します。したがって，（エ）が正解です。

予測手順もよく出題されるので覚えておきましょう。

(1) 複数の専門家を回答者として選定する。

(2) 質問に対する回答結果を集約してフィードバックし，再度質問を行う。

(3) 回答結果を統計的に処理し，分布とともに回答結果を示す。

回答者として選定した人の回答に左右されるので，回答者の人数や誰を選定するかには注意が必要です。また，単にアンケートの集計ではなく，回答結果は統計学に基づいて処理されます。

ア：回帰分析法の説明です。

イ：連立方程式モデル（同時方程式モデル）の説明です。ちなみに，線形計画法が使っているのは一次式です。連立方程式モデルは二次式を使います。

ウ：クロスセクション分析（横断面分析）の説明です。

解答 エ

11.3 オペレーションズリサーチ（OR）とインダストリアルエンジニアリング（IE）

> **問9** プログラムのステップ数が多くなるほどステップ当たりのエラー数も多くなる傾向があるように見受けられたので，データを採って調べた。これを分析するのに最も適した図はどれか。
>
> (H29 秋·AP 問76)
>
> ア　系統図　　　イ　散布図　　　ウ　特性要因図　　エ　パレート図

解説

　プログラムのステップ数と，ステップ当たりのエラー数，**二つの変数があるのでそれぞれの値を記入するために，二つの軸が必要**です。選択肢の中で，二つの軸をもつのは，横軸と縦軸で表現する散布図です。散布図の点が直線（回帰直線）に沿うような形になるとき，それらのデータには相関関係があります。したがって，（イ）が正解です。

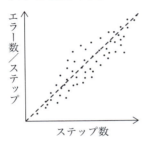

ア：系統図は，目的に対する手段，結果に対する原因など，あるテーマを深く掘り下げ，結論に至る過程を分析するための図です。

ウ：特性要因図（フィッシュボーン図）は，特性に影響を与える要因をさかのぼって整理し，関連付けた図です。

エ：パレート図は，ABC分析を行うための図です。

解答　イ

第11章 ITストラテジ

問10 抜取り検査において，ある不良率のロットがどれだけの確率で合格するかを知ることができるものはどれか。

(H26春-AP 問75)

ア　OC曲線　　　　　　　　イ　ゴンペルツ曲線
ウ　バスタブ曲線　　　　　エ　ロジスティック曲線

解説
　抜取り検査において検査対象ロットの実際の不良率 p とそのロットの合格の確率 P(p) の関係を示すグラフは，OC 曲線（Operating Characteristic 曲線；検査特性曲線）でしたね。

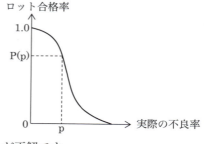

　「ある不良率のロットがどれだけの確率で合格するか」という問題文は，消費者危険（不合格にすべきロットが合格する）の確率を意味しています。その逆に，生産者危険は，合格とすべきロットが不合格になる確率で，生産者からすると損失です。したがって，（ア）が正解です。

イ，エ：ゴンペルツ曲線やロジスティック曲線は，成長曲線，S カーブとも呼ばれる形状の曲線です。横軸にテスト開始からの時間を示し，縦軸にテストで検出したバグ（不具合）の累積数を示した例では，テストの進捗に伴うバグの収束の傾向を分析することができます。

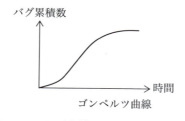
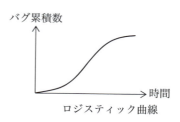

ウ：バスタブ曲線は，横軸に経過時間，縦軸に機器の故障率を用い，ハードウェアの故障発生傾向を分析するグラフです。

解答　ア

11.3 オペレーションズリサーチ(OR)とインダストリアルエンジニアリング(IE)

問 11 故障率曲線において,図中のAの期間に実施すべきことはどれか。

◎高度午前Ⅰ (H28 秋·AP 問 75)

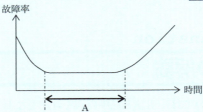

- ア 設計段階では予想できなかった設計ミス,生産工程では発見できなかった欠陥などによって故障が発生するので,出荷前に試運転を行う。
- イ 対象の機器・部品が,様々な環境条件の下で使用されているうちに,偶発的に故障が発生するので,予備部品などを用意しておく。
- ウ 疲労・摩耗・劣化などの原因によって故障が発生するので,部品交換などの保全作業を行い,故障率を下げる.
- エ 摩耗故障が多く発生してくるので,定期的に適切な保守を行うことによって事故を未然に防止する。

解説

　故障率曲線(**バスタブ曲線**)は,ハードウェアなどの故障率と使用開始からの経過時間の関係を表したもので,三つの期間に分けられます。

　初期故障期は,実際にユーザが使うことによる不具合が原因の故障が発生します。故障率は高く,試運転は欠かせません(ア)。

　初期故障が解消すると,安定した期間A,偶発故障期が続きます。

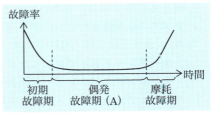

不具合も解決し,経年劣化も始まらないので,この期間に発生する**故障は,思いもよらない原因による偶発的なもの**です。もしもに備えて予備部品などを用意しておきます(イ)。したがって,(イ)が正解です。

　これを過ぎると,経年劣化によるハードウェアの故障が頻発し,再び故障率が増加する摩耗故障期となります。故障を未然に防ぐには,劣化した部品を故障する前に交換するなど定期的な保守が必要です(ウ),(エ)。

解答　イ

第11章 ITストラテジ

11.4 企業活動

▶▶▶Explanation
ポイントの解説

　経営・組織論については，用語と活動内容を理解しましょう。企業会計・財務の知識は，一から学習を始めていては大変な時間がかかります。受験対策としては，出題される重要なポイントに絞って理解するようにしましょう。

（1）　経営・組織論
①企業活動と経営管理
　企業は，経済的成長だけでなく，企業活動が社会環境に及ぼす影響に責任をもつ必要があります。これを **CSR**（Corporate Social Responsibility；企業の社会的責任）といいます。社会環境からの要請に対し，責任を果たすことで社会的信頼を得ることができ，企業価値も向上します。
　また，企業活動は，道徳や法令を遵守したものでなければなりません。**コンプライアンス（法令遵守）** は，企業倫理や法令に従い，社内規定を整備して企業活動を行うことです。そして，経営方針に基づき，コンプライアンスを踏まえた企業経営が行われているかを監視する仕組みが**コーポレートガバナンス（企業統治）** です。法令違反や不祥事は企業存続の危機につながるため，企業活動では，自社のイメージや企業価値を守ることも重要です。
- **コーポレートアイデンティティ**……自社の存在価値やイメージ，個性
- **コーポレートブランド**……顧客や利用者から見た企業価値
- **レピュテーションリスク**……信頼性を損なうおそれのある第三者の評価

②経営組織
　組織は，複数の人が役割分担して，ある目的を達成するための共同体です。組織の目的（戦略）に応じて，次のように組織を編成します。
- **職能別組織**：生産，販売などの職能別に，その業務を専門に担います。
- **事業部制組織**：その業務遂行に必要な職能をもち，利益責任を負います。
- **マトリックス組織**：社員は職能部門と事業部門の両方に所属します。社員の能力を生かせますが，命令系統が混乱しやすくなります。
- **プロジェクト組織**：10.1 プロジェクトマネジメントを参照してください。

11.4 企業活動

③ヒューマンリソース（人材開発，人材育成）

「企業は人なり」とよくいわれます。組織を構成する従業員の才能や能力を伸ばすための人材育成技法や教育技法には，様々なものがあります。

・CDP（Career Development Program；職歴開発計画）：個人の人生目標・人生設計，専門性に合わせて，職場で経験を積み，スキルを修得する計画（仕組み）です。

・MBO（Management By Objectives；目標管理制度）：目標を自己統制によって達成する仕組みです。上司は部下の自主性を認め，それを生かす方法を話し合い，部下は主体的に行動し能力向上を目指します。

・アダプティブラーニング：個々人に合わせた内容で学習を進めます。

・HR テック（HRTech）：採用や評価などの従来人間が行っていた業務を，データと AI やクラウドなどの IT 技術を使って効率化します。

・テレワーク：自宅の端末などを用いてリモートデスクトップや仮想デスクトップで，業務用端末と同じ利用環境を構築し，業務を行います。

・ブレーンストーミング：批判禁止，自由奔放，質より量，結合・便乗歓迎のルールの基，会議形式で斬新なアイディアを発想する技法です。

（2）企業会計の基礎用語

①原価

物（製品）を作ったり，売ったりするときにかかる費用です。製品を構成する部品代（材料費）や，作業者の給料などの人件費（労務費），製造機械や作業場の光熱費，事務所の家賃（経費）などがあります。

固定費：売上高に関係なく発生する費用…家賃
変動費：売上高に応じて発生する費用…部品代，材料費

変動費は売上高に応じて発生するため，**変動費率**が指標に用いられます。

$$変動費率 = \frac{変動費}{売上高}$$

②売上高，費用，利益の関係

売上高から費用を引いたものが利益なので，次の関係が成立します。

売上高＝費用＋利益

③利益の種類

費用の考え方や収益の種類によって，いろいろな利益の考え方ができますが，次の利益計算の考え方は大切なので理解しておきましょう。

・**売上総利益**＝売上高－売上原価

売上総利益は**粗利**とも呼ばれ，売上高からその売上原価（商品原価）だけを引いた最もおおまかな利益額を表します。

・**営業利益**＝**売上総利益**－販売費及び一般管理費
＝売上高－（売上原価＋販売費及び一般管理費）

売上総利益（粗利）から販売費や一般管理費などの営業費用を引いた実際の利益額を表します。営業利益は**営業損益**ともいわれます。

・**経常利益**＝**営業利益**＋営業外収益－営業外費用
＝売上高－（売上原価＋販売費及び一般管理費）＋営業外損益

経常利益は，営業利益に対して，企業の主たる営業活動以外の活動から発生する支払利息，社債利息，企業の創立・組織化に要する費用などの，営業外収益や営業外費用の営業外損益を加えたものです。

・**純利益**＝**経常利益**＋特別損益
＝売上高－（売上原価＋販売費及び一般管理費）
＋営業外損益＋特別損益

純利益は，経常利益に特別損益を加えたものです。特別損益は，不動産などの売却損益，株などの有価証券の評価損益や売却損益，非常時災害による損益など一時的に発生する損益を表します。

④減価償却

会計制度では，資産の取得にかかった金額を一度にまとめて必要経費にすることはできません。一定の計算方法によって，各年分の必要経費に配分します。使用可能期間を耐用年数，使用可能期間経過後の資産価値を残存価額といいます。

・**定額法**：耐用年数の期間中に，資産の価値が一定額ずつ減少すると考えて計算する方法です。各年度の償却額は次の計算で求めます。
減価償却費＝（取得価額）÷耐用年数
・**定率法**：その年の価額に一定の率を掛けて償却額を計算する方法です。定率法は期首の帳簿価額に応じて償却額が変化するので，始めは償却額が大きく，年数に応じて徐々に小さくなります。

⑤財務三表

　企業会計の結果は，企業の成績として財務諸表と呼ばれる計算書にまとめられます。次の三つは特に重要で，財務三表と呼ばれます。

・**損益計算書**（P/L）：期間内の損益を，売上高と費用を基に計算したものです。前出の各種利益は，この計算書に示されます。

・**貸借対照表**（B/S）：ある時点での財政状況を表すもので，資産，負債，資本の金額を項目別に記載します。ただし，**オフバランス**といって，クラウドサービスの利用料など記載を割愛できるものもあります。両側の合計が一致するのでバランスシートとも呼ばれます。

・**キャッシュフロー計算書**（C/F）：キャッシュ（現金など）の増減を，営業（本業によるもの），投資（土地や建物など資産），財務（借入金や株式，社債など）の三つに分けて記述したものです。資産を売却すればキャッシュは増加し，借入金を返済すればキャッシュは減少します。

（3）　経営指標

　財務諸表に対する分析指標のうち，主なものとその計算式を示します。

・**売上総利益率**$=\dfrac{売上総利益}{売上高}\times100$　（売上総利益＝売上高－売上原価）

　売上総利益率は高いほどよいことになります。上式については，分子を営業利益にした営業利益率，経常利益にした売上経常利益率があります。

・**資本回転率**$=\dfrac{売上高}{資本}$

・**資本利益率**$=\dfrac{利益}{資本}\times100$

・**流動比率**$=\dfrac{流動資産}{流動負債}\times100$　（高いほどよい，200％が目安）

・**固定比率**$=\dfrac{固定資産}{自己資本}\times100$　（低いほど安全性が高い）

・**負債比率**$=\dfrac{他人資本}{自己資本}\times100$　（他人資本＝負債，低いほどよい）

　ROI（投資利益率）については，11.1 システム戦略を参照してください。

このほか，ROA（Return On Assets；総資産利益率）は，借入などの負債を含む総資産に対する利益の割合です。ROE（Return On Equity；自己資本利益率）は，返済を要しない自己資本に対する利益の割合です。いずれも，企業の収益性や財政の安全性など経営状況を示す指標です。

(4) 損益分岐点分析

費用は固定費と変動費に分類できるので，次のように表すことができます。

$$売上高 ＝（固定費＋変動費）＋利益$$

損益分岐点は，売上高＝費用となり，利益が0になる売上高です。変動費は，変動費率×売上高なので，損益分岐点売上高は次式で計算できます。

$$損益分岐点売上高 = \frac{固定費}{1 - 変動費率} = \frac{固定費}{1 - \dfrac{変動費}{売上高}}$$

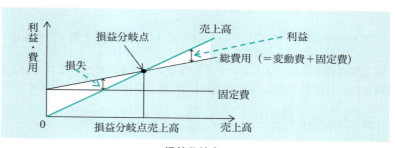

損益分岐点

(5) 棚卸高

ある時点の在庫金額（棚卸高）を，実際に倉庫などの棚にある商品の数を調べて原価換算する作業が棚卸しです。一般に決算のときに行われます。

通常，商品は何回かに分けて仕入れたり作ったりするので，個々の商品の原価は全て同じとはいえません。原価を決めるには幾つかの方法があります。

・先入先出法：先に仕入れた商品から出荷したとする考え方です。棚卸高を計算する場合は，期末に近い仕入単価から順に適用します。
・移動平均法：商品を仕入れた都度，現在保有している商品の平均単価を計算して単価を求めます。
・総平均法：仕入れた商品の価格合計を数量合計で割って単価を求めます。

11.4 企業活動

▶▶▶ Check

理解度チェック ▶ 11.4 企業活動

次の文中の ☐ に適切な用語を入れてください。

(1) ☐ ア ☐ は，企業が，企業活動が社会環境に及ぼす影響に責任をもつことです。経営方針に基づき，☐ イ ☐ を踏まえた企業経営が行われているかを監視する仕組みを ☐ ウ ☐ といいます。

(2) ☐ エ ☐ とは，物（製品）を作ったり，売ったりするために必要な費用ことで，売上高とは無関係に発生する ☐ オ ☐ と，売上高に応じて発生する ☐ カ ☐ に分けられます。

(3) 売上高から費用を引いた金額が ☐ キ ☐ です。☐ ク ☐ は，売上高から原価を引いた金額で，粗利とも呼ばれます。☐ ク ☐ から，販売費及び一般管理費などの費用を引いたものが ☐ ケ ☐ です。

(4) 財務三表には，期間内の損益を計算した ☐ コ ☐ ，期末などのある時点の資産と負債の状況を計算した ☐ サ ☐ ，キャッシュの増減を営業，投資，財務の三つに分けて計算した ☐ シ ☐ があります。

(5) 経営指標には，売上高に対する売上利益の比率である ☐ ス ☐ ，借入などの負債を含む総資産に対する利益の割合を示す ☐ セ ☐ ，自己資本に対する利益の割合を示す ☐ ソ ☐ などがあります。

(6) ☐ タ ☐ は，利益も損失も発生しない売上高です。
固定費÷（1－ ☐ チ ☐ ）という計算によって求めることができます。

(7) ☐ ツ ☐ は，実際に倉庫などにある商品数を数えて原価換算する作業です。仕入順に商品が売れたと考えて原価を決めるのは ☐ テ ☐ 法です。

解 答

(1) ア：CSR　　イ：コンプライアンス　　ウ：コーポレートガバナンス
(2) エ：原価　オ：固定費　カ：変動費
(3) キ：利益　ク：売上総利益　ケ：営業利益
(4) コ：損益計算書　サ：貸借対照表　シ：キャッシュフロー計算書
(5) ス：売上総利益率　セ：ROA　ソ：ROE
(6) タ：損益分岐点売上高　チ：変動費率
(7) ツ：棚卸し　テ：先入先出

第11章

第11章 ITストラテジ

▶▶▶**Question**

問題で学ぼう

問1　表の条件で A～E の商品を販売したときの機会損失は何千円か。

(H28秋-AP 問77)

商品	商品1個当たり利益（千円）	需要数（個）	仕入数（個）
A	1	1,500	1,400
B	2	900	1,000
C	3	800	1,000
D	4	700	500
E	5	500	200

　ア　800　　　　　イ　1,500　　　　ウ　1,600　　　　エ　2,400

解説

　機会損失は，実際に発生した損失ではなく**儲け損ねです**。ある行為をすれば利益を得たはずなのに，それをしなかったので利益を上げ損ねてしまいました。この問題では，需要に対して仕入れが少なく売り切れてしまい，**せっかく買いにきたお客さんを断るはめになった商品 A，D，E が該当**します。もし，表に記載された仕入数以上の数量を仕入れていれば，それを売って，利益が出たはずです。**断った個数分（＝需要－仕入）の利益の合計金額が機会損失額**となります。まず，個々の損失額を求めましょう。

　　商品 A：$(1,500-1,400) \times 1 = 100$ 千円
　　商品 D：$(700-500) \times 4 = 800$ 千円
　　商品 E：$(500-200) \times 5 = 1,500$ 千円

これを合計すると 2,400 千円となります。したがって，（エ）が正解です。

　需要を正確に分析して仕入れをしていたら，これだけの利益を上げられていたわけですから，そう考えると需要の分析は重要な意味をもちます。なお，仕入が多過ぎて**売れ残ったための損（商品 B，C に対する金額）は，実際の損失**です。機会損失ではありません。

解答　エ

11.4 企業活動

問2 損益分岐点分析でA社とB社を比較した記述のうち，適切なものはどれか。

単位 万円

	A社	B社
売上高	2,000	2,000
変動費	800	1,400
固定費	900	300
営業利益	300	300

◎高度午前Ⅰ （R1秋-AP 問77）

ア　安全余裕率はB社の方が高い。

イ　売上高が両社とも3,000万円である場合，営業利益はB社の方が高い。

ウ　限界利益率はB社の方が高い。

エ　損益分岐点売上高はB社の方が高い。

解説

　損益分岐点は，売上高と費用が一致して利益が0になる売上高です。費用は，固定費と変動費に分解できますが，生産量に比例して変化する変動費に着目して企業の収益性を分析します。以下の計算式で分析しましょう。

　安全余裕率＝（売上高－損益分岐点売上高）÷売上高×100

　　　　　　　現在の売上高の利益度合で，正なら利益が出ています。

　営業利益＝3,000－（3,000×変動費÷売上高＋固定費）

　　　　　　　売上高が3,000万円である場合の営業利益を比較します。

　限界利益率＝（売上高－変動費）÷売上高×100

　　　　　　　変動費が0の場合の売上高の割合で，高いほど利益が出ます。

　損益分岐点売上高＝固定費÷（1－（変動費÷売上高））

　　　　　　　損益の分岐となる売上高で，低いほど利益が出ます。

	A社	B社
ア：安全余裕率（％）	25	50
イ：売上高が3,000万円である場合の営業利益（万円）	900	600
ウ：限界利益率（％）	60	30
エ：損益分岐点売上高（万円）	1,500	1,000

　したがって，（ア）が正解です。

解答　ア

第11章

635

第11章 ITストラテジ

問3 図に示す標準原価計算の手続について，a〜c に該当する適切な組合せはどれか。

(H31 春-AP 問 77)

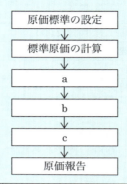

	a	b	c
ア	実際原価の計算	原価差異分析	標準原価差額の計算
イ	実際原価の計算	標準原価差額の計算	原価差異分析
ウ	標準原価差額の計算	原価差異分析	実際原価の計算
エ	標準原価差額の計算	実際原価の計算	原価差異分析

解説

　商取引は，気候変動や社会情勢などの影響を受け，単価やレートが変わります。そのため，原価の計算は，以下の手順で行います。

① 原価標準の設定：**正常な状況下で，原単位（製品1単位当たりの材料や時間やエネルギーなどの消費量）と単価を決めます。**
② 標準原価の計算：①を使って，標準原価を計算します。
③ (a) 実際原価の計算：**取引した実際の金額から原価を計算します。**
④ (b) 標準原価差額の計算：標準原価と実際原価の差額を求めます。
⑤ (c) 原価差異分析：標準原価差額の原因を分析します。**分析結果は，経営改善に役立てます。**
⑥ 原価報告：原価が確定します。

したがって，（イ）が正解です。

解答　イ

11.4 企業活動

問4 今年度のA社の販売実績と費用（固定費，変動費）を表に示す。来年度，固定費が5%増加し，販売単価が5%低下すると予測されるとき，今年度と同じ営業利益を確保するためには，最低何台を販売する必要があるか。

(H28秋·AP 問76)

販売台数	2,500 台
販売単価	200 千円
固定費	150,000 千円
変動費	100 千円／台

ア　2,575　　　　イ　2,750　　　　ウ　2,778　　　　エ　2,862

解説

まず，今年度の利益を求めます。販売台数が2,500台，販売単価が200千円なので，売上高は，200×2,500＝500,000千円です。**費用は，固定費150,000千円，変動費1台当たり100千円の合計**なので，150,000＋（100×2,500）＝150,000＋250,000＝400,000千円です。今年度の利益は，500,000－400,000＝100,000千円となります。

次に，来年度は，**固定費が5%増加**して150,000×1.05＝157,500千円になります。また，**販売単価は5%低下**するので，200×0.95＝190千円になります。販売台数をxとして利益を求める式を立てましょう。$190x－(157,500＋100x)＝100,000$，この式を解いて，$x$を求めます。$90x＝257,500$，$x＝2,861.11\cdots$なので，小数点以下を切り上げた（エ）2,862が正解です。

解答　エ

第11章 ITストラテジ

問5 キャッシュフロー計算書において，営業活動によるキャッシュフローに該当するものはどれか。

(R3春·AP 問77)

ア　株式の発行による収入　　　　イ　商品の仕入による支出
ウ　短期借入金の返済による支出　　エ　有形固定資産の売却による収入

解説

　キャッシュフロー計算書は，キャッシュ（現金）のフロー（流れ）を表記した計算書です。**企業のお金の流れは，その発生源となる活動によって三つに分類されます。** 商品の仕入は，本来の業務による支出なので，営業活動によるキャッシュフローが該当します。したがって，（イ）が正解です。

> **・営業活動によるキャッシュフロー**
> 　　商品や製品の販売やサービスの提供など，本来の業務による手持ち資金の増減です。
> **・財務活動によるキャッシュフロー**
> 　　銀行からの借入や返済などによる手持ち資金の増減です。何も売らずに資金が増減します。
> **・投資活動によるキャッシュフロー**
> 　　有価証券や土地や建物など固定資産の取得や売却による，手持ち資金の増減です。

ア：財務活動によるキャッシュフローに該当します。資金を調達するために株式を発行します。
ウ：財務活動によるキャッシュフローに該当します。返済に充てる現金は，営業活動によって得たものですが，借入金の返済なので，財務活動になります。
エ：投資活動によるキャッシュフローに該当します。**本来の業務によるものでなく，資金に関するものでもない場合は，投資活動**と考えましょう。

解答　イ

11.4 企業活動

問6 ハーシィ及びブランチャードが提唱したSL理論の説明はどれか。

(R3 春·AP 問75)

ア 開放の窓，秘密の窓，未知の窓，盲点の窓の四つの窓を用いて，自己理解と対人関係の良否を説明した理論
イ 教示的，説得的，参加的，委任的の四つに，部下の成熟度レベルによって，リーダシップスタイルを分類した理論
ウ 共同化，表出化，連結化，内面化の四つのプロセスによって，個人と組織に新たな知識が創造されるとした理論
エ 生理的，安全，所属と愛情，承認と自尊，自己実現といった五つの段階で欲求が発達するとされる理論

解説

SL 理論（Situational Leadership）は，全ての状況に汎用的に適用できるリーダシップは存在しない，という考えに基づき，部下の成熟度に応じたリーダシップスタイルの分類です。**リーダは，部下の成熟度に合わせて，リーダシップのスタイルを変えます。**

したがって，（イ）が正解です。

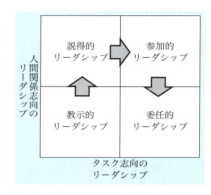

人間関係志向はコミュニケーションやサポートの度合，タスク志向は指示の出し方の度合を意味します。また，矢印は部下の成熟度を示します。

- **教示的リーダシップ（部下は未熟，新人を想定）**
  リーダとの親密なコミュニケーションが形成されていないので，明確で具体的な指示を出し，行動を促す。
- **説得的リーダシップ（部下はやや未成熟）**
  積極的にコミュニケーションをとり，リーダの考えを伝え，部下の疑問や意見に答え，行動を促す。
- **参加的リーダシップ（部下はやや成熟）**
  指示を出さなくても行動できるので，積極的にコミュニケーションをとり，フォローする。また，部下が行動できる環境を整備する。
- **委任的リーダシップ（部下は成熟）**
  自立して行動できるので，行動しやすいように権限や責任を委譲する。

第11章 ITストラテジ

ア：ジョハリの窓の説明です。

	自身が 知っている自分	自身が 気付いていない自分
他人が知っている自分	開放の窓	未知の窓
他人が知らない自分	秘密の窓	盲点の窓

ウ：**SECI モデル**の説明です。知識は，暗黙知と形式知に分類できます。

エ：マズローの欲求5段階説の説明です。

解答　イ

11.4 企業活動

問7 取得原価 30 万円の PC を 2 年間使用した後，廃棄処分し，廃棄費用 2 万円を現金で支払った。このときの固定資産の除却損は廃棄費用も含めて何万円か。ここで，耐用年数は 4 年，減価償却方法は定額法，定額法の償却率は 0.250，残存価額は 0 円とする。

◎高度午前 I （H30 春·AP 問 76）

ア 9.5 　　　　イ 13.0 　　　　ウ 15.0 　　　　エ 17.0

解説

　利益は，売上から費用を引いて求めるのでしたね。このとき，注意が必要なのが固定資産です。建物や設備，機械，機器など一定期間使うことのできるものは，購入した年だけの費用とはせずに，**使っている期間に費用を分配して計上する**ことになっています。この仕組みが減価償却です。

　この問題では，耐用年数 4 年なので，30 万円という PC の取得原価を，耐用年数の（使える期間）の 4 年間に分けて計上します。また，定額法で償却し，**残存価額は 0 円なので，4 年後には PC の資産価値が 0 円になる**よう，30 万円を 1 年当たり 1/4 ずつ償却します。そのため，問題文では償却率 0.250 と提示されています。では，計算してみましょう。

　1 年間の償却額は，30 万円×0.250＝7.5 万円です。
　2 年後は，7.5 万円×2 年＝15 万円償却した（使った）ことになり，

残る 15 万円（＝30−15）が，PC の資産価値です。

これを廃棄することで，15 万円相当の資産価値を失います。

　そして，その廃棄費用に 2 万円を現金で支払ったので，
　失った価値は 15 万円＋2 万円＝17 万円になります。
　この金額が，固定資産の除却損です。したがって，（エ）が正解です。
　ちなみに，残存価額は，耐用年数を超過した後の価値です。耐用年数は，資産の種類に応じて法律で決められています。

定額法：各年度に同額ずつ分配（計上）します。
定率法：同一割合ずつ分配します。
　　　　償却率（費用にできる割合）を 0.20 とすると，1 年目は購入代金の 20%，次の年は残存価額である購入代金の 80%の 20%なので，購入代金の 16%というように，計上する金額が変わります（減ります）。

解答　エ

第11章 ITストラテジ

11.5 関連法規・ガイドライン

▶▶▶Explanation
ポイントの解説

　法律やガイドラインの問題では，それぞれの基本的な内容に加えて，具体例について違反しているかどうか，適切に適用されているかどうかの判断が問われます。それぞれの法律やガイドラインの特徴が判断のポイントとなるので，色つきの枠で囲まれている基本事項は必ず理解しておきましょう。

（1）　知的財産権
　知的財産権（知的所有権）は，次のように分類されます。

知的財産権 （知的所有権）	（工業的保護）	産業財産権（工業所有権） （特許権，実用新案権，意匠権，商標権）	特許法，実用新案法，意匠法，商標法
		商号	商法
		不正競争要因 （商品表示・形態，営業秘密）	不正競争防止法
	（文化的保護）	著作者の権利 （著作財産権，著作者人格権）	著作権法
		著作隣接の権利 （著作隣接権）	著作権法

①産業財産権（工業所有権）
　工業的保護を受ける権利で，次の四つの権利があります。
- **特許権**：自然法則を利用した技術的思想の創作のうち高度なものを発明として保護します。先に権利を取得した人がいれば権利の侵害になります（**先使用権**）。
- **実用新案権**：産業上利用できるアイディア（物品の形状，構造又は組合せに関するものに限る）に対する権利です。
- **意匠権**：物品の外観（形状，模様，色彩など）に関するデザインや図案などに対する権利です。
- **商標権**：自社商品やサービスを他と区別するため，目印として使用するマーク（トレードマーク）や商号などに対する権利です。

642

②著作権法

著作財産権	複製権，上演権，演奏権，展示権，上映権，二次的著作物の利用に関する原著作者の権利など（譲渡可）
著作者人格権	公表権，氏名表示権，同一性保持権（譲渡不可）

著作権は，著作物を作ったときに自動的に発生しますが，発生日時を証明するには，タイムスタンプなど公式の記録の保管が必要です。

・柔軟な権利制限：許諾を得なくても利用できる著作権の例外です。バックアップ用の複製，著作物市場に影響しないビッグデータを活用した情報解析，視覚障害者用の録音図書の作成，美術館などの解説資料のタブレット端末での利用などが該当し，許可されています。
・フェアユース：批評，解説，報道，教育などを目的とする複製や使用は著作権侵害とならないことを定めた米国著作権法の例外規定です。
・**クリエイティブコモンズ**（Creative Commons；CC）：CCライセンス（クリエイティブコモンズライセンス）を提供し，運営する国際非営利組織です。CCライセンスは，著作物の円滑な共有を目的に，再利用の許諾条件を著作者があらかじめ明示する枠組みです。

③ソフトウェアの著作権

・プログラム言語や規約，解法（アルゴリズム）は保護の対象外
・データベースは情報の選択や体系的な構成に創造性があれば保護対象
・従業員が職務上作成したプログラムの著作権は原則として法人に帰属
・保護期間は，個人は死後70年，法人は公表後70年
・他人の著作物と類似した作品でも，盗用，模倣でなければ，著作権の侵害にはならない（模倣とは，故意にまねをすることを指す）

④不正競争防止法

同業者間での不正な競争を防止するための法律です。著作権や産業財産権関連法規で保護されない，商品などの表示や形態，営業秘密を保護します。**営業秘密**（トレードシークレット）は，次の三つの条件を満たす情報です。

・**非公知性**：公然と知られていないこと
・**秘密管理性**：秘密として管理されていること
・**有用性**：事業活動に有用な技術上又は営業上の情報であること

(2) 労働関連法規

①労働者派遣法（派遣法）
- 指揮命令権は派遣先の管理者にあります。
- 派遣先との雇用契約はなく，派遣元（派遣会社）と雇用契約を結びます。
- 派遣労働者の開発成果物の著作権は，原則として派遣先に帰属します。
- 二重派遣は禁止されています。

②請負契約
- 注文者と請負人の関係は対等で，さらに下請けに発注できます。
- 労働提供は独立労働です（注文者の指揮命令は受けません）。
- 結果を提供する（完成させる）ことが目的であり，完成責任があります。
- 注文者は，不適合を発見したときから1年以内であれば，契約不適合責任（改正民法施行により瑕疵担保責任から変更）を追及できます。

請負契約と派遣契約の違い

③その他の契約形態
- **準委任契約**：請負と同様に注文者の指揮命令は受けませんが，仕事の完成責任はありません。善管注意義務をもって作業に当たります。ただし，成果に対して報酬を支払う契約をした場合は，成果の引渡しが必要です。法律関係以外の委任契約は，準委任契約と呼ばれます。
- 出向契約：出向元事業者との関係を保ちながら，出向先事業者と雇用関係を結び勤務する形態です。出向先事業者の指揮命令を受けます。

(3) 取引関連法規

①下請法（下請代金支払遅延等防止法）
下請代金の支払遅れをなくし，下請業者の利益を保護するための法律です。親事業者は，委託内容の他，下請代金の額や支払方法を決めて書面で通知しなければならないとしています。また，代金を不当に減額したり，支払期日を遅らせたりすることを禁じています。

11.5 関連法規・ガイドライン

②**資金決済法**（資金決済に関する法律）

　電子マネーやポイント，プリペイドカード，商品券など前払いで支払いを行う手段や，銀行以外の資金移動業者などを規制する法律です。暗号資産（仮想通貨）を扱う暗号資産交換業についても規制しています。

③**AI・データの利用に関する契約ガイドライン**

　経済産業省が定めたガイドラインです。データ編では，データの利用，加工，譲渡などの契約に関し，契約締結後に生じる事態を考慮してあらかじめ定めておくべき事項を示しています。AI 編では，AI 技術を利用したソフトウェアの開発・利用に関する契約の基本的な考え方を解説しています。

④ソフトウェア使用許諾契約（**ライセンス契約**）
- ・シュリンクラップ契約：商品の透明な梱包を解いた時点で許諾成立
- ・ボリュームライセンス契約：ユーザ個々に契約する使用許諾
- ・サイトライセンス契約：企業や団体に対し，複数のコンピュータでの使用を一括して認める使用許諾
- ・OSS のライセンス：「第 4 章ソフトウェア　4.3 OSS」を参照してください。

（4）　情報セキュリティ関連法規
①サイバーセキュリティ基本法

　情報の安全管理と維持管理に関する施策の基本事項を定めた法律です。電子，磁気，電磁的方式によって記録，発信，伝送，受信される情報が対象です。これらを侵害する行為は，該当する法律で罰せられます。
- ・**サイバーセキュリティ協議会**：脅威情報の共有や対策情報の作出を迅速に行うことを目的とした，官民の各種機関から成る協議会です。

②刑法

　情報システムの不正利用による詐欺行為（電子計算機使用詐欺），Web コンテンツやプログラム，データなど電磁気的記録の改ざん（電磁的記録不正作出及び共用）や，ウイルス作成やその配付（ウイルス作成罪，不正指令電磁的記録に関する罪）などが処罰の対象です。

③不正アクセス禁止法

　ユーザ ID やパスワードの不正取得や，それらを利用したネットワーク経由での不正アクセスの禁止について定めています。

第11章 ITストラテジ

④その他の法律
- **特定電子メールの送信の適正化等に関する法律**：広告・宣伝メールを送信する手続や迷惑メールの送信禁止などを定めています。
- **プロバイダ責任制限法**：プロバイダの責任範囲や被害者による情報開示請求の権利について定めています。
- **電子署名法**：一定の条件を満たす電子署名が自署捺印と同等であること，及び，電子署名の認証業者に対する認定制度について定めています。
- **公的個人認証法**：オンライン行政手続における公的個人認証に必要な電子証明書や認証機関などについて定めています。

⑤情報セキュリティに関する基準
- **コンピュータウイルス対策基準**：コンピュータウイルスに関して，推奨する対策を定義しています。
- **コンピュータ不正アクセス対策基準**：コンピュータ不正アクセスに関して，ユーザ，システム管理者など，立場別の対策を定義しています。
- **サイバーセキュリティ経営ガイドライン**：経営者が認識すべき内容や，セキュリティ責任者に指示すべき事項をまとめたものです。
- **中小企業の情報セキュリティ対策ガイドライン**：ISO/IEC 27000 シリーズの ISMS を中小企業向けに編纂し直したものです。
- **IoT セキュリティガイドライン**：利用者と IoT サービス提供者，それぞれの立場に応じた対策を検討するための指針をまとめたものです。
- **サイバー・フィジカル・セキュリティ対策フレームワーク**：Society5.0 によって実現される，サプライチェーンのセキュリティを確保するために必要なセキュリティ対策の全体像をまとめたものです。

（5）　個人情報保護
①個人情報保護法
　　本人の意図しない個人情報の不正な流用や流出を防ぐために，**個人情報取扱事業者**（個人情報を 1 人でも有する事業者）に義務を課す法律です。

> **利用方法による制限**：利用目的にだけ使用すること
> **適正な取得**：利用目的を明示し，本人の了解を得て取得すること
> **正確性の確保**：常に正確な個人情報に保つこと
> **安全性の確保**：流出や盗難，紛失を防止する措置を講じること
> **透明性の確保**：本人の申し出によって，閲覧，訂正，削除できること

11.5 関連法規・ガイドライン

・**個人情報**：生存する特定の個人を識別できる情報です。氏名，生年月日やこれと組み合わせることで個人を特定できる情報，指紋データや免許証番号のような**個人識別符号**が該当します。

・**要配慮個人情報**：人種，信条，社会的身分，病歴，犯罪履歴，犯罪被害の事実など，不当な差別につながる可能性のある機微情報を指します。

個人情報は，本人の同意なく第三者へ提供することはできません。ただし，本人の求めに応じて提供を停止する**オプトアウト**を受け付ける場合は，同意なしに提供できるように緩和されました。なお，本人の同意を得て，第三者へ提供することを**オプトイン**といいます。例外として，ビッグデータ分析などデータの利活用のために，個人を識別できないように匿名化した**匿名加工情報**は，本人の同意なしで第三者に提供できます。

また，仮名化した**仮名加工情報**も，データの利活用を目的に，本人に明示した利用目的以外でも利用できます。ただし，第三者へ提供することはできません。

なお，匿名加工情報も仮名加工情報も，他の情報と照合するなどして，本人を識別する行為は禁止されています。

②マイナンバー法（行政手続における特定の個人を識別する番号の利用等に関する法律）

マイナンバー制度を施行するための法律です。マイナンバーに個人情報を加えたものを**特定個人情報**といい，個人情報保護法及びマイナンバー法に準拠して保護することを義務付けています。

③**特定個人情報の適正な取扱いに関するガイドライン**

特定個人情報保護の義務付けを受け，個人情報保護委員会が制定したガイドラインです。事業者向け，行政機関や地方公共団体向けなどに分け，安全管理措置例を示しています。

④一般データ保護規則（GDPR）

欧州連合（EU）で，個人情報の保護という基本的人権の確保を目的に適用されている規則です。欧州経済領域で取得した個人情報（氏名，メールアドレス，クレジットカード番号など）を第三国に移転するために満たすべき法的要件を規定しています。移転は原則禁止で，領域内と同等のセキュリティが確保できると認められる場合だけ例外的に適法化されます。

第11章 ITストラテジ

►►►**Check**

理解度チェック ▶ 11.5 関連法規・ガイドライン

次の文中の ☐ に適切な用語を入れてください。

(1) 産業財産権（工業所有権）には，高度な発明を保護する ｜ ア ｜，生産方法など産業上のアイディアを保護する ｜ イ ｜，製品の外観などのデザインや図案を保護する意匠権，商品名やトレードマークなどを保護する ｜ ウ ｜ などがあります。顧客や製品などに関する営業秘密を保護するための法律は，｜ エ ｜ です。文化的な権利には，著作者の財産的な権利を保護する ｜ オ ｜，人格的な権利を保護する ｜ カ ｜ があり，著作権法によって保護されています。また，著作権者の意思表示である CC ライセンスは，｜ キ ｜ によって提供されています。

(2) 作業契約には，完成責任のある ｜ ク ｜ 契約，指揮命令権は派遣先にある ｜ ケ ｜ 契約があります。あらかじめ作業成果物の範囲を確定することが困難な場合は，｜ コ ｜ 契約を結ぶこともあります。

(3) 他人の ID やパスワードを無断で使うなどして，ネットワーク経由での不正アクセスを禁止する法律が ｜ サ ｜ です。Web コンテンツやプログラム，データなど電磁的なデータの改ざんや，ウイルスを作成・配布する行為は ｜ シ ｜ の処罰対象です。

(4) 本人が意図しない個人情報の利用など，個人情報を保有する組織に対して，厳格な個人情報の管理を求める法律が ｜ ス ｜ です。

(5) 個人情報にマイナンバーを加えたものを ｜ セ ｜，匿名化したものを ｜ ソ ｜，仮名化したものを ｜ タ ｜ といいます。

解 答

(1) ア：特許権　イ：実用新案権　ウ：商標権　エ：不正競争防止法
オ：著作財産権　カ：著作者人格権　キ：クリエイティブコモンズ

(2) ク：請負　ケ：派遣　コ：準委任

(3) サ：不正アクセス禁止法　シ：刑法

(4) ス：個人情報保護法

(5) セ：特定個人情報　ソ：匿名加工情報　タ：仮名加工情報

11.5 関連法規・ガイドライン

▶▶▶Question

問題で学ぼう

問1　Web ページの著作権に関する記述のうち，適切なものはどれか。

◎高度午前Ⅰ　(H29 春-AP 問 78)

ア　営利目的ではなく趣味として，個人が開設している Web ページに他人の著作物を無断掲載しても，私的使用であるから著作権の侵害とはならない。

イ　作成したプログラムをインターネット上でフリーウェアとして公開した場合，配布されたプログラムは，著作権法による保護の対象とはならない。

ウ　試用期間中のシェアウェアを使用して作成したデータを，試用期間終了後も Web ページに掲載することは，著作権の侵害に当たる。

エ　特定の分野ごとに Web ページの URL を収集し，独自の解釈を付けたリンク集は，著作権法で保護され得る。

解説

　Web ページについては，著作物に該当する内容がある場合や，創作性のあるデータベースと考えられる場合に，著作権が発生します。そして，URL（Uniform Resource Locator）は，インターネット上の情報資源を識別するためのアドレスです。ということを踏まえ，選択肢を確認しましょう。

　URL を収集しただけではダメですが，**独自解釈のコメントをつけると，情報資源を利用しやすいように体系的に整理したことになり，創作性をも**つと考えられます。その場合，このリンク集は特定の分野に関する情報のデータベースと認められ，著作権法（第 12 条の 2）の保護の対象となります。したがって，（エ）が正解です。

　必ずしも保護対象となるわけではなく，創作性が認められた場合だけ保護対象となることに注意してください。そのため，（エ）の選択肢の文章の末尾が，「保護される」ではなく，「保護され得る」となっています。

ア：無断掲載は，たとえ私的使用であっても著作権侵害となります。

イ：**フリーウェアは，無償で誰でも使えるソフトウェアの総称**です。配布，複製は自由ですが，著作権は著作者（プログラム作成者）にあり，著作権法による保護の対象です。

第11章

649

第11章 ITストラテジ

**ウ：シェアウェアは，一定期間試用した後に継続して使用したい場合には
代金を支払うソフトウェア**です。ソフトウェアそのものの著作権は著作
者にありますが，シェアウェアを使用して**作成したデータは，データ作
成者にその権利がある**ので，著作権の侵害にはなりません。

解答　エ

> 問2　A社は顧客管理システムの開発を，情報システム子会社であるB社に委
> 託し，B社は要件定義を行った上で，設計・プログラミング・テストまでを，
> 協力会社であるC社に委託した。C社ではD社員にその作業を担当させた。
> このとき，開発したプログラムの著作権はどこに帰属するか。ここで，関係
> 者の間には，著作権の帰属に関する特段の取決めはないものとする。
>
> ◎高度午前I （H27春-AP 問79）
>
> 　　ア　A社　　　　イ　B社　　　　ウ　C社　　　　エ　D社員

解説

　プログラムの著作権のポイントは，**原則として委託先に帰属する，職務に
よって作成した場合は個人ではなく企業に帰属する，**この二つです。プログ
ラム開発を企業に委託した場合には，そのプログラムの著作権は委託先の企
業に帰属します。

　問題の条件は少し複雑です。A社はB社にシステム開発を委託し，B社は
要件定義以外の部分をC社に再委託しているので，**実際にプログラム開発を
行ったのはC社**です。そして，C社の**D社員**が作業を担当していますが，**職
務による作業**なので，著作権は，D社員個人ではなく，C社に帰属します。
したがって，（ウ）が正解です。

　なおC社のD社員が派遣契約によってB社で作業をした場合には，B社
の指揮命令の下に作業を行ったことになるので，著作権はB社に帰属するこ
とに注意しましょう。

> 請負（委託）契約では，プログラムの著作権は請負先に帰属
> 職務による作業の著作権は，企業に帰属
> 派遣契約による作業の著作権は，派遣先の企業に帰属

解答　ウ

11.5 関連法規・ガイドライン

問3 ベンダX社に対して，表に示すように要件定義フェーズから運用テストフェーズまでを委託したい。X社との契約に当たって，"情報システム・モデル取引・契約書＜第一版＞"に照らし，各フェーズの契約形態を整理した。a〜dの契約形態のうち，準委任型が適切であるとされるものはどれか。

(H30 秋-AP 問66)

要件定義	システム外部設計	システム内部設計	ソフトウェア設計，プログラミング，ソフトウェアテスト	システム結合	システムテスト	運用テスト
a	準委任型又は請負型	b	請負型	c	準委任型又は請負型	d

ア　a, b　　　　イ　a, d　　　　ウ　b, c　　　　エ　b, d

解説

　準委任契約は，契約時点で，仕事の範囲や成果物を明確にできない作業を依頼する場合に用います。例えば，要件定義では，設計書を100枚書いたとしても中身がなかったら完成ではないわけで，何枚書けば完成なのか，完成の基準を明確に決められません。にもかかわらず，その作業に責任をもて，と言われても困ります。「鋭意努力して任務を遂行しますが，完成に責任はもちません。その代わり，求められれば報告はいたします」という契約です。

　情報システム・モデル取引・契約書＜第一版＞は，経済産業省が策定した，モデルとなる契約プロセスや契約書です。ユーザとベンダが取り交わす各フェーズの契約形態として以下を推奨しています。これを見ても，要件や運用に係る部分は，準委任型を推奨しています。したがって，（イ）が正解です。

要件定義	システム外部設計	システム内部設計	ソフトウェア設計，プログラミング，ソフトウェアテスト	システム結合	システムテスト	運用テスト
準委任型	準委任型又は請負型	請負型	請負型	請負型	準委任型又は請負型	準委任型

　なお，情報システム・モデル取引・契約書の最新版は第二版です。

解答　イ

第11章 ITストラテジ

問4　下請代金支払遅延等防止法において，**親事業者の違法となる行為**はどれか。

(R1 秋-AP 問 79)

ア　支払期日を，発注したソフトウェアの受領後 45 日と決めた。
イ　ソフトウェア開発の発注書面を，了解を得て電子メールで送った。
ウ　納品され受領したソフトウェアの仕様を変更したいので，返品した。
エ　納品されるソフトウェアに不具合があるので，受領拒否した。

解説

　親事業者と下請業者の関係は，委託元と委託先です。なので，下請代金支払遅延等防止法（以下，下請法）は，親事業者からすれば，下請代金の支払遅れをなくし，下請業者と公正に取引するために，自分たちが守るべき事項，下請業者からすれば，自分たちの利益を守るための確認すべき事項です。禁止している事項や違法行為を問われたら，**親事業者の立場ですべきでないこと，下請業者の立場でされたら困ることを答えましょう。**

　納品し，受領された時点で作業は完了しています。にもかかわらず，親事業者の都合で仕様変更するため返品されたら，下請業者は困ります。親事業者は，次の発注として仕様変更を依頼すべきであり，返品の禁止に該当します。したがって，（ウ）が正解です。

ア：適法です。支払期日を定めるのは親事業者の義務であり，60 日以内の
　　45 日と定めています。
イ：適法です。発注書は書面で交付するのが原則ですが，下請業者の承諾があれば，電子メールの発注も認められています。
エ：適法です。ソフトウェアの不具合は下請業者に責任で修正すべきものなので，親事業者の禁止行為である受領拒否の禁止には該当しません。

解答　ウ

11.5 関連法規・ガイドライン

問5　プロバイダ責任制限法が定める特定電気通信役務提供者が行う送信防止措置に関する記述として，適切なものはどれか。

◎高度午前Ⅰ　(R2-AP 問78)

ア　明らかに不当な権利侵害がなされている場合でも，情報の発信者から事前に承諾を得ていなければ，特定電気通信役務提供者は送信防止措置の結果として生じた損害の賠償責任を負う。

イ　権利侵害を防ぐための送信防止措置の結果，情報の発信者に損害が生じた場合でも，一定の条件を満たしていれば，特定電気通信役務提供者は賠償責任を負わない。

ウ　情報発信者に対して表現の自由を保障し，通信の秘密を確保するため，特定電気通信役務提供者は，裁判所の決定を受けなければ送信防止措置を実施することができない。

エ　特定電気通信による情報の流通によって権利を侵害された者が，個人情報保護委員会に苦情を申し立て，被害が認定された際に特定電気通信役務提供者に命令される措置である。

解説

　送信防止措置は，電子掲示板の管理者などの特定電気通信役務提供者が，情報発信者の書込みを削除し，送信できなくすることです。名誉毀損の書込みやプライバシの侵害などの申し立てを受けて，実施します。

　しかし，**情報発信者にも表現の自由があり，無条件に送信防止措置をとることはできません**。逆に，情報発信者に対して損害賠償責任を負うことになります。このため，プロバイダ責任制限法では，次の要件を満たせば損害賠償責任を負わないと定めています。したがって，（イ）が正解です。

・不当な権利侵害が行われたと信じるに足りる相当の理由がある場合
・発信者に送信防止措置に同意するか確認する手続を行い，7日以内に反論がなかった場合
・必要最小限度の情報の送信防止措置を行った場合

ア：明らかに不当な権利侵害がなされている場合は，賠償責任を負いません。
ウ：**裁判所の決定は不要です。**
エ：苦情の申し立ては，特定電気通信役務提供者に直接行います。

解答　イ

第11章 ITストラテジ

問6 電子署名法に関する記述のうち，適切なものはどれか。

(H27 春-AP 問80)

ア 電子署名技術は共通鍵暗号技術によるものと規定されている。

イ 電子署名には，電磁的記録以外の，コンピュータ処理の対象とならないものも含まれる。

ウ 電子署名には，民事訴訟法における押印と同様の効力が認められている。

エ 電子署名の認証業務を行うことができるのは，政府が運営する認定局に限られる。

解説

電子署名法という名称から想像できるように，電子署名について，印鑑や署名と同等の法的効力と，そのための要件，認証業務について定めた法律です。したがって，（ウ）が正解です。

もし，この法律についての知識がなかったとしても，**電子署名が公開鍵暗号技術によるもの，また，電磁的な記録であるという，セキュリティの基礎知識**を思い出せば（ア），（イ）が誤りと分かります。また，**商取引に関するものなので，認証業務を政府機関だけが行えるというのも不自然**です（エ）。なので，残った（ウ）が正解，と考えることもできます。

解答 ウ

11.5 関連法規・ガイドライン

問7　資金決済法で定められている仮想通貨の特徴はどれか。

(H30 春·AP 問 80)

ア　金融庁の登録を受けていなくても，外国の事業者であれば，法定通貨との交換は，日本国内において可能である。

イ　日本国内から外国へ国際送金をする場合には，各国の銀行を経由して送金しなければならない。

ウ　日本国内の事業者が運営するオンラインゲームでだけ流通する通貨である。

エ　不特定の者に対する代金の支払に使用可能で，電子的に記録・移転でき，法定通貨やプリペイドカードではない財産的価値である。

解説

　資金決済法は，前払いで支払いを行う手段や，銀行以外の資金移動業者などを規制する法律でしたね。仮想通貨は，法定通貨（貨幣や紙幣）と違い，**実体がない電子的な通貨**です。公的機関が発行したものではありませんが，**法定通貨と同様に代金の支払いに使用できる**ので，財産的価値として扱われます。そのため，インターネット上でこれを扱う暗号資産交換業は資金移動業者であり，仮想通貨（暗号資産）も，資金決済法の制約を受けます。

　支払いや受取りは電子的に記録され，**財産的価値は電子的に移転**します。したがって，（エ）が正解です。

ア：国内で登録を受けた者だけが仮想通貨交換業を行うことができます。

イ：国内外問わず，電子的にやり取りするだけで送金（移転）できます。

ウ：オンラインゲーム以外でも流通しています（利用されています）。

解答　エ

第11章

655

第11章 ITストラテジ

問8　マイナンバー法の個人番号を取り扱う事業者が特定個人情報の提供を
することができる場合はどれか。

(R2-AP 問79)

ア　A社からグループ企業であるB社に転籍した従業員の特定個人情報に
ついて，B社での給与所得の源泉徴収票の提出目的で，A社がB社から
提出を求められた場合

イ　A社の従業員がB社に出向した際に，A社の従業員の業務成績を引き
継ぐために，個人番号を業務成績に付加して提出するように，A社がB
社から求められた場合

ウ　事業者が，営業活動情報を管理するシステムを導入する際に，営業担
当者のマスタ情報として使用する目的で，システムを導入するベンダか
ら提出を求められた場合

エ　事業者が，個人情報保護委員会による特定個人情報の取扱いに関する
立入検査を実施された際，同委員会から資料の提出を求められた場合

解説

　マイナンバー法は通称で，正式には，「行政手続における特定の個人を識
別するための番号の利用等に関する法律」といいます。この名称からも分か
るように，**特定の個人を識別するために，マイナンバーを含む個人情報を，
特定個人情報として使用**します。また，行政手続きは，社会保障や税，災害
対策時の対応なので，特定個人情報の提供について，個人情報保護法よりも
厳格な保護措置を設けています。したがって，(エ) が正解です。

- 特定個人情報の取扱いに関する検査のため，個人情報保護委員会に提供
する場合
- 社会保障，税及び災害対策に関する特定の事務のために行政機関等及び
健康保険組合等に提供する場合

ア：**税に関する手続のためであっても，異なる事業者間の特定個人情報の提
供は制限されています。**B社は，転籍した従業員本人から改めてマイナン
バーの提供を受けます。グループ企業は，A社とは別法人です。

イ：**特定個人情報は，行政手続き以外の情報に紐づけることはできません。**

ウ：特定個人情報は，営業活動に利用できません。

解答　エ

| 11.5 関連法規・ガイドライン

問9　国の個人情報保護委員会が制定した"特定個人情報の適正な取扱いに関するガイドライン（事業者編）"は，特定個人情報に関する安全管理措置を，組織的安全管理措置，人的安全管理措置，物理的安全管理措置及び技術的安全管理措置に分けて例示している。組織的安全管理措置に該当するものはどれか。

(H28 秋·AP 問 79)

ア　事務取扱担当者に対して，特定個人情報の適正な取扱いを周知徹底するための教育を行う。

イ　特定個人情報が記録された電子媒体を取扱区域の外へ持ち出す場合，容易に個人番号が判明しない措置を実施する。

ウ　特定個人情報の取扱状況が分かる記録を保存する。

エ　特定個人情報を取り扱う情報システムを，外部からの不正アクセスから保護する仕組みを導入し，適切に運用する。

解説

　特定個人情報の適正な取扱いに関するガイドライン（事業者編）は，マイナンバー制度が特定個人情報を定義したことを受け，編纂されました。「個人情報の適正な取扱いという観点からは，個人情報保護法が定められている」とした上で，特定個人情報の取扱いに関する具体的な指針を定めています。

　なので，**問題を解くときは，まずは，個人情報保護の観点で考えましょう**。その上で，マイナンバーの取扱いを考えます。組織的，人的，物理的，技術的という**安全措置のくくり方も，情報セキュリティの情報漏えいや改ざんの対策と同じ**です。

・特定個人情報の取扱いには，組織として取り組みます

　　　⇒組織には管理監督責任があります（ウ：組織的安全管理措置）。

・組織は人で構成されています

　　　⇒取組みを徹底するには，教育が不可欠です（ア：人的安全管理措置）。

・取組みには，目に見える物理的対応と目に見えない技術的対応があります

　　　⇒建物や端末，USB メモリなどへの対応（イ：物理的安全管理措置）。

　　　⇒情報システムやネットワークなどへの対応（エ：技術的安全管理措置）。

　したがって，（ウ）が正解です。

解答　ウ

第11章

第11章 ITストラテジ

問10 ソフトウェアやデータに瑕疵がある場合に，製造物責任法の対象となる
ものはどれか。

(H29 秋-AP 問 80)

ア ROM 化したソフトウェアを内蔵した組込み機器
イ アプリケーションソフトウェアパッケージ
ウ 利用者が PC にインストールした OS
エ 利用者によってネットワークからダウンロードされたデータ

解説

　製造物責任法（PL 法）は，製造物が原因となる被害の責任を，製造業者
が負うことを定めた法律です。この法律では，製造物を「製造，又は加工さ
れた動産」と定義しています。**動産は，形のあるハードウェアを指している
ので，ソフトウェアやデータは，PL 法の対象にはなりません。**

　ただし，ハードウェアに組み込む場合は，話が別です。組込みシステムや
組込み機器という名称があるように，ソフトウェアと一体化しないと製品と
して成り立たないような製造物では，**内蔵されているソフトウェアは，部品
の一部として扱われます。**動産を構成する部品なので，部品であるソフトウ
ェアの欠陥（瑕疵）は，PL 法の対象になります。したがって，（ア）が正解
です。

　なお，ソフトウェアは部品の扱いなので，**ソフトウェアに欠陥があった場
合，その責任は，それを組み込んでいる製造物の製造者が負います。**PL 法
については，次のような内容も出題のポイントになります。

・製造当時の科学・技術水準で予見できない欠陥は対象外
・製造元として表示されている業者，輸入販売業者も製造業者として扱われる
・損害賠償の請求権は，製造後 10 年まで

イ，ウ，エ：ソフトウェアなので，対象外です。

解答　ア

11.6 標準化

11.6 標準化

▶▶▶Explanation
ポイントの解説

　標準化作業は，様々な内容に対して行われています。他の分野と絡めて出題されることも多いので，代表的なものは答えられるようにしておきましょう。

（1）　標準・規格と標準化団体
　①国際的な標準化団体
　・ISO（国際標準化機構）：電気及び電子技術分野を除く全産業分野（鉱工業，農業，医薬品など）に関する規格を作成しています。
　・IEC（国際電気標準会議）：電気及び電子技術分野の規格を作成しています。
　・ITU（国際電気通信連合）：無線通信と電気通信分野における，各国間の標準化と規制を確立することを目的とした団体です。ITU-T（国際電気通信連合-電気通信標準化部門）は，通信分野の標準を策定します。
　・IEEE（米国電気電子学会）：米国に本部がある世界最大の電気・電子関係の技術者組織で，“アイトリプルイー”と呼ばれます。
　・ANSI（米国規格協会）：日本では JIS に相当する米国の団体です。
　・IETF（インターネット技術タスクフォース）：インターネットの各種技術に関する標準化を進める団体です。策定された技術仕様は，RFC（Request for Comments）として公表されます。
　・NIST（米国国立標準技術研究所）：科学技術分野における計測と標準に関する研究を行う商務省に属する政府機関です。

　②日本の標準化団体
　・JSA（Japanese Standards Association；一般財団法人日本規格協会）：標準化と品質管理の普及を推進する団体です。
　・JISC（Japanese Industrial Standards Committee；日本産業標準調査会）：JIS（日本産業規格）の制定や改正，JIS マーク表示制度など産業に関する標準化を促進する団体です。ISO や IEC にも参加しています。

第11章 ITストラテジ

③デファクトスタンダード
・OMG（Object Management Group）：オブジェクト指向技術の標準化を
　　　　進めている団体で，CORBA（分散オブジェクト技術に関するメッ
　　　　セージ交換の標準仕様），UML などの標準化を行っています。
・W3C（World Wide Web Consortium）：WWW で利用される技術の標準化
　　　　を進める団体です。

（2）　開発と取引の標準
　製品のサイズや形状だけでなく，製品やサービスの品質を保証するために実
施すべきプロセスやマネジメントに関する規格（標準）です。
　①ISO 9000 シリーズ（JIS Q 9000 シリーズ）
　　製品（工業製品，サービスを含む）の供給者が，品質を保証するために行
うべきことを規定した品質マネジメントシステムの国際規格です。
　②ISO 14000 シリーズ（JIS Q 14000 シリーズ）
　　環境パフォーマンス評価，環境ラベル，ライフサイクルインパクトアセスメ
ント，環境適合設計，監査の指針などを規定した，環境マネジメントシス
テムの国際規格です。
　③ISO/IEC 15408（JIS X 5070）情報セキュリティ評価基準
　　第8章「セキュリティ」の「セキュリティ関連標準」を参照してください。

（3）　データの標準化
　電子データ交換（EDI）の情報表現規約に関連する標準化です。インターネ
ット上でも用いられます。
　①文字コード（文字符号）
・ASCII コード：ANSI が制定したコードで，アルファベットや数字などを
　　　　表現する7ビットのコード体系です。漢字はありません。
・EUC（Extended UNIX Code）：UNIX システムで世界各国の文字を扱う
　　　　ための多バイトのコード体系です。漢字は2バイトで表現されます
　　　　が，JIS の補助漢字は制御文字を含めて3バイトで表現します。
・Unicode（UCS-2）：全世界の文字を統一して扱うためのコード体系です。
　　　　文字コードは2バイトで，各国の文字表現に対応しています。
・シフト JIS コード：ASCII コードとの互換性を考慮した上で漢字を表現す
　　　　るためのコード体系です。JIS 漢字コードを変形したもので，1バ
　　　　イト目が ASCII コードと重ならないようにシフトして（ずらして）
　　　　割り当てられています。

② バーコード

・JAN（Japan Article Number）コード

JAN コード

日本国内において商品などに表示されるバーコードの規格で，POS（Point Of Sale）システムなどで利用されています。JAN コードには，13 桁で構成される標準タイプと 8 桁で構成される短縮タイプがあります。

標準タイプは，左から順に，国コード 2 桁（日本は 49 又は 45），メーカコード 5 桁（7 桁の場合もあり），商品アイテムコード 5 桁（3 桁の場合もあり），検査数字（チェックディジット）1 桁，となります。検査数字は，コード入力の際の誤りを検出するために付加されます。

・ITF（Interleaved Two of Five）コード

ITF コード

梱包内容の識別に利用されるコードで，13 桁の JAN コードの左端に，識別コード（パッケージインジケータ）を付加したものです。全体を 14 桁とした標準バージョンの ITF-14 と全体を 16 桁にした拡張バージョン ITF-16 があります。

・QR コード

QR コード

QR コードは 2 次元バーコードの中で最も普及しているものです。1 次元バーコードの線の長さを短くして，複数段組み合わせたような構造で，1 次元バーコードに比べて，多くの情報を表現することができます。また，エラー訂正用の情報を含めることで，エラー訂正機能をもたせることもできます。

・ISBN（International Standard Book Number；国際標準図書番号）コード

一般に書籍の裏に書かれている ISBN で始まる書籍番号で，対応するバーコードも印刷されています。ISBN コードは国際的な規格で，ISBN コードが分かれば世界中でその本を特定することができます。

第11章 ITストラテジ

▶▶▶ Check

理解度チェック ▶ 11.6 標準化

次の文中の ☐ に適切な用語を入れてください。

(1) 情報システムに関係する国際的な標準化団体には，国際標準化機構と呼ばれる ☐ア☐ ，国際電気標準会議と呼ばれる ☐イ☐ ，特定分野に関する標準化団体にはインターネット関連技術の標準化を行う ☐ウ☐ ，オブジェクト指向技術の標準化を進めている ☐エ☐ ，WWW に関する ☐オ☐ などがあります。また，日本国内の標準は， ☐カ☐ 規格と呼ばれます。

(2) 製品のサイズや形状だけでなく，製品やサービスの品質を保証するために実施すべきプロセスやマネジメント内容などの規格（標準）もあります。代表的なものには，製品の品質保証に関する一連の規格である ☐キ☐ シリーズ，環境マネジメントに関する ☐ク☐ シリーズ，情報セキュリティマネジメントに関する ☐ケ☐ などがあります。なお，これらの規格の日本語訳は，JIS 規格にもなっています。

(3) バーコードには，日本国内で利用されている JAN コード，梱包内容の識別に利用される ITF コード，書籍の特定に利用される ISBN コードなど 1 次元のものと， ☐コ☐ のような 2 次元のものがあります。

(4) EDI やインターネット上で用いられている文字コードには，ANSI による英数字を中心にした 7 ビットコードの ☐サ☐ コード， ☐サ☐ コードとの互換性を考慮した上で漢字も表現できるようにした ☐シ☐ ，UNIX システムで用いられる多バイトの ☐ス☐ コード，世界中の文字を統一して扱うための ☐セ☐ などがあります。

解答

(1) ア：ISO　イ：IEC　ウ：IETF　エ：OMG　オ：W3C　カ：JIS

(2) キ：ISO 9000　ク：ISO 14000　ケ：ISO/IEC 15408

(3) コ：QR コード

(4) サ：ASCII　シ：シフト JIS コード　ス：EUC　セ：Unicode

11.6 標準化

▶▶▶**Question**

問題で学ぼう

問1　ISO，IEC，ITU などの国際標準に適合した製品を製造及び販売する利点として，適切なものはどれか。

◎高度午前I　(H29 秋·AP 問 69)

ア　WTO 政府調達協定の加盟国では，政府調達は国際標準の仕様に従って行われる。

イ　国際標準に適合しない競合製品に比べて，技術的に優位であることが保証される。

ウ　国際標準に適合するために必要な特許は，全て無償でライセンスを受けられる。

エ　輸出先国の国内標準及び国内法規の規制を受けることなく製品を輸出できる。

解説

国際標準を制定する機関には，ISO，IEC，ITU などがありますが，この問題のようにアルファベット表記されるので，正式名称はあまり覚える必要はありません。それよりも，**何についての標準化を行う機関かを覚えておきましょう**。うろ覚えな人は数ページ前をめくって確認してください。

国際標準は，各分野の制定機関が全世界共通の規格として定めたものでしたね。**これに合わせるメリットを考えましょう**。国際標準に合わせて製造した製品であれば，政府調達に参加できます。**自社流で製造した場合は，政府調達をあきらめる機会損失とするか，国際標準に合わせて作り直さなければなりません**。これには，費用がかかります。であれば，最初から国際標準に合わせておいた方が得策です。したがって，（ア）が正解です。

では，なぜ，国際標準に合わせるのでしょうか？

WTO（World Trade Organization；世界貿易機関）も国際標準を制定する機関で，貿易に関する国際ルールを定めています。それが，WTO 協定です。輸入や輸出には，必ず相手国があります。お互いが勝手なルールを作っていたらうまくいきません。そこで，国際標準を作り，加盟国には，政府調達の際，これに従うことを義務付けています。日本は WTO の加盟国です。

第11章

663

第11章 ITストラテジ

イ：国際標準に適合しているからといって，技術的に優れているとは限りません し，国際標準への適合はそれを保証するものでもありません。

ウ：ライセンスは無償とは限りません。特許の使用許諾としてライセンス料を得る知財ビジネス（知的財産を対象とするビジネス）もあります。

エ：製品の輸出に当たっては，輸出元や輸出先の法規による規制を受けます。日本から輸出する場合は，リスト規制（輸出許可が必要になるもの（リスト規制品）であるか）とキャッチオール規制（大量破壊兵器開発などに利用されるおそれがあるか），二つの輸出管理規制があります。

解答　ア

問2　JISC（Japan Industrial Standards Committee：日本産業標準調査会）を説明したものはどれか。

(H19春-SM 午前Ⅱ問55改)

ア　標準化及び規格統一に関する普及並びに啓発，QC検定などの活動を行っている団体

イ　産業標準化法に基づいて経済産業省に設置され，日本産業規格の制定，改正の審議を行っている審議会

ウ　日本電子工業振興協会と日本電子機械工業会が統合して発足した業界団体

エ　プライバシーマーク制度やISMS適合性評価制度，電子署名・認証調査業務などの運用機関として活動を行っている団体

解説

JISC（日本産業標準調査会）は，経済産業省に置かれている審議会で，産業標準化法に基づいて，JIS（日本産業規格）の制定や改正の審議，その他産業標準化に関する調査審議を行っています。したがって，（イ）が正解です。

ア：一般財団法人日本規格協会（JSA）の説明です。

ウ：一般社団法人電子情報技術産業協会（JEITA）の説明です。

エ：一般財団法人日本情報経済社会推進協会（JIPDEC）の説明です。

解答　イ

巻末資料

- ●出題範囲
- ●索　引

出題範囲〔午前の試験〕

分野	大分類	No.	中分類	情報セキュリティマネジメント試験	基本情報技術者試験	応用情報技術者試験	午前Ⅰ（共通知識）	ITストラテジスト試験	システムアーキテクト試験	プロジェクトマネージャ試験	ネットワークスペシャリスト試験	データベーススペシャリスト試験	エンベデッドシステムスペシャリスト試験	ITサービスマネージャ試験	システム監査技術者試験	情報処理安全確保支援士試験
テクノロジ系	1 基礎理論	1	基礎理論													
		2	アルゴリズムとプログラミング													
	2 コンピュータシステム	3	コンピュータ構成要素						○3		○3	○3	◎4	○3		
		4	システム構成要素	○2					○3		○3	○3	○3			
		5	ソフトウェア		○2	○3	○3						◎4			
		6	ハードウェア										◎4			
	3 技術要素	7	ヒューマンインタフェース													
		8	マルチメディア													
		9	データベース	○2					○3			◎4	○3		○3	○3
		10	ネットワーク	○2					○3		◎4		○3		○3	◎4
		11	セキュリティ1)	◎2	○2	◎3	◎3	◎4	◎4	◎3	◎4	◎3	◎4	◎4	◎3	◎4
	4 開発技術	12	システム開発技術						◎4	○3	○3	○3	◎4			○3
		13	ソフトウェア開発管理技術						○3	○3	○3	○3				○3
マネジメント系	5 プロジェクトマネジメント	14	プロジェクトマネジメント	○2						◎4				◎4		
	6 サービスマネジメント	15	サービスマネジメント	○2												
		16	システム監査	○2										○3	◎4	○3
ストラテジ系	7 システム戦略	17	システム戦略	○2	○2	○3	○3	◎4	○3							
		18	システム企画	○2				◎4	◎4	○3						
	8 経営戦略	19	経営戦略マネジメント					◎4								○3
		20	技術戦略マネジメント					◎4								
		21	ビジネスインダストリ					◎4					○3			
	9 企業と法務	22	企業活動	○2				◎4								○3
		23	法務	◎2				○3						○3	○3	◎4

（注1） ○は出題範囲であることを，◎は出題範囲のうちの重点分野であることを表す。

（注2） 2，3，4は技術レベルを表し，4が最も高度で，上位は下位を包含する。

注1) "中分類11：セキュリティ"の知識項目には技術面・管理面の両方が含まれるが，高度試験の各試験区分では，各人材像にとって関連性の強い知識項目をレベル4として出題する。

出題範囲

午前の出題範囲

共通キャリア・スキルフレームワーク			情報処理技術者試験		
分野	大分類	中分類	小分類		知識項目例
テクノロジ系	1 基礎理論	1 基礎理論	1	離散数学	2進数, 基数, 数値表現, 演算精度, 集合, ベン図, 論理演算, 命題 など
			2	応用数学	確率・統計, 数値解析, 数式処理, グラフ理論, 待ち行列理論 など
			3	情報に関する理論	符号理論, 述語論理, オートマトン, 形式言語, 計算量, 人工知能, 知識工学, 学習理論, コンパイラ理論, プログラミング言語論・意味論 など
			4	通信に関する理論	伝送理論 (伝送路, 変復調方式, 多重化方式, 誤り検出・訂正, 信号同期方式ほか) など
			5	計測・制御に関する理論	信号処理, フィードバック制御, フィードフォワード制御, 応答特性, 制御安定性, 各種制御, センサ・アクチュエータの種類と動作特性 など
		2 アルゴリズムとプログラミング	1	データ構造	スタックとキュー, リスト, 配列, 木構造, 2分木 など
			2	アルゴリズム	整列, 併合, 探索, 再帰, 文字列処理, 流れ図の理解, アルゴリズム設計 など
			3	プログラミング	既存言語を用いたプログラミング (プログラミング作法, プログラム構造, データ型, 文法の表記法ほか) など
			4	プログラム言語	プログラム言語 (アセンブラ言語, C, C++, COBOL, Java[1], ECMAScript, Ruby, Perl, PHP, Python ほか) の種類と特徴, 共通言語基盤 (CLI) など
			5	その他の言語	マークアップ言語 (HTML, XML ほか) の種類と特徴, データ記述言語 (DDL) など
	2 コンピュータシステム	3 コンピュータ構成要素	1	プロセッサ	コンピュータ及びプロセッサの種類, 構成・動作原理, 割込み, 性能と特性, 構造と方式, RISC と CISC, 命令とアドレッシング, マルチコアプロセッサ など
			2	メモリ	メモリの種類と特徴, メモリシステムの構成と記憶階層 (キャッシュ, 主記憶, 補助記憶ほか), アクセス方式, RAM ファイル, メモリの容量と性能, 記録媒体の種類と特徴 など
			3	バス	バスの種類と特徴, バスのシステムの構成, バスの制御方式, バスのアクセスモード, バスの容量と性能 など
			4	入出力デバイス	入出力デバイスの種類と特徴, 入出力インタフェース, デバイスドライバ, デバイスとの同期, アナログ・ディジタル変換, DMA など
			5	入出力装置	入力装置, 出力装置, 表示装置, 補助記憶装置・記憶媒体, 通信制御装置, 駆動装置, 撮像装置 など
		4 システム構成要素	1	システムの構成	システムの処理形態, システムの利用形態, システムの適用領域, 仮想化, クライアントサーバシステム, Web システム, シンクライアントシステム, フォールトトレラントシステム, RAID NAS, SAN, P2P, ハイパフォーマンスコンピューティング (HPC), クラスタ など

667

共通キャリア・スキルフレームワーク			情報処理技術者試験	
分野	大分類	中分類	小分類	知識項目例
			2 システムの評価指標	システムの性能指標，システムの性能特性と評価，システムの信頼性・経済性の意義と目的，信頼性計算，信頼性指標，信頼性特性と評価，経済性の評価，キャパシティプランニング　など
		5 ソフトウェア	1 オペレーティングシステム	OS の種類と特徴，OS の機能，多重プログラミング，仮想記憶，ジョブ管理，プロセス/タスク管理，データ管理，入出力管理，記憶管理，割込み，ブートストラップ　など
			2 ミドルウェア	各種ミドルウェア（OS などの API，Web API，各種ライブラリ，コンポーネントウェア，シェル，開発フレームワークほか）の役割と機能，ミドルウェアの選択と利用　など
			3 ファイルシステム	ファイルシステムの種類と特徴，アクセス手法，検索手法，ディレクトリ管理，バックアップ，ファイル編成　など
			4 開発ツール	設計ツール，構築ツール，テストツール，言語処理ツール（コンパイラ，インタプリタ，リンカ，ローダほか），エミュレータ，シミュレータ，インサーキットエミュレータ（ICE），ツールチェーン，統合開発環境　など
			5 オープンソースソフトウェア	OSS の種類と特徴，UNIX 系 OS，オープンソースコミュニティ，LAMP/LAPP，オープンソースライブラリ，OSS の利用・活用と考慮点（安全性，信頼性ほか），動向　など
		6 ハードウェア	1 ハードウェア	電気・電子回路，機械・制御，論理設計，構成部品及び要素と実装，半導体素子，システム LSI，SoC（System on a Chip），FPGA，MEMS，診断プログラム，消費電力　など
3 技術要素		7 ヒューマンインタフェース	1 ヒューマンインタフェース技術	インフォメーションアーキテクチャ，GUI，音声認識，画像認識，動画認識，特徴抽出，学習機能，インタラクティブシステム，ユーザビリティ，アクセシビリティ　など
			2 インタフェース設計	帳票設計，画面設計，コード設計，Web デザイン，人間中心設計，ユニバーサルデザイン，ユーザビリティ評価　など
		8 マルチメディア	1 マルチメディア技術	オーサリング環境，音声処理，静止画処理，動画処理，メディア統合，圧縮・伸長，MPEG　など
			2 マルチメディア応用	AR（Augmented Reality），VR（Virtual Reality），CG（Computer Graphics），メディア応用，モーションキャプチャ　など
		9 データベース	1 データベース方式	データベースの種類と特徴，データベースのモデル，DBMS　など
			2 データベース設計	データ分析，データベースの論理設計，データの正規化，データベースのパフォーマンス設計，データベースの物理設計　など
			3 データ操作	データベースの操作，データベースを操作するための言語（SQL ほか），関係代数　など
			4 トランザクション処理	排他制御，リカバリ処理，トランザクション管理，データベースの性能向上，データ制御　など

出題範囲

共通キャリア・スキルフレームワーク			情報処理技術者試験	
分野	大分類	中分類	小分類	知識項目例
			5 データベース応用	データウェアハウス，データマイニング，分散データベース，リポジトリ，メタデータ，ビッグデータ など
		10 ネットワーク	1 ネットワーク方式	ネットワークの種類と特徴，（WAN/LAN，有線・無線，センサネットワークほか）インターネット技術，回線に関する計算，パケット交換網，QoS，RADIUS など
			2 データ通信と制御	伝送方式と回線，LAN間接続装置，回線接続装置，電力線通信（PLC），OSI基本参照モデル，メディアアクセス制御（MAC），データリンク制御，ルーティング制御，フロー制御 など
			3 通信プロトコル	プロトコルとインタフェース，TCP/IP，HDLC，CORBA，HTTP，DNS，SOAP，IPv6 など
			4 ネットワーク管理	ネットワーク運用管理（SNMP），障害管理，性能管理，トラフィック監視 など
			5 ネットワーク応用	インターネット，イントラネット，エクストラネット，モバイル通信，ネットワークOS，通信サービス など
		11 セキュリティ	1 情報セキュリティ	情報の機密性・完全性・可用性，脅威，マルウェア・不正プログラム，脆弱性，不正のメカニズム，攻撃者の種類・動機，サイバー攻撃（SQLインジェクション，クロスサイトスクリプティング，DoS攻撃，フィッシング，パスワードリスト攻撃，標的型攻撃ほか），暗号技術（共通鍵，公開鍵，秘密鍵，RSA，AES，ハイブリッド暗号，ハッシュ関数ほか），認証技術（ディジタル署名，メッセージ認証，タイムスタンプほか），利用者認証（利用者ID・パスワード，多要素認証，アイデンティティ連携（OpenID，SAML）ほか），生体認証技術，公開鍵基盤（PKI，認証局，ディジタル証明書ほか），政府認証基盤（GPKI，ブリッジ認証局ほか） など
			2 情報セキュリティ管理	情報資産とリスクの概要，情報資産の調査・分類，リスクの種類，情報セキュリティリスクアセスメント及びリスク対応，情報セキュリティ継続，情報セキュリティ諸規程（情報セキュリティポリシを含む組織内規程），ISMS，管理策（情報セキュリティインシデント管理，法的及び契約上の要求事項の順守ほか），情報セキュリティ組織・機関（CSIRT，SOC（Security Operation Center），ホワイトハッカーほか） など
			3 セキュリティ技術評価	ISO/IEC 15408（コモンクライテリア），JISEC（ITセキュリティ評価及び認証制度），JCMVP（暗号モジュール試験及び認証制度），PCI DSS，CVSS，脆弱性検査，ペネトレーションテスト など
			4 情報セキュリティ対策	情報セキュリティ啓発（教育，訓練ほか），組織における内部不正防止ガイドライン，マルウェア・不正プログラム対策，不正アクセス対策，情報漏えい対策，アカウント管理，ログ管理，脆弱性管理，入退室管理，アクセス制御，侵入検知/侵入防止，検疫ネットワーク，多層防御，無線LANセキュリティ（WPA2 ほか），携帯端末（携帯電話，スマートフォン，タブレット端末ほか）のセキュリティ，セキュリティ製品・サービス（ファイアウォール，WAF，DLP，SIEMほか），ディジタルフォレンジックス など

巻末資料

共通キャリア・スキルフレームワーク			情報処理技術者試験	
分野	大分類	中分類	小分類	知識項目例
			5 セキュリティ実装技術	セキュアプロトコル（IPSec, SSL/TLS, SSH ほか），認証プロトコル（SPF, DKIM, SMTP-AUTH, OAuth, DNSSEC ほか），セキュア OS，ネットワークセキュリティ，データベースセキュリティ，アプリケーションセキュリティ，セキュアプログラミング など
4 開発技術	12 システム開発技術		1 システム要件定義・ソフトウェア要件定義	システム要件定義（機能，境界，能力，業務・組織及び利用者の要件，設計及び実装の制約条件，適格性確認要件ほか），システム要件の評価，ソフトウェア要件定義（機能，境界，能力，インタフェース，業務モデル，データモデルほか），ソフトウェア要件の評価 など
			2 設計	システム設計（ハードウェア・ソフトウェア・サービス・手作業の機能分割，ハードウェア構成決定，ソフトウェア構成決定，システム処理方式決定，データベース方式決定ほか），システム統合テストの統計，アーキテクチャ及びシステム要素の評価，ソフトウェア設計（ソフトウェア構造とソフトウェア要素の設計ほか），インタフェース設計，ソフトウェアユニットのテストの設計，ソフトウェア統合テストの設計，ソフトウェア要素の評価，ソフトウェア品質，レビュー，ソフトウェア設計手法（プロセス中心設計，データ中心設計，構造化設計，オブジェクト指向設計ほか），モジュールの設計，部品化と再利用，アーキテクチャパターン，デザインパターン など
			3 実装・構築	ソフトウェアユニットの作成，コーディング標準，コーディング支援手法，コードレビュー，メトリクス計測，デバッグ，テスト手法，テスト準備（テスト環境，テストデータほか），テストの実施，テスト結果の評価 など
			4 統合・テスト	統合テスト計画，統合テストの準備（テスト環境，テストデータほか），統合テストの実施，検証テストの実施，統合及び検証テスト結果の評価，チューニング，テストの種類（機能テスト，非機能要件テスト，性能テスト，負荷テスト，セキュリティテスト，回帰テストほか） など
			5 導入・受入れ支援	導入計画の作成，導入の実施，受入れレビューと受入れテスト，納入と受入れ，教育訓練，利用者マニュアル，妥当性確認テストの実施，妥当性確認テストの結果の管理 など
			6 保守・廃棄	保守の形態，保守の手順，廃棄 など
		13 ソフトウェア開発管理技術	1 開発プロセス・手法	ソフトウェア開発モデル，アジャイル開発，ソフトウェア再利用，リバースエンジニアリング，マッシュアップ，構造化手法，形式手法，ソフトウェアライフサイクルプロセス（SLCP），プロセス成熟度 など
			2 知的財産適用管理	著作権管理，特許管理，保管管理，技術的保護（コピーガード，DRM，アクティベーションほか） など
			3 開発環境管理	開発環境稼働状況管理，開発環境構築，設計データ管理，ツール管理，ライセンス管理 など
			4 構成管理・変更管理	構成識別体系の確立，変更管理，構成状況の記録，品目の完全性保証，リリース管理及び出荷 など

670

出題範囲

巻末資料

共通キャリア・スキルフレームワーク			情報処理技術者試験		
分野	大分類	中分類	小分類		知識項目例
マネジメント系	5 プロジェクトマネジメント	14 プロジェクトマネジメント	1	プロジェクトマネジメント	プロジェクト，プロジェクトマネジメント，プロジェクトの環境，プロジェクトガバナンス，プロジェクトライフサイクル，プロジェクトの制約　など
			2	プロジェクトの統合	プロジェクト憲章の作成，プロジェクト全体計画（プロジェクト計画及びプロジェクトマネジメント計画）の作成，プロジェクト作業の指揮　プロジェクト作業の管理，変更の管理，プロジェクトフェーズ又はプロジェクトの終結，得た教訓の収集　など
			3	プロジェクトのステークホルダ	ステークホルダの特定，ステークホルダのマネジメント　など
			4	プロジェクトのスコープ	スコープの定義，WBS の作成，活動の定義，スコープの管理　など
			5	プロジェクトの資源	プロジェクトチームの編成，資源の見積り，プロジェクト組織の定義，プロジェクトチームの開発，資源の管理，プロジェクトチームのマネジメント　など
			6	プロジェクトの時間	活動の順序付け，活動期間の見積り，スケジュールの作成，スケジュールの管理　など
			7	プロジェクトのコスト	コストの見積り，予算の作成，コストの管理　など
			8	プロジェクトのリスク	リスクの特定，リスクの評価，リスクへの対応，リスクの管理　など
			9	プロジェクトの品質	品質の計画，品質保証の遂行，品質管理の遂行　など
			10	プロジェクトの調達	調達の計画，供給者の選定，調達の運営管理　など
			11	プロジェクトのコミュニケーション	コミュニケーションの計画，情報の配布，コミュニケーションのマネジメント　など
	6 サービスマネジメント	15 サービスマネジメント	1	サービスマネジメント	サービスマネジメント，サービスマネジメントシステム，サービス，サービスライフサイクル，ITIL2)，サービスの要求事項，サービスレベル合意書（SLA），サービス及びサービスマネジメントシステムのパフォーマンス，顧客，サービス提供者　など

671

共通キャリア・スキルフレームワーク			情報処理技術者試験	
分野	大分類	中分類	小分類	知識項目例
			2 サービスマネジメントシステムの計画及び運用	サービスマネジメントシステムの計画，サービスマネジメントシステムの支援（文書化した情報，知識ほか），サービスポートフォリオ（サービスの提供，サービスの計画，サービスライフサイクルに関与する関係者の管理，サービスカタログ管理，資産管理，構成管理），関係及び合意（事業関係管理，サービスレベル管理，供給者管理），供給及び需要（サービスの予算業務及び会計業務，需要管理，容量・能力管理），サービスの設計・構築・移行（変更管理，サービスの設計及び移行，リリース及び展開管理），解決及び実現（インシデント管理，サービス要求管理，問題管理），サービス保証（サービス可用性管理，サービス継続管理）　など
			3 パフォーマンス評価及び改善	パフォーマンス評価（監視・測定・分析・評価，内部監査，マネジメントレビュー，サービスの報告），改善（不適合及び是正処置，継続的改善）　など
			4 サービスの運用	システム運用管理，運用オペレーション，サービスデスク，運用の資源管理，システムの監視と操作，スケジュール設計，運用支援ツール（監視ツール，診断ツールほか）　など
			5 ファシリティマネジメント	設備管理（電気設備・空調設備ほか），施設管理，施設・設備の維持保全，環境側面　など
		16 システム監査	1 システム監査	システム監査の体制整備，システム監査人の独立性・客観性・慎重な姿勢，システム監査計画策定，システム監査実施，システム監査報告とフォローアップ，システム監査基準，システム監査技法（ドキュメントレビュー法，インタビュー法，CAAT ほか），監査証拠，監査調書，情報セキュリティ監査，監査による保証又は助言　など
			2 内部統制	内部統制の意義と目的，相互けん制（職務の分離），内部統制報告制度，内部統制の評価・改善，IT ガバナンス，EDM モデル，CSA（統制自己評価）　など
ストラテジ系	7 システム戦略	17 システム戦略	1 情報システム戦略	情報システム戦略の意義と目的，情報システム戦略の方針及び目標設定，情報システム化基本計画，情報システム戦略遂行のための組織体制，情報システム投資計画，ビジネスモデル，業務モデル，情報システムモデル，エンタープライズアーキテクチャ（EA），プログラムマネジメント，システムオーナ，データオーナ，プロセスフレームワーク，コントロールフレームワーク，品質統制（品質統制フレームワーク），情報システム戦略評価，情報システム戦略実行マネジメント，IT 投資マネジメント，IT 経営力指標　など
			2 業務プロセス	BPR，業務分析，業務改善，業務設計，ビジネスプロセスマネジメント（BPM），BPO，オフショア，SFA　など
			3 ソリューションビジネス	ソリューションビジネスの種類とサービス形態，業務パッケージ，問題解決支援，ASP，SOA，クラウドコンピューティング（SaaS，PaaS，IaaS ほか）　など

右上: 出題範囲
右: 巻末資料

分野	大分類	中分類	小分類	知識項目例
			4 システム活用促進・評価	情報リテラシ，データ活用，普及啓発，人材育成計画，システム利用実態の評価・検証，ディジタルディバイド，システム廃棄　など
		18 システム企画	1 システム化計画	システム化構想，システム化基本方針，全体開発スケジュール，プロジェクト推進体制，要員教育計画，開発投資対効果，投資の意思決定法（PBP，DCF法ほか），IT ポートフォリオ，システムライフサイクル，情報システム導入リスク分析　など
			2 要件定義	要求分析，ユーザニーズ調査，現状分析，課題定義，要件定義手法，業務要件定義，機能要件定義，非機能要件定義，利害関係者要件の確認，情報システム戦略との整合性検証　など
			3 調達計画・実施	調達計画，調達の要求事項，調達の条件，提案依頼書（RFP），提案評価基準，見積書，提案書，調達選定，調達リスク分析，内外作基準，ソフトウェア資産管理，ソフトウェアのサプライチェーンマネジメント　など
8	経営戦略	19 経営戦略マネジメント	1 経営戦略手法	競争戦略，差別化戦略，ブルーオーシャン戦略，コアコンピタンス，M&A，アライアンス，グループ経営，企業理念，SWOT 分析，PPM，バリューチェーン分析，成長マトリクス，アウトソーシング，シェアドサービス，インキュベータ　など
			2 マーケティング	マーケティング理論，マーケティング手法，マーケティング分析，ライフタイムバリュー（LTV），消費者行動モデル，広告戦略，ブランド戦略，価格戦略　など
			3 ビジネス戦略と目標・評価	ビジネス戦略立案，ビジネス環境分析，ニーズ・ウォンツ分析，競合分析，PEST 分析，戦略目標，CSF，KPI，KGI，バランススコアカード　など
			4 経営管理システム	CRM，SCM，ERP，意思決定支援，ナレッジマネジメント，企業内情報ポータル（EIP）　など
		20 技術戦略マネジメント	1 技術開発戦略の立案	製品動向，技術動向，成功事例，発想法，コア技術，技術研究，技術移転，技術獲得，技術供与，技術提携，技術経営（MOT），産学官連携，標準化戦略　など
			2 技術開発計画	技術開発投資計画，技術開発拠点計画，人材計画，技術ロードマップ，製品応用ロードマップ，特許取得ロードマップ　など
		21 ビジネスインダストリ	1 ビジネスシステム	流通情報システム，物流情報システム，公共情報システム，医療情報システム，金融情報システム，電子政府，POS システム，XBRL，スマートグリッド，Web 会議システム，ユビキタスコンピューティング　など
			2 エンジニアリングシステム	エンジニアリングシステムの意義と目的，生産管理システム，MRP，PDM，CAE　など
			3 e-ビジネス	EC（BtoB，BtoC などの電子商取引），電子決済システム，EDI，IC カード・RFID 応用システム，ソーシャルメディア（SNS，ミニブログほか），ロングテール　など

673

共通キャリア・スキルフレームワーク			情報処理技術者試験	
分野	大分類	中分類	小分類	知識項目例
			4 民生機器	AV機器，家電機器，個人用情報機器（携帯電話，スマートフォン，タブレット端末ほか），教育・娯楽機器，コンピュータ周辺/OA機器，業務用端末機器，民生用通信端末機器　など
			5 産業機器	通信設備機器，運輸機器/建設機器，工業制御/FA機器/産業機器，設備機器，医療機器，分析機器・計測機器　など
9 企業と法務	22 企業活動		1 経営・組織論	経営管理，PDCA，経営組織（事業部制，カンパニ制，CIO，CEOほか），コーポレートガバナンス，CSR，IR，コーポレートアイデンティティ，グリーンIT，ヒューマンリソース（OJT，目標管理，ケーススタディ，裁量労働制ほか），行動科学（リーダシップ，コミュニケーション，テクニカルライティング，プレゼンテーション，ネゴシエーション，モチベーションほか），TQM，リスクマネジメント，BCP，株式公開（IPO）　など
			2 OR・IE	線形計画法（LP），在庫問題，PERT/CPM，ゲーム理論，分析手法（作業分析，PTS法，ワークサンプリング法ほか），検査手法（OC曲線，サンプリング，シミュレーションほか），品質管理手法（QC七つ道具，新QC七つ道具ほか）　など
			3 会計・財務	財務会計，管理会計，会計基準，財務諸表，連結会計，減価償却，損益分岐点，財務指標，原価，リースとレンタル，資金計画と資金管理，資産管理，経済性計算，IFRS　など
		23 法務	1 知的財産権	著作権法，産業財産権法，不正競争防止法（営業秘密ほか）　など
			2 セキュリティ関連法規	サイバーセキュリティ基本法，不正アクセス禁止法，刑法（ウイルス作成罪ほか），個人情報保護法，特定個人情報の適正な取扱いに関するガイドライン，プロバイダ責任制限法，特定電子メール法，コンピュータ不正アクセス対策基準，コンピュータウイルス対策基準　など
			3 労働関連・取引関連法規	労働基準法，労働関連法規，外部委託契約，ソフトウェア契約，ライセンス契約，OSSライセンス（GPL，BSDライセンスほか），パブリックドメイン，クリエイティブコモンズ，守秘契約（NDA），下請法，労働者派遣法，民法，商法，公益通報者保護法，特定商取引法　など
			4 その他の法律・ガイドライン・技術者倫理	コンプライアンス，情報公開，電気通信事業法，ネットワーク関連法規，会社法，金融商品取引法，リサイクル法，各種税法，輸出関連法規，システム管理基準，ソフトウェア管理ガイドライン，情報倫理，技術者倫理，プロフェッショナリズム　など
			5 標準化関連	JIS，ISO，IEEEなどの関連機構の役割，標準化団体，国際認証の枠組み（認定/認証/試験機関），各種コード（文字コードほか），JIS Q 15001，ISO 9000，ISO 14000　など

注 [1] Java は，Oracle Corporation 及びその子会社，関連会社の米国及びその他の国における登録商標又は商標です。

[2] ITIL は，AXELOS Limited の登録商標です。

索　引

数字

10BASE2 ……………………………… 351
10BASE5 ……………………………… 351
10BASE-T ……………………………… 351
1 の補数 …………………………… 26, 36
2 層クライアントサーバシステム
　………………………………… 184, 185
2 相コミットメント制御 …………… 304
2 の補数 …………………………… 26, 36
2 ビン法 ……………………………… 609
2 分木 …………………………………… 56
2 分探索 …………………………… 75, 85
2 分探索木 ……………………………… 57
3C 分析 ……………………………… 585
3 ウェイハンドシェイク方式 …… 344
3 層アーキテクチャ ………………… 191
3 層クライアントサーバシステム
　…………………………… 184, 185, 191
3 層スキーマ ………………… 262, 270
4C ……………………………………… 585
4P ……………………………………… 585

A

ABC 分析 …………………… 611, 614
AC ……………………………………… 511
ACID 特性 …………………… 301, 317
AES ………………………… 391, 395
AI・データの利用に関する契約
　ガイドライン …………………… 645
AIDMA モデル ……………………… 586
Ajax …………………………………… 462
ANSI …………………………………… 659
Apache Hadoop …………………… 309
Apache Spark ……………………… 309
API …………………………………… 462
API エコノミー ……………………… 588
APT …………………………………… 417
AR …………………………… 251, 375
ARP …………………………………… 337
ASCII コード ………………………… 660

ASIC …………………………………… 152
As-Is モデル ………………………… 567
ASP …………………………………… 568
ATM …………………………………… 369

B

B to B ………………………………… 590
B to C ………………………………… 590
B/S …………………………………… 631
BCP …………………………………… 531
BEC ………………………… 415, 446
BLE ………………………… 371, 381
BNF …………………………………… 90
BPM …………………………………… 568
BPO …………………………………… 568
BPR …………………………………… 568
BSD …………………………………… 233
BSD ライセンス …………………… 230
BSSID ………………………………… 359
B 木 …………………………… 58, 70

C

C/F …………………………………… 631
CA …………………………………… 401
CAB …………………………………… 530
CAD …………………………………… 590
CAE …………………………………… 590
CAM …………………………………… 590
Can-Be モデル ……………………… 567
CAP 定理 …………………… 310, 325
CDP …………………………………… 629
CG …………………………………… 249
CI …………………………………… 529
CIDR 表記 …………………………… 334
CIM …………………………………… 590
CISC ………………………… 116, 128
CMDB ………………………………… 529
CMMI ………………………………… 491
CMYK ………………………………… 249
COBIT ………………………………… 434

COCOMO ································· 510
COMMIT ································· 302
CORBA ································· 462
CPI（Cycles Per Instruction）
························· 119, 131
CPI（コスト効率指標）········· 511
CPS ································· 590
CPU ································· 115, 200
CRL ································· 401
CRM ································· 587
CRYPTREC ························· 435
CSF ································· 587
CSMA/CA ························· 365
CSMA/CD ···· 352, 358, 362, 365
CSR ································· 628
CSS ································· 241
CV ································· 511

D

DA ································· 263
DBA ································· 263
DDoS 攻撃 ························· 416
dequeue ································· 55
DES ································· 391, 395
DevOps ································· 458
DFD ································· 472
DHCP ································· 337
DMA ································· 137, 147
DMZ ································· 413
DNS ································· 333
DNSSEC ························· 402, 437
DNS キャッシュポイズニング
························· 417, 441
DNS リフレクタ攻撃 ············· 438
DOA ································· 473
DoS 攻撃 ························· 416
DRAM ································· 151
DRM ································· 501
DSP ································· 153
DX ································· 582

E

EC ································· 591
EDI ································· 591
EDIFACT ························· 591
EDM モデル ························· 550
EMS ································· 583
enqueue ································· 55
ERP ································· 587
E-R 図 ························· 266, 473
ESSID ································· 396
EUC ································· 660
EV ································· 511
EVM ································· 511

F

FIDO 認証 ························· 403
FIFO ················· 55, 217, 218, 226
FLOPS ································· 119
FPGA ································· 152
FPU ································· 129
FQDN ································· 379
FTP ································· 336, 343

G

G to C ································· 590
GDPR ································· 647
GIF ································· 248
GIS ································· 375
GPGPU ································· 129
GPL ································· 229, 233
GPU ································· 129
GRANT 文 ························· 294

H

has-a ································· 474
HA クラスタ ························· 186
HDL ································· 152
HIDS ································· 412
HPC クラスタ ························· 186
HRTech ································· 629
HR テック ························· 629
HTML ································· 248

索　引

HTTP ································· 336
HTTPS ····················· 413, 425

I

IaaS ································· 568
IDS ···························· 412, 431
IE ··································· 607
IEC ································· 659
IEEE ································ 659
IEEE802.11 ························ 355
IEEE802.1Q ······················· 367
IMAP4 ······························ 337
IoT ···························· 241, 589
IoT セキュリティガイドライン ··· 646
IP ··································· 331
IPFIX ······························ 433
IPS ····················· 412, 431, 433
IPv6 ································· 333
IP-VPN ····························· 361
IP アドレス ···················· 332, 337
IP マスカレード ················ 336, 348
is-a ································· 474
ISBN コード ························· 661
ISMS ································ 419
ISO ································· 659
ISO 14000 シリーズ ················ 660
ISO 9000 シリーズ ················· 660
ISO/IEC 15408 ···················· 418
ISO/IEC 27001 ···················· 419
ISO/IEC 27002 ···················· 419
ITF コード ·························· 661
ITF 法 ······························ 549
ITIL® ······························ 529
ITU ································· 659
IT ガバナンス ······················ 550
IT 業務処理統制 ···················· 550
IT 全般統制 ························· 550
IT への対応 ························· 550

J

JAN コード ·························· 661
J-CRAT ····························· 420

J-CSIP ······························ 421
JIS Q 20000 ······················· 528
JIS Q 21500:2018 ················· 507
JIS X 25010 ······················· 489
JISC ································· 659
JIT ································· 590
JPCERT/CC ·························· 435
JPCERT コーディネーション
　　センター ························· 435
JPEG ································ 248

K

Key Value Store ··················· 312
KGI ································· 587
KPI ································· 587
KVS ································· 312

L

LFU ····················· 217, 218, 226
LGPL ····················· 229, 233
LIFO ································· 55
LPWA ································ 371
LRU ····················· 217, 218, 226
LSB ································· 157
LTE ································· 382
LTV ································· 587

M

M&A ································· 583
M/M/1 ····················· 99, 103
MAC アドレス ······················ 337
MBO ································· 629
MIMD ····················· 118, 128
MIPS ································ 119
MP3 ································· 248
MPEG ································ 248
MPEG-4 ····························· 253
MPL ····················· 229, 233
MRP ································· 590
MSB ································· 157
MTBF ····················· 164, 169
MTTR ····················· 164, 169

巻末資料

677

MVC モデル ……………………473

N

NAPT …………335, 336, 346, 348
NAS …………………………138, 150
NAT ……………………335, 336, 348
NFV ……………………………375
NoSQL …………………………310

O

OC 曲線 ………………………614
OMG …………………………660
OpenFlow ……………………371
OR ……………………………607
OSI 基本参照モデル …………329
OSS …………………………228

P

P/L ……………………………631
PaaS …………………………568
part-of ………………………474
PCM ……………………105, 248
PDF …………………………248
PERT 図 ………………………509
PEST 分析 ……………………585
PKI …………………………402
PLC（経営戦略）………………585
PLC（ネットワーク）…………382
PMBOK® ……………………507
PMO …………………………507
PoC …………………………589
POP ……………………55, 63
POP3 …………………………336
PoV …………………………589
PPM …………………………583
PPP ……………………343, 382
PPP over Ethernet ……………343
PTS 法 ………………………611
PUSH ……………………55, 63
PV …………………………511
PWM 制御 ……………………152

Q

QR コード ……………………661

R

RADIUS ………………………436
RAID ……………………137, 148
RARP …………………………337
Return On Assets ……………632
Return On Equity ……………632
RFC ……………………419, 530
RFI …………………………570
RFM 分析 ……………………585
RFP …………………………570
RGB …………………………249
RISC ……………………116, 128
ROA …………………………632
ROE …………………………632
ROI …………………………566
ROLLBACK ……………………302
rootkit ………………………414
RPA …………………………568
RPC ……………………184, 462
RPO …………………………531
RSA ……………………392, 395
RTO …………………………531

S

S/MIME ………………………412
SaaS …………………………568
SAN ……………………138, 150
SCM …………………………587
SDGs …………………………582
SDN …………………………370
SDN コントローラ ……………370
SECI モデル …………………640
SEO ……………241, 428, 590
SEO ポイズニング ………417, 428
SET …………………………413
SFA …………………………568
SIEM ……………………398, 432
SIMD ……………………118, 128
SISD ……………………118, 128

索　引

SLA	529
SLCP	463
SLIP	343
SLM	529
SL 理論	639
SMIL	253
SMTP	336
SMTP-AUTH	402
SNMP	433
SOA	462, 569
SoC	160
Society5.0	590
SoE	570
SoI	570
SoP	160
SoR	570
SoS	591
SPEC	175
SPECfp	175
SPECint	175
SPF	398, 429, 436
SPI	511
SQL	285
SQL インジェクション	415, 425
SQL インジェクション攻撃	438
SQuaRE	489
SRAM	151
SSH	413
SSID	359, 396
SSID ステルス機能	366
SSL	412, 425
SSL/TLS	413
STS 分割	477
SV	511
SVC 割込み	203, 214
SVG	253
SWOT 分析	584
SysML	475

T

TCO	530
TCP	336, 343

TCP/IP	331
TELNET	336
TFTP	336
TLS	412, 425
To-Be モデル	567
TPC	175
TPM	397
TR 分割	477

U

UDP	336, 343
UML	475
Unicode	660
UNIQUE 制約	284
USB Autoplay 攻撃	426
USB Autorun 攻撃	426
UTM	398

V

VDI	198, 432
VIEW	291
VLAN	367
VLIW	127
VLIW 方式	117, 127
VPN	370
VR	251

W

W3C	660
WAF	412, 431
WBS	508
Wi-SUN	372
WPA2	413

X

XML	248
XP	461

Z

ZigBee	372

巻末資料

あ

アーンドバリューマネジメント ···· 511
アウトオブオーダ実行 ················ 129
アクセシビリティ ··············· 239, 244
アクティビティ ························· 508
アクティベーション ·················· 501
アジャイルソフトウェア開発宣言 ·· 459
アダプティブラーニング ············· 629
アドホック分析 ························ 569
アプリケーションアーキテクチャ ·· 567
アプリケーション層 ············ 330, 340
アベイラビリティ ····················· 164
アライアンス ·························· 583
アローダイアグラム ··········· 509, 613
アンケート法 ·························· 243
暗号化 ································· 390
暗号資産 ······························ 591
暗号文 ··········· 390, 391, 392, 406
安全性の確保 ·························· 646
アンチエイリアシング ········· 250, 254
イクセス表現 ····················· 28, 29
移行リハーサル ······················ 531
意匠権 ································ 642
移植性 ································· 490
一貫性 ······················ 301, 302, 317
五つの価値 ···························· 461
イテレーション ······················· 459
移動平均法 ···························· 632
イノベーション ······················· 588
イノベーションのジレンマ ··········· 588
インクリメント型 ····················· 458
インシデント ·························· 530
インシデント管理 ···················· 530
インスタンス ···················· 260, 474
インスペクション ····················· 489
インターネット VPN ················· 361
インダストリアルエンジニアリング
··· 607
インダストリー4.0 ··················· 591
インタラクションデザイン ··········· 237
インデックス ···················· 306, 307
インバウンドマーケティング ········ 586

インフォメーションアーキテクチャ
··· 237
インヘリタンス ······················· 475
インメモリデータベース ············· 308
ウォークスルー ······················· 489
ウォータフォールモデル ············· 457
ウォードライビング ············ 427, 428
ウォッチドッグタイマ ·········· 153, 161
請負契約 ······························· 644
打切り誤差 ························· 29, 39
売上総利益 ···························· 630
売上総利益率 ·························· 631
営業秘密 ······························· 643
営業利益 ······························· 630
エクストリームプログラミング ····· 461
エクスプロイトコード ········· 418, 443
エスカレーション ···················· 530
枝 ······································· 65
エボリューション型 ·················· 458
エンキュー ····························· 55
演算結果の格納 ······················ 115
エンタープライズアーキテクチャ ·· 567
エンタープライズアジャイル ········ 461
エンタープライズサーチ ············· 569
エンティティ ················ 259, 260, 266
応答時間 ······························· 100
オーギュメンテッドリアリティ ····· 251
オートスケーリング ·················· 181
オートマトン ·························· 92
オーバライド ·························· 475
オーバレイ方式 ······················· 225
オープン API ························· 591
オープンアドレス法 ·················· 76
オープンイノベーション ············· 588
オープンデータ ······················· 569
オブジェクト ·························· 474
オブジェクト指向設計 ··············· 474
オブジェクト図 ······················· 269
オプティマイザ ······················· 322
オプティマイザ機能 ·················· 307
オプトアウト ·························· 647
オプトイン ····························· 647

索　引

オフバランス …………………631	監査証拠 …………………548
オペランドアドレスの計算 ……115	監査証跡 …………………548
オペランドフェッチ ……………115	監査調書 …………………548
オペレーションズリサーチ ……607	監査手続 …………………547
重みの調整 ………………101	監査報告書 …………………548
	監査モジュール法 ……………549
か	関数従属 …………………272
カーディナリティ ……………260	関数従属性 …………………278
カーネル …………………203	完全2分木 ……………56，65
ガーベジコレクション	完全化保守 …………………491
……………216，223，224	完全関数従属 …………………275
回帰テスト …………………486	完全性 ………410，419，424
回顧法 …………………243	ガントチャート …………………510
改善指導 …………………548	かんばん方式 …………………590
改善提案 …………………548	管理図 …………………613
階層モデル …………………259	木 …………………………56
概念実証 …………………589	キーバリュー型データベース ……312
概念スキーマ ……………263，270	企業統治 …………………628
概念データモデル ……………259	技術のSカーブ …………………588
外部キー …………272，273，284	技術ロードマップ ………………589
外部スキーマ ……………263，270	基数変換 …………………24
外部割込み ………………203，214	基数法 …………………24
可監査性 …………………547	既知の誤り …………………530
可逆圧縮方式 …………………247	機能的強度 …………………476
隠れ層 …………………109	機能適合性 …………………490
カスタムIC …………………152	木の深さ …………………65
仮想記憶方式 …………………225	ギブソンミックス …………………175
仮想通貨 …………………591	機密性 ………410，419，424
仮想デスクトップ ………………198	逆ポーランド表記法 ………91，96
仮想表 …………………292	キャッシュフロー計算書 …………631
価値実証 …………………589	キャッシュメモリ …132，133，141
価値連鎖分析 …………………584	キャパシティプランニング …175，183
稼働率 …………………164	キュー …………………55
カニバリゼーション ……………585	強化学習 ………………101，110
カプセル化 …………………474	供給者管理 …………………529
可変区画方式 …215，220，221，222	教師あり学習 ………………101，110
仮名加工情報 …………………647	教師なし学習 ………………101，110
画面設計 …………………240	共通鍵暗号方式 …………391，394
可用性 ………410，419，424	共通フレーム …………………463
カルノー図 …………………47	共同レビュー …………………489
含意 …………………46	切り戻し ………………530，531
関係モデル …………………259	クイックソート …………73，79，80

区分コード ……… 240	現状モデル ……… 567
クライアントサーバ処理 ……… 184	ケンドール記法 ……… 99, 103
クラウドコンピューティング ……568	コアコンピタンス ……… 582
クラウドソーシング ……… 590	広域イーサネット ……… 361
クラス ……… 474	公開鍵暗号方式 ……… 392, 395
クラス図 ……… 269	公開鍵基盤 ……… 402
クラスタ構成 ……… 186	交換サービス ……… 368
クラスタリング ‥101, 110, 186, 188	交換法 ……… 72
クラスタリングシステム ……… 196	工業所有権 ……… 642
クラッシング ……… 509	後行順 ……… 56, 69
グラフ指向データベース ……… 312	虹彩認証 ……… 403
クリエイティブコモンズ ……… 643	構成管理 ……… 529
クリッピング ……… 250	構成管理データベース ……… 529
クリティカルパス ……… 509	構造化データ ……… 308
クリプトジャッキング ……… 415, 444	構造化分析・設計 ……… 472
グロースハック ……… 586	構造ハザード ……… 117, 126
グローバル IP アドレス ……334, 348	公的個人認証法 ……… 646
クロスサイトスクリプティング	候補キー ……… 271, 278
……… 416, 425	効率性 ……… 490
クロスサイトリクエストフォー	コード設計 ……… 240
ジェリ ……… 417, 445	コーポレートアイデンティティ ……628
クロック ……… 119	コーポレートガバナンス ……628
経営戦略 ……… 566	コーポレートブランド ……628
経営ダッシュボード ……… 569	コールドスタンバイ ……… 186
継承 ……… 475	互換性 ……… 490
経常利益 ……… 630	顧客ロイヤルティ ……587
継続的インテグレーション ……… 461	誤差 ……… 29, 39
継続的デリバリ ……… 460	故障率曲線 ……… 627
刑法 ……… 645	個人情報 ……… 647
軽量プロセス ……… 200	個人情報取扱事業者 ……… 646
ゲートウェイ ……… 354, 360	個人情報保護法 ……… 646
ゲーム理論 ……… 610	コストベース ……… 307
ゲスト OS ……… 188	コストリーダシップ戦略 ……582
桁落ち ……… 29, 39	固定区画方式 ‥‥ 215, 220, 221, 222
桁別コード ……… 240	固定小数点数 ……… 26
結合 ……… 289	固定費 ……… 629, 632
結晶状態 ……… 146	固定比率 ……… 631
決定表 ……… 473	コネクション ……343
原価 ……… 629	コネクション型 ……… 336, 343
限界値分析 ……… 487	コネクションレス型 ……… 336, 343
検査特性曲線 ……… 614	コネクテッドカー ……… 591
原子性 ……301, 302, 317	コピーガード ……501

索　引

コピーレフト型 ………………………229
コヒーレンシ …………………135，143
コマーシャルミックス ………………175
コミットメント制御 …………301，302
コンセンサスアルゴリズム …………312
コンテキスト ……………………………200
コンテナ …………………………189，197
コンテナ型 ………………………………189
コンピュータウイルス ………………414
コンピュータウイルス対策基準 ……646
コンピュータグラフィックス ………249
コンピュータ不正アクセス対策基準
………………………………………………646
コンプライアンス ……………………628
コンフリクトマネジメント …………508
根本原因 …………………………………530

さ

サーバコンソリデーション …………194
サーバ証明書 ……………………………407
サービス可用性管理 …………………531
サービス継続管理 ……………………531
サービスデスク ………………………532
サービスの設計及び移行 ……………531
サービスの予算業務及び会計業務 …530
サービスマネジメント ………………528
サービス要求管理 ……………………530
サービスレベル管理 …………………529
サービスレベル合意書 ………………529
サーフェスモデル ……………………255
再帰アルゴリズム ………………………86
在庫管理 …………………………………609
最早開始時刻 ……………………………509
最遅開始時刻 ……………………………509
最長一致検索 ……………………………341
サイバーキルチェーン ………………452
サイバーセキュリティ基本法
…………………………………434，645
サイバーセキュリティ協議会 ………645
サイバーセキュリティ経営ガイド
ライン …………………………434，646
サイバーフィジカルシステム ………590

サイバー・フィジカル・セキュリティ
対策フレームワーク ………………646
先入先出法 ………………………………632
作業時間分析 ……………………………611
サニタイジング ………………………416
サブクラス ………………………………474
サブスクリプションモデル …………586
サブネット ………………………………333
サブネットマスク ……………334，363
サプライチェーンマネジメント ……587
差分コーディング ……………………475
差分バックアップ ……………………532
差別化戦略 ………………………582，583
サラミ法 …………………………………415
産業財産権 ………………………………642
算術シフト …………………………………42
参照制約 …………………………273，282
参照の局所性 ……………………………132
散布図 ……………………………………612
シーケンスコード ……………240，246
シーケンス制御 ………………………152
シェーディング ………………………250
シェルソート ……………………74，79
ジオメトリ処理 ………………………250
次期モデル ………………………………567
事業継続計画 ……………………………531
事業部制組織 ……………………………628
資金決済法 ………………………………645
思考発話法 ………………………………243
自己資本利益率 ………………………632
指数分布 …………………………………99
システム LSI ……………………153，160
システム監査基準 ……………………549
システム管理基準 ……………………549
システム検証テスト …………………486
システム統合テスト …………………486
下請法 ……………………………………644
実効アクセス時間 ……………………141
実行可能状態 …………………200，201
実行状態 …………………………200，201
実用新案権 ………………………………642
指摘事項 …………………………………548

シナジー効果 ……………… 585	情報的強度 ……………… 476
シナプス ……………… 109	情報バリアフリー ……………… 239
死の谷 ……………… 588	証明書失効リスト ……………… 401
シノニム ……………… 76	職能別組織 ……………… 628
シフト JIS コード ……………… 660	職務分掌 ……………… 550
シフト演算 ……………… 42	ジョブ ……………… 200
資本回転率 ……………… 631	処理時間順スケジューリング …202
資本利益率 ……………… 631	処理時間順方式 ……………… 208
指紋認証 ……………… 403	シンクライアント ……… 192, 198
ジャーナルファイル ……………… 303	進展的モデル ……………… 458
射影 ……………… 285	侵入検知システム ……………… 412
ジャクソン法 ……………… 477	シンプロビジョニング ……………… 150
集合関数 ……………… 286	信頼性 ……………… 424, 490
集中戦略 ……………… 582	信頼度成長曲線 ……………… 488
重要業績評価指標 ……………… 587	親和図 ……………… 613
重要成功要因 ……………… 587	推移的関数従属 ……………… 276
重要目標達成指標 ……………… 587	スイッチングハブ ……… 354, 360
主キー …271, 273, 274, 276, 279	スーパクラス ……………… 474
縮退運転 ……………… 187	スーパスカラ ……………… 127
出力層 ……………… 101	スーパスカラ方式 ……117, 127
準委任契約 ……………… 644	スーパパイプライン方式 …117, 127
準コピーレフト型 ……………… 229	スキミングプライス ……………… 586
順序木 ……………… 79	スキャベンジング ……………… 415
純粋戦略 ……………… 621	スクラム ……………… 460
順番コード ……………… 240	スクラムマスタ ……………… 460
純利益 ……………… 630	スケールアウト ……… 181, 182
条件網羅 ……………… 487	スケールアップ ……………… 181
使用性 ……………… 490	スケールイン ……………… 181
状態機械 ……………… 92	スケールダウン ……………… 181
消費者危険 ……………… 614	スコープ ……………… 508
消費者行動モデル ……………… 586	スター型 ……………… 351
商標権 ……………… 642	スタック ……………… 55, 63
情報落ち ……………… 29, 39	スタック領域 ……… 216, 221
情報システム戦略 ……………… 566	スタブ ……………… 488
情報システム・モデル取引・契約書	スタンプ結合 ……………… 476
……………… 571	ステークホルダ ……………… 508
情報セキュリティ ……………… 410	ストアドプロシージャ …… 184, 292
情報セキュリティ監査 ……………… 550	ストライピング ……… 137, 148
情報セキュリティ監査基準 ……… 550	ストリーミング ……………… 247
情報セキュリティ管理 ……………… 531	ストリーミングデータ ……………… 308
情報セキュリティ管理基準 ··434, 550	ストレージシステム ……………… 137
情報提供依頼書 ……………… 570	スナーフィング ……………… 143

索　引

スナップショット法	549	選択	285
スパイウェア	414	選択法	71
スパイラルモデル	458	専用線サービス	368
スパニングツリープロトコル	367	相関副問合せ	288
スプリント	460	総資産利益率	632
スマートコントラクト	589	挿入ソート	80
スマートファクトリー	591	挿入法	72
スラッシング	218, 227	増分バックアップ	532
スレッド	200	総平均法	632
正確性の確保	646	相変化メモリ	146

セールスフォースオートメーション ……………………………… 568

正規化（データベース） ………… 271

正規化（浮動小数点数） ‥29, 37, 38

制御ハザード ……………… 117, 126

生産者危険 ……………………… 614

成長型モデル ……………………… 458

成長マトリクス ………………… 585

性能効率性 ……………………… 490

製品品質モデル ………………… 489

製品ライフサイクル ………… 585

声紋認証 ……………………… 403

整列 ……………………………… 71

責任分担マトリックス ………… 508

セキュア状態 ……………305, 306

セキュリティ ……………………… 490

セグメント ……………216, 225, 353

セグメント方式 ………………… 217

セション層 ……………………… 330

是正保守 ………………………… 491

セッションハイジャック ……… 416

節点 ……………………………… 65

セットアソシアティブ ……136, 144

ゼネラルセマフォ ………202, 213

セマフォ ……………………202, 213

セル生産方式 …………………… 590

セルリレー ……………………… 369

線形計画法 ……………………… 607

線形探索 …………………… 74, 85

線形リスト ……………………… 60

先行順 ……………………… 56, 69

全体最適化計画 ………………… 566

ソーシャルエンジニアリング ……………………………… 415, 440

ソースコードの共同所有 ……… 461

ソースコードレビュー ………… 489

ソート ……………………………… 287

疎結合マルチプロセッサ ……… 188

ソフトウェアアーキテクチャ 　パターン ……………………… 473

ソフトウェア検証テスト ……… 486

ソフトウェアコンポーネント ……… 462

ソフトウェア統合テスト ……… 486

ソフトウェアユニットテスト ……… 486

ソフトウェアライフサイクル 　プロセス ……………………… 463

ソリッドモデル ………………… 255

損益計算書 ……………………… 631

損益分岐点 ……………………… 632

損益分岐点売上高 ……………… 632

た

ダーウィンの海 ………………… 588

ターンアラウンドタイム ……… 211

第 1 正規化 ………………… 273, 274

第 1 正規形 ……………………… 273

第 2 正規化 ………………… 274, 275

第 2 正規形 ………………… 275, 279

第 3 正規化 ……………………… 276

第 3 正規形 ……………………… 276

耐久性 …………………… 301, 317

貸借対照表 ……………………… 631

代替キー ………………………… 271

耐タンパ性 ……………………… 408

タイマ割込み ・・・・・・・・・・・・・・214
タイムクウォンタム ・・・・・・201, 209
ダイレクトマッピング ・・・・・135, 144
楕円曲線暗号 ・・・・・・・・・・・・・436
多相性 ・・・・・・・・・・・・・・・・475
多段階認証 ・・・・・・・・・・・・・・402
棚卸高 ・・・・・・・・・・・・・・・・632
多要素認証 ・・・・・・・・・・・・・・402
段階的モデル ・・・・・・・・・・・・・458
探索 ・・・・・・・・・・・・・・・・・74
単純交換法 ・・・・・・・・・・・・・・80
単純選択法 ・・・・・・・・・・・・・・80
単純挿入法 ・・・・・・・・・・・・・・80
チーミング ・・・・・・・・・・・・・355
チェーン法 ・・・・・・・・・・・・・・76
チェックディジット ・・・・・・・・・241
チェックポイント ・・・・・・・303, 304
遅延分岐 ・・・・・・・・・・・・・・129
逐次探索 ・・・・・・・・・・・・・74, 85
チャネル ・・・・・・・・・・・・137, 147
中央処理装置 ・・・・・・・・・・・・115
中間順 ・・・・・・・・・・・・・・56, 69
中間層 ・・・・・・・・・・・・・・・101
中小企業の情報セキュリティ対策
　ガイドライン ・・・・・・・・・・・646
抽象クラス ・・・・・・・・・・・・・475
帳票設計 ・・・・・・・・・・・・・・239
著作権法 ・・・・・・・・・・・・・・643
通信サービス ・・・・・・・・・・・・368
提案依頼書 ・・・・・・・・・・・・・570
ディープラーニング ・・・・・・・・・101
定額法 ・・・・・・・・・・・・・・・630
定期発注方式 ・・・・・・・・・・・・609
ディストリビュータ ・・・・・・・・・234
逓倍器 ・・・・・・・・・・・・・・・158
定率法 ・・・・・・・・・・・・・・・630
定量発注方式 ・・・・・・・・・・・・609
ディレクトリトラバーサル攻撃
　・・・・・・・・・・・・・・・416, 438
データ管理者 ・・・・・・・・・・・・263
データ結合 ・・・・・・・・・・・・・476
データサイエンス ・・・・・・・・・・569

データサイエンティスト ・・・・・・・569
データ層 ・・・・・・・・・・・・184, 191
データ中心アプローチ ・・・・・・・・473
データのライフサイクル ・・・・・・・473
データハザード ・・・・・・・・117, 126
データベース管理者 ・・・・・・・・・263
データマイニング ・・・・・309, 326, 569
データモデル ・・・・・・・・・・・・259
データリンク層 ・330, 331, 340, 354
データレイク ・・・・・・・・・308, 321
適応保守 ・・・・・・・・・・・・・・491
テキストマイニング ・・・・・・・・・569
適正な取得 ・・・・・・・・・・・・・646
デキュー ・・・・・・・・・・・・・・55
テクスチャマッピング ・・・・・・・・250
デコード ・・・・・・・・・・・・・・115
デザイン思考 ・・・・・・・・・・・・589
デシジョンテーブル ・・・・・・・・・473
デジタル署名 ・・・・・・・・・399, 405
デジタル著作権管理 ・・・・・・・・・501
デジタルディバイド ・・・・・・・・・239
デジタルトランスフォーメーション
　・・・・・・・・・・・・・・・・・582
デジタルフォレンジックス ・・418, 447
テスト ・・・・・・・・・・・・・・・486
テスト駆動開発 ・・・・・・・・・・・461
テストデータ法 ・・・・・・・・・・・549
デッドラインスケジューリング方式
　・・・・・・・・・・・・・・・・・208
デッドロック ・・・・・・・・・203, 213
デフォルトゲートウェイ ・・・・363, 379
デマンドページング方式 ・・・・・・・224
デュアルシステム ・・・・・・・・・・185
デュプレックスシステム ・・・・・・・185
テレワーク ・・・・・・・・・・・・・629
電子署名法 ・・・・・・・・・・・・・646
投機実行 ・・・・・・・・・・・・・・129
導出表 ・・・・・・・・・・・・・・・285
同値分割 ・・・・・・・・・・・・・・487
到着順スケジューリング ・・・・・・・202
到着順方式 ・・・・・・・・・・・・・208
動的再配置 ・・・・・・・・・・216, 223

索　引

動的リンク ································ 223
透明性の確保 ························· 646
トークンパッシング方式 ··········· 352
ドキュメント指向データベース ···· 311
特性要因図 ···························· 612
特定個人情報 ························· 647
特定電子メールの送信の適正化等に
　関する法律 ······················· 646
匿名加工情報 ························· 647
独立性 ··················· 301，302，317
度数分布図 ···························· 613
特化 ····································· 474
特許権 ································· 642
トップダウンテスト ················· 488
ドライバ ······························ 488
ドライブバイダウンロード ···417，426
トランザクション制御 ·············· 302
トランスポート層 ······329，330，354
トロイの木馬 ························· 414

な

内閣サイバーセキュリティセンター
··· 435
内部スキーマ ·············· 263，270
内部統制 ······························ 550
内部割込み ···························· 214
ナッシュ均衡 ························· 622
並べ替え ······························ 287
なりすまし ···························· 415
二棚法 ································· 609
ニッチ戦略 ···························· 583
日本産業標準調査会 ·······435，659
ニモニックコード ··········240，246
入出力割込み ·············203，214
入力層 ································· 101
ニューロン ···························· 109
認証 ····································· 399
認証局 ··················· 401，407
認知的ウォークスルー法 ··········· 243
根 ··· 65
ネットワークアドレス部 ··········· 332
ネットワーク層 ··330，331，340，354

ネットワークモデル ················· 259

は

葉 ··· 65
パーセプトロン ······················ 109
パーソナルデータ ··················· 569
バーチャルリアリティ ···251，255
バーンダウンチャート ·············· 459
バイオメトリクス認証 ·············· 403
排他制御 ······························ 301
バイナリセマフォ ··········202，213
ハイパテキスト ······················ 247
ハイパバイザ ·············188，198
ハイパバイザ型 ······················ 188
ハイパメディア ······················ 247
パイプライン制御 ··················· 123
パイプラインの深さ ················· 125
パイプライン方式 ·········116，127
配列 ······································ 62
パケット交換 ························· 369
派遣契約 ······························ 644
ハザード ···················117，125
パスアラウンド ······················ 489
バス型 ································· 351
バススヌーピング ··················· 143
バスタブ曲線 ························· 627
パスワードリスト攻撃
····························· 416，438，440
バックアップ ·············303，532
バックキャスティング ·············· 589
バックトラッキング ················· 109
ハッシュ関数 ····76，83，400，401
ハッシュ値 ···························· 76
ハッシュ表探索 ······················ 85
ハッシュ法 ···························· 76
発注点方式 ···························· 609
バッファオーバフロー攻撃 ········· 416
幅優先順 ······························ 56
幅優先探索 ···························· 68
ハフマン木 ···························· 106
ハフマン符号 ························· 106
バブルソート ···············72，79

巻末資料

687

ハミング符号 ……………………… 107	ファイアウォール ……………… 411
バランススコアカード ………… 587	ファイナリティ ………………… 313
バリアフリー …………… 239，244	ファイブフォース分析 ………… 584
バリューチェーン分析 ………… 584	ファシリティマネジメント ……… 532
パルス幅変調制御 ……………… 152	ファジング …………… 418，453
パレート図 …………… 612，614	ファストトラッキング ………… 509
汎化 ……………………………… 474	ファブレス企業 ………………… 583
半構造化データ ………………… 308	ファンクション層 ……… 184，191
判定条件網羅 …………………… 487	ファンクションポイント法 …… 510
非 NULL 制約 ………… 271，284	フィードバック制御 …………… 152
ヒープ ………………… 58，79	フィンテック …………………… 591
ヒープソート ……… 74，79，80	フールプルーフ ……… 187，193，194
ヒープ領域 …………… 216，222	フェールオーバ ……… 185，196，197
非可逆圧縮方式 ………………… 247	フェールセーフ ……… 186，193，194
非機能要件 ……………………… 570	フェールソフト ……… 187，193，194
非結晶状態 ……………………… 146	フェールバック ……… 186，196，197
非構造化データ ………………… 308	フォールトアボイダンス
非コピーレフト型 …… 229，230	……………… 187，193，194
ビジネスプロセスアウトソーシング	フォールトトレラント 187，193，194
……………………………… 568	フォールトマスキング …… 193，194
ビジネスプロセスマネジメント … 568	フォールバック運転 …… 187，193
ビジネスプロセスリエンジニア	フォローアップ ………………… 548
リング ………………………… 568	フォワードエンジニアリング … 462
ビジネスメール詐欺 …………… 415	フォワードプロキシ …………… 383
ビジネスモデルキャンバス …… 586	深さ優先順 ……………………… 56
ヒストグラム …………………… 613	負荷分散クラスタ ……………… 186
ビッグエンディアン …151，152，157	復号 ……………………………… 390
ビッグデータ …………………… 307	複合キー ………………………… 272
ビットマスク …………………… 45	輻輳 ……………………………… 364
ヒット率 ……………… 133，141	符号化 …………………………… 105
否定 ……………………………… 50	負債比率 ………………………… 631
否認防止 ………………………… 424	不正アクセス禁止法 …………… 645
秘密鍵暗号方式 ………………… 391	不正競争防止法 ………………… 643
ビュー …………………………… 291	プッシュ ………………………… 55
ヒューリスティック評価法 …238，243	物理層 ………… 330，340，353
表意コード ……………………… 240	浮動小数点数 …………… 27，37
標的型攻撃 ……………………… 417	部分関数従属 ……… 274，278，279
標本化 …………………………… 105	踏み台 …………………………… 415
標本化周波数 …………………… 105	プライバシーマーク制度 ……… 420
平文 …………………… 390，406	プライベート IP アドレス …334，348
ファーストフィット方式	フラグメンテーション
……………… 215，220，221	……………… 215，222，223

索　引

フラグレジスタ ……………………122	分散データベースの透過性 ………324
プラスのリスク ……………………512	分周器 …………………………………158
ブラックボックステスト …………487	ペアプログラミング ………………461
プランニングポーカ ………………459	ページ …………………………………216
プリエンプション …………201，206	ページアウト …………………217，225
ふりかえり …………………………459	ページイン ……………………217，225
ブリッジ ………………353，354，360	ページフォールト ……………217，225
プリページング方式 ………………224	ページング …………………………217
フルアソシアティブ ………136，144	ページングアルゴリズム …………217
ブルートフォース攻撃	ページング方式 ……………………217
………………………416，425，440	ベクトルコンピュータ ……………118
フルバックアップ …………………532	ベクトルプロセッサ方式 …………127
フルライン戦略 ……………………582	ベストフィット方式 … 215，220，221
フレームリレー ……………………369	ペネトレーションテスト法 ………549
ブレーンストーミング ……………629	ペルソナ ……………………………459
プレゼンテーション層	変更管理 ……………………………530
………………………184，191，330	変更諮問委員会 ……………………530
ブロードキャストストーム ・364，367	ベンチマークテスト ………………175
ブロードキャストフレーム ………364	変動費 …………………………629，632
プロキシサーバ ……………………379	変動費率 ………………………629，632
プログラム内蔵方式 ………………115	ポアソン分布 …………………………99
プログラムレジスタ ………………122	報酬 …………………………………101
プログラム割込み …………………203	法令遵守 ……………………………628
プロジェクト ………………………507	ポーランド表記法 ………………91，96
プロジェクト憲章 …………………508	保守性 ………………………………490
プロジェクト組織 …………………628	補数表現 ………………………………26
プロジェクトマネジメントオフィス	ホストアドレス部 …………………332
………………………………………507	ホスト型 ………………………189，198
プロセス ……………………………200	ホスト型 OS …………………………189
プロセススケジューリング ………201	ボット ………………………………414
プロセス成熟度 ……………………491	ホットスタンバイ ……………185，197
プロダクトオーナ …………………460	ホットスワップ ………187，196，197
プロダクトポートフォリオ	ホットプラグ ………………………196
マネジメント ……………………583	ホットマイグレーション …………195
ブロックコード ………………240，246	ポップ …………………………………55
ブロックチェーン	ボトムアップテスト ………………488
………312，418，436，442，589	ボトルネック …………………175，178
プロトコル …………………………329	ポリゴン ……………………………255
プロトタイピングモデル …………459	ポリモーフィズム …………………475
プロバイダ責任制限法 ……………646	ホワイトボックステスト …………487
分岐網羅 ……………………………487	本調査 ………………………………547
分岐予測 ……………………………129	

ま

マーケティングミックス ……………585
マージソート ……………………………74
マイクロプログラム ………………116
マイナスのリスク ………………………512
マイルストーン ………………………510
マイルストーンチャート ………………509
マクシマックス原理 ………610，621
マクシミン原理 ……………610，621
マシンチェック割込み ………………203
待ち行列の長さ ………………………100
待ち時間 ………………………………100
待ち状態 ……………………200，201
マッシュアップ ………………………462
窓口利用率 ……………………………100
マトリックス組織 ……………………628
魔の川 ……………………………………588
マルウェア ……………………………414
丸め誤差 ……………………………29，39
満足性 ……………………………………490
水飲み場型攻撃 ………………417，427
密結合マルチプロセッサ ……………188
ミラーリング …………………………148
無効同値クラス ………………………487
メイカームーブメント ………………588
命令実行過程 …………………………115
命令の実行 ……………………………115
命令フェッチ …………………………115
命令網羅 ………………………………487
メソッド ………………………………474
メタボール …………250，254，255
メッセージダイジェスト ……………400
メッセージ認証 ………………………399
メモリインタリーブ ………136，145
メモリコンパクション
　　　　　　……………216，222，223
メモリプール …………………………223
メモリリーク ………………216，223
網膜認証 ………………………………403
網羅率 …………………………………487
モーフィング …………………………250
モジュール ……………………………476

や

モジュール強度 ………………………476
モジュール結合度 ……………………476
モックアップ …………………………459
モデリング ……………………………250
モデレータ ……………………………489
モニタリング ………………175，183
模倣戦略 ………………………………583
問題管理 ………………………………530

有効性 …………………………………490
有効同値クラス ………………………487
ユーザストーリ ………………………459
ユーザ認証 ……………………………399
ユーザビリティ ……………238，244
優先度順スケジューリング …………201
優先度順方式 …………………………209
ユニバーサルデザイン ……239，244
ユビキタスコンピューティング …241
要配慮個人情報 ………………………647
容量・能力管理 ………………………530
予備調査 ………………………………547
予防保守 ………………………………491
余裕時間 ………………………………509

ら

ライセンス契約 ………………………645
ライトスルー ………………134，142
ライトバック ………………134，142
ライブマイグレーション ……………195
ラウンドロビンスケジューリング …201
ラウンドロビン方式 …………………209
ラウンドロビンレビュー ……………489
ラジオシティ ………………250，254
ラプラス原理 …………………………610
ラベル …………………………………101
ランサムウェア ………………………427
リーンスタートアップ ………………588
リーンソフトウェア開発 ……………460
利害関係者 ……………………………508
リグレッションテスト ………………486
リスク ………………………411，512

索　引

リスクアプローチ ……………………547	ログファイル ……………………303
リスク回避性 …………………490	ロック ……………………… 302，319
リスクコントロール …………… 411	ロングテール ……………………590
リスクファイナンス …………… 411	論理演算 ……………………… 41
リスクベース認証 ……………… 400	論理シフト ……………………… 43
リスト ………………………53	論理積 ……………………… 50
理想モデル ……………………567	論理データモデル ……………259
リトルエンディアン …151，152，157	論理和 ……………………… 50
リバースエンジニアリング ………462	
リバースプロキシ ……………383	**わ**
リピータ ………………353，354，360	ワークサンプリング ……………611
リファクタリング ………………461	ワークパッケージ ………………508
流動比率 ………………631	ワーストフィット方式 …………215
量子化 ………………105	ワーニ工法 ………………477
量子化ビット数 ………………105	ワーム ………………414
利用時の品質特性 ………………489	ワイヤードロジック ……………116
利用状況網羅性 ………………490	ワイヤフレームモデル ……………255
利用方法による制限 ……………646	割込み ……………………203
リリース管理及び展開管理 ………531	
リレーションシップ ………259，260	
リング型 ………………351	
ルータ ………………………354，360	
ルートキット ………………414	
ルールベース …………………307	
レイトレーシング …………250，254	
レインボー攻撃 …………418，439	
レジスタリネーム ………………129	
列指向データベース ……………311	
レトロスペクティブ ……………459	
レビュー ……………………489	
レピュテーションリスク …………628	
レプリケーション ………………306	
レベニューシェア ………………571	
連関エンティティ ………………267	
連関図 ………………613	
レンダリング ………………250，255	
労働者派遣法 ………………644	
ロードシェアシステム ……………186	
ロールバック ………………318，319	
ロールバック処理 ………………304	
ロールフォワード ………318，319	
ロールフォワード処理 ……………304	

■編著者

アイテック IT 人材教育研究部
　小口　達夫　　第 2 部（1 章，2 章，3 章，4 章，5 章）

　大熊　伸幸　　第 2 部（6 章，7 章，8 章）
　戸室　佳代子　第 2 部（9 章，10 章，11 章）

　石川　英樹　　第 1 部，第 2 部
　山本　森樹　　第 2 部
　桑原　美恵子　第 2 部
　阿部　恭巨　　第 2 部

2023　高度午前Ⅰ・応用情報　午前試験対策書

編著 ■　アイテック IT 人材教育研究部
制作 ■　山浦　菜穂子　　　五味　葵
DTP・印刷 ■　株式会社ワコープラネット

発行日　2022 年 10 月 11 日　第 1 版　第 1 刷
発行人　土元　克則
発行所　株式会社アイテック
　　　　〒143-0006
　　　　東京都大田区平和島 6-1-1　センタービル
　　　　電話　03-6877-6312
　　　　https://www.itec.co.jp/

本書を無断複写複製（コピー）すると著作者・発行者の権利侵害になります。
落丁本・乱丁本はお取り替えいたします。

© 2022 ITEC Inc. 703340-10WP
ISBN978-4-86575-273-1 C3004 ¥2700E

プロ講師の解法テクニック伝授で合格を勝ち取る！

２０２３春　アイテックオープンセミナー
情報処理技術者試験対策講座『合格ゼミ』

https://www.itec.co.jp/howto/seminar/#a02

高いスキルと豊富な経験を誇るベテラン講師の解説で，テキストで学ぶ以上の知識やテクニックを習得できます。最新の試験傾向をいち早く分析し対応している，アイテックと講師のノウハウが詰まった，最善のカリキュラムを提供します。『合格ゼミ』で合格を勝ち取りましょう！

試験区分	略号	セミナー名	価格	第1回	第2回	第3回
基本情報技術者	FE	試験対策講座	¥40,000	2/4(土)	2/25(土)	3/18(土)
		直前対策講座	¥16,980	3/25(土)	―	―
応用情報技術者	AP	テクノロジ系午後対策講座	¥46,000	2/11(土)	2/25(土)	3/18(土)
		マネジメント系／ストラテジ系午後対策講座	¥18,980	3/11(土)	―	―
		直前対策講座	¥18,980	3/25(土)	―	―
情報処理安全確保支援士	SC	午後対策講座	¥56,000	2/12(日)	2/26(日)	3/19(日)
		直前対策講座	¥19,980	3/26(日)	―	―
ネットワークスペシャリスト	NW	午後対策講座	¥56,000	2/11(土)	2/25(土)	3/11(土)
		直前対策講座	¥19,980	3/25(土)	―	―
ITストラテジスト	ST	午後対策講座(論文添削付き)	¥79,800	2/11(土)	2/25(土)	3/18(土)
		直前対策講座	¥20,980	3/25(土)	―	―
システムアーキテクト	SA	午後対策講座(論文添削付き)	¥79,800	2/11(土)	2/25(土)	3/18(土)
		直前対策講座	¥20,980	3/25(土)	―	―
ITサービスマネージャ	SM	午後対策講座(論文添削付き)	¥79,800	2/11(土)	2/25(土)	3/18(土)
		直前対策講座	¥20,980	3/25(土)	―	―

※表示の価格はすべて税抜きの価格です。本内容は予告なく変更となる可能性がございます。
　詳細はWebにてご確認ください。

ITEC の書籍のご案内 | *表示の価格はすべて税抜きの価格です。

● 総仕上げ問題集シリーズ

703371	2023 春 応用情報技術者 総仕上げ問題集 ※1	¥3,300	973-4-86575-281-6
703372	2023 春 情報処理安全確保支援士 総仕上げ問題集 ※1	¥3,700	973-4-86575-282-3
703309	2022 データベーススペシャリスト 総仕上げ問題集	¥3,700	978-4-86575-267-0
703310	2022 エンベデッドシステムスペシャリスト 総仕上げ問題集	¥4,100	978-4-86575-268-7
703311	2022 プロジェクトマネージャ 総仕上げ問題集	¥3,800	978-4-86575-269-4
703312	2022 システム監査技術者 総仕上げ問題集	¥3,800	978-4-86575-270-0
703373	2023 ネットワークスペシャリスト 総仕上げ問題集 ※2	¥3,700	978-4-86575-283-0
703374	2023 ITストラテジスト 総仕上げ問題集 ※2	¥3,800	978-4-86575-284-7
703375	2023 システムアーキテクト 総仕上げ問題集 ※2	¥3,800	978-4-86575-285-4
703376	2023 ITサービスマネージャ 総仕上げ問題集 ※2	¥3,800	978-4-86575-286-1

※1 2022 年 11 月刊行予定　　※2 2022 年 11 月刊行予定

● 重点対策シリーズ

703167	2022 データベーススペシャリスト 「専門知識+午後問題」の重点対策	¥3,700	978-4-86575-248-9
703168	2022 プロジェクトマネージャ 「専門知識+午後問題」の重点対策	¥3,700	978-4-86575-249-6
703169	2022 システム監査技術者 「専門知識+午後問題」の重点対策	¥3,700	978-4-86575-250-2
702922	エンベデッドシステムスペシャリスト 「専門知識+午後問題」の重点対策 第5版	¥3,700	978-4-86575-174-1
703342	2023 応用情報技術者 午後問題の重点対策 ※3	¥3,400	978-4-86575-275-5
703343	2023 情報処理安全確保支援士 「専門知識ー午後問題」の重点対策 ※3	¥3,700	978-4-86575-276-2
703344	2023-2024 ネットワークスペシャリスト 「専門知識+午後問題」の重点対策 ※4	¥3,700	978-4-86575-277-9
703345	2023-2024 ITストラテジスト 「専門知識+午後問題」の重点対策 ※4	¥3,700	978-4-86575-278-6
703346	2023-2024 システムアーキテクト 「専門知識+午後問題」の重点対策 ※4	¥3,700	978-4-86575-279-3
703347	2023-2024 ITサービスマネージャ 「専門知識+午後問題」の重点対策 ※4	¥3,700	978-4-86575-280-9
703507	2023-2024 基本情報技術者 科目Bの重点対策 ※5	¥2,400	978-4-86575-307-3

※3 2022 年 10 月刊行予定　　※4 2022 年 11 月刊行予定　　※5 2023 年 3 月刊行予定

● 予想問題シリーズ

703127	極選分析 基本情報技術者 予想問題集 第4版	¥2,000	978-4-86575-233-5

● 試験対策書シリーズ

703377	ITパスポート試験対策書　第6版	¥2,000	978-4-86575-287-8
703132	情報セキュリティマネジメント　試験対策書　第4版	¥2,500	978-4-86575-232-8
703506	2023-2024　基本情報技術者　科目A試験対策書 ※6	¥2,400	978-4-86575-306-6
703340	2023　高度午前I・応用情報　午前試験対策書	¥2,700	978-4-86575-273-1

※6　2023年3月刊行予定

● 合格論文シリーズ

703129	プロジェクトマネージャ　合格論文の書き方・事例集　第6版	¥3,000	978-4-86575-235-9
703130	システム監査技術者　合格論文の書き方・事例集　第6版	¥3,000	978-4-86575-236-6
703499	ITストラテジスト　合格論文の書き方・事例集　第6版 ※7	¥3,000	978-4-86575-302-8
703500	システムアーキテクト　合格論文の書き方・事例集　第6版 ※7	¥3,000	978-4-86575-303-5
703501	ITサービスマネージャ　合格論文の書き方・事例集　第6版 ※7	¥3,000	978-4-86575-304-2

※7　2022年9月刊行予定

● その他書籍

703341	セキュリティ技術の教科書　第3版 ※8	¥4,200	978-4-86575-274-8
703171	ネットワーク技術の教科書　第2版	¥4,200	978-4-86575-305-9
702720	データベース技術の教科書	¥4,200	978-4-86575-144-4
703139	ITサービスマネジメントの教科書	¥4,200	978-4-86575-237-3
703157	コンピュータシステムの基礎　第18版	¥4,000	978-4-86575-238-0
703111	わかりやすい！　IT基礎入門　第3版	¥1,800	978-4-86575-231-1
702790	PMP® 試験合格虎の巻　新試験対応	¥3,200	978-4-86575-229-8
702546	PMBOK®ガイド問題集　第6版対応	¥1,700	978-4-86575-141-3

※8　2023年3月刊行予定

★書籍のラインナップなどは，予告なく変更となる場合がございます。アイテックの書籍に関する最新情報は，アイテックホームページの書籍ページでご確認ください。

https://www.itec.co.jp/howto/recommend/